U0776875

李清波⊙编纂

增广通假字鉴

内蒙古出版集团 内蒙古人民出版社

图书在版编目(CIP)数据

增广通假字筌 / 李清波编纂. 一呼和浩特 :
内蒙古人民出版社，2010.12
ISBN 978－7－204－10826－8
Ⅰ. ①增… Ⅱ. ①李… Ⅲ. ①汉字一通假一研究
Ⅳ. ①H122
中国版本图书馆 CIP 数据核字(2010)第 236575 号

前言

漢字成於『六書』，『假借』爲『六書』之一。《周禮》、《漢書·藝文志》、鄭衆《周禮解詁》皆有説，但都未見具體解釋。至東漢許慎《説文解字·叙》謂假借乃『本無其字，依聲託事』才首爲定義。即字者，本先音而後字。音既出，而無其字，便以音同或音近的字而就其文。其後，文字隨代易時移不斷發展，古文獻也屢經校勘，故古書年代越久越難通讀。一般説，通假字是指古音通假，即古漢語中音同或音近的字通用與假借。通假字研究本是文字學的一個專門課題。而本書編纂是以實用爲旨，除通假字外，一些古今字、異寫字、俗寫字、省寫字和諱避字一並收入其中。但仍取『通假』爲意，冠以『增廣』二字，名爲《增廣通假字筌》。即在通假字的基礎上擴大了收字範圍的意思，謹識。

編纂修訂漢語言文學學科中通假字匯，是一項繁雜而艱深的工作，雖經多年溯本窮源，幾經校勘，然古籍文獻浩如烟海，難免有疏漏謬誤之處。懇請專家學者，有識之士不吝賜教，批評指正，以便再版時匡正完善。

編　者

序一

文字是人類文明的產物，隨歷史變遷而與時俱進，總有發展變化。殷商甲骨卜辭、周代青銅銘文、秦朝小篆、兩漢隸書、魏晋行楷，不一而足。書體變异，孳衍日繁。甲骨文字數無幾，古籀也不過五百餘字，漢隸竟有九千字之多。發展到今天，漢字已達八萬五千多字。因此，漢字早已成爲我國一門值得探索的獨立學科。

文字者，乃先音後字也。事主音，形主字。一字多意是漢字區别於拼音文字的特點，這給漢字識讀造成了許多復雜性。蓋漢字之成字是多元性的，先賢研究者頗多，定論爲六。『六書』之説，最早見於《周禮》，而後《漢書·藝文志》等都有所説，皆聊備其論，没有註明。唯許慎《説文解字·叙》始見舉例注解，使人得知其意。『六書』中唯『轉注』與『假借』最爲復雜，此二種，許慎雖有例舉之釋，後人亦有歧義，但人們似多從清人戴震與段玉裁之説。戴、段二氏謂『轉注即互訓』，意爲『意義相同的字彼此互相解釋』，即許慎之『同意相受』。『假借』者，即以音同或音近的字來代替本字，如許慎所説『本無其字，依聲託事』，謂之『通假』。古籍中通假字屢見，每使有志閱讀古文獻者望而生畏。清人孫詒讓説：『古音古字，轉多沿襲未改，非精究通假之源，無由通其讀也。』歷代文字之著多矣，然多重音韵，少涉通假。近年字典出版出現高峰，然通假字之研究殊不多見。大型辭書中多以字頭注解爲某字通某字而附録，翻閲極爲不便。

吾友清波先生與書法結緣，讀帖作書必究其正説，勘其同异，留心通假之據，每遇疑字，遍翻典籍，以究其詳，記之於紙，置諸案頭。歲時既久，積稿日多，遂爲整理，立志編爲通假字之册。先生以近八旬之年，不顧眼疾之痛、翻檢之繁，廢寢忘食，堅持不懈，窮五年之工，編成是書。集字五千餘，蔚爲大觀。該書不唯閲讀古籍之工具，亦爲書法研究之所必讀。當代書家，仍有沿襲古人用通假字者，不考其來龍去脈，不得其通假要領，往往東施傚顰，不免貽笑大方。李老之字筌，足以發微明義，解惑釋疑，讓人坐逮津梁之便，陡增學者之尊，可謂益人匪淺、善莫大焉。

餘性嗜書法與詩文創作，素與同好，今值清波先生書稿付梓，爰志數語，是爲序。

滑國璋　二〇一〇年四月於續空中樓

序二

己醜夏四月一夜，適友人小聚瑶闕，李清波先生示以《增廣通假字筌》書稿，並囑爲序。吾儕學迂材下，愚鈍而淺陋，類同芻蕘，實亦羞爲之。抑重日情緣，更辱厚看，安敢辭讓？遂一惟所令，斗膽援翰，權作區區讀後小記耳。

李清波先生嗜書法，卓具成績。先生崇道德，重詩禮，性超然，情敦篤，不趨名利，不事張揚，大有仁者之氣，君子之風。此其坊間嘖嘖之盛道也耶。先生一生沉湎書道，磨穿硯底，退筆以成家，出柳化顔，持之以立，亦翻出何子貞之新境，深得書法之神髓。其字骨蒼而韵俊，抱嚴臻健；渾厚而險妙，率意出新，獨立於物表，分明自家面目也。今先生已年逾古稀，人書俱老矣。故書名遐邇，向爲世人所馳仰，求者無計也。案頭揮毫潑墨，浸淫書藝之餘，仍傾心摩踵，間以探究通假字學，採一而二，擷二而三，若澤畔垂鈎，精心選檢，納入筌中。春風秋露，忽忽數載，融情致於篇裏，納精神於字間，竟積成卷軸，卒爲《增廣通假字筌》巨製。筌乃竹編之簍，盛魚器具。此中高文大册，非典非籍，獨以筌命之，足見先生胸中坦坦，心際謙謙是也。

且夫上古洪荒，結繩記事，雖見聰敏，憾無字也。天降伏羲，乃命倉頡、沮誦造字。嘗聞倉頡依鳥獸蹄迒之迹，知分理之可相别异，初造五百四十字。時天雨血，鬼夜哭，龍乃潛藏，斯境尤爲懔慘與壯烈。世移則事异，經歷朝演進，量漸多，形漸繁，體漸變，蚓蟲門書乃字之祖。庖犧氏有龍瑞，作龍書；神農有嘉穗，作穗書；黄帝因卿雲作雲書；堯因靈龜做龜書；夏后氏作鐘鼎，有鐘鼎書；朱宣氏有鳳瑞，作鳳書；周文王因赤雁銜書；冥王因丹鳥入室作鳥書；因白魚入舟作魚書；周宣王史籀始爲大篆，曰籀篆；李斯始小篆，名玉箸篆；繼而隸、草、行、真興之。喔乎！自聖人易繩結爲書契，百官而治，萬民以察，遂創古代文明之始。蓋文字之制，以形、音、義一統，乃從六書：一象形，二指事，三會意，四形聲，五轉注，六假借，此亦造字之本也。字中亦有通假者，追溯原委，實乃流變途中之通用與假借。原本無其字，依聲託事，以音通爲本，據音同及字近者相假。縱觀古今，前修所輯訓詁甚多，曰《爾雅》、曰《説文解字》、曰《六書通》、曰《康熙字典》、曰《新華大字典》、曰《新華字典》雲雲，流睇百氏，通假字彙鮮見矣。而今李清波先生，不憚煩編成字筌，庶幾填此空處，何啻筆參造化，學究天人之舉，發他人未嘗能發者，乃爲若德，功莫大焉！尤須大學問、大襟懷、大器度，非小慧側艷所能爲也。有志於字學者盡可開卷釋疑解惑，學書者宜置一編在側以勘正謬矣。

餘欣然聆誦數過，自當有間，心竊如焉。不免扶卷而嘆曰：子亦知個中三味乎？然書道玄奥，字學維艱，未窺此門徑，何論堂奥哉！聒噪之詞，極欲塵穢視聽，愧赧甚矣。勉爲序之。

曹化一　歲次己醜夏五月初二謹識於青城三石齋

凡例

一、本書共收字頭4847個。

二、對於碑碣中特别是北碑中一些别字，未收入其中，因爲那是一個專門的課題。本書不宜收入。

三、爲幫助讀者加深理解某字的意思，字頭下的釋義一般引古文獻爲例证。這樣對讀者理解某字的意思會更有幫助。

四、考慮到本書可爲閱讀古籍參考之用，故以繁體字製版，以便查閱與使用一致。爲了檢索方便，除有偏旁部首檢索表之外，並附有筆畫索引和拼音索引。因每一部首内容的字不會太多，偏旁部首檢索表中没有再分筆畫細目，但也不會影響檢閱。

五、參考書目：《漢語詞典》、《辭源》、《辭海》等。

增廣通假字筌部首目録

一画

一 1
丨 2
丶 2
丿 3
乙 3
亅 4

二画

二 4
亠 6
人 7
儿 22
入 23
八 24
冂 24
冖 25
冫 25
几 26
凵 26
刀 27
力 32
勹 34
匕 35
匚 35
十 37
卜 38
卩 39
厂 40
厶 42
又 43
亻同人 7
刂同刀 27
㔾同卩 39

三画

口 44
囗 56
土 58
士 68
夂 69
夕 69
大 70
女 72
子 82
宀 83
寸 87
小 88
尢兀同 89
尸 90
屮 91
山 92
巛 100
工 100
己 100
巾 101
干 105
幺 106
广 106
廴 111
廾 111
弋 112
弓 112
彐 114
彡 115
彳 116
兀同尢 89
彑同彐 114
⺕同彐 114
忄同心 119
扌同手 138
氵同水 219
犭同犬 263
阝在右同邑 495
阝在左同阜 521
辶同辵 489

四画

心 119
戈 135
户 137
手 138
支 163
攴 163
文 166
斗 167
斤 168
方 168
无 170
日 170
曰 178
月 178
木 179
欠 209
止 213
歹 214
殳 215
毋 216
比 217
毛 217
氏 219
气 219
水氵氺同 219
火灬同 247
爪爫同 258
爻 259
爿 259
片 259
牙 260
牛牜同 261
犬同犭 263
忄同心 119
攵同攴 163
灬同火 247
爫同爪 258
牜同牛 261
王同玉 270
冗同网 358
月同肉 178
艹同艸 387
辶同辵 489

五画

玄 270
玉王同 270
瓜 278
瓦 278
甘 280
生 281
用 281
田 281
疋⺪𤴔同 285
疒 286
癶 291
白 291
皮 292
皿 293
目罒同 295
矛 300
矢 301
石 302
示 310
禸 313
禾 314
穴 320
立 323
氺同水 219
⺪同疋 285
𤴔同疋 285
罒同目 295
衤同衣 436

六画

竹 324
米 334
糸 339
缶 356
网罒冗同 358
羊 360
羽 362
老 365
而 366
耒 367
耳 368
聿 370
肉月同 371
臣 382
自 382
至 383
臼 383
舌 384
舛 386
舟 386
艮 386
色 387
艸艹同 387
虍 421
虫 421
血 435
行 435
衣衤同 436
襾 443

七画

見 444
角 447
言 450
谷 463
豆 463
豕 464
豸 465
貝 467
赤 471
走 472
足 473
身 481
車 481
辛 486
辰 488
辵辶同 489
邑右阝同 495
酉 500
釆 503
里 504

八画

金 505
長 518
門 519
阜左阝同 521
隶 528
隹 528
雨 531
青 535
非 535

九画

面 535
革 536
韋 539
韭 540
音 541
頁 541
風 546
飛 547
食 548
首 553
香 553

十画

馬 554
骨 557
髟 559
鬥 562
鬯 562
鬲 563
鬼 564

十一画

魚 565
鳥 570
鹵 578
鹿 579
麥 581
麻 582

十二画

黍 582
黑 583
黹 584

十三画

黽 585
鼎 586
鼓 586
鼠 586

十四画

鼻 587
齊 588

十五画

齒 589

十六画

龍 591
龜 592

十七画

龠 592

增廣通假字筌筆畫目録

一至三画

一 1
丁 1
七 1
三 1
万 1
与 1
丸 3
乂 3
久 3
么 3
九 3
乙 3
也 3
乚 4
于 4
亏 5
亡 6
八 24
冂 24
冖 25
冫 25
勹 34
十 37
千 37
卩 39
厶 42
又 43
口 56
士 68
大 70
女 73
尢 89
尸 90
屮 91
巛 100
川 100
己 101
已 101
干 106
幺 106
廾 112
弋 112
彐 115
才 138

四画

丑 1
中 2
予 4
亓 5
井 5
云 5
五 5
互 5
亢 6
仄 7
从 7
介 7
仁 7
什 8
元 22
内 23
六 24
冄 24
凶 26
切 27
办 27
勾 34
化 35
匹 37
午 37
卆 38
卬 39
厄 40
厹 42
瓜 42
厸 42
反 43
双 43
奶 75
少 88
屯 92
市 101
币 101
廿 112
引 113
弔 113
支 163
攴 164
攵 164
斗 167
无 170
止 213
毋 217
比 217
氏 219
气 219
爪 258
牙 260
王 271
甘 280
内 313
阞 522

五画

丕 1
且 2
丘 2
丱 2
令 8
仝 8
仟 8
付 8
仞 8
兄 23
出 26
刊 27
匄 34
包 35
匃 35
北 35
匜 35
卉 38
占 38
卮 39
去 42
司 44
叶 44
叩 44
叨 44
只 44
句 44
叴 44
台 44
夯 70
央 70
失 70
宁 83
宂 83
宄 83
尒 88
尔 88
尥 89
尼 90
㠯 101
弁 112
弓 112
弗 113
弘 113
戊 136
戉 136
庀 137
扐 139
扑 139
扒 139
斥 168
末 179
朮 179
札 179
正 213
氐 219
永 219
汁 219
泊 225
犮 263
玄 270
玊 271
田 281
由 282
甲 282
疋 285
疋 285
白 291
矢 301
石 302
示 310
礼 310
肊 371
阤 522

六画

豖 3
丞 2
乩 4
亘 5
亙 5
交 6
亦 6
亞 6
伍 8
伎 8
伐 9
伏 9
份 9
任 9
兆 23
兇 23
全 23
共 24
冱 25
列 27
刖 27
刑 27
匈 35
匠 36
匡 36
厽 42
吊 45
吃 45
吆 45
吒 45
名 45
向 45
囟 56
圬 58
圭 58
圳 58
在 58
圾 59
夙 69
夷 70
夸 70
妉 73
奸 73
妃 73
她 73
如 73
奼 73
寺 87
尖 89
尗 89
尣 100
巡 100
帆 101
庄 107
异 112
弛 113
忎 119
忖 119
忣 119
忔 119
成 136
扞 139
扜 139
扡 139
扠 139
扤 139
扱 139
扣 139
扦 140
扢 140
劝 163
攷 164
旪 170
旬 171
有 179
朿 180
朾 180
朴 180
朻 180
朼 180
机 180
朹 180
朵 180
死 214
汒 220
汗 220
汙 220
汏 220
汎 220
池 220
泛 222
汜 223
灰 247
牟 261
犴 263
玏 271
瓦 278
甪 281
穵 320
米 334
糸 339
网 358
羊 360
考 366
而 366
耳 368
聿 370
冐 371
艸 387
艻 387
艿 387
艾 388
虫 421
达 489
迆 489
迅 489
邡 495
邛 495
邪 496
邠 496
阱 522
阮 522
阯 522
阸 522

七画

丣 2
串 2
乱 4
余 9
佇 9
佗 9
伻 10
估 10
何 10
体 10
佈 10
佀 10
佛 10
佋 11
彼 11
伽 11
佔 11
佃 11
你 11
佚 11
作 11
伯 12
克 23
冶 25
劫 27
刭 27
利 27
助 32
医 37
却 39
即 39
吝 45
吾 45
呆 45
呲 45
呟 46
吧 46
吟 46
吽 46
告 46

枋	182	怕	121	定	83	卑	38	辵	489	沗	222	忘	119	园	56
杭	182	或	136	宕	83	卷	39	邑	495	泜	222	志	119	囤	56
枎	182	戓	136	家	84	卻	39	邳	496	沒	222	忨	119	囮	56
枝	182	戔	136	宛	84	卹	39	邶	496	沙	222	忸	120	囱	57
杶	182	戽	137	尚	89	叁	42	邸	496	沔	222	忻	120	坊	58
杯	182	戾	137	屆	90	取	43	邱	496	沛	223	戒	136	坑	58
杫	183	所	138	屈	90	叔	43	釆	503	汴	223	戺	137	坉	58
枂	183	怚	120	岸	92	呐	46	里	504	泄	224	抎	140	坒	58
枇	183	承	141	岩	92	咏	46	阬	522	灾	247	扶	140	坂	59
杸	183	拕	141	岪	93	呵	46	阿	522	灶	247	抗	140	坏	59
枏	183	拌	141	岷	93	呔	46	陂	523	灺	247	扼	140	址	59
板	183	拓	142	岧	93	呫	46	陁	523	灼	247	抒	140	坤	59
果	183	拂	142	岥	93	咀	47	附	523	灵	248	抉	140	均	59
柹	183	招	142	岨	93	咒	47			災	248	把	140	圽	59
柜	184	担	142	岬	93	咼	47	八 画		牣	261	抄	140	圻	59
柮	185	押	142	岞	93	咋	47			狄	264	投	141	坒	60
欣	210	拖	142	峀	93	呴	47	事	4	狆	264	抑	141	坐	60
武	213	拃	142	岳	93	和	47	亟	6	玖	271	抍	141	坌	60
歧	213	抱	142	帘	102	咎	47	亨	6	甫	281	扻	141	夾	70
歫	214	拊	143	帚	102	固	57	來	12	甬	281	扳	141	妝	73
殀	214	拆	143	帔	102	垃	60	侖	12	甽	282	拒	141	妙	73
歾	215	掟	143	帙	102	坯	60	侘	12	皁	291	抴	142	妊	73
泱	222	拚	143	帕	102	坡	60	佼	12	皃	291	抛	142	宎	83
沉	223	抬	143	帑	102	坫	60	佹	12	矴	302	攻	164	龙	89
沱	223	拗	143	幷	106	坿	60	侀	12	礿	310	旱	171	尪	89
泣	223	拏	143	庚	107	坻	60	侉	12	礽	310	的	171	局	90
注	223	挪	146	庙	107	坼	60	供	12	私	314	杆	180	尾	90
沛	223	放	164	府	107	垂	61	佰	12	郉	496	杅	180	屁	90
泮	223	旬	168	度	107	姓	69	侄	13	系	339	村	181	岐	92
沫	223	於	169	弆	112	奉	71	侗	13	糺	339	材	181	岈	92
沶	224	昔	171	弢	113	奈	71	兒	22	罕	358	杕	181	岭	92
法	224	旻	171	弣	113	奄	71	兩	23	芈	360	杖	181	岎	92
沽	224	昉	171	弩	114	奔	71	免	23	肐	371	杝	181	岔	92
泥	224	旺	171	徂	116	娶	74	冽	25	良	387	李	181	岠	92
波	224	昊	171	忞	120	威	75	凭	26	芒	388	极	181	巵	101
沾	224	昃	171	念	120	姊	74	到	28	芋	388	杓	181	希	101
況	225	昌	171	忿	120	妸	74	刮	28	芓	388	步	213	床	107
泏	225	昆	172	怵	120	妮	74	効	32	芑	388	汸	221	庋	107
泠	225	昇	172	怖	120	妲	74	券	32	芎	388	沈	221	序	107
泆	225	昕	172	怫	120	姐	74	匊	35	虬	422	沏	221	延	111
沲	225	昏	172	怛	120	妷	74	匋	35	見	444	沌	221	弟	113
沿	225	曶	178	怳	120	妳	74	匼	37	貝	467	汰	221	弞	113
泝	225	服	179	怬	121	姗	74	卒	38	赤	471	汩	221	形	115
炕	248			怜	121	宓	83			辰	488	沂	221	彣	115
				怐	121							汳	222		

爲 258
犻 261
㸴 261
㸵 261
狟 264
狩 265
狡 265
狨 265
狛 265
狤 265
狢 265
玅 270
珉 271
珈 271
玷 271
珍 271
玳 272
瓮 279
畐 282
畊 283
畏 283
疣 286
疥 286
疨 286
皆 292
皇 292
皈 292
盃 293
直 295
省 295
眇 295
盼 296
眊 296
眂 296
矜 301
矧 301
研 302
砂 302
砋 302
砒 303
砅 303
研 304
祙 311
祐 311
柀 185
枷 185
查 185
柤 185
柙 186
柚 186
柟 186
枳 186
枵 186
柍 186
柂 186
柞 186
枹 186
柏 186
柝 187
柧 187
枱 187
欨 210
歪 214
殆 215
殄 215
段 215
毗 217
毘 217
毖 217
洴 225
洒 226
涑 226
洿 226
洸 226
泚 226
洩 226
洽 227
洮 227
洵 227
洶 227
洛 227
洑 227
洢 227
汹 227
為 248
炮 249
炰 249
爰 258
拽 145
指 145
挑 145
拾 145
括 145
挌 145
挪 146
政 164
敂 164
效 164
耍 165
斿 169
既 170
昶 172
昚 172
昬 172
昱 172
昧 172
是 172
昞 173
昜 173
昵 173
映 173
昪 173
昨 173
昫 173
昝 173
晅 174
曷 178
枺 182
杼 182
柴 184
柬 184
某 184
柁 184
柱 184
柿 184
柈 184
枘 184
柹 184
柄 185
柑 185
柘 185
柸 185
帝 102
帣 102
剎 102
帢 102
帥 103
帮 103
幽 106
庤 107
庢 107
廻 111
弮 114
徊 116
徇 116
徑 116
思 121
怱 121
怨 121
恚 121
怠 121
恓 121
恆 122
恒 122
恊 122
恫 122
恛 122
恉 122
恌 122
恬 122
恂 122
恑 122
居 138
扁 138
扃 138
拜 143
拲 143
挖 144
挍 144
拼 144
挂 144
拮 144
拒 144
挎 144
拯 144
拹 145
咽 48
哈 48
咮 48
咶 48
咯 48
哅 49
哂 49
哪 49
垚 61
型 61
垗 61
垡 61
垔 61
㚇 69
奕 71
奏 71
奓 72
奐 72
契 72
姤 74
姹 75
姥 75
姮 75
姚 75
姘 76
姜 75
娄 75
姸 75
娅 77
姦 76
姧 76
宋 84
宣 84
宥 84
宎 84
屎 91
屍 91
岍 93
峌 94
峙 94
峘 94
峑 94
峝 94
差 100
亭 7
侼 13
便 13
俠 13
俓 13
侵 13
侯 13
俏 13
俔 13
保 14
促 14
修 14
侳 14
俊 14
侮 14
俟 14
俫 15
党 23
兪 24
冒 24
冢 25
剃 28
剋 28
剌 28
到 28
削 28
㓞 28
剉 29
勃 33
勅 33
南 38
卻 40
卽 40
庠 40
厘 40
叚 43
叟 43
咨 47
哉 47
咫 48
呰 48
咤 48
咬 48
咢 48
朌 372
肵 372
胚 373
臥 382
臾 384
舍 385
芸 388
芾 388
芧 388
芭 389
芮 389
芘 389
芼 389
花 389
苣 390
苡 391
虱 422
蚓 422
衫 436
表 436
要 443
迣 489
述 489
迨 489
迭 489
迤 490
迦 490
迯 490
邢 497
郁 497
郕 497
郄 497
采 504
陌 523
降 523
陒 523
隶 528
隺 528
非 535
革 536

九　画

並 2
炎 248
炖 248
炒 248
炘 248
炁 248
炅 248
炬 249
爭 258
版 259
狘 264
狉 264
狒 264
狌 264
狗 265
玨 271
玟 271
瓮 278
瓬 278
瓫 279
甿 282
甽 282
甾 282
疙 286
疢 286
盱 291
昳 301
知 301
矺 302
祊 310
祅 311
祆 311
祇 311
祈 311
秆 314
季 314
秄 314
穹 320
穸 320
竺 324
籴 334
罔 358
耶 368
肴 371
肮 371
肬 371

珙 272
珦 272
珚 272
珋 272
班 272
珗 273
珮 273
爮 278
瓷 279
瓵 279
畝 283
畱 283
畔 283
留 283
症 286
疴 286
疲 287
疹 287
疱 287
疼 287
皋 292
盈 293
益 293
盍 293
盄 293
盌 293
眞 296
眩 296
眎 296
眛 296
眜 296
眣 296
眘 296
眡 297
砣 303
砢 303
砧 303
砠 303
砲 303
祘 311
祥 312
祧 312
离 313
秘 315
枸 189
格 189
栈 189
桁 190
柴 190
桌 190
桀 190
條 190
梆 190
亲 191
峙 214
殉 215
殺 216
毦 217
氤 219
浣 227
涗 228
浡 228
涇 228
涌 228
涎 228
消 228
浥 228
浮 228
洽 229
淀 229
淘 229
涖 229
浚 229
浪 230
烜 249
烟 249
烖 249
烈 249
烝 249
牂 259
牿 261
狾 265
狷 265
狿 266
狶 266
茲 270
珪 272
珥 272
捃 146
挸 147
捍 147
挹 147
捌 147
捊 147
挫 147
捁 147
挻 147
敆 163
敉 164
敖 165
散 167
斞 167
旂 168
旁 169
旆 169
旎 169
旊 169
旅 169
晉 173
晐 173
晒 174
晟 174
晃 174
晁 174
案 187
栔 187
栞 187
栗 187
桉 188
校 188
核 188
桋 188
栻 188
桔 188
栲 188
栖 189
栭 189
栧 189
桐 189
栓 189
栝 189
桅 189
展 91
峰 94
峨 94
峯 94
島 94
帬 103
帩 103
㡌 103
師 103
庬 108
庭 108
彧 115
徆 116
徐 116
恣 123
恝 123
恥 123
息 123
恖 123
恁 123
恕 123
悌 123
悅 123
悖 123
悈 124
悚 124
悟 124
悍 124
悝 124
性 124
扇 138
拳 143
挈 143
拲 144
拏 145
拿 145
挐 145
拼 146
捝 146
拚 146
捄 146
捇 146
挾 146
振 146
勑 33
勅 33
務 33
匪 36
咼 38
厝 40
哥 49
唐 49
哲 49
唇 49
哿 49
哽 49
唗 50
員 50
唅 50
唏 50
唌 50
圅 57
圂 57
垺 61
埣 61
埄 62
埆 62
埊 62
复 69
奚 72
奊 71
娘 76
娙 76
娠 76
娓 76
娖 76
㛂 77
娴 77
孫 82
宧 84
宦 84
害 84
家 84
宵 85
宴 85
宷 85
尃 87
射 87
頁 541
風 546
食 548
門 562

十　画

倉 14
俛 15
倍 15
倅 15
俯 15
倐 15
倖 15
借 15
倚 15
倨 16
倘 16
倔 16
俿 16
俱 16
倮 16
倡 16
個 16
倫 17
倄 17
俳 17
倪 17
惛 17
冥 25
凋 26
准 26
凄 26
剠 29
剡 29
剌 29
剒 29
剢 29
剚 29
剛 29
剔 29
剐 30
剕 30
茅 390
茇 390
茀 390
苴 391
英 391
苋 391
苺 392
苓 392
茶 392
苔 392
苞 392
苑 392
苻 393
茆 393
苽 393
蚕 422
蚉 422
虻 422
虹 422
虵 422
蚤 423
衍 436
衿 437
衽 437
袄 437
衲 437
觓 447
觔 447
訓 450
負 467
赴 472
迹 490
迺 490
迴 490
迵 490
迻 490
追 490
进 492
酋 500
凮 518
陣 523
陘 523
陟 523
韋 539
祇 311
秼 314
秕 314
秖 314
秔 314
穽 321
突 321
笣 324
籺 335
紅 339
紂 340
紀 340
紉 340
紥 342
缸 357
罘 358
耇 366
耐 366
耎 367
耑 367
耶 368
胄 371
胡 372
胥 372
背 372
胠 373
胇 373
胍 373
胆 373
胑 373
胅 373
胞 373
胕 374
胝 374
胤 374
臿 384
舁 384
导 384
舐 385
舛 388
范 389
苛 390
苦 390
茂 390

捶 150
捼 150
拺 151
掬 151
捭 151
掀 151
揃 151
揉 152
㪅 165
教 165
敕 165
敍 165
㪷 167
斛 167
斬 168
旋 169
族 169
旉 170
既 170
旒 170
晢 174
晰 174
晤 174
晧 174
晚 176
望 179
梲 190
梦 190
栝 191
梢 191
桿 191
桯 191
梩 191
梖 191
梱 191
桴 191
梃 192
桼 192
梅 192
梨 192
梟 192
殍 215
毫 218
毬 218
悞 124
恵 124
悠 124
悊 124
悤 125
悐 125
惔 125
惙 125
惆 125
惟 125
惛 125
惵 126
惸 127
戚 136
扈 138
挽 147
掐 148
捥 148
掊 148
接 148
掠 148
掂 148
掖 148
捲 148
掞 148
捧 148
掚 149
掫 149
措 149
掝 149
捱 149
掎 149
据 149
掘 149
掇 149
掃 149
排 150
摑 150
掤 150
捵 150
採 150
捻 150
捦 150
捨 150
寀 85
專 88
尉 88
尰 89
屟 91
屜 91
崈 94
崒 95
崝 95
崖 95
崗 95
崍 95
崑 95
崐 95
崮 95
崓 95
崟 96
崙 96
崘 96
崤 96
崩 96
崰 96
常 103
帾 103
幍 103
幾 106
庵 108
康 108
庸 108
庳 108
庿 108
廋 109
張 114
強 114
彩 115
彫 115
徘 117
徠 117
徙 117
徫 117
得 117
從 117
徛 117
徧 117
喪 51
唽 52
圈 57
圉 57
國 57
埧 61
埿 62
培 62
埻 62
埶 62
堀 62
堋 62
埳 62
埤 63
埠 63
堇 63
埜 63
夠 69
缺 72
媄 76
娩 76
娶 77
婁 77
婓 77
娬 77
婘 77
婊 77
娼 77
婬 78
婑 78
婧 78
婚 78
媒 78
媟 78
婿 78
媛 78
嫏 79
媮 79
婹 79
媿 79
媪 80
孰 82
㲉 82
寂 85
鬲 563

十一画

倞 17
偏 17
偽 17
偆 17
偪 17
做 18
偃 18
偄 18
假 18
偋 18
傍 18
偝 18
側 18
郤 18
傀 18
偵 19
傁 19
僞 21
副 29
剝 30
剪 30
剬 30
剧 30
剘 30
創 30
剩 30
勖 33
匭 36
區 37
匿 37
厠 41
參 42
啚 50
啀 50
啅 50
啞 50
啍 50
啑 50
唫 51
啎 51
衰 437
衮 437
袚 437
被 438
袡 438
袘 438
袟 438
袙 438
覂 444
訑 450
豻 465
豺 465
財 467
貢 467
貤 467
赶 472
軏 481
軔 481
逑 491
連 491
逕 491
逌 491
途 491
逡 491
逢 491
邕 495
部 497
郭 497
郵 497
重 504
針 505
陳 524
陪 524
陸 524
陵 524
陼 524
陬 524
陭 524
陰 524
陶 525
雀 528
飢 548
飲 548
鬯 563
胸 375
脆 375
脈 375
脅 376
胷 376
脩 377
臭 382
致 383
舲 385
舐 385
苘 391
茫 393
荒 393
茷 393
荑 393
茜 393
茸 394
荏 394
草 394
茈 394
茱 394
茵 394
苗 394
荳 394
荃 395
茶 395
荅 395
茗 395
茯 395
茲 395
虒 421
蚤 423
蚊 423
蚋 423
蚧 423
蚡 423
蚣 423
蚌 423
蚏 423
蚝 424
蚩 424
蚉 424
蚕 424
袞 437
秤 315
秝 315
窅 321
窊 321
竚 323
竝 323
笇 324
笄 324
笓 325
粗 335
粆 335
粃 335
素 340
紌 340
紖 341
紘 341
紗 341
納 341
紟 341
紒 341
紝 342
紙 342
紩 342
紲 343
羔 357
罠 358
羖 360
牂 360
翅 362
狓 362
狆 362
狐 362
耆 366
耗 367
耽 368
聃 369
脉 372
能 374
胲 375
胰 375
脥 375
胯 375
脃 375

恖	126	壺	68	馗	553	豣	464	茸	396	稆	316	珋	273	淀	229
惲	126	斟	72	骫	558	豚	464	茝	396	窒	321	球	273	涫	229
惼	126	媢	78	彪	564	豽	466	葸	397	窕	321	珸	273	涼	229
愖	126	婈	78	鳥	570	責	468	莙	397	笵	325	琊	273	洴	229
惰	127	嫂	79	鹵	578	貫	468	莫	397	笛	325	現	273	淤	230
㥦	127	寍	85	鹿	579	貪	468	荊	397	笮	325	珵	273	淶	230
愇	127	寋	85			赧	471	茵	397	粋	335	琁	273	淯	230
愓	127	寔	85	十二画		跣	473	莊	398	粘	335	琪	276	淳	230
愒	127	寓	86			跌	474	莩	398	粗	335	甆	279	淡	230
愕	127	寑	86	傘	19	跁	474	荽	398	粣	336	甜	280	淒	230
愉	127	寓	86	傍	19	跀	474	荼	398	累	342	晐	283	淔	230
悖	127	寪	87	傠	19	軛	482	莖	398	絃	342	時	283	淋	230
愠	128	尊	88	傚	19	軟	482	荾	398	絆	342	略	283	減	230
惣	128	尌	88	傅	19	軝	482	莓	398	紱	343	痒	287	渝	231
愲	129	尋	88	傒	19	遏	492	莅	399	紼	343	痍	287	淖	231
戢	136	巷	95	傜	19	逸	492	荷	399	細	343	疱	287	混	231
扊	138	崷	96	傑	20	週	492	莞	399	絀	344	痌	287	淨	231
掔	151	崵	96	儁	22	進	492	虛	421	絝	344	痢	287	淦	231
掣	151	嵑	96	剩	31	鄁	498	蛋	424	缽	357	皴	293	淛	231
揆	151	嵔	96	剆	31	鄂	498	蚴	424	羛	360	皵	293	添	231
撝	151	嵒	97	勛	33	鄉	498	衅	435	羚	360	盖	294	淜	232
揍	151	嵓	97	募	33	鄗	498	術	436	翊	362	盛	294	淮	232
揲	152	嵏	97	博	38	鄈	498	衺	437	翌	362	眶	297	淄	232
揳	152	嵛	97	厥	41	鄎	499	袋	438	翍	362	䀿	297	湴	232
摡	152	徫	97	厦	41	酖	500	袷	438	聋	369	眴	297	渠	233
摒	152	巽	101	喜	51	酗	500	袾	438	聃	369	䀪	297	烹	250
揖	152	幂	103	喆	51	野	504	袈	439	脣	376	眥	297	焜	250
揚	152	幈	104	喑	51	釾	505	視	445	脫	376	眔	297	焊	250
揌	152	廋	108	喭	51	鈇	505	規	445	脚	376	睆	297	烱	250
揣	152	廂	108	喒	51	釶	505	觕	447	脛	376	䀹	298	烽	250
揵	152	廁	108	單	51	釦	505	觖	447	脞	376	硋	303	焉	250
揄	153	廆	109	喦	51	閉	519	觢	447	脬	377	硎	303	煮	251
揨	153	强	114	喌	52	閌	519	觝	447	脧	377	䂖	303	焫	251
揔	153	彭	115	喻	52	閑	519	舩	447	脟	377	硍	304	犉	262
揩	153	徦	117	喫	52	閒	519	訪	450	腃	377	硇	304	牾	262
搜	153	御	117	喬	52	隊	525	訝	450	舂	384	砦	304	猝	266
掔	153	復	118	嗞	53	陘	525	訧	450	舵	386	票	312	狷	266
搥	153	循	118	圌	57	隋	525	訣	450	舶	386	祳	312	猗	266
搓	154	惎	125	報	63	隁	525	訟	451	莐	396	祰	312	猇	267
搔	154	惌	125	堪	63	陿	525	許	451	荸	396	祸	313	猘	267
敊	163	惢	125	堧	63	隃	525	訛	451	荳	396	离	314	猥	267
敦	165	惠	126	堤	63	陴	525	訢	451	莆	396	秺	315	猪	267
敘	165	悳	126	堿	63	頃	541	谹	463	莤	396	秸	315	率	270
敳	165	惒	126	堡	64	飦	548	㪷	463	荴	396	移	315	琉	273

斌 167
斐 167
斯 168
曻 174
晳 175
景 175
啉 175
晻 175
晫 175
晷 175
晲 175
晬 175
智 175
暎 176
曾 178
期 179
朞 179
朝 179
棄 192
棄 192
棘 192
棊 193
棕 193
椀 193
棓 193
椁 193
棬 193
棒 193
棲 193
棱 193
椒 194
植 194
椓 194
棣 194
極 194
椒 194
棹 194
棍 194
棿 194
棉 195
棐 195
椰 195
椰 196
楪 196
椔 198
棻 207
欻 210
款 210
欹 210
欽 210
欿 210
歙 213
殙 215
殼 216
殽 216
毯 218
毳 218
毱 218
淼 231
淥 231
湠 232
湆 232
湑 232
湧 232
游 232
湊 233
湢 233
湮 233
湛 233
湧 233
湣 233
湝 234
渺 234
溫 234
渴 234
湌 234
湆 234
渝 234
湩 234
湶 234
溲 234
湲 235
淵 235
滋 236
湰 236
滑 237
準 237
焠 251
焴 251
焰 251
無 251
然 251
焦 251
煮 253
牋 259
牒 260
掌 261
犆 262
犇 262
犂 262
惣 262
猋 266
猒 266
猵 267
猶 267
猰 267
猱 268
猳 268
猨 268
猴 268
猫 268
琇 274
琗 274
琫 274
琙 274
琦 274
琖 274
琕 274
瓻 279
瓶 279
甦 281
甤 281
甯 281
畱 284
畯 284
畬 284
番 284
晦 284
疎 285
痌 287
痢 287
痠 288
痾 288
痙 288
登 291
皐 292
睋 298
喬 301
晢 304
硬 304
硶 304
确 304
裙 312
祼 312
税 315
稉 316
稍 316
稍 316
稃 316
窒 321
窗 321
竦 323
童 323
竢 324
筊 325
筓 325
策 325
筒 325
筌 326
答 326
筅 326
筍 326
粧 335
粥 335
粵 336
絧 343
絭 343
絜 343
絯 344
絨 344
絓 344
結 344
絙 344
絖 345
絏 345
絑 345
紙 345
綁 345
綏 346
絣 357
羢 361
羨 361
翔 362
翛 363
聑 369
胼 377
腓 377
臯 382
臮 383
胾 383
舃 384
舜 386
艴 387
舛 394
菹 399
落 399
菅 399
萃 399
菸 400
菫 400
菱 400
菆 400
菩 400
菥 400
菴 400
菡 400
菰 400
菽 400
菓 401
菎 401
萌 401
萵 401
菌 401
菲 401
菂 401
菊 401
葩 402
菇 402
菑 402
華 402
菉 404
菻 404
虘 421
蛮 424
蛘 424
蛙 425
蛚 425
蛸 425
蛔 425
蛧 425
蛞 425
蜥 425
蛗 425
蛑 429
衆 435
衇 435
街 435
衕 435
裁 439
裂 439
裌 439
裖 439
裙 439
覃 444
觝 447
觚 448
詠 451
訶 452
詞 452
詘 452
詑 452
詔 452
詢 452
詆 452
訴 453
詈 453
貀 466
貴 468
貯 468
貳 468
貽 469
赦 471
越 472
趁 473
趑 473
堂 474
跎 474
距 474
跌 474
跗 474
躭 481
軨 482
軫 482
軼 482
辜 486
辝 487
遊 492
遍 492
達 492
遐 493
逾 493
遑 493
遁 493
酏 500
酖 500
酢 500
酌 500
釉 504
量 504
鈀 505
鈔 505
鈆 506
鈞 506
釿 506
鉅 506
鉋 507
閒 519
閒 519
隘 525
隔 526
隙 526
隕 526
隑 526
隖 526
雇 528
雅 529
雁 529
集 529
雰 531
靴 536
靭 539
須 542
飪 548
飭 548
飫 548
飲 549
馭 554
骫 558
鬧 562
鳰 571
黑 583

十三画

亂 4
亶 7
傎 19
僉 20
僥 20
傭 20
傿 20
僧 20
僇 20
傯 20
僩 21
剷 31
剸 31
剿 31
勢 33
勣 34
㓞 40
詧 52
嗇 52
嗛 52
嗽 52
嗑 53
嗔 53
嗹 53
嗁 53
園 57
塗 64
塞 64
塋 64

郲	499	詳	453	萱	402	碰	305	煇	251	榛	197	愛	128	埣	64
鄌	499	誆	453	蒂	403	福	312	煢	252	楂	197	愈	129	塚	64
酭	501	誇	453	葴	403	禔	313	黏	252	楙	197	慉	129	填	64
酬	501	詵	453	葝	403	稟	316	煏	252	概	197	慊	129	堽	64
鉟	506	[illegible]	453	蔇	403	稡	316	煙	252	椵	197	愵	129	塊	64
鉏	506	詾	454	葭	403	稑	317	煐	252	楫	197	愷	129	塤	65
鉀	506	詻	454	萼	403	稜	317	煣	252	楞	197	愾	129	塢	65
鈴	506	誃	454	葳	403	稘	317	煖	252	楥	197	慯	129	[illegible]	69
鉄	507	訾	454	葛	403	稚	317	煬	252	椶	198	慍	130	奡	72
鉛	507	詹	454	蓌	403	窢	322	煆	253	椴	198	慠	130	嫛	79
鉑	507	詧	454	葅	404	窠	322	[illegible]	253	楖	198	與	134	嫄	79
閔	519	諍	456	葱	404	窩	322	煞	253	楀	198	戥	136	媳	80
閣	520	登	463	葥	404	筴	326	牏	260	楯	198	掔	153	媲	80
障	526	豥	464	葷	404	筩	326	牐	260	棗	198	搾	153	媾	80
隔	526	豤	464	葩	404	筋	326	犐	262	槎	198	搐	154	孳	82
[illegible]	526	貊	466	萬	404	筱	327	犍	262	榘	200	摧	154	孱	82
雍	529	貉	466	葆	405	筰	327	臭	267	歅	210	搤	154	寘	86
雋	529	豿	466	葰	405	粮	336	猿	268	歇	211	搆	154	嵩	97
雉	529	資	469	葯	405	粳	336	獂	268	歂	211	搽	154	嵬	97
雷	531	賈	469	[illegible]	405	粰	336	猺	268	[illegible]	215	[illegible]	154	嵞	97
雺	532	貲	469	虞	421	綠	345	獉	268	毀	216	搯	154	幏	104
靖	535	趍	473	蜋	425	綍	345	瑄	274	毷	218	搶	154	幎	104
靶	536	跡	475	蛷	425	綃	346	瑛	274	濱	235	搗	155	[illegible]	104
韵	541	跬	475	蜄	426	[illegible]	346	瑕	275	溟	235	搥	155	幌	104
[illegible]	542	跱	475	蜆	426	綉	346	瑨	275	[illegible]	235	[illegible]	155	幝	104
頑	542	跨	475	蜎	426	綖	346	[illegible]	278	滈	235	[illegible]	165	幹	106
頓	542	路	475	蜉	426	罪	358	甄	279	滃	235	[illegible]	166	廈	109
預	542	跢	475	蛾	426	義	361	畺	284	溓	235	斟	167	鴈	109
頌	542	跳	476	蜂	426	羣	361	畹	284	溯	235	暇	176	廒	109
頒	542	跃	476	蜀	426	巽	363	畸	284	溢	236	暐	176	廑	109
頎	543	跰	476	峻	435	耡	367	畷	285	溱	236	暌	176	彀	114
颯	546	船	481	裏	439	聘	369	痹	288	溥	236	暖	176	徬	118
餅	549	載	482	裘	439	肆	370	痼	288	滇	236	暒	176	微	118
[illegible]	549	較	483	裊	439	肅	371	痱	288	溼	236	會	178	徭	118
飼	549	輅	483	裶	440	脾	377	痵	288	溺	236	[illegible]	195	徯	118
飴	549	辟	487	裧	440	腸	378	盞	294	涵	236	楦	195	愙	126
飾	549	辠	487	裾	440	腮	378	盠	294	渻	237	榜	195	意	126
馯	554	農	488	覞	445	腨	378	睠	298	溫	237	楄	196	愧	127
馴	554	逯	493	覛	445	腠	378	睫	298	溪	237	楡	196	慈	128
閧	562	遡	493	觜	448	辞	385	睹	298	滄	237	椿	196	惷	128
鳬	570	遝	493	觟	448	菟	402	睬	298	溧	237	椹	196	愿	128
鳳	570	遨	494	觥	448	蓱	402	睪	298	溜	238	楪	196	惹	128
麂	579	遭	494	解	448	葓	402	睘	298	淃	238	楠	196	惡	128
		鄘	499	詨	453	落	402	碁	305	滿	239	楲	196	感	128
										煊	251			愍	128

十四画

僣 20
僱 20
僁 21
僖 21
僫 21
僎 21
僢 21
僑 21
凳 26
劃 31
劂 31
匱 36
厮 41
厭 41
叡 44
嘖 53
嘔 53
嗽 53
嘂 53
嘆 53
嗚 54
嘄 55
嘓 55
圖 57
塵 65
塼 65
塴 65
墄 65
塹 65
墟 65
墮 66
墻 67
壒 67
夢 69
奩 72
嫗 79
嫫 79
蔞 79
嫣 80
嫕 80
嫦 80
嫭 80
嫥 80
嫛 80
嬌 81
孵 82
廉 86
寧 86
寨 86
寠 86
寤 86
寢 87
寫 87
屧 91
嶅 97
嶄 97
嵸 98
嶲 98
嶃 98
幛 104
幘 104
幗 104
幕 104
幣 105
廣 109
廜 109
廙 109
廔 110
廐 110
廕 110
厲 111
弊 112
彰 116
愬 129
慇 130
愻 130
慞 130
慵 130
慓 130
慚 130
慬 130
慲 130
慽 131
慴 131
慢 131
憁 131
慘 131
慣 131
慖 133
慂 133
戧 137
搴 153
搘 155
摫 155
摶 155
摑 155
摲 155
摽 156
捲 156
摵 156
摛 156
摸 156
摢 156
摣 156
摑 156
摦 157
摧 157
搶 157
摠 157
摜 157
撊 158
摘 158
撤 158
撐 158
撑 158
撣 158
撲 158
摀 158
數 166
斡 167
斠 168
暝 176
暜 176
曄 177
暮 177
暱 177
暵 177
輣 178
朅 178
棃 195
槀 198
槊 198
榜 199
槁 199
構 199
槈 199
榎 199
榍 199
榯 199
榻 199
榥 200
榩 200
榿 200
槍 200
榭 200
榫 200
榤 200
槃 200
榛 202
横 204
歉 211
歌 211
歊 211
歍 211
歎 211
歰 214
殞 215
殼 216
毓 217
毺 218
滸 238
漩 238
滾 238
漾 238
漸 238
漂 238
演 238
漚 239
滲 239
漏 239
滷 239
滮 239
漼 240
滶 240
漖 240
潚 245
潨 245
熙 253
熔 253
熇 253
煽 254
熒 254
燊 254
熀 254
熻 254
熏 254
熯 254
熂 255
爾 259
牓 260
獐 269
猼 269
獵 269
瑛 274
瑴 275
璉 275
瑱 275
瑠 275
瑣 275
瑤 275
甍 285
疑 286
瘁 288
瘦 288
瘖 288
瘓 289
瘠 289
瘉 289
瘜 289
瘇 289
瘨 289
監 294
盡 294
睿 298
睾 299
睹 299
碌 306
碼 306
碁 306
碟 306
碶 306
碈 306
碢 306
磋 306
磁 306
禎 313
稫 317
稧 317
稰 317
稭 317
稱 317
稨 317
窬 322
豎 324
箸 327
箋 327
算 327
箇 327
箲 327
劄 327
箬 328
節 329
篸 330
粹 336
精 336
粺 337
綮 346
綦 346
絻 346
綻 347
綧 347
綣 347
綪 347
綫 347
綴 347
網 347
綵 347
綢 348
綯 348
維 348
綿 348
綼 348
緣 350
缾 357
翢 363
翟 363
耤 367
肇 371
膗 378
膝 378
膊 378
臺 383
舔 385
舓 385
舚 385
蓾 403
葂 404
蒲 405
蒙 405
蓁 406
蓋 406
蓐 406
蓄 406
蒸 406
蒠 406
蓛 407
蓌 407
蒯 407
蒦 407
蓕 407
蓧 407
蓨 407
蒐 407
蓖 408
蒒 408
蒓 408
蓼 408
蔭 410
蓽 410
蜱 426
蜜 427
蜇 427
蜈 427
蜈 427
蜯 427
蜨 427
蜮 427
蜡 427
蜙 428
蜾 428
蜱 428
蜚 428
蜹 428
蝶 429
褓 440
褎 440
褏 440
褕 440
觫 449
說 454
誇 455
誌 455
誚 455
豨 464
貍 466
賓 469
賒 469
趕 473
踁 476
躶 481
輔 483
辣 487
辢 487
適 493
遙 494
遞 494
鄰 499
酶 501
銙 507
銀 507
銑 507
銛 507
銤 507
銜 508
鋣 508
鋌 509
鉶 511
閨 520
閱 520
閤 520

誼	455
請	455
諸	455
諆	455
諔	455
諕	456
誷	456
諸	456
諗	456
論	456
調	456
諂	456
譖	456
諜	457
賡	469
賞	470
賬	470
賜	470
質	470
趣	473
踪	476
踠	476
踦	476
踐	476
踞	476
踏	477
踘	477
跢	477
輨	483
輛	483
輚	483
輪	483
輓	483
輞	484
輝	484
辤	487
導	494
遴	494
選	494
遝	495
鄴	499
鄶	499
醋	501
酸	501
艘	386
艓	386
蔆	408
蔏	408
蔗	408
蔍	408
蔰	408
蓴	408
蓺	409
蔪	409
蓾	409
蓳	409
蔕	409
蔚	409
蔓	410
蔮	410
蔑	410
蔘	410
蒎	411
蔔	411
蔗	411
蔡	411
蔽	412
薌	413
蝱	428
蝏	428
蝤	428
蝳	428
蝠	428
蝘	429
蝦	429
蝟	429
蝎	429
蝯	429
蝨	429
褒	440
褌	441
褀	441
褵	441
覢	445
覩	445
覤	446
觰	449
觱	449
稿	318
稺	318
稷	318
窯	322
賓	322
篇	327
範	328
箱	328
箴	328
箙	328
箭	328
篍	329
箏	329
篆	329
糑	337
糂	337
糊	337
糉	337
糇	337
緜	349
緧	349
練	349
緤	349
緝	349
緵	350
總	350
線	350
緥	350
緽	354
罷	359
罼	359
翦	363
翬	363
翨	363
翫	364
貗	364
耦	368
膭	378
膗	378
膊	378
膜	379
䳍	380
膇	380
臧	382
溢	241
潰	241
瀆	241
澂	242
潘	242
潙	242
漯	242
澓	242
澣	242
濈	243
熟	254
熭	254
熿	255
牗	260
犝	263
犡	263
犕	263
獘	269
獢	269
墪	275
璇	276
璁	276
瑿	276
璅	276
璡	277
甎	279
甊	280
瘠	289
皞	292
盤	294
瞀	299
瞑	299
瞋	299
睮	299
罿	299
穫	301
碻	306
磏	307
磝	307
磌	307
碾	307
磎	307
磝	307
稟	318
撚	159
撆	159
擒	160
擊	160
敺	166
暜	176
暴	177
曓	177
曄	177
樑	201
樟	201
槺	201
様	201
樗	201
樁	201
槷	201
槽	201
標	202
槬	202
樘	202
樝	202
榠	202
槾	202
樏	202
樊	202
槮	203
概	203
樸	203
歐	211
歔	212
毆	216
氂	218
潔	240
澆	240
潁	240
潟	240
潭	240
澇	240
澌	241
潮	241
潛	241
潦	241
潠	241
澄	241
衚	463
憮	105
廟	110
廥	110
廢	110
廠	110
廛	110
廡	110
徹	118
徵	118
徼	118
慶	131
慤	131
慹	131
慙	132
慼	132
慮	132
慠	132
憱	132
憢	132
憘	132
憓	132
憯	132
憛	132
憚	133
憣	133
憋	133
憰	135
戮	137
摩	155
搴	157
撎	157
撓	157
撢	157
撩	157
撜	158
撐	158
撑	158
撣	158
撲	158
撝	158
撍	158
撘	159
播	159
撟	159
十五画	
億	21
儃	21
儍	22
冪	25
凜	26
劇	31
劇	31
剩	31
劍	32
劉	32
勯	34
勮	34
勲	34
匳	36
厲	41
嬎	43
㘑	54
嘿	54
嘳	54
嘷	54
墪	65
墮	66
墡	66
增	66
墝	66
墱	66
墢	66
墺	66
墜	66
墨	67
墫	69
奭	72
寮	87
嶛	98
嶚	98
嶔	98
嶕	98
嶨	99
巤	100
幟	105
幡	105
隤	527
隫	527
隥	527
隩	527
隧	527
雒	529
需	532
靜	535
靤	536
鞛	536
鞢	536
䩜	536
鞂	537
鞀	537
鞍	537
鞇	537
鞗	537
韍	539
頪	543
頡	543
頠	543
領	543
養	549
餌	550
餉	550
駃	554
駗	554
駮	554
髤	560
髫	560
髡	560
髹	560
魂	564
魁	564
魡	565
鳿	570
鴍	570
鴂	570
鴈	570
鴇	571
鴒	571
麈	579
麽	582
齊	588

閽 520
闌 521
闆 521
隮 528
雔 530
雕 530
雔 530
霑 532
霔 532
黔 532
霏 532
霍 533
霓 533
醂 535
鞔 537
鞜 537
鞧 538
鞏 538
韓 540
鞘 540
頳 543
頻 543
頮 544
頟 544
頯 544
頹 544
餐 550
餢 550
餡 550
餠 550
䭃 550
餚 551
餧 551
餇 551
齝 553
駴 555
騂 555
駱 555
駮 555
骰 558
骿 558
髻 560
髭 560
親 446
縠 449
諠 457
諦 457
諺 457
諞 457
諮 457
諵 457
謂 458
謑 458
豫 464
豰 465
貗 466
貓 466
貒 467
貑 472
赬 472
蹂 477
踽 477
蹄 477
輭 484
輮 484
輶 484
輴 484
辨 488
辦 488
邁 495
鄹 499
醎 501
醓 501
醙 502
錠 509
錧 509
錟 510
錂 510
錯 510
錁 510
錫 510
錮 510
錚 510
錜 511
鍖 511
鎈 518
谿 351
絛 351
縪 352
罹 359
翮 364
翰 364
翱 364
耨 368
膜 379
膰 379
膔 379
膭 379
舉 384
舘 386
蔬 409
薅 411
蕅 411
蕫 411
蕊 411
蕛 412
蕁 412
蔬 412
蕢 412
蕞 412
蕃 412
蕤 413
蕉 413
蕕 413
虣 421
虢 421
蝨 429
螊 429
螘 430
螅 430
螣 430
螭 430
螢 430
褭 441
褢 441
褹 441
褶 441
褱 441
襂 442
襒 442
盧 294
盦 295
盥 295
瞋 299
瞢 299
瞖 300
瞯 300
磬 307
磏 307
磴 307
磜 307
確 308
磔 308
禫 313
禨 313
穈 318
穅 318
積 318
穮 318
穆 319
穌 319
窼 319
窻 322
窺 322
窺 323
窶 323
篣 329
篴 329
篛 329
篗 329
篠 330
篰 330
篹 330
簂 330
糖 337
糕 338
縁 348
縕 348
緼 349
縉 350
緣 350
縝 350
縐 351
樵 205
機 205
檕 205
檠 205
樴 206
檃 206
橊 208
歖 212
歕 212
歙 212
歛 212
歷 214
澷 242
濉 242
澱 242
濇 242
濊 243
澂 243
澧 243
澮 243
濒 245
熾 255
燉 255
熺 255
燂 255
燌 255
燎 255
燖 256
燈 256
燃 256
燋 256
熹 256
燄 256
燧 256
營 256
犞 263
獧 269
璚 276
璑 276
璣 276
甑 280
甒 280
瘭 289
瘥 289
瘻 290
戲 293
懀 105
懤 105
廩 111
廧 111
彊 114
徶 116
衡 118
憊 133
懀 133
憿 133
憑 133
憝 133
戰 137
摓 156
擅 159
擁 159
擂 159
擖 159
撤 159
擄 160
擗 160
據 160
操 160
擐 160
撽 160
敻 166
敻 166
曆 177
暨 177
暸 177
濼 203
燊 203
樽 203
橰 203
檖 204
樹 204
橝 204
橑 204
橛 204
橙 204
樸 205
檎 205
橇 205
橅 205
橋 205
魦 565
魯 565
魰 565
鮑 566
麃 579
麄 579
麛 580
麴 581
麩 581
麪 581
麾 582
黎 582
黓 583
黿 585
鼂 585
齌 589

十六画

儐 22
儘 22
劃 32
劑 32
勳 33
娩 43
噩 54
噫 54
噳 54
噣 54
噲 54
噭 55
嘯 55
壄 66
壅 67
壇 67
墽 67
嬝 81
嬗 81
嬐 81
學 82
寰 87
尷 90
巇 98
嶵 98
嶪 98
嶼 99
鋪 508
銷 508
銲 508
鋤 508
鋗 508
鋘 508
銙 509
鋖 509
銼 509
銹 509
錙 511
鬸 518
閹 520
閶 520
閱 520
閣 520
羂 520
險 527
震 532
霄 532
霉 532
靚 535
鞘 537
鞙 537
鞓 537
鞔 537
鞟 538
鞒 538
鞠 538
鞞 538
頷 543
頩 543
餈 549
餔 550
駝 554
駓 555
駔 555
駞 555
駈 555
骹 558
骱 558
髯 560
魄 564
魅 564
魭 565

穡 319
蹣 324
籍 330
篼 330
簋 331
簮 331
箸 331
簏 332
篽 332
簫 332
糧 338
織 354
繖 355
繢 355
繑 355
緖 355
纗 356
罇 357
罾 359
羂 359
翻 365
職 369
聶 370
臏 380
臑 380
藻 415
藁 415
藃 415
藉 415
藍 415
薾 415
薹 416
藏 416
蘘 416
藐 416
藳 416
藒 416
薰 416
蟞 431
蟮 431
蟛 431
蟣 431
蟖 431
蟨 432
蟫 432
巂 99
巇 105
懕 134
懇 134
懬 134
懱 134
擘 161
擪 161
播 161
擂 161
擺 161
擽 161
旛 170
旜 170
檾 206
櫂 207
櫡 207
檦 207
櫎 207
樓 207
歸 214
毉 216
濡 244
瀆 244
濼 245
瀦 245
燿 256
燻 257
燾 257
爌 257
獱 269
獵 269
璸 277
璲 277
璿 277
瞿 280
癕 290
癉 290
癘 290
薎 300
礌 308
礔 308
礉 308
礚 309
謯 313
餫 551
餵 551
餱 551
馘 553
餞 554
騑 555
駿 556
髖 558
鬆 560
鬈 561
鬴 563
魋 565
鮺 566
鮫 566
鴐 572
鴻 572
鵓 572
鵁 572
鵄 572
鵜 573
鵛 573
鵙 573
鵠 573
鵝 573
鵌 573
麿 580
麯 581
黏 582
黛 583
黻 584
齋 588
齔 589
龠 592

十八画

儭 22
儵 22
嚥 55
嚙 55
嚜 55
壙 68
壘 68
嬻 81
屩 91
蹳 478
蹏 478
蹛 479
蹕 479
輾 484
轄 484
轃 485
轅 485
辥 488
邈 495
鄺 499
醡 502
醢 502
醯 502
醜 502
鋆 509
鉼 510
鏺 511
鍦 511
鍊 511
鍼 511
錘 511
錨 511
鍔 512
鍉 512
鍰 512
鍾 512
鍃 512
鍛 512
鎪 512
鎚 512
鍤 512
鏊 513
隸 528
霚 533
霧 533
霬 533
鞦 538
鞺 541
額 544
頤 544
顆 544
翮 544
罷 547
膽 380
臈 380
蘆 411
薄 413
蕼 413
薜 414
薤 414
薦 414
蘋 414
薉 414
蕗 414
薐 414
蕹 414
薆 415
螱 430
蝱 430
蟲 430
蟦 430
蟒 430
蠍 431
螺 431
蟌 431
襃 441
襊 442
襆 442
襍 442
覲 446
謔 458
謙 458
謚 458
講 458
謘 458
謋 458
謊 458
謝 459
謕 459
謦 459
谿 463
貕 465
豳 465
貌 467
赯 472
蹇 478
蹎 478
蹋 478
癄 290
盪 295
盭 295
瞬 300
磷 308
磴 308
磿 308
穉 319
穟 319
穗 319
窺 323
頦 324
簃 330
簁 331
簉 331
簿 331
簡 331
糠 338
糞 338
糝 338
糙 338
縻 351
縶 351
縹 351
縺 352
繆 352
縸 352
縷 353
縵 353
縿 353
總 353
縰 354
縱 354
繅 354
罄 357
翳 364
蓊 365
翼 365
耬 368
聳 369
臆 379
膻 379
臃 379
膿 380
臉 380
懃 134
懜 134
戲 137
擎 160
擯 160
擿 161
擩 161
擥 161
擫 161
斁 166
斃 166
斣 168
斶 168
嘸 177
橚 204
檍 206
檥 206
檡 206
檐 206
檗 206
歜 212
歟 212
歗 212
氈 218
濡 243
濫 243
澀 244
濬 244
濕 244
濰 244
瀁 244
濲 244
濭 244
濻 244
燦 256
爵 259
犪 263
獲 269
璗 276
甓 280
甑 280
癅 290
療 290
瘴 290
闈 562
鮌 565
魼 565
鮔 566
鴈 570
鴨 571
鴞 571
鴿 571
駕 571
鵂 571
鴟 571
鴥 572
鴖 572
截 572
麇 579
䴵 581
默 583
齓 589
龍 591
龜 592

十七画

勵 34
匵 36
嚐 55
嚮 55
壍 67
壖 67
壙 67
壛 67
嬰 81
嬭 81
孺 82
業 98
對 99
嶺 99
嶋 99
嶽 99
幫 105
幭 105
彌 114
彍 114
徽 119
懋 134
懨 134

蘂 418
藡 418
藿 418
蘁 418
蘧 418
蘋 418
蘭 419
蠆 433
蠙 433
蠘 433
襭 442
襪 442
觷 449
譩 461
譟 461
譍 461
譱 461
警 461
譤 461
警 461
豑 463
贍 470
躁 480
轖 486
轚 486
轝 486
鄰 499
鄿 500
醴 503
醳 503
釋 504
鐘 514
鐓 515
鐏 515
鏌 515
鐩 515
鐃 515
鏸 515
鐈 515
鏹 515
鐙 516
鐀 516
鐖 516
霔 533
霰 534
嚳 40
壠 68
壤 68
孃 81
孅 81
懯 135
懸 135
攓 162
攘 162
櫌 207
櫰 208
櫱 208
欄 208
隳 209
瀷 245
瀰 245
瀹 246
瀿 246
瀸 246
爐 257
爛 257
璺 277
瓌 277
盭 295
矲 302
礧 309
礪 309
礨 309
穭 320
籍 333
籑 333
籌 333
籥 333
糯 338
糲 338
繻 356
纏 356
罌 357
罍 358
翿 365
耀 365
臚 381
藻 418
藼 418
藹 418
韜 540
韠 540
韝 540
韻 541
颼 546
颽 546
颿 546
飂 546
飀 546
饇 552
饗 552
騙 556
騣 556
髇 558
髆 559
鶩 559
鬍 561
鬆 561
鬅 561
鬉 561
鯨 567
鯖 567
鶄 573
鵡 574
鵲 574
鶉 574
鵬 574
鶀 574
鶃 574
鶇 575
麛 580
麗 580
麴 581
黣 583
鼃 585
鼁 585
鼀 585
鼩 587
齍 588
齗 589
龐 591

二十画

匶 36
藝 417
藟 417
藪 417
蘊 417
藥 418
蠃 432
螌 432
蟻 432
蠕 432
蟷 432
蠍 432
蠏 432
覈 444
識 459
譤 459
譸 459
譋 460
譓 460
譆 460
譚 460
證 460
譌 460
譕 460
譑 460
譙 460
趫 473
趭 473
蹷 479
蹴 479
蹶 479
蹼 480
蹬 480
蹌 480
蹻 480
軃 481
轔 485
轑 485
轎 485
邊 495
醮 502
鏖 514
鏢 514
鏤 514
鏷 514
鍚 515
爓 257
爆 263
獲 269
璽 277
瓃 277
璨 277
疇 285
癩 290
矆 300
矊 300
矱 302
礝 308
礛 309
礙 309
礦 309
簿 332
簵 332
簫 332
篆 332
簬 332
簽 333
簷 333
簾 333
糲 338
繵 355
繮 355
繰 355
繹 355
繡 355
繭 355
繪 356
羅 357
羃 359
羶 361
翻 365
臕 380
臏 381
臘 381
臟 381
艶 387
藙 416
藷 416
藶 417
藕 417
鮺 566
鰌 567
鰈 567
鷀 573
鶉 573
鶡 574
鴛 574
鵾 575
麐 580
麑 580
麵 581
麰 581
黿 585
鼖 586
鼩 587

十九画

嚬 55
壟 68
壚 68
孼 82
寶 87
寵 99
廬 111
懵 134
攘 162
攉 162
攔 162
攕 162
檾 166
曝 178
曣 178
櫑 208
櫓 208
櫋 208
櫃 208
櫚 208
歠 212
瀝 245
瀯 245
瀲 246
燋 257
爍 257
闞 521
闛 521
隸 528
雚 530
雜 530
雗 530
巂 530
雞 530
雛 530
離 531
難 531
霣 533
霢 533
霤 533
霧 533
鞴 538
鞹 539
鞳 539
鞵 539
額 544
題 545
顒 545
顎 545
顓 545
顗 545
類 545
顛 545
飄 546
餮 551
餐 551
餻 551
餼 551
餾 552
饈 552
饉 552
餽 552
騷 556
騧 556
髏 558
鬄 561
鬻 563
魏 564
魎 564
鯊 566
鯁 566
鯀 566
蟲 432
蠉 433
衞 436
襢 442
襟 442
覆 444
覷 446
覲 446
覰 446
覻 446
覸 446
觵 449
譃 459
謭 459
謾 459
謬 459
貗 465
蹔 478
蹷 478
蹢 478
蹟 478
蹙 479
蹝 479
蹤 479
蹵 479
蟄 485
轊 485
辯 488
醩 502
醫 502
盩 504
鎋 513
鎌 513
鎰 513
鎛 513
鏈 513
鎮 513
鎒 513
鎖 513
鎣 513
鎗 514
鏠 514
鎞 514
鏊 514

蘿 420
虀 420
虈 420
蠼 435
讉 462
讓 462
讙 462
讚 463
豔 464
貛 465
貜 467
躙 480
躖 480
躤 480
躧 481
釃 503
鑺 518
钃 518
鑾 518
韊 539
顱 545
䬍 547
饠 553
饚 553
髗 559
鱩 569
鱺 569
鸓 577
鸛 577
鸕 578
鸐 578
鸛 578
鸜 578
鸝 578
鸞 578
齽 591
龤 592
龥 592

礹 310
艷 387
蠹 435
讓 462
贛 471
醾 503
鑩 517
鑪 517
鑴 518
靈 534
靃 535
韤 540
顰 545
䬙 547
饕 562
鬣 562
鱣 569
鱷 569
鱠 569
鷺 577
鷸 577
鸒 577
鹼 579
鼈 585
軆 586
鼸 587
齆 588
齳 590
齶 591

二十五画以上

廳 41
圞 58
攍 83
彠 115
欙 209
矙 300
籯 334
籰 334
糷 339
繫 339
纚 356
臠 382
虌 420
虋 420

蠨 434
蠱 434
讒 462
覿 471
轠 486
鑣 517
鑼 517
鑠 517
鑯 517
鑽 518
靁 534
韤 539
韾 540
顴 541
饜 553
贏 557
驛 557
髕 559
鬠 562
鱓 569
鷉 576
鷤 577
麡 582
黰 584
黴 584
鼈 585
鼸 587
鼴 587
鼶 587
齃 587
齰 590
龔 591

二十四画

劙 32
囓 56
廳 111
攩 163
攬 163
欞 209
欗 209
爥 258
瓛 278
癱 291
矙 300

讕 462
贗 470
躓 480
醼 503
鑒 516
鑒 516
鑑 517
鑛 517
鐵 517
饟 553
髓 559
鬢 561
鬸 563
鬻 563
鰿 569
鱉 569
鱸 569
鷗 576
鷲 576
鷮 577
鷴 577
麷 582
黐 583
黱 584
鼲 587
齫 590
龓 591
龕 592
龢 592

二十三画

儳 22
巖 99
攣 163
欑 209
欒 209
灤 247
爢 258
爛 258
禷 313
籖 334
籥 334
羈 359
蘽 420
蠲 434

鷊 576
鶾 576
鷄 576
鶬 576
鷈 576
鹻 578
贏 381
黮 584
黯 584
鼇 585
鼱 586
齎 589
齧 590
齩 590
齦 590
龝 592

二十二画

劚 32
孌 81
孿 83
巔 99
彲 116
懿 135
戳 137
麤 155
攡 162
權 209
歡 213
灊 246
灑 247
獿 270
疊 285
穰 320
穪 320
糴 339
聽 370
臞 381
蘵 420
蘸 420
蘬 420
蠁 433
蠪 434
蠭 434
讌 462

蠱 433
蠨 433
蠡 434
襯 443
襱 443
襴 443
覽 446
覼 446
譹 461
讁 461
譸 462
贖 470
躑 480
轛 486
辯 488
醻 503
鐮 516
鐵 516
鏽 516
鐻 516
鑐 517
霮 534
霧 534
露 534
韣 536
韣 539
韽 541
顛 545
颼 547
飉 547
飜 548
驅 557
驌 557
騾 557
髐 559
魖 568
鰧 568
鰟 568
鰣 568
鰾 568
鰲 568
鰑 568
鰫 568
鶿 575
鶯 575
鶴 575

二十一画

囂 56
囐 56
屬 91
廱 111
懼 135
懾 135
㦻 135
懽 135
攝 162
攙 162
攜 162
攤 163
斅 166
櫱 206
櫾 209
灄 246
灉 246
灇 246
灘 246
灑 247
獾 270
瓖 277
瓥 278
癩 291
矐 292
礔 309
礲 310
礉 310
籑 333
籧 334
籤 334
纍 356
罍 358
羇 359
耰 368
贏 381
艪 386
蘭 419
蘗 419
蘠 419
蘞 419
蘦 419
蘖 419
蠢 433

霱 534
霸 534
醺 536
韲 540
飆 547
飇 547
饐 552
饋 552
饗 552
饘 552
騫 556
驄 556
騮 557
騶 557
髍 559
髖 559
鬘 561
鬮 562
鯿 567
鰉 567
鰋 567
鰕 567
鯷 567
鰐 567
鰍 568
鶹 574
鷨 574
鶗 575
鶡 575
鷔 575
鯸 575
麚 580
麛 581
麵 581
麧 582
黨 583
黥 584
齀 586
齛 589
齟 589
齡 590
齝 590
齚 590
齠 590

增廣通假字筌音序目録

A a

āo 爊 257
áo 翱 364
áo 磝 307
áo 嗷 52
áo 嗸 52
áo 敖 165
áo 嶅 97
áo 廒 109
áo 聱 559
áo 鰲 568
áo 謷 459
áo 遨 494
áo 鼇 585
áo 麈 514
ǎo 袄 437
ǎo 拗 143
ǎo 媪 80
ào 鏊 514
ào 慠 130
ào 嶴 99
ào 奡 72
ào 墺 66
ái 捱 149
ǎi 藹 418
ǎi 靄 533
ǎi 濭 244
ài 愛 128
ài 悉 120
ài 壒 67
ài 硋 303
ài 碍 305
ài 礙 309
ài 艾 388
ài 隘 525
ài 薆 415
ān 鵪 574
ān 盦 295
ān 庵 108
ān 鶕 577
ān 鞍 537
ān 豻 465
án 犴 263
ǎn 匽 37
ǎn 晻 175
àn 闇 520
àn 桉 188
àn 案 187
àn 岸 92
áng 印 39
àng 醠 502
àng 醆 500
àng 瓮 279

B b

bā 八 24
bā 吧 46
bā 扒 139
bā 捌 147
bā 芭 389
bá 茇 390
bá 犮 263
bǎ 把 140
bà 垻 61
bà 欛 209
bà 罷 359
bà 鑼 517
bà 跁 474
bà 霸 534
bà 靶 536
bāo 勹 34
bāo 包 35
bāo 胞 373
bāo 苞 392
bāo 褒 440
bāo 襃 441
bǎo 鴇 571
bǎo 葆 405
bǎo 褓 440
bǎo 瑶 273
bǎo 緥 350
bǎo 堡 64
bǎo 寶 87
bǎo 呆 45
bǎo 保 14
bào 報 63
bào 抱 142
bào 暴 177
bào 鉋 507
bào 鮑 566
bào 虣 421
bái 白 291
bǎi 捭 151
bǎi 擺 161
bǎi 佰 12
bài 拜 143
bài 擇 156
bài 粺 337
bài 韛 540
bān 辩 488
bān 班 272
bān 朌 372
bān 扳 141
bǎn 坂 59
bǎn 板 183
bǎn 鈑 549
bǎn 版 259
bǎn 粄 335
bàn 湴 232
bàn 絆 342
bàn 靽 536
bàn 辦 488
bāng 帮 103
bāng 幫 105
bǎng 榜 199
bǎng 膀 260
bǎng 綁 345
bàng 棒 193
bàng 棓 193
bàng 蚌 427
bō 袯 437
bō 剝 30
bō 播 159
bō 缽 357
bō 波 224
bó 泊 225
bó 浡 228
bó 爆 263
bó 爬 278
bó 侼 13
bó 伯 12
bó 勃 33
bó 博 38
bó 教 165
bó 篿 331
bó 柏 186
bó 鑮 518
bó 鎛 513
bó 駁 554
bó 駮 555
bó 髆 559
bó 薄 413
bó 葧 396
bó 鉑 507
bó 膊 378
bǒ 尯 89
bò 檗 206
bò 蘗 419
bēi 陂 523
bēi 卑 38
bēi 庳 108
bēi 杯 182
bēi 桮 185
bēi 栢 191
bēi 盃 293
bēi 痺 288
běi 北 35
bèi 悖 123
bèi 憊 133
bèi 棏 191
bèi 偝 18
bèi 倍 15
bèi 背 372
bèi 犕 261
bèi 碚 305
bèi 誖 455
bèi 貝 467
bèi 邶 496
bèi 鄁 498
bèi 被 438
bēn 犇 262
bēn 奔 71
bèn 体 10
bèn 坌 60
bēng 伻 10
bēng 崩 96
bēng 祊 310
běng 琫 274
běng 鞛 537
bèng 堋 62
bèng 塴 65
bèng 跰 476
bèng 迸 492
bī 鎞 514
bī 偪 17
bǐ 彼 11
bǐ 啚 50
bǐ 朼 180
bǐ 柀 185
bǐ 比 217
bǐ 秕 314
bǐ 粃 335
bì 痹 288
bì 糒 337
bì 綼 348
bì 縪 352
bì 罼 359
bì 毖 217
bì 湢 233
bì 煏 252
bì 獘 269
bì 坒 58
bì 坒 60
bì 悲 121
bì 幣 105
bì 弊 112
bì 斃 166
bì 脾 376
bì 胇 373
bì 賁 468
bì 蹕 479
bì 蔽 412
bì 萆 402
bì 蓖 408
bì 薜 414
bì 蓽 410
bì 韠 540
bì 閉 519
biāo 飆 547
biāo 鑣 517
biāo 鏢 514
biāo 臕 380
biāo 滮 239
biāo 猋 266
biāo 穮 318
biāo 標 202
biǎo 婊 77
biǎo 表 436
biān 鯿 567
biān 猵 267
biān 稨 317
biǎn 藊 416
biǎn 咼 384
biǎn 惼 126
biǎn 扁 138
biàn 弁 112
biàn 徧 117
biàn 拚 143
biàn 昪 173
biàn 便 13
biàn 汴 223
biàn 汳 222
biàn 釆 503
biàn 遍 492
biàn 辯 488
biàn 晉 453
biàn 辨 488
biē 鼈 585
biē 鱉 569
bié 襒 442
bié 莂 397
bié 憋 133
biě 蹩 479
bīn 份 9
bīn 斌 167
bīn 瀕 245
bīn 豳 465
bīn 賓 469
bīn 邠 496
bìn 髕 559
bìn 鬢 562
bìn 髩 560
bìn 臏 380
bìn 儐 22
bìn 擯 160
bīng 冫 25
bìng 并 106
bǐng 昞 173
bǐng 柄 185
bǐng 琕 274
bǐng 稟 316
bǐng 邴 496
bǐng 鉼 581
bǐng 餅 510
bǐng 鞞 538
bìng 竝 323
bìng 倂 18
bìng 摒 152
bìng 並 2
bū 餔 550
bù 部 497
bù 餢 550
bù 韛 538
bù 佈 10
bù 埠 63
bù 怖 120
bù 步 213
bù 篰 330
bù 簿 332
bùo 瓟 278

C c

cāo 操 160
cáo 槽 201
cǎo 艸 387
cǎo 草 394
cào 鄵 499
cái 材 181
cái 才 138
cái 財 467
cái 裁 439
cǎi 寀 85
cǎi 彩 115
cǎi 採 150
cǎi 睬 298
cǎi 綵 347
cǎi 采 504
cài 蔡 411
cān 餐 550
cān 湌 234
cán 慚 130

chuò 娖 76
chuò 逴 117
chuò 惙 125
chuò 辵 489
chuò 歠 212
chuò 㲋 267
chuī 龡 213
chuí 甀 279
chuí 捶 150
chuí 垂 61
chuí 鎚 512
chuí 錘 511
chūn 輴 484
chūn [illegible] 481
chūn 杶 182
chūn 椿 196
chūn 櫄 207
chūn 萅 400
chún 鶉 573
chún 蒓 408
chún 脣 376
chǔn 惷 128
chǔn 蠢 433
chǔn 偆 17

D d

dā 搭 159
dá 荅 395
dá 妲 74
dá [illegible] 126
dá 達 492
dá 答 326
dà 羍 302
dà 大 70
dǎo 島 94
dǎo 擣 155
dǎo 隝 526
dào 到 28
dào 稻 319
dào 燾 257
dào 翿 363
dài 玳 272
dài 殆 215
dài 汏 220
chí 坻 60
chí 弛 113
chǐ 恥 123
chǐ 扡 139
chì 勅 33
chì 斥 168
chì 湁 230
chì 熾 255
chì 敕 165
chì 翄 362
chì 翍 362
chì 翅 362
chì 翨 363
chì 飭 548
chì 鶒 574
chì 赤 471
chū 出 26
chū 樗 201
chú 耡 367
chú 鉏 506
chú 鋤 508
chù 畜 283
chù 絀 344
chù 滀 235
chù 歜 212
chù 豖 447
chù 豖 447
chù 怵 120
chù 屬 168
chù 搐 154
chuǎi 揣 152
chuān 巛 100
chuān 川 100
chuán 圌 57
chuǎn 歂 211
chuǎn 僢 21
chuàn 串 2
chuāng 窗 321
chuāng 囪 57
chuāng 戧 137
chuāng 創 30
chuāng 刅 27
chuáng 床 107
chuáng 幢 105
chuàng 刱 28
chěn 鍖 511
chèn 趻 473
chèn 疢 290
chèn 趁 473
chèn 䞋 471
chèn 齔 589
chèn 齓 589
chèn 襯 443
chèn 儭 22
chēng 稱 317
chēng 竀 323
chēng 赬 472
chēng 頳 543
chēng 撐 158
chēng 橕 202
chéng 丞 2
chéng 承 141
chéng 朾 180
chéng 椉 192
chéng 橙 204
chéng 澄 241
chéng 澂 242
chéng 珵 273
chéng 趟 474
chéng 郕 497
chéng 成 136
chěng 撐 158
chèng 牚 261
chèng 称 315
chī 离 313
chī 喫 52
chī 攡 163
chī 彲 116
chī 蚩 424
chī 螭 430
chī 鴟 571
chī 鵄 572
chī 鴟 572
chī 齝 590
chī 黐 583
chí 謘 458
chí 䶵 592
chí 箎 324
chí 池 220
chí 茌 394
chí 傂 16
chāng 倡 16
chāng 娼 77
chāng 昌 171
chāng 閶 520
cháng 嚐 55
cháng 嫦 80
cháng 常 103
chǎng 廠 110
chǎng 昶 172
chǎng 鬯 563
chōu 搊 155
chōu 紬 348
chóu 疇 285
chóu 幬 105
chóu 雔 530
chóu 醻 503
chóu 讎 462
chóu 酬 501
chǒu 醜 502
chǒu 丑 1
chōng 䡴 533
chōng 坤 59
chōng [illegible] 31
chōng [illegible] 135
chōng 摏 155
chōng 翀 362
chōng 舂 384
chōng [illegible] 378
chōng 衝 436
chóng 蟲 432
chóng 崈 94
chǒng 堹 89
chè 硩 304
chè 掣 151
chè 坼 60
chè 屮 91
chè 徹 118
chēn 瞋 299
chén 愖 126
chén 塵 65
chén 抌 150
chén 莐 396
chén 陳 524
chén 辰 488
chěn 踸 473
chā 臿 384
chā 差 100
chā 扠 139
chá 扱 139
chá 查 185
chá 槎 198
chá 檫 202
chá 楂 197
chá 茶 395
chá 詧 454
chà 侘 12
chà 岔 92
chà 奼 73
chà 姹 75
chāo 抄 140
chāo 鈔 505
cháo 謿 460
cháo 鼂 585
cháo 晁 174
cháo 樔 203
cháo 潮 241
chǎo 炒 248
chǎo 煼 254
chào 摷 150
chāi 拆 143
chái 柴 190
chái 豺 465
chǎi 茝 396
chān 幨 105
chān 梴 192
chán 僝 18
chán 儃 21
chán 廛 110
chán 厘 40
chán 孱 82
chán 攙 162
chán 鄽 499
chán 繵 355
chán 纏 356
chǎn 讇 462
chǎn 諂 456
chǎn 剗 29
chǎn 剷 31
chàn 裧 440
chàn 摲 155
cì 朿 180
cì 蛓 424
cū 麄 579
cū 麤 579
cū 粗 335
cú 徂 116
cù 促 14
cù 憱 132
cù 猝 266
cù 蹵 478
cù 蹴 479
cù 醋 501
cuán 欑 209
cuō 磋 306
cuó [illegible] 215
cuó 鄼 499
cuò 莝 398
cuò 蓌 407
cuò 銼 509
cuò 錯 510
cuò 搓 154
cuò 措 149
cuò 剉 29
cuò 剒 29
cuò 厝 40
cuò 挫 147
cuī 摧 157
cuī 磪 308
cuǐ 漼 240
cuì 琗 274
cuì 粹 336
cuì 稡 316
cuì 膬 379
cuì 脆 375
cuì 脃 375
cuì 倅 15
cuì 毳 218
cuì 焠 251
cuì 襊 442
cuì 萃 399
cuì 顇 544
cūn 村 181
cūn 壿 69
cǔn 忖 119
chā 鍤 512
cán 慙 132
cán 戔 136
cǎn 慘 131
cǎn 憯 132
cǎn 瘮 290
càn 燦 256
cāng 倉 14
cāng 滄 237
cāng 鶬 576
cáng 藏 416
còu 湊 233
còu 揍 151
cōng 忩 120
cōng 怱 121
cōng 悤 125
cōng 鏓 512
cōng 璁 276
cōng 蟌 431
cōng 葱 404
cóng 从 7
cóng 從 117
cóng 潨 242
cóng 灇 246
còng 憁 131
cè 側 18
cè 廁 41
cè 墄 65
cè 策 325
cè 筴 326
cè 粣 336
cēn 篸 330
cī 髊 558
cí 詞 452
cí 辝 487
cí 辤 487
cí 餈 549
cí 甆 279
cí 磁 306
cí 辞 385
cí 慈 128
cǐ 泚 226
cì 刺 28
cì 庛 108
cì 瓷 279
cì 賜 470

fēi 霈 547	fá 吙 46	é 睋 298	dù 蠹 435	diān 巔 99	dǒng 董 411	dài 怠 121
fēi 非 535	fá 伐 9	é 鵝 573	duān 耑 367	diān 掂 148	dòng 峒 94	dài 袋 438
fēi 裶 440	fá 傠 19	é 頟 543	duān 剬 30	diān 瘨 289	dòng 迵 490	dài 隸 528
féi 腓 377	fá 墢 66	é 額 544	duàn 椴 198	diān 佔 11	dé 得 117	dài 隶 528
féi 痱 288	fá 垡 61	é 訛 451	duàn 煅 253	diān 滇 236	dé 悳 126	dài 黱 584
fěi 斐 167	fá 茷 395	é 譌 460	duàn 段 215	diān 蹎 478	dēng 登 291	dài 黛 583
fěi 棐 195	fǎ 法 224	é 蛾 426	duàn 鍛 512	diàn 洵 229	dēng 燈 256	dài 鈦 505
fěi 匪 36	fǎ 灋 246	è 詻 454	duó 韣 539	diàn 淀 229	dēng 鐙 516	dài 逮 493
fěi 蜚 428	fān 番 284	è 萼 403	duó 掇 149	diàn 澱 242	dēng 豋 463	dài 迨 489
fěi 菲 401	fān 憣 133	è 齶 591	duǒ 朵 180	diàn 玷 271	děng 戥 136	dài 蹛 479
fèi 蕟 417	fān 幡 105	è 鰐 567	duǒ 軃 481	diàn 刮 27	dèng 墱 66	dān 酖 500
fèi 葩 402	fān 帆 101	è 鱷 569	duò 袳 440	diàn 坫 60	dèng 隥 527	dān 聃 369
fèi 鸗 563	fān 飜 548	è 鶚 587	duò 跢 475	diàn 店 138	dèng 蹬 480	dān 耽 368
fèi 剕 30	fān 旛 170	è 陒 522	duò 柁 184	diē 跌 474	dèng 磴 308	dān 耼 369
fèi 廢 110	fān 翻 365	è 阨 522	duò 墮 80	dié 諜 457	dèng 凳 26	dān 甔 280
fèi 杮 182	fán 膰 379	è 顎 545	duò 墯 66	dié 迭 489	dī 堤 63	dān 勯 34
fèi 攢 158	fán 瀿 246	è 鍔 512	duò 憜 66	dié 褶 441	dī 鍉 512	dān 妉 73
fèi 芾 388	fán 樊 202	è 鄂 498	duò 惰 127	dié 蜨 427	dí 笛 325	dān 單 51
fèi 濆 241	fán 蕃 412	è 軛 482	duò 舵 386	dié 蝶 429	dí 篴 329	dǎn 膽 380
fèi 沸 264	fán 覃 444	è 厄 40	duò 沲 225	dié 胾 383	dí 籴 334	dǎn 癉 290
fēn 雰 531	fán 颿 546	è 咢 48	duí 搥 153	dié 胅 373	dí 翟 363	dǎn 撣 158
fēn 鳻 571	fán 䪛 541	è 啞 50	duì 對 99	dié 疊 285	dí 狄 264	dǎn 亶 7
fēn 饙 552	fǎn 反 43	è 噩 54	duì 憝 132	dié 碟 306	dí 蔐 408	dǎn 黕 584
fēn 餴 550	fàn 范 389	è 愕 127	duì 碓 305	dié 牒 260	dí 魡 565	dàn 蛋 424
fén 燌 255	fàn 笵 325	è 掟 143	duì 鐓 515	dié 剿 30	dǐ 氐 219	dàn [illegible] 534
fén 岎 92	fàn 範 328	è 扼 140	duì 隊 525	dié 惵 126	dǐ 邸 496	dàn 嚪 55
fén 隫 527	fàn 泛 222	è 戹 137	duì 譈 459	dīng 丁 1	dì 弟 113	dàn 憺 133
fén 蕡 586	fàn 汎 220	è 搤 154	dūn 敦 165	dìng 矴 302	dì 墬 66	dàn 憚 133
fén 頒 542	fāng 邡 495	ér 眲 297	dūn 墪 65	dìng 碇 305	dì 坔 62	dàn 膻 379
fén 羵 582	fāng 坊 58	ér 栭 189	dūn 燉 255	dìng 定 83	dì 帝 102	dàn 淡 230
fén 蚠 424	fāng 枋 182	ěr 尔 88	dùn 沌 221	dìng 錠 509	dì 蒂 403	dàn 澹 243
fén 蚡 423	fáng 魴 568	ěr 尒 88	dùn 囤 56	dìng 鋌 509	dì 蔕 409	dàn 癉 290
fèn 糞 338	fǎng 訪 450	ěr 珥 272	dùn 遁 493	dū 螙 429	dì 遰 494	dāng 蟷 432
fèn 棻 207	fǎng 昉 171	ěr 耳 368	dùn 遂 493	dú 蝳 428	dì 諦 457	dǎng 黨 583
fèn 膹 379	fǎng 旊 169	ěr 而 366	dùn 遯 494	dú 牘 381	dì 棣 194	dǎng 党 23
fēng 烽 250	fǎng 瓬 168	ěr 毦 217	dùn 頓 542	dú 嬻 81	dì 旳 171	dàng 宕 83
fēng [illegible] 255	fǎng 瓬 278	ěr 爾 259		dú 匵 36	dì 杕 181	dàng 愓 127
fēng 峯 94	fàng 放 164	ěr 餌 550	E e	dú 瀆 244	diāo 彫 115	dàng 璗 276
fēng 蜂 426	fó 佛 10	ěr 薾 415		dú 藚 411	diāo 凋 26	dàng 盪 295
fēng 蠭 434	fó 岪 93	èr 貳 468	ē 阿 522	dǔ 覩 445	diāo 鵰 574	dōu 篼 330
fēng 酆 500	fǒu 缻 279		ē 婀 77	dǔ 睹 298	diāo 雕 530	dǒu 㪷 167
fēng 風 546	fǒu 缹 357	F f	ē 娿 77	dǔ 帾 103	diāo 虭 422	dǒu 斗 167
fēng 飌 547	fēi 婓 77		ē 妸 74	dù 度 107	diào 吊 45	dǒu 㪷 463
fēng 鏠 514	fēi 妃 73	fā 彂 299	é 峨 94	dù 秺 315	diào 弔 113	dòu 鬥 562
féng 摓 155	fēi 霏 532	fá 栰 189	é 偐 21	dù 斁 165	diān 傎 19	dòu 荳 396

féng	逢	491
fěng	覂	444
fèng	奉	71
fèng	鳳	570
fū	荴	396
fū	跗	474
fū	趺	474
fū	孵	581
fū	麩	581
fū	鳺	571
fū	稃	316
fū	粰	336
fū	尃	170
fū	専	87
fū	孵	82
fú	枎	182
fú	枹	186
fú	桴	191
fú	服	179
fú	畐	97
fú	扶	140
fú	伏	9
fú	弗	113
fú	帗	102
fú	佛	120
fú	拂	142
fú	虙	109
fú	跋	476
fú	韠	486
fú	黻	584
fú	韍	539
fú	鳧	570
fú	虙	421
fú	蜉	426
fú	蝠	428
fú	苻	393
fú	茀	390
fú	洑	227
fú	浮	228
fú	犕	263
fú	畐	282
fú	福	312
fú	紼	343
fú	紱	343
fú	綍	345
fú	罘	358
fú	莩	398
fǔ	莆	396
fǔ	黼	563
fǔ	頫	543
fǔ	輔	483
fǔ	䣾	535
fǔ	甫	281
fǔ	簠	331
fǔ	腑	374
fǔ	俯	15
fǔ	弣	113
fǔ	拊	143
fǔ	府	107
fù	复	69
fù	坿	60
fù	付	8
fù	傅	19
fù	偩	19
fù	復	118
fù	澓	242
fù	赴	472
fù	負	467
fù	附	523
fù	覆	444
fù	蝜	425

G g

gāo	餻	551
gāo	藁	407
gāo	皋	292
gāo	皐	292
gāo	睾	299
gāo	糕	337
gāo	皐	382
gāo	槔	203
gāo	槹	200
gǎo	槁	199
gǎo	稾	198
gǎo	藳	415
gǎo	犒	263
gǎo	稿	318
gǎo	稾	318
gào	祰	312
gào	告	46
gāi	晐	173
gāi	胲	375
gāi	咳	283
gāi	絯	344
gài	盖	294
gài	蓋	406
gài	槪	203
gài	摡	152
gài	概	197
gài	匄	34
gài	匃	35
gān	奸	73
gān	尲	90
gān	干	106
gān	皯	583
gān	柑	185
gān	淦	231
gān	甘	280
gǎn	秆	314
gǎn	桿	191
gǎn	赶	473
gǎn	感	128
gàn	幹	106
gāng	崗	95
gāng	堽	64
gāng	掆	150
gāng	亢	6
gāng	剛	29
gāng	缸	357
gāng	舡	447
gōu	勾	34
gōu	句	44
gōu	篝	333
gōu	鞲	538
góu	韝	540
gǒu	耇	366
gǒu	狗	265
gòu	搆	154
gòu	構	199
gòu	彀	82
gòu	姤	74
gòu	夠	69
gòu	怐	121
gòu	彀	114
gòu	詢	452
gòu	覯	446
gōng	觵	449
gōng	觥	448
gōng	蚣	423
gōng	攻	164
gōng	躬	481
gōng	龔	591
gǒng	蘏	582
gǒng	拲	144
gǒng	廾	112
gǒng	珙	272
gòng	供	12
gòng	共	24
gòng	贛	471
gē	哥	49
gē	歌	211
gē	肐	371
gé	革	536
gé	閣	520
gé	隔	526
gé	格	189
gé	挌	145
gé	愅	127
gě	葛	403
gě	哿	49
gè	箇	327
gè	個	16
gèn	亙	5
gēng	庚	107
gēng	亟	165
gēng	畊	283
gēng	稉	316
gēng	縆	344
gēng	賡	469
gēng	椇	202
gěng	哽	49
gěng	鯁	566
gěng	綆	340
gèng	鮔	567
gū	柧	187
gū	沽	224
gū	辜	486
gū	觚	448
gū	苽	393
gū	菰	400
gū	菇	402
gǔ	贾	469
gǔ	鼓	586
gǔ	汩	221
gǔ	穀	244
gǔ	羖	360
gǔ	估	10
gǔ	愲	129
gǔ	扢	140
gù	雇	20
gù	崓	95
gù	崮	95
gù	固	57
gù	錮	510
gù	痼	288
guā	騧	556
guā	刮	28
guā	栝	189
guǎ	剮	30
guà	挂	144
guà	絓	344
guǎi	枴	186
guài	髗	559
guān	擐	160
guān	莞	399
guān	関	519
guān	鰥	568
guǎn	舘	386
guǎn	館	550
guǎn	關	521
guǎn	錧	509
guǎn	輨	483
guàn	丱	2
guàn	貫	468
guàn	雚	530
guàn	祼	312
guàn	盥	295
guàn	摜	157
guàn	慣	131
guàn	涫	229
guàn	毌	217
guāng	洸	226
guǎng	廣	109
guǎng	廣	110
guō	郭	497
guó	菰	411
guó	蔮	410
guó	馘	553
guó	摑	156
guó	國	57
guó	幗	104
guǒ	椁	193
guǒ	果	183
guǒ	錁	510
guǒ	蜾	428
guǒ	菓	401
guī	規	445
guī	龜	592
guī	摫	155
guī	圭	58
guī	傀	18
guī	瑰	272
guī	珪	272
guī	瓌	277
guī	皈	292
guī	歸	214
guǐ	晷	175
guǐ	匭	36
guǐ	恑	122
guǐ	庋	107
guǐ	宄	83
guǐ	陒	523
guì	鐀	516
guì	刿	163
guì	劌	31
guì	皵	293
guì	籄	330
gǔn	滚	238
gǔn	衮	437
gǔn	鮌	565
gǔn	鯀	566
gùn	杆	180
gùn	棍	194

H h

háo	譹	461
háo	嘷	54
háo	毫	218
háo	獆	268
hào	滈	235
hào	皞	292
hào	耗	367
hào	昊	171
hào	晧	174
hào	鄗	498
hài	豥	464
hài	害	84
hán	函	57
hán	韓	540
hán	鶾	576
hán	澏	230
hán	涵	236
hǎn	焊	250
hǎn	罕	358
hǎn	闞	562
hǎn	欒	206
hàn	旱	171
hàn	暵	177
hàn	捍	147
hàn	扞	139
hàn	唅	50
hàn	浛	229
hàn	盰	291
hàn	悍	124
hàn	翰	364
hàn	顄	544
hàn	鶾	530
hàn	銲	508
hàn	駻	555
hàn	馯	554
hàn	熯	254
hàn	汗	220
hàn	菡	400
hàn	蔨	406
hāng	夯	70
háng	杭	182
háng	肮	371
háng	盳	297
hóu	鍭	507
hóu	鯸	575
hóu	餱	551

jiā 迦 490
jiā 麚 580
jiā 駕 571
jiā 葭 403
jiā 猳 268
jiá 恝 123
jiá 擖 159
jiá 裌 439
jiá 袷 438
jiǎ 鉀 506
jiǎ 榎 199
jiǎ 椵 197
jiǎ 叚 43
jiǎ 假 18
jiǎ 岬 93
jiǎ 甲 282
jià 徦 117
jiāo 嘄 54
jiāo 嬌 81
jiāo 嘐 55
jiāo 椒 194
jiāo 交 6
jiāo 鮫 566
jiāo 茮 394
jiāo 蕉 413
jiāo 鵁 572
jiāo 澆 240
jiāo 潐 240
jiāo 焦 251
jiāo 燋 256
jiǎo 狡 265
jiǎo 筊 325
jiǎo 脚 376
jiǎo 捁 147
jiǎo 憿 133
jiǎo 剿 31
jiǎo 劋 31
jiǎo 佼 12
jiǎo 撟 159
jiǎo 譑 460
jiào 趭 473
jiào 噭 55
jiào 譥 461
jiào 轎 485
jiào 訆 450
jí 吃 45
jí 卽 40
jí 即 39
jí 伋 119
jí 戢 136
jí 圾 59
jí 檝 206
jí 楫 197
jí 極 194
jí 棘 192
jí 极 181
jí 蠀 430
jí 蕀 412
jǐ 麂 580
jǐ 麂 579
jǐ 己 101
jǐ 掎 149
jì 驥 556
jì 鬐 562
jì 跡 475
jì 蹟 478
jì 鰿 569
jì 薊 404
jì 蒈 397
jì 寂 85
jì 宋 84
jì 家 84
jì 彐 115
jì 既 170
jì 旣 170
jì 朞 179
jì 伎 8
jì 劑 32
jì 勣 34
jì 臮 383
jì 䐚 377
jì 痵 288
jì 稷 318
jì 紀 340
jì 紒 341
jiā 珈 271
jiā 笳 328
jiā 夾 70
jiā 家 84
jiā 枷 185
hūn 昏 172
hūn 昬 172
hūn 婚 78
hūn 惛 125
hūn 㑮 17
hūn 殙 215
hún 魂 564
hùn 混 231
hùn 圂 57

J j

jī 蘻 420
jī 毄 216
jī 擊 160
jī 機 205
jī 机 180
jī 幾 106
jī 乩 4
jī 畸 284
jī 禨 313
jī 稘 317
jī 笄 325
jī 羇 359
jī 隮 528
jī 躋 480
jī 諆 455
jī 迹 490
jī 鷄 576
jī 骫 558
jī 齎 589
jī 鐖 516
jī 雞 530
jī 韲 540
jī 鞿 538
jī 飢 548
jī 積 318
jí 轚 486
jí 集 529
jí 濈 243
jí 瘠 289
jí 籍 333
jí 羈 359
jí 耤 367
jí 亟 6
huò 霍 533
huò 謋 458
huò 或 136
huò 慒 132
huò 捇 146
huò 擭 162
huò 剨 30
huò 檴 207
huò 獲 269
huò 臛 378
huò 藿 420
huò 藿 418
huò 靃 535
huī 灰 247
huī 麾 582
huī 輝 484
huī 翬 363
huī 撝 151
huī 撝 158
huī 徽 119
huī 煇 251
huí 恛 122
huí 徊 116
huí 廻 111
huí 迴 490
huí 蛔 425
huí 蛕 425
huǐ 虫 421
huǐ 磈 306
huǐ 焜 250
huì 濊 243
huì 繢 355
huì 繪 356
huì 芔 388
huì 彗 254
huì 卉 38
huì 會 178
huì 憓 132
huì 惠 126
huì 靧 536
huì 鏸 515
huì 頮 544
huì 譓 460
huì 譿 462
huì 薉 414
huà 槬 202
huà 化 35
huái 褱 441
huái 褢 441
huǎi 蔵 403
huān 讙 462
huān 貛 465
huān 鸛 578
huān 懽 135
huān 獾 270
huān 歡 213
huán 峘 94
huán 瓛 278
huán 鍰 512
huán 狟 264
huǎn 澣 242
huǎn 睆 297
huàn 奐 72
huàn 晥 176
huàn 浣 227
huàn 豢 263
huāng 巟 100
huāng 皇 292
huāng 謊 453
huāng 鷬 575
huāng 荒 393
huáng 熿 255
huáng 潢 238
huáng 葟 404
huáng 楻 200
huáng 遑 493
huǎng 謊 458
huǎng 晃 174
huǎng 幌 104
huǎng 怳 120
huǎng 櫎 207
huǎng 爌 257
huǎng 熀 254
huó 搣 149
huò 矆 300
huò 矱 302
huò 祸 313
huò 窢 322
huò 彠 115
huò 諕 456
hè 皬 292
hè 熇 253
hè 鶴 577
hè 鶮 575
hè 赫 471
hè 隺 528
hēi 黑 583
hēng 亨 6
héng 桁 190
héng 横 204
héng 姮 75
héng 恆 122
hèng 恒 122
hèng 甏 280
hū 歑 212
hū 謼 459
hū 幠 105
hū 曶 178
hú 斛 167
hú 斛 167
hú 糊 337
hú 壺 68
hú 胡 372
hú 觳 449
hú 鬍 561
hú 鶘 573
hǔ 滸 238
hù 䕶 408
hù 滬 230
hù 雇 528
hù 鳸 570
hù 縠 465
hù 婟 80
hù 嫮 80
hù 户 137
hù 怙 125
hù 扈 138
hù 摢 156
hù 互 5
huā 花 389
huá 滑 237
huá 咶 48
huá 搳 157
huá 鋘 508
huà 觟 448
hóu 侯 13
hóu 糇 337
hóu 猴 268
hóu 翭 364
hóu 脵 378
hǒu 吽 46
hǒu 吼 49
hǒu 犼 261
hǒu 㸊 261
hōng 輷 484
hōng 薨 365
hóng 吰 46
hóng 弘 113
hóng 紅 339
hóng 紘 341
hóng 谹 463
hóng 鳿 570
hóng 鴻 572
hóng 颹 547
hóng 虹 422
hóng 虹 422
hóng 葓 402
hòng 澒 240
hòng 闀 562
hòng 閧 562
hē 訶 452
hē 闔 521
hē 呵 46
hé 何 10
hé 和 47
hé 曷 178
hé 核 188
hé 狢 265
hé 翮 364
hé 盇 293
hé 礉 308
hé 粭 335
hé 輅 483
hé 貉 466
hé 貈 466
hé 鶡 575
hé 龢 592
hé 覈 444
hé 蝎 429
hé 荷 399

jùn 儁 22
jùn 俊 14
jùn 畯 284
jùn 浚 229
jùn 濬 244
jüè 攈 161

K k

kāo 脈 373
kǎo 考 366
kǎo 攷 164
kǎo 栲 188
kǎi 颽 546
kǎi 闓 521
kài 愾 129
kài 愷 129
kān 刊 27
kān 栞 187
kān 堪 63
kān 戡 136
kān 龕 592
kán 欿 210
kǎn 埳 62
kǎn 城 63
kǎn 闞 520
kàn 瞯 300
kàn 衎 436
kāng 穅 318
kāng 糠 338
kāng 康 108
kāng 槺 201
kàng 匟 36
kàng 炕 248
kàng 閌 519
kō 顆 544
kòu 釦 505
kòu 叩 44
kòu 敂 164
kòu 扣 139
kuò 鞹 539
kuò 髻 560
kuò 彍 114
kē 苛 390
kē 疴 286
juàn 狷 265
juàn 卷 39
juàn 勸 33
juàn 券 32
juàn 帣 102
jué 玨 271
jué 瑴 275
jué 沕 223
jué 爵 259
jué 屩 91
jué 掘 149
jué 抉 140
jué 厥 41
jué 劂 31
jué 剧 29
jué 訣 450
jué 觖 447
jué 蠼 435
jué 蟨 432
jué 郤 18
jué 倔 16
jué 亅 4
jué 橜 205
jué 橛 204
jué 鐍 515
jué 鴂 571
jué 蹶 479
jué 蹷 479
jué 貜 467
jué 較 483
jué 駃 554
jūn 均 59
jūn 鈞 506
jūn 麕 580
jūn 麏 580
jūn 麇 579
jūn 菌 401
jūn 莙 397
jūn 袀 437
jùn 駿 556
jùn 蕎 416
jùn 捃 146
jùn 嶲 98
jùn 寯 87
jùn 攟 162
jū 匊 35
jú 鶪 575
jú 䴗 573
jú 菊 401
jú 局 90
jú 鞠 334
jǔ 弆 112
jǔ 怚 120
jǔ 榘 200
jǔ 榪 198
jǔ 柜 184
jǔ 咀 47
jǔ 舉 384
jǔ 齟 589
jǔ 踽 477
jǔ 籧 332
jù 踞 476
jù 距 474
jù 鉅 506
jù 鐻 516
jù 苣 390
jù 拒 141
jù 簴 333
jù 舡 447
jù 勮 34
jù 劇 31
jù 倨 16
jù 據 160
jù 懼 135
jù 岠 92
jù 窶 86
jù 岠 214
jù 炬 249
juān 朘 377
juān 稍 316
juān 蜎 581
juān 蠲 420
jiān 蠲 434
juǎn 捲 148
juǎn 弓 112
juǎn 臇 380
juàn 睠 298
juàn 雋 529
juàn 羂 359
juàn 獧 269
jīng 涇 228
jīng 秔 314
jīng 精 336
jīng 粳 336
jǐng 穽 321
jǐng 景 175
jǐng 憼 134
jǐng 剄 28
jǐng 井 5
jǐng 擏 461
jǐng 警 461
jǐng 阱 522
jìng 徑 116
jìng 僜 20
jìng 俓 13
jìng 脛 376
jìng 淨 231
jìng 踁 476
jìng 逕 491
jìng 靜 535
jìng 靚 535
jìng 靖 535
jiū 杋 180
jiū 糺 339
jiǔ 九 3
jiǔ 久 3
jiǔ 玖 271
jiù 疚 286
jiù 咎 47
jiù 匶 36
jiù 廐 110
jiù 櫃 209
jū 苴 391
jū 毱 218
jū 砠 303
jū 斠 168
jū 掬 151
jū 岨 93
jū 据 149
jū 捄 146
jū 俱 16
jū 跔 477
jū 鵴 571
jū 鞠 538
jū 裾 440
jié 潔 240
jié 桔 188
jié 扻 141
jiě 她 73
jiě 解 448
jiè 悈 124
jiè 蚧 423
jiè 藉 415
jiè 髤 560
jiè 介 7
jiè 疥 286
jiè 借 15
jiè 届 90
jiè 戒 136
jīn 矜 301
jīn 衿 437
jīn 襟 442
jīn 觔 447
jín 紟 341
jín 饉 552
jǐn 儘 22
jǐn 廑 111
jǐn 廑 109
jìn 堇 409
jìn 覲 446
jìn 麣 591
jìn 賮 470
jìn 進 492
jìn 濅 242
jìn 慬 130
jìn 唫 51
jìn 墐 65
jìn 晉 177
jìn 晉 176
jìn 晉 173
jìn 浸 235
jìn 矜 385
jìn 瑨 275
jìn 璡 277
jìn 盡 294
jìn 縉 350
jìn 寖 322
jīng 鶄 573
jīng 鵛 573
jīng 鶁 586
jiàn 瞯 300
jiàn 劍 32
jiàn 欄 208
jiàn 漸 238
jiàn 薦 414
jiàn 見 444
jiāng 繮 355
jiāng 姜 75
jiāng 饕 552
jiǎng 講 458
jiàng 降 523
jiōng 扃 138
jiǒng 冂 24
jiǒng 僒 20
jiǒng 炯 250
jiǒng 炅 248
jiǒng 絅 343
jiē 藒 416
jiē 藉 420
jiē 鞂 537
jiē 鎈 518
jiē 結 344
jiē 湝 237
jiē 担 142
jiē 接 148
jiē 揭 178
jiē 瘤 289
jiē 皆 292
jiē 秸 315
jiē 稭 317
jiē 楬 200
jié 睫 298
jié 眣 298
jié 蠘 433
jié 碣 306
jié 節 329
jié 卩 39
jié 刧 27
jié 傑 20
jié 嶕 98
jié 拮 144
jié 蠘 433
jié 栺 189
jié 桀 190
jié 榤 195
jiào 醮 502
jiào 教 165
jiào 斠 168
jiào 校 188
jiào 挍 144
jiào 徼 118
jiào 噭 53
jiān 瀐 420
jiān 劗 32
jiān 櫼 196
jiān 奸 76
jiān 揃 151
jiān 尖 89
jiān 姦 76
jiān 監 294
jiān 礛 309
jiān 箋 327
jiān 狷 266
jiān 瀸 246
jiān 犍 262
jiān 菅 399
jiān 馢 554
jiān 覸 446
jiān 蕑 405
jiān 豜 464
jiān 麉 580
jián 濂 235
jián 牋 259
jiǎn 蠒 433
jiǎn 翦 363
jiǎn 挸 147
jiǎn 謇 85
jiǎn 柬 184
jiǎn 簡 331
jiǎn 繭 355
jiǎn 鬋 561
jiǎn 剪 30
jiǎn 鰎 578
jiǎn 譾 462
jiǎn 蹇 478
jiǎn 鹼 579
jiàn 鑑 517
jiàn 踐 476
jiàn 谻 463
jiàn 鑒 516

kē 痾 288
kē 磕 309
kē 窠 322
kē 蝌 262
kě 渴 234
kě 濁 243
kě 嵑 96
kè 嗑 53
kè 愙 126
kè 克 23
kè 剋 28
kěn 肎 371
kěn 狠 464
kēng 坑 58
kēng 硜 307
kèng 骱 558
kū 堀 62
kū 挎 144
kǔ 苦 390
kù 絝 344
kù 褲 441
kuā 誇 453
kuā 夸 70
kuǎ 銙 507
kuà 胯 375
kuà 跨 475
kuǎi 蒯 407
kuài 噲 54
kuài 鱠 569
kuài 塊 64
kuài 鄶 499
kuǎn 款 210
kuāng 匡 36
kuāng 誆 453
kuǎng 苀 391
kuàng 壙 67
kuàng 懬 134
kuàng 眶 297
kuàng 礦 309
kuàng 絖 345
kuàng 況 225
kuàng 鑛 517
kuò 蛞 425
kuò 髻 562
kuò 鞟 538
kuò 彍 114
kuò 括 145
kuī 闚 521
kuī 蘬 420
kuī 悝 124
kuī 窺 322
kuí 暌 176
kuí 跬 475
kuí 魁 564
kuí 馗 553
kuí 頯 544
kuì 匱 36
kuì 嘳 54
kuì 媿 79
kuì 蕢 412
kuì 潰 241
kuì 愧 127
kuì 餽 552
kūn 菎 401
kūn 鵾 518
kūn 崐 95
kūn 崑 95
kūn 幝 104
kūn 昆 172
kūn 晜 174
kūn 髡 560
kǔn 梱 191

L l

lā 揸 154
lā 垃 60
là 鑞 517
là 臘 381
là 臈 380
là 辣 487
lǎo 轑 485
lǎo 橑 204
lǎo 潦 241
lào 澇 240
lào 粹 487
lái 倈 15
lái 來 12
lái 徠 117
lài 勑 33
lài 癩 291
lán 攔 162
lán 藍 415
lán 蘭 419
lán 襴 443
lán 韊 539
lán 闌 521
lǎn 攬 163
lǎn 擥 161
lǎn 擥 161
lǎn 覽 446
làn 糷 339
làn 爛 257
làn 濫 243
láng 宧 84
láng 娜 79
láng 榔 195
láng 蜋 425
láng 閬 520
lóu 婁 77
lóu 廔 110
lóu 蔞 410
lóu 耬 368
lóu 貗 465
lòu 漏 239
lòu 鏤 514
lóng 癃 290
lóng 礱 309
lóng 礲 310
lóng 巃 99
lóng 龍 591
lóng 蠪 433
lóng 龓 591
lǒng 隴 528
lǒng 壠 68
lǒng 壟 68
lòng 挵 146
lòng 襱 443
lè 阞 522
lè 扐 139
lè 艻 387
lè 玏 271
léi 靁 534
léi 雷 531
léi 瓃 277
léi 櫐 356
léi 罍 358
léi 罍 359
léi 犦 263
léi 欙 209
léi 櫑 208
léi 蠕 432
léi 樏 202
léi 擂 159
lěi 壘 68
lěi 磥 307
lěi 礨 309
lěi 蠝 433
lěi 累 342
lěi 蘲 417
lěi 虆 420
lěi 鸓 577
lèi 類 545
lèi 磊 308
lèi 礧 309
lèi 禷 313
lèi 擂 161
léng 楞 197
léng 棱 193
léng 稜 317
lí 瓈 277
lí 罹 359
lí 灕 246
lí 犁 262
lí 劙 32
lí 梨 192
lí 棃 195
lí 梩 191
lí 離 531
lí 鵹 574
lí 鸝 578
lí 黎 582
lí 貍 466
lí 釐 504
lí 褵 441
lí 菞 401
lí 藜 413
lǐ 李 181
lǐ 裏 439
lǐ 蠡 434
lǐ 里 504
lǐ 醴 503
lǐ 鱧 569
lǐ 澧 243
lǐ 礼 310
lì 痢 287
lì 瘌 287
lì 癘 290
lì 歷 214
lì 涖 229
lì 瀝 245
lì 盭 295
lì 砅 303
lì 磿 308
lì 礪 309
lì 糲 338
lì 糲 338
lì 桌 198
lì 栗 187
lì 曆 177
lì 厲 41
lì 勵 34
lì 利 27
lì 戾 137
lì 剺 102
lì 麗 580
lì 鑑 517
lì 隸 528
lì 鬲 563
lì 莅 399
lì 蜧 427
liāo 撩 157
liáo 飂 547
liáo 嵺 98
liáo 嶛 98
liáo 寮 87
liáo 僇 20
liáo 療 290
liáo 漻 239
liǎo 燎 255
liào 熮 253
liào 尥 89
lián 磏 307
lián 匲 36
lián 嗹 53
lián 奩 72
lián 帘 102
lián 幨 104
lián 鐮 516
lián 連 491
lián 鎌 513
lián 鏈 513
lián 蘞 419
lián 蠊 429
lián 覝 445
liǎn 臉 380
liǎn 璉 275
liàn 潋 246
liàn 孌 81
liàn 鍊 511
liàn 練 349
liāng 畺 284
liáng 粮 336
liáng 糧 338
liáng 涼 229
liáng 良 387
liáng 樑 201
liǎng 兩 23
liǎng 掚 149
liǎng 魎 564
liàng 輛 483
liàng 量 504
liè 列 27
liè 冽 25
liè 巤 100
liè 獵 269
liè 烈 249
liè 蛚 425
liè 裂 439
liū 畱 284
liú 沭 222
liú 珋 273
liú 琉 273
liú 瑬 275
liú 留 283
liú 鄜 586
liú 飀 546
liú 飅 547
liú 飉 547
liú 騮 557
liú 鎏 513
liú 駵 555
liú 旒 170
liú 劉 32
liù 六 24
liù 廇 110
liù 溜 238
liù 餾 552
liù 鐂 552
liù 霤 533
lín 轔 485
lín 鄰 499
lín 麐 580
lín 磷 308
lín 粦 254
lín 淋 230
lín 厶 42
lǐn 凜 26
lǐn 廩 111
lǐn 藁 418
lìn 遴 494
lìn 悋 122
lìn 吝 45
lìn 厹 42
líng 怜 121
líng 灵 248
líng 泠 225
líng 龄 590
líng 陵 524
líng 霛 533
líng 靈 534
líng 鈴 506
líng 淩 408
líng 菱 400
líng 苓 392
líng 羚 360
lǐng 軨 482
lǐng 領 543
lǐng 嶺 99
lìng 令 8
lú 鑪 517
lú 髗 559
lú 鸕 578
lú 顱 545
lú 壚 68
lú 廬 111

lú 爐 257
lú 櫨 208
lú 瓐 278
lú 盧 294
lú 臚 381
lǔ 艪 386
lǔ 櫓 208
lǔ 滷 239
lǔ 擄 156
lǔ 擄 160
lǔ 魯 565
lǔ 鹵 578
lù 淥 294
lù 稑 317
lù 戮 137
lù 簵 332
lù 簬 332
lù 渌 231
lù 露 534
lù 陸 524
lù 路 475
lù 鹿 579
lù 蔍 408
lù 蕗 414
lù 菉 404
lù 甪 281
luán 鑾 518
luán 鸞 578
luán 孿 163
luán 孌 83
luán 圞 58
luán 欒 209
luán 灤 247
luán 臠 382
luán 脟 377
luàn 亂 4
luàn 乱 4
luō 囉 553
luó 覶 432
luó 覼 446
luó 螺 431
luó 贏 557
luó 騾 557
luǒ 躶 481
luǒ 儽 22
luǒ 倮 16
luǒ 羸 381
luǒ 砢 303
luò 洛 227
luò 濼 245
luò 咯 48
luò 落 402
luò 雒 529
luò 駱 555
luè 掠 148
lún 崘 96
lún 崙 96
lún 倫 17
lún 侖 12
lún 輪 483
lùn 論 456
lǚ 縷 353
lǚ 旅 169
lǚ 穭 320
lǚ 稆 316
lǜ 綠 348
lǜ 律 97
lǜ 慮 132
lüè 略 283
lüè 䂮 303
lüè 鋝 509

M m

māo 貓 466
māo 猫 268
máo 氂 218
máo 茅 390
máo 旄 169
máo 蝥 430
máo 錨 511
máo 髳 560
máo 髮 561
mǎo 茆 393
mào 貌 544
mào 茂 390
mào 芼 389
mào 楙 197
mào 啉 175
mào 冒 24
mào 懋 134
mào 眊 296
mào 皃 291
mài 脈 375
mài 脉 372
mài 蛗 435
mài 邁 495
mài 霢 533
mán 蛮 424
mán 鞔 537
mán 謾 459
mán 樠 130
mǎn 满 239
màn 慢 131
màn 槾 202
màn 漫 239
màn 縵 353
máng 硭 304
máng 芒 388
máng 汒 220
máng 庬 108
máng 尨 89
máng 蝱 428
máng 虻 422
máng 蘉 408
máng 茫 393
mǎng 蟒 430
mǎng 莽 394
mō 摸 156
mó 謨 460
mó 髍 559
mó 饝 553
mó 麽 582
mó 膜 379
mó 橅 205
mó 摩 155
mó 嫫 79
mó 嫫 79
mò 蟔 433
mò 莫 397
mò 藐 416
mò 蟔 432
mò 嘿 54
mò 坳 59
mò 墨 67
mò 帕 102
mò 末 179
mò 眛 296
mò 礳 310
mò 沒 222
mò 貊 265
mò 殁 215
mò 餗 549
mò 陌 523
mò 靺 536
mò 貊 466
mò 默 583
móu 麰 582
móu 繆 352
móu 牟 261
mǒu 戊 136
mǒu 某 184
méi 媒 78
méi 脄 375
méi 楳 196
méi 梅 192
méi 苺 392
méi 莓 398
méi 酶 501
méi 霉 532
méi 黣 583
méi 黴 584
mèi 魅 564
mèi 彪 564
mèi 昧 172
mèi 嚜 55
mèi 沫 223
mèi 眛 296
mèi 袜 311
mèi 篃 332
mén 虋 420
mén 穈 318
mēng 懵 134
mēng 懞 134
méng 幪 104
méng 甿 282
méng 瞢 299
méng 萌 401
méng 莔 397
méng 虻 422
měng 蒙 405
mèng 夢 69
mèng 梦 190
mí 彌 114
mí 醾 503
mí 麛 581
mí 鸎 518
mí 糜 258
mí 縻 351
mǐ 米 334
mǐ 瀰 245
mǐ 芈 360
mì 滵 244
mì 糸 339
mì 秘 315
mì 簚 332
mì 醢 502
mì 幂 359
mì 宓 83
mì 峚 94
mì 幎 104
mì 幂 103
mì 冪 25
mì 覛 445
mì 冖 25
mì 蜜 427
mì 禖 441
mì 虙 421
miǎo 藐 419
miǎo 懇 134
miǎo 淼 231
miǎo 邈 495
miǎo 渺 234
miǎo 俛 15
miǎo 眇 295
miào 妙 73
miào 庿 108
miào 廟 110
miào 庙 107
miào 玅 270
mián 矊 300
mián 綿 348
mián 緜 349
mián 棉 195
mián 櫋 208
miǎn 沔 222
miǎn 免 23
miǎn 俛 15
miǎn 娩 76
miǎn 醽 501
miàn 麵 581
miàn 麪 581
miè 懱 134
miè 幭 105
miè 蔑 414
miè 蔑 410
miè 瞡 300
miè 蔑 300
miè 紇 341
mín 珉 271
mín 玟 271
mín 瑉 275
mín 碈 306
mín 罠 358
mín 岷 93
mín 旻 171
mǐn 憫 133
mǐn 愍 128
mǐn 痻 289
mǐn 黽 433
mǐn 湣 233
míng 溟 235
míng 瞑 299
míng 茗 395
míng 冥 25
míng 名 45
míng 寍 85
mú 模 103
mǔ 姥 75
mǔ 畒 283
mǔ 畮 284
mù 縸 352
mù 穆 319
mù 幕 104
mù 募 33
mù 暮 177
mù 艒 386
mù 鞪 538

N n

ná 拿 145
ná 拏 143
nà 納 341
nà 貀 466
nà 豽 466
náo 鐃 515
náo 獿 270
náo 硇 304
náo 獶 269
náo 猱 268
náo 撓 157
nǎo 剅 29
nào 淖 231
nào 臑 380
nào 鬧 519
nào 鬭 562
nǎi 廼 490
nǎi 嬭 81
nǎi 奶 75
nǎi 妳 74
nài 奈 71
nài 榇 197
nài 耐 366
nán 諵 457
nán 南 38
nán 難 531
nán 楠 196
nán 枏 186
nán 柟 183
nǎn 赧 471
nǎn 赧 471
nòu 槈 199
nòu 耨 368
nòu 鎒 513
nóng 膿 380
nóng 農 488
nè 䖇 434
nèi 内 23
néng 能 374
nī 妮 74

ní 霓 533
ní 倪 17
ní 尼 90
ní 棿 194
ní 埿 62
ní 泥 224
nǐ 你 11
nǐ 晲 175
nì 昵 173
nì 暱 177
nì 嫟 79
nì 惄 129
nì 溺 236
nì 鷊 576
nì 匿 37
niǎo 裊 439
niǎo 嬝 81
niǎo 褭 441
niǎo 鳥 570
nián 黏 582
nián 粘 335
nián 秊 314
niǎn 碾 307
niǎn 撚 159
niàn 廿 112
niàn 䁙 177
niàn 念 120
niáng 娘 76
niáng 孃 81
niē 捻 150
nié 苶 392
niè 蠥 434
niè 蘖 419
niè 孼 82
niè 喦 51
niè 囓 56
niè 敜 165
niè 槷 201
niè 枿 184
niè 糱 339
niè 籋 333
niè 聶 370
niè 櫱 208
niè 䭃 550
niè 錜 511
niè 齧 590
niǔ 忸 120
níng 寧 86
níng 甯 281
nǔ 砮 114
nù 衄 587
nuǎn 煖 252
nuǎn 煗 252
nuǎn 暝 176
nuǎn 暖 176
nuǎn 稬 317
nuó 挪 146
nuó 哪 49
nuò 懦 127
nuò 糯 338
nǚ 女 73

O o

ò 㑈 12
ōu 嘔 53
ōu 毆 216
ōu 鷗 576
ǒu 藕 411
ǒu 蕅 417
ǒu 耦 368
ǒu 歐 211
òu 漚 239

P p

pā 鈀 505
pā 葩 404
pà 帕 438
pà 怕 121
pāo 抛 142
páo 炰 249
páo 炮 249
páo 麃 579
pào 泡 231
pào 疱 287
pào 砲 303
pào 礮 310
pào 皰 587
pào 皰 536
pái 徘 117
pái 排 150
pái 俳 17
pān 拚 146
pān 潘 242
pán 槃 200
pán 柈 184
pán 盤 294
pán 蹣 478
pàn 頖 543
pàn 鬩 521
pàn 盼 296
pàn 畔 283
pàn 拌 141
pàn 泮 223
pāng 滂 221
pāng 雱 534
páng 龐 591
páng 篣 329
páng 旁 168
páng 旁 169
páng 傍 19
pàng 徬 118
pō 坡 60
pō 岥 93
pō 頗 543
pò 魄 564
pò 朴 180
póu 抔 147
póu 垺 61
póu 掊 148
pēi 胚 372
pēi 胚 373
pēi 坯 60
péi 培 62
péi 陪 524
péi 裴 440
pèi 旆 169
pèi 珮 273
pèi 沛 223
pēn 歕 212
pén 瓫 278
pēng 烹 250
péng 蟚 431
péng 蟚 431
péng 彭 115
pěng 捧 148
pěng 埲 62
pèng 碰 305
pī 邳 496
pī 鈚 507
pī 鉟 506
pī 駓 555
pī 砒 303
pī 礕 308
pī 皺 293
pī 丕 1
pī 坏 59
pī 怌 124
pī 被 362
pī 狉 264
pí 芘 389
pí 脾 377
pí 疲 287
pí 笓 325
pí 毗 217
pí 毘 217
pí 埤 63
pí 枇 183
pí 貔 467
pí 陴 525
pí 䗄 434
pí 蜱 428
pǐ 匹 37
pǐ 吡 45
pì 媲 80
pì 擗 155
pì 擗 160
pì 辟 487
pì 鷿 577
piāo 飄 547
piāo 摽 156
piāo 彯 116
piāo 漂 238
piāo 票 312
piǎo 縹 351
piǎo 殍 215
piǎo 莩 394
piào 慓 130
piān 偏 17
piān 篇 327
pián 瑸 277
pián 胼 377
pián 㛹 79
pián 楄 196
pián 諞 457
piàn 騙 556
piě 撇 158
piě 撆 159
pīn 拼 144
pín 嚬 55
pín 頻 543
pín 蠙 433
pín 顰 545
pìn 聘 369
pīng 艵 387
píng 缾 357
píng 缾 357
píng 瓶 279
píng 泙 225
píng 洴 229
píng 淜 232
píng 蓱 402
píng 凭 26
píng 帡 104
píng 憑 133
pū 鋪 508
pū 扑 139
pū 攵 164
pū 攴 164
pū 撲 158
pú 匍 411
pú 蒲 405
pú 襆 442
pǔ 樸 205
pǔ 溥 236
pù 曝 178

Q q

qī 迉 489
qī 郪 499
qī 攲 163
qī 期 179
qī 柒 184
qī 栖 189
qī 桼 192
qī 棲 193
qī 榿 200
qī 凄 26
qī 七 1
qī 欹 210
qī 淒 230
qī 踦 476
qí 歧 213
qí 亓 5
qí 棊 193
qí 攲 163
qí 岐 92
qí 圻 59
qí 堪 276
qí 璂 277
qí 琦 274
qí 碕 305
qí 碁 305
qí 頎 543
qí 隑 526
qí 軝 482
qí 齊 588
qí 騏 574
qí 示 310
qí 祈 311
qí 祇 311
qí 綦 346
qí 耆 366
qí 肵 372
qǐ 芑 388
qǐ 綮 346
qǐ 䶞 553
qǐ 薑 406
qì 蟿 432
qì 蟿 431
qì 緝 349
qì 气 219
qì 泣 223
qì 湅 226
qì 炁 248
qì 湇 232
qì 湆 232
qì 慼 136
qì 慼 132
qì 契 72
qì 忔 119
qì 慽 131
qì 憩 133
qì 棄 192
qì 栔 187
qià 洽 227
qià 帢 102
qià 帕 103
qiāo 繑 355
qiāo 骹 558
qiāo 蹻 480
qiāo 鍫 513
qiāo 墽 67
qiāo 墝 66
qiāo 橇 205
qiáo 僑 21
qiáo 樵 205
qiáo 橋 205
qiáo 喬 52
qiáo 癄 290
qiáo 趫 473
qiáo 譙 460
qiào 鞘 540
qiào 鞘 537
qiào 誚 455
qiào 殼 216
qiào 潲 237
qiào 峭 103
qiào 俏 13
qiào 撽 160
qiào 撉 160
qiān 簽 333
qiān 籤 334
qiān 扦 140
qiān 岍 93
qiān 搴 157
qiān 攓 162
qiān 攐 162
qiān 騫 556
qiān 謙 458
qiān 諐 456
qiān 鉛 507

qiān 攓 156
qiān 攑 156
qiān 搴 153
qiān 掔 151
qiān 僉 20
qiān 千 37
qiān 仟 8
qiān 譽 40
qiān 僁 21
qián 潛 241
qián 灊 246
qián 燂 255
qián 楗 200
qián 揵 152
qián 赶 472
qián 岒 92
qiǎn 慊 129
qiàn 壍 67
qiàn 塹 65
qiàn 綪 347
qiàn 歉 211
qiàn 俔 13
qiàn 茜 393
qiāng 鎗 514
qiāng 槍 200
qiāng 搶 154
qiáng 強 114
qiáng 强 114
qiáng 彊 114
qiáng 墻 67
qiáng 廧 111
qiáng 蘠 419
qiǎng 鏹 515
qiǎng 繈 352
qióng 穹 320
qióng 璚 276
qióng 睘 298
qióng 瞏 299
qióng 茕 252
qióng 艂 386
qióng 惸 127
qiē 切 27
qié 伽 11
qiě 且 2
qiè 契 30
qiè 沏 221
qiè 緀 352
qiè 恩 128
qiè 愒 127
qiè 挈 143
qiū 烁 314
qiū 篍 329
qiū 萩 404
qiū 蓲 409
qiū 鞦 538
qiū 丘 2
qiū 緧 349
qiū 邱 496
qiū 鞧 538
qiū 鰍 568
qiū 鶖 575
qiú 逑 491
qiú 酋 500
qiú 鰌 567
qiú 觩 449
qiú 觓 447
qiú 裘 439
qiú 蝤 428
qiú 蛷 425
qiú 虬 422
qiú 叴 44
qiú 厹 42
qiú 崷 96
qiú 朹 180
qiú 毬 218
qiú 球 273
qiú 絿 345
qīn 欽 210
qīn 嶔 98
qīn 堇 63
qīn 侵 13
qīn 親 446
qín 擒 160
qín 捦 150
qín 穜 301
qín 懃 133
qǐn 寑 87
qǐn 寢 86
qīng 鑋 516
qīng 鯖 567
qíng 葝 403
qíng 剠 29
qíng 殅 69
qíng 擏 159
qíng 暒 176
qíng 檠 205
qíng 鯨 567
qíng 鱷 569
qíng 黥 584
qǐng 苘 391
qǐng 頃 541
qǐng 請 455
qǐng 檾 206
qǐng 廎 110
qìng 磬 307
qìng 窒 321
qìng 罄 357
qìng 慶 131
qū 敺 166
qū 屈 90
qū 䠐 518
qū 詘 452
qū 趍 473
qū 趣 473
qū 誳 455
qū 駈 555
qū 嶇 526
qū 苗 394
qū 驅 557
qū 魼 565
qū 鱋 569
qū 麴 581
qū 麯 581
qū 胠 373
qū 區 37
qú 臞 381
qú 鴝 571
qú 鼩 585
qú 磲 308
qú 籧 334
qú 鸜 578
qú 戵 137
qú 渠 233
qǔ 娶 77
qǔ 取 43
qù 去 42
qù 覰 446
qù 覷 446
qù 蘧 418
quān 弮 114
quān 棬 193
quān 圈 57
quán 婘 77
quán 拳 143
quán 全 23
quán 荃 395
quán 權 209
quán 筌 326
quǎn 綣 347
quǎn 甽 282
quǎn 畎 282
quàn 絭 343
quē 缺 72
quē 缼 72
què 埆 62
què 愨 130
què 慤 131
què 搉 154
què 却 39
què 郄 39
què 卻 40
què 确 304
què 碻 306
què 猎 266
què 毃 216
què 闕 521
què 鵲 574
què 雀 530
qūn 逡 491
qūn 夋 43
qún 帬 103
qún 羣 361
qún 裙 439

R r

rán 𤉩 258
rán 然 251
rán 燃 256
rán 呥 46
rán 蚺 423
rán 袡 438
rǎn 冄 24
ráng 攘 162
ráng 𣀔 166
ráng 穰 320
rǎng 壤 68
ràng 讓 462
róu 蹂 477
róu 輮 484
róu 揉 152
róu 厹 42
róu 禸 313
róu 粈 335
rǒu 煣 252
rōng 狨 265
róng 熔 253
róng 羢 361
róng 絨 344
róng 頌 542
róng 茸 394
rǒng 宂 83
rě 惹 128
rén 仁 7
rén 兒 22
rén 紝 342
rèn 紉 340
rèn 絍 345
rèn 牣 261
rèn 仞 8
rèn 任 9
rèn 姙 75
rèn 妊 73
rèn 恁 123
rèn 韌 539
rèn 飪 548
rèn 衽 437
réng 礽 310
rū 繻 356
rú 袽 439
rú 鴽 572
rán [illegible] 544
rán 髥 560
rán [illegible] 592
rán 䫇 542
rán 䫇 543
rú 濡 243
rú 渪 240
rú 孺 82
rú 如 73
rú 挐 145
rù 蓐 406
rǔ 擩 161
ruán 壖 67
ruán 堧 63
ruǎn 偄 18
ruǎn 耎 367
ruǎn 瑌 274
ruǎn 碝 306
ruǎn 礝 308
ruǎn 軟 482
ruǎn 輭 484
ruǎn 阮 522
ruó 挼 150
ruò 箬 328
ruò 篛 329
ruò 焫 251
ruò 捼 152
ruí 甤 281
ruǐ 橤 203
ruǐ 蕊 411
ruǐ 蘂 412
ruì 蜹 428
ruì 蚋 423
ruì 睿 298
ruì 叡 44
ruì 芮 389

S s

sǎ 洒 226
sǎ 灑 247
sà 颯 546
sāo 溞 236
sāo 繅 354
sāo 艘 386
sāo 搔 154
sāo 騷 556
sǎo 嫂 79
sǎo 㛐 76
sǎo 嫂 78
sǎo 掃 149
sāi 腮 378
sāi 揌 152
sāi 顋 545
sān 三 1
sān 叁 42
sǎn 傘 19
sǎn 糂 337
sǎn 糝 338
sǎn 繖 355
sàng 喪 51
sōu 廋 108
sōu 廀 109
sōu 捜 151
sōu 搜 153
sōu 鄋 498
sōu 醙 502
sōu 鍐 511
sōu 鎪 512
sōu 颼 546
sōu 蒐 407
sóu 溲 232
sóu 溲 234
sǒu 傁 19
sǒu 叟 43
sǒu 籔 417
sòu 嗽 53
sōng 蜙 428
sōng 嵩 97
sǒng 悚 124
sǒng 嵷 98
sǒng 愯 135
sǒng 聳 369
sǒng 竦 323
sòng 訟 451
sè 轖 486
sè 穡 319
sè 塞 64
sè 嗇 52
sè 歰 214
sè 澁 241
sè 濇 242
sè 澀 244
sī 思 121
sī 斯 168

táo 鞀 537
táo 陶 525
táo 洮 227
tǎn 襢 442
tàn 歎 211
tàn 撢 157
tàn 嘆 53
táng 唐 49
táng 糖 337
táng 糖 472
tǎng 倘 16
tǎng 帑 102
tǎng 儻 135
tǎng 攩 163
tóu 投 141
tòu 綉 346
tōng 痌 287
tōng 恫 122
tóng 仝 8
tóng 桐 189
tóng 童 323
tǒng 筩 326
tǒng 筒 325
tǒng 侗 13
tòng 衕 435
tāi 抬 143
tái 薹 416
tái 菭 399
tái 苔 392
tái 檯 166
tái 臺 383
tái 籉 333
tài 汰 221
tān 灘 247
tān 貪 468
tán 潭 240
tán 錟 510
tán 譚 460
tán 蕁 412
tán 藫 419
tán 橝 204
tán 壜 68
tán 惔 125
tán 壇 67
tán 胆 373
shuāng 双 43
shuāng 鷞 578
shuāng 騻 557
shuǎng 甊 280
shuàng 腨 378
shuō 說 454
shuò 鑠 517
shuò 箾 328
shuò 槊 198
shuò 爍 257
shuì 涚 228
shuì 税 315
shǔn 楯 198
shùn 舜 386
shùn 眣 296
shùn 眴 297
shùn 瞚 299
shùn 瞬 300

T t

tā 躢 480
tá 蹹 480
tà 鰨 568
tà 闒 521
tà 鞳 539
tà 誻 456
tà 蹋 478
tà 踏 477
tà 鰈 567
tà 榻 199
tà 棆 205
tà 毾 218
tà 狧 265
tà 濕 244
tà 䑜 385
tà 䑙 385
tāo 弢 113
tāo 搯 154
tāo 匋 35
tāo 叨 44
tāo 絛 351
tāo 韜 540
táo 綯 348
táo 逃 490
shì 是 172
shì 柹 183
shì 柿 184
shì 杮 184
shì 栻 188
shì 事 4
shì 勢 33
shì 氏 219
shì 舓 385
shì 舐 385
shì 䑛 385
shì 飾 549
shì 釋 504
shì 視 445
shì 適 493
shì 謚 458
shì 眎 296
shì 眡 296
shì 筮 331
shì 眂 297
shū 疎 285
shū 疋 285
shū 蔬 409
shū 菽 400
shū 叔 43
shū 杸 183
shū 抒 140
shú 孰 82
shú 尗 89
shú 熟 254
shú 秫 315
shǔ 鼠 586
shǔ 蜀 426
shǔ 藷 419
shù 術 436
shù 述 489
shù 豎 324
shù 尌 88
shù 恕 123
shù 數 166
shù 樹 204
shù 儵 22
shuāi 衰 437
shuài 率 270
shuài 帥 103
shěn 宷 85
shěn [illegible] 161
shěn 弞 113
shěn 沈 221
shěn 矧 301
shěn 矤 301
shèn 昚 296
shèn 裖 312
shèn 蜄 426
shèn 昚 172
shēng 昇 172
shēng 狌 264
shěng 渻 234
shèng 晟 174
shèng 剩 31
shèng 盛 294
shī 箷 331
shī 溼 236
shī 屍 91
shī 尸 90
shī 失 70
shī 師 103
shī 虱 422
shī 蝨 429
shī 釃 503
shī 鉈 505
shī 鍦 511
shí 鰣 568
shí 識 459
shí 食 548
shí 拾 145
shí 寔 85
shí 什 8
shí 十 37
shí 榯 199
shí 石 302
shǐ 縰 354
shǐ 矢 301
shǐ 纚 356
shǐ 菡 403
shǐ 屎 91
shì 士 68
shì 奭 72
shì 戺 137
sháo 芍 388
shǎo 少 88
shào 稍 316
shài 晒 174
shài 曬 177
shān 挻 147
shān 姍 74
shān 羶 361
shān 縿 353
shān 衫 436
shān 煽 254
shān 蔪 409
shǎn 煔 252
shǎn 覢 445
shàn 禪 313
shàn 擅 159
shàn 蟮 431
shàn 譱 461
shàn 贍 470
shàn 鱓 569
shàn 䱇 566
shàn 墡 66
shàn 嬗 81
shàn 扇 138
shàn 掞 148
shǎng 賞 470
shàng 尚 89
shòu 瘦 288
shòu 狩 265
shē 賒 469
shē 畬 284
shé 虵 422
shé 揲 152
shě 捨 150
shè 舍 385
shè 䠶 481
shè 摵 156
shè 射 87
shè 攝 162
shēn 椮 203
shēn 娠 76
shēn 参 42
shēn 襂 442
shēn 蔘 410
shěn 諗 456
suǒ 所 138
suǒ 摍 154
suǒ 瑣 275
suǒ 鎖 513
suǒ 鏁 514
suī 荾 398
suī 荽 398
suī 葰 405
suí 綏 346
suǐ 髓 559
suì 䯝 586
suì 隧 527
suì 鐩 515
suì 穗 319
suì 穟 319
suì 燧 256
suì 檖 204
sūn 孫 82
sǔn 笋 324
sǔn 筍 326
sǔn 簨 329
sǔn 䐣 379
sùn 潠 241
shā 紗 341
shā 砂 302
shā 粆 335
shā 沙 222
shā 殺 216
shā 煞 253
shā 蔱 407
shā 髿 560
shā 䍜 520
shā 鯊 566
shā 魦 565
shǎ 傻 22
shà 厦 41
shà 哈 48
shà 啑 50
shà 唼 52
shà 廈 109
shà 翣 363
shà 萐 400
shāo 筲 330
shāo 梢 191
sháo 杓 181
sī 厶 42
sī 厮 41
sī 司 44
sī 鼶 587
sī 鋖 509
sī 蟖 431
sī 蟴 427
sī 澌 241
sī 私 314
sì 竢 324
sì 汜 223
sì 肆 370
sì 杫 183
sì 枱 187
sì 佀 10
sì 俟 14
sì 寺 87
sì 蕼 413
sì 飼 549
sì 飤 548
sū 甦 281
sū 穌 319
sù 泝 225
sù 溯 235
sù 肅 371
sù 膆 378
sù 肅 370
sù 玊 271
sù 素 340
sù 夙 69
sù 樕 204
sù 愬 129
sù 潚 232
sù 訴 453
sù 𧫝 458
sù 遡 493
suān 痠 288
suǎn 篹 330
suàn 祘 311
suàn 筭 324
suàn 算 327
suō 莎 408
suō 㤹 123
suō 莤 396
suǒ 惢 125

tǎn 毯 218
tàn 歎 211
tè 貣 467
tè 螣 430
tè 犆 262
téng 疼 287
téng 鰧 568
tī 鷉 576
tī 剔 29
tí 厗 40
tí 睼 299
tí 禔 313
tí 荑 393
tí 嗁 53
tí 鵜 573
tí 鯷 567
tí 鶗 575
tí 蹄 477
tí 蹏 478
tí 謕 459
tí 題 545
tí 鷤 577
tì 鬄 561
tì 薙 414
tì 鬀 561
tì 詆 452
tì 达 489
tì 逷 492
tì 剃 28
tì 屜 91
tì 屉 90
tì 惖 125
tì 悌 123
tiāo 挑 145
tiāo 恌 122
tiāo 祧 312
tiáo 條 190
tiáo 苕 387
tiáo 調 456
tiáo 鞗 537
tiáo 鋚 509
tiáo 齠 590
tiáo 岧 93
tiǎo 窕 321
tiào 跳 476
tiào 覜 445
tiān 添 231
tián 鎮 515
tián 填 64
tián 嗔 53
tián 寘 322
tián 田 281
tián 甜 280
tiǎn 殄 215
tiǎn 蚕 424
tiàn 掭 151
tiàn 瑱 275
tiē 聑 369
tiě 鐵 516
tiě 鐡 517
tiè 呫 46
tiè 餮 551
tīng 聽 370
tīng 桯 191
tīng 廳 41
tīng 鞓 537
tīng 廳 111
tíng 庭 108
tíng 亭 7
tíng 蝏 428
tú 途 491
tú 駼 573
tú 圖 57
tú 塗 64
tú 市 101
tú 荼 398
tù 菟 402
tuán 蒪 408
tuán 塼 65
tuán 摶 155
tuán 剸 31
tuǎn 畽 480
tuàn 貒 467
tuō 捝 146
tuō 拕 141
tuō 佗 9
tuō 侂 12
tuō 拖 142
tuō 脱 376
tuō 矺 302
tuó 砣 303
tuó 沱 223
tuó 跎 474
tuó 駞 555
tuó 駝 554
tuó 陁 523
tuǒ 隋 525
tuǒ 媠 78
tuǒ 撱 158
tuǒ 嫷 80
tuò 柝 187
tuò 榜 195
tuò 橐 208
tuò 毻 218
tuī 魋 565
tuí 隤 527
tuí 頹 544
tuǐ 骽 558
tún 炖 248
tún 豘 264
tún 坉 58
tún 豚 464

W w

wā 溛 235
wā 挖 144
wā 穵 320
wā 窊 321
wā 䵷 585
wā 鼃 585
wā 蛙 425
wà 瓦 278
wà 絑 342
wà 襪 442
wà 韈 539
wà 韤 540
wāi 歪 214
wāi 咼 47
wāi 竵 324
wán 翫 364
wán 丸 3
wán 抏 140
wán 园 56
wán 忨 119
wán 頑 542
wǎn 踠 476
wǎn 輓 483
wǎn 鋔 510
wǎn 髋 558
wǎn 宛 84
wǎn 娎 74
wǎn 挽 147
wǎn 梚 193
wǎn 晼 284
wǎn 盌 293
wǎn 碗 305
wǎn 菀 404
wàn 擥 153
wàn 万 1
wàn 捥 148
wāng 尩 86
wāng 尢 89
wáng 亡 6
wáng 王 271
wǎng 網 347
wǎng 网 358
wǎng 罔 358
wǎng 誷 456
wǎng 輞 484
wǎng 浧 232
wǎng 蛧 425
wǎng 菵 401
wàng 旺 171
wàng 望 179
wàng 忘 119
wàng 暀 175
wō 窩 322
wō 猧 267
wǒ 婑 78
wò 捾 148
wò 斡 167
wò 臥 382
wò 蒦 407
wēi 威 75
wēi 嵔 96
wēi 微 118
wéi 潍 244
wéi 維 348
wéi 桅 189
wéi 散 167
wéi 惟 125
wéi 嵬 97
wéi 為 248
wéi 爲 258
wéi 韋 539
wěi 骩 558
wěi 颹 546
wěi 峞 95
wěi 娓 76
wěi 尾 90
wěi 愇 127
wěi 暐 176
wěi 偽 17
wěi 僞 21
wěi 蘬 292
wèi 畏 283
wèi 尉 88
wèi 螱 434
wèi 蜎 429
wèi 蝟 430
wèi 蔚 409
wèi 謂 458
wèi 轊 485
wèi 餵 551
wèi 餧 551
wèi 魏 564
wēn 温 234
wēn 溫 237
wēn 彣 115
wēn 昷 293
wēn 薀 411
wén 蚉 423
wén 蚊 423
wén 蟁 430
wén 閿 520
wěn 脗 377
wěn 吻 51
wèn 絻 346
wèn 璺 277
wèng 瓮 279
wèng 甕 357
wèng 罋 358
wèng 鰃 587
wū 於 169
wū 洿 226
wū 汙 220
wū 圬 58
wū 歍 211
wū 鋘 505
wú 無 251
wú 珸 273
wú 璑 276
wú 无 170
wú 梧 116
wú 吾 45
wǔ 甒 280
wǔ 牾 262
wǔ 娬 77
wǔ 啎 51
wǔ 廡 110
wǔ 伍 8
wǔ 五 5
wǔ 侮 14
wǔ 午 37
wǔ 鵡 574
wù 務 33
wù 霧 533
wù 霚 533
wù 雺 532
wù 隖 526
wù 逜 495
wù 蘁 418
wù 塢 65
wù 寤 86
wù 悮 124
wù 悟 124
wù 扤 139
wù 晤 174
wù 武 213

X x

xī 巂 99
xī 奚 72
xī 息 123
xī 恓 121
xī 希 101
xī 扸 141
xī 憘 132
xī 徯 118
xī 唏 50
xī 郄 40
xī 僖 21
xī 傒 19
xī 晳 175
xī 桸 182
xī 擕 162
xī 昔 171
xī 磎 307
xī 歙 212
xī 溪 237
xī 熺 255
xī 菥 400
xī 螅 430
xī 酅 499
xī 郋 499
xī 醯 501
xī 鯑 553
xī 觿 530
xī 錫 510
xī 譆 460
xī 豨 464
xī 豯 465
xī 谿 463
xí 狶 266
xí 媳 80
xǐ 喜 51
xǐ 徙 117
xǐ 蹝 479
xǐ 躧 481
xǐ 璽 277
xǐ 熙 253
xǐ 熹 256
xì 汹 227
xì 澙 234
xì 潟 242
xì 隙 526
xì 郤 497
xì 餼 551
xì 覤 446
xì 戲 137
xì 蒵 403
xì 穸 320
xì 系 339
xì 细 343
xì 恤 121

xì 舄 384
xiā 岈 92
xiā 蝦 429
xiá 瑕 275
xiá 俠 13
xiá 柙 186
xiá 䘥 472
xiá 鰕 567
xiá 轄 484
xiá 遐 493
xiá 鎋 513
xiá 陿 525
xià 暇 176
xià 謑 458
xiāo 梟 192
xiāo 消 228
xiāo 瀟 245
xiāo 猇 267
xiāo 綃 346
xiāo 簫 332
xiāo 翛 363
xiāo 宵 85
xiāo 囂 56
xiāo 憢 132
xiāo 髐 558
xiāo 銷 508
xiāo 霄 532
xiāo 髇 558
xiāo 髐 559
xiāo 鴞 571
xiāo 蠨 434
xiāo 蕭 415
xiāo 藃 420
xiāo 虓 421
xiāo 崤 94
xiáo 崤 96
xiáo 殽 216
xiǎo 筱 327
xiǎo 篠 330
xiǎo 謏 453
xiǎo 筅 326
xiào 歗 212
xiào 效 164
xiào 斆 83
xiào 嘯 55
xiào 効 32
xiào 傚 19
xiān 掀 151
xiān 攕 162
xiān 孅 81
xiān 祆 311
xián 絃 342
xián 涎 228
xián 嗛 52
xián 唌 50
xián 椷 196
xián 銜 508
xián 鹹 501
xián 閑 519
xián 閒 519
xián 鷳 577
xiǎn 箲 327
xiǎn 蜆 426
xiǎn 筅 326
xiǎn 險 527
xiǎn 銑 507
xiàn 霰 534
xiàn 鼸 587
xiàn 硍 304
xiàn 線 350
xiàn 綫 347
xiàn 現 273
xiàn 僩 21
xiàn 撊 158
xiàn 敓 164
xiàn 羨 361
xiāng 薌 413
xiāng 曏 177
xiāng 箱 328
xiāng 瓖 277
xiāng 廂 108
xiāng 鄉 498
xiāng 詾 454
xiāng 翔 362
xiáng 詳 453
xiáng 祥 312
xiǎng 餉 550
xiǎng 鯗 566
xiǎng 饗 552
xiàng 衖 435
xiàng 嚮 55
xiàng 巷 95
xiàng 向 45
xiōng 哅 49
xiōng 匈 35
xiōng 凶 26
xiōng 兇 23
xiōng 兄 23
xiōng 洶 227
xiōng 胸 375
xiōng 胷 376
xiòng 敻 166
xiòng 夐 166
xiē 歇 211
xiē 蠍 432
xié 歙 211
xié 絜 343
xié 脅 376
xié 懏 135
xié 旪 170
xié 叶 44
xié 邪 496
xié 䶸 592
xié 鞵 539
xié 頁 541
xié 襭 442
xié 衺 437
xié 恊 122
xié 挾 146
xié 奊 71
xiè 屧 91
xiè 屟 91
xiè 寫 87
xiè 媟 78
xiè 𠐷 118
xiè 暬 176
xiè 榍 199
xiè 榭 200
xiè 偞 15
xiè 卨 38
xiè 禼 314
xiè 緤 349
xiè 紲 343
xiè 絏 345
xiè 泄 224
xiè 渫 230
xiè 獬 269
xiè 灺 247
xiè 躠 541
xiè 謝 459
xiè 寫 87
xiè 駴 555
xiè 齘 589
xiè 薤 414
xiè 蠏 432
xiū 蓨 407
xiū 饈 552
xiū 髤 560
xiū 修 14
xiū 脩 377
xiǔ 朽 214
xiù 銹 509
xiù 鏽 516
xiù 齅 587
xiù 臭 382
xiù 珛 272
xiù 琇 274
xiù 繡 355
xiù 褎 440
xiù 褏 440
xīn 訢 451
xīn 𤛓 262
xīn 欣 210
xīn 炘 248
xīn 昕 172
xīn 忻 120
xìn 囟 56
xìn 衅 435
xīng 垶 64
xīng 垶 61
xíng 峌 94
xíng 型 61
xíng 形 115
xíng 邢 497
xíng 鉶 511
xíng 陘 523
xíng 刑 27
xíng 侀 12
xíng 硎 303
xǐng 省 295
xìng 倖 15
xū 胥 372
xū 欻 210
xū 欨 210
xū 歔 212
xū 需 532
xū 鬚 561
xū 須 542
xū 鑐 517
xū 稰 317
xū 緰 324
xū 繻 354
xū 墟 65
xú 徐 116
xǔ 許 451
xǔ 呴 47
xù 卹 39
xù 慉 129
xù 序 107
xù 婿 78
xù 酗 500
xù 酗 500
xù 敘 165
xù 昫 173
xù 蓄 369
xù 勗 371
xù 漵 240
xù 獝 269
xù 勖 33
xuān 煊 251
xuān 翾 365
xuān 萲 403
xuān 萱 402
xuān 藼 418
xuān 諠 457
xuān 鋗 508
xuān 瑄 274
xuān 亘 5
xuān 宣 84
xuān 晅 174
xuān 煖 251
xuān 懸 135
xuán 旋 169
xuán 玆 270
xuán 璇 276
xuán 璿 277
xuán 琁 273
xuán 玄 270
xuán 淀 229
xuán 漩 238
xuǎn 癬 289
xuǎn 蹮 480
xuǎn 選 494
xuàn 鞙 537
xuàn 眩 296
xuàn 楦 195
xuàn 楥 197
xuē 削 28
xuē 靴 536
xuē 辥 488
xué 學 82
xué 觷 440
xuè 澩 245
xuè 狘 264
xūn 薰 416
xūn 熏 254
xūn 燻 257
xūn 勛 33
xūn 勳 34
xūn 勲 33
xūn 塤 65
xūn 壎 67
xūn 焄 251
xún 旬 171
xún 栒 189
xún 尋 88
xún 巡 100
xún 循 118
xún 恂 122
xún 馴 554
xún 洵 227
xún 燖 256
xùn 殉 215
xùn 徇 116
xùn 巽 101
xùn 愻 130
xùn 顨 545
xùn 鵕 573

Y y

yā 鴉 574
yā 押 142
yā 厭 41
yá 啀 50
yá 崖 95
yá 牙 260
yǎ 雅 529
yǎ 瘂 288
yǎ 疋 285
yà 訝 450
yà 猰 267
yà 貏 466
yà 閘 519
yà 亞 6
yà 婭 77
yāo 要 443
yāo 媄 76
yāo 么 106
yāo 吆 45
yāo 么 3
yāo 祅 311
yāo 殀 214
yáo 猺 268
yáo 瑤 275
yáo 窯 322
yáo 繇 351
yáo 窰 321
yáo 肴 371
yáo 遙 494
yáo 颻 546
yáo 餚 551
yáo 倄 17
yáo 傜 19
yáo 搖 157
yáo 姚 75
yáo 垚 61
yáo 徭 118
yǎo 嚙 55
yǎo 宎 83
yǎo 窔 84
yǎo 咬 48
yǎo 窅 321
yǎo 齩 590
yǎo 鷕 576
yào 耀 365

yīn	瘖	288	yì	肊	371	yí	沶	224	yǒng	甬	281	yóu	郵	497	yàn	雁	529	yào	藥	418
yīn	蔭	410	yì	億	21	yí	疑	286	yǒng	涌	228	yóu	囮	56	yàn	鴈	570	yào	葯	405
yīn	茵	394	yì	驛	557	yí	痍	287	yǒng	湧	233	yóu	斿	169	yàn	鴳	572	yào	礿	310
yīn	陰	524	yì	醳	503	yí	簃	330	yǒng	永	219	yóu	由	282	yàn	贗	470	yào	窔	321
yīn	黔	532	yì	邑	495	yí	移	315	yē	椰	196	yóu	庮	287	yàn	豔	464	yào	燿	256
yīn	陻	525	yì	逸	492	yí	訑	450	yé	梛	190	yóu	疣	286	yàn	讌	462	yān	閹	520
yīn	鞇	537	yì	軼	482	yí	桋	188	yé	耶	368	yóu	游	232	yàn	諺	457	yān	懨	134
yín	硍	305	yì	誼	455	yí	椸	186	yé	琊	273	yóu	猶	267	yàn	醼	503	yān	烟	249
yín	䏰	378	yì	貤	467	yí	胰	375	yé	鋣	508	yóu	訧	450	yàn	饜	553	yān	煙	252
yín	銀	507	yì	挹	147	yí	杝	181	yé	揶	146	yóu	蕕	413	yàn	嚥	55	yān	焉	250
yín	齦	590	yì	劓	31	yí	台	44	yě	野	504	yóu	蓧	407	yàn	喭	51	yān	珚	272
yín	乑	3	yì	医	37	yí	宧	84	yě	也	3	yǒu	蚴	424	yàn	宴	85	yān	篶	333
yín	齗	589	yì	乂	3	yí	夷	70	yě	冶	25	yǒu	丣	2	yàn	懕	134	yān	咽	48
yín	崟	96	yì	亦	6	yí	媐	79	yě	埜	63	yǒu	牖	260	yàn	曣	178	yán	檐	206
yín	吟	46	yì	佚	11	yǐ	嶬	98	yě	壄	66	yǒu	有	179	yàn	艷	387	yán	揅	153
yín	婬	78	yì	懿	135	yǐ	㠯	101	yè	抴	142	yòu	祐	311	yàn	艶	387	yán	鈆	506
yín	夤	69	yì	懿	135	yǐ	已	101	yè	業	98	yòu	櫾	209	yàn	傿	20	yán	閻	520
yǐn	引	113	yì	廙	109	yǐ	乙	3	yè	掖	148	yòu	酭	501	yàn	焰	251	yán	研	302
yǐn	檃	206	yì	瘱	129	yǐ	倚	15	yè	拽	145	yòu	釉	504	yàn	燄	256	yán	綖	346
yǐn	㱃	212	yì	意	126	yǐ	偯	17	yè	枼	196	yòu	柚	186	yàn	爓	257	yán	嵒	97
yǐn	櫽	209	yì	忈	119	yǐ	檥	206	yè	擫	161	yòu	又	43	yàn	猒	266	yán	妍	75
yǐn	磤	307	yì	埶	62	yǐ	迤	490	yè	擪	161	yòu	宥	84	yāng	泱	222	yán	壛	68
yǐn	飲	549	yì	奕	71	yǐ	迆	489	yè	曄	177	yōng	擁	159	yāng	央	70	yán	巘	99
yìn	朄	178	yì	异	112	yǐ	螘	430	yè	餣	551	yōng	壅	67	yáng	崵	96	yán	嵓	97
yìn	胤	374	yì	弋	112	yǐ	苡	391	yè	鄴	536	yōng	廱	111	yáng	痒	287	yán	延	111
yīng	英	391	yì	寱	‵87	yǐ	蟻	432	yī	噫	54	yōng	慵	130	yáng	羊	360	yán	櫩	208
yīng	甖	280	yì	抑	141	yì	藝	417	yī	一	1	yōng	癰	290	yáng	敭	166	yán	沿	225
yīng	瑛	274	yì	睪	298	yì	藙	416	yī	揖	152	yōng	癕	291	yáng	昜	173	yán	岩	92
yīng	嬰	81	yì	益	293	yì	蓺	409	yī	撎	157	yōng	庸	108	yáng	鍚	515	yán	炎	248
yīng	罌	357	yì	疫	286	yì	袘	438	yī	瑿	276	yōng	臃	379	yáng	揚	152	yǎn	渰	234
yīng	鶯	575	yì	瞖	300	yì	褹	441	yī	毉	216	yōng	灉	246	yǎng	柍	186	yǎn	奄	71
yīng	譻	541	yì	鷁	575	yì	檍	206	yī	洢	227	yōng	滽	238	yǎng	養	549	yǎn	嬐	81
yíng	熒	254	yì	饐	552	yì	槷	203	yī	漪	245	yōng	犝	263	yǎng	蛘	424	yǎn	扊	138
yíng	營	256	yì	鎰	513	yì	栧	189	yī	蛜	425	yōng	雝	530	yǎng	蝆	426	yǎn	揜	153
yíng	䁝	299	yì	鶂	574	yì	枻	185	yī	猗	266	yōng	鄘	499	yàng	漾	238	yǎn	偃	18
yíng	籯	334	yì	繹	355	yì	斁	166	yī	陭	524	yōng	邕	495	yàng	瀁	244	yǎn	剡	29
yíng	盈	293	yì	泆	225	yì	膉	378	yī	醫	502	yōng	雍	529	yàng	煬	252	yǎn	鰋	567
yíng	塋	64	yì	洩	226	yì	臆	379	yī	譩	461	yōng	澭	242	yàng	樣	201	yǎn	鼴	587
yìng	硬	304	yì	浥	228	yì	羛	360	yī	讉	462	yóng	鷛	576	yōu	幽	106	yǎn	鼹	587
yìng	暎	176	yì	溢	236	yì	義	361	yí	貽	469	yóng	鰫	568	yōu	憂	128	yǎn	菴	400
yìng	映	173	yīn	歅	210	yì	翌	362	yí	誃	454	yóng	茙	393	yōu	櫌	207	yǎn	蝘	429
yìng	譍	461	yīn	氤	219	yì	翊	362	yí	詑	452	yóng	㺖	269	yōu	蝣	429	yǎn	黭	584
yū	扜	139	yīn	溵	245	yì	嫕	80	yí	迻	490	yǒng	咏	46	yōu	耰	368	yàn	䜩	450
yū	淤	230	yīn	喑	51	yì	翳	364	yí	酏	500	yǒng	恿	124	yóu	肬	371	yàn	隁	525
yú	歟	212	yīn	婣	78	yì	翼	365	yí	飴	549	yǒng	悀	126	yóu	逌	491	yàn	隱	526
									yí	沂	221	yǒng	詠	451	yóu	遊	492			

yú	渝	234
yú	窬	322
yú	舁	384
yú	臾	384
yú	與	134
yú	杅	180
yú	揄	153
yú	于	4
yú	亏	5
yú	余	9
yú	俞	24
yú	腧	260
yú	愉	127
yú	嵛	97
yú	媮	79
yú	轝	486
yú	逾	493
yú	魰	565
yú	鮁	568
yú	隃	525
yú	蕍	419
yú	萮	411
yú	虞	421
yú	蝢	427
yǔ	噳	54
yǔ	与	1
yǔ	予	4
yǔ	圉	57
yǔ	寓	86
yǔ	嶼	99
yǔ	萬	404
yǔ	籞	332
yù	庽	109
yù	蜮	427
yù	蕷	414
yù	菸	400
yù	寓	86
yù	喩	52
yù	棫	116
yù	或	115
yù	御	117
yù	愈	129
yù	鬻	577
yù	豫	464
yù	郁	497
yù	預	542
yù	飫	548
yù	鬻	563
yù	欝	540
yù	霱	534
yù	隩	527
yù	馭	554
yù	芋	388
yù	聿	370
yù	域	274
yù	瘉	289
yù	矞	301
yù	昱	172
yù	鏂	552
yù	馻	572
yù	淢	230
yù	淯	230
yù	焴	251
yù	毓	217
yuān	惌	125
yuān	淵	235
yuān	蜎	426
yuān	鳶	570
yuān	䳒	572
yuán	獂	268
yuán	元	22
yuán	轅	485
yuán	邍	495
yuán	魭	565
yuán	蝯	429
yuán	黿	585
yuán	猿	268
yuán	猨	268
yuán	緣	350
yuán	爰	258
yuán	園	57
yuán	嫄	79
yuán	員	50
yuàn	怨	121
yuàn	媛	78
yuàn	苑	392
yuè	閱	520
yuè	跀	474
yuè	越	472
yuè	軏	481
yuè	龠	592
yuè	蠍	431
yuè	籥	334
yuè	粵	336
yuè	籰	334
yuè	篗	329
yuè	刖	27
yuè	戉	136
yuè	岳	93
yuè	嶽	99
yuè	悦	123
yún	云	5
yún	芸	388
yún	郧	495
yǔn	隕	526
yǔn	齳	590
yǔn	齫	590
yǔn	霣	533
yǔn	殞	215
yǔn	磒	307
yǔn	抎	140
yùn	惲	126
yùn	慍	128
yùn	慍	130
yùn	醞	380
yùn	緼	349
yùn	韻	541
yùn	韵	541
yùn	餫	551
yùn	蘊	417
Z	**z**	
zā	匝	35
zā	帀	101
zā	紮	342
zá	囐	56
zá	雜	530
zá	襍	442
zāo	蚤	423
zāo	醩	502
zǎo	藻	418
zǎo	薻	415
zǎo	繰	355
zǎo	璪	276
zào	皁	291
zào	躁	480
zào	灶	247
zào	譟	461
zāi	灾	247
zāi	災	248
zāi	栽	249
zāi	哉	47
zài	在	58
zài	載	482
zān	簪	331
zǎn	昝	173
zǎn	揝	153
zàn	謲	459
zàn	讚	463
zàn	蹔	478
zāng	牂	259
zāng	臧	382
zāng	牂	360
zǎng	駔	555
zàng	臓	381
zōu	鄹	499
zōu	騶	557
zōu	陬	524
zōu	菆	400
zōu	棷	194
zōu	掫	149
zòu	奏	71
zōng	宗	97
zōng	嵏	69
zōng	猣	269
zōng	椶	198
zōng	棕	193
zōng	鬉	561
zōng	騣	556
zōng	蹤	479
zōng	踪	476
zōng	緵	350
zǒng	惣	128
zǒng	總	353
zǒng	緫	350
zǒng	惚	262
zǒng	摠	157
zǒng	傯	20
zǒng	揔	153
zòng	糉	337
zòng	縱	354
zé	責	468
zé	齰	590
zé	齚	590
zé	笮	325
zé	咋	47
zé	仄	7
zé	嘖	53
zé	幘	104
zè	昃	171
zēng	增	66
zēng	曾	178
zèng	甑	280
zèng	贈	563
zī	甾	282
zī	緇	348
zī	紂	340
zī	淄	232
zī	滋	236
zī	椔	198
zī	嵫	96
zī	孳	82
zī	錙	511
zī	頿	545
zī	髭	560
zī	齍	589
zī	諮	457
zī	貲	469
zī	資	469
zī	齋	588
zī	菑	402
zī	茲	395
zī	觜	448
zī	嗞	53
zī	咨	47
zǐ	呰	48
zǐ	姊	74
zǐ	秄	314
zǐ	訾	454
zǐ	訿	453
zǐ	茈	394
zì	芓	388
zì	眥	297
zì	剚	29
zì	恣	123
zì	訾	145
zū	菹	399
zū	葅	404
zú	崒	95
zú	族	169
zú	卒	38
zú	礸	307
zǔ	禮	313
zǔ	譃	459
zuān	鑽	518
zuǎn	繤	356
zuó	筰	327
zuó	昨	173
zuó	岝	93
zuó	岞	93
zuò	坐	60
zuò	怍	124
zuò	柞	186
zuò	作	11
zuò	侳	14
zuò	做	18
zuò	鑿	339
zuò	酢	500
zuī	峻	435
zuì	蕞	412
zuì	辠	487
zuì	罪	358
zuì	嶉	99
zuì	崔	98
zūn	導	494
zūn	鐏	515
zūn	尊	88
zūn	樽	203
zūn	罇	357
zǔn	譐	459
zhā	劄	327
zhā	摣	156
zhā	奓	72
zhā	柤	185
zhā	皻	293
zhā	樝	202
zhá	札	179
zhá	牐	260
zhá	鍘	518
zhǎ	鮺	449
zhà	蜡	427
zhà	醡	502
zhà	潳	244
zhà	拃	142
zhà	褡	312
zhà	搾	153
zhà	咤	48
zhà	吒	45
zhāo	招	142
zhāo	朝	179
zhāo	佋	11
zhǎo	爪	258
zhào	櫂	207
zhào	棹	194
zhào	垗	61
zhào	兆	23
zhào	肇	371
zhào	詔	452
zhāi	齋	588
zhái	檡	206
zhài	寨	86
zhài	砦	304
zhān	氈	18
zhān	沾	224
zhān	霑	532
zhān	詹	454
zhān	鸇	574
zhān	鱣	569
zhān	饘	551
zhān	飦	548
zhān	占	38
zhān	惉	125
zhān	旃	170
zhān	旃	169
zhǎn	斬	168
zhǎn	嶃	98
zhǎn	琖	274
zhǎn	盞	294
zhǎn	嶄	97
zhǎn	展	91
zhǎn	輾	484
zhǎn	醆	501
zhǎn	艤	449
zhàn	虥	421

zhàn 綻 347
zhàn 輚 483
zhàn 戰 137
zhàn 湛 233
zhāng 傽 130
zhāng 張 114
zhāng 獐 269
zhāng 樟 201
zhàng 幛 104
zhàng 杖 181
zhàng 賬 470
zhàng 障 526
zhōu 茾 396
zhōu 譸 462
zhōu 週 492
zhōu 粥 335
zhōu 盩 295
zhōu 舟 52
zhǒu 帚 102
zhòu 軸 536
zhòu 㤘 129
zhòu 噣 54
zhòu 縐 351
zhòu 伷 11
zhòu 呪 48
zhòu 咒 47
zhōng 塚 64
zhōng 中 2
zhōng 鍾 512
zhōng 鐘 514
zhǒng 冢 25
zhǒng 瘇 289
zhòng 眾 297
zhòng 湩 234
zhòng 衆 435
zhòng 重 504
zhé 讁 461
zhé 蹠 479
zhé 哲 49
zhé 喆 51
zhé 悊 124
zhé 慴 131
zhé 晣 174
zhé 晢 174
zhè 柘 185
zhè 淛 231
zhè 蟅 430
zhè 蔗 408
zhēn 斟 167
zhēn 椹 196
zhēn 亲 191
zhēn 唇 49
zhēn 溱 236
zhēn 珍 271
zhēn 碪 306
zhēn 貞 296
zhēn 甄 279
zhēn 禛 313
zhēn 箴 328
zhēn 砧 303
zhēn 轃 485
zhēn 針 505
zhēn 鍼 511
zhēn 蓁 406
zhēn 葴 403
zhěn 裖 439
zhěn 軫 482
zhěn 黰 584
zhěn 鬒 561
zhěn 疹 287
zhěn 縝 350
zhèn 紾 346
zhèn 振 146
zhèn 挋 144
zhèn 圳 58
zhèn 鎮 513
zhèn 陣 523
zhèn 震 532
zhēng 蒸 406
zhēng 錚 510
zhēng 烝 249
zhēng 爭 258
zhēng 徵 118
zhěng 拯 144
zhěng 撜 158
zhèng 症 286
zhèng 諍 456
zhèng 證 460
zhèng 正 213
zhèng 政 164
zhī 汁 219
zhī 知 301
zhī 胝 374
zhī 胑 373
zhī 祗 311
zhī 秖 314
zhī 畤 283
zhī 巵 101
zhī 卮 39
zhī 枳 186
zhī 枝 182
zhī 支 163
zhī 蘵 420
zhī 跂 477
zhī 迣 489
zhī 鼅 585
zhī 鳷 570
zhí 躑 480
zhí 馽 554
zhí 蹢 478
zhí 職 369
zhí 植 194
zhí 慹 131
zhí 拓 142
zhí 妷 74
zhí 侄 13
zhí 縶 351
zhí 直 295
zhǐ 砋 302
zhǐ 紙 342
zhǐ 汦 222
zhǐ 止 213
zhǐ 恉 122
zhǐ 指 145
zhǐ 址 59
zhǐ 只 44
zhǐ 咫 48
zhǐ 阯 522
zhì 雉 529
zhì 觶 463
zhì 質 470
zhì 袟 438
zhì 猘 267
zhì 跱 475
zhì 躓 480
zhì 阤 522
zhì 幟 105
zhì 徝 117
zhì 志 119
zhì 廌 109
zhì 庢 107
zhì 庤 107
zhì 峙 214
zhì 狾 265
zhì 璏 276
zhì 痸 289
zhì 瘈 289
zhì 櫛 198
zhì 鷙 155
zhì 摘 161
zhì 智 175
zhì 櫍 208
zhì 疐 285
zhì 織 354
zhì 稚 317
zhì 稺 318
zhì 穉 319
zhì 致 383
zhì 寘 86
zhì 峙 94
zhì 帙 102
zhì 誌 455
zhì 輊 485
zhì 鉄 507
zhì 陟 523
zhì 袠 437
zhū 諸 455
zhū 鼄 585
zhū 絑 345
zhū 瀦 245
zhū 猪 267
zhū 藷 416
zhū 袾 438
zhú 泏 225
zhú 爥 258
zhú 竺 324
zhú 朮 179
zhú 陼 524
zhǔ 麈 579
zhǔ 鸀 563
zhǔ 煮 253
zhǔ 囑 54
zhǔ 屬 91
zhǔ 斸 32
zhù 佇 9
zhù 助 32
zhù 柱 184
zhù 杼 182
zhù 宁 83
zhù 注 223
zhù 竚 323
zhù 筯 326
zhù 箸 327
zhù 緒 355
zhù 芧 388
zhù 霔 532
zhù 貯 468
zhuā 簻 331
zhuān 專 88
zhuān 嫥 80
zhuān 甎 279
zhuān 顓 545
zhuǎn 膞 378
zhuàn 饌 333
zhuàn 僎 21
zhuàn 篆 329
zhuān 糐 338
zhuāng 粧 335
zhuāng 庄 107
zhuāng 妝 73
zhuāng 樁 201
zhuāng 莊 398
zhuō 桌 190
zhuō 穱 320
zhuó 棁 190
zhuó 晫 175
zhuó 椓 194
zhuó 灂 246
zhuó 灼 247
zhuó 啅 50
zhuó 櫡 207
zhuò 鷟 577
zhuī 硾 305
zhuī 追 490
zhuì 轛 486
zhuì 畷 285
zhuì 磙 306
zhuì 綴 347
zhūn 屯 92
zhūn 啍 50
zhǔn 准 26
zhǔn 埻 62
zhǔn 綧 347
zhǔn 準 237

增廣通假字筌

一部

一 yī

數詞。與『壹』字同。古作『弌』。

丁 dīng

象形。金文作『▲』。《世說新語》作『釘』。

七 qī

數詞。大寫作『柒』，古寫作『桼』。

三 sān

數詞。與『弎』字同，古寫作『叁』，表意也作『參』。

万 wàn

現代漢語『萬』的簡化字。

与 yǔ

《說文》：『與，賜予也。一勺為與，此與「與」同』。古籍中皆作『予』、『與』。章炳麟謂：『與』，專指酒食，『予』兼指百物。現代漢語『與』的簡化字。

丕 pī

表意。或作『丕』。

丑 chǒu

美的相對詞。戲劇角色中滑稽角色，俗稱小花面或小丑。古叫『夒』，省作『醜』。明・徐渭《南詞續錄》：『以墨粉塗面，其形甚醜』。今省文為『丑』。

且 qiě

古為『俎』字。

丘 qiū

清避孔丘諱，將『丘』寫作『𠀉』或加『阝』為『邱』。

丞 chéng

①通『承』。《史記·張湯傳》：『於是丞上曰，請造白金及五銖錢。』②通『拯』。《文選》漢·楊雄《羽獵賦》：『丞民乎農桑。』《注》：《聲類》曰：『丞也拯字也。』

丣 yǒu

古『酉』字。

並 bìng

又音 bàng。通『傍』。《史記·秦始皇紀》：『自榆中並河以東，屬之陰山。』《集解》引服虔，並，音傍。傍，依也。

丨部

中 zhōng

又音 zhòng。通『仲』。如『仲冬』、『仲夏』。

丱 guàn

清·阮元《校勘記》說應依唐《石經》作『廾』。

串 chuàn

《正字通》：串又與『券』字通，別作⿰月串。《文字指歸》曰：『支取貨契曰貝；今官司倉庫收帖曰串子。』

丶部

丸 wán

古『卵』字。《呂氏春秋·本味》：『丹陽之南，有鳳之丸』。

丿部

乂 yì

①『刈』的本字，割草也。《說文》：『乂，芟艸也。從丿、乀相交。刈，乂或從刀。』②又音 āi。懲創。《漢書·淮陽憲王欽傳》：懲芟霍氏。《注》：芟，讀曰乂。乂，創也。

久 jiǔ

通『灸』。《儀禮·士喪禮》：『冪用疏布久之。』《注》：『久』讀為灸，謂以蓋塞鬲口也。今本《周禮·考工記》：『久作「灸」。』

乑 yín

又音 pān。古『攀』字。《漢書·楊雄傳·反離騷》：『纍既乑夫傅說兮，奚不信而遂行自見用而遂去。』

么 yāo

同『幺』。

乙部

九 jiǔ

數詞。大寫作『玖』。通『鳩』。滙合。《莊子·天下》：『禹親自操稾耜，而九雜天下川。』《釋文》：『九亦作鳩。』

乙 yǐ

通『鳦』。也作『鳧』。《弘明集·南齊·張融答周顒書》：『道佛兩殊，非鳧則乙（yà）。』

也 yě

副詞。通『亦』。

乩 jī

《說文》：『卟，卜以問疑也。從口從卜，讀與稽同』。《書》云：『卟疑』。今作『乩』。《玉篇》卜部有『卟』。乙部收乩，《說文》：『今作稽』。

乱 luàn

『亂』的簡體字。

亂 luàn

現代漢語作『乱』。

亅部

乚 jué

本為讀書中止之標記，後相沿作『乙』。《史記·滑稽傳》：『朔初入長安至公車上書。……人主從上方讀之，止，輒乙其處。』清·段玉裁《說文解字注》引此文說：『此非甲乙字，乃正「乚」字也。』

予 yǔ

①通『與』。《詩·小雅·采菽》：『君子來朝，何錫予之』。《荀子·大略》：『天下之人惟各特意哉，然有所芸予也。言味者予易牙，言音者予師曠』②又音 yú。『余』，我也。《書·湯誓》：『時日曷喪，予及女皆亡。』

事 shì

①甲骨文和金文中『事』與『吏』、『使』為一字。②又音 zì。殺或刺入。通『傳』、『剚』。《漢書·蒯通傳》：『所以不敢事刃於公之腹者，畏秦法也。』

二部

于 yú

①介詞，1、在。通『於』。《詩·大雅·卷阿》：『鳳凰鳴矣，于彼高岡。』2、为。《詩·鄘風·定之方中》：『定之方中，作于楚宮。』《文選》晉·左思《魏都賦》：『劉淵林《注》引《詩》，于，皆作『為』。

②連詞。與、和。《書·多方》：『不克敬和，則無我怨。』③助詞。無義。《詩·周南·葛覃》：『黃鳥于飛。』又『大雅·江漢》：『于疆于理。』這裏又相當於『乎』字。④又音 xū。嘆詞。《詩·周南·麟之趾》：『于嗟麟兮！』今《韓詩》作『吁嗟』。

亐 yú

同『于』。

亓 qí

也作『丌』。『其』的古體字。《墨子》一書中『其』字多作『丌』。

井 jǐng

本作『井』。《易·井》：『改邑不改井』。疏：『古者穿地取水，以瓶引汲，謂之為井』。

云 yún

『雲』的簡體字。又通『芸』。馬王堆·漢墓帛書《老子》甲本：『天物云云』。今本作『天物芸芸』。

五 wǔ

數詞。古籍中『五』、『午』通用。大寫作『伍』。

亘 xuān

①通『宣』。先秦古籍中的『宣』字，除宣室之外，都作『亘』。②又音 gèn。連接。通『亙』。《文選》漢·班孟堅《西部賦》：『北疆明光而亙長樂。』本字應作『亙』。

亙 gèn

古文作『亙』。後來假借作『亘』。《說文》作『桓』。

互 hù

通『枑』。掛肉的架子。《周禮·地宮牛人》：『凡祭禮共其牛牲之互。』《周禮·秋官修閭氏》：『掌比國中宿互橐者。』

亞 yà

①通『婭』。姊妹的丈夫相互間的稱呼。《詩·小雅·節南山》：『瑣瑣姻亞』。②通『壓』。低垂的樣子。唐·杜甫《杜工部草堂詩箋·上巳日徐司錄林園宴集》：『鬢毛垂領白，花蘂亞枝頭』。③通『掩』。宋·蔡伸《友古詞·如夢令》：『人靜重門深亞』。

亟 jí

①急速。《詩·豳風·七月》：『亟其乘屋，其時播百穀』。②又音 qì。通『暱』。暱愛。方言：『亟，愛也，東齊海岱之間曰亟，自關而西，秦晉之間，凡相敬愛，謂之亟。』

亠部

亡 wáng

①通『忘』。忘記。《詩·北風·綠衣》：『心之憂矣，曷維其亡。』②又音 wú。通『無』。《詩·邶風·穀風》：『何有何亡，黽勉求之。』

亢 gāng

①《史記》作『肮』。鳥的喉嚨。《爾雅·釋鳥》有解。②又音 kàng。通『抗』。舉也。《楚辭》·屈原《卜居》：『寧與騏驥亢軛乎』。

交 jiāo

通『教』。使。唐·羅隱《甲乙集》銅雀臺詩：『祇合當年伴君死，免交憔悴望西陵。』又通『蛟』。《漢書·高帝紀》：『父太公往視，則見交龍於上。』

亦 yì

①『掖』、『腋』的本字，人的肢窩。②通『奕』。能。『奕』。大也。《詩·周頌·豐年》：『亦有高廩，萬億及秭。』③與現代漢語中『也』字同。《書·康誥》：『怨不在大，也不在小。』《莊子·讓王》：『古之得道，窮亦樂，通亦樂。』

亨 hēng

①又音 xiǎng。通『享』。饗宴。《易·大有》：『公用亨于天子。』②又音 pēng。『烹』。烹飪。《詩·小雅·楚茨》：『或剝或亨。』《易·鼎》：『以木巽火，亨飪也。』《釋文》：本又作『亯』。煮也。

說文本無『亨』字，『亨』、『享』本一字，後人始從『亨』通『享』為獻享，亨飪又加火作『烹』。清・邵瑛《說文群經正字》有解。

亭 tíng

通『渟』。水靜止的樣子。《漢書・西域傳》：『蒲昌海……其水亭居，冬夏不增減，皆以為潛行地下。』

亶 dǎn

又音dàn。通『但』。《漢書・賈誼傳》陳政事疏：『非亶倒縣而已，又類辟且病痱。』又通『癉』。《荀子・議兵》：『彼可詐者，怠慢者也，路亶者也。』

人部

仄 zé

通『側』。旁邊。《漢書・段會宗傳》：『若子之材，可優遊都城取卿相，何必勤功昆山之仄。』

从 cóng

同『從』。①跟隨。聽從。參與。次要。②通『縱』。《禮・曲禮》：『欲不可從。』《漢書・王吉傳》：『其后复放從自若。』《注》：『從，子用反。』③又音zōng。通『踪』。踪跡。《史記・攝政傳》：『士固为知己者死，今乃以妾尚在之故，重自刑以絶從。』

介 jiè

①也作『價』。宋・楊枋《字溪集・辭平舟聘禮書》：『腆儀不敢祇拜，敬就來介回納。』②通『芥』。漢・王充《論衡・知實》：『不取一芥於人。』③通『甲』。披甲。《左傳》：『不介以而馳之。』又指有甲殼的蟲類和水族。《禮・月令》：『其介蟲。』④又通『個』，一個。多用於自謙之詞《三國志・魏・管寧傳》：『自陳一介野生，無軍國之用。』

仁 rén

①古代一种含義廣泛的道德觀念。《墨子・經說》：『仁，仁爱也。』又猶『存』字。又菓核中的種子。手足痿痺不能運用曰『不仁』。②假借为『人』。《論語，雍也》：『雖告知曰，并有仁焉，其之乎？』

什 shí

通『十』。十分之一曰『什一』。《孟子·滕文公》：『夏後氏五十而貢，殷人七十而助，周人百數而徹，其實皆什一也。』『言十分中取其一也。』

令 lìng

①又音 líng。通『鴒』。《詩·小雅·小宛》：『題彼脊令，載飛載鳴。』脊令，即鶺鴒。②又通『瓴』。瓴甓，即磚。《漢書·尹賞傳》：『修治長安獄，穿地方深各數丈，致令辟為郭，以大石覆其口，名為虎穴。』

仝 tóng

即『同』字。唐·盧仝《玉川子詩集·與馬異結交》詩：『昨日仝不同，異自異，是謂大仝而小異。』又姓。明有仝寅。

仟 qiān

①通『千』。數詞，如『千百』。《漢書·食貨志》：鼂錯《論貴粟疏》：『而商賈大者積貯倍息，小者坐列販賣，操其奇贏……亡夫農之苦，有千佰之得。』《注》：『仟謂千錢。佰謂百錢也。』②通『芊』。草木茂盛，如『芊芊』。《文選》晉·潘安仁《在懷縣作》詩：『稻栽肅仟仟，黍苗何離離。』《注》引《廣雅》曰『芊芊，茂也。』

伍 wǔ

通『五』。《易·繫辭》：『參伍以變』。《漢書·食貨志》作『參五以變』。

付 fù

①通『祔』。祭也。《周禮·春官大祝》：『付、練、祥，掌國事。』②通『副』。量詞。《元曲選·來生債》：『難道居世另是一付肚腸，與世人各別的。』

仞 rèn

①通『牣』。充滿。《史記·司馬相如傳·上林賦》：『實陂池而勿禁，虛宮觀而勿仞。』②通『韌』。《易·革》：『鞏用黃牛之革。』三國·魏·王弼《注》：『牛之革堅仞不可變也。』③又通『認』，承認。《淮南子·人間》：『非其事者勿仞也，非其名者勿就也。』

伎 jì

①通『技』。才能。《書·秦誓》：『無他技。』《釋文》本亦作伎。又通『妓』，歌女。《新唐書·元載傳》：『名姝異伎，離禁中不逮。』②又音 qí，通『跂』。奔貌。《詩·小雅·小弁》：『鹿斯之奔，

惟中伎伎。」③通『忮』。傷害。引《詩》：『鞫人技忒』。『詩・大雅・瞻仰》今本作『鞫人忮忒』。

伐 fá

通『罰』。《史記・天官書》：『參為白虎……下有三星，兌白罰。』《正義》：『罰，也作伐。』

伏 fú

通『服』。降服，佩服。《文選》漢・王子淵《四子講德論》：『其所臨莅，莫不肌栗慴伏。』《後漢書・廉範傳》：『世伏其好義，然依倚大將軍竇憲以此為譏。』又通『孵』。鳥孵卵。《莊子・庚桑楚》：『越雞不能伏鵠卵。』

份 bīn

①同『彬』。《說文》：『份，文質備也。……論語曰：文質份份。彬，古文份。』今《論語・雍》也作『彬彬』。②又音fèn。數量詞。部分的『分』。也作『份』。

任 rèn

①通『妊』、『姙』。《漢書・敘傳》：『初劉媪任高祖，而夢與神遇。』②又音rén。通『壬』。宋・蔡沈《集傳》：『任，古文作壬，包藏兇惡之人也。』

余 yú

通『餘』。有餘。《周禮・地官委人》：『凡其余積，以持頒賜。』

佇 zhù

通『貯』。積儲。《文選》晉・孫興公《天臺山賦》：『惠風佇芳于陽林。』古字作『寧』。又作『竚』、『貯』。

佗 tuō

①通『他』、『它』。彼，其他。《左傳・隱》：『制，巖邑也，虢叔死焉，佗邑為命。』《石經》宋本作他。又通『拕』、『拖』。《史記・龜策傳》：『醮酒佗髮。』②又音tuó。通『馱』。負荷。《漢書・趙充國傳》：『以一馬自佗，負三十日食。』注：『凡以畜載負物者為佗。』③又音yí。通『迤』如『委佗』。

伻 bēng

也作『抨』。《爾雅・釋詁》：『抨，使也。』

估 gǔ

通『賈』。商人。《北史・邢巒傳》：『商估交入。』《魏書》作：『商賈交入。』

何 hé

①又音 hē。通『呵』。譴責。《漢書・賈誼傳》陳政事疏：『故其在大譴大何之域者，聞譴何則白冠氂纓，盤水加劍，造請室而辠耳。』②又音 hè。通『荷』。擔。《詩・曹風・候人》：『彼候人兮，何戈與祋。』《群書治要》本作『荷』。

体 bèn

原本為粗劣的意思，而體夫一詞為擡運靈柩的人伕。《資治通鑒》唐・咸通十二年：『葬文懿公主……賜酒百斛餅餤四十橐駝，以飼體夫。』注：『轝夫，與柩之夫也。』轝，即『輿』。現簡化為身體的體，體字俗又作『躰』。現代漢語『體』的簡化字。

佈 bù

通『布』。僧人以化緣的方法請求施予財帛曰『佈施』，常寫作佈施。

佀 sì

『似』的本字。《漢書》『似』皆作『佀』。

佛 fó

①通『弼』。輔佐。《詩・周頌・敬之》：『佛時仔肩，示我顯德行。』《箋》：『佛，輔也，時，是也。仔肩任也。』②又音 fú。通『拂』。違背，乖逆。《禮・學記》：『其施之也悖，其求之也佛。』《釋文》：『佛本作拂』。疏：『佛者拂戾也。』③又音 bó。通『勃』。興起。《荀子・非十二子》：『佛然平世之俗起焉。』《注》：佛讀為『勃』。勃然，興起貌。

佋 zhāo

①同『昭』字。本讀為zhāo。晉避司馬昭諱。不正讀作上饒反，後人別造此字，又增人。《說文》有解。見清・段玉裁《說文解字注》。②又音shào。通『紹』。《廣韻》：『佋，佋介』。

彼 bǐ

清・王念孫《廣雅疏證》：『今《論語》作「彼」。』馬融《注》云：『彼哉！彼哉！言無足稱也。』與《廣韻》所引義異。案：『彼字當讀偏彼之彼，於義為長。』章炳麟《新方言釋言》：『今人呼邪人為彼子。俗誤書痞。』

伽 qié

同『茄』。植物。《古文苑》漢・揚雄《蜀都賦》：『盛冬育筍，舊菜增伽。』注：『伽，今作茄。』

佔 diān

①又音chān。通『覘』。②又音zhān。同『呫』。低聲小語也。《史記・匈奴傳》：『嗟土室之人，顧無多辭，令喋喋而佔佔，冠固何當。』③又音zhàn。通『占』。例如侵占、占領。

伷 zhòu

同『胄』。見《集韻》。晉・司馬懿之子名司馬伷，《晉書》有《宣五王琅邪王伷傳》。

你 nǐ

本作『尒』，『尒』，古爾字。爾，汝，一聲之轉。後作『伱』。又變作『你』。

佚 yì

①通『逸』。安樂。《莊子・大宗師》：『夫大塊載我以形，勞我以生，佚我以老，息我以死。』漢石經《尚書》逸都作『佚』。②又音dié。更替。《史記・諸侯年表》：『四國迭興。』

作 zuò

①通『斮』。削。《禮・內則》：『肉曰削之，魚曰作之。』（指削去魚鱗）。②通『做』。後漢書《廉範傳》：『不禁火，民安作。』《正字通》：『今方音，作讀「佐」。俗用做。』③又音zǔ。通『詛』。《詩・大雅・蕩》：『候作候祝，靡屆靡究。』④又音zhà。通『乍』，始，《書・益稷》：『萬邦作乂。』《荀子・致士》：『故土之與人也，道之與法者也，國家之本作也。』

伯 bó

①同『百』。《漢書·食貨志·晁錯論·貴粟疏》：『亡農夫之苦，有千伯之得。』《注》：『今俗猷百錢為一伯也。』②通『霸』。《荀子·成相》：『穆公任之。強配五伯六卿始。』

來 lái

『来』的別體字。

侖 lún

同『崙』。『崑崙』也作『昆侖』。

侘 chà

《漢書·韓安國傳》：侘作『媠』。

佼 jiǎo

又音 jiāo。通『交』。《管子·明法》：『如此，則君臣而忘主而趨私交矣。故明法曰：比周以相為慝，是故忘主私佼以進其譽。』

侂 tuō

同『託』。寄。《集韻·鐸》：侂謂依止也或作『侘』。

侀 xíng

通『形』。成形之物。《禮·王制》：『刑者，侀也，侀者成也。一成而不可變，故君子盡心焉。』

侉 ò

又音 kuā。通『夸』、『誇』。誇張。《書·畢命》：『驕謠矜侉，將由惡終。』

供 gòng

①古經傳亦作『共』。奉獻。②又音 gōng。通『恭』。《荀子·修身》：『行而供冀，非漬淖也。』《注》：『供，恭也。冀當為翼，凡行自當恭敬，非謂漬於泥淖也，人在泥淖中，則兢兢然。』翼，恭敬的樣子。

佰 bǎi

①通『百』。數詞，如一百也作『一佰』。②通『陌』。田界。《漢書·匡衡傳》：『南以閩陌為界。』注：『陌者，田之東西界也，閩者，陌之名也。』

侄 zhí

通『姪』。

侗 tǒng

又音tóng。通『僮』。未成年人。《書・雇命》：『在後之侗，敬迓天威。』又音dòng。我國少數民族名。

侼 bó

本为强横的意思。郭璞《注》：『謂强戾也。』又通『悖』。怨恨。

便 biàn

通『辨』。《商君書・農戰》：『修守備，便地形，搏民力，以待外事。』

侠 xiá

又音jiā。通『夾』、『挾』。來往。《淮南子・道應》：『兩蛟侠繞其船。』《呂氏春秋・知分》作『夾繞。』

俓 jìng

通『徑』。小路。《史記・司馬相如傳・上林賦》：『俓陵赴險。』《文選》作『徑陵。』

侵 qīn

本進犯或迫害。又音qǐn。通『寑』。容貌醜陋。《史記・魏其武安侯傳》：『武安者貌侵。』《集解》引韋昭『侵音寑。』智短小也，又云醜惡也。

侯 hóu

同『伊』、『維』。語首助詞。《詩・小雅・六月》：『侯誰在矣。』又古籍中亦常作『何』用。《呂氏春秋・觀表》：『今侯渫過而弗詞辭。』

俏 qiào

又音xiào。通『肖』。相似。《列子・立命》：『佹佹成者，俏成也，初非成也；佹佹敗者，俏敗者也，初非敗也。』

俔 qiàn

通『綄』。船上用以測風的羽毛。《淮南子・齊俗》：『譬若俔之見風也，無須臾之間定矣。』《文選》郭景純《江賦》引許慎《淮南子注》作『綄』。

保 bǎo

通『堡』。小城。《莊子・盜跖》：『所過之邑，大國守城，小國入保。』《禮・月令》孟夏之月《注》：『小城曰保。』又通『褓』，繈褓。《後漢書・桓榮傳》：『昔成王幼小，越在繈保。』

促 cù

古多作『趣』。催促。《史記・陳涉世家》：『趣趙兵亟入關。』《索隱》：『趣音促，謂催促也。』或作趨。《荀子・哀公》：『趨駕召顏淵。』《注》：『趨讀為促速也。』

修 xiū

古籍中常與『脩』同用。『修』與『脩』原本為兩字。『修』為裝飾。說文：『修』，飾也。『脩』為乾肉。《周禮・天官・膳夫》：『凡肉脩之頒賜，皆享之。』自漢隸兩字已互用，《禮・學記》：『君子之於學也，藏焉、脩（修）焉。』又音 dí。通『滌』。《周禮・春官・司尊彝》：『凡酒修酌。』鄭玄《注》：『「修」讀如滌濯之滌。』

侳 zuò

又音 cuò。同『剉』。羞辱。《淮南子・說山》：『故君子不入獄，為其傷恩也。不入市，為其侳廉也。』《注》：『侳，辱也。』

俊 jùn

通『陖』，大。《大戴禮・夏小正》：『時有俊風。』《傳》：『俊者大也，大風，南風也。』又通『峻』。才德出衆。《書・賁典》：『克明俊德，以親九族。』《大學》引《帝典》作『峻德。』

侮 wǔ

通『捂』、『摀』。用手捫住。《西遊記》：『那大聖雙手侮著眼，正自揉搓流淚，只聽得煙火聲響。』

俟 sì

通『竢』。等待。《詩・邶風・靜女》：『靜女其姝，俟我於城隅。』

倉 cāng

通『艙』。船的內部。宋・楊萬里《城齋集》日苦熱詩：『船倉周圍各五尺，且道此中底寬窄。』又通『蒼』。青色。《禮・月令》『孟春之月駕倉龍。』又通『滄』。《漢書・楊雄傳・甘泉賦》：『東海，西燿流沙。』

俛 miǎn

通『勉』。勤勞貌。《禮・表記》：『俛焉日有孳孳。』《文選》晉・陸士衡《文賦》：『在有無而僶俛。』又音fǔ。同『俯』。

倍 bèi

①通『背』。背向、背棄、背誦。《戰國策・趙》：『天子弔，主人必將倍殯柩。』《墨子・非儒》：『倍本棄事而安怠傲。』唐・韓愈《昌黎集・韓滂墓誌銘》：『滂清明遜涕以敏，讀書倍文，功力兼人。』

倅 cuì

①又音zú。通作『卒』。一百名兵為一倅。《廣韻》：『百人為倅。』《周禮》作『卒』。②又音cù。通『猝』。忽然。《墨子・魯問》：『今有刀於此，試之人頭，倅然斷之，可謂利乎？』孫詒讓《問詁》引畢沅：『卒字異文作倅』。

俯 fǔ

同『俛』、『頫』。《易・繫辭》上：『仰以觀於天文，俯以察於地理。』

偞 xiè

同『偞』。厭惡。《禮・玉藻》：『唯水漿下祭，若祭唯以偞卑。』字本作『僷』，省作『偞』。唐人避李世民諱改作『佞』。

倖 xìng

通『幸』。寵幸。《後漢書・黃香傳》：『寵遇懸盛，議者譏其遇倖。』

借 jiè

《詩・大雅・抑》：『借曰未知』。《漢書・霍光傳》作『籍曰未知』。百納本藉作『籍』。《傳》：『借，假也。』《漢書》中『藉』與『籍』多通用。

倈 lái

通『來』。《漢書・董仲舒傳・對賢良策》：『綏之斯倈。』今《論語・子張》：『倈』作『來』。

倚 yǐ

又音jī。通『奇』、『畸』。奇異的人。《莊子・天下》：『南方有奇人焉，曰黃繚。』《釋文》：『本或作畸。』奇怪的事。《荀子・榮辱》：『飾邪說，文姦言為倚事。』又『椅子』也寫作『倚子』。『椅桌』

也作『倚卓』。宋以前如此。宋·黃朝英《靖康緗素雜記》：『今人用倚卓字多從木旁。』

倨 jù

通『踞』。蹲坐。《莊子·天運》：『老聃方將倨堂。』《疏》：『倨，踞也。』

倘 tǎng

①《漢書》多作『黨』。《後漢書》作：『儻』。驚疑的神氣。《莊子·在宥》：『雲將見之，倘然止。』司馬彪云：『自失貌』。又連詞，表示假設，如倘使。②又音 cháng。通『徜』。如徜徉，表示徘徊。

倔 jué

通『崛』。直傲不屈。又突出，如『倔起』。漢·柏寬《鹽鐵論·論功》：『倔強倨傲，自稱老夫。』《文選》左思《魏都賦》：『飾華離以矜然，假倔強而攘臂。』

俿 chí

又音 hǔ。《墨子·經說》：『民若筆俿也。』清·畢沅《校注》：『俿、虎字異文。』

俱 jū

又音 jù。古籍多作『具』。《詩·小雅·楚茨》：『樂具入奏。』又《小雅·頍弁》：『兄弟具來。』

倮 luǒ

同『裸』、『羸』。《禮·月令》：『季夏之月，其蟲倮。』

倡 chāng

①通『猖』。放肆。《莊子·山木》：『倡狂妄行，乃蹈手大方。』又通『娼』，女妓。《藝文類聚》梁·元帝《蕩婦秋思賦》：『蕩子之別十年，倡婦之居自憐。』②又音 chàng。唱。《荀子·禮論》：『清廟之歌，一唱而三歎也。』又多彩而鮮艷貌，《全唐詩》南唐·陳陶《蜀葵詠》：『綠衣宛地紅倡倡，春風似舞諸女郎。』

個 gè

通『个』、『箇』。《儀禮·士虞禮》：『俎釋之個。』《注》：『個猶枚也，今俗或名枚曰個。』

倫 lún

通『掄』。選擇。如『倫膚』謂精美的肉類。《少年饋食禮》：『人倫食九，實於一鼎。』《注》：『倫，擇也，膚，脅革肉，擇之取美者。』

倄 yáo

象聲詞，呼痛聲。北齊·顏之推《顏氏家訓·風操》：『蒼頡篇有倄字，訓詁云，痛而謼也。今呼痛為阿唷作「唷」。』

俳 pái

『徘徊』。也作『俳佪』。《漢書·高帝紀》：『（呂產）入未央宮，欲為亂，殿門弗內，俳佪往來。』

倪 ní

又音 nì。通『睨』。《爾雅·釋魚》：『左倪不類，右睨不若。』

惛 hūn

亦作『惛』。昏暗。《集韻》：『惛，闇也。』《太玄》：『闇諸幽惛。』今《太玄經·玄圖》作：『闇諸其幽昏。』

偯 yǐ

哭的尾聲。《釋文》：『於起反。』《說文》作『悠』，云痛聲。

偏 piān

《釋文》：『偏』崔（譔）本作『諞』。

偽 wěi

①同『為』。行為。《荀子·儒效》：『其衣冠行偽，已同於世俗矣。』②又音 wéi。通『帷』。《禮·喪服大記》：『素錦褚，加偽荒。』《注》：『偽，當為帷。』

偆 chǔn

通『蠢』。蠢動。漢·班固《白虎通·五行》：『春之為言偆。偆，動也。』

偪 bī

①同『逼』。《左傳·隱》：『實偪此處。』②又音 fú。《禮·內則》：『偪，屨，著綦。』綦腳用的布帛帶。《注》：『偪，行滕。』《釋文》：『本又作「幅」』。

做 zuò

同『作』。宋・邵雍《伊川繫壤集・和人留題張相公庵》詩：『作了三公更引年，人間福德合居先。』

偃 yǎn

通『堰』。築土堵水。《左傳》：『規偃豬』。《注》：『偃豬者，畜流水之陂也。』又通『鼴』。《莊子・逍遥遊》：『偃鼠飲河，不過滿腹。』

偄 ruǎn

也作『懦』、『愞』。《左傳・僖》：『宮之奇之為人也，懦不能強諫。』《注》：『字林作愞』。

假 jiǎ

通『遐』。遠也。《禮・曲禮下》：『告喪，天王登假。』又音 gé。通『格』。到。《説文》引《虞書》曰：『假於上下。』今《尭典》作『格』。《詩・大雅・雲漢》：『昭假無贏。』

偋 bìng

又音 bǐng。通『屏』。排除。《荀子・榮辱》：『恭儉者偋五兵也。注：偋當為屏。』

僝 chán

同『僝』。《文選》左思《魏都賦》：『僝拱木於林衡，授全摸於梓匠。』也作『僎』。

偝 bèi

同『背』。《荀子・非相》：『鄉（向）則不若，偝則謾之。』

側 cè

通『惻』。《楚辭》屈原《九歌・湘君》：『隱思君兮陫側。』

㗇 jué

通『噱』。《廣雅・釋詁》：『㗇、笑也。』

傀 guī

通『塊』。《荀子・性惡》：『天下不知之，則傀而獨立天地之間而不畏。』

偩 fù

同『負』。《淮南子釋言》：『好勇則輕敵而簡備，自偩而辭助。』

傁 sǒu

同『叟』。《左傳·宣》：『趙傁在後。』

傘 sǎn

本作『繖』。《史記·五帝紀》：『舜乃以雨笠自扞而下，去，得不死。』《索隐》：『皇甫謐云：雨繖，繖，笠類。』《晉書·五雅傳》：『將拜（少傅）遇雨，請繖入。』

傍 páng

通『旁』。《史記·淳於髡外傳》：『執法在傍，禦史在後，髡恐懼俯伏而飲，不過一斗徑醉矣。』

傠 fá

同『伐』。漢·楊雄《太玄經·斷》：『勇侏之傠，盗蒙決夫。』

傚 xiào

同『效』。《詩·小雅·鹿鳴》：『君子是則是傚。』《左傳》引《詩》作『效』。

傅 fù

通『附』。《左傳》：『皮之不存，毛將安傅。』《釋文》：『傅音附。』

傎 diān

同『顛』、『傎』。《穀梁傳》：『以為晉文公之行事，為已傎矣。』

傒 xī

通『奚』。《史記·秦紀》：『奚作傒。』《左傳》祁奚，《史記·晉·世家》作祁傒。

傜 yáo

也作『傜』、『繇』。我國少數民族名，古也作傜族。

傑 jié

簡化字作『杰』。

僉 qiān

①通『簽』。如『僉事』、『僉院』。②，通『憸』。如『僉人』。

傹 jìng

①通『竟』。《荀子・仲尼》：『可炊而傹也。』②通『競』。《周禮・春官・鍾師》漢・鄭玄《注》：『繁、遏，執傹也。』《釋文》：『傹者競』。《詩》：（《周頌・執競》）作競。』

傭 yōng

通『庸』。《荀子・非相》：『遠舉則病繆，近世則病傭。』

傿 yàn

同『鄢』。地名。《漢書・地理志》上：『陳留郡……縣十七……傿。』《注》：引應劭：『鄭伯克段于鄢是也。』

傮 zāo

通『嘈』。《荀子・富國》：『傮然要時務民。』

僇 liáo

①『聊』之正字。②又音 lù。通『戮』。《書・甘誓》：『弗用命僇於社。』

傯 zǒng

『傯』字的異體字。

僒 jiǒng

通『窘』。《漢書・賈誼傳・服鳥賦》：『愚士蠼、僒囚拘。』《文選》作『窘』。《史記》作『攌』。

僱 gù

同『雇』。

⿰亻愆 qiān
同『愆』。《史記・王世家・冊齊王策》:『厥有⿰亻愆不臧,乃凶於而國。』

僖 xī
隸變為『嬉』。

⿰亻厥 é
通『獗』。漢《巴郡太守樊敏碑》:『不顧倡獗。』

僩 xiàn
通『瞯』。《漢書・論衡・薄葬》:『璵璠,寶物也,魯人用斂,奸人僩之,欲心生矣。』

僎 zhuàn
又音 zūn。通『遵』。《注》古文《禮》僎作『遵』。

僢 chuǎn
通『舛』。《淮南子・說山》:『分流舛馳。』《玉篇》引舛作『僢』。

僞 wěi
同『偽』。

僑 qiáo
通『喬』。僑人,玩高蹺的人。《列子・說符》:『昔有異技幹寡人者。』按:《山海經・海外西經》有長股國。郭璞《注》:『今伎家喬人,蓋象此身。』『喬』、『僑』通。

億 yì
通『噫』。嘆詞。《易・震》:『億喪貝』。《釋文》:『本作「噫」同於其反。辭也。』

儃 chán
又音 shàn。通『禪』。漢・楊雄《法言問明》:『允喆堯禪舜之重,則不輕於(許)由矣。』

傻 shǎ

同『傻』。

儁 jùn

同『俊』。《左傳》：『得儁曰克。』《釋文》：『本或作俊。』

儐 bìn

通『賓』。《禮·禮運》：『山川所以儐鬼神也。』

儘 jǐn

本作『盡』。《禮·曲禮》：『虚坐盡後，食坐盡前。』至宋漸通行作『儘』。

儭 chèn

同『襯』。唐·白居易《長慶集·見紫薇花憶微之》詩：『一藂暗淡將何比，淺碧籠裙儭紫巾。』

儸 luǒ

同『倮』、『躶』、『羸』。《荀子·賦》：『有物於此，儸儸兮其狀，屢化如神。』《注》：『儸，讀如其蟲倮之倮。儸儸，無毛羽之貌。』

儵 shù

通『倏』。《楚辭·九歌·少司命》：『荷衣兮蕙帶，儵而來兮忽而逝。』

儿部

兒 rén

古『人』字。《通志·書略》：『人，像立人，兒，象行人。』

元 yuán

①通『原』。《春秋繁露·重政》：『是以春秋變一謂之元。元猶原也。』②同『玄』。宋人因避始祖玄明諱，遇玄改作元。

兄 xiōng

又音kuàng。通『況』。《管子・大匡》：『雖天下，吾不生也，兄與我齊國之政也。』明・劉績《補注》：『兄故況字。』

兆 zhào

也作『垗』。界域。《周禮・春官・小宗伯》：『兆五帝於四郊』。《注》：『兆，為壇之營域。』

兇 xiōng

同『凶』。

克 kè

①通『剋』。約定日期。漢・王符《潛夫論・交際》：『懷不來，而外克期。』②通『刻』。《遼史・儀衛志・國服》：『小祀，皇帝硬帽，紅刻絲龜文袍。』

免 miǎn

①通『勉』。《漢書・薛宣傳》：『二人（薛陵、尹賞）視事數月而兩縣皆治，宣因移書勞免之。』②通『娩』、『挽』。生育。《國語・越》上：『將免者以告。』

党 dǎng

『黨』的簡化字。

入部

内 nèi

又音nà。出納的『納』字，本作『内』。《孟子・萬章》：『有不被堯舜之澤者，若已堆而内之溝中。』

全 quán

通『痊』。《周禮・天官醫師》：『歲終則稽其醫事，以至其食，十全為上。』

兩 liǎng

又音liàng。通『輛』。《書・牧誓序》：『武王戎車三百兩』。

俞 yú

①通常寫作『俞』。②通『腧』。人身的穴道。《素問·欬論》王冰《注》引《靈樞經》：『脈之可注為俞』。③又音 yù。通『愈》：『國語·越》：『使者往而復來，辭俞卑，禮俞尊。』④通『瘉』，病瘉。《荀子·鮮蔽》：『而來有俞疾之福也。』

八部

八 bā

數詞，大寫作『捌』。

六 liù

數詞，大寫作『陸』。

共 gòng

①通『恭《左傳》：『公卑，爾共杞，杞不共也』。《釋文》：『共音恭，本也作恭。』②通『拱』。《論語·為政》：『譬如北辰居其所而衆星共之。』

冂部

冂 jiǒng

『同』、『㓊』的本字。

冄 rǎn

『冉』的本字。細毛下垂狀。

冒 mào

同『媢』。妒忌，也同『媢嫉』。《書·秦誓》：『人之有技，冒疾經惡之。』

冖部

冖 mì

同『冪』。覆蓋。

冢 zhǒng

又作『塚』。高墳也。

冥 míng

通『溟』。《莊子·消遙遊》：『北冥有魚。』

冪 mì

通『鼏』、『幎』。《儀禮·鄉飲酒禮》：『尊綌冪，賓至徹之。』

冫部

冫 bīng

古『冰』字，篆作『仌』。

冱 hù

同『沍』字。

冶 yě

通『野』。《樂府·詩集》晉《子夜四時歌·春歌》：『冶遊步春露，豔覓同心郎。』

冽 liè

古書多作『洌』。

凋 diāo

草木枯敗，古籍中多作『彫』、『雕』。

准 zhǔn

『準』本字。古代公文中多用『准』字。宋代避寇準諱，去『十』留『准』。宋·周必大做宰相時曾下令三省官署改用『準』字，但並未通行。

凄 qī

『淒』的異體字。

凜 lǐn

通『懍』。態度嚴肅。《孔子家語·致思》：『夫子凜然曰：美哉德矣。』《宋史·李芾傳》：『且強力過人，自旦治事，至暮無倦色，……望之凜然如神明。』

几 部

凭 píng

同『憑』。也作『凴』、『凴』、『凴』。《周書》：『憑玉幾。』憑讀若『馮』。今《書·顧命》作『憑』。

凳 dèng

也作『櫈』、『橙』。

凵 部

凶 xiōng

通『訩』、『詾』。爭辯激烈。又與『兇』字通。

出 chū

也作『齣』。戲曲一段為『一出』。

刀部

切 qiē

又音『qiè』。通『砌。』《漢書·外戚傳·孝成趙皇后傳》：『切皆銅遝黃金塗。』《文選》漢·張平子《西京賦》：『刊層平堂，設切厓隒。』《注》：『切與砌古字通。』

刅 chuāng

『創』的本字。

列 liè

通『烈』。《史記·賈生傳》服鳥賦：『貪夫徇財兮，列士殉名。』《文選》作『烈士。』

刊 kān

同『栞』。

刖 yuè

古代砍掉腳的酷刑稱『跀』，也作『刖』。《韓非子·和民》：『王以和為誑，而刖其左足。』

刦 jié

同『劫』。

㓠 diàn

『玷』的本字。《說文》引《詩》：『白珪之蝛。』今《詩·大雅·抑》作『白珪之玷。』

利 lì

通『痢』。泄瀉。《淮南子·地形》：『輕土分利。』

刑 xíng

①『刑法之刑』本作『㓝』，與刑殺本義『刑』者異，今合而為一，通作『刑』。②通『型』鑄造器物的模範。《荀子·強國》：『刑範正，金錫美，工冶巧。火齊得，剖刑而莫邪已。』『莫邪』者，古代的

寶劍。③通『鉶』。《史記・太史公自序》：『啜土鉶。』

剏 chuàng

『創』的本字。《戰國策・秦》：『大夫種為越王墾草剏邑。』

到 dào

通『倒』。《莊子・外物》：『草木之到置者過半，而不知其然。』

刮 guā

通『颳』。吹。唐・杜工部《草堂詩箋・前苦寒行》詩：『凍埋蛟龍南浦縮，寒刮肌膚北風利。』

剃 tì

也作『鬀』。除去頭髮。俗也作『剔』。《文選》漢・司馬遷《報任少卿書》：『其次剔毛髮，嬰金鐵受辱。』

剋 kè

①也作『尅』通『克』。《韓非子・初見秦》：『夫人一奮死，呆以對十，十可以對百，百可以對千，千可以對萬，萬可以剋天下矣。』②通『刻』。《宋書・朱脩之傳》：『然性險剋，少恩情。』

刺 cì

同『刺』。漢・王充《論衡・量知》：『繡之未刺，錦之未織，恒絲庸帛，何以異哉。』

剄 jǐng

通『刎』。用刀割頸。《左傳》：『臣不敢逃刑，敢歸死，遂自刎也。』

削 xuē

①通『鞘』。《方言》九：『劍削，自河而北燕趙之間謂之室，自關而東或謂之廓，或謂之削，自關而西或謂之鞘。』②又作『稍』或『鄁』。古大夫的採地名稱。《周禮・天官太宰》：『四月家削之賦。』《釋文》：『削本亦作『稍』或『鄁』。清・阮元《校勘記》：『經用古字作家削。』《注》和《疏》用今字作『家稍』，依《說文》當作『鄁』。

剉 cuò

通『莝』。飼料。《吳越春秋·勾踐入臣外傳》：『夫斫莝養馬。』

剠 qíng

①同『黥』。②又音 lüè，通『掠』。

剡 yǎn

《集解》：本剡也作『掞』。

剚 zì

同『剌』。用刀劍插入物體，如剚刃。《文選》漢·張平子《思玄賦》：『梁叟患夫黎丘兮，丁厥子而剚刃。』五臣本作『傳刃』。《後漢書》作『事刃。』

剒 cuò

①通『錯』。雕刻。《爾雅·釋器》：『犀謂之剒。』《玉篇》引《爾雅》作『錯』。②又音『zháo』。通『斮』。《北齊書·幼主記》魏徵《論》：『刳剒於忠良，祿位加於犬馬。』

剗 chǎn

通『鏟』、『剷』。北魏·賈思勰《齊民要術·耕田注》：『養苗之道，鋤不如耨，耨不如鏟。鏟……以剗地除草也。』

剧 jué

同『劂』。雕刻用的曲鑿《淮南子·本經》：『公輸王爾無所錯其剞、剧、削、鋸。』

㓵 nǎo

同『腦』。《周禮·考工紀·弓人》：『夫角之本，蹙於㓵而休於氣，是故柔。』說文作『㛴』。

剛 gāng

亦作『犅』。公牛。《詩·魯頌·閟宮》：『白牡騂剛。』

剔 tī

又音『tì』。①通『惕』。驚。《文選》晉·潘安仁（岳）《射雉賦》：『亦有目不步體，邪眺旁，剔靡聞而無驚，無見自鷩。』②通『剃』。也作『鬄』。《文選》漢·司馬子長（遷）《報任少卿書》：『其次剔毛髮，嬰金鐵受辱。』

剮 guǎ

說文作『冎』。割肉離骨。

剕 fèi

也作『跀』。《書・呂刑》：『剕罰之屬五百。』

剝 bō

①又音bǒ。通『駁』。辯難立異。《後漢書・胡廣傳》：『若事下之後，議者剝異，異之者則朝失其便，同之者王言已行。』②又音pō。通『撲』。擊、打。《詩・豳風・七月》：『八月剝棗。』

剪 jiǎn

同『翦』。

㓑 dié

通『牒』。切的很薄的肉。宋・孟元《老東京夢華錄州橋夜市》：『旋煎羊白腸、鮓脯、㸅凍魚頭、薑豉、㓑子……皆用紅梅盒兒盛貯。』

剬 duān

①又音tuān。同『剸』。②通『制』。《史記・五帝紀・顓頊》：『依鬼神以剬義。』指製作。宋・宋咸《注》：『剬，古製字。』

割 huò

象聲詞。通『砉』、又作『譹』、『騞』。見《正字通》。

㓞 qiè

同『鍥』、『楔』。刻。《荀子・勸學》：『鍥而舍之，朽木不折；鍥而不舍，金石可鏤。』《晉書・虞溥傳》引『鍥』作『㓞』。

創 chuāng

①同『瘡』。《禮・曲禮》上：『頭有創則沐。』②又音chuāng。同『刱』。創造，首創。《史記・司馬相如傳・封禪文》：『後稷創於唐。』

剩 shèng

本作『賸』，唐宋以後多作『剩』。

⿰臬刂 yì

『劓』的本字。古代的刑法之一，即割去鼻子。

剷 chǎn

同『剗』、『鏟』、『鑱』。篆作『劖』。

剸 tuán

又音『zhuàn』通『專』。《漢書·蕭何傳》：『上以此剸屬任何關中事。』《史記·蕭相國世家》作『專』。

剿 jiǎo

同『勦』。也作『剿』。

劅 chōng

《玉篇》作『⿰重刂』。刺。《戰國策·楚》：『臣請爲君劅其胸殺之。』

劂 jué

或作『⿸尸⿰出刂』。見《集韻》。刻鏤用的曲刀或曲鑿。

劇 jù

『剧』的繁體字。

劌 guì

通『會』。交會。漢·楊雄《太玄經·玄告》：『天地相對，日月相劌。』

劋 jiǎo

同『剿』、『勦』。滅絕。《說文》：『劋，絕也，從刀，喿聲』《書·甘誓》作『剿』。

劍 jiàn
又作『劒』。古代兵器。

劉 liú
也作『榴』。樹木名。《爾雅・釋木》：《劉、劉杙。》《注》：『劉子生山中，實如梨，酢甜核堅。』《文選》晉・左思《吳都賦》：『探榴禦霜。』榴，一本作『劉』。

劑 jì
『齊』、『劑』為古今字。《左傳》：『劑』作『齊』。

⿰監刂 jiān
通『礛』。鋒利。《戰國策・楚》：『被礛，引微繳，折清風而抎矣。』宋・鮑彪《注》本『礛』作『⿰監刂』。

劚 zhǔ
同『斸』。

劙 lí
也作『⿱𠩺力』。《荀子・強國》：『剝脫之，砥厲之，則劙盤盂，刎牛馬，忽然耳。』

力部

助 zhù
又音 zhú。通『鋤』。除去。《莊子・徐無鬼》：『顏不疑歸而失董語，以助其色。』《釋文》：『士居反。本作鋤。』

効 xiào
同『效』。

券 juàn
同『倦』。疲勞。漢《涼州刺史魏元丕碑》：『施舍弗券，求善不厭。』《隸釋十》：券契字，下從刀；疲券字，下從力。見宋・毛居正《六經正誤》。

勃 bó ①通『渤』。②又音 bèi。通『悖』。《荀子·修身》：『不由禮則勃亂提僈。』《集解》引郝懿行：『勃』與『悖』、『僈』與『褩』並同。

勅 chì 同『敕』。

勌 juàn 同『倦』。疲勞。《莊子·應帝王》：『學道不勌。』

勑 lài 又音『chì』。整飭。同『勅』。《易·噬嗑》：『先王以明罰勑法。』《釋文》：『恥力反，《字林》作敕。鄭玄云：勑猶理也。』

務 wù 又音『wǔ』。通『侮』。《詩·小雅·常棣》：『兄弟鬩於牆，外禦其務。』《釋文》：『務，如字。《爾雅》云：侮也，讀者又音侮。』

勖 xù 又音 mào。同『懋』。清·段玉裁《說文解字注》有解。

勛 xūn 古文的『勳』。功勳。

勢 shì 本作『埶』。權力。形勢。男子的生殖器。又文體名。漢·濟北相崔瑗有《草書勢》。

募 mù 本为徵集的意思。又通『mó』人體的穴道。《素問·奇病論》：『治之以膽募愈。』

勲 xūn 古文『勳』字。

勣 jì　通『績』。功績。

勯 dān　通『殫』。力盡。《呂氏春秋・重己》：『使烏獲疾引牛尾，尾絕力勯，而牛不可行，逆也。』

勮 jù　『劇』的本字。

勳 xūn　古作『勛』。功勞。《書・大禹謨》：『其克有勳。』

勵 lì　通『厲』勸勉。《國語・吳》：『請王厲士，以奮其朋勢。』

勹　部

勹 bāo　『包』的本字。裹。見《說文》段《注》。

勾 gōu　①本作『句』。又通『鉤』。宋・王禹偁《小畜集・月波樓詠懷》詩：『山形如八字，會合勢相勾。』②通『夠』。宋・秦觀《淮海詞・滿院花》：『從今後，休道共我，夢見也不得勾。』③『彀』的俗字。《元曲選》關漢卿《望江亭》：『則怕反落他勾中，夫人還是不去的是。』

匃 gài　同『匄』、『丐』。乞求。《左傳・昭》：『不強匃。』《漢書》：『西域傳渠犁，我匃若焉。』

包 bāo
①通『苞』。叢生。《書·禹貢》：『草木漸苞。』②通『庖』。《易·姤》：『包有魚，無咎。』

匃 gài
同『匄』。給予。《漢書·西域傳·渠犁》：『我匄若馬』

匈 xiōng
①同『胸』。《管子·任法》：『以法制行之，如天地之無私也。……皆虛其匈，以聽其上。』②通『訩』、『詾』。吵嚷聲。唐·成玄英《疏》：『匈匈，讙嘩也。』

匊 jū
同『掬』。滿握。《詩·唐風·椒聊》：『椒聊之實，蕃衍盈匊。』

匋 tāo
通『陶』。瓦器。《說文》有解。

匕部

化 huà
古『貨』字的省文。

北 běi
又音 bēi。通『背』，相背。《書·舜典》：『庶績成凿，分北三苗。』《疏》：『北、背也，善留惡去，使分背也。』

匚部

匝 zā
同『帀』。環繞。《史記·高祖紀》：『圍宛城三匝』。

匟 kàng

俗作『炕』。

匡 kuāng

①同『筐』。《禮·檀弓》：『蠶則績而有蠏有匡。』②通『眶』。眼眶。《史記·淮南王安傳》：『涕満匡而横流。』③通『恇』。畏懼。《禮·禮器》：『是故年雖大殺，衆不匡懼。』④又音 wǎng。通『尪』。跛，曲脛。《荀子·正論》：『譬之，是猶傴巫，跛匡，大自以爲有知也。』

匪 fěi

①通『篚』。竹器。②同『非』。《詩·檜風·匪風》：『匪報也、永以為好也。』③《禮·大學》引作『斐』。又音 fēi。通『騑』。行動不止。《禮·少儀》：『車馬之美，匪匪翼翼。』④通分。分賜《注》：『鄭司農云：匪、分也。頒讀为班布之班，謂賜也。』⑤又音 fēn。通『分』。如分賜群臣曰『匪頒』。《周禮天官·大宰》：『以九式切節財用……，八曰匪頒之式。』《注》：『鄭司農云：匪，分也。頒，讀為班布之班，謂班賜也。』

匭 guǐ

『簋』的古體字。

匱 kuì

同『簣』。盛土器。《漢書·王莽傳》：『綱紀咸張成在一匱。』《注》：《論語》云：孔子曰：『譬如為山，未成一匱。』今《論語·子罕》作『簣』。

匳 lián

也作『籢』、『奩』。古代鏡匣，盛香物和放梳妝品的器具。

匵 dú

同『櫝』。匣、櫃。

匶 jiù

同『柩』。棺木。《周禮·春官·喪祝》：『及朝，御匶，乃奠。』

匹 pǐ

也作『疋』。量詞。計算馬的單位。《管子·小匡》：『桓公馬繫三百匹。』又同『譬』。比如。唐·元稹《長慶集·酬樂天醉別》詩：『好住樂天休悵望，匹如元不到京來。』

医 yì

《說文》：『医，盛公弩矢器也。從匸從矢。《國語》曰：『兵不解医。』』今本《國語·齊》作『兵不解翳。』現代漢語簡化为醫藥的『醫』字。

匼 ǎn

同『合』。又音ān。頭巾。

匿 nì

又音『tè』。通『慝』。逸《周書·大戒》：『克禁淫謀，衆匿乃雍。』

區 qū

①又音gōu。通『句（勾）』。屈曲而生。《管子·五行》：『然則冰解而凍釋，草木區萌。』②又音qiū。通『丘』。如區蓋。區。藏物處。蓋，覆蓋物品。《荀子·大略》：『言之信者，在乎區蓋間。』郝懿行則謂疑似不知之意。

十部

十 shí

數詞。或作『什』。大寫作『拾』。

千 qiān

數詞。又通『阡』。田間小路。《管子·四時》：『修墳疆，正阡伯。』又通『芊』。青色也。《文選》戰國·楚·宋玉：《高唐賦》：『仰視山巔，蕭何千千』。《六臣注》本作『芊芊』。

午 wǔ

逆。通『迕』、『忤』。《禮記·哀公問》：『午其衆以伐有道。』

卆 zú

通『卒』。由草書所變。元刻《古今雜劇》中『卒』字多寫作『卆』。

卉 huì

又寫作『芔』。草的總稱。

卒 zú

又通『萃』。高。《詩・小雅・漸漸之石》：『維其卒矣。』《箋》：『卒者，崔嵬也。謂山巔之末也。』又音 cù。通『猝』。急遽的樣子。《戰國策・燕》：『羣臣驚愕，卒起不意，盡失其度。』又音 cuì。通『倅』。副的意思。《禮・燕義》：『候卿大夫仕之庶子之卒。』《注》讀為『倅』。《釋文》：『(卒) 依《注》音倅。七對反。又蒼乎反，副也。』

卑 bēi

又音 běi。通『俾』。《荀子・宥坐》：『卑民不迷』。清・朱駿聲《說文通訓定聲》說：『卑假借為俾。』

南 nán

又通『男』。官名。《國語・周語》中：『鄭伯南也』。《左傳》：『南作男』。

博 bó

通『簙』。局戲。《韓非子・外儲說》：『齊宣王問匡倩曰：儒者博乎？曰：不也，王曰：何也？匡倩曰：博貴梟，勝者必殺梟，殺梟者是殺所貴也，儒者以爲害矣，故不博也。』

卜部

占 zhān

又音『zhàn』，通『佔』。據有。如『佔田』。

卨 xiè

同『禼』。

卩部

卩 jié
本作「卪」。瑞信。今作「節」。《玉篇》有解。

印 áng
①通「昂」。激動。漢·司馬長卿（相如）《長門賦》：「意慷慨而自印」。②又音yǎng。通「仰」。昂首。《莊子·天問》：「為圃者印而視之，曰：奈何。」《釋文》：「印音仰，本又作仰」。

卮 zhī
今作「卮」或「巵」。酒器，又植物名。

却 què
同「卻」。倒退。《史記·項羽記》：秦軍數却。」《漢書·項羽傳》作「卻」。

即 jí
同「卽」。

卷 juàn
①又音quān。通「婘」。曲。《詩·陳風·澤陂》：「有美一人，碩大且卷」。又通「拳」。微小。《禮·中庸》：「今夫山，一卷石之多。」②又音gǔn。通「衮」。古代貴族畫卷龍圖案的禮服曰「衮服」。也作「裷」。《禮·王制》：「制三公一命卷。」

郄 què
「卻」的異体字。《史記·天官書》：「前方而後高者，兌。后兌而卑者，卻。」《百納本》作「郄」。

卹 xù
同「恤」。憫惜。《莊子·德充符》：「寡人卹焉，若有亡也。」《史記·項羽紀》作「恤」。

卻 què

①同『郄』、『却』。退。又副詞。表示完成，如杜甫詩：『斫卻月中桂，清光應更多。』也表示相反。如李白詩：『人攀明月不可得，月行卻與人相隨。』②又音 xì。通『隙』。間隙。《史記・絳侯周勃世家》：『由此梁惠王與太尉有卻。』

卽 jí

今通寫作『即』。

厀 xī

同『膝』。人體的膝關節。《史記・高君傳》：『衛鞅復見孝公，公與語，不自知厀之前於席地也，語數日不厭。』

𠨒 qiān

古『遷』字。省作『䙴』。《漢書・律曆志》：『周人其行序，故《易》不載。』

厂部

厄 è

同『戹』、『阨』。困苦，危難。《穀梁傳》：『（宋）襄公曰：『君子不推人危，不攻人厄。』又同『軛』。車轅前駕在馬頭上的橫木。《詩・大雅・韓奕》：『鞗革金厄。』

厗 tí

古『銻』字。《玉篇》有解。

厘 chán

①『廛』的異體字。②又音 lí。釐的簡寫。《篇海類編・地理・里部》：『音離，算法曰厘毫為一厘。』

厝 cuò

①通『措』。安置。《後漢書・隗囂傳》：『一旦敗壞，大王機無所厝。』②通『錯』。雜亂。《漢書・地理志》：『是故五方雜厝，風俗不純。』

則 cè

同『廁』。

厥 jué

①通『橛』。断木。《莊子·達生》：『吾處身也，若厥株枸。』②通『撅』。掘。《山海經·海外北經》：『相柳之所抵，厥為澤谿。』③通『蹶』。挫敗。《孫臏·兵法·擒龐涓》：『吾攻平陵不得而亡齊城，高唐，當術而厥。』

厦 shà

同『廈』。

厮 sī

同『廝』。

厭 yā

①通『壓』。傾倒。《漢書·五行志》：『惠帝二年正月，地震隴西，厭四百餘家。』②通『擪』。按捺。《荀子·解蔽》：『厭目而視者，視一而為兩。』③又音 yǎn。通『魘』。惡夢。《山海經·西山經》：有鳥焉，名曰鵸，服之使人不厭。』④又音 yì。通『揖』。長揖。《儀禮·鄉飲酒禮》：『賓厭介入門左，介厭衆賓入。』⑤又音 yān。通『懕』。安静。《荀子·王霸》：『然而厭焉有千歲之固，何也？』⑥通『奄』。氣息微弱。《漢書·李尋傳》：『列星皆失色，厭厭如滅。』又音 yàn。通『饜』。飽，心服。《左傳》：『姜氏何厭三有。』

厲 lì

①『礪』的本字，磨刀石。《詩·大雅·公劉》：『取厲取鍛。』又通『癘』。災疫。《左傳》：『盜賊盛行，而天厲不戒。』②又音 lài。通『癩』。《莊子·齊物論》：『厲與西施。』《釋文》：『如字，惡也。李（軌），音賴。司馬彪云：病癩。』

廳 tīng

同『聽』。本指堂屋。古代官府辦公之所曰『聽事』。魏晉以來加『广』作『廳』。

厶 部

厶 sī

①古『私』字。②又音『mǒu』。通『某』。《穀梁傳》：『蔡侯鄭伯會于鄧。』《注》：『鄧，厶地。』《釋文》：『本又作某，不知其國，故云厶地。』

厹 qiú

①本作『厹』。三棱矛。詩《秦風·小戎》：『厹矛鋈錞，蒙伐有苑。』②又音róu。本作『内』。動物腳印。《爾雅·釋獸》：『狸、狐、貒、貈，醜，其足蹯，其跡内。』

𠫔 roú

又音qiú，通『仇』。即仇猶。春秋時國名，在今山西陽泉市，古籍中也作『仇由』、『内鷂』、『仇猶』。

厸 lín

古『鄰』字。《漢書·敍傳》班固《幽通賦》：『東厸虐而殲仁兮，王合位虖三五』。《文選》作『鄰』。

去 qù

①又音jǔ，通『弆』。權威。《左傳》：『紡焉以度而去之。』②又音qū，通『驅』。驅逐。《左傳》『千乘三去，三去之餘。獲其雄孤。』

𠫭 lìn

通『吝』。《管子·牧民》：『𠫭於財者失所親。』

叁 sān

①『參』的俗字。②『三』的大寫。

參 shēn

①本作『曑』。星名。又本作『蓡』。藥名。《急就篇》：『遠志續斷参苦瓜。』②又音cān。③通『驂』。陪乘。《史記·項羽記》：『項王按劍而跽曰：客何为者，張良曰：沛公之参乘樊噲者也。』④又音sān，通『三』。數詞。⑤又音『can』。通『摻』。⑥又音『sàn』，通『糝』。雜《儀禮·大射》：『參七十』。《注》：『參』讀為糝，糝雜也。

㕙 qūn

也作『逡』。狡兔名。漢·劉向《新序雜事》：『昔者齊有良兔，曰東郭兔。』

又部

又 yòu

①古體手字。《說文》：『右手也，象形。』②通『宥』。寬恕。《禮·王制》：『王三又，然後製刑』。《注》：『又讀作『宥』。』③又音 yǒu。通『有』。《易·繫辭》：『又以上賢也』。《釋文》：『鄭本作「有以」。』

反 fǎn

①通『返』。歸還。《左傳》：『楚子饗之曰：「公子若反晉國何以報不穀。」②又音『fàn』。通『販』。買貨賣貨。《荀子·儒效》：『積反貨而為商賈』。③又音 bān。通『昄』。慎重、和善。《詩·小雅·賓之初筵》：『其為辭止，威儀反反。』反，即『昄』字省略。

双 shuāng

『雙』的簡體字。宋刻本《古列女傳》、《大唐三藏取經詩話》，雙多作『双』字。

取 qǔ

通『娶』。《詩·齊風·南山》：『取妻如之何，必告父母。』又相當於『着』字。唐·白居易《长慶集》：『歌聲苦，詞亦苦，四座少年君聽取。』

叔 shū

①通『菽』。豆。《莊子·列禦寇》：『子不見夫犧牛乎？衣以紋繡，食以芻叔。』②通『俶』。好。唐杜甫《杜少陵集·漢川（州）王大錄事宅作》：『憶爾才名俶，含悽意有餘。』

叚 jiǎ

①同『假』。不真。《史記淮陰侯傳》：『大丈夫定諸侯，即為真王耳，何以假為。』②借。《說文》：『叚，借也。』

叟 sǒu

通『溲』。淘米聲。《釋文》：『叟留反，字又作溲，濤米聲也。』《爾雅》作『溞』。

叡 ruì

通『睿』。明智。《逸周書・謚法》：『叡聖也』。

口部

司 sī

①主持，掌管。②官職。③又音 sì。④通『伺』。偵察。《漢書・灌夫傳》：『太后亦已使人候司，具已語太后。』

叶 xié

①現代漢語『葉』的簡化字。②古文作『協』。和，合。《後漢書・律曆志》：『遂觀東后，叶時月正日。』

叩 kòu

通『扣』。勒。《史記・伯夷傳》：『伯夷叔齊叩馬而諫』。

叨 tāo

同『饕』。貪。又音 dāo。話多曰『嘮叨』。

只 zhǐ

又音 zhī。同『隻』。量詞。一個也稱『一只』或『一隻』。

句 gōu

①又音 gòu。通『彀』。張滿弓。《詩・大雅・行葦》：『敦弓既句，既挾四鍭』。②又音 qú。通『絇』。鞋頭的裝飾。《周禮・天官・屨人》：『為赤舄、黑舄、……青句、素屨、葛屨』。《釋文》：句音『劬』。

叴 qiú

今字作『厹』。

台 yí

①通『怡』。悦。《史記・太史公自序》：『唐堯遜位，虞舜不台』。②又音 tái。通『鮐』。彎。《詩・大雅・行葦》：『黃耇台背，以引以翼。』③今『臺』的簡化字。

吊 diào

同『弔』。

吃 jí

同『喫』。漢・賈誼《新書・耳痺》：『越王之窮，近乎吃山草』。

吒 zhà

又音 chì。同『叱』。漢・賈誼《新書・匈奴》：『吒犬馬行，理勢然也』。

吆 yāo

又寫作『么』。

名 míng

又作『眳』。目上眉睫之間。《詩・齊風・猗嗟》：『猗嗟名兮，美目清兮』。

向 xiàng

也作『鄉』、『嚮』。

吝 lìn

也作『恡』、『悋』。顧惜，捨不得。又恥辱。《漢書・張衡傳》：『得之不休，不獲不吝。』

吾 wú

通『我』。《孫子・計篇》：『吾以此知勝負矣』。

呆 bǎo

①古『保』字。②又音 dāi。通『獃』。疫。《古今雜劇》元・宮大用《死生交范張鷄黍》：『想當日蝓垣而走得其實，撇中生飲鳩而亡則是獃。』

吡 pǐ

通『諀』。清・王念孫謂『吡』與『諀』同。

吰 hóng

通『宏』、『閎』。大。《文選》漢·司馬長卿《難蜀又老》：『必將崇論吰議，創業垂統，為萬世之規。』《史記·司馬相如傳》作『閎議』。

吧 bā

助語詞。也寫作『巴』、『罷』。

呥 rán

也寫作『呥』。呥呥。咀嚼的樣子。

吟 yín

①通『唫』。口吃。《後漢書·梁冀傳》：『口吟舌言』。②又音 jìn。通『噤』。閉口。《史記·淮陰侯傳》：『雖有舜禹之智，吟而不言，不如瘖聾之止麾也。』

吽 hǒu

通『吼』。象聲。牛鳴。《元曲選》康進之《李逵負荊》：『那老兒，一會家便怒吽吽在那柴門外。』

告 gào

本为報，请求或揭發之意。

又音 jú。通『鞫』、『鞠』。詢問。《禮·文王世子》：『其刑罪則纖剸亦告于甸人。』《注》：『告，讀為鞠。』

咏 yǒng

同『詠』。《禮·擅弓》：『人喜則斯陶，陶斯咏』。

呵 hē

同『訶』。大聲呵斥。《韓非子·外儲說》：『惠（衛）嗣公使人偽（過）關市，關市呵難之』。

㕹 fá

也寫作『瞂』、瞂即盾，兵器。《戰國策·韓》：『革抉㕹芮，無不備具。』

呫 tiè

今亦寫作『歃』。嘗，輕舔。《玉篇》引《穀梁傳》：『未嘗有呫血之盟也。』

咀 jǔ

通『詛』。品味。《管子·水池》：『三月如咀，咀者何？曰五味。』

咒 zhòu

又寫作『呪』。咒罵。漢·焦延壽《易林》：『夫婦呪詛，太上覆顛。』

咼 wāi

通『喎』。口斜。說文：『咼，口戾不正也』。又音 hè。古通『和』。姓氏。注：『咼，古『和』字』。

咋 zé

又音 zhè。通『乍』。忽然。《左傳》：『桓公咋謂林楚曰：『而先皆季氏之良也，爾以是繼之。』』《注》：『咋，暫也。』

呴 xǔ

又音 hǒu。同『吼』。《楚辭》漢·王褒《九懷·尊嘉》：『望谿兮滃鬱，熊羆兮呴嗥』。

和 hé

古體寫作『龢』。

咎 jiù

又音 gāo。通『皋』。咎繇即皋繇。《楚辭》屈原《離騷》：『湯禹嚴而求合兮，摯咎繇而能調。』又通『鼛』。大鼓。《後漢書·馬融傳·廣成頌》：『伐咎鼓。』《注》：引《周禮》：『咎鼓長尋有四尺。』《周禮·考工記·韓人》作『皋鼓』。

咨 zī

通『玆』。此、這。《爾雅·釋詁》有解。

哉 zāi

通『才』。始。《爾雅·釋詁》有解。

咫 zhǐ

喻近。又通『只』。《國語・晉》：『吾不能行也咫』。

呰 zǐ

也作『呰』。通『訾』。詆毀。

咤 zhà

①通『吒』。發怒聲。②又音 chà。通『詫』。誇耀。《後漢書・王符傳・浮侈》：『窮極麗靡，轉相誇咤。』

咬 yǎo

通『齩』、『𪘏』。以口嚼物。唐・貫休《禪月集・送僧歸剡山》詩：『荒林猴咬栗，戰地鬼多年。』

咢 è

通『鍔』。刀鋒。《漢書・王褒傳・聖主得賢臣頌》：『越砥斂其咢。』

咽 yān

通『嚥』。吞。《孟子・滕文公》：『三咽，然後耳有聞，目有見。』

哈 shà

通『歃』。以口唇啜飲。《淮南子・氾論》：『臾兒易牙，淄澠之水合者，嘗一哈水而甘苦知矣。』又音 hā。象聲詞。『哈哈』為笑聲。『哈喇』謂害人於命。『哈號』，黎明前巡夜人的叫喊聲。

咮 zhòu

通『噣』。鳥口。《詩・曹風・候人》：『維鵜在梁，不濡其咮』。

咶 huá

又音 shì。通『舓』、『舐』。舔食。《莊子・人間世》：『咶其葉，則口爛而為傷。』

咯 luò

①同『詻』。訟言。②又音 kǎ，通『喀』。嘔吐聲。

哅 xiōng

通『訩』。喧聲。《荀子・解蔽》：『掩耳而聽者，聽漠漠而以爲哅哅，埶亂其官也』。

㖃 hǒu

①通『吼』。憤怒聲。②又音 hòu。通『詬』。恥辱。《大戴禮・武王阼》：『皇皇惟敬，口生㖃』。注：『㖃，恥也。』

唐 táng

①通『塘』。池。《楚辭》漢・刘向《九歎・遠遊》：『枉玉衡於炎火兮，委兩館於咸唐。』注：『咸唐，咸池也』。②通『螗』。螗蜩。《大戴禮・夏小正》：『唐蜩鳴』。③通『煻』。唐花，謂溫室培育的花。清王士禎《居易錄》：『……諸花皆貯煖室，以火烘之，所謂堂化，又名唐花是也。』

哥 gē

通『歌』。《史記・燕召公世家》：『召公卒，而民人思召公之政，懷唐樹不敢伐，哥詠之，作甘唐之詩』。

哲 zhé

通『折』。審理案件曰『哲獄』。也寫作『折獄』。《漢書・于定國傳贊》：『于定國父子哀鰥折獄』。《書・呂刑》：『哀敬折獄』。《尚書・大傳》引作：『哀矜哲獄』。

唇 zhēn

①《說文》稱為『驚』。後人寫作『震』。清・段玉裁《說文解字注》有解。②又音 chún，通『脣』。口脣。漢・王充《論衡・率性》：『揚唇吻之音，聒賢聖之耳。』

哿 gě

又音 jiǎ，通『珈』。飾物。漢・楊雄《太玄蓸》：『男子折笄，婦人易哿』。

哽 gěng

也作『鯁』。食物塞在喉部。《韓非子・内儲》：『女欲寡人之哽也，奚為以髮繞炙。』

哪 nuó

通『儺』。見《集韻》。

員 yuán ①《廣韻》作「貟」。②通「圓」。《孟子·離婁》：「不以規矩，不能成方員。」③又音 yún。通「云」。助詞。《詩·鄭風·出其東門》：「鎬衣綦巾，聊樂我員。」

唅 hàn ①也作「含」、「琀」。《荀子·禮論》：「飯以生稻，唅以槁骨」。②又音 hán。通「含」。《漢書·貨殖傳》：「唅菽飲水」。

唏 xī 通「欷」。哀嘆。《淮南子·說山》：「紂為象箸，而箕子唏」。

唌 xián 通「涎」。沫。《文選》晉·郭景純（璞）《江賦》：「噴浪飛唌」。注：「唌，沫也。」

啍 zhūn 通「諄」。多言。《荀子·哀公》：「無取口啍」。

唼 shà ①同「喢」。魚鳥吃東西叫唼喋。又通「歃」。會盟時以血塗於口曰唼血。②又音 dié。通「喋」。指殺人多，《史記·孝文紀》：「今已誅諸呂，新唼血京師。」《漢書·文帝紀》作「喋血」。

啞 è 又音 yà。通「呀」。語氣詞。《西遊記》：「你放心莫哭，……我去啞。」又嘆詞。《韓非子·難》：「師曠曰：啞！是非君人者之言也。」又音 yǎ。口不能言。《戰國策·趙》「豫讓……吞炭為啞，變其音。」

啚 bǐ ①鄙吝之鄙。本作「啚」，自鄙字行，啚字遂廢。清·段玉裁《說文解字注》有解。②又音「fú」，「圖」的異體字。《廣韻》有解。

啀 yá ①本作「嘊」。狗咬狀。②通「呷」。吸飲。唐·元稹《長慶集·痁臥聞幕中諸公徵樂會飲因有戲呈三十韻》詩：「籌筋隨宜放，投盤止罰啀」。

啅 zhuó 通「啄」。唐·杜甫詩：「雀啅江頭黃柳花，鵁鶄鸂鶒滿晴沙。」

喜 xǐ

又音xī。通『饎』。酒食。《詩・豳風・七月》：『田畯至喜。』《箋》：『喜讀為饎；酒食也。』

唫 jìn

①通『吟』。咏。《楚辭》屈原《九章・悲回风》：『孤子唫而抆淚兮，放子出而不還』。②通『崟』。高山。《穀梁傳》：『必於殽之巖唫之下』。《釋文》：『唫本作崟。』

牾 wǔ

①同『啎』。符合。②通『伍』。《管子・七臣・七主》：『事無常而法令申，不牾，則國失勢』。

喆 zhé

同『哲』。《漢書・叙傳》班固《答賓戲》：『是以聖哲之治，棲棲皇皇。』

喪 sàng

今常寫作『丧』。

喑 yīn

通『瘖』。啞。《后漢書・袁閎傳》：『遂稱風疾，喑不能言』。

喭 yàn

通『諺』。諺語。《後漢書・虞詡傳》：『喭曰：關西出將，關東出相。』

㖧 wěn

同『吻』。口邊。《呂氏春秋・精諭》：『口㖧不言，以精相告，紂雖多心，弗能知矣。』又音hūn。通『昏』。《注》：『目所不見，忞忞心所不了也』。

單 dān

通『殫』。盡。《莊子・列禦寇》：『朱泙漫學屠龍於離益，單千金之家，三年技成而無所用其巧』。又音chán。通『禪』。更繁輪換。《詩・大雅・公劉》：『其軍三單。度其隰原。彻田為糧』。

嵒 niè

①今本《左傳》作聶。②《說文》解為多言。③嵒與山部訓山巖的『嵒』為一別字。意为多言也。本為呼鷄聲。

喌 zhōu

又音『zhòu』。同『咒』。

啑 shà

同『歃』。用嘴吸取。『啑血』。《後漢書•臧洪傳》：『惜張景明登壇啑血，奉辭奔走，卒使韓牧讓印，主人得地。』

喩 yù

①今常寫作『喻』。也寫作諭。②通『愉』。愉悅。《莊子•齊物論》：『自喩適志與』。李頤云：『喩，快也。』

喫 chī

同『吃』。飲和食都可叫喫。但形容笑聲『吃吃』和『吃』之吃不能寫作『喫』。

喬 qiáo

又音jiāo。通『驕』。傲。《禮•表記》：『喬而野。』《釋文》：『喬，音驕。』

嗸 áo

同『嗷』。衆聲也。衆聲也嘈曰嗸嗸。嗸騷謂不平靜。

嗇 sè

通『穡』。收穀。《禮•郊特牲》：『蜡之祭也，主先嗇而后祭司嗇也』。《疏》：『種曰稼，斂曰嗇』。

嗛 xián

①通『銜』。口含物。《史記•大宛傳》：『鳥嗛肉，蜚其上』。②又音qiān。通『謙』。《荀子•仲尼》：『故知者之舉事也，主信愛之，則謹慎而嗛』。③又音dié。通『慊』。滿足。《戰國策》：『齊桓公夜半不嗛』。注：『快也』。④又音qiàn。通『歉』。歉收。《穀梁傳》：『穀不升謂之嗛。』

嗷 áo

通『嗸』。衆人嘈雜的聲音。

嗹 lián

同『謰』。説話繁絮。

嗑 kè

又音 xiā。通『嗌』。笑聲。《莊子・天地》：『則嗑然而笑』。《釋文》：『許甲反，又本作『嗌』烏邈反。』

嗞 zī

《説文》：『嗞，嗟也』。后通用作『咨』。

嗔 tián

①通『闐』。多。《詩・小雅・采芑》：『振旅嗔嗔。』《説文》引《詩》作『嗔嗔』。②通『謓』。怒。《世説新語・德行》：『丞相見長豫輒喜，見敬豫輒嗔。』

嗁 tí

『啼』本字。《後漢書・第五倫傳》：『坐法徵，老小攀車扣馬，嗁呼相隨』。

嘖 zé

同『賾』。幽深。《易・繫辭》：『聖人有以見天下之嘖』。三國・魏《范式碑》：『深嘖研機罔深不入。』

嘔 ōu

①通『謳』。歌唱。《漢書・朱買臣傳》：『其妻亦負戴相隨，數止買臣勿歌謳道中』。②又音『xū』。通『煦』。撫育。《文選》楊子雲（雄）《劇秦美新》：『玄黃剖判，上下相嘔』。

嗽 sòu

通『漱』。漱口。《史記・倉公傳》：『即为苦参湯，日漱三升，出入五六日，病已』。

嘆 tàn

同『歎』。感嘆。《詩・王風・中谷有蓷》：『有女仳離，嘅其嘆矣。』

嘂 jiào

《説文》：『嘂，高聲也』。《春秋・公羊傳》：『魯昭公嘂然而泣。』今本《公羊傳》作『噭』。

嘄 jiāo 同『噭』。叫喊。《注》『嘄』古『叫』字。

嘷 háo 同『嗥』字。

嘱 zhǔ 同『囑』。

嘿 mò 同『默』。閉口不説話。《荀子·不苟》：『君子至德，嘿然而喻』。

嘳 kuì 同『喟』。太息。《晏子·春秋·内篇·雜》：『退朝而乘，嘳然而歎』。

噩 è 同『愕』。驚愕。

噫 yī 又音 yì。通『抑』。轉折。清·王引之《經傳釋詞》：『噫亦。即「抑亦」也。』又常為嘆詞用。

噳 yǔ 噳噳又作『麌麌』。多連用。表示成羣或衆多。《詩·大雅·韓奕》：『魴鱮甫甫，麀鹿噳噳』。《傳》：『噳噳然，衆也。』

噣 zhòu ①通『咮』。鳥嘴。《玉篇》引《詩》：『不濡其噣』。今《詩·曹風·候人》作『咮』。②又音 zhuó。通『啄』，鳥啄。《戰國策》：『黄雀因是以俯噣白粒，仰棲茂樹。』

噲 kuài 通『快』。暢快。《淮南子·精神》：『當此之時，噲然得臥，則親戚兄弟，噲然而喜』。②通『喙』。喘息。《淮南子·俶真》：『蠉飛蝡動，蚑行噲息。』

噭 jiào

本為哭聲或高呼聲。又音 qiào。口。《漢書·貨殖傳》：『馬蹏噭千』。史記作『躈』。《注》：『噭，口也。』

嘯 xiào

又音 chì。通『叱』。大聲呼叫。《禮·內則》：『不嘯不指』。《注》：『嘯』讀作『叱』。

嚐 cháng

以口辨味。同『嘗』。《全唐詩》唐·彥謙《蟹》：『充盤煮熟堆琳琅，橙膏醬渫調堪嚐』。

嚙 yǎo

同『齩』、『咬』。

嚜 mèi

又音 mò。通『默』。《戰國策·齊》：『左右嚜然莫對』。

嘄 jiāo

同『嘄』。

嚥 yàn

通『咽』。漢·王充《論衡·效力》：『淵中之魚，遞相吞食，度口所能容，然後嚥之。』

嚪 dàn

通『啗』。《史記·樂毅傳》：『令趙嚪秦以伐齊之利』。

嚬 pín

通『顰』。皺眉。《韓非子·內儲》：『吾聞名主之愛，一嚬一笑，嚬有為嚬，而笑有為笑』。

嚮 xiàng

①通『向』。趨向。《史記·滑稽列傳》：『西門豹簪筆磬折，嚮河立待良久』。②又音 xiǎng。通『饗』。祭祀。《漢書宣帝紀》：『上帝嘉嚮，海內承福』。③通『享』。受。《荀子·解蔽》：『故嚮萬物之美而不能

嗛也』。④通『響』。聲。《易·繫辭》：『受其命也如嚮』。《莊子·在宥》：『若形之於影，聲之於嚮』。

囂 xiāo

也作『嚻』。

囐 zá

通『囋』。『囐噠』，古國名。也作嚈噠。《周書·異域傳》：囐噠國，大月氏之種類，在乎闐之西。

囓 niè

同『齧』。咬。《後漢書·孔融傳》：報曹操書：『至於輕弱薄劣，猶昆蟲之相囓，適足還害其身。』

囗部

囗 wéi

圍的古體字。《說文》：『囗，回也。免回帀之形。』

囟 xìn

也作『顖』。囟門。《禮內則》：『男角女羈』。漢·鄭玄《注》：『夾囟日角。』《疏》：『囟是首腦之上縫』。

园 wán

①同『刓』。削除棱角使圓。《注》：『园』即『刓』字。②《現代漢語》『園』的簡化字。

囤 dùn

《說文》作『芚』。儲存粮食的器物。

囮 yóu

本為捕鳥的誘鳥。又音 é。通『訛』。詐人財物。《儒林外史》：『虔婆聽見他囮着獃，要了化錢』。

囱 chuāng

「窗」的本字。《說文》：「囱在墻曰牖，在屋曰囱。」

固 gù

①通「錮」。久病不愈。《漢書·王商傳》：「太后前聞商有女，欲以備後宮，商言有固疾」。②通「故」。《孟子·滕文公》：「滕，固行之矣。」③通「故」。《孟子·滕文公》：「滕固行之矣。」

圅 hán

「函」本字。

圂 hùn

本為豬圈之稱。又音 huàn。通「豢」。《禮·少儀》：「君子不食圂腴」。《疏》：「圂，猪犬也，腴，猪大腸也。」

圈 quān

又音 juàn。通「卷」。屈木所製的器皿。《玉篇·藻》：「母沒而杯圈不能飲焉。」

圉 yǔ

又音 yù。通「禦」。扞禦。《墨子·節用》：「冬以圉寒，夏以圉暑。」又通「敔」。樂器。《詩》·《周頌·有瞽》：「鞉磬柷圉。」《書·益稷》：「下管鼗，合止柷敔。」

國 guó

「国」的繁體字。

圌 chuán

又音「tuán」。通「團」。圓形。漢·王充《論衡·變動》：「夫以果蓏之細，園圌易轉」。

園 yuán

本為圍起來種植之地。《現代漢語》「园」的繁体字。

圖 tú

又作「度」解。《楚辭》屈原《九章·懷沙》：「章畫志墨兮，前圖未改」。《史記·屈原傳》作「度」。

圞 luán

通『圝』。《字書》：『圝，團也。』

土部

圬 wū

或作『杇』。以泥涂墻的工具。《史記・仲尼弟子傳》：『糞土之牆，不可圬也』。《論語・公冶長》圬作『杇』。

圭 guī

也作『珪』。古帝王隆重儀禮時所用的玉製禮器。《周禮・春官瑞典》有大圭、鎮圭、桓圭、信圭、躬圭、穀璧、蒲璧、四圭、祼圭之別。又『卦』的古字。

圳 zhèn

①本為田畔的水溝。後作地名。宋・戴侗謂圳為『甽』之或體。②《字彙補》音『酬』。清・鈕琇《觚賸粵觚・語字之異》謂『粵中語少正音，書多俗字，通水之道為圳。』音浸，與今音相近。

在 zài

本存在之意。又音 cái。通『才』、『纔』。《漢書・賈誼傳》：『長沙乃在二萬五千戶耳』。賈誼《新書・藩強》作『乃纔』。

坊 fāng

又音 fáng。通『防』。防衛築物。《戰國策・秦》：『濟清河濁，足以爲限，長城鉅坊，足以為基』。

坑 kēng

①同『阬』。一般指地面深陷處。②《字彙》音 gāng。通『岡』。高地。《楚辭》屈原《九歌・大司命》：『吾與君兮齋速，導帝之兮九坑』。又音 kōng。通『炕』。《舊唐書・高麗傳》：『冬月皆坐長坑，下燃熅火以取暖。』

坉 tún

通土肫之『肫』。『肫』又同『豚』。盛土的袋子。狀如猪，因之稱『豚』。《三國志・魏・蔣濟傳》：『豫作土豚，遏断湖水。』豚也作『肫』。

坒 bì

同『坒』。配合。漢・楊雄《太玄經》：『陰陽坒。』

坂 bǎn

同『阪』。斜坡或山坡。漢·荀悦《前漢紀》：『此猶以下坂而走丸也』。《漢書·蒯通傳》坂作『阪』。

坏 pī

①通『坯』。《說文》：『坏，丘再成者也，一曰瓦未燒。』②《現代漢語》『壞』的簡化字。

址 zhǐ

本作『阯』。根基。《文選》晉·左太冲（思）《吴都賦》：『霸王之所根祇，开國之所根址。』

坤 chōng

也作『冲』。夾在兩山之间之地。

均 jūn

①同『袀』。戎裝。《左傳》：『均服振振取虢之旂。』《注》：『戎事上下同服』。《釋文》：『均如字，同也。字書作『袀』，音同』。《國語》作『袀服』。②又音『yán』。通『耘』。耘田。《大戴禮·夏小正》：『（正月）農率均田』。清·孔廣森《補注》：『均』讀為『耘』，故傳言除田也。③又音『yùn』。通『韻』。音韻。《文選》晉·成公子安（綏）《嘯賦》：『音均不恆，曲無定制』。《注》：『均古韻字也。』

圾 jí

通『岌』。危險。《莊子·天地》：『殆哉圾乎天下』。《釋文》：『圾本又作岌。』

圽 mò

同『殁』、『歾』。人死。《史記·王翦傳·論》：『偷合取容，以致圽身』。

圻 qí

通『碕』。曲岸。《文選》南朝·謝靈運《富春渚》詩：『遡流觸驚急，臨圻阻參錯』。《注》：埤蒼曰：『圻』，曲岸頭也，碕與『圻』同。又通『畿』。都城周圍之地。《左傳》：『且昔天子之地一圻。』又通『垠』。《淮南子·俶真》：『四達無境，通於無圻。』

坒 bì

也作『埤』。《文選》晉·左太沖《吳都賦》：『士女佇眙，商賈駢坒。』

坐 zuò

『座』的本字。《韓非子·外儲》：『鄭人有且置履者，先自度其足而置之其坐』。

坌 bèn

①也寫作『坋』。埃塵。②通『笨』。《元曲選》楊文奎《兒女團圓》：『則他生的短矮也，那蠢坌身材』。

垃 lā

『垃圾』一词本廢棄物意。本作『攋壐』。『拉』、『攋』雙聲。以畚箕斂拾東西為『圾』。宋時已沿用此二字。宋·吳自牧《夢粱錄》：『更有載垃圾糞土之船，成群搬運而去。』

坯 pēi

又音pī。通『壞』。山丘之一重或未燒的磚瓦。《爾雅·釋山》：『山，三襲，陟，再成。英，一成坏。』清·郝懿行《爾雅義疏》：『坏者，当作「坏」。』

坡 pō

也作『岥』、『岠』。《集韻》有解。

坫 diàn

同『阽』。屏障。《說文》『坫屏也。』

坿 fù

通『附』。增加。漢·蔡邕《蔡中郎集·獨斷》：『表者，……左方下坿曰，某官臣某甲上』。①本水中小洲或高地。②又音fú。白石英。《司馬相如傳·子虛賦》：『其土則丹青赭堊，雌黃白坿。』

坻 chí

通『墀』。宮殿的地基或臺階。《文選》三國·魏·何平叔（晏）《景福殿賦》：『羅疏柱之汨越，肅坻鄂之鏗鏘』。

坼 chè

本作『㨍』。見《說文》。裂開，或以火燒龜甲時出現的裂紋。

垂 chuí

通『錘』。小口罌。《墨子·備城門》：『城門上所鑿以救門火者，各一垂水，容三石以上』。又另有邊境之意。《荀子·臣道》：『邊境之臣處，則疆垂不喪。』《說文》：垂訓遠邊，陲訓危險。後來垂作懸挂解，邊垂通行寫作『邊陲』。

垚 yáo

通『堯』。高遠。《說文》：『垚，土高也。』

型 xíng

本為模型之意，后引申為式樣或典型。古籍中多作『刑』。

垗 zhào

通『兆』。祭祀之壇中央。《周禮·春官·小宗伯》：『兆五帝於四郊。』《說文》引《周禮》作『垗』。

垡 fá

也作『坺』、『墢』。耕地起土。唐·韓愈《昌黎集·送文暢師北遊》詩：『余期報恩後，謝病老耕垡』。

垔 yīn

古書多作『堙』。或從阜作『陻』。

垶 xīng

本作『垟』。紅色硬土。《集韻》有解。

垻 bà

①俗作『壩』。堤堰。②我國西南地區稱平川為垻或垻子。宋·黃庭堅《豫章集·謝楊履道送銀茄》詩：『君家水茄白銀色，殊勝垻裏紫彭亨。』

垺 póu

又音fú。通『郛』。外城。《集韻》有解。

埲 pěng

同『琫』。田界的土堆。《文獻通考・田賦・歷代田賦之制》：『凡田方之角，立土為埲，植其野之宜休，以封表之。』

埆 què

本為土地貧瘠之意。又通『確』。校正。《詩・召南・行露》：『誰為女無家，何以速我獄』。《傳》：『獄，埆也』。《釋文》：『埆者，埆之正義。』漢・應劭《風俗・通五嶽》：『獄者，埆功考德，黜陟幽明也。』

埊 dì

古『地』字。《管子・山權數》：『而農夫敬事力作，故天毀埊凶旱水泆，民無入於溝壑乞請者也。』

埿 ní

又音 pán。通『湴』。爛泥。按：古文作『埿』，深泥也。周紫芝《竹坡詞・攤破浣溪沙・茶》：『蒼壁新敲小鳳團，赤埿開印煮清泉。』

培 péi

又音 pàn。通『湴』。深泥或爛泥。宋・沈括《夢溪筆談》：『湴字也作「埿」。』按：古文，埿，深埿也。

鑿培而遁之』。

埻 zhǔn

古文作『⿰土𦎫』。隸書作『埻』。通作『準』。箭靶。《周禮・天官・司裘》：『皆射其鵠。』《注》：『以虎熊麋飾其側，又方之以為，謂之鵠。』𦎫，『⿰土𦎫』的假借字。

埶 yì

通『藝』。種植。《說文》：『埶，種也。從坴丮，持而種之。』又音 shì。通『勢』。權勢。《荀子・正名》：『不治觀者之耳目，不賂貴者之權埶。』

堀 kū

通『窟』。穴。《說文》『堀』突也。詩曰：『蜉蝣堀閱』，今《詩・曹風・蜉蝣》作『掘』。

堋 bèng

同『塴』。《說文》：『《春秋傳》曰：「朝爾堋」。』《禮》謂之封。《周官》謂之窆。《虞書》曰：『堋淫于家。』今《書・益稷》作：『朋』。

埳 kǎn

同『坎』。坑穴。《後漢書・袁紹傳》：『舉手掛網羅，動足蹈機埳』。

埤 pí

又音 bēi。通『卑』、『庳』。低下。《荀子・宥坐》：『其流也埤下，裾拘必循其理，似義』。

埠 bù

本為停船的碼頭，今稱本地為『本埠』。字本作『步』。《水經注・贛水》：『贛水又東北逕王步，步側有城，……今謂之王步。』唐・柳宗元《柳先生集・永州鐵爐步志》：『江之滸，凡舟可縻而上下者曰步，永州北郭有步曰鐵爐步。』

堇 qīn

又音 jìn。通『墐』。塗。又通『僅』。少。

埜 yě

同『野』。《晏子春秋》：『及莊公陳武夫，尚勇力，欲牓勝干邪，而嬰不能禁，故退而埜處。』

報 bào

又音 fǔ。通『赴』。急。《禮・少儀》：『毋拔來，毋報往』。《注》：『報讀為「赴疾」之赴，拔、赴皆急也』。

堪 kān

①通『龕』。盛受。見《廣雅釋詁》。②又音 dān。通『媅』。樂。《呂氏春秋・報更》：『堪士不可以驕姿屈也』。

堧 ruán

同『壖』。餘地。《漢書・申嘉傳》：『鼂錯穿太上皇廟堧垣。』

堤 dī

也作『隄』。水壩。《左傳・襄》：『棄諸堤下。』

堿 kǎn

本為堤岸，古『塘』字。又『堿坷』與『坎坷』同。

堡 bǎo

本作『保』。《禮·檀弓》：『遇負杖入保者息』。《注》保，縣邑小城。

塊 kuài

古文作『凷』。

塗 tú

又音 dù。通『鍍』。《漢書·趙皇后傳》：『切皆銅沓，黃金塗』。《注》：『塗，以金塗銅上也。』

塞 sè

又音 sài。通『簺』。古代一種賭博遊戲。《管子·四稱》：『流於博塞』。

塋 yíng

通『營』。度量。《禮·月令》孟冬之月：『審棺槨之薄厚，塋丘壟之大小，高卑厚薄之度，貴賤之等級』。

垶 xīng

《集韻》：『或作埣』。紅色硬土。

塚 zhǒng

本作『冢』。高墳。

填 tián

①通『鎮』。安定。《史記·吳王濞傳》：『上患吳會稽輕悍，無壯士之填之』。②又音 tiǎn。通『殄』。窮苦。《詩·小雅·小宛》：『哀我填寡，宜岸宜獄。』《傳》：『填，盡。』《釋文》：填，後典反，盡也。《韓詩》作『疹』。疹，苦也。

堽 gāng

通『岡』。山脊。晉·陸雲《陸士龍文集》：『因民所欲，順時遊獵，結置繞堽，密岡彌山。』

塤 xūn

同『壎』。古樂器名。《爾雅·釋樂》、《周禮·春官小師》作『塤』。

塢 wù

本作『隖』。土堡、小城。《後漢書·馬援傳》：『繕城郭，起塢候』。

塵 chén

古文作『𪋻』。一般指飛散的灰土。世俗也稱塵世。佛道多指世界。

塼 tuán

①通『摶』。柔捏。②又音『zhuān』。同『甎』、『磚』。本作『專』。土塊已燒者為磚，未燒者為墼。《宋書·王彭傳》：『……鄉里並哀之，乃各出夫力助作塼。』

墐 jìn

通『殣』。掩埋。《詩·小雅·弁行》：『有死人，尚或墐之。』《傳》：『墐，路冢也。』

塴 bèng

《說文》土部引作『堋』。

墄 cè

也作『磩』。臺階。《三輔黃圖·漢宮》：『青鎖丹墀，左墄右平。』

塹 qiàn

通『壍』。溝壕、挖掘、挫折。《史記·高祖記》：『郎中鄭忠乃說止漢王，使高壘深塹，勿與戰』。又《匈奴傳》：『因邊山險壍，谿谷可繕者治之，超臨兆至遼東萬餘里。』

墟 xū

本作『虛』。大丘、故城、廢墟。《左傳》：『晉侯登有莘之虛，以觀師。』

墪 dūn

同『墩』。

墯 duò

①同『墮』。跌落。②同『惰』。懈怠。《韓非子・顯學》：『與人相若也，無饑饉疾疚禍罪之殃，獨以貧窮者，非侈則墯也。』

墡 shàn

或作『墠』。白土，一名堊。又作『騙』。《廣韻》有解。

增 zēng

又音『céng』。通『層』。《楚辭》宋玉《招魂》：『增冰峨峨，飛雪千里些』。

墝 qiāo

同『磽』、『墽』。瘠薄的土地。《荀子・儒效》：『相高下，視墝肥，序五種，君子不如農人』。

墱 dèng

同『隥』。石級。由低向高處的坡道。清・段玉裁《說文解字注》有解。

墢 fá

同『坺』、『垡』。耕地起土。《國語・周》上：『王耕一墢，班三之，庶民終於千畝。』

墺 ào

本作『隩』。宜定居之處。《玉篇》引《夏書》：『四墺既宅』。今《書・禹貢》作『隩』，《漢書・地理志》引《禹貢》作『奧』。

壄 yě

古『野』字。《楚辭》宋玉《九辯》：『泊莽莽與壄草同死』。屈原《九歌・國殤》：『天時墜兮，危靈怒，嚴殺盡兮棄原壄』。

墮 duò

①或作『墯』。落。《後漢書》『墮』字多作『墯』。通『惰』。懈怠。②通『鬌』。禿。③又音 huì。通『隳』。毁。《文選》漢・賈誼《過秦論》：『一夫作難而七廟隳』。

墬 dì

古『地』字。《史記》、《淮南子》、《楚辭》、《漢書》等多作『墬』。

墨 mò

通『默』。《漢書・李陵傳》：『陵墨不應』。

壅 yōng

古作『雍』。《說文》作『雝』。堵塞、防止、遮蓋也。

壇 tán

又音 shān。同『墠』。除地。《周禮・夏官・大司馬》：『暴內陵外，則壇之』。

墻 qiáng

同『牆』、『廧』。

墽 qiāo

同『磽』、『墝』。瘠土。《淮南子・泰族》：『察陵水陸澤肥墽謝下誼。』

壍 qiàn

同『塹』。壕溝或護城河。《史記・匈奴傳》：『因邊山險壍谷穀可善者治之。』

壖 ruán

同『堧』。《史記・晁錯傳》：『內史府居太上廟壖中。』

壒 ài

同『堨』、『塧』。灰塵。《文選・西都賦》作：『堨』。

壎 xūn

同『塤』。古代卵形陶製的樂器。《爾雅・釋樂》、《周禮・春官小師》皆作『塤』。

壙 kuàng

通『曠』。荒廢。《漢書・孝武李夫人傳》：『託沈陰以壙久兮，惜蕃華之未央。』《注》：『壙與曠同。』

壘 lěi

同『壘』。堆砌。《古文苑·僮約》：『焚薪作炭，壘石薄岸。』又音 léi。通『累』。捆绑。《荀子·大略》：『氐羌無虞也，不憂其後壘也，而憂其不分也。』

壟 lǒng

同『壠』。田埂。唐·高適《高常侍集·登壟》詩：『壟頭遠行客，壟上分水流。』

壠 lǒng

『壟』的本字。

壛 yán

通『閻』、『攔』。小巷。《玉篇》：『壛，於膽切，巷也。』

壚 lú

通『爐』。宋·陸遊《劍南詩稿·山行通僧山不入》：『茶爐烟起知高興，碁子聲疏識苦心。』

壜 tán

又作『罈』、『甔』、『罎』。唐·許渾《丁卯集·上夜歸驛樓詩》：『窗下覆某殘局在，橘邊沽酒半壜空。』

壤 rǎng

通『攘』。來往紛錯貌。《史記·貨殖傳》：『天下攘攘，皆爲利往。』又音 ráng。五谷豐收，通『穰』。《庄子·庚桑楚》：『居三年，畏壘大壤。』《列子·天瑞》：『兩年而卒，三年大壤。』

士部

士 shì

①通『事』。《詩·豳風·東山》：『制彼裳衣，勿士行枚。』②通『仕』。《孟子·公孫丑》下：『有仕於此，而子說之。』漢·王充《論衡·刺孟》引作『有士於此。』

壺 hú

①通『瓠』。《詩·豳風·七月》：『七月食瓜，八月斷壺。』②通『胡』。《方言》：『蠭，燕趙之間，謂之蠓螉，其小者謂之蠘蠓，或謂之蚴蜕，其大而密，謂之胡蠭。』清·錢繹《箋注》：『壺，古字與胡通。』

墫 cūn

通『蹲』。《詩》曰：『墫墫舞我。』今本《詩・小雅・伐木》作『蹲蹲。』

夂部

㚇 zōng

也作『猣』。鳥飛時收足狀。《說文》有解。

复 fù

通作『復』。走老路。

夕部

夙 sù

通『宿』。《後漢書・劉虞傳》：『虞雖爲上公，天性節約……遠近豪俊，宿僭奢者。』

夝 qíng

古『晴』字。也作『暒』。《說文》：『夝雨而夜除，星見也。』《徐灝箋》：『晝晴曰啓，夜晴曰夝。』

夠 gòu

也作『够』。聚。多也。

夢 mèng

①《說文》作『㝱』。②又音mēng。清・王夫之《說文廣義》：『夢，從瞢省，從夕。目既矣而又當夕，夢然益無所見矣。故訓云不明也。』③也作『梦』。

夤 yín

①古籍中多借爲『寅』。作『夤』。②通『䏰』，脊肉也。《易・艮》：『列其夤。』

大部

大 dà

①又音dài。如大王。②又音fài。通『太』。古人作太多不加點。如『大學』、『大廟』等。③也通『泰』。如『太一』。本指天體形成的元氣。《禮・禮運》：『必本於太一，而分爲天地。』，《注》：『大，音泰，古通太、通泰。』《疏》：『大一者，謂天地未分，濁之元氣也。』又『太一神』也作『泰一神。』

夯 hāng

又音bèn。通『笨』。《儒林外史》四六：『小兒蠢夯，自幼失學。』

央 yāng

又音yīng。《釋文》：『央』，本也作『英』。

失 shī

又音yì。通『佚』、『[illegible]』。《荀子・哀公》：『其馬将失。』《注》：『失，讀爲逸，奔也。』

夷 yí

①通『彝』。經常、常道。《詩・大雅・瞻卬》：『蟊賊蟊疾，非有夷屆。』《烝民》：『民之秉彝，好是懿德。』②通『痍』。創傷。《易・明夷》：『夷於左股。』

夸 kuā

①通『誇』。炫耀。《吕氏春秋・下賢》：『富有天下而不騁夸。』②又音kuà。通『跨』。兼有。《漢書・諸侯王表》：『而藩國大者夸州，兼群，連群，連城數十。』

夾 jiā

①又音jiá。通『鋏』。劍柄。《莊子・說劍》：『王子之劍，以燕谿石城爲鋒，齊岱爲锷，晉魏爲脊，周宋爲鐔，韓魏爲夾。』②又音xia。通『狹』。狹窄。《後漢書・東夷傳》：『東沃沮，其地東西，夾，南北長。』《注》：『夾，音狹。』

奊 xié

①《廣韻》作『𡚁』。②又音xǐ。通『謑』。《漢書·賈誼傳·陳政事疏》：『頑頓亡恥，奊詬亡節。』

奉 fèng

①通『俸』。如『俸祿』。《戰國策·趙》：『位尊而無功，俸厚而無勞，而挾重器多也。』②又音pěng。通『捧』。抱。《漢書·蒯通傳》：『始常山王成安君，故相以爲刎頸之交，及爭張黶、陳釋之事，常山王奉頭鼠竄，以歸漢王。』

奈 nài

通『耐』。受得住。唐·杜甫《杜工部草堂詩箋》：『斟酌姮娥寡，天寒奈九秋。』

奄 yǎn

通『淹』。停滯。《詩·周頌·臣工》：『命我與衆人，庤乃錢鎛，奄觀至艾。』

奕 yì

通『弈』。說文『奕』、『弈』二字分屬『大』部与『廾』部，形義皆不同，但古籍中往往混用。

奏 zòu

①又音còu。通『湊』。會合。《周禮·夏官合方》：『掌達天下之道路。』《漢書》鄭玄《注》：『津梁相奏，不得䶣绝。』②又音zǒu。通『走』。《詩·大雅·緜》：『予曰有奔奏。』《釋文》：『奏，如字，本也作走。音同。』③又通『腠』。皮膚的紋理。《儀禮·公食大夫禮》：『載體進奏。』

奔 bēn

①通『賁』。賁賁。形容鳥類雌雄相隨。《詩·鄘風·鶉之奔奔》：『鶉之奔奔，鵲之彊彊。』《禮·表記》、《左傳·襄》、《史記·司马相如傳·上林賦》、《吕氏春秋·壹行》、《注》引都作：『賁賁。』②又作『犇』。急走或逃亡。《詩·周頌·清廟》：『駿奔走在廟。』

奓 zhā

①又音shē。籀文作『奢』。②通『侈』。過分。《文選》張平子《西京賦》：『有憑虛公子者，心奓體忲。』《注》引《聲類》：『奓，侈字也。』

奐 huàn

同『渙』。分散。《文選》三國·魏·嵇叔夜《琴賦》：『叢集累積，奐衍於具側。』《注》引《蒼頡篇》：『奐，散貌。』

契 qì

①說文作『偰』。又作『卨』。②又作『栔』。

奚 xī

通作『傒』、『嫨』。郭沫若《甲骨文字研究·釋·臣宰》有解。房屋租赁合同书

奡 ào

同『傲』。傲慢。《書·益稷》：『無若丹朱傲。』《釋文》：又作『奡』。

缺 quē

同『缺』。《老子》：『大成若缺，其用不弊。』

奩 lián

本作『籢』，也作『匳』、『匲』。

奭 shì

①通『赩』。赤色。《詩·小雅·采芑》：『路車有奭。』②通『螫』。恼怒。《漢書·竇嬰傳》：『有如兩宮奭將軍，則妻子無類矣。』

缺 quē

同『缺』。

女部

女 nǚ

又音 rǔ。通『汝』。《詩·魏風·碩鼠》：『三歲貫女，莫我肯顧。』

奸 gān

又音 jiān。通『姦』。自私，詐僞。《管子·重令》：『奸邪得行，毋能上通。』

妃 fēi

又音 pèi。通『配』。婚配。《左傳》：『子叔姬妃齊昭公。』《釋文》：『妃音配，本亦作配。』

她 jiě

①同『姐』。見《玉篇》。②又音 fā。現代漢语第三人稱代詞。

如 rú

古與『而』字多通用。《詩·大雅·常武》：『王奮厥武如震如怒。』《釋文》：『本此两如字皆作而。』

奼 chà

也作『姹』。

妝 zhuāng

也作『娤』、『粧』、『糚』。

妉 dān

也作『媅』。見《爾雅·釋詁》。

妙 miào

又音 miǎo。通『眇』。細微。《吕氏春秋·番分》：『所知者妙矣。』

妊 rèn

也作『姙』、『㚬』。懷孕。又通『任』。《漢書·叙傳》：『初，劉媪任高祖，而夢与神遇。』

妴 wǎn

同『婉』。見《玉篇》。

姉 zǐ

同『姊』。《戰國策·韓》：『（聶）政姉聞之曰，弟至賢，不可爱妾之軀，滅吾弟之名。』

妸 ē

通『娿』、『婀』。

姤 gòu

同『妒』。《廣韻》謂『妒』與『姤』同。古籍中『姤』、『妒』多互用。

妮 nī

又音 nì。通『昵』。

妲 dá

又音 dàn。一作『旦』。見元·周密《武林紀事·舞隊》。

姐 jiě

又音 jù。嬌。《集韻》謂同『⿰女虘』。

妷 zhí

同『姪』。唐·韓愈《昌黎集·人日城南登高》詩：『親交既許来，子妷亦可從。』

妳 nǎi

同『奶』、『嬭』。

姍 shān

《注》：古『訕』字。

奶 nǎi

同『嬭』。

姜 jiāng

同『彊』。《禮·表記》引《詩》：『鶉之彊彊。鵲之賁賁。』《注》：『彊彊賁賁争鬭惡貌也。』《詩·鄘風》：『鶉之賁賁，作鶉之彊彊。』

威 wēi

通『畏』。畏懼《詩·小雅·常棣》：『死傷之威，兄弟孔懷。』《史記·宋微子世家》、《漢書·五行志》上及《谷永傳》：『威』皆作『畏』。

㚻 rèn

同『妊』。懷孕。《後漢書·獻帝伏皇后紀》：『（曹）操誅（董）承而求貴人殺之，帝以貴人有㚻累為請不能得。』

奼 chà

本作『奼』。通『吒』、『詫』。《史記·司馬相如傳》作『詫』。《文選》李善本作『奼』。又通『侘』。《史記·韓長孺傳》：『即欲以佗鄙縣。』《索隱》又作『仛』。謂字如『奼』。

姸 yán

同『妍』。

姥 mǔ

①通『姆』。老婦。《晉書·王羲之傳》：『又膚东戢山見一老姥持六角竹扇賣之。』②通『母』。《玉臺新詠·古詩爲焦仲卿妻作》：『便可白公姥，及时相遺歸。』又《樂府詩集·瑯琊王歌辭》：『公死姥更嫁，孤兒甚可鄰。』③又音『lǎo』。北方方言稱外祖母或老婦人为『姥姥』。也作『老老』。

姮 héng

本作『恒』。俗作『姮』。神話中月之女神。《淮南子·覽冥》中有姮娥竊以奔月故事。後因避漢文帝（劉恒）諱改称常娥。通作『嫦娥』。

姚 yáo

通『遥』。遠。《荀子·榮辱》：『其流長矣，其温厚矣，其功盛姚遠矣。』

姙 rèn

同『妊』。懷孕。《藝文類聚》三國·魏·曹植《行女哀辭》：『或華髮以終年或懷姙而逢災。』

姧 jiān

同『姦』。

姦 jiān

通『奸』。也作『姧』。

娘 niáng

也作『孃』。

㛐 sǎo

同『嫂』。兄之妻。《古文苑》漢·酈炎《遺令書》：『加供養谢㛐，以老母相託』詳見『嫂』條。

娸 yāo

『妖』的本字。

娠 shēn

又音 zhēn。通『侲』。

娓 wěi

本作『亹』。如勤勉不倦曰『娓娓』。《宋書·樂志》王韶《歌太宗簡文皇帝》：『娓娓心化，日用不言。』《詩·大雅·文王》：『亹亹文王，令聞不已。』

娖 chuò

《集韻》謂即『娕』字。

娩 miǎn

通『𪓿』。清·朱俊聲《說文通訓定聲》：『𪓿、生子免身也……字也作娩。』《纂要》云：『齊人謂生子曰娩。』

娶 qǔ　古籍中常作『取』。

娿 ē　又音『ě』。通『婀』。

婁 lóu　①通『貗』。母豬。②通『屢』。屢次。《詩・周頌・桓》：『綏萬邦婁豐年。』《漢書・食貨志》上：『然婁敕有司，以農爲務。』《注》：『婁，古屢字也。』③通『塿』。小土山。

婓 fēi　通『妃』。《文選》晉・左太沖（思）《蜀都賦》：『娉江婓與神遊。』

婘 quán　①通『儇』。《詩・齊風・還》：『揖我謂我儇兮。』②又音juàn。通『眷』。親屬。

婊 biǎo　明・周祈《名義考・䄍表》：『俗畏倡曰表子，私倡者曰䄍老，表對裏之稱，表子猶言外婦。』

娬 wǔ　同『嫵』。美好。恣態美好曰：『嫵媚』。《漢書・司馬相如傳・上林賦》：『柔橈嫚嫚，嫵媚纖弱。』《史記》作『娬媚』。

婭 yà　①也作『亞』。《爾雅・釋親》：『兩䄍相謂爲亞。』《疏》：『言一个取姊，一人取妹，相亞次也。』②同『丫』。如『丫嬛』。

婀 ē　通『妸』。

娼 chāng　本作『倡』。唐・盧照隣《幽憂子集・長安古意》詩：『妖童寶馬鐵連錢，娼婦盤龍金屈膝。』

婣 yīn

同『姻』。《說文》：『婣，籀文姻從㘅。』

婬 yín

古籍多作『淫』。

婑 wǒ

同『媠』。美好貌。《列子·楊朱》：『（公孫）穆之後庭，此房數十，皆擇稚齒婑媠者以盈之。』

㛮 sǎo

『嫂』本字。兄之妻。《釋文》本作『㛮』。《後漢書·馬援傳》：『敬事寡㛮，不冠不入廬。』

媒 méi

又音 mèi。通『昧』。昏昧不明。《莊子·知北游》：『媒媒晦晦，無心而不可與謀。』《淮南子·道應》作：『墨墨恢恢，無心可與谋。』

媟 xiè

通『褻』。《漢書·賈山傳·至言》：『古者大臣不褻。』

媠 tuǒ

①或作『嫷』。②又音『duò』。同『惰』。《漢書·孝武李夫人傳》夫人曰：『婦人貌不修飾，不見君婦，妾不敢以燕媠見帝。』

婚 hūn

同『婚』。

婿 xù

同『壻』。《左傳·文》：『且復致公壻池之封。』唐·陸德明《釋文》：『壻音細，俗作婿。』

媛 yuàn

又音『yuán』。通『爰』。

媮 yú

①通『愉』。快樂。《楚辭》屈原《離騷》：『奏九歌而舞韶兮，聊假日以媮樂。』②又音 fōu。通『偷』。苟且。《三國·晉》：『媮居幸生。』

媥 pián

『媥娟』同『便娟』。

嫂 sǎo

亦作『㛐』、『㛮』。

媿 kuì

同『愧』。慚愧。《楚辭》：屈原《九章·思美人》：『欲變節以從俗兮。媿易初而屈志。』

嫛 yí

①又音 xì。《說文》：『嫛說樂也，古多通作熙。』②又音 fèi。通『妃』。嫛救配偶。漢·楊雄《太玄經·內》：『謹于嫛埶，始女真也。』《注》：『嫛救，古妃仇字。』

嫫 mó

同『媥』。

嫏 láng

『嫏嬛』同『瑯環』。

嫫 mó

也作『蟇』。嫫母，古代傳說中的醜婦。《文選》漢·王子淵《四子講德論》：『嫫姆倭傀善譽者不能掩其醜。』

㛥 nì

通『暱』。親近。

嫄 yuán

人名用字。姜嫄，周族棄（后稷）母。《詩·大雅·生民》：『厥礽生民，時維姜嫄。』《史記·周記》作『原』。

媼 ǎo

同『媪』。

媳 xí

通作『息』。

媲 pì

唐·韓愈《昌黎集醉贈張秘書》詩：『險語破鬼膽，高詞媲皇墳。』媲或作『嫓』。

嫮 hù

同『嫭』。美好。《楚詞》屈原《大招》：『嫮目宜笑，娥眉曼只。』《注》：『嫮眄瞻貌。』《補注》：『嫮與嫭同』。

嫕 yì

《文選》戰國·楚·宋玉《神女賦》：『澹澹靜其愔嫕兮，性沈詳而不煩。』《注》：『嫕，叔善也。今說文作㥋』

嫦 cháng

後爲避文帝諱，『恒』多作常，姮娥也作嫦娥。

嫭 hù

同『嫮』。美好。《漢書·禮樂志·郊禮歌練時日》：『衆平病，綽奇麗，顏如荼兆逐靡。』

嫥 zhuān

通『專』。見《玉篇》。

嫷 duò

通『隋』。宋·刑昺《疏》：『嫷，古以爲懈惰字。』

嫷 tuǒ

又音 duò。通『隋』。

嬌 jiāo

通『驕』。驕橫。《文選》漢・宋叔元（浮）《爲幽州牧與彭寵書》：『内聽嬌婦之失計，外信讒邪之謏言。』《後漢書・宋浮傳》作『驕』。

嬗 shàn

《文選》作『蟺』。《史記・賈生傳・傅鳥賦》：『形氣轉續兮，化變而嬗。』

嬐 yǎn

又音 yǐn。通『僸』。《史記・司馬相如傳・大人賦》：『嬐侵潯而高縱兮，紛鴻涌而上厲。』《索隱》、《漢書》『嬐』作『僸』。

嬝 niǎo

通『嫋』。

嬰 yīng

①通『攖』。觸犯，遭遇。《荀子・彊國》：『教悔之謂一之，則兵盡城固，敵國不敢嬰也。』②通『纓』。《國語・晉》：『亡人之所懷挾嬰壤，以望之所塵垢者。』《注》：『嬰，馬纓。』

嬭 nǎi

同『妳』、『奶』。乳。古代呼母曰『嬭』。見《廣韻》。

嬻 dú

古籍中『媟』、『嬻』為同義詞，清・段玉裁《注》：『单言之曰媟，曰嬻，絫言之曰媟。』也作『黷』。又通『媟』。

孃 niáng

通『娘』。母親。《樂府詩集・木蘭詩》之一：『旦辭爺孃去，暮宿黄河邊。』

孅 xiān

也作『纖』。

孌 liàn

①通『戀』。愛慕。②又音 luán。《說文》：『本作姡。「孌」爲「姡」的籀文。』

子部

孫 sūn

又音xùn。通『遜』。《說文》作『愻』。《釋文》：『孫，本作遜。』

孰 shú

『熟』本字。《荀子・國富》：『高者不旱，下者不水，寒暑和節，而五穀已時孰，是天下之事也。』

孳 zī

①通『孜』。勤勉。《孟子・盡心》：『雞鳴而起，孳孳為善者，舜之徒也。』②《聲類》曰：『孳，蕃也。孳、滋古字通也。』

孱 chán

通『巉』高貌。《史記・司馬相如傳・大人賦》：『放散畔岸，驤以孱顏。』

㝅 gòu

《漢書》作『彀』，音同。穀、彀、㝅。同音通用。

孵 fū

《說文》作『孚』。

學 xué

《說文》作『斆』。

孺 rú

又音rù。通『乳』。孵生。《莊子・天運》：『烏鵲孺。』《釋文》：『李（頤）云：孚乳而生也。』

孽 niè

同『孽』、『𡤢』。庶子。《公羊傳・襄》：『夫負羈縶執鈇鑕，從君東西南北，則是臣僕庶孽之事也。』《注》：『庶孽，衆賤子，猶樹之有孽生，旁生的枝條為糵。借木以喻人，又變從「木」為「從」子」作『孽』。

虈 xiào

《玉篇》作『虓』。獸名。

孿 luán

也作『孿』。

宀部

宁 zhù

『宁』和『貯』古今字，俗作『佇』、『竚』。《文選·晉·孫興公（綽）遊天嵊山賦》：『惠風佇芳於陽林。』《注》：『佇』猶積也。『佇』與『宁』同。现代漢語『寧』的簡化字。

宂 rǒng

俗作『冗』。

宄 guǐ

也作『軌』。

宎 yǎo

通『窔』、『穾』。屋的東南隅。一說東北隅。《莊子·徐無鬼》：『吾未嘗為牧，而牂生於奥，未嘗好田，而鶉生於宎。若未怪何邪。』《釋文》：『字又作窔』。

宓 mì

①通『密』。安寧。《淮南子·覽冥》：『宓穆休於太祖之下。』②又音fú。通『伏』。伏羲或作宓羲。③北齊·顏之推《顏氏家訓·書證說》：『字本作虙，傳寫誤作宓。』

定 dìng

舊時銀幣鑄成一定形狀為定，是貨幣計算單位。《金史·鄯陽傳》：『賞銀一定，後加金旁作錠。』

宕 dàng

水流過去為宕，今作『蕩』。

家 jì 同『寂』。《楚詞》屈原《遠遊》：『野寂漠其無人。』漢·王逸《注》：『寂一作家』。

宛 wǎn ①通『藴』、『鬱』。《史記·倉公傳》：『塞溼氣宛篤不發。』《集解》：『音鬱。』《索隱》：『又如字。』②又音 yuān。地名。漢有宛縣。在今河南南陽縣。《史記·高祖記》：『漢王從其計，出軍宛、葉間。』《正義》：『宛，於元反』。

㝔 yǎo 《說文》作『官』。同『宎』、『窔』、『突』。

宣 xuān 通『瑄』。璧玉。《爾雅·釋器》：『璧大六寸，謂之宣。』

宧 yí 通『頤』。保養。

宥 yòu ①通『侑』。酬答。《左傳·莊》：『虢公，晉侯朝王，王饗禮命之宥。』②通『囿』，局限。《呂氏春秋·去宥》：『夫人有所宥者，固以晝為昏，以白為黑。以堯為桀，宥之為亦大矣。』

宋 jì 『寂』本字。方言作『家』。

㝗 láng 亦作『㝗』。

害 hài 又音 hé。通『曷』。何不。《詩·周南葛》：『害澣書否，歸寧父母。』《孟子·梁惠王上》：『時日害喪。』《書》：『湯誓』作『時日曷喪』。

家 jiā 又音 jiè。同『價』。助詞。金·董解元《西廂記》：『一回家和衣睡，一回家披衣坐。』又音 gū。通『姑』。對婦女的敬稱。《漢書·曹世叔妻傳》：『……令皇后諸貴人師事焉，號曰大家。』又婦稱夫之母為大家。

《宋書・孙棘傳》：『棘妻許又寄語屬棘：「君當門户，豈可委罪小郎县城大姑臨亡，以小郎屬君，竟未娶妻，家道未立。」』

宵 xiāo　①『通綃』絲織品的一种。②又音 xiǎo。通『小』。③通『肖』，相似。《漢書・刑法志》：『夫人宵天地之貊（貌）。』《注》引應劭：『宵卜類也。』

宴 yàn　也作『讌』、『醼』以酒肉待客。《左傳・宣》：『五響有體薦，宴有折俎。』

宷 shěn　同『審』。《說文》：『宷，悉也，知宷諦也。』

寂 jì　說文作『宗』。亦作『詠』、『家』。

寀 cǎi　①采地。通『采』。《爾雅・釋詁》：『寀』、『寮』官也。《注》：『官地为寀。』按：經史諸子等書寀字都用『采』。《汉書・刑法志・注》引《爾雅》也作『采』②同『僚』同事的官員。《晉書・王戎傳》：『尋拜司徒雖總鼎司，而委事僚寀。』

寍 míng　『寧』的古體字。現代漢語簡化為『宁』。

寋 jiǎn　也作『謇』、『蹇』。

寔 shí　通『實』。《詩・召南小星》：『寔命不同。』漢・鄭玄《箋》：『實當作寔。趙魏之東，實、寔同聲。』又音 zhì。通『寘』（置）。《易・坎》：『寘於叢棘。』唐・陸德明《經典釋文》：『姚（信）作寔。寔、置也，張（瑤）作置。』

寓 yù

也作『庽』。又音ǒu。通『偶』。《史記・郅都傳》：『匈奴至為偶人像郅都。』唐・司馬貞《索隱》：『漢書作寓人象。』案：『寓即偶也，謂刻木偶類人形也。』

寑 qǐn

《說文》作『寑』。古籍通作『寢』。清・段玉裁《注》謂寢是歇息。又通『寖』。逐漸。

寓 yǔ

同『宇』。《荀子・賦》：『精微乎毫毛，而盈大乎大寓。』

寘 zhì

同『置』。《詩・周南・卷耳》：『嗟我懷人，寘彼周行。』

康 wāng

也作『漮』、『㝩』、『糠』、『𣢾』。

寧 níng

又音nìng。也作『甯』。

寨 zhài

也作『砦』、『柴』。《陳書・熊曇朗傳》：『時巴山陳定，也擁兵立寨。』唐・鄭谷《鄭守愚集》：『寄邊從事』詩：『高壘觀諸寨，全師護大朝。』

窶 jù

也作『寠』。

寤 wù

通『悟』。醒悟。《淮南子・要略》：『欲一言而寤，則尊天下而保真。』又通『牾』，逆也。如牾生。云嬰兒難產之謂，或先出脚後出頭也。

寑 qǐn

通『寝』。容貌不揚也。《吳越春秋・勾踐陰謀外傳》：『不以鄙陋寑容，願納以供箕之用。』

寮 liáo

通『僚』。同官。取齋署同窗之義。《左傳・文》：『同官為寮，吾嘗同寮，敢不盡心乎。』

寫 xiè

本為用筆作字。又通『卸』。解、脫。《古文苑・石鼓文》：『宮車其寫。』《後漢書・皇甫規傳》：『有旋車完封，寫之權门。』

寯 jùn

同『俊』、『儁』。才智出衆的人。

寱 yì

本作『寱』。夢語。或作『囈』。

寶 bǎo

『寶』的異體字。現代漢語作『宝』。

寸部

寺 sì

又音 shì。通『侍』。宮廷內的近侍稱『寺人』。《詩・秦風・車人》：『未見君子。寺人之令。』《傳》：『寺人，內小臣也。』《釋文》：『寺，如字。又音 shì，本作『侍』。』

尃 fū

①通『敷』。分佈。《史記・司馬相如傳・封禪書》：『旁魄四塞，雲尃霧散。』②漢《司馬相如傳》、《文選・封禪文》皆作『布』。

射 shè

又音 yì。通『斁』。《詩・大雅・思齊》：『不顯亦臨，無射無保。』《釋文》：『射，毛音亦。厭也。』

專 zhuān

又音fuan。通『團』、『摶』。圜。《周禮・地官・大司徒》：『其民專而長。』《釋文》：『專，徒丸反。』

尉 wèi

①通『慰』。安慰。《漢書・車千秋傳》：『思欲寬廣上意，尉安衆庶。』②通『熨』。燙平布帛。《資治通鑒・陳太建》：『(李)穆使渾奉尉斗於(楊)堅曰：『願執威柄以尉安天下。』』《北史・隋書・李渾傳》均作『熨斗』。尉今讀作yùn。

尊 zūn

本為古代的酒器。盛於商周。字又作『樽』、『罇』。後用於僅作器具之用。②对长辈的尊稱，或对人的敬稱。

尌 shù

通『樹』，建立。《易緯乾坤鑿度・聖人象卦》：『庖義氏曰：上山增長，定風尌信。』

尋 xún

通『燖』。重新加溫。《左傳・哀》：『若可尋也，亦可寒也。』《疏》：引鄭玄《注》：『尋，溫也。』

小部

少 shǎo

又音shào。同『小』。古稱諸侯之妻為『小君』。《左傳・定》：『從我而朝少君。』

尒 ěr

同『爾』。《說文》：『尒，詞云必然也。』見『爾』條。

尓 ěr

也作『尒』。同『爾』。

尖 jiān
古作『鑯』。物體的銳端。

尗 shú
同『菽』，豆類。《說文》：『尗，豆也。』

尚 shàng
①通『上』。與古人為友。《孟子·萬章》：『以友天下之善士，未足，又尚論古之人，頌其詩，讀其之書，不知其人可乎，是以論其世也，是尚友也。』②又音 cháng。『尚羊』，通『徜徉』。《楚辭》漢·賈誼《惜誓》：『臨中國之衆人兮，託回飈乎尚羊。』《注》：『尚羊，遊戲也。』

尢部

尢 wāng
本作『尣』。通作『尪』。《說文》：『尢、彶，曲脛也。』……凡尢之屬，皆從尢。

尥 liào
也作『尦』。走路時足脛相交。

龙 máng
又音 pāng。『龐』。唐·柳宗元《柳先生集·戒黔》：『黔無，有好事者舡載以入，至則無可用，放之山下，龙然大物也。』

𡯁 bǒ
同『跛』。

尰 chǒng
《說文》作『瘇』。《詩·小雅·巧言》：『既微且尰，爾勇伊何。』《傳》：『骭瘍一小腿為微，腫足為尰。』

尷 gān 同『尲』。『尷尬』也作『尲尬』、『尲尬』。行為不當。《二刻拍案驚奇》：『後未見每次如此，心中曉得有些尲尬』

尸部

尸 shī 通『屍』。動物死後之軀體。

尼 ní 又音 nǐ。通『昵』。相近。《尸子》下：『悅昵而來遠。』

局 jú 通『跼』，屈曲。《詩·小雅·采綠》：『予法曲局，薄言歸沐。』

尾 wěi 通『娓』。美好貌。《詩·邶風·旄丘》：『瑣兮尾兮，流離之子。』

屜 tì 同『屉』。

屆 jiè 同『届』。

屈 qū ①古作『詘』、『曲』。不直。《易·繫辭下》：『尺蠖之屈，以求信也。』②又音 jué。通『倔』。不順從。如『倔彊』，也作『屈彊』。③又音 quē。通『闕』，古王后六服之一，又為子男之妻的命服。《禮·玉藻》：『君命屈狄。』《周禮·內司服》作『闕狄』。『狄』也作『翟』。本指長尾的野雞。指畫繒為翟雉形而不加色彩，繒是古代絲織物的總稱。

屎 shǐ 本作『菡』。也作『戻』。動物糞便。

屍 shī 通『尸』。動物死後的軀體。《國語・齊》：『殺而以其屍授之。』

展 zhǎn 通『襢』。展衣，古代王后六服之一。《周禮・天官・内司服》：『展衣』《注疏》：《禮・喪大記》作『襢衣』。孫詒讓《周禮正義》有解。

屜 tì 同『屉』。本指鞋底襯草。《廣韻》作『屧』。後引申為器物的隔層。北周・庾信《瘐子山集・鏡賦》：『暫設粧奩，遠抽鏡屜。』

屬 zhǔ 通『囑』。

屧 xiè 同『屟』。《說文》：『屟，履中薦也。』

屟 xiè 同『屧』。

屩 jué 通『蹻』。用蔴草做的鞋。《史記・範睢傳》：『夫虞卿躡屩簷簦，一見趙王，賜白璧一雙，黄金百鎰。』《虞卿傳》作：『躡蹻檐簦。』

屮部

屮 chè ①草木初生貌。《說文》：『屮，草木初生也。古文或以为艸字，读若『徹』。②又音 cǎo，今也作『草』。《荀子・富國》：『刺屮殖穀。』《注》：『屮，古草字。』《漢書・禮樂志郊祀歌》：『屮木零落。』

屯 zhūn

通『肫』，仁厚貌。漢·董仲舒《春秋繁露·刑相生》：『（孔子）為魯司寇，斷衆屯屯，與衆共之，不敢自專。』《說苑·至公》作『敦敦。』

山部

岐 qí

①通『崎』。『岐嶇』亦作『崎嶇。』②《說文》作『郊』。或體作『岐』。

岈 xiā

同『谺』。山深遠貌。

岒 qián

又音cén。『岑』的異體字。

岎 fén

又音chà。同『岔』。

岔 chà

通『岎』。山的分岐處。明·方以智《通雅·諺原》：『山岐曰岔，水岐曰汊。』《正字通》：『岎』字。《注》引楊時偉《正韻箋》謂『岔』音差。

岠 jù

通『距』。大山。至。《爾雅·釋地》：『岠齊州以南戴日為丹穴。』注：『岠，去也。』《漢書·食貨志》：『元龜岠冉長尺二寸。』《注》引《孟康》：『冉，龜甲緣也。岠，至也。』

岸 àn

水邊高起之地。又通『犴』，牢獄。《集傳》：『岸亦獄也。』《韓詩》作『犴』。

岩 yán

『巖』的異體字。《曹子建集·洛神賦》：『覩一麗人，於岩之畔。』《文選》作『巖』。

岪 fó

也作『岪』。山勢曲折貌。《楚辭・招隱士》：『坱兮軋，山曲岪。』左思《吴都賦》：『爾其山澤則嵬嶷嶢屼，巊溟鬱岪。』

岷 mín

說文作『崏』。

岧 tiáo

也作『岹』。高貌。《文選・西京賦》：『干雲霧而上達，狀亭亭以岧岧。』

岥 pō

同『陂』。傾斜不平貌。《文選・西京賦》：『窺秦墟於渭城，冀闕緬其堙盡，陛殿之餘基，裁陀隱岥以隣。』

岨 jū

①同『砠』。戴土的山石。《詩・周南・卷耳》：『陟彼砠矣。』②又音zǔ。同『阻』。險要。《文選》皆作『阻』。

岬 jiǎ

也作『峽』。两山間。唐・張銑：『两山間曰岬』。

岞 zuó

同『岝』。山不齊貌。

岝 zuó

同『岞』。

岳 yuè

說文作『嶽』。高大的山。古文隸變作『岳』。

岍 qiān

同『岍』。古山名。在陝西隴西縣西南。即古之吴山。

峙 zhì

通『庤』。儲備。《詩·大雅·崧高》：『以峙其粻，式遄其行。』

峘 huán

清·錢大昕《潛昪堂文集·答問七》謂『峘』即『恒』之譌，恒為北岳之恒山。

峚 mì

『密』之古字。清·畢沅《校心》謂即『密』字。

峝 dòng

也寫作『峒』。

𡹝 xiāo

同『庨』、『硣』。險峻貌。如『𡹝嵺』。唐·杜甫《朝享太廟賦》：『鳥不敢飛，而玄甲𡹝嵺以岳峙。象不敢去，而鳥佩劍以星羅』

峌 xíng

①通『陘』。山之中斷的地方。②又音 kēng。同『硎』。

峨 é

也作『峩』。

峯 fēng

也作『峰』。

島 dǎo

也作『嶌』。

崈 chóng

同『崇』。《注》：『崈』古『崇』字。

崒 zú

或作『崪』。又音 cuì。通『萃』。聚集。《文選》作『萃』。

崝 zhēng

同『峥』。

巷 xiàng

同『巷』。如山間小路謂之『巷路』。《古文苑》：漢·枚乘《梁·王莬圖賦》：『西山隑隑，卹焉巍巍，巷路崣䆎，崟巖㟼嵸，巍𡾋焉。』

崖 yá

通『厓』。山邊也。

崗 gāng

岡的異體字。

崼 wěi

同『嵬』。高峻貌。

崑 kūn

也作『崐』。高聳。

崐 kūn

同『崑』。

崮 gù

又作『崓』、『堌』。四面陡峭，頂上較平的山。

崓 gù

同『崮』。

崟 yín	崙 lún	崘 lún	崤 xiáo	崩 bēng	崰 zī	崷 qiú	崵 yáng	嵑 kě	嵔 wēi
也作『崯』。崯崯，高偉奇特也。	也作『崘』。	同『崙』。	也作『殽』。山名。	也作『嵭』、『䧏』。倒塌。	也作『崰』、『崰』。参差不齊，如『崰嶷』。	也作『崷』。高峻貌，如崷崒。	又音 dàng，通『碭』。山名『芒碭山。』	山石高峻貌。又音 jié。通碣，圓形石碑。《注》：『方者謂之碑，圓者謂之碣。嵑，也碣也。』	也作『嵔』。高峻貌，如『嵔廆』。

嵒 yán

通『巖』、『岩』。高峻的山。《字林》曰：『嵒，山巖也。』

嵓 yán

同『巖』、『岩』、『嵒』。

嵏 zōng

也作『嵕』，相連的山。

崳 yú

也作『嵛』。地名，崳山，在福建霞浦縣東南海中。

嵂 lǜ

也作『峍』。山之高峻貌。

嵩 sōng

也作『崧』。高大貌。《楊雄傳・河東集》：『瞰帝唐之嵩兮。胍隆周之大寧。』

嵬 wéi

山高貌。又音 guī。通『傀』。怪誕。《荀子・非十二子》：『吾語汝學者之嵬容。』又『是學者之嵬也。』清・朱駿聲《說文通訓定聲》：『嵬，假借為怪。』

嵞 fú

亦作『峹』，今作『塗』。《說文》：『嵞』，會稽山也。今作『塗山』。《楚辭・天問》：『焉得彼嵞山，女而通之于台桑。』

嶅 áo

也作『嶅』、『嶅』。多小石的山。又音 ào。山高貌，如『稠嶅。』

嶄 zhǎn

①也作『嶃』。②又音 chǎn。通『巉』，如『嶄巖』又寫作『巉巖』。韓愈《昌黎集・柳子厚墓誌銘》：『雖少年已自成人，能取進士，嶄然見頭角。』

嶃 zhǎn
也作『嶄』。

嵷 sǒng
也作『嵸』。

嶛 liáo
也作『嵺』、『嵺』。高貌。

嶚 liáo
也作『嶛』。

嶔 qīn
也作『嶔』。高峻貌。

嶕 jié
也作『嶕』、『㨗』。山之高峻貌。

巇 yǐ
也作『巇』。

嶵 zuì
也作『嶵』。高峻貌。

嶪 yè
也作『嶫』。高大貌。

嶲 jùn
或作『䧓』、『峻』、『陖』、『嶲』。與『嶲』同。高也。

嶵 zuì 同『崋』。

嶴 ào 本作『隩』。山坳近水的地方，也作『岙』。

對 duì 也作『𡽗』，高峻貌。

嶺 lǐng 本作『领』，晉以後始加『山』作『嶺』。山峰或山脈的意思。

嶼 yǔ 『淤』的俗字。清·桂馥謂『嶼』即《上林賦》：『行之洲淤之浦，淤的俗字。』

嶽 yuè 也作『岳』，高大的山。《書·禹貢》作『岳』。又姓。

嶲 xī 又音 guī。①鳥名。即『子規』。《爾雅·釋鳥》『嶲周』《注》：『子規鳥，出蜀中。』②车輪轉一周为『嶲』。《注》：『嶲，猶規也，謂轉輪之度。』

巃 lóng 也作『巄』。山勢險峻貌，如『巃嵸。』

巔 diān 通『顛』。山頂。

巘 yán 通『甗』。形狀像甗的山。

巛部

巛 chuān

川本字。又音kùn。坤的古字。《後漢書·輿服志》下：『蓋取諸乾巛，乾巛有文，故上依玄，下裳黄。』

川 chuān

古文作『巛』。

巟 huāng

《說文》：『巟，水廣也。』《易》曰：『包巟（巟）用馮河。』今《易泰》作『包荒。』《釋文》：本亦作『巟』。後荒字流行，巟字遂廢。

巡 xún

一般多指視察意。又音yán。通『沿』。接連也。《注》：『巡，讀如沿漢之沿，謂更相從道。』《釋文》：『巡，依《注》：『音沿，悦專反。』《禮·祭儀》：『日出於東，月生於西。陰陽長短，終始相巡，以致天下之和。』

巤 liè

同『鬣』。動物頸部較硬的毛。

工部

差 chā

①又音chà。原本指奇特的人。後言差人為用人。②同『蹉』。如失足跌倒謂『差跌』。又常作『蹉跌』。《漢書·陳尊傳》：『足下諷誦經書，苦身自約，不敢差跌。』《晉書·虞項傳》與從叔交書：『邪黨互瞻，異同蜂至，一旦差跌，冢鼓交鳴。』②又音chāi。同『瘥』。除病。《三國志·魏華傳》：『故都郵頓子獻得病已差，詣佗視脈：』

已部

己 jǐ

『紀』的本字。山東壽光縣春秋时原為紀國地，其鐘文共六字，為：『已侯口作寳鐘。』

已 yǐ

通『以』。古時『以』、『已』通用。《漢書·文帝紀》：『年八十已上，賜米人月一石，肉二十斤，酒五斗。』

㠯 yǐ

古『以』字。《漢書》皆作『㠯』。

巵 zhī

同『卮』。

巽 xùn

通『遜』。卑順，謙讓也，《疏》引《褚氏》：『順者心不違也，巽者外跡相卑下也。』

巾部

巿 tú

『韍』的本字。按：『巿』字中豎直通上下。与『市』字不同。

帀 zā

同『匝』環繞一周。

帆 fān

也作『颿』。

希 xī

通『稀』。少，罕見也。

帘 lián

本指茶酒店的旗幟，現代漢語中『簾』的簡化字。

帚 zhǒu

也作『箒』。

帗 fú

通『韍』。清・洪頤煊《校注》：今借作『韍』字。

帙 zhì

也作『袠』、『袟』。書函、卷册也。

帕 mò

也作『帞』。又音pà。通帊。巾或佩巾也。

帑 tǎng

①指金庫。②又音nú。同『孥』。《注》：『孥。子也。』又并指妻子。《左傳》：『以害鳥帑』。鳥尾《注》：『鳥尾曰帑。』妻子為人之後，鳥尾也為鳥之後，故俱以孥為言也。《按》：『古只有帑，孥後出也。』

帝 dì

通『禘』。《卜辭》中用：『帝』為『禘』。

帣 juàn

通『絭』，束袖並加臂套。如『券韝。』

⿱列巾 lì

也作『⿰巾列』。本指帛餘，轉為剩餘，殘餘之義。

帢 qià

也作『幍』、『⿰巾夹』。古代便帽。

帥 shuài

同『率』，帶領。《左傳》：『我文公帥諸侯及秦圍鄭。』《漢書・先帝紀》：『相將九卿其率意無怠。』

帮 bāng

『幫』的異體字，現代漢語幫的簡化字。

帬 qún

『裙』的本字，或作『裠』。

帩 qiào

也作『綃』、『幧』。包鬢巾。如『帩頭』。

帵 mú

同『嫫』。《注》：『即嫫母也。』汉《古今人表》：『帵母妃，生蒼林。』

師 shī

又通『獅』。『獅』，古作師《漢書・西域傳》：『烏弋地暑熱，莽平，而有桃拔、師子、犀牛。』

常 cháng

通『嘗』。《漢書・高祖記》作『嘗』。

帾 dǔ

標記。物放置的地方。又音 cè。通褚，覆棺的赤色布。《注》：『帾与褚同。』

帢 qià

同『帢』。《晉書輿服志》：『哀帝同博士曹弘之等議，立秋御讀令，改用素白帢。』

幂 mì

通『冪』、『鼏』、『幎』。覆蓋、罩或巾也。

幝 kūn

通『褌』。內衣褲也。《夙惠》：『韓康數歲家酷貧，至大寒，止得襦。母殷夫人自成之，令康伯捉熨斗，謂康伯曰：「且著襦尋作複幝」。』

幈 píng

同『屏』唐・元稹《長慶集・江陵三夢》詩：『分張醉針線，褶疊故屏幃。』

幏 méng

同『幪』。

幎 mì

說文『幎』，幔也。從巾，冥聲。《周禮》：『有幎人』今『周禮』作『冪人』。

㡘 lián

通『簾』。如『門簾』。又通『縑』。細密的絹。

幌 huǎng

搖擺狀。今作『晃』。

幕 mù

又音 mō，通『漠』，《索隱》：『幕即沙漠。』

幛 zhàng

字本作『障』。慶弔禮物之布帛。

幘 zé

本為有色之頭巾。又通『齰』。《釋文》：『說文作「齚」』。牙齒上下相切也。

幗 guó

本为婦女髮上的首飾。字也作『簂』。《後漢書・烏桓傳》或作『蔮』。《義禮・士冠禮》：『緇布冠』。

幣 bì

本为缯帛。古時以束帛为祭祀的禮物。後指財物。以後專指錢或貨幣。又通『敝』。《管子·輕重》：『器以食靡幣』。

幢 chuáng

唐碑從『巾』的字多誤從『心』。幢往往寫作『憧』，宋以後『幢』或寫作『橦』、『旛』。

幟 zhì

本作『識』。後來『識』專作記識、知識用。遂改『言』为『巾』字用於旗幟。

幡 fān

通『播』。旗幟。又簿冊也稱『幡』。《注》：『幡亦薄也』。『薄』，又通『簿』。又通『翻』，反覆也。《荀子·大略》：君子之學如蛻，幡然遷之。』《注》：『幡與翻同。』

幠 hū

本为覆盖的意思，《儀禮·士喪禮》：『死於適室，幠用斂衾。』又有大的意思，本也作『幠』，为假借字。

幨 chān

同『襜』。①車帷。『四周垂下，謂之幨』②衣巾也謂之幨。

幫 bāng

也作『幚』、『幇』、『帮』。

幬 chóu

《後漢書·朱穆傳》引《左傳》：『幬』作『燾』。古通用。

幭 miè

也作『幎』、『幦』。古車前横木覆蓋之物。

干部

干 gān

①本是古代作戰時用于衛身的武器。盾。《書・攻誓》：『稱爾戈、比爾干。』②通『幹』。『十干』也作『十幹』③通『乾』。《後漢書・范冉傳》：『氣絕便歛，歛畢便穿，便穿便埋，其明之奠。干飯寒水。飲食之物，物有所下。』

幷 bìng

通『屏』、『摒』。排除。《莊子・天運》：『至貴，爵國并焉。』

幹 gàn

本为支持體的意思。如軀幹、支幹。又音 hán。通『韓』。井上木欄。《莊子・秋水》：『出跳梁平井幹之上，入休平缺甃之崖。』

么部

么 yāo

也作『麽』。

幽 yōu

又音 yǒu，通『黝』。黑色也。《詩・小雅》：『隰桑，有阿其葉有幽』《毛傳》：『幽，黑色也。』《禮・玉藻》：『命緼韍幽衡，再命赤韍幽衡』《注》：幽讀為『黝』。黑謂之黝。

幾 jī

①隱微、細微；事的跡兆，《易・繫辭》下：『君子見機而作，不俟終日。』先秦以後多通作『機』。②又通『奇』。唐・範陽令楊政本妻韋氏墓誌：『卅有幾，既喪所天。』③又音 jì。通『冀』。希望。《左傳・哀》：『國人望君，如望歲焉，日月以幾。』《釋文》：『幾，音『冀』。本或作『冀』。

广部

庄 zhuāng　「莊」的異體字。或作「压」。

床 chuáng　同「牀」。

庋 guǐ　也作「庪」。置放物品也。

序 xù　通「叙」，評論作品的文章。

庚 gēng　通「更」。宋・鄒登龍詩：「丙枕或思前夜席，庚郵寧肯後鋒車。」謂更替驛遞也。

庙 miào　「廟」的異體字，或作「庿」。

府 fǔ　又通「腑」。《素問・熱論》：「五藏已傷，六府不通。」又通「俯」。《荀子・非相》：「府然若渠，匽隱栝之於已也。」《注》：「俯」與「府」同。

庤 zhì　儲備。通「待」。《詩・周頌・臣工》：「命我衆人，庤乃錢鎛」，謂儲備也。

度 dù　①通「镀」。《南齊書・高帝紀》：「不得以金銀為箔，馬乘具不得金銀度。」②過。通「渡」。《漢書・賈誼傳》陳政事疏：「若夫經制不定，是猶度江河，亡維揖」。

庢 zhì　通「厔」。水曲也。

庬 máng

同『厖』。《爾雅・釋詁》：『厖，大也』。又厚。《詩・商頌・長髮》：『為下國駿厖。』又雜亂，如『厖雜』。

庭 tíng

通『廷』。又『庭午』也寫作『亭午』。指日月正當天空中央也。

庵 ān

也作『菴』，謂圓形的小屋。又通『奄』。忽然。《漢・韋衡方碑》：『受任浹旬，庵離寢疾。』

康 kāng

假借為『空』。空虛。《詩・小雅》：『賓之初筵，酌彼康爵。』又音kàng。通『亢』、『抗』。舉。《禮・明堂位》：『崇坫、康圭、疏屏，天子之廟飾也』。《注》：『康』，讀为亢龍之亢又為高坫亢所受圭，奠於上焉。』

庸 yōng

通『墉』。城也。又通『鏞』。大鐘也。

庳 bēi

又音bì。又音pí。通『毗』。《荀子・宥坐》引《詩》：『四方是維，天子是庳。』《注》：庳，讀为毗，輔也。』今《詩・小雅・節南山》作『毗』。

廋 sōu

同『廋』。

庿 miào

同『廟』。

廂 xiāng

通『鑲』。鑲嵌。《說郛》曹昭《格古論蠟子》：『古云：蠟重一錢，價值千萬。可鑲嵌劍、鐲、碗、盞、戒指用。』

廁 cì

①廁所。猪圈。②雜置。《史記・樂毅傳》：《報燕惠王》书：『先王過畢，厠之賓客之中。』③又音cè，通『側』，旁邊。《集解》：『廁，牀邊也』。

庽 yù

《說文》：『寓』的或體。

廋 sōu

也作『廀』。又音 sǒu，通『藪』。《注》：『廋，限也。一作『廀』。』又音 sǒu，通：『藪』。『廋索』又寫作『搜索』。《注》：『廋，讀與搜同。謂入室求之也。』

廈 shà

也作『厦』。古作『夏』。

廌 zhì

『豸』的本字。

廒 áo

俗作『厫』。糧倉。

廑 jǐn

①又作『廑』。纔、只。《漢書·賈誼傳》：『言公幸者，乃为中涓，其次廑得舍人。』《注》：『廑與『僅』同。廑，劣也。言纔得舍人。』②又音 qín。通『勤』。勤劳，殷勤。《漢書·楊雄傳·長楊賦》：『三旬有餘，其廑至矣。』《注》：『廑，古勤字。』

廣 guǎng

又音 kuāng、通『曠』。《注》：『李奇曰：『廣音曠』韋昭曰：『謂怨曠也。』』荒廢、耽擱也。

廜 fú

『廜蘇』，也寫作『屠穌』。草屋，庵。又酒名，屠穌酒。

廙 yì

通『翼』。恭敬。

廔 lóu　①『麗廔』也作『離樓』。②通『樓』，播種的農具。

廎 qǐng　廳堂，『高』的或體，見《說文》。

廏 jiù　也作『廄』、『廐』。馬棚。

廣 guǎng　與『曠』同。

廟 miào　也作『庿』、『庙』。

廇 liù　同『霤』。

廢 fèi　古『廢』、『發』音近，常通用。

廠 chǎng　今常作『廠』。現代漢語簡化為『厂』。

廛 chán　通『纏』。束也。

廡 wǔ　通『甒』，堂下四圍的走廊。

廩 lǐn

通『凜』，寒秋。《楚辭》宋玉《九辯》：『皇天平分四時兮，竊獨悲此廩秋。』《文選》作『凜秋』。

廑 jǐn

同『僅』，僅，只也。《釋文》：『廑，音勤，又音覲，少也。』

廧 qiáng

同『牆』。垣牆。又音 sè，通『嗇』。

廬 lú

《釋文》：『廬，魯吴反，本或作蘆』。

廱 yōng

通『壅』。《穀梁傳》曰：『廱河三日不流。』今本《穀梁傳》作『壅遏。』

廳 tīng

古作『聽』。堂屋。

廴部

延 yán

①通『綖』。蓋在冕板上的黑布，《釋文》：『字林作綖』。②通『埏』，墓穴的地道曰埏道。《左傳・隱》：『隧而相見。』杜預《注》：『隧，若今延道。』

廻 huí

通『回』。本作『迴』。《史記・鄒陽傳》：『邑號朝歌而墨子廻車』。一本作『回』。

廾部

廾 gǒng

楊雄說，廾，從兩手，今字作『拱』。

廿 niàn

也作『廾』，數字二十也。唐《石經》二十皆作『廾』

弁 biàn

通『昪』、『般』，歡樂也。《詩・小雅・小弁》：『弁彼鷽斯。歸飛提提。』《傳》：『弁，樂也。』

异 yì

通『異』。今簡化的『異』字。《注》：『异』，異也，古字。

弆 jǔ

《左傳》：『紡焉以度而去之。』唐・孔穎達《疏》：『去、即藏也。字書去作弆，羌莒反。』

弊 bì

字本作『獘』。也作『斃』。

弋　部

弋 yì

今作『杙』。小木樁也。

弓　部

弓 juǎn

同『卷』。也作『弓』。

引 yǐn

同『靷』。牽引車軸的皮帶。

弔 diào

也作『吊』。

弗 fú

不，不可。又通『祓』。除去，不詳。又通『怫』，憂悶。

弘 hóng

通『宏』。

弟 dì

通『第』。次第。如第一、第二。也作弟一、弟二。《注》：『弟，次也，第宅之第。』《漢書》多作『弟』。又音 tì 又通『悌』。又音 tuí。如『弟靡』。同『頹靡』。困窮，萎靡不振，隨波逐流，皆稱『弟靡』。《莊子·應帝王》：『因以為弟靡，因以為波流。』《釋文》引徐邈、弟音頹。『文回反』。

弞 shěn

同『哂』，微笑也。郭（璞）《注》云：『弞、古「欼」字。』

弢 tāo

通『韜』。掩藏。杜預《注》：『弢與韜古字通也。』

㢮 chí

通『弛』，放鬆弓絃。

弣 fǔ

也作『拊』。《禮·少儀》：『弓則以左手屈韣執拊』。

弩 nǔ	本为用机械發的弓。又通『努』。書法的豎畫稱弩。也寫作努。
弮 quān	弩弓。《漢書李陵傳》、《文選・司馬遷・報任少卿書》均作『拳』。《漢書》颜《注》謂『弮』与『絭』同。
張 zhāng	本與弛相對。又音 zhàng。通『帳』。帳幕也。《荀子・正論》：『居則設張容，負依而坐。』又通『脹』。腹膨脹也。《左傳》：『(晉侯)將食、張，如廁。』《釋文》：『張、中亮反，腹滿也。』
強 qiáng	亦作『强』。又音 qàng。通『襁』，嬰兒的被褥『强葆』通『襁褓』。
强 qiáng	同『強』。
彀 gòu	本為張滿弓的意思。又通『够』，足用也，王實甫《呂蒙正風雪破窑記》：『你罵得彀也。』
彊 qiáng	通『强』。
彌 mí	又音 mǐ。通『弭』。止息，消除。
彍 kuò	同『彉』。拉滿弓也。

彐部

彐 jì

本作『彑』。《說文》：『彑，豕之頭象其銳而上見也。』今作彐，部首字。

彠 huò

《說文》：『蒦的或體。又同矱。』《注》：『矱，一作彠。』

彡 部

彣 wēn

『文』的本字。

形 xíng

本作『形』。今通作『形』。一般指形象、形狀、形勢，《左傳》：『形民之力，而无醉飽之心。』《注》：『言國之用民當隨其力任，如金冶之器，隨器而制形』。又通『鉶』。盛羹的瓦器，罰也。《史記・秦始皇紀》：『飯土塯，啜土形。』又通『型』，模具。又通『刑』，刑罰也。《荀子・成相》：『罙人貳之纔夫棄之，形是詰。』《注》：『形当为刑，无德化，唯刑戮是也。』

彧 yù

《說文》作『戫』，茂盛貌。

彩 cǎi

又作『采』。光彩、文彩。

彫 diāo

通『凋』。彫殘零落。

彭 péng

又音pāng，清・王念孫謂與『旁』通。又與『篣』通，笞擊拷問也。又『彭湃』同『澎湃』。

彯 piāo

通『飄』，如飄捲。又音 biāo。通『摽』劉兆曰：『摽，辟也。彯與摽字同。』

彧 yù

《說文》：『彧，有彣彩也。』清·段玉裁《注》：『彧，古代多假彧字为之。彧者，彧之隸變。今本《論語》郁郁平文哉，古多作彧彧。』

彲 chī

同『螭』。傳說為無角之龍。

彳部

徂 cú

本指『往』，『到』。通『殂』。指死亡。《史記·伯夷傳》：『于嗟徂兮，命之衰矣！』

徊 huí

又音 huái。通『回』、『廻』。旋轉、環繞。《文選》楚·宋玉《神女賦》：『徊腸傷氣，顛失據。』

徇 xùn

通『殉』。獻身。又通『巡』。《释文》：『徇，似俊反。字詁云：徇，巡也。』

⿰彳吾 wú

古『吾』字。

徑 jìng

通『經』。走過。《史記·高祖記》：『高祖被酒，夜徑澤中，令一个行前。』

徐 xú

通『俱』。《公羊傳·成》：『魯人徐傷歸之無後也。』《注》：『徐共之辭也，關東語。』

徘 pái

也作『俳』。

徠 lái

古文『來』字。又音 lài。通『勑』。慰勞也。《隋書·律曆志》：『於是高祖引（劉）孝孫（張）胄玄等親自勞勑。』

徙 xǐ

《說文》作『辿』。隸變作『徙』。

逴 chuò

同『踔』。超也。

得 dé

本為得到或滿意。又通『德』。《孟子·告子》：『為宮室之美，妻妾之奉。所識窮乏者得我與。』

從 cóng

通『縱』。放縱。又音 cōng。通『蹤』。蹤跡。《史記·聶政傳》：『士固為知己者死，今乃以妾尚在之故重自刑以絕從。』

偫 zhì

同『偫』。儲、具。見《廣韻》。

徧 biàn

同『遍』。《釋文》：『徧，古遍字。』

假 jià

又音 gé。古籍中用『假』字訓至者，多為假的假借。又音 xiá。通『遐』。《漢書·禮樂志·郊祀歌·皇后》：『沇沇四塞，假狄合處。』

御 yù

通『禦』。抵禦也。《詩·邶風·谷風》：『我有旨蓄，亦以御冬。』

- **復** fù　通『複』。《史記·秦始皇紀》：『为復道，自阿房渡渭，屬之咸陽。』
- **循** xún　通『揗』。撫摩。《淮南子·原道》：『是故視之，不見其形，聽之不聞其聲，循之不得其身。』
- **徬** pàng　通『傍』。依附。《周禮·地官牛人》：『共其兵車之牛，與共牽徬，以載任器。』
- **微** wēi　通『黴』、『癓』。脚脛潰瘍。《詩·小雅·巧言》：『既微且尰，爾勇伊何。』
- **徭** yáo　《說文》作『傜』。從人䍃聲。隸變為『傜』。或作『繇』。
- **徯** xī　通『蹊』。小路曰徯徑。《禮·月令》：『謹關梁塞徯徑。』
- **徹** chè　①通『撤』。除去。②又通『澈』。用於清澄。
- **徵** zhēng　又音 zhǐ。五音之一。又音 chéng。懲戒。通『懲』。《荀子·正論》：『其刑人之本。禁報惡惡，且徵其未也。徵，讀为懲，未，謂將来。』
- **徼** jiào　又音 jiǎo。同『僥』。又音 yāo。招收。通『邀』。《荀子·儒效》：『小人則自邀其所惡。』
- **𢖍** xiè　同『獬』。

徽 huī

通「揮」、彈奏樂器也。《淮南子·主術》：「鄒忌一揮，而威王終夕悲，感於憂。」

心　部

⿱乂心 yì

《釋文》：「艾音刈或作⿱乂心。」古籍中多用乂字。音義皆同。

忘 wàng

①忘記。②通「亡」。遺失、遺漏。《詩·大雅假樂》：「不愆不忘，率由舊章。」漢·劉向：《說苑建本》引《詩》作「不忘」。又與「其」作連詞。抑或，還是。《戰國策·趙》：「不使三國之憎秦而爱懷邪？忘其憎懷而憎秦邪。」

忖 cǔn

①揣度，思量。②通「刌」。《禮玉藻》：「瓜祭一環。」漢·鄭玄《注》：「上環頭，忖也。忖，一本作刌。」

忣 jí

急速，迫且。通「急」。清·莊達吉《校本》：「急字從及下心，此作心旁，字本同耳。」

忔 qì

喜也。通「仡」、「屹」。壯勇貌。《史記·周記》：「棄為兒時，忔如巨人之志。」

志 zhì

本志向也。①通「識」、「誌」。記識事物。《莊子·逍遥遊》：「齊諧者，志怪者也。」記事之書或文章叫志。②又通「痣」。《梁書·沈約傳》：「約左目重瞳子，腰有紫志。」③又通「幟」。旗幟。《史記·張丞相傳》：「沛公以周昌为職志。」

忨 wán

貪爱，苟安。又通「翫」、「玩」。《春秋傳》：「忨賞歲而潵日。」今《左傳》作「翫歲而潵日。」《漢書·五行志》作「玩歲而潵日。」

忸 niǔ

慚愧，通「恧」。又習慣。《莊子·議兵》：「忸之以慶賞，鰌之以刑罰。」《注》：「忸与狃同。串習也。」《漢書·刑罰志》引作「狃」。

忻 xīn

開導，啟發，又心喜。通「欣」。心喜。《史記·周紀》：「姜原出野，見巨人跡心忻然說，欲踐之，踐之而身動如孕者。」

悉 ài

爱的本字。

念 niàn

於數字「廿」時或寫作「念」。清·顧炎武《金石文字記·開業寺碑》碑陰宋人題名有曰：「……元祐辛未陽月念五日題。」以廿为念，始見於此。

忩 cōng

「怱」、「悤」字的異體字。

怵 chù

本恐懼或悲傷的意思。又音 xù。通「訹」，利誘。《史記·蘇秦傳》：「臣竊量大王之國不下楚。然衡人怵王交彊虎狼之秦以侵天下。」

怖 bù

《說文》作「悑」。惶恐。《淮南子·詮言》：「福至則喜，禍至則怖。」又恐嚇。《後漢書·第五倫傳》：「其巫祝有依託鬼神，詐怖愚民，皆案論之。」

怫 fú

又音 bèi。通「悖」。悖逆、違反。

怚 jǔ

本為驕傲之意，又音 cū。同「粗」。粗暴。《史記·王翦傳》：「夫秦王怚而不信人。」《集解》引徐廣：「怚一作粗。」

怳 huǎng

本喜悦。又通「恍」，失意。《楚辭·九歌·少司命》：「望美人兮未來。臨風怳兮浩歌。」

怬 xì

同『呬』。休息。《文選・思玄賦》：『怬河林之蓁蓁兮，偉「關雎」之戒女。』

怜 líng

本機靈也，如伶俐。又音 lián。通『憐』。《太平御覽・續搜神記》：『晉，太和中廣陵人楊生養狗，甚憐愛之，行止與俱。』

怐 gòu

又音 kòu。怐愗，愚昧貌。《楚辭》宋玉《九辯》：『然潢洋而不遇兮，直怐愗而自苦。』也作『溝愗。』《荀子・儒效》：『其愚陋沟愗，而冀人之以已為知也。又作「區霿」。』

怕 pà

本畏懼的意思。恬淡。又音 bò。『泊』本字。《史記・司馬相如傳》怕作『泊』，憺作『澹』。

怫 bì

同『弼』。或作『怫』。又音 fú。通『髴』。《漢書・禮樂志，郊祀歌》：『靈之至，慶陰陰，相放怫，震澹心。』《注》：『放怫，猶「髣髴」也。』

思 sī

又音 sō。通『鬆』。見《集韻》。

怱 cōng

『悤』的別體字。

怨 yuàn

又音 yùn。通『蘊』。積蓄。《荀子・哀公》：『富有天下而無怨財。』《注》：『怨讀為蘊。』

怠 dài

又音 yí。通『怡』。《易・雜卦》：『謙輕，而豫怠也。』《釋文》：『怠，漢・虞（翻）作怡』。

恓 xī

『栖栖』同『恓恓』。惶惶不安。漢・王充《論衡指端》：『聖人恓恓憂世……。』一本作『栖栖。』

恆 héng

也作『恒』。又音 gèng。通『亘』。連續。《漢書・叙傳・答賓戲》：『潛神默記，恒以年歲。』謂前後相接。

恒 hèng

也作『恆』。

恊 xié

與『協』、『勰』皆異體字，也或通用。

恫 tōng

也作『痌』。痛苦。《詩・大雅・思齊》：『神罔同時怨，神罔時恫。』

恛 huí

恛惶也作『回皇』、『回徨』。惶恐不安也。

恉 zhǐ

通作『旨』。漢・許慎《說文解字叙》：『究洞聖人微恉。』

恌 tiāo

同『佻』。輕薄、苟且。《詩・小雅・鹿鳴》：『視民不恌，君子是則是傚。』《說文》引《詩》皆作『佻』。

恡 lìn

同『吝』、『悋』。《遺周書・寤敬》：『不驕不恡，時乃無敵。』

恂 xún

又音 shùn。通『瞬』、『眴』。《注》：引南朝宋・何承天《纂文》：『吳人呼瞬目為眴目。』

恑 guǐ

通『詭』。變詐。《莊子・齊物論》：『恢恑憰怪，道通為一。』

恣 zì

又音 cì。通『佽』。更迭。清・戴震《疏證》：『恣，當作佽。』

恝 jiá

《說文》引《孟子》作『忦』。不介意。澹然忘之面不介意曰『恝置。』

恥 chǐ

俗作『耻』。

息 xī

本作『鄎』。周諸侯國名，公元前五〇八年為鄭所滅。《左傳》：『息侯伐鄭。』《注》：『息國，汝南新息縣。』

惢 suō

古『莎』字。

恁 rèn

又音 nín。通『您』。王實甫《西廂記》二本楔子：『我从来斬釘截鐵常居一，不似恁惹草拈花没掂三。』

恕 shù

通『庶』。幾乎、差不多。《文選》嵇康《養生論》：『有此若往，恕可與羨門比壽，王喬爭年，何為甚無有哉？』

悌 tì

古通『弟』。《墨子兼愛》：『有兄悌悌。』

悦 yuè

古通『說』。《莊子・徐無鬼》：『武侯大悦而笑。』唐・王維詩：『山光悦鳥性，潭影空人心。』

悖 bèi

說文作『誖』。惑。《史記・太史公自序》：『愍學者不達其意而師悖。』《正義》：『悖，惑。』

悈 jiè

又音jí。與『亟』、『棘』、『革』同義。

悚 sǒng

同『竦』。恐懼貌。

悟 wù

①通『忤』。不順從。《呂氏春秋·蕩兵》：『國無刑罰，則百姓之悟相侵也立見。』②又通『晤』。對也。相互談話曰『悟言』。《文選》南朝謝惠連詩：『悟言不知罷，後夕至清朝。』一本作『晤言』。悟，通『晤』。

悍 hàn

通『捍』。抵制。《莊子·大宗師》：『彼迈吾死而我不聽，我則悍矣，彼何罪言。』

悝 kuī

也作『里』、『㾖』。病、憂。《詩·大雅·云漢》：『瞻卬昊天，雲如何裏。』《釋文》：『里如字，憂也，本亦作㾖，』《爾雅》：作『悝』。又音huī。通『詼』，嘲謔。《文選》漢·張衡《東京賦》：『由余以西戎孤臣而悝繆公於宮室。』

悮 wù

同『誤』、錯謬。《周書·寇儁傳》：『惡木之陰，不可暫息；盜泉之水，無容悮飲。』

悂 pī

同『諀』。錯誤。《文選》漢·楊雄《解嘲》：『故有造蕭何之律於唐虞之世，則悂矣。』

悊 zhé

又同『哲』。明智。《漢書·刑法志》：『聖人既躬明悊之性，必通天地之心。』

恿 yǒng

說文作『勈』。『勇』之古文。『慫慂』也作『從恿』。

㤰 zuò

同『怍』。慚愧。《荀子·儒效》：『卒然起一方，則舉統類而應之，無所儗㤰。』

悤 cōng
也作『怱』、『忩』。通『聰』。《漢書·郊祀志》：『陛下聖德，怱明上通。』

惖 tì
同『惕』。戒懼。《漢書·王商傳》：『於是退(周)勑使就國，卒無惖憂。』

惉 zhān
《集解》：『惉懘，弊欺不和之貌。』《禮·樂記》作『怗懘』。也作『惉滯』。

惌 yuān
『怨』。冤。

惢 suǒ
《文選》晉·左太沖(思)《魏都賦》：『有靦瞢容，神惢形茹。』六臣本作『蘂』。又音 rǔi。省作『蕋』。

惔 tán
又音 dàn。同『談』。安靜。《莊子·刻意》：『虛無恬惔，乃合天意。』

惙 chuò
通『輟』。停止。《莊子·秋水》：『孔子遊於匡，宋人圍之數帀，而絃歌不惙。』《釋文》：『惙，本也作輟。』

⿰忄固 hù
同『怙』。依恃也。漢·楊雄《太玄經·爭》：『嚇何之懼，何可⿰忄固也。』

惟 wéi
古籍『惟』、『唯』、『维』通用。《書》多作『惟』，《詩》作『维』。《左傳》作『唯』。

惛 hūn
也作『惽』。神智不清。《莊子·知北遊》：『惛然若亡而存。』

惠 huì

通『慧』。聰慧之慧。古籍多作『惠』。又蟪姑古籍作『惠姑』。

悳 dé

『德』的古字。《漢書・地理志》平原郡有安悳縣。清・朱駿聲《說文定聲》：『外得於者，恩悳之悳。内得己者。道悳之悳，經傳皆以『德為之。』

㥁 dá

同『怛』。哀傷。《注》：『㥁，古怛字，傷也。』

恿 yǒng

俗『慂』字。

愙 kè

同『恪』。古鐘鼎有愙鼎、愙敦。漢《司隸校尉魯峻碑》、《魏修孔子廟碑》皆作『恪』（隸釋）。

意 yì

通『抑』。或者。《墨子・明鬼》：『豈女為之與，意鮑为之與。』又音 yī。通『噫』。常用於感嘆詞，如《莊子・在宥》：『意！甚矣哉，其無愧而不知恥也。』

惲 yùn

渾厚之『渾』本字。

惼 biǎn

通『褊』。狹隘，急躁。《莊子・山水》：『方舟而濟於河，有虛船來觸舟，雖有惼心之人，不怒。』

愖 chén

又音 dàn。通『媅』、『妉』、『湛』。逸樂。《大戴禮・少間》：『優经繼愖，政出自家門，此之謂失政也。』

惵 dié

也作『悚』。《後漢書・班固傳・東都賦》：『（西都賓）惵然意下，捧手欲辭。』

愅 gé

本作『諽』。《注》：『愅，變也，詭，異也。皆謂變異感動之貌。』

惰 duò

本作『憜』，省作『惰』。古文作『媠』。也作『嫷』、『墮』。又通『憜』。衰敗。《墨子·脩身》：『雄而不脩者，其後必惰。』

愞 nuò

同『懦』。《漢書·武帝紀》：『秋，匈奴入雁門，太守坐畏愞棄市。』

愇 wěi

《注》：『愇字与『韙』同。』《文選》作「韙」。

愓 dàng

通『蕩』。放蕩。《荀子·榮辱》：『愓悍憍暴，以偷生反側於亂世之間。』

愒 qiè

古『憩』字。又音kài。《公羊傳》云：『不及时而葬曰愒。』今本《公羊傳》：愒作『渴』。

愕 è

通『諤』。直言也。《文選》晉·袁彥伯《三國名臣績傳》：『神情所涉，徒蹇愕而已哉。』

愉 yú

亦作『愉』。又音tōu。通『偷』。《箋》：『愉，讀曰偷。偷，取也。』

惸 qióng

同『煢』。無兄弟的人或孤苦無依者。《詩·小雅·正月》：『愛心惸惸，念我無祿。』

愧 kuì

本作『媿』。羞愧。唐《石經》作『媿』。《詩·大抑》：『相在爾室，尚不愧於屋漏。』

慈 cí

通『磁』。如磁石也寫作『慈石』，即礦石。《管子・地數》、《淮南王・說山》：『磁石引鐵。』均作『慈石引鐵。』

惷 chǔn

通『蠢』。《淮南子・氾論》：『存亡之跡若此其易如知也，愚夫惷婦皆能論之。』

悘 qiè

也作『愜』。滿意也，《漢書・文帝紀》：『天下人民，未有悘志。』

惣 zǒng

『總』的異體字。漢・王符《潛夫論考績》：『三公惣統典和陰陽。』本作『總』。

惹 rě

通『偌』。如此。明・高則誠《琵琶記》：『媒婆挑着惹多東西做甚麼？』

𢝊 yōu

『憂』的本字。《說文》：『𢝊，愁也，從心從頁。』又別有『忧』字，後『憂』通行而『𢝊』遂廢。

感 gǎn

又音hàn。通『撼』。動搖。又通『憾』。《左傳》昭：『王貪而無信，唯蔡於感。』

愍 mǐn

多用於憂傷。稱死者的誕辰為『愍忌』。但也寫作『憫忌』。

慍 yùn

同『慍』。惱怒。《傳》：『慍，怒也。』《詩・邶風・泊舟》：『憂心悄悄，慍於群小。』

愛 ài

說文作『㤅』。『薆』、『僾』。隱蔽。《詩・邶風・靜女》：『愛而不見，搔首踟躕。』《禮・禮運》：『故天下不愛其道，地不愛其寶，人不愛其情。』

愈 yù
通『癒』、『瘉』。疾病好轉。《孟子·公孫丑》：『昔日疾，今日愈。』又通『愉』。《荀子·君子》：『天子也者執其重，形至佚，心至愈，志無所詘，形無所勞，尊無上矣。』

慉 xù
《後漢書·馬融傳·廣成頌》：『疏越蘊慉，骇恫底伏。』注：『慉，與畜通。』

慊 qiǎn
《注》：『慊亦嫌字。』按嫌疑字本作『慊』；慊恨字本作嫌。古籍多通用。

愵 nì
通『惄』。憂愁。《詩·周南·汝墳》：『惄如調饑。』唐·陸德明《釋文》：『惄，韓詩作愵，音同。』

愲 gǔ
同『縎』。

愷 kǎi
通『嵦』。《左傳》：『振旅，凱以入於晉。』作戰勝利的軍樂稱『凱樂』《周禮·春官·樂師》：『凡軍大獻，教愷歌，遂唱之。』《周禮·春官·大司樂》：『王師獻，則令奏愷樂。』

愾 kài
又音 xì。通『迄』。《禮·哀公問》：『身以及身，子以及子，妃以及妃，君行此三者，則愾乎天下失。』

㥮 zhòu
也作『㑳』。固執。金·董解元《西廂記》：『奈老婦人情性㥮，非草草。』

瘱 yì
說文作『瘱』。安静。《文選》漢·王子淵《詞簫賦》：『其妙聲則清静厭瘱。』又通『翳』。隱匿。漢·楊雄《太玄經·睟》：『冥礙冒睟，中自瘱也。』

愬 sù
《說文》：『訴』的或體。訴說。又通『遡』。向着。晉·潘安仁《西京賦》：『愬黄巷以濟潼。』六臣本作『遡』。

愨 què

也作『慤』。樸實本分。《莊子·非十二子》：『其容愨。』《注》：『謹敏也。』

愻 xùn

同『遜』。謙恭，順從。《說文》引《書》：『五品不愻。』今《書·虞典》作『五品不遜。』

慍 yùn

亦作『愠』。惱怒。

慞 zhāng

《文選》晉·潘安仁（岳）《哀永逝》文：『嫂姪兮慞惶。』六臣注本作『章惶』。

慵 yōng

古本『庸』字。漢以後加心作『慵』。

慠 ào

同『傲』。《吕氏春秋·侈樂》：『勇者凌怯，壯者慠功，從生矣。』

慓 piào

通『僄』、『剽』。急疾，輕捷。『慓悍』也作『僄悍』。《漢書·高帝紀》：『項羽為人，慓悍禍賊。』《史記·高祖紀》作『僄悍』。

慚 cán

同『慙』。『慚愧』也作『慙愧』。

慬 jìn

通『僅』。纔，僅僅。《公羊傳》：『既駕，公歛處父帥師而至，慬然後得免。』

慲 mán

通『顢』。不明事理。《淮南子·俶真》：『於是萬民乃始慲觟離跂，各欲行其知偽，以求鑿柄於世。』

慽 qì

同『慼』。悲傷。

慴 zhé

同『懾』。恐懼。《莊子・達生》『死生驚懼，不入乎其胸中，是故遻物不慴。』

慢 màn

①《說文》作『趧』。遲緩。②『墁』之假借字，塗抹。《莊子・徐無鬼》：『郢人堊慢其鼻端，若蠅翼。使匠石斲之。』《文選》嵇康《贈秀才入軍》詩《注》引《莊子》作『墁』。又『慢藏誨盜』一詞本為因疏忽而招致盜竊。《後漢書》崔篆《慰志賦》作『嫚臧。』

慣 guàn

本作『貫』。說文作『遦』。習慣。後引伸為放任。如宋・晏幾道《小山詞・鷓鴣天》：『夢魂慣得無拘檢，又踏楊花唱謝橋。』

憁 còng

同『愡』。如『憁恫』也作『愡恫』。

惨 cǎn

也作『惨』。於優愁時通『懆』。又與古『黲』字通。顏色暗澹曰『惨惨』。

慶 qìng

又音 qiāng『羌』。發語詞。《漢書・敍傳・幽通賦》：『恐罔蜽之責景兮，慶未得其云已。』《注》：『慶，發語詞，讀與羌同。』又音 qīng。通『卿』。古卿、大夫、士的泛稱。《禮・祭統》：『作率慶士躬恤衛國。』『卿士』也作『慶士』。

慹 zhí

又音 zhé。通『蟄』。不動的樣子。《莊子・田子方》：『老聃新沐，方將披髮而乾，慹然似非人。』

慤 què

同『愨』。樸實本分。

慙 cán
同『慚』。如『慙愧』也作『慚愧』。

慼 qì
同『慽』。憂愁，悲傷也。《書・盤庚》：『盤庚遷於殷，民不適有居率籲衆慼，出矢言。』

慮 lǜ
又音lú。通『錄』。記錄囚犯之罪狀。前、後《漢書》作『錄囚』。唐《五代史》作『慮囚』。

憞 duì
又写作『憝』，与『憞』同。

憱 cù
《戰國策・楚》汗明憱焉曰：『明順問君而恐固，不害君之聖孰与堯也？』鮑彪《注》本『憱』作『蹙』。

憢 xiāo
《說文》：『嘵之又體。』害怕也。

憘 xī
通『嘻』、『譆』歎聲。《後漢書・蔡邕傳》：『客有彈琴於屏，巴全門，試潛聽之，曰：憘！以樂召我而有殺心，何也。』

憓 huì
同『譓』。順從。《史記・司馬相如傳》：『陛下仁育羣生，義征不憓。』《漢書》作『不譓』。

憯 cǎn
通『慘』。慘痛。《詩・小雅・節南山》：『民言無喜憯莫懲嗟。』《莊子・庚桑楚》：『兵莫憯於志，鏌鎁為下。』

𢡟 huò
通『嫿』，斯文，文靜。《三國志・王平傳》：『遵履法度，言不戲謔，從朝至夕，端坐徹日，𢡟武将之體。』

憫 mǐn 說文作『閔』。憤懣。《孟子·公孫丑》：『阨窮而不憫。』又哀憐。《全唐詩》·周曇《公子無忌》：『能憐純拙出豪俊，憫弱摧强真丈夫。』

憚 dàn 同『僤』，威嚴狀。又通『癉』。勞苦狀。又音 dā。通『怛』，震驚狀。

憣 fān 通『翻』。《列子·周穆王》：『憣校四時，冬起雷，夏造冰。』唐·殷敬順《釋文》：『顧野王讀作翻交四時。』

憑 píng 古作『馮』。

憋 bié 急躁。《後漢書·董卓傳》：『敝腸狗態。』《注》、《續漢書》『敝』作『憋』。

憩 qì 也作『⿱甛心』、『憇』。休息。《詩·甘南·召棠》：『敝芾甘棠，鐵翦勿敗，召伯所憩。』

憊 bèi 說文作『憇』。疲乏，困頓。

憺 dàn 通『憚』。畏懼。《漢書·李廣傳》：『威稜憺乎鄰國。』又安然。《文選》漢·司馬相如《子虛賦》：『怕乎無為，憺乎自持。』《司馬相如傳》：怕作『泊』。憺作『澹』。

憿 jiǎo 僥倖的『僥』本字。

懃 qín 同『勤』。努力不懈。《逸周書·芮良夫》：『不懃德以備難。』殷勤。《西征賦》：『心翹懃以仰止。』

憼 jǐng

同『儆』，戒備也。《荀子・賦》：『無私罪人，憼革貳兵。』

懋 mào

通『楙』、『茂』，盛大。又通『貿』。如《書・益稷》：『懋遷有無化居。』懋通『楙』化通『貨』。居，囤積。《宋書・孔琳之傳論》：『雖懋之道，通用濟乏，龜背之益，為功蓋輕。』

與 yú

『懙』的異體字。

懜 mēng

通『瞢』。不明。又音 méng。通『儚』、『懵』。昏昧、無知。

懨 yān

同『懕』。

懕 yàn

通『懨』。《詩》曰：『懕懕夜飲。』今《詩・小雅湛露》作『厭厭』。

懇 miǎo

同『懇』。

懬 kuàng

通『曠』，空。《說文》：『懬，闊也。』

懱 miè

同『蔑』。輕侮。

懵 mēng

同『懜』。

懿 yì

同懿。

懸 xuán

本作縣。弔掛。《易・繫辭》：『縣象著明，莫大乎日月。』『懸心』本為掛念的意思。又寫作『縣心』。

懽 huān

同『歡』。《莊子・盜跖》：『怵惕之恐，欣懽之喜，又監於心』

懼 jù

通『瞿』。驚慌。《莊子・庚桑楚》：『南榮趎懼然顧其後。』《注》：『懼，讀曰瞿，瞿然，失守貌。』

⿰忄蟲 chōng

同『忡』。『⿰忄蟲⿰忄蟲』。憂心的意思。《楚辭》屈原《九歌・雲中君》：『思夫君兮太息，極勞心兮⿰忄蟲⿰忄蟲。』

⿰忄巂 xié

一本作『攜』。《楚語》：『古者民心不供認不雜，民之精爽不攜貳者，而又能齊肅中正……如是則神降之。』

⿰忄雙 sǒng

說文作『愯』。又同『悚』。恐懼貌。《漢書・刑法志》：『故悔之以忠，⿰忄雙之以行。』

懿 yì

同『懿』。美也，又通『噫』，歡聲。《疏》：『懿與噫，字雖異，音義同，又通「抑」。』

戃 tǎng

同『惝』。唐・韓愈《昌黎集六・瀧吏》詩：『胡為此水邊，神色入戃慌。』也做戃慌、惝恍。恍惚貌。

戈部

戊 moǔ

又音wù。本音『茂』。五代·梁朱温（太祖）避其曾祖茂琳諱改『戊』字為『武』字，後人因讀『戊』为『武』音。

戉 yuè

同『鉞』古兵器名，即大斧。《釋文》：『鉞』音『越』本又作『戉』。

成 chéng

通『誠』。《詩·小雅·我行其野》：『成不以富，亦祇以異。』

戒 jiè

①通『屆』，到的意思。《詩·商頌·烈祖》：『亦有和羹，既戒且平。』《箋》：『戒，至。』②通『界』，界線或分界。《新唐書·天文志》：『而一行，以為天下河山之象，存乎兩戒。』

或 huò

①又音yù。『域』的本字。《說文》、《集韻》皆有解。②又通『惑』。迷惑。《漢書·霍去病傳》：『而前将軍（李）廣，右将軍（赵）食其軍別從。東道，或失道。』《注》：『或，迷也。』

𢦟 kān

『堪』之古字。《注》引孟康：『（𢦟）古堪字。』《左傳·昭》《注疏本》作『堪』。

戔 cán

通『殘』。傷殘。《周禮·地官·稾人》：『掌豢祭祀之大。』鄭玄《注》：『雖其潘瀾餘，不可褻也。』《釋文》：『戔，本亦作「殘」。』

戚 qì

本指古兵器大斧也。又音cù，通『促』。疾速也。《周禮·考工記·敘官》：『凡察車之道欲其樸屬微至，……不微至，無以為戚速也。』

戢 jí

通『輯』。《詩·大雅·公劉》戢作『輯』。

戥 děng

本作『等』。稱量貴重物品的小秤。

戧 chuāng

古『創』字。見《玉篇》。又音 qiàng。通『鎗』。充填。在器物上填嵌金銀等飾物。

戮 lù

通『僇』。殺，「懲罰」，侮辱等通用。又通『勠』。齊力的意思。如『戮力同心。』清·段玉裁《注》：『勠力，字也假借「戮」為勠。』

戰 zhàn

通『顫』，恐懼、發抖。《呂氏春秋·審應》：『公子沓相周，申向說之而戰。』

戲 xì

又音 xī。通『羲』，伏羲也作『伏戲』。又通『巇』險峻也。又音 huī。通『麾』。大將之旗。又引伸為指揮。又音 hū。通『呼』，如呜呼亦作『於戲』。

戵 qú

通『瞿』。古兵器。《疏》引鄭玄云：『瞿，蓋今三鋒矛。』

户部

戹 è

今作『阨』。又用於困苦、災難、受困。為難時又作『厄』。

戺 shì

也作『㞙』。門軸或堂前階石的兩端。

戽 hù

也作『㳷』。以龍骨車或戽斗汲水。陸游詩：『山高正對燒畬火。溪近時聞戽水聲。』

戾 lì

又音 liè。通『捩』。扭轉。《文選》晉·潘安仁（岳）《射雉賦》：『戾翳旋把，縈隨所歷。』《注》：『戾，轉也。』

所 suǒ

通『許』，不定詞。表示約數。《史記·留侯世家》：『良殊大驚，隨目之，父去里所，復遠。』又如砍樹之聲『所所』也作『許許』。《說文》『所』引《詩》：『伐木所所。』今本《詩·小雅》作『許許。』

扂 diàn

古文作『戾』。又作『非』，門閂。唐·韓愈《昌黎集》：『欂櫨侏儒，椳闑扂楔。』

扁 biǎn

也作『偏』、『匾』。扁額。又音 piān。通『翩』如翩翩也寫作『扁扁』。又通『偏』、『遍』。清·王念孫云：『扁讀為徧、辯、辨皆为徧字。』

扃 jiōng

又音 jiǒng。通『炯』，明察。《左傳》：『詩曰：周道挺挺，我心扃扃。』

扇 shàn

通『騸』。閹割過的公馬。又音『搧』。搖動而生風。又通『煽』。熾盛。《漢書·谷永傳》：『閻妻驕扇，曰以不臧。』《文選》晉·張景陽《七命》：『豐隆奮椎，飛廉扇炭。』

扈 hù

通『扈』、『雇』。一種候鳥。

扊 yǎn

門閂。扊扅也作『剡移』。宋·陸遊《劍南詩稿》：『兒能解事甘藜藿，婢苦無心睨扊扅。』

手部

才 cái

通『材』。資質、品質。《告子》：『富歲弟子多懶，凶歲弟子多暴，非天之降才爾殊也。』又通『纔』。方始、僅只。《晉書·夏侯湛傳》：『惟正月才生魄。』通『裁』。裁奪《戰國策·趙》：『今有城市之邑七十願拜内之於王、唯王才之』。

扐 lè
借作『勒』。如要挾脅稱『扐揹』。又如《兒女英雄傳》：『倒不是送禮，我今日是扐揹你娘兒的來了。』

扑 pū
也作『撲』。《集解》引徐廣：『扑、作：仆。』

扞 hàn
亦作『捍』。於勇猛時通『悍』如『扞将』。又音 gǎn，『擀』的異體，《新方言・識器》：研麪謂之扞麪』。

扒 bā
又音 pá，通『爬』。

扜 yū
本作『扝』。

扡 chǐ
同『拖』、『曳』引也。

扠 chā
通『叉』。又通『杈』。

扤 wù
《司馬相如傳》作『杌』。

扱 chá
又音 jí，通『及』。《儀禮・士昏禮》：『婦拜扱地』。謂拜手至地也。

扣 kòu
本作『够』。通『叩』。敲擊或碰撞。《荀子・法行》『扣以其聲清揚而遠聞。』

扦 qiān

本作『插』。插。元・周密《癸辛雜識・白蠟》：『㮰葉类茱萸葉，生水旁，可扦而活。』

扢 gǔ

又音 qì。《太平御覽》引《莊子》作『仡』。奮舞貌。又音 gē。通『疙』。象聲詞。謂物體斷裂之聲。

抎 yǔn

通『隕』。墜落。《墨子・天志》：『國家滅亡、抎失社稷。』

扶 fú

通『膚』。扶，古代長度單位，四指併攏为一扶。扶寸也作『膚寸』。又通『匍』。伏地爬行稱『扶伏』也寫作『匍匐』。

抏 wán

通『玩』：《荀子・王霸》：『齊恒公閨門之內，縣樂奢泰遊玩之脩，於天下不見謂脩。』

扼 è

通『軛』，駕於中馬頭項的木物。《莊子・馬蹄》夫加之以衡扼，齊之以月題，而馬之介倪闉扼鷙曼。

抒 shū

通『紓』。解除，清除。《左傳》文：『有此四德者？難必抒矣。』

抉 jué

也作『决』、『玦』。古代射箭用具。如『抉拾』，抉，即扳指。拾，即以革製成護臂。

把 bǎ

又音『pā』。通『爬』。刨開，搔。《後漢書・八一戴就傳》：『以大鉞刺指爪中，使以把土，爪悉墮落。』

抄 chāo

通『钞』，謄寫。《世說新語・巧藝》：『戴安道（逵）就範宣學，視範所為，範讀書亦讀，範抄書亦抄書。』

投 tóu

又音 dòng。《文選》漢·司馬季長（融）《長笛賦》：『聆曲引者，觀去於節奏，察度於句投。』②《古文苑》班固《奕旨》：『夫博縣於投，不專在行。』《注》：『投，今作骰。』泛指賭具。

抑 yì

通『噫』，嘆詞。表示讚美。《詩·小雅》十月之交：『抑此皇父，豈曰不時。』

扸 xī

通『析』。分離，漢·楊雄《太玄經·玄攡》：『常變錯，故百事扸。』。又音 zhé。通『折』。折散。唐·蘇源明《傳》：『興之扸，車之脱也。』

扻 jié

同『櫛』。梳髮。《釋文》『扻，莊筆反，又作「櫛」，也作『楖』。皆同。

扳 bān

又音 pān、通『攀』。《莊子·馬蹄》：『可攀援而窺』。《釋文》：『攀，本又作扳。』

承 chéng

①通『乘』。《詩·魯頌·閟宮》：『戎狄是膺，荆舒是懲。則莫我敢承。』②通『烝』。《詩·周頌·清廟》：『若山之承，不顯不明。』③通『丞』。辅佐。《左傳》：『使帥師而行，請承。』④通『懲』懲戒。《左傳》：『请大夫恐其遷也，承。』⑤通『拯』。拯救。《列子·黄帝》：『使弟子并流而承之。』《注》：『音拯，《方言》出溺為承，諸家直作拯。』

拕 tuō

『拖』的本字。也作『扡』。又通『褫』。《周易集解》本『褫』作『拕』。

拌 pàn

通『判』。分開，剖割。《史記》褚少孫補《龜策傳》：『錐石拌蚌，傳賣於市。』

拒 jù

『說文』作『岠』。抵禦。又音 jǔ，通『矩』，方陣。

抴 yè

也作『拽』。拖也。通『枻』。矯正弓弩之器。

拓 zhí

同『摭』。《注》：『拓，猶折也。』《文選》作『摭』。又音 tuò，通《搨》，用纸摹印金石器物上的文字。

抛 pāo

古作『抱』。《玉篇》始有『抛』字。

拂 fú

又音 bì，通『弼』。矯正。

招 zhāo

又音 sháo，通『韶』樂名。《史記·五帝紀·虞舜》『於是禹乃興九招之樂。』《索隱》『招音韶，即舜樂簫招。』

担 jiē

又音 dān，通『擔』，負擔。

押 yā

通『壓』。加重。又音 xiá，通『匣』。《太平御覽·魏略》曹丕與鍾繇書：『鄭騎既到，寶玦初至、捧押跪發，五内震骸。』

拖 tuō

同『拕』、『扡』。唐《石經》作『扡』。

拃 zhà

『摎』的别體，通『搾』。壓的意思。《新唐書·西域傳·摩揭它》：『太守遣使取熬糖法，即詔揚州上諸蔗，拃瀋如其劑。』

抱 bào

說文作『袌』。

拊 fǔ	通『撫』。撫摸。也作『弣』。指弓之中央把手處。
拆 chāi	通『坼』。分裂、裂開。《詩·大雅·民生》：『不折不副，無草無害。』
掟 è	『搹』的或體。
拚 biàn	同『抃』。拊手，鼓掌。又音 fen。掃除。《釋文》：『拚，弗運反，又作「攢」』。
抬 tāi	同『笞』。用鞭、杖抽打。又音 tái。本作『擡』。以肩承物。
拗 ǎo	也作『抝』。折斷。
拜 bài	《說文》作『捧』。一種禮節動作。
拏 ná	通『挐』。握，執持。又通『拿』。拘捕《京本通俗小說·菩薩戀》：『教人吩咐臨安府差人去靈隱寺拏可常和尚。』
拳 quán	通『蜷』。屈曲。又音 quān。通『巻』。《漢書·李陵傳》：『士張空拳，冒白仞，北首争死敵。』又《司马遷傳》拳作『巻』。
挈 qiè	又音 qì。通『栔』、『契』、『锲』。刻。《漢書·叙傳·幽通賦》：『嬌巢姜於孺筮兮。且算祀于挈龜。』《注》：『挈。刻也。』《詩·大雅》：『綿篇曰「爰挈我龜」，言刻開之。挈，音口計反。』《詩·邶風·擊

鼓》：『生死契約。』《大雅・綿》：『爰契我龜。』《釋文》俱云契，亦作契。②通契，契約或書契。《注》：『租契，收田租之約令也。』

拲 gǒng　通『拱』。抱持。清・王士禛《香祖筆記》：『按拲當作巩，音築。以手拲物也。』

挖 wā　本作『穵』。掘，掏。明・湯顯祖《牡丹亭・回生》：『敢太岁头上动土・向小姐脚跟挖掘。』

挍 jiào　同『校』。明人避朱由校諱，省作『挍』。《說文》手部挍字。《漢碑》木旁多作手旁。隸體之變也。非別有『挍』字。

拼 pīn　通『拚』。連合、貼近。又音pēng，通『抨』。弹。

挂 guà　同『掛』。《儀禮・少牢饋食禮》：『實于左袂，挂於季指。』

拮 jié　又音jiā，通『戛』。欺壓，壓迫。宋・鮑彪《注》：『拮，戛同，櫟也，蓋逼之。』又高誘本作『棓』。姚宏本作『掊』。

挋 zhèn　通『振』。拭去。《禮・喪大記》：『浴用絺巾，挋用浴衣。』《注》：『挋，拭也』又通『賑』。

挎 kū　通『刳』。刳木為舟。《釋文》：『本作挎。』

拯 zhěng　說文作『抍』。舉也。《注》：『拯，升也。』

拹 xié

同『搚』。拉，折。《公羊傳》：『於其乘焉，搚幹而殺之。』

拽 yè

也作『抴』。拉，拖帶。宋·歐陽修《六一詞·御帶花》：『拽香搖翠，稱執手行歌，錦街天陌。』

指 zhǐ

通『恉』。意向。又通『旨』。美好。《荀子·大略》：『不食宜，不敬交，不驩欣，雖指，非禮也。』

挑 tiāo

通『佻』。輕薄。

拾 shí

『十』的大寫。

括 kuò

通『筈』。箭的末端。《書·太甲》：『若虞機張，往省括於度，則擇。』《疏》：『括，謂矢末。』

挌 gé

通『格』。擊打。又音 bé，通『垎』。堅硬。《管子·地員》：『五粟之土，乾而不挌。』《注》：『挌，謂堅硬也。』

𢪛 zì

今《詩·小雅·車攻》：𢪛作『柴』。《魯詩》作『貲』。

拿 ná

『拏』的異體字。

挐 rú

通『橈』。船桨。又通『拏』、『拿』。

拚 pān 『拌』的俗體字。

挩 tuō 通『脱』。解脱。

挵 lòng 同『弄』。把玩、戲耍。

捄 jū 又音 jiū，通『救』。拯救。《漢書·谷永傳》引《詩》救作『捄』。

捇 huò 又音 chì，同『赤』。除撥。《周禮》序官：『赤髮氏。』《注》：『赤髮，猶言捇拔。主除蟲，豸自埋者。』

捓 yé 同『揶』。

挾 xié 又音 jiā，通『夾』。取。又通『梜』、箸。又通『浹』。通達。《詩·大雅·大明》：『天位殷適，使不挾四方。』

振 zhèn 通『賑』。救濟。又通『震』。震動。又音 zhěn，通『袗』，單衣。《禮·玉藻》：『振絺綌不入公門』。

挪 nuó 本作『那』、移動。宋·歐陽修《文忠公集·乞放行牛皮膠鰾》：『兼更吏用不足，須至減料那融。』

捃 jùn 同『攈』、『攟』，拾取。漢·劉向《說苑·至公》：『楚文王伐鄭，使王子革、王子靈共捃菜。』

挸 jiǎn

同『擶』。擦拭。《玉篇·廣韻》有解。即今俗稱的拭布也稱挸布。

捍 hàn

①通『扞』。保衛。《商君書·赏刑》：『商君之國、今有捍城者，攻将凌其城。』②又音 gǎn。通『擀』。《清平山堂話·快嘴李翠蓮記》：『你可急走出門，饒你几下捍麵杖。』③通『悍』。勇猛。《史記·貨殖傳》：『而民捍少慮。』

挹 yì

①通『抑』。抑制。《荀子·宥坐》：『富有四海，守之以謙，此所謂挹而損之之道也。』②又音 yī。通『揖』。《荀子·議兵》：『拱挹指麾，而强暴之國莫不趨使。』

捌 bā

①通『扒』。破，用手分開。漢·崔寔《政論》：『若遂不治，因而乘之，摧拉捌裂，亦無可奈何矣。』②數詞。『八』之大写。

捊 póu

同『裒』。聚土耕種曰『治』。《禮·禮運》：『人情以为田。』漢·鄭玄《注》：『田，人所捊治也。』《疏》：『捊，谓以手捊聚，即耕種耘鋤也。』

挫 cuò

又音 zuò。一本作『載』。《楚辭》宋玉《招魂》挫糟凍飲，酎請凉些。《注》：『挫，捉也。』提去其糟，只飲清醇的酒。

捁 jiǎo

同『攪』。擾亂。《後漢書·馬融傳·廣成頌》：『散毛族，梏羽群。』《注》：『按字書，梏從手，即古文「攪」擾也。』

挽 wǎn

同『輓』 哀悼死者。《新唐書·承天皇帝倓傳》：『（李）泌为挽詞二解，追述倓志。命挽士唱。』

挻 shān

也作『埏』。揉和。《老子》：『埏埴以為器。』《釋文》本作『挻』。

捾 wò

通作『挖』。用手掐物。義與『抉』略同。相當於『剜』。

捥 wàn

同『腕』：《說文》作『掔』。《索隱》：『捥，古腕字。』

掊 póu

通『抔』，掬也。以手捧物。又音 bó，通『踣』，倒覆。《史記・吕后紀》：『乃顧麾左右執戰者掊兵罷去。』

接 jiē

又音 jié，通『倢』，敏捷。接給同『捷給』。《大戴禮・保傅》：『博聞强記，接給而善對者，謂之承。』《荀子・大略》：『先事慮事謂之接，接則事擾成。』《注》：『接，讀为捷，速也。』

掠 luè

通『略』。也作『剠』。《左傳》：『纳斥候，禁侵掠。』

掂 diān

又音 diǎn，通『踮』。脚尖着地。《元曲・鐵拐李》：『有德行的吾師恰到来，我這里掂脚舒腰拜。』

掖 yè

通『腋』。胳肢窩。《史記・商君傳》：『幹羊之皮，不如一孤之掖。』如『掖門』、『掖庭』。又通『袘』，袖也。《注》：『逢猶大也。大掖之衣，大袂禪衣也。』

捲 juǎn

同『卷』。庾子山《詠書屏》詩：『玉柙竹簾捲，金鉤翠漫懸。』又音 quán。通『拳』，拳頭。《索隱》：『捲即拳也。』

掞 shàn

又音 yàn。通『剡』。銳利也。又音 yàn。通『燄』光芒也。《注》引晉灼：『掞，即光炎字也。』

捧 pěn

古多作奉。即兩手承托。《莊子・達生》：『則捧其首而立。』

㩜 liǎng

通『兩』。整飾。《左傳》：『兩馬掉鞅而還。』《釋文》引徐邈：『或作㩜』。又通『倆』如『技倆。』

掫 zōu

《左傳》：『賓將掫。』《周禮・夏官掌固》：『夜三鼜以號戒。』《注》：『作賓將趣。』清・王中《經義知新說》掫即『鼜』字。

措 cuò

通『錯』。也作『厝』。安放，施與，置辦，交錯。又音 zé。通『笮』。擠或夾住。《史記・梁孝王世家》：『平王襄及任王后遮止，閉門，李太后與爭門，措指。』《索隱》：『謂爲門扇所笮。』

掝 huó

又音 huò。通『惑』。如『迷惑』。《荀子・不苟》：『其誰能以已之點潐潐，受人之掝掝者哉？』

捱 ái

本為熬或遭受的意思。又音 āi。通『挨』。依次。《平妖傳》：『（嚴）半仙捱次流水般看去。』

掎 jǐ

通『倚』。支撐。《詩・小雅・小弁》：『伐木掎矣，析薪扡矣。』《疏》：『掎者，倚也。』

据 jū

又音 jù。通『據』。依據。《漢書・酷吏傳贊》：『趙禹據法守正。』又通『倨』。傲慢。《呂氏春秋・懷寵》：『子之在上無道據傲，荒怠貪戾，虐衆恣睢自用也。』

掘 jué

本為挖掘。《文選》作『崛』，特起。《漢書・楊雄傳・甘泉賦》：『洪臺掘其獨嶟嶟出兮，撠北楫極之嶟嶟。』又音 kū。通『窟』，洞穴。又音 zhuō。通『拙』。愚笨。《集解》引徐廣：『古拙字也作掘也。』

掇 duó

本為拾取。同『剟』。削。《注》：『掇讀曰剟。剟，削也。』又音 zhuō。叕通『黜』。《莊子・秋水》『知量無窮，證曏今故，故遙而不悶，掇而不跂。』《文選》左思《魏都賦》：『欹劂，罔掇，匠斲積習。』

掃 sǎo

《說文》作『埽』。掃除塵埃。《詩・唐風・山有樞》：『子有庭內，弗灑弗掃。』《注疏》本作『埽』。

排 pái

又音bài。通『韛』、『橐』。吹火的工具。《後漢書・杜詩傳》：『造作水排，鑄為農器。』

掆 gāng

通『扛』。兩手對舉。

⿰扌周 chào

通『趙』。刺也。《周禮・冬官・考工記》：『越無鎛。』《注》引『其鎛所⿰扌周。』按今《詩・周頌・良耜》作『趙』。

捵 chén

古有三讀曰chēn、曰chěn、曰tiǎn。今作『抻』。用手把東西拉長。

採 cǎi

通『采』，摘取。發掘。

捻 niē

又音niǎn，通『撚』。以指搓轉。如撚線。用紙布搓成的條狀物稱『紙捻』或『藥捻。』

捦 qín

通『擒』。捉。唐釋玄應《一切經音義》、《一阿念經》引《三蒼》：『捦，手捉物也。』又引《埤蒼》：『捦，捉也，今皆擒也。』

捨 shě

同『舍』。放棄。《宋書・殷淳傳》：『愛好文義，未嘗違捨。』古籍中多通作『舍』。

捶 chuí

又本作『錘』。鍛，鍊。《莊子・大宗師》：『夫無莊失其美，據梁之失其力，黃帝之亡其知，皆在鑪捶之間耳。』《釋文》：『本又作錘。』

捼 ruó

通『挼』。揉搓。元・王惲《秋澗集・番禺拉》詩：『靈壽輕無賴，梅條皺可捼。』

掭 tiàn

本作『㮇』。原指撥燈的小木棍，後轉作撥動，改從手旁作『掭』。

掬 jū

本為雙手捧取。一作『匊』。數字，兩手為掬，猶半升也。

捭 bǎi

通『擘』。分開或撕裂。《禮·禮運》：『其燔黍捭豚。』《疏》：『或捭析豚肉，加乾燒石之上而孰之。故云捭豚。』或說古無焷字。借用作捭。

掀 xiān

通『杴』。鍁土的工具。《元曲選》張國賓《合汗衫》，『誰肯著半掀兒家土埋。』

掔 qiān

通『牽』。挽引。《史記·鄭世家》：『鄭以城降楚，楚王入自皇門，鄭襄公肉袒掔羊以迎。』又通『腕』。手腕。《墨子·大取》：『斷指以存掔。』《史記·孝武紀》作『腕』。

掣 chè

說文作『揲』。拉引或抽取。又作『[illegible]』。通『畸』。獸角。

搜 sōu

同『搜』。《說文》：『詩曰：束矢其搜。』《詩·魯頌·泮水》今本作『搜』。

揃 jiān

也作『鬋』。剪下。《史記·魯周公世家》：『初，成王少時，病。周公乃自揃其蚤沈之河，以祝於神。』

撝 huī

同『撝』。通『揮』。指揮。《公羊傳》宣：『左右撝軍舍七里。』《注》：『揮亦麾也。』

揍 còu

同『腠』。皮膚之間也。又同『湊』。聚集或補足也。

揲 shé

又音 yè。通『葉』。《管子·弟子職》：『執其膚揲，厥中有帚。』又通『鉅』，椎之使簿也。《淮南子·說山》：『璧猶陶人為器也，揲梃其土而不益厚也，破乃愈疾。』

挼 ruò

說文無『挼』字。清·段玉裁《注》：改『擩』為『挼』。

摡 gài

通『溉』。洗滌也。又音 xī。《玉篇》引《詩》：『摽有梅，傾筐摡之。』今本《詩·召南·摽有梅》作『塈』。

摒 bìng

通『屏』。排除也。如『摒之門外』、『摒絕妄念。』

揉 róu

通『糅』。雜亂也。《楚辭》宋玉《九辯》：『唯其紛糅，而將落兮。』

揵 qián

通『掮』，用肩扛物。《後漢書·與服志》：『揵弓韣九鞬。』又音 jian。通『楗』。閉塞或堵塞。

揖 yī

本古之拱手禮為揖。又音 jí。用於會集時通『輯』。《史記·秦始皇記·琅玡臺刻石》：『普天之下摶心揖志。』

揚 yáng

也作『敭』，通『颺』。

揌 sāi

通『塞』。填入。

揣 chuǎi

本量度或忖度。又音 tuān。於聚集時通『團』、『摶』。《文選》漢·馬融《長笛賦》：『秋潦漱其下趾兮，冬雪揣對乎其枝。』

揄 yú

亦作『揄』。

揜 yǎn

通『掩』。

揔 zǒng

『總』的異體字。《左傳》：『經揔百事。』唐·孔穎達《疏》：『使之揔衆也。』元刊《古今雜劇》總字都作揔。

揝 zǎn

《集韻》作『撍』。又音 zuàn。用手緊握時又通『攥』。《元曲選》石君寶《秋胡戲妻》曰：『我這裏使破布撩衣，走向前來揝住羅裳。』

搜 sōu

同『捜』。

掔 wàn

同『腕』，手腕。也作『捥』。《注》：『掔，手後節中也。』

揅 yán

通『研』。《釋文》：『研，蜀本作揅。』

搥 duí

又音 chúi。通『捶』。敲擊也。

搴 qiān

也作『攐』、『攓』。唐·盧照鄰《幽憂子集·釋疾文》：『於是裹糧尋師。搴裳訪古。』一作『攘』。

搾 zhà

同『榨』。

搐 chù

牽動，抽縮。《漢書・賈誼傳》「搐」作「慉」。

搉 què

《漢書・敍傳》作「榷」。又用於商討時也常作「榷」。

搓 cuō

揉搓、捫摸。又音zhà。斫，砍也。一說「搓」作「槎」。參看清・王先謙《後漢書集解》。

搤 è

通「扼」、「扢」、「搹」。掐住，捉住。握持也。《史記・周紀》：「養由基怒，釋弓搤劍。」

搆 gòu

通「構」。「搆」後起字。「搆」、「構」常互用。

搸 suǒ

通「索」。求，取。漢・楊雄《太玄經・太玄數》：「昆侖天地而產著，參珍睟精以搸數。」

搔 sāo

通「騷」。擾亂。《淮南子・兵略》：「貪昧饕餮之人，殘殺天下，萬人搔動。」

搚 lā

同「拹」。拉，折。《公羊傳》莊：「於其乘焉，搚幹而殺之。」

搯 tāo

通「掏」。抽、探取。唐・韓愈《昌黎集・貞曜先生墓誌銘》：「鉤章棘句，搯擢胃腎。」《注》：「搯，掐也。刮也。」

搶 qiāng

通「枪」。觸、接。《莊子・逍遙遊》：「我決起而飛，搶榆枋。」

搗 dǎo

同『擣』。捶。北周·庾信《庾子山集·夜聽擣衣》詩：『秋夜搗衣聲，飛度長門城。』

摓 féng

用於摓衣時通『縫』。用於大時通『逢』。《莊子·盜跖》：『縫衣淺帶。』《釋文》作摓衣。

⿰扌留 chōu

同『抽』。引出，捉出。又音liù。《疏》：『⿰扌留者，以手平物之名。』清·朱駿聲謂『⿰扌留』为『擣』。

摩 mó

於磨滅，磨練時通『磨』。《莊子·徐無鬼》：『反古而窮，循古而不摩。』《注》：『摩，謂砥礪也。』

⿱執龍 zhì

通『鏖』。凶猛。《禮·曲禮》：『前有摯獸，則載貔貅。』又通『贄』。見面禮。《周禮·春官·大宗伯》：『以禽作六摯，以等諸臣。』《注》：『摯之言至，所執以自致。』

摏 chōng

撞，擣。通『舂』。《左傳》：『敗敵於鹹，獲長狄僑如，富父終甥摏其喉以戈殺之。』

摫 guī

裁衣。同『摫』。《方言》：『鋠、摫，裁也。梁益之間，裁木为器曰鋠。裂帛为衣曰摫䵳。』。

摶 tuán

又音zhuàn。古『專』字。

⿰扌副 pì

『副』的俗字。又通『䡙』、『擘』。見《正字通》。

摲 chàn

芟除、掃蕩。《說文》作『𨌲』。

摽 piāo ①通『標』。《管子·侈靡》：『若天教者，摽然若秋雲之遠。』高舉貌。一本作『標』。②通『鏢』。刀刃。《漢書·王莽傳·陈崇奏》：『乃至青戎，摽末之功。』

擙 qiān 《正字通》謂『扦』乃『擙』的俗字。

摸 mō 本为撫摩之意。又音mó。通摹。描摹或摹寫。《新唐書·李靖傳》：『又敕摸詔本。』唐·韓愈《昌黎集》：『余少乎常有志茲事，得國本，絕人事而摸得之。』

捧 bài 古『拜』字。《周禮·春官大祝》：『辨九捧。』

摼 qiān 《注》：『摼，古牽字。』《漢書·楊雄傳·羽獵賦》：『鉤赤豹，摼象犀。』《文選·羽獵賦》五臣本作『牽』。

摵 shè 殞落，凋謝。又本作『槭』。《文選》晉·潘岳《秋興賦》：『庭樹摵以灑落兮。』一本作『槭』。

擄 lǔ 強取，掠奪。通『虜』。

摣 zhā 也作『揸』。《文選》漢·張衡《西京賦》：『摣拂猬，批窳狻。』

摢 hù 遮避。又音chū。『摴』的異體字，如摴蒱。見《集韻》。

摑 guó 《說文》作『敋』。打，或打耳光子。唐·盧仝《玉川子集》：『父憐母惜摑不得。』

摧 cuī

又音 cuò。通『莝』。鍘草。《詩・小雅・鴛鴦》：『乘馬在廄，摧之秣之。』

摜 guàn

習慣。通『貫』、『慣』。《說文》：『摜，習也，從手，貫聲。』《春秋傳》：『摜瀆鬼神。』今本《左傳》作『貫』。

擔 yáo

搖動，擔，當為『⿰扌䚻』。即古『搖』字。《淮南子・兵略》：『饑渴凍暍，推其擔擔。』

摠 zǒng

同『總』。也作『緫』、『揔』。

攓 qiān

拔取。同『搴』、『攐』。《說文》引《楚辭》：『朝攓阰之蘭兮。』

撎 yī

拱手禮。同『揖』。《釋文》：『撎，於立反，即今之揖』。鄭司農謂：『肅拜，但俯下手，今時撎是也。』

撓 náo

用於弱義時通『橈』。漢・王符《潛夫論・考績》：『夫劍不試則利鈍闇，弓不試則勁撓誣。』

撢 tàn

同『探』。『撢人』。古代官名。以探其帝王之意旨為職。《周禮・夏官》：『撢人中士四人。』《注》：『撢人主撢序王意。』

撶 huá

撥動。同『劃』。陸龜蒙《和釣侶二章》詩：『一艇輕撶曉濤。』

撩 liāo

本為挑動、掀起的意思。又音 liào。通『撂』。放下。《二刻拍案驚奇》：『便把鍥刀草蔀一撩。』

撊 xiàn

也作『僩』、『撊』。《左傳》昭：『今執事撊然授兵登陴。』《管子・五行》：『其氣不足，則發撊瀆盜賊。』

⿰扌費 fèi

《文選・七命》鐨、⿰扌費作『⿰扌贲』。

撜 zhěng

①通『拯』。救援。《淮南子・齊俗》：『子路撜溺而受牛謝。』②音chéng。通『振』，接觸。唐・韓愈《昌黎集・石鼎聯句》：『豈比俎豆古，不為手所撜。』

撱 tuǒ

通『橢』。長圓形。《漢書・食貨志》作『橢』。

撇 piě

《說文》作『擎』、『擊』。拋棄也。

撑 chěng

本作『撐』。

撐 chēng

也作『撐』。支持。又作『撐』、樘。斜支柱也。唐・韓愈《昌黎集・城南聯句》：『摧扼饒孤撐』

撣 dǎn

本為『拂』。又國名，今緬甸撣邦。讀chàn。又音tán。動撣。又通『彈』。音tán。《水滸》：『一頓拳腳打得大蟲動撣不得。』

撲 pū

通『僕』。倒下。唐・韓愈《昌黎集・納涼聯句》：『危言不敢憑，朽機懷傾撲。』

撝 huī

亦作『撝』。通『揮』、『麾』，指揮。《注》：『撝亦麾也。』

搭 dā

通『搭』。《北齊書・神武紀》：『有款軍門殺人者，……訪之，則以力聞，常於并州市殺人者。』

播 bō

又音 bǒ。通『簸』。搖，揚也。《論語・微子》：『播鼗武，入於漢。』《注》：『播，揚土，簡精麤也。』

撟 jiǎo

於『柔』或『糾正』時通『矯』。《周禮・考工記・弓人》：『撟幹欲孰於火而无贏。』《漢書・燕刺王旦傳》：『方今寡人欲撟邪防非。』

撚 niǎn

於『驅趕』時通『攆』。《元曲・殺狗勸夫》：『小的毋撚這廝出去，兄弟把盞則管喫酒，不要採他。』

撆 piě

『撇』本字。

擅 shàn

《荀子・正論》：『世俗之為說者曰，堯舜擅讓，是不然。』《注》：『擅』與『禪』同。墠也同義。謂除地為墠，告天而傳位也。後因謂之禪位。

擁 yōng

今簡化作『拥』。

擂 léi

又音 lèi。也作『攂』。擊打。韋莊《秦婦吟》：『忽看門外起紅塵，已見街中擂金鼓。』

擖 jiá

又音 yè。箕舌。《禮・少箕儀》：『拚席不以鬣執箕膺。』清・段玉裁謂箕底謂之葉，或作『楪』。訛作『擛』。葉又謂之『櫼』。《少儀》擖謂『櫼』之誤字。參閱《說文解字注》。

擏 qíng

①通『檠』。矯正弓弩之器。②又音 jǐng。通『儆』儆戒。

擗 pì

《玉篇》「擗」引《詩》「寐擗有摽。」今《詩・北拍舟》作「辟」。

據 jù

今簡化為「据」。

擄 lǔ

通「虜」。搶取。宋・司馬光《涑水紀聞》：「擄婦女小弱者七八萬口。」

操 cāo

又音 càn。通「摻」。擊鼓的音調。

擐 guān

又音 huàn。又音 xuān。通「揎」。將起也。《禮王制》：「贏股肱。」漢・鄭玄《注》：「謂擐衣出其臂脛，使之射御決勝負，見勇力。」

擒 qín

捕捉，古籍作「禽」。

撽 qiào

同「摮」，旁擊也。《莊子・至樂》：「莊子之楚，見空髑髏，髐然有形，撽以馬捶。」

擊 jī

又音 xí。通「覡」。男巫。《注》：「擊」，讀為「覡」，男覡也，古者以廢疾之人主卜筮，巫祝之事，故日儌巫跛覡。

摮 qiào

亦作「撽」。旁擊也。《公羊傳》宣：「以鬥摮而殺之。」《注》：「摮，猶摮也，摮為旁擊頭項。」

擯 bìn

於引道賓客時通「儐」，如「儐相」。《論語・鄉黨》：「君召使擯，色勃如也，足躩如也。」

擿 zhì

①通『擲』。投擲。《莊子・胠篋》：『攻玉毀珠，小盜不起。』《釋文》：『擿，義與擲字同，崔譔云：猶投棄也。』②又音 zhé、zhāi。通『摘』。《舊唐書姚鑄傳》附珽極上節愍太子書：『披文擿句，審論之勤。』

擩 rǔ

①也作『㨎』。沾染。後作『濡』。（音 rú）②又音 ruán。通撋。研求，玩味。《新唐書・序》：『大曆貞元間，美才倍出，擩嚌道真，涵泳聖涯。』

㩜 lǎn

同『擥』、『覽』。執持，取引。《漢書・息夫射傳・絕命辭》：『嗟若是兮欲何留，撫神龍兮㩜其須』。又引取《漢書・五行志》：『是以㩜仲舒，別向歆，傳載眭孟夏侯勝京房谷永李尋之徒所陳行事。』

擫 yè

同『擪』。以指按捺、壓製。《文選》漢・張衡《南都賦》：『彈琴擫籥。流風徘徊。』

擥 lǎn

也作『攬』、『㩜』。執，與。《楚辭・離騷》：『擥木根以結茝兮，……』

擪 yè

也作『擫』。以指按捺。《莊子・外物》：『接其鬢擪其顏。』

㩤 shěn

也作『𣟄』。以𣟄木汁做成酒謂𣟄酒。《注》：『㩤，𣟄酒，味甘，並至美，兼以療病。』

攂 lèi

亦作『攂』、『礧』。急擊鼓。《宋史・禮志》：『乘馬爭擊，旗下攂鼓。』

擺 bǎi

為分開排除。於手擊時通『捭』。《晉書・張協傳》七命：『鉤爪摧踞（鉤）牙擺。』《文選》七命作：『鉤牙捭。』《注》：『說文曰：捭兩手擊也。』

擽 jüè

通『掠』。衝擊。《三國志・周瑜傳》：『瑜親跨馬擽，會流矢中右脅，瘡甚便還。』

攐 qiān

同「褰」。以手提衣。

攟 jùn

拾取。也作「捃」、「攈」、「攟」。《國語・魯》：「收攟而蒸，納要也。」

攉 huò

①通「榷」。壟斷。《漢書・王莽傳》：「如今豪吏猾民辜而攉之，……」又通「搉」。《淮南子・俶真》：「物豈可謂無大揚攉乎。」

攓 qiān

①通「搴」。拔取。②通「攐」。以手提衣。

攘 ráng

①又音 rǎng。通「讓」，謙讓。《漢書・蕭望之傳》：「踞慢不遜攘。」《注》：「攘，古讓字。」②又音 xiǎng，通「饟」，饋食。《詩・小雅・甫田》：「攘其左右，嘗其旨否。」《箋》：「攘，讀當為饟。」

攔 lán

通欄，也作闌，欄干。《廣韻》：「攔，階際木句攔。亦作闌。」

攕 xiān

通「纖」。手細貌。《說文》引《詩》：「攕攕女手。」今《詩・魏風・葛履》作「摻摻。」

攙 chán

①通「劖」，劖捔。貫刺。②通「欃」。欃搶，即天欃、天槍，彗星名也。

攝 shè

又音 zhé，通「懾」，畏懼也。

攜 xī

又音 xié。也作「携」、「攝」、「擕」。

攡 chī

同『摛』。舒張。漢·楊雄《太玄·玄攡》：『玄者幽攡萬類而不見形者也。』題注：『攡，張也；言張舒其大目也。』

攣 luán

又音 liàn。通『戀』。眷念不捨。

攩 tǎng

又音 dǎng，通『黨』。清·段玉裁《說文解字注》：『此鄉黨，黨與本字，俗用黨者，假借字也。』

攬 lǎn

同『擥』，也作『檻』。把持，收攏。

支部

支 zhī

①通『肢』，四肢。《國語·齊》：『霑體塗足，暴其膚髮，盡其四支之敏。』②通『梔』。唐·韓愈《昌黎集·山石》詩：『昇堂座階新雨足，芭蕉葉大支子肥。』『梔』植物名。

攰 guì

同『攱』。筋疲力盡。《三國志·魏·蔣濟傳》：『弊攰之民，儻有水旱，百萬之衆，不為國用。』殿本，標點本作『攱』。

攱 qí

又音 guì。同『攰』。『攱嶇』，傾斜不平。

攲 qī

也作『攱』、『欹』。傾斜也。漢·陸賈《新語·懷慮》：『故管仲相桓公，詘節事君，專心一意，心無境外之交。』

攴部

攴 pū 《說文》：「攴，小擊也。」隸書作「攵」。

攵 pū 同「攴」。《說文》作「攴」。隶省作「攵」。又音 wén。借用作「文」字。

攷 kǎo 通「考」。《周禮·夏官·大司馬》：「以待攷而賞誅。」攷為攷核，考為壽考。後世通作「考」字，諸經中唯《周禮》多作「攷」。

攻 gōng 通「工」。巧，善於。《戰國策·西周》：「蘇厲謂又有天命也。」又通「共」。《書甘誓》：「左不攻於左，右不攻於右。」《墨子·明鬼》引攻作「共」。

放 fàng 又音 fāng。同「方」。《荀子·子道》：「不放舟，不避風，則不可涉也。」《注》：「放，讀為方。」《說文》：「方，併船也。」

政 zhèng ①通「正」。恰好。《世說新語·規箴》：「殷病因，看人政見半面。」②又音 zhéng。通「征」。徵稅和徵伐。《注》：「政，讀為征。」《周禮·地官·均人》：「均人掌均地政。」《逸周書·度訓》：「力政則無讓。」《大戴禮·用兵》：「諸侯力政，不朝於天子。」

敂 kòu 古「叩」字。敲擊。

效 xiào 也作「効」、「傚」。摹仿，效法。

㪇 xiàn 也作「[先+乚]」。散。唐·南卓《羯鼓錄》：「捲当至匀，……不匀，即面緩急，若琴徽之[先+乚]（搼），病矣。」

敎 bó

同『勃』。又音 bèi。通『悖』。悖逆傲慢。

㪅 gēng

『更』的古體字。

敖 áo

①通『熬』。煎熬。《荀子·富國》：『天下敖然，若燒若焦。』②又音 ào。通『傲』。傲慢。《禮·曲禮》：『敖不可長，欲不可從。』

教 jiào

又寫作『教』。音 jiāo。傳授。唐·金昌緒《春怨》詩：『打起黄鶯兒，莫教枝上啼』

敕 chì

也作『勅』、『勑』。

敍 xù

也作『叙』、『敘』。

敦 dūn

①又音 duì。通『憝』。怒，怨。《荀子·儀兵》：『有離俗不順其基上，則百姓莫不敦惡。』②又通『屯』。布陳，屯聚。《漢書·楊雄傳·甘泉賦》：『敦萬騎於中營兮，方玉車之千乘。』③又音 tuán。通『團』。圓形。《詩·豳風·東山》：『有敦苦瓜。』《釋文》：『敦，徒丹反。』④又音 diāo。通『雕』。采飾。《詩·大雅》：『敦弓既堅。』《疏》：『敦與雕，古今之異，雕是畫飾之義，故云敦弓，畫弓也。』

敜 niè

通『捻』。按。見《集韻》。

敼 dù

通『杜』。閉塞。見王筠《說文句讀》。

敭 yáng

古『揚』字。《宋書・武帝紀》授劉裕策：『其降承嘉策，對敭朕命。』

敺 qū

古『驅』字。又音 ōu。通『歐』。擊打。《注》：『敺，捶擊，音一口反。』

數 shù

又音 sù。通『速』。快。《禮・曾子問》：『不知已知遲數，則豈如行哉。』

敻 xiòng

也作『夐』。

夐 xiòng

同『敻』。

斁 yì

又音 dù。同『度』。《後漢書・張衡傳・思玄賦》：『惟盤逸之無斁兮。』《注》：『斁，古度字也。』

斃 bì

說文作『獘』。

斄 tái

同『邰』。古縣名。斄縣。本有邰氏之國。

𣀔 ráng

古『攘』字。《亢倉子・君道》：『以耳目取人，人皆𣀔⿱⺮攴買譽。』

文部

敳 wéi
同『微』。微小，細小。

斌 bīn
同『彬』。文采。唐·陳集原《龍龕道場銘》：『爰命解劍之夫，運茲不斌之筆。』

斐 fěi
《左傳》作『棐』。

斗部

斗 dǒu
①通『陡』。陡峭。《史記·封禪書》：『成山斗入海。』《索隱》：『斗入海，謂斗絕曲入海也。』②通『料』。料栱。古建拱下端承木。③通『抖』。振作。白居易詩：『但能斗藪人間事，……』

酙 hú
同『斛』。

㪷 dǒu
同『斗』。《漢書·平帝紀》：『民捕蝗詣吏，以石㪷受錢。』

斛 hú
本為量器。又同『斠』。數量。漢·楊雄《太玄經·棿》：『日月相斛，星辰不相觸。』

斟 zhēn
《墨子·非儒》、《荀子·宥坐》並作『糂』。

斡 wò
晉灼云：『斡，古管子也。』又音 guǎn。《漢書·食貨志》：『斡山海之貨。』《史記·平準書》作『管』。

斞 jū

也作『斞』。舀取，或舀水器。《禮・喪大記》：『君喪，虞人出木角。』漢・鄭玄《注》：『角以为斞。』《釋文》：『斞音俱，水斗也。』

斠 jiào

古斗斛工具。又通『校』。校正。如書名《說文解字斠詮》、《說文解字經斠》。

斤部

斥 chì

《說文》作『㡿』。又音chǐ。通『尺』。如『斥鴳』即『鴳鶉』。《莊子・逍遙遊》：『斥鴳笑之曰：彼且奚適也？』斥作『尺』。古字通。也作斥鷃。斥，尺聲近字通。

斬 zhǎn

通『嶄』。杜甫詩：『楸樹馨香倚釣磯，斬新花蕊未應飛。』

斯 sī

通『廝』。卑賤。《後漢書・左雄傳》上疏：『鄉官部吏，職斯祿薄。』《注》：『斯，賤也。』② 又通『此』。《論語・子罕》：『有美玉如斯。』《禮・檀弓》：『歌於斯，哭於斯。』

斶 chù

同『歜』。《戰國策・齊》：『齊宣王見顏斶。』：《漢書・古今人表》作『顏歜。』

方部

㫄 páng

『旁』本字。

瓬 fǎng

同『旊』。

於 wū

古『烏』字。晉・郭璞《注》：『於，讀曰烏。』又音yú。與『于』同。介詞。《禮・檀弓》：『苛政猛於虎。』

斿 yóu

《釋文》本『遊』作『斿』。斿，游之省體也。

旁 páng

又音báng。通『傍』，依傍。《莊子・齊物論》：『旁日月，挾宇宙。』

旆 pèi

俗作『旆』。古代旐末形如燕尾的垂旒。《左傳》：『八月辛未治兵，建而不旆。』一本作『旆』。

旊 fǎng

說文作『瓬』。製作瓦器。

旄 máo

①也作『牦』、『氂』。旄牛尾。②又音mào。通『眊』、『耄』。年老。《注》：『八十、九十曰旄。』《史記・春申傳》：『後製於李園，旄矣。』

旃 zhān

通『氈』。毛織物。《史記・匈奴傳》：『衣其皮革，被旃裘。』又助詞。相當於『之』或『焉』。《詩・唐風・采苓》：『舍旃舍旃。』《箋》：『旃之言焉也。』

旅 lǚ

通『膂』，脊也。《詩・小雅・北山》：『旅力方剛。』《注》：『旅，脊也。』『膂力』通『旅力』。

旋 xuán

通『璇』。美玉。曲折回環的宮室謂之『旋室』。《文選》漢・王文考《魯靈光殿賦》：『旋㛹室娟以窈窕。』

族 zú

又音zòu。通『奏』。節奏《注》：『蘇林曰，族，音奏。』又音còu，同蔟，音律名。

旉 fū

古『敷』字。《說文》作『尃』。

旒 liú

《釋文》：『本又作斿。力求反。』

旛 fān

同『幡』，長幅下垂的旗。

旜 zhān

同『旃』，赤色曲柄的旗。《周禮・春官司常》：『通帛為旜』

无部

无 wú

『無』字的別體。今《易》『無』字皆作『无』。

既 jì

①同『既』。盡。《莊子・應帝王》：『吾與汝既其文，未既其實』之『既』字。《列子・黃帝》作『無』。②又音 xì。通『餼』古代官府所發的給養稱『既稟』。《禮・中庸》『日省月試，既稟稱事，所以勸百。工也。』

旣 jì

同『既』，又音 xì。通『餼』。

日部

叶 xié

『協』之古文。合、和也。《漢書・五行志》：『次四曰叶用五紀。』《注》：『叶，讀曰葉，和也。』

旬 xún

又音 jūn。通『均』。《易豐》：『遇其配主，雖旬無咎。』旬，一本作『均』。

旱 hàn

通『悍』。迅猛。《史記·賈誼傳·服鳥賦》：『水激則旱兮。』《索隱》：『此乃《淮南子》及《鶡冠子》文也，彼作水激則悍。』

的 dì

『的』的古字。『的的』，明顯也。《說文》『的』引《易》：『為的顙。』今本《易·說卦》作『的顙。』

昔 xī

①通『夕』。《穀梁傳》：『日入至於星出謂之昔。』②又音 cuò。通『錯』。《注》：『鄭司農云：昔讀為交錯之錯。』

旻 mín

通『閔』。痛傷。《詩·大雅·召旻序》：『旻，閔也，閔天下無如召公之臣也。』

昉 fǎng

通作『放』。參閱清·鄭珍《說文新附考》作『昉』。

旺 wàng

說文作『暀』。光美也。引申為火勢熾烈或興隆繁盛的樣子。

昊 hào

通『皞』。古帝伏羲太皞氏。《漢書·古今人表》作『太昊氏』。

昃 zè

同『県』、『仄』。太陽偏西。《荀子·哀公》：『君平明而聽朝，日昃而退。』

昌 chāng

①通『猖』，放縱妄行，不整飭。《文選》戰國·屈原《離騷》：『何桀紂之昌披兮。』《楚辭補注》本作『猖披。』②通『菖』。《注》：『昌本』，菖蒲根。切之四寸為菹。

昆 kūn

①也作『晜』，後嗣子孫也。②又通『罤』，兄也。《詩・王風・葛藟》：『終遠兄弟，謂他人昆。』③又音hún。通『渾』。廣大。漢・楊雄《太玄・中》：『昆侖旁薄，思之貞也。』宋・司馬光《注》：『昆，音魂。』

昇 shēng

同『升』。上升。晉級。

昕 xīn

又音xuān。通『軒』。《爾雅・釋天》宋・邢昺《疏》：『四月昕天，昕讀為軒。言天北高南下，若車之軒，是吳時姚信所說。』

昏 hūn

①通『婚』。結婚。本作昏，後加女旁作『婚』。《詩・北風・谷風》：『宴爾新昏，不我屑以。』②又音mǐn。通『敃』。《釋文》：『本或作敃，音敏。』清・王引之謂昏讀作『泯』。

昶 chǎng

又音chàng。又通『暢』舒暢，通達。《文選》三國・魏・嵇叔夜《琴賦》：『雅唐堯，終詠微子。《注》：『達則兼善天下，無不通揚，昶與暢同。』

昚 shèn

『慎』之古字。

昬 hūn

『昏』之本字。

昱 yù

通『翌』。明天。參見清・段玉裁《說文解字注》。

昧 mèi

《周禮・春官韎師》作『韎』。《文選》班孟堅《東都賦》作『佅』。《釋文》：『昧，夐音刎，亡粉反，一音未，又音蔑。』

是 shì

古『氏』、『是』同字。三國・吳有是儀、本姓氏，後改為是。本作『昰』，隸写作『是』。

昞 bǐng
同『昺』、『炳』。光明。

昜 yáng
同『陽』。《注》：『昜，古陽字。』古代銅幣如安陽布、安陽刀等的『陽』字都作『昜』。

昵 nì
同『暱』，親近。又音 nǐ。通『禰』。父廟。又音 zhī。通『膩』。脂膏。《周禮・考工記・弓人》：『明昵之類不能方。』

映 yìng
也作『暎』。

昪 biàn
通『弁』、『忭』。喜悦。

昨 zuó
又音 zuò。通『酢』。《注》漢・鄭玄謂昨曰『酢』。帝王受酢的席位。《周禮・春官司几筵》：『帝先王昨席亦如之。』

昫 xù
《玉篇》、《廣韻》皆謂同『煦』。『昫伏之恩。』百納本作『煦伏』。

昝 zǎn
《廣韻》作『曒』。姓・唐有昝殷，蜀人。

晉 jìn
《說文》作『𣈆』，也作『晋』。古代諸侯國名。又朝代名。又通『𣈆』。插也。《周禮・春官典瑞》：『王晉大圭・執镇圭。』

晐 gāi
通『該』、『賅』。兼覆，具備。《國語・吴》：『勾踐請盟，一介嫡女，執箕箒，以嫡姓於王宫。』《注》：『晐，備也。姓，庶姓。《曲禮》曰：「納女天子曰備百姓。」』

晅 xuān

《釋文》作『晅』。《集韻》：『晅，日氣也。』

晒 shài

『曬』之異體。也作『暾』唐・李商隱《李義山詩集・自桂林奉使江陵途中感懷寄獻尚書》：『亂鴉衛曬網。』本作『暾』

晟 shèng

《楚辭》屈原《九章・懷沙》：『内厚質正兮，大人所晠。』晠同『晟』。一本作『盛』。光明也。

晃 huǎng

《說文》作『晄』。又音 huàng。晃動。

晁 cháo

同『鼂』。姓。又音 zhāo。通『朝』。《注》：『晁，古朝字。』

晢 zhé

本为光亮。通『哲』。明智。

晜 kūn

同『昆』。兄。《爾雅・釋親》：『来孫之子为晜孫。』《釋名・釋親屬》作『昆孫』。

晣 zhé

同『晢』。光明。《文選》戰國・宋玉《高唐賦》：『其少進也，晣兮若姣姬揚袂鄣日。而忘所思。』

晤 wù

相與也。通『悟』，聰明、明白。唐・李儼《道因法師碑》：『侍中以才晤之奇，飛芳晉牒。』

晧 hào

通『浩』。如晧然又作『浩然。』漢・《三公山碑》：『或有恬澹，养晧然兮。』

皙 xī

同「晳」。皮膚白。《詩・鄘風・君子偕老》：「揚且之晳也。」唐《石經》作「晳」。

景 jǐng

①《儀禮・士昏禮》：「婦乘以几，姆加景，乃驅，禦寒的外衣。」《注》：「今文景作憬。」又音 yǐng。「影」的本字。晉・葛洪《字苑》景字加「彡」為陰影字。漢・魏人書今本作「影」者皆後人所改。②《詩・邶風》：「二子乘舟，汎汎其景。」《釋文》：「景如字，或音影。」

晽 mào

《注》：「晽晽」，欲知之貌也。清・王念孫謂「晽」為「楙」字之形誤。

晻 ǎn

同「暗」。昏暗。又音 yǎn。「晻晻」。陰雨也。《呂氏春秋・務本》引《詩》：「有晻淒淒、興雲祁祁。」今本《詩・小雅・大田》作「渰」。又通「奄」。《荀子・儒效》：「張法而渡之，則晻然若合符節。」

晫 zhuó

明盛貌。《詩・大雅・雲漢》：「倬彼雲漢，昭回於天。」又韓奕：「有倬其道。」《韓詩》作「晫」。

晷 guǐ

通「軌」。《漢書・敘傳》：「應天順民，五星同晷。」

晲 nǐ

也作「𣅳」，明貌。

暀 wàng

通「旺」，光盛。

智 zhì

又音 zhī，通「知」。認識。《墨子・經說》：「夫名所以明正所不智，不以所不智疑所明。」

暎 yìng

同『映』。照。北周·庾信《庾子山集》：『依稀暎村塢，爛漫開山城。』

㬉 nuǎn

同『暖』、『煖』、『煗』。温暖。《文選》班固《答賓戲》：『孔席不㬉，墨突不黔。』

暇 xià

又音 jiǎ。通『假』。注『暇』或为『假』。

暐 wěi

通『煒』。光盛的樣子。南朝·江淹《江文通集·蕭被尚書敦勸重讓表》：『榮宗蔓荔，寵華暐映。』

暌 kuí

通『睽』。隔開、分離。南朝·梁·何遜《何記室集》：『伊余本羈客，重暌複心賞。』

暖 nuǎn

同『煖』、『煗』、『㬉』。温暖。《楚辭》屈原《問天》：『何所冬暖，何所夏寒。』

暒 qíng

通『晴』。雨過天晴。清·龔自珍《定盦集》：『天暒地塽。日穆月曜。』

㬇 huàn

通『焕』。光明。漢《司隸校尉魯峻碑》：『永傳意（億）齡，㬇矣的的。』

㬐 jìn

通『晉』、『鄑』。《注》：『㬐』。《呂氏春秋·悔過》：『於東侯之道。』《注》：『㬐，晉國也』。

暬 xiè

同『褻』。《說文》：『暬，日狎習相嫚也。』

暮 mù

本「莫」。日落或傍晚。《國語·晉》：「範文子暮退西朝。」

暴 bào

又音pù。本作「暴」後又加「日」作「曝」。

暵 hàn

通「熯」，枯也。《詩·王風·中谷有蓷》：「中谷有蓷，暵具乾矣。」

暱 nì

同「昵」。親近。《詩·小雅·菀柳》：「上帝甚蹈，无自暱焉。」

曄 yè

同「燁」、「爆」、「曅」。光輝燦爛。《後漢書·張衡傳·思玄賦》：「豐隆軒其震霆兮，列缺曄其昭夜。」

曆 lì

古作「厤」。通「秝」。

晉 jìn

「晉」本字。

曣 niàn

同「晛」。日光。《廣韻》有解。

曏 xiāng

《注》：「曏，曩也。」通「向」。向往。又音shǎng。「晌」本字。清·段玉裁《說文解字注》：「曏，今人語曰向午，向時，向者即曏字。」

曬 shài

同「曬」。又音shà，通「煞」、「殺」。甚。宋·歐陽修《六一詞·漁家傲》：「昨日为逢青傘蓋，慵不採，今朝斗覺凋零曬。」

曝 pù
本作『暴』。曬。《東觀漢紀・高鳳傳》：『妻當之田，曝麥於庭。』

曣 yàn
說文作『䜩』、隸作『曣』。日出晴暖。《史記・封禪書》：『至中山，曣㬈，有黃雲蓋焉。』

曰部

曶 hū
本『忽』字。隸書變作『曶』。如形容時間之快常曰『忽忽』。也作『曶曶』。《楚辭》屈原《九章・悲回風》：『歲曶曶其若頹兮。時亦冉冉而將至。』

曷 hé
又音 è。通『遏』。止也。又音 xiē。通『蝎』。

曾 zēng
①通『增』。增加。《朱熹集注》：『曾與『增』同。』②通『層』。重疊也。《淮南子・本經》：『大廈曾加。』擬於昆侖。色彩。

會 huì
通『繪』。《釋文》：『胡對反，馬（融）、鄭玄作「繪」。』雜色。《書・益稷》：『日月星辰山龍華蟲作會。』

朄 yìn
也作『𨋳』。小鼓名。

朅 jiē
又音 hē、通『曷』。何也。《注》：『播，何也。』又通『蓋』。《史記・司馬相如傳・大人賦》：『同車播来兮，絕道不周。』舊釋为去來，非是。當为『何來』。

月部

有 yǒu

①通『友』。《詩・王風・葛藟》：『謂他人母，也莫我友』《注》：『有，相親有。』②通『又』。用於零數与整數之間。

服 fú

①通『箙』。盛箭之器。《國語・齊》：『弢無弓，服無矢。』②通『鵬』。鳥名。《史記・賈誼傳・服鳥賦》：『庚子日食兮，服集子舍。』《文選》作『鵩』。③通『匐』。伏地。④通『腷』。鬱結。

望 wàng

通『方』。比較。《禮表記》：『以人望人。則賢者可知已矣。』

期 qī

又音 jì。通『朞』。一年、一月、一晝一夜。

朞 jì

通『期』。

朝 zhāo

又音 chāo。①通『潮』。『朝夕池，本海的別名。』朝夕即『潮汐』。②姓，唐有拾遺朝衡，宋《姓解》又作『晁』、『鼂』。

木部

末 mò

於語氣時也同『麽』用。《古今雜劇・黃花峪》：『兀那賣酒的有酒末。』

朮 zhú

又音 shú。《說文》：『秫，稷之黏者，……或省禾』作朮。《玉篇》：『朮、穀也。』

札 zhá

同『劄』。《文選・古詩十九首》：『客從遠方来，遺我一書札。』

朿 cì

今作『刺』。木芒也。說文作『朿』。

朾 chéng

通『𡖅』。朾𡖅乃大赤蟻也。

朴 pò

①一本作『樸』。《莊子·攝篋》：『分符破璽，而民樸鄙。』②又音pǔ，通『撲』。《史記·陳涉世家》：『執敲撲以鞭笞天下。』

朻 jiū

通『樛』。木向下彎曲。

朼 bǐ

通『匕』、『枇』。

机 jī

①現代漢語『機』的簡化字。清段玉裁《說文解字注》：『机、古今字也。』②通『几』。小桌子、如茶几。

朹 qiú

本為木名，音guǐ。『簋』的古體字。

朵 duǒ

①也作『朶』。②耳朵之朵，本作『睡』。指耳垂，又轉指兩旁。建築中旁殿又稱『垜殿』去土为『朵殿』。清·俞樾謂本作『垜』。

杆 gùn

也作『桿』。器物之柄。戴善夫《風光好》：『怎發付這一千斤鐵磨桿。』又音gǔn。长木棍。又音gān。器物上像棍子的細长部分。如筆杆。

杅 yú

①通『盂』。《儀禮·既夕禮》『两敦、两杅、槃匜，實於槃中南流。』②通『于』。《荀子·儒效》：『是杅杅亦富人矣哉！』《注》：『杅杅即于于也，自足之貌。』

村 cūn

本作『邨』。

材 cái

①通『才』。才能，才幹。《書·咸有一德》：『任官唯賢材，左右唯其人。』②通『裁』。安排。《國語·鄭》：『計亿事，材兆物。』《荀子·富國》：『治萬變，材萬物，養萬民。』

杕 dì

①又音 duò。同『柁』。即船尾之梢木。

杖 zhàng

通『仗』。《書·牧誓》：『王左杖黃鉞，右秉白旄以麾。』

杝 yí

①木名。即椵木。②又音 chǐ。順木紋劈開。《詩·小雅·小弁》：『伐木掎矣，析薪杝矣。』一本作『扡』。③又音 lí。籬笆。《廣雅·釋言》：『㯿、柃、藩、筆、欐、落杝也。』④也作『椸』。北魏·賈思勰《齊民要術·序》：『拖落不完，牆垣不牢。』⑤又音 duò。船舵。《後漢書·趙壹傳·刺世疾邪賦》：『安危亡於旦夕，肆嗜慾於目前，奚異涉海之失杝，積薪而待燃。』《注》：『杝可以正船也。』

李 lǐ

①木名。②姓。③通『理』。古獄官叫司理，也叫司李。《管子·法法》：『皋陶為李。』《注》：『古治獄之官。』

极 jí

①放在驢背用以載物的木架。《說文》：『极，驢上負也。』②同『笈』。書箱。

杓 sháo

①舀東西的器具。②又音 biāo。小橋。宋·韓拙《山水純全集》：『通船曰橋，不通船曰杓。杓，以横木渡於溪澗之上，但使人跡可通也。』③又音 dí。標准。《莊子·庚桑楚》：『我其杓之人也？』《注》：『不欲為物標杓。』

枋 fāng

①木名。②又音bìng。通『柄』。如權柄。《周禮·春官内史》：『内史掌王之八枋之法。』《釋文》：引作『八柄。』

杭 háng

①渡船。通『航』。《詩·衛風·河廣》：『誰謂何廣一葦杭之。』②又音kāng。通『康』。《管子·輕重·丁》：『請以令決獿洛之水，通之康莊之間。』清·王念孫謂當為『抗』。古讀若康。抗莊即『康莊』。郭沫若《管子集校》也有解。

枎 fú

①木名。②通『椨』。花萼。

杮 fèi

本指削下的木片。同『柹』、『杮』。按：此字右从『朩』，隸變作『杮』。與果名『柿』之從『市』者別為一字。

枝 zhī

又通『支』。《左傳》：『蔡衛不枝固將先奔。』又通『肢』。《荀子·儒效》：『行禮要節而安之，若生四枝。』四枝即四肢。

杶 chūn

木名。即椿树。也作『櫄』。《書·禹貢》：『荆州厥貢……，杶、幹、栝、柏。』

杯 bēi

也作『桮』、『盃』、『柸』。盛飲料的器皿。《莊子·逍遥遊》：『覆杯水於坳堂之上，則芥為舟。』

杼 zhù

本織布梭。又音shù。木名，即柞木。《莊子·山林》：『逃栓大澤，依裘褐，食杼栗。』《爾雅·釋木》：『栩杼』。《注》：『柞樹』。又通『杼』。抒散。《史記·平原君列傳》：『及鄒衍過趙。』《集解》引漢·劉向《別録》：『杼意通指，明其所謂。』《索隱》：『杼，音墅、杼者、舒也。』

果 guǒ	板 bǎn	柹 shì	㭊 xī	杸 shū	枇 pí	枏 nán	杫 sì
本樹木果實之謂。又音 wǒ。女侍，侍候。《孟子·盡心》：『舜被袗衣，鼓琴，二女果。』又音 luǒ。通『裸』、羸《周禮·春官龜人》：『东龜曰果屬。』《疏》：『杜子春讀果為羸者，此龜前甲長，後甲短，露出邊為羸，得為一義。』	《說文》作『版』。	《說文》作『怽』。《廣韻》作『柹』。俗以『市』作『柿』。《石經》柿作『柹』。	通『析』。《韓詩外傳》：『易子而食之，㭊骸而爨之。』《左傳·公羊》㭊皆作『析』。	同『殳』。兵器。《急就篇》：『鐵錘遇杖棁柲杸。』《注》：『杸，也杖名也，古者以積竹八觚為殳，士所執者，名之杸。……杸與殳音同。一曰：杸殳，古今字也。』	本木名。又音 bǐ。通『朼』、『匕』。古祭祀時，用以挑牛羊放栓木製的架俎上。丧禮用桑木。吉禮用棘木。《禮·雜記》上：『枇以桑長三尺，或曰五尺。』又音 bǐ。通『笓』、『篦』、『櫛』。篦子。《後漢書·濟北惠王壽傳》：『頭不枇木，體生瘡肿。』	木名。同『柟』、『楠』。《史記·貨殖傳》：『江南多出枏梓。』	本為几案。《後漢書·锺離傳》附欒崧：『家貧為郎，常獨置臺上，無被，枕杫。』《注》：『杫，音思漬反，謂俎几也。』又音 xǐ。同『樅』，木名。

柒 qī

同『桼』、『漆』木名也。清・畢沅校：『當從木。』按：桼，漆古字。

柬 jiǎn

通『簡』。《全唐詩・皮日休體魯望以竹夾膝見寄因次韻酬謝》：『大勝書客裁成柬，頗賽谿翁截作簡。』

某 mǒu

一般作代詞。又音 méi。酸果名，『梅』字的古寫，說文又作『楳』、『槑』。

柁 duò

①俗作『杝』。船尾控制方向的裝置。又音 tuó。屋内两柱間的大梁稱之為『柁』。

柱 zhù

本指直立撐重之物。又音 zhǔ。通『拄』。支撐的意思。《三國志・魏・鍾會傳》：『内人共舉機以柱門，兵斫門，不能破。』

柿 shì

同『柹』。

柈 pán

同『槃』、『盤』。漢・王充《論衡》：『猶陶者用土為簋廉，冶者用銅為柈杅矣。』舊題劉歆《西京雜記》：『俎上蒸浆一頭，廚牛荔枝一柈，皆可為設。』

枿 niè

本指樹木經斫伐重新生長之枝條。又同『櫱』、『蘖』。《書・盤庚》：『若顛木之有由蘖。』漢・馬融《注》：『顛木而肆生曰枿。』《文選》漢・張平子(衡)《東京賦》：『山無槎枿，畋不失麋胎。』

柜 jǔ

本為木名。又通『矩』。漢碑『規矩』二字多作『規柜』。如《濟陰太守孟修堯廟碑》、《咸陽靈臺碑》、《童子逢咸碑》均有此字。

柹 shì

同『柹』、『柿』。

柄 bǐng
通「秉」。執掌。主持。《漢書・谷永傳》：「永知（王）鳳方見柄用，陰欲自託。」

柑 gān
①木名。②又音 qián。通「鉗」。以木銜馬口。《公羊傳》：「圍者，柑馬而秣之。」《釋文》：「柑，其廉反。」

栧 yì
同「枻」。《楚辭》屈原《九歌・湘君》：「桂櫂兮蘭栧，斲冰兮積雪。」船舷，又短槳。《史記・司馬相如傳・子虛賦》：「浮，文鷁，揚桂栧。」《集解》：「韋昭曰：栧，楫也。」《漢書・司馬相如傳》作「抴」。

柘 zhè
本木名。通「蔗」。甘蔗。《楚辭》宋玉《蔗魂》：「胹鼈炮羔，有蔗漿些。」《漢書・禮樂志》：「百末旨酒布蘭生，泰尊柘漿拆朝酲。」

柸 bēi
同「杯」、「桮」。《山海經・海內・北經》：「犬封國曰犬戎國，狀如犬，有女子方跪進柸食。」明藏本作「杯」。《古文苑》漢・王褒《僮約》：「汲水作餔，滌柸整按。」《注》：「杯，食器也。」

柀 bǐ
木名，即杉。《爾雅・釋木》：「柀，煔。」《注》：「煔似松，生江南，可以為船及棺材。作柱埋之不腐。」《疏》：「柀，一名煔，俗作杉。」《說文》：「煔」作「檆」。一說柀即「榧」。

枷 jiā
又去聲。通「架」。《禮・曲禮》：「男女不雜坐，不同椸枷不同巾櫛。」《釋文》：「枷，本又作架，徐（愛）音稼。」

查 chá
①木筏，本作「楂」。通「槎」。舊題晉・王嘉《拾遺記・唐堯》：「有巨查浮於西海。」如「槎枒」又寫作「查牙」。②又音 zhā。山楂。也作「樝」、「楂」、「柤」。③通「渣」。《朱子語類・論語》：「三省固非聖人之事，然是曾子晚年進德功夫，蓋微有這些查滓去未盡耳。」

柤 zhā
①本作「樝」。亦作「楂」、「查」。②又音 zǔ。通「俎」。祭神的禮器。漢《魯相韓勑造孔廟禮器碑》：「爵鹿柤梪。」

柙 xiá

本為關獸的木籠。又通『押』。壓簾子的器具。《太平御覽・漢武故事》：『上起神屋，以白珠為簾，瑇瑁為押。』北周・庾信《庾子山集・詠畫詩風》：『玉押珠簾捲，金鉤翠幔懸。』

柚 yòu

本果木名。又通『軸』。《詩・小雅・大東》：『大東小東，杼柚其空。』《釋文》：『柚，音逐，本又作軸。今讀 zhóu。』

枏 nán

同『楠』。《漢書・司馬相如傳・子虛賦》：『其北則有陰林巨樹，楩枏豫章。』《注》：『枏音楠，今所謂楠木。』《史記・司馬相如傳》作『柟』。

枳 zhī

本木名。通『疻』。傷害。《孔叢子・刑論》：『率遇以小罪謂之枳。』《注》：『猶傷也。』

枴 guǎi

杖、枴棍，今通寫作『拐』。

柍 yǎng

本木名，又通『央』。《漢書・楊雄傳・甘泉賦》：『列宿乃施於上榮兮，日月纔經於柍振。』《注》引服虔：『柍，中央也，振，屋梠也。』清・王念孫認爲，柍作央，振與『宸』同。

柂 yí

本木名，亦作『杝』。又音 duò。通『舵』、『柁』。《太平御覽・漢・趙壹刺世疾邪賦》：『奚異涉海之失柂，坐積薪而待燃。』《後漢書》『柂』作『杝』。

柞 zuò

本木名，又通『酢』。客以酒回贈主人也。《戰國策・趙》：『著之盤盂，屬之讎柞。』又音 zé。通『斮』。砍削樹木也。《詩・周頌・載芟》：『載芟載柞，其耕澤澤。』

枹 fú

同『桴』、『鞄』。《左傳》：『（郤克）左并轡，右援枹而鼓。』

柏 bó

木名，亦作『栢』。《說文》作『鞠』。《爾雅・釋木》：『柏、椈』。《論語・子罕》：『歲寒，然後知松柏之後彫也。』又通『伯』。伯車，大車也。《釋名・釋車》：『柏車，柏，伯也。』《疏》：『柏車，山車。對大車為平地之車也。』又音pò。通『迫』。逼近也。《周禮·春官·司幾筵》：『其柏席用萑黼純。』《注》引鄭司農（衆）：『柏蓆，迫地之蓆。』《史記·河渠書》：『漁沸鬱兮柏冬日。』《集解》引徐廣：『柏，猶迫也，冬日行天邊，若與水相連矣。』

柝 tuò　①同『欜』。巡夜敲的梆子，《易·繫辭》：『重門繫柝，以待暴客。』②通『柘』。《淮南子·原道》：『夫道者，覆天載地，廓四方，柝八極，高不可際，深不可測。』

柧 gū　通『觚』。棱角。也指八角之木。銀雀山·漢墓竹簡《孫臏·兵法》：『陳忌問壘。……將戰書柧，所以哀正。』唐·釋玄應《一切經音義》：『四楞』。《注》引《通俗文》：『木四方為棱八方為柧。』

枱 sì　也作『鈶』、『辝』。古代翻土農具的木柄。

案 àn　本器具名。通『按』。依照、按照。《荀子·不苟》：『國亂而至之者，非案亂而治之謂也。』又考問《史記·灌夫傳》：『丞相言灌夫家在潁川，横甚民苦之，請案。』又，手撫。《史記·酈生傳》：『生瞋目案劍叱使者。』又，控制。抑制。《文選》司馬長卿（相如）《子虛賦》：『案節未舒，既陵狡獸。』又，考查。《戰國策·趙》：『臣貼竊以天下地圖案之。』

栔 qì　同『锲』、『㓞』。通『契』。

栞 kān　斬除。古作『栞』、『栞』今作『刊』。《說文》引《夏書》：『隨山欏木。』今《書·益稷·禹貢》作『刊木』。《漢書·地理志序》作『栞木』。

栗 lì　木名。通『歷』。相傳周制下見上登階之禮有四：『進步、栗階、越階。一步一級而升為栗階，凡栗階，不過二等。』《疏》：『栗階，左右足各一發而升堂。』又音liè。通裂。《詩·豳風·東山》：『有敦木苦，丞在栗薪。』又通『慄』。因恐懼而發抖。《論語·佾》：『哀公問社於宰我，宰我對曰，夏侯氏以松，殷人以栢，周人以栗，曰使民戰栗。』

桉 àn

同『案』。《戰國策》：『秦堅三晉之交，攻齊國。……秦按兵攻魏，取安邑，是秦之一舉也。』

校 jiào

又音 jiào。通『絞』。牢固。《周禮·考工記·盧人》：『齝兵同强，举圍欲細，細則校。』《注》：鄭司農（衆）云：『校，讀為絞而婉之絞。』又音 xiáo。通『骹』。几足也。《儀禮·士昏禮》：『主人拂几授校。』又高脚碗下的直撑柱。』《禮·祭統》：『夫人薦豆執校。』《疏》：『謂豆之中央直者，夫人薦豆之時，手就此校。』

核 hé

本果實藏果仁中心的部分。又通『覈』。真實。《漢書·司馬遷傳》：『其文直，其事核，不虛美，不隱惡，故謂之實錄。』又考查、对照之意。《漢書·宣帝紀》：『孝宣之治，信賞必罰，綜合名實，政事文學法理之士精其能。』

桋 yí

木名，即赤楝。《釋文》：『桋本作荑』。

栻 shì

古代占時日的器具。也作『式』。《史記·日者傳》漢·褚少孫補：『分策定卦，旋式正棊。』《索隱》：『栻即式也。』

桔 jié

又音 jú。同『橘』。清·屈大均《廣東新語·木語》：『又有桔，亦與柑類。』

栲 kǎo

木名，即山樗。《說文》作『㭼』。《詩·唐風·山有樞》：『山有栲，隰有杻。』

栖 qī

同『棲』。鳥類止息也。《莊子·至樂》：『夫以鳥養，養鳥者，宜棲之深林。』

栭 ér

同『栮』。菌類植物。《禮·內則》：『芝、栭、菠、椇。』《疏》引王肅：『無花而實者名栭，皆芝屬也。』

又柱頂上承托梁的方柱。

栧 yì

同『枻』。船槳也。晉·郭璞《注》：『栧，船舷。樹旌於上。』按《史記》作：『揚桂枻。』《集解》引韋昭：『枻，檝也。』《漢書》作『楊旌枻。』《注》引張楫：『枻，杝也。』

桐 tóng

木名。《史記》作『侗』，通『通』。《漢書·禮樂志》：『桐生茂豫，靡有所詘。』《注》：『桐讀為通。茂豫，美盛而光悅也。』

㭘 jié

本劍鞘。《說文》：『㭘，劍柙也。』《玉篇》引《莊子》：『㭘而藏之。』今本《莊子》刻意作『柙』。又『㭘棔』一詞，本為木名，一作『合昏』。俗稱為合歡也。

栝 guā

本木名。字亦作『筈』。箭末扣弦處。《莊子·齊物論》：『其發若機括。』《國語·魯》：『故銘其栝曰：肅慎氏之貢矢。』

桅 wéi

又音 guǐ。通『𥎞』。短矛。

栒 xún

木名。《山海經·北山經》：『(繡山)其木多栒。』清·畢沅《新校正》謂即《說文》中『椅』的省文，也叫杶。

格 gé

又音 luò。通『落』。《史記·王溫舒傳》：『治伯格長，以木司盜賊。』《集解》：『徐廣曰：一作落。古村落。也作格字。』

栰 fá

渡水用的竹木排。同『橃』。《論語·公冶長》：『乘桴浮於海。』三國·魏·何晏《集解》：『馬(融)曰：桴編竹木，大曰栰，小曰桴。』

桁 héng

又音háng。通『航』。《水經注·穀水》：『對閶闔門南直洛水浮桁。』《世說新語·捷悟》：『王敦引軍垂至大桁……帝令斷大桁，即朱雀橋。』

柴 chái

又音zhài。通『寨』、『砦』。用於防守的栅欄，籬障。《莊子·外物》：『柴生乎首。』三國·魏·曹植《曹子建集·大鰕魚篇》詩：『燕雀戲藩柴，安識鴻鵠遊。』又音zì。堆積物。《詩·小雅·車攻》：『射夫既同，助我舉柴。』韓詩作『㧘』。魯詩作『胔』。

桌 zhuō

几案。本『卓』。後人加木作桌、棹。《正字通》有解。

桀 jié

①通『揭』。舉起。②通『傑』。突出。傑出的人。《詩·衛風·伯兮》：『伯兮朅兮，邦之桀兮。』《箋》：『桀，英桀，言賢也。』③通『磔』。古代分裂犯人肢體的酷刑。《說文》：『桀，磔也。』

條 tiáo

本指長形物，又音tiāo。挑取。《詩·豳風》：『蠶月條桑。』《韓詩》作『挑』。清·馬瑞辰謂條乃挑之假借，為挑撥而取之。』

棁 zhuó

本指梁上的短柱。又音tuò。通『脱』。疏略。《荀子·禮論》：『凡禮始乎棁成乎文，終於棁校（恔）。』《史記》作『脱』。又音ruì。通『鋭』。尖鋭。《老子》：『揣而棁之，不可長保。』《注》：『既揣东令尖，又鋭之令利。』一本作『鋭』。

梦 mèng

『夢』之異體字。

梛 yé

同『椰』。木名。唐·柳宗元《柳先生集·同劉二十八院長寄……贈二君子》詩：『御寒衾用罽，挹水勺的梛。』

桮 bēi

同『杯』。《漢書・朱博傳》：『自微賤至富貴食不重味，案上不過三桮。』

梢 shāo

①通『艄』。船之尾。唐・柳宗元《柳先生集・遊朝陽巖遂登西亭》詩：『所賴山水客，扁舟枉長梢。』又通『旓』。旌旗之旒。《漢書・楊雄傳・河東賦》：『揚左毒縣被雲梢。』又通『箾』。《文選》宋玉《風賦》：『蹷石伐木，梢殺林莽。』②又通『捎』。捎帶。明・陳與樵《麒麟罽》傳奇《室家誶語》：『韓官人便未得回，雁往魚來，定梢音信。』

桭 zhēn

木名。同『榛』。《春秋》曰：『女摯，不过桭栗。』今本《左傳》莊作『榛』

桿 gǎn

『杆』的異體字。《正字通》：『俗杆字。』舊注：『音汗，木也。誤。』

桯 tīng

又音 yíng。同『楹』。屋柱。《元曲選》關漢卿《竇娥冤》：『怎不容到燈影前，去擱截在門桯外！』

梩 lí

又音 sì。《說文》：『枱』的異體字。挖土工具。《孟子・滕文公》：『蓋歸反虆梩而掩之。』

梖 bèi

木名。本作『貝』。俗作『梖』。印度產梖多樹。其葉可以書寫，稱為『貝葉』。

梱 kǔn

通『閫』。《禮・曲禮》：『外言不入於梱。』《史記・孫叔敖傳》：『王必欲高車，臣請教閭里使高其梱。』

桴 fú

①通『枹』。鼓槌。《禮・禮運》：『蕢桴而土鼓。』《韓非子・功名》：『至治之，君若桴，臣若鼓，技若車，事若馬。』②通『浮』。木炭。宋・陸遊《老學庵筆記》：『謝景魚家有陳無已手簡一編，有个餘帖，

皆與酒務官託買浮炭，其貧可知。浮炭者，謂投之水中而浮。今人謂之桴炭，恐亦以投之水中則浮故也。白樂天詩云：日暮半爐桴炭火。則其語亦已久矣。」③通『孵』。孵育。《大戴禮・夏小正》：『雞桴粥，粥者也，相粥之時也。或曰桴嫗伏也，粥，養也。』④通『罘』。『罘罳』，即『桴思』。即屏風。《禮・明堂位》：『疏屏，天子之廟飾也。』漢・鄭玄《注》：『屏謂之樹，今桴思也。』

桼 qī

『漆』的本字。木名。其汁也稱『桼』。《漢書・賈山傳》：『冶銅錮其內，桼塗其外。』又《貨殖傳》：『陳、夏千畝桼。』又通『柒』、『七』。數字也。

梅 méi

本作『某』、『楳』、『槑』。

梴 chān

又音yán。通『筵』。几筵。《墨子・節葬》：『諸侯死者虛車府，……又必多為屋幕，鼓几梴壺濫。』

梨 lí

同『棃』。

梟 xiāo

也作『鴞』。俗名貓頭鷹。

棄 qì

同『弃』。

椉 chéng

古『乘』字。

棘 jí

①《韓詩》作『朸』。清・段玉裁《說文解字注》：有解。②通『急』。《詩・小雅・採薇》：『豈不日戒，玁狁孔棘。』《箋》：『棘，急也。』又通『瘠』。瘦瘠。《呂氏春秋・任地》：『棘者欲肥，肥者欲棘。』

又通『戟』。古兵器名。《左傳》：『公孫閼於潁考叔爭車，潁考叔挾車以走，子都〔閼字〕拔棘以逐之。』

棊 qí

『棋』的本字。也作『碁』。《淮南子·說林》：『行一棊不足以見智，弹一弦不足悲。』

棕 zōng

同『椶』。

椀 wǎn

同『盌』、『碗』。盛食物的器皿。三國·魏·曹植《曹子建集·東渠椀賦》：『惟斯碗之所生，於涼風之浚濱。』南朝·齊·謝朓《宣城集·金鼓聚》詩：『渠碗送佳人，玉栢要上客。』

棓 bàng

①通『棒』。杖、棍棒。《淮南子·詮言》：『王子慶忌死於劍，羿於桃棓。』②農具名。即連枷。③又音pǒu。鋪設在不平處的板。《釋文》：『高下有絕，加躡板曰棓。』④又音péi。姓。漢有棓生。

椁 guǒ

也作『槨』。《左傳》：『宋文公卒，始原葬，椁有四阿，棺有翰檜。』

棬 quān

又音juàn。同『桊』。牛鼻環，牛棬。《吕氏春秋·重己》：『使烏獲疾引牛尾，尾絕力勯，而牛不可行，逆也。使五尺豎子引其棬，而牛恣所以之順也。』

棒 bàng

通『棓』。棍棒。

棲 qī

同『栖』。《淮南子·泰族》：『今夫道者，藏經拴內，棲神於心，靜漠恬淡，訟繆胸中。』

棱 léng

同『稜』。唐·玄應《一切經音義》《立世阿毗曇論》引《通俗文》：『木四方為棱，八棱為柧。』

棷 zōu

①本木柴。通『菆』。麻秆。《漢書・行志》：『民驚走、持稾或棷一枚，傳相付與，日行詔籌。』②又音sǒu。通『藪』。大船也。

植 zhí

通『置』。安放。《書・金縢》：『植壁秉珪。』《疏》：『鄭云：植，古置字。』《史記・賈誼傳》：『賢聖逆曳兮，方正倒置。』

椓 zhuó

通『諑』。攻訐、告訴。《左傳》：『衛侯辭以難，大子又使椓之。』

棣 dì

本木名。通『弟』。《詩・小雅・常棣・序》：『常棣，燕兄弟也，故借用為弟字。』

極 jí

①本『亟』。《荀子・賦》：『出入甚亟，莫如其門。』《注》：『極，讀為亟，急也。』②通『殛』。微罰也。《詩・小雅・莞柳》：『俾予靖之，後予極焉。』《箋》『極，誅也。』

椒 jiāo

《說文》作『茮』。木名。

棹 zhào

①通『櫂』。劃水行船。晉・陶潛《陶淵明集・歸去來辭》：『或命巾車，或棹孤舟。』②又音zhuō。木名。棹木。晉・嵇康《南方草木狀》中：『棹木，幹葉俱似椿，以其葉鬻汁漬果，呼為棹汁。』又通『桌』。桌子。《正字通》：『又椅、桌。或作卓。』

棍 gùn

又音hùn。通『混』、『掍』。混同。《漢書・楊雄傳・解難》：『形之美者不可棍於世俗之目。』《注》：『掍也同也。』

棿 ní

①古代車轅的橫木上的木門。《說文》作『輗』。又音niè。通『隉』。漢・楊雄《太玄經・六鬬》：『初一，圜方杌棿，其內窾換。』《注》：『杌棿，不安也。』②通『掜』比擬。漢・楊雄《太玄經・九棿》：『棿，

擬也，……梖擬之三八。』《漢書・楊雄傳》作『捝』。

棉 mián
通『綿』。植物名。

棐 fěi
①通『菲』。菲薄。《漢書・燕刺王旦傳》武帝賜旦策：『悉爾心毋作怨，毋作棐德。』《注》：『菲，薄也。』②通『篚』。橢圓形竹器。《漢書・食貨志》：『各因所生遠邇，賦入貢棐。』《地理志》：『厥棐織文。』《注》：『棐与篚同。』《史記・夏紀》作『篚』。③通『榧』。木名。可作茶几。宋・蔣捷《竹山詞・滿江紅》：『問如何清晝，倚籐憑篚。』

棃 lí
①通『梨』。《莊子・天運》：『故譬五帝之禮義法度，其猶柤、梨、橘、柚邪，其味相反，而皆可於口。』②通『黎』。黎民。南朝・梁徐勉《始與忠武王（蕭憺）碑》：『公褰襜以化黎氓，張袖以納夷狄。』③又通『剺』。割裂。《管子・五賦》：『是故博帶黎，大袂列，文繡染，刻鏤削。』唐・房玄齡《注》：『黎博帶以就狹也，黎，割也。』

楶 jié
《說文》作『㮞』。通作『節』。柱頭斗栱。《爾雅・釋宮》：『栭謂之楶。』《注》：『即欂也。』《疏》：『皆謂斗栱也。』漢・楊雄《法言學行》：『吾未見好斧藻其德，若斧藻其楶者也。』

楦 xuàn
『楥』的俗字。

㯓 tuò
『柝』本字。也作『欜』。《易・繫辭》：『重門擊柝。』《說文》：『㯓』引作『重門擊㯓。』『欜』引作『重門擊欜』。

榔 láng
同『桹』。木名。如榔榆。

楄 pián

《注》：『楄，附陽馬之短桷也。』一說扁額。楄同『扁』。

椾 jiān

古文『牋』字。也作『箋』。《玉篇》、《廣韻》都作『⿱前木』。

椿 chūn

也作『橁』。木名。

椰 yē

也作『枒』、『梛』。木名。

椹 zhēn

也作『鍖』、『碪』。砧板。《爾雅·釋言》：『椹謂之榩。』《注》：『斫木櫍也，又通『葚』。桑樹果實。』《詩·衛風·氓》：『於嗟鳩兮，無食桑葚。』《釋文》：『葚，本又作椹。』

楪 yè

同『碟』。

楳 méi

『梅』字的異體。也作『某』、『槑』。

楠 nán

本作『枏』。也作『柟』。木名。

椷 xián

又音 hán。通『含』。《漢書·天文志》：『辰星過太白，間可椷劍。』《注》引蘇林：『椷音函。函，容也，其間可容一劍也。』又通『緘』。信封、信件。《元詩選》鄭東《鄭氏聯壁集和郭熙仲》：『太乙類末』。

㮈 nài

同『奈』。果木名。

楂 chá

①通『槎』。木筏。南朝·梁·何遜《河水部集·渡連圻》詩：『絕壁無走獸，窮岸有盤楂。』②又音 zhá。通『樝』、『柤』。果名。《管子·地員》：『五沃之土，……其陰則生之楂藜。』宋·蘇軾《分類東坡詩·四月十一日初食荔支》詩：『雲山得伴松檜老，霜雪自困楂梨樹。』

楙 mào

①通『茂』。茂盛。《文選》漢·司馬長卿（相如）《上林賦》：『夸條直暢，實葉葰茂。』②通貿，『貿易。』《漢書·食貨志》：『楙遷有無，萬國作乂。』

槩 gài

同『概』。

椵 jiǎ

又音 jiā。通『枷』。見《集韻》。

楫 jí

通『檝』。船槳。長曰楫，短曰櫂。《易·繫辭》：『刳木為舟，剡木為楫。』也指船，劃船。又通『輯』。《書·舜典》：『輯五瑞。』《漢書·倪寬傳》：『陛下躬發聖德，統楫群元。』《注》：『輯、楫與集，三字並同。』

楞 léng

《說文》作『棱』。棱角。唐·孔穎達《疏》：『圭角，謂圭之鋒鋩有楞角。』明·缺名《玉環記傳奇》：『好似温元帥手裏七星碓，楞楞角角人驚怕。』

楦 xuàn

字也作『楥』。泛指填塞物體中空部份的模架或實物。如鞋楦。

椶 zōng
也作『棕』。木名，椶櫚的省稱。《山海經·西山經》：『又西六十里，曰石脆之山，其木多椶柟。』《文選》漢·張平子（衡）《西京賦》：『木則樅栝椶柟，梓棫楩楓。』

椴 duàn
《說文》作『𦿞』。

櫛 zhì
同『櫛』。梳篦之總稱。或謂梳頭。《釋文》作『楖』。

楀 jǔ
又音 yǔ。木名。又姓氏。《漢書·古今人表》作『萬』。

楯 shǔn
一解古代兵器。即盾牌。通『盾』。《左傳》：『（欒祁）獻楊楯六十於（趙）簡子。』今讀 dùn。

椔 zī
通作『椔』。同『菑』。直立的枯木。《爾雅·釋木》：『木自獘，神，立死。椔。』唐·韓愈《昌黎集·燕喜亭記》：『輦糞壤，燔椔翳。』

㮚 lì
同『栗』。木名。《周禮·天官·籩人》：『加籩之實，蔆、芡、㮚、脯。』《釋文》：『古栗字。』

槀 gǎo
同『槁』。乾枯。又通『犒』。古代官名，掌供散吏飲食。也作犒人。《周禮·夏官》序官：『槀人，《注》引鄭衆：『槀讀為犒師之犒。』

槎 chá
古也作『茬』。斜砍。《漢書·貨殖傳》：『然猶山不茬櫱，澤不伐夭。』《注》：『茬，古搓字也。』

槊 shuò
同『矟』。古代兵器。

榜 bǎng

通『牓』。木片，匾額。又音 péng。通『搒』。鞭打。《史記・張耳傳》：『吏治榜笞數千，刺剟，身可擊者，終不複言。』

槁 gǎo

①也作『稾』。乾枯。《孟子・公孫丑》：『其子趨而往視之，則苗槁矣。』②又音 kào。通『犒』。《周禮・秋官・行人》：『若國師役則令槁檜之。』《注》：『謂犒師也。使鄰國合會財貨以與之』③又音 gōu。通『篙』。《文選》左太沖（思）《吳都賦》：『槁工楫師，選自番禺。』《注》：《方言》：『刺船曰槁。』

構 gòu

俗作『搆』。又音 gōu。通『篝』。《漢書・陳勝傳》：『夜構火。』《史記・陳涉世家》作：『夜篝火。』

槈 nòu

同『耨』。農具。《說文》：『槈。薅品也。』清・段玉裁《注》：『薅，披去田草也。』

榎 jiǎ

同『檟』。木名。又古時用以作笞罰的刑具。也常作『榎楚、檟楚、賈楚。』《三國志・魏・孫禮傳》：『訟者據墟墓為驗，聽者以先老為正，而老者不可加以榎楚。』唐・柳宗元《柳先生集・故银光青祿大夫……柳公行狀》『倦不知遊息，威不待榎楚。』

榍 xiè

①『楔』的異體字。《續傳・燈録・香山法成禅師》：『初僧家語個鮮粘去縛，拔榍抽釘，已是犯鋒喪乎。』

榯 shí

支持門樞的立木稱之為落榯。《爾雅・釋宮》作『落時。』

榻 tà

①通『枰』。《廣雅・釋器》：『廣平，榻，枰也。』清・王念孫《疏證》：『廣平為博局之枰，榻為床榻之枰，皆取義於平也。……枰與榻對文則異，散文則通。』②通『鞜』。铜筆套，也作『筆榻。』

榥 huáng

同『櫎』。窗格。《晉書·孝友傳》：『揮泗凋柏，對榥果鷹。也泛指欄架。』《初學記》唐·吳少微《和崔侍御日用遊開化寺閣》詩：『漸出欄榥外，萬里秋景焯。』

榩 qián

也作『虔』。木砧。《爾雅·釋宮》：『椹謂之榩。』《疏》：『椹者斫木用以藉者之木名也，一名榩。』又木名。《詩·商頌·殷武》：『是斷是遷，方斲是虔。』漢·鄭玄《箋》：『椹謂之虔。』

榿 qī

說文作『榿』。木名。唐·杜甫《杜工部草堂詩箋·憑何十一少府邕覓榿木數百栽》詩：『飽聞榿木三年大，與致溪邊十畝陰。』

槍 qiāng

一本作『搶』。《漢書·司馬遷傳·報任安書》：『見獄吏則頭槍地，視徒隸則心惕息。』

榘 jǔ

同『矩』。規則，法度。《楚辭》宋玉《九辯》：『何時俗之工巧兮，滅規榘而改鑿。』

榭 xiè

本指臺上建造的屋宇。經傳作『謝』。

槔 gāo

也作『槹』。枯槔，汲水器。《莊子·天地》：『鑿木為機，後重前輕，挈木若抽，數如泆湯，其名為槔。』

榤 jié

雞棲的木樁。也作『桀』。《詩·王風·君子於役》：『雞棲於桀。』

槃 pán

①通『盤』、『磐』。木盤。《注》：『槃，承盥水者。』用槃水，故稱承槃。②犁轅可轉動的部分。唐·陸龜蒙《耒耜經》：『橫於犁轅曰盤。言可轉也。』③快樂。《詩·衛風·考槃》：『考槃澗，碩人之寬。』《傳》：『槃，樂也。』

樑 liáng

『梁』的俗字。

樟 zhāng

木名。古籍通『章』。

槺 kāng

同『康』。如中空稱『槺梁。』也寫作『㝩宧』。《文選》司馬長卿（相如）《長門賦》：『施瑰木之欂櫨兮，委參差以槺梁。』《注》：『言以瑰奇之木，以為欂櫨，委及參差，以承虛梁。』《方言》曰：『㝩，虛也，㝩與康同。』清·王念孫《讀書雜記·餘編·委參差以槺梁》：『今案：參差，雙聲也；槺梁，疊韻，槺梁者，中空之貌，言衆欂櫨羅列參差而中空也。』

樣 yàng

又音xiàng。俗作『橡』。栩實。《本草綱目·果·橡實》：『櫟有兩種，不結實者，其名曰棫，其木心赤。……一種結實者，其名曰栩，其實為橡。栩實者，橡實也。』

樗 chū

字也作『槫』。木名。

樁 zhuāng

本為插入土中的木橛。又音chòng。通『摏』。撞擊。《晉書·宣帝紀》：『凡攻敵，必扼其喉，而摏其心。』摏，一作『樁』。

槷 niè

①或作『槸』木楔。②通『臬』。箭靶的中心。《小爾雅·廣器》：『射有張布謂之侯，侯中者謂之鵠，鵠中者謂之正，正方二尺，正中者謂之槷，槷方六寸。』③通『闑』。闑橛。《穀梁傳》：『置旃以為轅門，以葛覆質以為槷。』

槽 cáo

通『漕』。水道。《宋史·河渠志》：『十月，水落安流，復其故道，謂之復槽水。』

標 biāo

或作『摽』。梢。《管子·霸言》：『大本而小標。』《注》：『標，末也。』

𣘻 chá

『茶』的別體字。《集韻》：『茶、搽、茶，茗也。』一曰葭茶。

槬 huà

同『摦』。橫大。《左傳》：『今鐘槬矣。王心弗堪。』《注》：『槬，橫大不入。』

樘 chēng

同『橕』。支橕的斜柱。《說文》：『樘，衺柱也。』清·段玉裁《注》：『樘，或作牚，或作橕。皆俗字耳。』

樝 zhā

同『查』、『柤』、『楂』。《初學記》、《太平御覽》引《莊子》：『柤皆作樝。』《爾雅·釋木》：『樝梨曰鑽之。』《注》：『樝，以梨而酢澀。』

𣚪 gēng

《注》：『𣚪古耕字。』康熙字典謂同『耕』。

槾 màn

同『鏝』、『墁』（說文）《爾雅·釋宮》：『鏝謂之杇。』《釋文》本或作『槾』，又作『墁』。

樏 léi

本為登山用具。《史記·夏紀》作『檋』。《說文》作『欙』。《廣韻》：『山行乘欙也作樏。』又音 lěi。器物名，即扁榼，似盤，中有隔。

樊 fán

籬笆。《詩·小雅·青蠅》：『營營青蠅，止于樊。』《史記·東方朔》引《詩》作『蕃』。《漢書·戾太子傳》、《昌邑·哀王傳》引作『藩』。又音 pán。通『鞶』。馬腹帶曰『樊纓。』也同繁纓。《周禮·春官·巾車》：『樊纓九就。』《注》：『其樊及纓，以五彩裝飾之。』《樂府詩集》唐·鮑溶《塞上曲》：『漢卒馬上老，樊纓空絲繩。』

槮 shēn

又音sou。同『罧』。積柴水中以誘捕魚。《爾雅·釋器》：『槮謂之涔。』《注》：『今之作槮者，聚積柴於水中，魚得寒，入其裏藏隱，因以簿圍捕取之。』

概 gài

①同『槩』。量詞，風度，限量，大略，景象。②同『闓』。繫念，闓切。《史記·范睢傳》：『意者臣愚而概於王心邪。』《索隱》：『戰國策』：『概作闓，謂闓涉於王心也。』③通『慨』。感慨。《莊子·至樂》：『是其始死也，我獨何能無槩然。』《釋文》司馬云：『槩，感也。』④通『溉』。《文選》漢·枚叔（乘）《七發》：『澡槩胸中，灑練五藏。』

槹 gāo

同『槔』。

樔 cháo

①同『巢』。鳥巢。②通『罺』。魚網。《詩·小雅·南有嘉魚》：『烝然汕汕。』漢《毛亨傳》：『汕汕，樔也。』《箋》：『樔者，今之撩罟也。』③通『剿』。斷泡。《漢書·孝武李夫人傳·武帝自作賦》：『美連娟以脩嫮兮，命樔絕而不長。』《注》：『樔，截也。』

渽 yì

古『檥』字。《列子·周穆王》：『右驂赤驥，而左白渽。』《注》：『渽，古檥字。』按《穆天子傳》作『白義』。晉·張畢《博物志·物名考》作『白蟻』。

橤 ruǐ

同『蘂』、『蕊』。《文選》晉·盧子諒（諶）《時與》詩：『橄橄芳葉零，橤橤芬花落。』晉·左太沖（思）《蜀都賦》：『敷敷蘂葳蕤，落英飄颻。』劉淵林《注》：『蘂者或謂之花，或謂之實。一曰花鬚低頭也。』

樽 zūn

本作『尊』。也作『罇』。《易·習坎》：『樽酒簋貳，剛柔際也。』《左傳》：『新樽絜之。』《釋文》：『樽，音尊。』唐·李太白《李太白詩·前有樽酒行》：『春風東來忽相遇，金樽淥酒生微波。』又音zǎn。通『撙』。抑制。節省。《淮南子·要略》：『撙流遁之觀，節養性之和。』

檖 suì

①《說文》作『椽』。木名。②通『邃』。深邃。《荀子·禮論》：『疏房檖額越席牀第几筵，所以養體也。』

樹 shù

通『豎』。《漢書·楊雄傳·長楊賦》：『皆稽首樹頜。』《注》：『樹，豎也。』

橝 tán

木名。又音 xún。通『尋』。長。《楚辭》漢·嚴忌《哀命》：『擥瑤木之橝枝兮，望閬風之板桐。』

横 héng

通『黌』。學舍。《後漢書·儒林傳論》：『其服儒衣，稱先王，游庠序，聚横塾者，蓋布之於邦。域矣。』《注》：『横又作黌。』《後漢書·朱浮傳》：『宮室未飾，干戈未休，而先見太學，進立横舍。』舍《注》：『横，學也，或作黌，義亦同。』

橚 sù

①也作『橚』。草木茂盛。《文選》漢·張平子（衡）《西京賦》：『鬱蓊薆薱，橚爽櫹槮。』②又音 qiū。同『楸』《山海經·中山經》『（陽華之山）其草多藷藇，多苦辛，其狀如橚。』《注》：『橚，即楸字也。』

橑 lǎo

通『轑』。蓋弓。《淮南子·說林》：『蓋非橑不能蔽日，輪非輻不能追疾。』《大戴禮·保傳》：『古之為路車，蓋圓以象天，二十八橑以象列星。』《注》：『撩，弓也。』

橛 jué

①也作『橜』。短木樁。②通『撅』。敲打。《山海經·大黄東經·東海》：『其上有獸，……其名曰夔，黄帝得之，以其皮為鼓，橛以雷獸之骨。聲聞五百里。』③又音 guì。通『嶡』。俎。《廣雅·釋器》：『棕、棵、橛、俎，几也。』《集韻》：『橛，夏俎名。通作嶡。』

橙 chéng

①果木名。②又音 dèng。通『橙』。坐具。《晉書·王羲之傳·附王獻之》：『魏时凌雲殿榜未題，而匠者誤釘之，不可下，乃使韋中将懸橙書之。』

樸 pǔ

①或作「朴」。《老子》：「敦兮其若樸。」河上本作「朴」。②又音 bú。樹木叢生。《詩・大雅・棫朴》：「芃芃棫横。」《傳》：「朴，枹木也。」《疏》：「孫炎曰：朴屬凿生謂之枹。」《說文》作「樸」。

㯓 tà

同「榻」。床。《法苑珠林・十惡邪婬惑應緣》：「便令坐對㯓上，陳說語言，奇妙非常。」

橇 qiāo

泥雪行工具。《集解》：「孟康曰：橇形如箕，擿行泥上。」《正義》：「橇形如船而短小，兩頭微起，人曲一脚，泥上擿進，用拾泥之物。」《河渠書》作「毳」。

橅 mó

同「模」。《漢書・蕭望之傳・鄭朋奏記》：「今將軍規橅之若管晏而休，遂行日仄至周召乃留乎？」《注》：「橅讀曰模，其字從木。」

橋 qiáo

又音 qiāo。山行工具。《史記・河渠書》：「陸行載車，水行載舟，泥行蹈毳，山行即橋。」《夏紀》作「檋」。《漢書・溝洫志》作「梮」。一說為泥行所乘。同「橇」或作「鞽」（集韻有解）。又高聳。《鄭風・山有扶蘇》：「山有扶蘇，隰有遊龍。」《釋文》：「橋，本亦作喬。」《毛》作「橋」又音 jiāo。通「矯」。《荀子・儒效》：「行法至堅，好修其所聞，以橋飾其性情。」楊倞《注》：「橋與矯同。」

樵 qiáo

通「譙」。樓的別稱。《漢書・趙充國傳》：「為塹壘木樵，校聯不絕。」《注》：「樵与譙同，謂為高樓以望敵也。」

機 jī

通「幾」。危殆。《淮南子・原道》：「處高而不機。」

橜 jué

同「橛」。

檠 qíng

《說文》作「檠」。正弓之器。《韓非子・外儲》：「夫工人張弓也，伏檠三旬而蹈弦，一日犯機。」《淮南子・修務》：「故弓待檠而能調，劍待砥而後能利。」

檍 yì
木名，可做弓材。說文作『杻』。

檥 yǐ
同『艤』。整船靠岸。《史記·項羽記》：『於是項王乃欲東渡烏江，烏江亭長檥船待。』《集解》：『孟康曰：檥音蟻，附也，附船靠岸也。』如淳曰：『南方人謂整船靠岸曰檥。』

檝 jí
同『楫』。船漿。《樂府詩集》唐·李嶠《汾陰行》：『木蘭為檝桂為舟，櫂歌微吟綵鷁浮。』

檡 zhái
又音 fú。通『菟』。《漢書·敘傳》：『楚人謂乳「穀」，謂虎，「於檡」。』《注》：『檡，字或作菟，音塗。』

檐 yán
①也做『簷』。屋檐。《禮·明堂位》：『複廟重檐。』《釋名·釋宮室》：『簷，檐也。』②又音 dàn。通『擔』。負荷。《新唐書·車服志》：『開成末，定制：宰相、三公、師保、尚書令、僕射、諸司長官及致疾病許乘檐，如漢魏載輿，步輿之制。』

檗 bò
或作『蘗』。木名。即黃蘗。《文選》漢·司馬長卿（相如）《子虛賦》：『桂菽木蘭，檗離朱楊。』

檃 yǐn
也作『櫽』、『隱』。

檾 qǐng
本作『檾』。也作『苘』、『蹟』。植物名，即苘麻，也叫白麻。《說文》：『檾，枲屬。从林熒省。《詩》曰：『衣錦檾衣。』』今《詩·衛風·碩大》、《鄭風·豐》作『衣錦褧衣。』

檻 hǎn
通『壏』。堅土也。《周禮·地官草人》：『凡糞種……彊檻用蕡。』《注》：『强檻者。强堅也』《釋文》：『檻，本又作壏。』

欜 tuò

同『柝』。古时打更用的木梆。字或作『欜』。

檴 huò

木名，榆屬。《詩・小雅・大東》：『无浸檴薪。』漢・鄭玄《箋》：『穫落木名也。』穫為『檴』的借字。

櫂 zhào

劃船撥水的工具。短的稱楫或棹，長者叫櫂。也做『棹』。屈原《九歌湘君》：『桂櫂兮蘭枻。』也借指船。韓愈《昌黎集・答柳柳州食蝦蟇》詩：『哀哉思慮深，禾見許迦櫂。』

櫡 zhuó

本為斧、鋤一類的工具。《說文》：『櫡，斫謂之櫡。』清・段玉裁《注》：『櫡，一作鐯，俗字。』凡斫木之斤，斫地之欘，皆謂之櫡。又音 zhù。即筷子，同『箸』、『筯』。《史記・周勃世家》：『頃之，景帝居禁中，召條侯（周亞夫）賜食，獨置大胾，無切肉，又不置櫡。』《漢書・周勃傳》：『附周亞夫作箸。』

櫄 chūn

木名，同『椿』、『杶』。《山海經・中山經》：『成侯之山，其上多櫄木。』《注》：『似樗樹，材中車轅。』《急就篇》：『桐、梓、樅、榕、榆、櫄、樗。』唐・颜師古《注》：『椿字或作櫄，其音同。』

棻 fèn

通『紛』。茂盛貌。《後漢書・班彪傳・附班固西都賦》：『五穀垂穎，桑麻敷棻。』《說文》作『梤』。香木。

櫎 huǎng

也作『幌』。帷幔之類。《文選》晉・左太冲（思）《吴都賦》：『房櫳對櫎，連閣相經。』《注》：『櫎，帷屏屬，然則門窗之廡，通名櫎。櫎，音幌，音義同。』

櫌 yōu

同『耰』。農具。《說文》『櫌』引《論語》：『櫌而不輟。』漢《石經》及今本《論語・微子》皆作『耰』。《史記・秦始皇紀》：『太史公曰』引賈誼：『然陳涉以成卒散亂之衆數百，奮臂大呼，不用弓戰之兵，鉏櫌白挺，望屋而食，橫行天下。』

櫚 lú

《說文》無『櫚』字，漢·枚乘《七發》、司馬相如《上林賦》、楊雄《甘泉賦》均有『幷閭』一詞。幷閭，同『栟櫚』，即『椶櫚』。

櫑 léi

同『罍』。酒具也。《說文》：『櫑，龜目酒尊，刻木作雲雷象，象施不平也。』

櫓 lǔ

①兵器。《史記·秦始皇紀》：『太史公曰：引作「鹵」』。②頂部没有覆蓋的望樓。《三國志·袁紹傳》：『紹為高櫓，起土山，射營中，營中皆蒙楯。』③戰車的一種。《六韜·軍用》：『隱堅陳，敗强敵，武以大櫓……提翼小櫓。』④『劃船工具。長大而縱者曰櫓。』

櫋 mián

《說文》作『櫋』。屋檐板。楚·屈原《九歌·湘夫人》：『罔薜荔為帷，擗蕙櫋兮既張。』近人以為即室内之隔墻。

櫍 zhì

通『質』、『鑕』。古代的刑具。鍘刀的墊座。②又器物的脚。《說文》：『櫍，柎也。』又『柎，闌足也。』

欜 tuò

同『柝』。《說文》『欜』引《易》：『重門擊欜。』《周易集解·繫辭》重門擊欜，以待虣客。』《注》：『引《九家易》：『欜者，兩木相擊以行夜也。』今本《繫辭》欜作『柝』，作『暴』。打更的梆子。

櫩 yán

同『檐』。屋檐。《淮南子·主術》：『是故賢主之困人也，猶巧工之製木也，……修者以為櫩榱，短者以为朱儒枅櫨。無小大修短，各得其所宜。』

櫱 niè

本作『㰒』。也作『枿』、『䊬』。樹木砍去後重生的枝條。《書·盤庚》：『若顛木之有由櫱。』一本作『蘖』。清·王念孫《疏證》：『櫱與萌芽同義，芽米謂之櫱。』

欄 jiàn

木名。又音 lán。本作『蘭』。欄干。紙、書、識物的分格界記。唐·李肇《國史補》下：『宋亳間有識成界道絹素，謂之烏絲欄，朱絲欄。』

櫾 yòu

同『柚』。木名。《山海經·中山經》：『東北百里曰荆山。……其草多竹，多橘櫾。《注》：『櫾以橘而大也，皮厚味酸。』

檃 yǐn

同『檃』。

權 quán

通『爟』。《逸周書·七明武》：『旁遂外權。』晰火、烽火也。《史記·封禪書》：『故常以十月上宿郊見，通權火。』《集解》引張晏：『權火，烽火也，狀如並挈䧟矣，其法類稱，故謂之權，欲令光明遠照通祀所也。』

欑 cuán

也作『攢』。聚集。《禮·喪服·大記》：『君殯用輴，欑置於上。』《注》：『欑菆也』。《疏》：『欑置於上者，以木横輴，至於棺上。』

欒 luán

①木名。②鐘口的兩角。③柱首承梁的横木。④通『孿』。雙生子。《韓非子·外儲》：『薛公知之，故與二孿博。』⑤姓。春秋·晉，靖侯孫为欒，其後人以欒为氏。

櫃 jiù

同『柩』、『匶』。《新唐書·于數傳》：『州地庫薄，葬者不掩櫃。』一本作『柩』。

欛 bà

①同『把』。器物的柄。《廣韻》：『欛，刀柄名。②同『耙』。農具名。《元曲選》张國賓《薛仁貴》：『他不雇老實，便把那鎗兒、棒兒强温習，偏不肯拽欛为犁，常只是抛了農器學武藝。』

欙 léi

同『樏』。山行用具，《廣韻》：『山行乘欙，亦作「樏」』。

欠部

欣 xīn　本作『訢』。喜悦也。《莊子·秋水》：『于是焉河伯欣然自喜。』又愛戴。《國語·晉》：』昔者之伐也，興百姓以為百姓也。是以民能欣之。』《注》：『欣，欣戴也。』又姓。五代时有欣彪。

欨 xū　①笑貌。如『欨愉』。②也作『呴』。嘘氣以使温暖。《集韻》『呴』：『氣以温之也、或作欨、休、咻。』按：此字有平、上、去三音。《集韻》列入去声遇韻。

欻 xū　也作『歘』。忽然。《文選》漢·張平子（衡）《西京賦》：『神山崔巍欻從背見』。《梁書·範縝傳·神滅論》：『夫欻而生者必欻而滅，漸而生者必漸而滅……有欻有漸物之理也。』

款 kuǎn　①說文作『款』、『欵』。俗作『欵』。通『鍁』。原指鐘鼎彝上鑄刻的文字，後也指書畫的題名或稱款識。②又通『窾』。不實。《爾雅·釋器》：『款足者謂之鬲。』《漢書·司馬遷傳》：『實不中其聲者謂之款。』《史記·太史公自序》款作『窾』。

欹 qī　①通『攲』。側斜。《荀子·宥坐》：『吾聞宥坐之器者，虚則欹，中則正，满則覆。』②又音 yī。通『猗』。

欽 qīn　①敬，欽佩。②舊對皇帝所行事的尊稱。如『欽命』、『欽定』、『欽賜』。②通『顉』。曲也，如曲身。也謂之『欽身』。唐·王琚：《射經·親身開弓》：『開弓發矢，要欽身兜外，分明認貼真。』《後漢書·周燮傳》：『燮生而頤欽折頞，醜狀駭人。』也作『顉頤』。

欿 kán　通『坎』。坑。《左傳》：『至則欿用牲，加書徵之。』《楚辭》宋玉《九辯》：『收恢臺之孟夏兮，然欿傺而沈藏。』《注》：『楚人謂住曰傺，《文選》作坎傺。』

歅 yīn　又音 yìn。通『湮』。淤塞、凝滞。《莊子·天運》：『唯循大變無湮者、為能用之。』《釋文》：『司馬（彪）本作歅。疑，（凝）也。』

歇 xiē

本为休息或停息。又通『猲』。短嘴獵狗。《詩·秦風·駟鐵》：『輶車鸞鑣，載獫驕。』《傳》：『獫，歇驕，田犬也。长喙曰獫，短喙曰驕。』《爾雅·釋畜》作『猲獢』。《文選》漢·張平子（衡）《西京賦》：『載獫驕。』唐·張銑《注》作『猲獢』。

歂 chuǎn

同『喘』。

歉 qiàn

收成不好曰歉。《廣雅·釋天》：『一穀不升曰歉。』《穀梁傳》作『嗛』。

歌 gē

同『謌』。詠、唱、奏樂。合樂曲子作歌。《詩·陳風·墓門》：『夫也不良，歌以訊之。』《箋》：『歌謂作詩也。』《書·舜典》：『詩言志，歌詠言。』《詩·魏風·園有桃》：『心之優矣，我歌且謠。』

歙 xié

同『噏』。閉合。《說文》：『歙，翕氣也，』宋·梅堯臣《宛陵集·初冬夜坐憶相城山行》詩：『馬行聞虎氣，豎耳鼻息歙。』

歍 wū

①嘔吐。②同『嗚』。《文選》南齊·謝玄暉（朓）《拜中軍紀室辭随王牋》：『皋壤搖落，對之惆悵；歧路東西，或以歍唈。』《注》：『歍，與「嗚」同。』

歎 tàn

同『嘆』。歎息。《國語·楚》：『今吾子臨政歎，何也。』②贊歌。《禮·郊特牲》：『賓入大門而奏《肆夏》，示易以敬也，卒爵而樂闋，孔子屢歎之。』③贊和。《禮，樂記》：『清朝之瑟，朱弦而疏越，一唱而三歎。』

歐 ǒu

①歐吐。②又音 ōu。通『謳』。贊頌也。漢《三公山碑》：『百姓歐歌，得我惠君。』又通『毆』。毆打。《漢書·張良傳》：『（父老）顧謂良曰：「孺子取下履，良愕然，欲歐之。」』《史記·留侯世家》作『毆』。③又音 qū。通『驅』。驅使。《大戴禮·禮察》：『或導之以德義，或歐之以法令。』

歑 hū　『呼』的異體字。吹氣。古籍中嗚呼也作『嗚歑』。

㱃 yǐn　同『飲』。《說文》作『㱃』。

歘 xū　同『欻』。

歕 pēn　同『噴』。噴射《文選》漢·班孟堅（固）《東都賦》：『吐焰生風，合野歕山。』

歗 xiào　同『嘯』。吟。振口發長聲。《詩·王風·中谷有蓷》：『有女仳離，條其歗矣。』

歙 xī　①通『吸』、『噏』。吸入。吸取。《老子》：『将欲歙之，必固張之。』②又通『翕』。和洽。《漢書·鮑宣傳》：『衆庶歙然，莫不說喜。』③又音 xié。通『脅』。收縮。《後漢書·張衡傳·應問》：『捷徑斜至，我不忍以投步。千進敬容，我不忍以歙肩。』④又音 shè。地名。如『歙州』、『歙浦』、『歙縣』。

歜 chù　多用於人名。《左傳》文十七年有周大夫甘歜。《戰國策·齊》齊宣公时有颜歜。字或作『斶』。《史記·田單傳》作『蠋』。

歟 yú　古作『與』。疑問，感歎，反詰。常用于語氣詞。

歠 chuò　通『啜』。飲、唱。《楚辭》屈原《漁父》：『衆人皆醉，何不餔其糟而歠其醨。』《史記·屈原傳·漁父》作『啜』。

歃 chuī

古『吹』字。《周禮・春官・籥師》：『籥師掌教國子舞羽歃籥。』

歡 huān

也作『懽』、『驩』、『讙』。①喜悦。《書・洛誥》：『公功肅將祇歡。』②古時男女相愛，女稱男为歡。《樂府詩集・子夜歌》：『歡愁儂也慘，郎美儂更喜。』

止部

止 zhǐ

『趾』的本字。足。《易・噬嗑》：『履校滅趾。』《釋文》作『止』。《漢書・刑法志》：『斬左趾。』《注》：『止，足也。』

正 zhèng

通『政』。《漢書・陸賈傳》：『夫秦失其正，諸侯豪傑並起。』《注》：『正亦政也。』又通『證』。《儀禮・士昏禮》：『女出於母左，父西而戒之，必有正焉。若衣若笄。』：清・胡培翬《正義》引盛世佐云：『以物为憑曰正。』：又音zhēng。通『征』。賦稅、力役。《周禮・夏官司動》：『惟加田無國正』。《注》：『正，謂稅也。』《禮・燕義》：『司马弗正。』《疏》：『正，役也。』

武 wǔ

通稱為軍事。又音hǔ。繫冠之帶。通『幠』。《禮・玉藻》：『居冠屬武。』又『高冠玄武。』此武本為『幠』。

步 bù

通『埠』。《水經注・贛水》：『贛水又東北逕王步，步側有城……今謂之王步，蓋齊王（孫奮）之渚步也。』：唐・柳宗元《柳先生集・永州鐵爐步志》：『江之滸，凡舟可縻而上下者曰步，永州北郭有步曰鐵爐步。』因以水邊之處也。

歧 qí

《說文》作『𨙸』，或作『岐』，俗作『歧』。古籍『歧』、『岐』通用。

歪 wāi

《說文》作『竵』。不正也。

岠 jù

通『拒』。阻止。抵拒。又通『距』。《漢書・楊雄傳・校獵賦》：『騰空虛，岠連卷。』《注》：『岠、即『距』字也。』

峙 zhì

《說文》作『峙』。具備、積蓄也。《史記・魯・周公世家》：『魯人三郊三隧，峙尔芻茭，粮量，楨幹，無敢不逮。』

歰 sè

同『澀』，或作『歮』，也作『澁』。苦澀，不潤滑。《楚辭・大招》：『四射並孰不澀嗌只。』又口吃也。《方言》：『謰極，吃也。或謂之澀。』《注》：『語難也。』

歷 lì

通『秝』。稀疏不齊。又通『櫪』。马廄。《漢書・梅福傳》：『伏歷幹駟，臣不貪也。』又通『鬲』。釜鬲。《史記・優孟傳》：『以壠竈為椁，飼歷為棺。』《索隱》：『歷即釜鬲也。』又通『曆』。《漢書・律曆志》：『黃帝調律歷。』《史記・曆书》，《百納本》作『歷』。

歸 guī

又音 kuì。通『饋』饋贈。《論語・微子》：『齊人歸女樂。』《釋文》：『歸，如字，鄭(玄)作「饋」。』又通『愧』。慚愧。《戰國策・秦》：『面目黎黑，狀有歸色。』《注》：『歸當作「愧」。慙也。音相近，故作歸耳。』

歹部

𣦸 xiǔ

同『朽』。腐爛。《墨子・尚同》：『至有餘力不能，不能以相勞。腐𣦸餘財，不以相分。』

殀 yāo

通『夭』。短命。《孟子・盡心》：『殀壽不貳，修身以俟之，所以立命也。』

殁 mò

同『歿』。《左傳》：『叔展曰：「楚王其不殁」』。《注》：『不以壽終。』

殆 dài

①通『迨』，始及，趕上。《詩·豳風·七月》：『女心傷悲，殆及公子同歸。』《傳》：『殆，始。』②通『怠』。懈怠。《詩·商頌·玄鳥》：『商之先後，受命不殆。』

殄 tiǎn

①通『腆』。美善。《詩·邶風·新臺》：『燕婉之求，籧篨不殄。』《箋》：『殄當作「腆」。腆，善也。』

殉 xùn

以人從葬也。古籍多用『徇』字。《說文》無『殉』字。

殍 piǎo

說文作『𠬪』。假作『殍』、『莩』。《孟子·盡心》：『有布縷之征，粟米之征，力役之征，……君子用其三而民有殍。』殍，指被餓死的人也。

殙 hūn

本作『殙』。迷惑紊亂。《莊子·達生》：『以瓦注者巧，以鉤注者憚，以金注者殙。』

殝 cuó

同『瘥』。病。唐·柳宗元《柳先生集·劉二十八院長述舊言懷感時書事奉寄豐州員外使君……》詩：『渚行狐作孽，林宿鳥為殝。』

殞 yǔn

①通『隕』。墜落。《荀子·賦》：『列星殞落，旦目晦盲。』

殳部

段 duàn

本字作『段』。後加肉旁作『腶』。捶脯。古時在石板上捶擊乾肉。又通『鷻』。鷻不成鳥。《管子·五行》：『然則羽卵者段。』《注》：『段為離散不成。』

殺 shā
通『煞』。形容極甚之詞。《文選・古詩十九首》：『白楊多悲風，蕭蕭愁殺人。』

殼 qiào
《說文》作『㱿』。堅硬的外皮。

殽 xiáo
①同『淆』。混雜。《漢書・食貨志》：『鑄作錢布皆用銅殽以連錫。』②通『肴』。指菜肴。《詩・大雅・韩奕》：『其殽為何？炰鼈鮮魚。』③又音 xiào。通『效』。效法。《禮・禮運》：『是故夫禮，必本於天，肴於地，列於鬼神。』

毄 jī
①說文作『毄』。打擊。《周禮・考工記・廬人》：『毄兵同强。』《疏》：『毄，以殳长丈二無刃，可以擊打人。』②又音 jì。通『繫』。拴繫。《漢書・景帝紀》元年春正月詔：『群國或磽陿。無所農桑毄畜。』《注》：『謂食養之、畜謂牧放也……毄，古繫字。』

毃 què
同『敲』。《左傳》：『邾莊公與夷射姑飲酒，私出闇乞肉焉，奪其杖以毃之。』《釋文》：『毃，苦孝反，又苦學反。』《說文》作『毃』。

毆 ōu
打擊、捶擊。清・段玉裁《說文解字注》『毆』：『按此字即經典之歐字。《廣韻》曰：『俗作「[illegible]」』是也。』唐石經《周禮射鳥氏》：『以弓矢毆烏鳶……今本皆作「歐」，唐刻獨不誤。』

毉 yī
同『醫』。治病。漢・楊雄《太玄經・常》：『疾其疾，能自毉。』

毋部

毌 guàn

古『貫』字。清・段玉裁《說文解字注》：『古貫穿用此字。』又姓也，戰國魏有毌擇。

毓 yù

同『育』。生、養。《周禮・地官・大司徒》：『以蕃鳥獸，以毓草木。』《文選》班孟堅（固）《東都賦》：『髮蘋藻以潛魚，豐圃草以毓獸。』

比部

比 bǐ

同『皮』。《左傳》：『自雩門竊出，蒙臯比而先犯之。』《注》：『臯比，虎皮。』

毗 pí

本作『𣬈』。也作『毘』。輔佐，比附，損傷。又通『比』。連接。如毗連、毗鄰。

毘 pí

同『毗』。

毖 bì

①謹慎。②操勞。③教導。④輔助。⑤通『泌』。泉湧貌。《詩・邶風・泉水》：『毖彼泉水、亦流於淇。』唐・李賀《歌詩編・昌穀》：『亂條迸石巔，細頭喧鳥毖。』

毛部

毦 ěr

說文作『䩭』。《字林》作『毦』。《後漢書・單超傳》：『皆競起第宅，樓觀壯麗，窮極伎巧，金銀罽毦，施於犬馬。』《注》：『毦，以羽毛為飾。』《文選》郭景純（璞）《江賦》：『揚皜毦，擢紫茸。』《注》：『毦與茸皆草花也。』

毫 háo

《說文》作『豪』。隸作『豪』。細毛也。

毬 qiú

今寫作『球』。圓形物體。

毯 tǎn

也作『㲜』。較厚的毛紡織品。也稱毛席。唐缺名《補江總白猿傳》：『捫蘿引𪖙，而陟其上，則嘉樹列植，門以名花，其下綠蕪，豐軟如毯。』

毳 cuì

本為鳥獸的細毛。《說文》：『毳，獸細毛也。』又通『脆』。脆弱，不堅硬。《荀子·議兵》：『是事小敵毳，則偷可用也，事大敵堅，則渙然離耳。』《漢書·刑法志》引作『事小敵脆。』又通『橇』。泥路上行走的一種工具。《史記·河渠書》：『泥行蹈毳，山行即橋。』《索隱》：『毳字也作「橇」。』

毱 jū

同『鞠』。即球。唐釋玄應《一切經音義，瑜伽師地論》『拍毱』引《三蒼》：『毛丸可戲者也。』

毻 tuò

同『毤』。鳥獸脫毛。《文選》晉·郭景純（璞）《江賦》：『產毻積羽，往來勃碣。』《注》：『字書曰：毤，落毛也。毤與「毻」同。』

毾 tà

同『毾』。《字彙》、《正字通》作『毾』。

氂 máo

①犛牛尾、長毛、毛織物。②通『犛』、『斄』。牦毛也。③又音lí。通『釐』長度單位。《禮·經解》：『易曰：君子慎始，差若豪氂，繆以千里。』

氈 zhān

也作『氊』。

氏部

氏 shì

姓。通『是』。三國時有氏儀，後改為是儀。

氐 dǐ

①根本。②通『抵』。《漢書·食貨志》：『天下大氐無慮皆鑄金錢矣。』《注》：『氐，讀曰抵。抵、歸也，大歸獻言大凡也。③通『低』《漢書·食貨志》：『對君皆氐首仰給焉。』《注》：氐首猶言首也。

气部

气 qì

清·段玉裁謂『气』、『氣』古今字。自以『氣』为雲气，乃又作『餼』为廩气字。』

氤 yīn

常以『氤氳』为組詞。氤氳，也作『絪緼』、烟熅。《易·繫辭》：『天地絪緼，萬物化醇。』《釋文》：『絪，本文作「氤」；緼，本又作「氳」。』

氵部

永 yǒng

同『泳』。《書·舜典》：『詩言志，歌永言。』《釋文》：『永，徐（邈）音詠，又如字。』

汁 zhī

①又音 xie。《集韻》：『檄燇切，入帖魚。』②通『協』。《六言》：『斟，協，汁也……自關而東曰協。關西曰汁。』《文選》漢·張平子（衡）《西京賦》：『五緯相汁。以旅東井。』③又音 shí。《集韻》：『寔入切，入緝韻。』

汒 máng

同『茫』。《莊子秋水》：『今吾聞莊子之言，汒焉異之，不知論之不及與，知之弗若與。』《太平御覽》作『茫』。

汗 hàn

又音 kè。古代我國西北少數民族，如柔然、突厥諸族稱國王為可汗簡稱汗。又『汗淋』与『翰林』同。宋・魏泰《東軒筆錄》：『(王安國)當盛夏入館中，方下馬，流汗浹衣，劉攽見而笑曰：君真所謂汗淋學士也。』

汙 wū

①亦作『污』。②又音 yū。通『紆』。《左傳》：『婉而成章，盡而不汙。』《注》：『謂直言共事，盡其事實，無所汙曲。』③又音 wā。同『洼』。低陷也。《禮・禮運》：『汙尊而抔飲。』《注》：『汙尊，鑿地而尊也，抔飲，手掬之也。』④又通『宂』。

汏 dài

①俗作『汰』。沖洗也。②又音 tài。過。《左傳》：『伯棼射王汏輈及鼓跗，善於叮寧。又射，汏輈以貫笠轂。』《注》：『汏，過也，箭過車轅上。』《釋文》及唐《石經》皆作『汰』。③通『泰』。驕者。《禮・禮弓》：『汏哉叔氏，專以禮許人。』《釋文》：『汏本又作大，音泰，目矜大。』

汎 fàn

①通『泛』。浮起。《詩・邶風・柏舟》：『汎彼柏舟，亦汎其流。』②又音 féng。浮游不定貌。《史記・司馬相如傳・上林賦》：『汎滛之濫，通风澹泊，與波搖蕩，掩薄草渚。』《索隱》：『汎音馮。』《楚辭》漢・王褒《九懷尊嘉》：『竊哀兮浮萍，汎滛兮無根。』《注》：『隨水浮游，乍東西也。』

池 chí

又音 tuó。同『陁』、『阤』。陂也。

汸 pāng

①通『滂』。水流盛貌。《荀子・富国》：『若是則萬物得宜事變得應，上得天時，下得地利，中得人和，財富渾渾如泉源，汸汸入河海，暴暴如嶽……夫何患乎天下不是也。』《注》：『汸讀為傍，水貌也。』②通『方』。泉名。唐・元結《元次山集・七泉銘・方泉銘》：『古之君子，方以全道，吾命汸泉，方以終老。』

沈 shěn

①也作『沉』。②又音shěn。通『瀋』。汁。《禮・檀弓》：『為榆沈，故設撥。』《釋文》：『沈，本作瀋，同，昌審反。』又音fán。『沈沈』深邃貌。《史記・陳涉世家》：『入宮，見殿屋帷帳，客曰：涉之涉之為王沈沈者。』《集解》引應劭：『沈沈，宮室深邃之貌也。』

沏 qiè

本衝擊。《文選》木玄虛（華）《海賦》：『飛澇相磢，激勢相沏。』《注》：『沏，摩也。楚乙反。』又音qī。《紅樓夢》二六：『紫鵑：把你們的好茶沏碗我喝。』

沌 dùn

本蒙昧貌。《老子》：『我愚人之心哉，沌沌兮！』又音zhuàn。地名。在湖北漢陽縣，沌陽。漢江夏郡安陸縣。（今之湖北漢陽縣。）

汰 tài

『汏』之俗字。

汩 gǔ

①『汩』、『汨』，古義相近。篆變為隸，形又相混，古籍中常互通用。又音yù。迅急貌。《離騷》：『汩餘若將不及兮，恐年歲之不吾與。』②又音hú。湧出的泉水。《莊子・達生》：『與齊俱入，與汩偕出。』《注》：『洄狀而湧出者汩也。』

沂 yí

①水名，如『沂河』，源出山東省沂源縣魯山。又音yín。古時一種單管横吹的樂器。《爾雅・釋樂》：『大篪謂之沂。』又通『圻』、『垠』，岸，邊際。《漢書・敘傳》答賓戲：『齊甯激聲。』於康衢，漢良受

於祁沂。』《注》：『晉灼曰：沂，崖也。下邳，水之崖也。』

汳 biàn

『汴』的本字。

泱 yāng

通『訣』。《漢書·蘇武傳》：『（李陵）因泣下霑衿，與（蘇）武泱去。』《注》：『泱，別也。』

沶 liú

古文『流』字。《荀子·榮辱》：『其沶長矣。其溫厚矣，其功順姚遠矣，非順孰修為之君子，莫之能知也。』

泜 zhǐ

《說文》：『泜，著止也，以水氏聲。』又土部坻字也附著之義，與『泜』字俱從氏。宋·徐鍇《說文繫傳》引《左傳》：『物及泜伏』。今《左傳》作『坻伏。』泜與坻，義略同，自唐、宋以來『氏』、『氐』多混用。

沒 mò

通『歿』。《論語·子罕》：『文王既沒，文不在茲乎。』

泛 fàn

也作『汎』。

沙 shā

同『嗄』。用於聲音。《周禮·官·內饔》：『鳥皫色而沙鳴。』又助語詞同『吵』。又同『砂』。極小的石粒。

沔 miǎn

通『湎』。沉迷也。《史記·樂書》：『陵遲以至六國，流沔沉佚。遂往不返，卒於喪身滅宗，並國於秦。』

沛 pèi

通『旆』。幡幔之屬。《易・豐》：『豐其沛，日中見沬。』《注》：『帷幔之所以御盛光也。』《釋文》：『本或作旆，謂帷幔也。』

汴 biàn

《說文》作『汳』。

汜 sì

通『涘』。《淮南子・道應》：『（公孫龍）至於河上，而航在一汜。使善呼者呼之，一呼而航來。』

泬 jué

通『遹』。

沱 tuó

又音 duò。同『沲』。

泣 qì

無聲或低聲而哭。又通『澀』。《素問・五藏生成論》：『凝於胍者为泣。』《注》：『泣謂穩中有血行不利。』

注 zhù

又音 zhòu。同『咮』、『噣』。鳥嘴也。《周禮・考工記・粹人》：『以注鳴者，謂之小蟲之屬。』又星名，即柳宿。《史記・律書》：『西至於注。』《索隱》：『注，咮也。』《天官書》云：『柳為鳥咮，則星也。』

泮 pàn

通『畔』。水邊。《詩・衛風・氓》：『淇則有岸，隰則有泮。』《箋》：『泮讀為畔。』

沬 mèi

①通『昧』。《易・豐》：『豐其沛，日中見沬。』《注》：『沬，微昧之明也。』《釋文》：『字林作昧。』②又音 huì。通『頮』、『靧』。洗面也。《漢書・外戚傳》漢武帝悼李夫人賦：『弟子增欷洿沬帳兮。』又《律

曆志》引《書·顧命》：『甲子，王乃洮沫水。』《注》：『洮，盥手也。沫，洗面也……沫即「頮」字也』。今《書·顧命》作『頮』。

洂 yí

①又音 chí。同『坻』。水中小塊的陸地。《楚辭》漢·王褒《九懷陶壅》：『浮溺水兮舒光，淹低水佪兮京洂。』②同『柢』。《漢書·高惠高后·文功臣表》：『洂陵康侯魏駟。』《注》：『晉灼曰：洂，古柢字。』

法 fǎ

本作『灋』。

泄 xiè

①通『渫』、『洩』。漏泄。《管子·君臣》下：『牆有耳者微謀外泄之謂也。』②通『媟』。輕慢，褻瀆。《孟子·離婁》下：『武王不泄邇，不忘遠。』

沽 gū

与『酤』、『賈』通。商販《後漢書·禰衡傳》：『或問衡曰：盍從陳文長（羣）司馬伯達（朗）乎？對曰：吾焉能從屠沽兒耶！』屠沽兒，賣酒的人或屠户。

泥 ní

①也作『埿』。泥土。《書·禹貢》：『厥土惟塗泥。』也指如泥之物，如印泥。②又音 nie。通涅。染黑。《史記·屈原傳》：『濯淖汙泥之中。蝉蜕於濁穢，以浮游塵埃之外，不獲垢，皭然泥而不滓者也。』《索隱》：『泥音涅，滓音淄文並如字。』

波 bō

又音 bēi。通『陂』。《漢書·江都易王非傳》附劉建：『後遊雷波天大風。』《注》：『波讀陂。雷陂，陂名。』

沾 zhān

①通『霑』。浸潤、濡濕。《史記·陳承相世家》：『勃又謝不知，汗出沾背，愧不能對。』又音 chān。通『覘』。視也。《禮·檀弓》：『我喪也斯沾。』《注》：『沾，讀曰覘。』

況 kuàng

通『貺』。賜予。光寵。《國語·魯》：『君以諸矦之故況使臣以大禮。』《史記·司馬相如傳·子虛賦》：『足下不遠千里，来況齊國。』《文選》作『貺』。此言光顧。

泏 zhú

本水出貌。又音 shè。通『涉』《古文苑》漢·班固《十八侯銘右丞相安國侯王陵》：『奉使全壁，身涉項營。』《注》：『(泏)作涉。』

泠 líng

①通『零』。漢《張公神碑》：『天时和兮甘露泠。』②通『伶』。《左傳》：『晉侯觀於軍府，見鐘儀……問其族，對曰：泠人也，公曰能樂乎？對曰：先人之職官也，敢有二事，使與之琴，操南音。』

泆 yì

通『溢』。《史記·夏記》：『道沇水，東為濟，入於河，泆為滎。』《書·禹貢》作『溢為滎。』

沲 duò

同『沱』。唐·杜甫《杜工部草堂詩箋》醉歌行：『春光淡沲秦東亭，渚蒲牙白水行青。』

沿 yán

也作『㳂』。順流而下。《書·禹貢》：『㳂於江海，遠於淮泗。』《左傳》：『子沿漢而與之上下，我悉方城外以毀其舟。』

泊 bó

通『薄』。漢·王充《論衡·率性》：『非厚與泊殊其釀也，麴糵多少之然也。』

泝 sù

也作『溯』、『遡』。逆水而上。《文選》漢·張平子(衡)《東京賦》：『總風雨之所交，然後以建王城，審曲面勢，泝洛背河，左伊右瀍。』漢·班孟堅(固)《典引》：『矧夫赫赫聖漢，巍巍唐基，泝測其源，乃先孕虞育夏。甄殷陶周。』

洴 píng

同『纊』。《莊子·逍遥遊》：『宋人有善为不龜乎之藥者，世世以洴澼絖為事。』

洒 sǎ

①同「灑」。《詩・唐風・山有樞》：「子有延內，弗洒弗埽。」《釋文》本作「灑」。《禮・內則》：「屑桂薑以洒其上而鹽之。」按：「洒，灑古今字。」《周禮・毛詩古論》作「洒」。②又音 xǐ。通「洗」。恥辱冤屈。《孟子・梁惠王》：「及寡人之身，東敗于齊，長子死焉，西喪地於秦七百里，南辱於楚，寡之恥人，願比死者壹洒之，如之何則可。」③又音 cuǐ。高峻貌。《詩・邶風・新臺》：「新臺有洒，河有浼浼。」《注》：「洒，高峻也。」清・段玉裁謂洒為「陖」之借字。④又音 zá。我。同「咱」、「喒」。《永樂大典・戲文三種張協狀元》：「洒是廝殺漢。」

涑 qì

本細雨紛紛貌。又通「漬」。北魏・賈思勰《齊民要術・蒸缹法》：「……稻米四升，炊一裝薑四升，橘皮二葉，葱白一升，豉汁涑饋作糝，今用醬清調味蒸之。」

洿 wū

通「污」。《左傳》：「治舊洿。」《注》：「治理污穢。」《漢書・貢禹傳》：「臣禹犬馬之齒八十一，血氣哀竭，耳目不聰明，非複能有。」

洸 guāng

又音 huǎng。通「潢」、「滉」。《文選》晉・郭景純（璞）《江賦》：「澄澹汪洸。」《史記・莊周傳》：「其言洸洋自姿以適己，故自王公大人不能器之。」《文選》張平子（衡）《西京賦》：「肬臨太液，滄池漭沆。」三國・吳・薛綜《注》：「漭沆，猶洸像，亦寬大也。」

泚 cǐ

清・馬瑞辰謂玼訓玉色鮮明。「泚」為「玼」之假借。《詩・邶風・新嘉臺》：「新臺有泚，河水瀰瀰。」《說文》「玼」引《詩》作「新臺有玼。」

洩 yì

又音 xiè。本作「泄」泄漏。《禮・中庸》：「今夫地一撮土之多，及其廣厚，載華嶽而不重，振河海而不洩，萬物載焉。」又減少。《左傳》昭：「宰夫和之，齊之以味，濟其不及，以洩其過。」又停歇。《文選》南朝・宋・顏延年（延之）《赭白馬賦》：「踠跡回唐，畜怒未洩。」

洽 qià

又音hé。也作『郃』。古水名。原出陝西郃縣，即今金水。《詩·大雅·大明》：『在洽之陽，在渭之涘。』

洮 táo

通『淘』。《爾雅·釋訓》：『溞溞，析也。』晉·郭璞《注》：『洮米聲』。

洵 xún

通『旬』、『均』。《詩·大雅·桑柔》：『莞彼桑柔，其下侯旬。』《傳》：『旬，言陰均也。』《爾雅·釋言》：『洵，均也。』《注》：『謂調均。』

洶 xiōng

同『汹』。《文選》戰國·宋玉《高唐賦》：『濞洶洶其無聲，潰澹而並入。』

洛 luò

①通『絡』。反復背誦。《莊子·大宗師》：『副墨之子，聞諸洛誦之孫。』唐·成玄英《疏》：『臨水謂之副墨，背文謂之洛誦。……所以執持按披讀，次則漸入其理。是故羅洛誦之。』『洛』、『络』，同音，借字。又洛河，也作雒為『洛』。《周禮·夏官·職方氏》：『河南曰豫州……其川熒洛。』三國·魏黃初年間始改雒為『洛』。

洑 fú

通『浮』。浮遊。《紅樓夢》：『掐了桂蕊，扔在水面，引得那遊魚浮上來唼喋。』

洢 yī

通作『伊』。伊河，水名。在今河南省。

洎 xì

《說文》：『洎，水。』出汝南·新郪，入潁。從水，囟聲。』清·段玉裁《注》：『今安徽·潁州府治阜陽縣，縣東八里有新郪城。……按今洎水不得其詳。』又『洎，細，古今字。』

浣 huàn

《說文》作『瀚』。

涗 shuì
①通『纔』。《周禮》曰：『以涗漚其絲微温之水。』②同『泲』。《禮・郊特牲》：『醆灑涗于清。』《疏》：『涗，泲也，謂泲之以清酒。』

浡 bó
通『勃』。《孟子・梁惠王》：『天油然作雲，沛然下雨，則苗浡然興之矣。』

涇 jīng
①通『徑』。《莊子・秋水》：『秋水時至，百川灌河，涇流之大，雨涘渚言之間不辯乎馬。』《釋名・釋水》：『水直波曰涇。』②通『經』。月經。《素問・調經論》：『形有餘則腹脹，涇溲不利不足，則四肢不用。』《注》：『涇作經，婦人月經也。』

涌 yǒng
或作『湧』。《文選》漢・枚叔（乘）《七發》：『紛紛翼翼。波涌雲亂。』

涎 xián
《說文》作『次』。《爾雅》郭璞《注》作『唌』。又漿汁。宋・蘇軾《分類東坡詩》和蔣夔寄茶：『厨中蒸粟埋飯甕，大杓更取酸生涎。』

消 xiāo
①通『銷』。溶化也。《周禮・考工記・梟氏》：『改煎金錫則不耗。』漢・鄭玄《注》：『消湅之精不複減也。』②通『逍』。如逍搖。安閑自得也。《禮・檀弓》：『孔子蚤作，負手曳杖，消搖於門。』《釋文》：『消搖，本又作逍遙。』

浥 yì
也作『裛』。唐・王維《王右丞集・送王二使西安》詩：『渭城朝雨裛清塵，客舍青青柳色新。』

浮 fú
①通『罘』。建於殿上的牆屏。《禮・明堂位・疏》屏：『屏謂之樹，今浮思也。刻之為雲氣的蟲獸，如今闕上為之矣。浮思即「罘」罳。』②通『蜉』。《大載禮・夏小正》：『浮游有殷。』《注》：『蜉略也，

朝生而暮死。」③通『瓠』。《淮南子・說山》：『百人抗浮。』《注》：『浮，瓠也。』

浛 hàn

同『涵』。舊題晉・王嘉《拾遺記・少昊》：『滄天蕩蕩望滄滄，乘桴輕，漾着曰傍。』

淀 xuán

同『漩』。回旋的水流聲。參閱。《正字通》清・段玉裁《說文解字注》作『淀』。

淘 diàn

同『淀』。《嘉慶一統志・順天府・山川》：『七里海，在宁河縣西北四十里……其西北為後海。後海之西為鯽鱼淘。』《畿輔通志》作『淀』。

涖 lì

同『莅』。《左傳》：『陳之執之而清涖於衛。』

浚 jùn

①同『濬』。《春秋・莊》：『冬，浚洙。』②通『踆』。《古文苑》漢・劉歆《遂初賦》：『獸望浪以穴竄兮，鳥肋翼之浚浚。』《注》：『與踆同。伏也，音逡。』

淀 diàn

晉・劉逵《注》：『淀者，為淵而淺也。』《說文》無淀字。《傳》寫或作『淘』、『澱』。

涫 guàn

通『盥』。《列子・黃帝》：『進涫漱巾櫛。』《注》：『涫，音管。』《莊子》作『盥』。

洴 píng

同『洴』。

涼 liáng

又音liàng。通『諒』。輔左。《詩・大雅・大明》：『維師尚父，時維應鷹涼必武王。』《釋文》：『涼本作諒……。』《韓詩》作『亮，相也。』

淤 yū

①清·鄭珍《說文新附考》：『嶼謂淤即嶼之古字。』②通『飫』。宴飲。《後漢書·馬融傳·廣成頌》：『然後擺牲班禽，淤賜犒。』

𣹟 xiè

又音 yì。蒸葱。《禮·曲禮》：『葱昬䳒末，灑漿䳒右。』《注》：『𣹟，烝葱也，烝通蒸。』清·阮元《校勘記》：『渫本字，𣹟，唐人避諱字。』石經中凡偏旁涉世字者多改從𠫓，如枼作弃。

淯 yù

通『育』。《管子·宙合》：『天淯陽，無計量。』《注》：『淯，古育字，天以陽氣育生萬物，物生不可計量。』

𣶒 hù

同『戽』。汲水。戽斗。《廣雅·釋器》作『𣶒斗』。

淡 dàn

又音 tán。通『痰』。晉·王羲之《問慰帖》：『昨還初頓，胸中淡悶干嘔轉劇，食不可強。』又通『澹』。澹泊也。也作『淡泊』。

淒 qī

亦作『凄』。

淔 chì

又音 zhí。通『殖』。淔灌為菌的一種。《藝文類聚》引《爾雅》作『菌芝。』清·郝懿行《義疏》謂茵字不見他書，當由菌字破損而誤。

𣸫 hán

《方言》：『𣸫，或也。沅澧之間，凡言或如此者，曰駃如是。』今廣東方言作『甘』。

淋 lín

也作『痳』。病名。

淢 yù

①同『惐』。悲傷貌。《文選》晉·潘安仁（岳）《笙賦》：『秋愴惻淢。』《注》：『淢與惐同。』②又音 xù。通『洫』。護城溝。《詩·大雅·文王有聲》：『築城伊淢，作豐伊匹。』《釋文》引《韓詩》

作『城洫』。

泡 pào

同『泡』。以水浸泡物。宋·周煇《清波雜志》：『（高宗）自相州渡大河，荒野中塞甚，燒柴借半破甆盂温湯蹋泡茅簷下，與王伯彦同食。』

淖 nào

又音 chuò。同『綽』。《莊子·在宥》：『淖約柔乎剛彊。』《荀子·宥坐》：『夫水……淖約微達，似察。』

混 hùn

通『渾』。濁。《文選》漢·班孟堅（固）引：『同於草昧，玄混之中。』《注》：『混，猶溷濁。』又音 gūn。通『滾』。大水奔流貌。《文選》漢·枚叔（乘）《七發》：『混混庉庉，聲如雷鼓。』

淼 miǎo

同『渺』。無邊大水。

淨 jìng

古作『瀞』。潔淨。《墨子·節葬》下：『若苟貧是粢盛酒醴不淨潔也。』

淦 gān

字也作『泠』。水名。

淛 zhè

『浙』的異體字。《史記·項羽記》：『秦始皇帝遊會稽，渡浙江。』《索隱》：『韋昭云：浙江在今錢塘……蓋其流曲折，莊子所謂「淛河」，即其水也，淛，折聲相近也。』

添 tiān

清·段玉裁謂本字作『沾』。自添字行而沾字本義遂廢。

渌 lù

『漉』字的别體。清澈也。

淜 píng 涉水過河。《說文》：『淜，無舟渡河也。』清·段玉裁《注》：『徒河曰淜河……淜正字。馮，假借字。』

泩 wǎng 同『往』。《漢書·楊雄傳·反離騷》：『因江潭而往記兮欽調楚之湘壘。』《注》：『鄧展曰：泩，往也。』

湽 zī 水名。又黑色。通『緇』。《史記·孔子世家》：『不曰白乎，涅而不湽。』《論語·陽貨》作『涅而不緇。』

浚 sóu 同『溲』。

湆 qì 陰濕。『湇』的別體字。詳見『諳』字解。

湇 qì 肉汁。《禮·少儀》：『凡羞有湇者不以齊。』唐·張參《五經文字》謂字應泣下月。《玉篇》、《廣韻》等皆作『湆』。

㴑 sù 『泝』的本字。同『溯』、『遡』。

游 yóu ①通『遊』。《史記·酈生傳》：『吾聞沛公慢而易人，多大略，此真吾所願從游。』浮行為游，行走為遊。兩字同音義通，古籍中多通用，但與水相關的作『游』，不作『遊』。②又同『斿』、『旒』。古代旌旗下的垂飾物。《左傳》：『鞶厲游纓。』《釋文》：『游，音留。』

湴 bàn 深泥。同『埿』。

湊 còu

通『腠』。如『腠理』同『湊理』。《宋書・王僧達傳・解職表》：『兼比日肱膂更甚，風虚漸劇，湊理合閉，榮衛惛底。』

渠 qú

①通『詎』。豈，那里。《史記・張儀傳》：『且蘇君在，儀寧能渠乎。』②通『遽』。《史記・陸賈傳》：『尉他大笑曰：吾不起中國，故王此。使我居中國，何渠不若漢。』《漢書》作『何遽』。

湢 bì

浴室。《禮・內則》：『外內不共井，不共湢浴。』《釋文》：『本作偪。』

湮 yīn

又音 yàn。同『堙』。《文選》漢・司馬長卿（相如）《封禪文》：『紛紛葳蕤，湮滅而不稱者，不可勝數。』《史記・司馬相如傳》作『堙』。又《說文》作『垔』。壅塞。《莊子・天下》：『昔禹之堙共水，決江、河而通四夷九州也，名山三百，支川三十，小者無數。』

湛 zhàn

①又音 dān。通『耽』。喜悅。《詩・小雅》：『鼓瑟鼓琴，和悅且湛。』《釋文》又作『耽』。《韓詩》云：『樂之甚也。』②又音 chén。通『沈』。沈沒。《漢書・爰盎傳》：『盎病免家居，與閭里浮湛相隨行，鬭雞走狗。』③又音 jiān。通『漸』。浸、漬。《禮・內則》：『漬，取牛肉，必新殺者，薄切之，必絕其理，湛諸美酒。』《注》：『湛亦漬也。』

湧 yǒng

本作『涌』。水也。唐・杜甫《杜工部草堂詩箋》：『江間波濤兼天湧，塞上風雲接地陰。』指水波升騰也。又向上升騰也。《文選》晉・成公子安（綏）《嘯賦》：『逸氣奮湧，繽紛交錯。』宋・范成大《石湖集・重陽後半月……鄉人御冬之計多未辦》：『敢論酒續湧，東薪逾桂芳。』

湣 mǐn

①也作『涽』。②通『閔』。春秋之宋閔公、曾閔公，《史記》皆作『湣』。

渻 shěng

『省』的本字。減少。《說文》：『渻，減少也。』

渺 miǎo

同『淼』。遠貌。唐釋《皎然集·奉送元高使君詔徵赴行在效曹劉體》詩：『遐路渺天末，繁笳思何邊。』

温 wēn

本作『溫』。又音yùn。通『蘊』。蘊積，蘊藏。《荀子·榮辱》：『其汴長矣，其温厚矣，其功盛姚遠矣。』

渴 kě

又音jié。水乾涸。《說文》：『渴，盡也。』清·段玉裁《注》：『渴，竭古今字，古水竭字多用渴，今則用渴為瀓字矣。』

湌 cān

『餐』的異体字。《說文》：『餐或从水。俗作湌。』見《廣韻》。

渰 yǎn

又音yān。通『淹』淹沒。《梁書·曹景宗傳》：『值暴風卒起，頗有渰溺。』

渝 yú

本作『渝』。

湩 zhòng

又音dòng。鼓聲。清·朱琦謂本字作『⿱隆鼓』。

潝 xì

同『潝』。水急流貌。《史記·司馬相如傳·上林賦》：『馳波跳沫，汩潝漂疾。』《文選》作『滃』。

溲 sóu

也作『洨』。

濅 jìn

同『浸』。《史記·河渠書》：『此渠皆可行舟，有餘則用溉濅，百姓饗其利。』

淵 yuān

於鼓聲時通『鼘』。《詩·商頌·那》：『鞉鼓淵淵。』

㴱 shēn

『深』的本字。

[氵窊] wā

同『窊』。低窪。

滈 hào

《說文》本指久雨。於地名時則通『鎬』。《荀子·議兵》：『古者湯以薄武王以滈皆百里之地也。』《注》：『薄與亳同，滈與鎬同。』

滀 chù

水積聚。引伸為鬱結。《莊子·大宗师》：『滀乎進我色也，與乎指我德也。』《釋文》：『本又作畜。』司馬（彪）云：『色，憤起貌。』

溟 míng

①小雨迷濛。②海。《莊子·逍遥遊》：『北溟有魚，其名為鯤。』一本作『冥』。《釋文》：『嵇康云：取其溟漠無涯也。』

溓 jián

①大水中絕小水出，薄冰。②恬靜。同『濂』。《禮·斗威儀》：『其政和平，則河溓。』《宋書·禮》：『諸侯軌道，河溓海夷。』又音 nián。同『黏』。相着之意。《周禮·考工記·輪人》：『參分其福之長，而殺其一，則雖深泥，亦弗之溓也。』《注》：『鄭司農云：溓讀為黏，謂泥不黏着輻也。』

溯 sù

逆流而上。《文選·三國·魏》：王仲宣（粲）《七哀》詩：『方舟溯大江，日暮愁我心。』𣶒，隸變作泝，或作溯。

溢 yì

①滿而外流。②過度。③古時計量單位。二十兩為一溢，同『鎰』。《戰國策·秦》：『黄金万溢。』宋·鮑彪《注》本作『鎰』。又指容量。《儀禮·喪服》：『朝一溢米。』《注》：『為米一升二十四分之一。』

溱 zhēn

①水名。②衆多，繁茂。③通『臻』。《漢書·王褒傳·聖主得賢臣頌》：『遐夷貢獻，萬祥畢溱。』《注》：『溱字與「臻」同。』

溥 pǔ

①廣大。②普遍。《孟子·萬章》、《荀子·君子》引《詩》：『溥皆作普。』③通『浦』。水也。《漢書·楊雄傳·羽獵賦》：『储與虖大浦，聊浪虖宇內。』《文選》溥作『浦』。④又音 fū。同『敷』。《荀子·成相》：『禹溥文，平天下，躬親為民行勞苦。』《注》：『溥，讀為敷。』《禮·祭義》：『夫孝，置之而塞乎天地，溥之而横乎四海。』《釋文》：『溥，本又作敷。』

滋 zī

俗作『滋』。

滇 diān

亦作『滇』。

溼 shī

俗作『濕』。

溺 nì

又音 niao。同『尿』。小便。《莊子·人間世》：『夫愛馬者，以筐盛矢，以蜄盛溺。』《史記·范雎傳》：『雎祥死，即卷以簀，置廁中，賓客飲者醉，更溺雎。』《正義》：『溺，古尿字。』

溞 sāo

同『溲』。《詩·大雅·民生》作『叟』。古文。《爾雅·釋訓》：『今文變作溞。』

涵 hán

『涵』的本字。

消 qiào

《廣韻》作『消』。

滑 huá

通『猾』。狡猾，浮而不實。《史記・酷吏傳》：『寧成為人上，操下如溼薪。猾賊任威。』又音 gǔ。通『汩』。《莊子・繕性》：『繕性於俗學，以求複其初，滑欲於俗思，以求致其明。』《釋文》：『滑，音骨，亂也。』

溫 wēn

同『温』。

溪 xī

又音 pī。山間小河。《說文》作『谿』。

滄 cāng

①同『滄』。寒冷。《逸周書・周祝》：『天地之間有滄熱，善周道者終不竭。』一本作『滄』《文選》漢・枚叔（乘）《上書東吳王》：『欲湯之滄，一人炊之，百人揚之，無益也。』《漢書・枚乘傳》作『滄』。又同『蒼』。青色。

滐 jiē

同『傑』。特出也。《文選》晉・木玄虛（華）《海賦》：『盤盓積而成窟，消泋滐而為魁。』《注》：毛萇《詩・傳》曰：『傑特立也。滐與傑同。』

準 zhǔn

唐・宋公文書有『淮此』字，本作準，後因避時相諱下『十』字作『淮』。參閱宋・費滾《梁谿漫志》：省尠當避諱。又《史記・高祖紀》：『高祖為人，隆準而龍顏。』《漢書・注》引李斐，準訓為鼻，應劭訓準為頰權。準，服虔音拙，為『頔』的借字，後人多從李訓而讀服音，參閱清・俞樾《曲園親纂》。

溜 liù

一解為檐滴水處。通『霤』。《左傳》：『(士會)三進及溜，而後(靈公)視之。』

澭 yōng

同『灉』、『澭』。湖名。在湖南岳陽縣南：『澭也作灉。』《左傳》：『吳人敗楚於澭澨，即此湖。唐·張說《張之集·和尹懋秋夜游澭湖》詩：澭湖佳可遊，既近復能幽。』

滸 hǔ

水邊也。《說文》作『汻』。隸變作『滸』。《詩·王風·葛藟》：『綿綿葛藟，在河之滸。』

漩 xuán

《說文》作『淀』。

滾 gǔn

亦作『滚』。

漾 yàng

①《漢書·地理志》作『養』。《注》謂或作『瀁』。瀁、漾，古今字。②水流長。《文選》三國·魏王仲宣(粲)《登樓賦》：『水逶迤而修迴兮，川既漾而濟深。』《注》：『韓詩曰：江之漾兮，不可方思。薛君曰：漾，長也。今《詩·周南·漢廣》作『永』。

漸 jiàn

本水名，又音 chán。通『巉』、『嶄』。高也。《詩·小雅·漸漸之石》：『漸漸之石，維其高矣。』

漂 piāo

一解為吹。通『飄』。《詩·鄭風·蘀兮》：『蘀兮蘀兮，風其飄女。』《傳》：『漂，猶吹也。』《釋文》：『漂，匹遙反，本亦作飄。』

潢 huáng

①又音 huǎng。通『滉』。《荀子·富國》：『潢然兼覆之，養長之，如保赤子。』《注》：『潢與滉同，潢然，水大至貌也。』②又音 huàng。古籍又作黄字。於染紙。北魏·賈思勰《齊民要術·雜说》：『染潢及治書法。』

《注》：『凡打紙欲生，生則堅厚，特宜入潢，凡潢紙滅白便是，不宜太深。』晉·陸雲《陸士龍集·與兄平原書》：『前集兄文為二十卷，適訖十當黃之』。黃即潢。

满 mǎn

又音mǎn。通『懣』。煩悶。《漢書·石顯傳》：『顯與妻子從歸故群，憂满不食，道病死。』《注》：『满，讀曰懣。』

漚 òu

侵泡。又音ōu。通『鷗』。《列子·黃帝》：『海上之人有好漚鳥者，每旦之海上，從鳥遊，漚鳥之至者百住而不止。』

漻 liáo

流通。又通『寥』。寂静。《韓非子·王道》：『寥乎其無位之處。漻乎莫淂其所。』

漏 lòu

①通『陋』。《荀子·儒效》：『雖隱於窮閻漏屋，人莫不貴之。』《群書治要》：『本作窮閻陋屋。』②又通『螻』。一種臭氣。《禮·内則》：『馬黑脊而般臂，漏。』《注》：『漏當為螻，如螻蛄臭也。』《周禮·天官内饗》作『螻』。

漫 màn

①水漲貌。②污。《荀子·儒效》：『行不免於汙漫，而冀人以已為修也。』⑤浸坏。《金史·河渠志·黃河》：『河水浸漫，堤河陷潰。』⑥通『慢』、『謾』。助詞。唐·杜工部《詩史補遺閣夜》：『卧龍躍馬終黃土，人事因書漫寂寥。』宋·秦觀《淮海詞·满庭芳》：『消魂，當此際，香囊暗解，羅帶輕分。漫赢淂青楼，薄倖名存。』

滮 biāo

《説文》作『淲』。水流貌。《文選》晉·左太冲（思）《吴都賦》：『磈磈滮滮，滮滮汧汧。』《傳》：『滮，流貌。』

滷 lǔ

《説文》作『鹵』。鹹地。又指濃汁烹調食品。如言滷汁雞，滷肉。

漼 cuǐ

①水深貌。②形容涕淚俱下。③又音cuī。通「摧」。破坏貌。《後漢書·崔駰傳》附崔篆《慰志賦》：「六柄置於家門兮，王綱漼以陵遲。」

潊 xù

同「溆」、「漵」。水邊也。《樂府詩集》南齊·王融《淥水曲》：「日霽沙潊明，風動泉花燭。」

潐 jiāo

通「澆」。《莊子·善性》：「潐淳散樸，離道以善。」《釋文》：「潐，本作澆。」

澇 lào

同「潦」。水淹没也。

潔 jié

本字作「絜」。《楚辭》宋玉《招魂》：「朕幼清以廉潔兮，身服義而未沬。」《注》：「不受曰廉，不污曰潔，一本作絜。」

澆 jiāo

①灌溉。②使減薄。《淮南子·齊俗》：「哀使之俗，澆天下之淳，析天下之樸。」③又音ào。人名，傳說夏寒浞之子。《文選》戰國·楚·屈原《離騷》：「澆身被眼强圉兮。縱欲而不忍。」《論語·憲問》作「奡」。

澒 hòng

同「汞」。即水銀。《淮南子·地形》：「黄埃五百歲生黄澒，黄澒五百歲生黄金。」《注》：「澒，水銀也。」汞，今讀gǒng。

渪 rú

同「濡」。沾濕。《莊子·大宗師》：「泉涸，魚相與處於陸，相呴以濕，相渪以沫，不如相忘於江湖。」《釋文》：「相渪，又本作濡」。

潭 tán

通「覃」。深邃。《漢書·楊雄傳》：「而大潭思渾天。參摹而四分之，極於八十一。」

澌 sī

①解凍時流動的水。②通『嘶』。聲音沙啞。《周禮・天官內饔》：『鳥皫色而沙鳴貍。』漢・鄭玄《注》：『沙，澌也。』

潮 cháo

篆作『淖』。隸變作『潮』。海水漲落曰潮。又晝漲稱潮，落漲稱汐。

潛 qián

①涉水。②隱藏。③暗中。④通『罧』、『槮』、『橬』。《詩・周頌・潛》：『猗與漆沮，潛有多魚。』《釋文》：『《小爾雅》云：魚之所息謂之橬。橬，槮也。謂積柴水中，今魚依之止息，因而取之也。』

潦 lǎo

同『澇』。水淹，澇水。《莊子・秋水》：『禹之時十年九潦，而水弗為加溢。』又音 liāo。潦倒。

潠 sùn

噴。《後漢書・郭憲傳》：『憲在位，忽回向東北，含酒之潠。』《玉篇》又一體作『⿱弗心』。《六書通》謂潠同『瞬』。

濷 fèi

①水溢出。②人名。鄭悼公亦名濷。③通『湃』。《史記・司馬相如傳・上林賦》：『湃乎暴怒，淘湧滂濷。』《漢書》、《文選》作：『淘湧澎湃。』

澄 chéng

本作『澂』。①水靜而清。②液體雜質下沉。③清新的思想。《陸機文賦》：『罄澄心以凝思，眇眾慮而為言。』

澁 sè

『澀』的俗字。

潰 kuì

①水破堤而出。②通『殨』。肌肉腐爛。《周禮・天官瘍醫》：『掌腫瘍，潰瘍、盉瘍、折瘍之祝藥劀殺之齊。』③惱怒。《詩・邶風・谷風》：『有洸有潰既詒我肄。』④達到。《詩・小雅・小旻》：『如彼築室於道謀，是用不潰於成。』《傳》：『潰，遂也。』

澂 chéng

『澄』的本字。

潘 pān

①又音pán。通『蟠』。水旋流。《列子・黄帝》：『鯢盤之潘為淵。』《注》：『此言大魚盤桓，其水蟠洄而成深泉。』②又音fān。水溢出也。

潝 xì

衆口附合之貌。《詩・小旻》：『潝潝訿訿，亦孔之哀。』按《爾雅・釋訓》作『翕翕』。《荀子・修身》引『噏噏』。《漢書・劉向傳》引《詩》作『歙歙』，皆通假字。

潀 cóng

①小水流入大水。②同『淙』。唐・柳宗元《柳先生集・鈷鉧潭記》：『行其泉於高者而墜之潭，其聲潀然，尤於中秋觀月為宜。』

澓 fù

①同『洑』。洄流。《文選》晉・郭景纯（璞）《江賦》：『迅澓增澆，湧湍疊躍。』②姓。漢・宣帝少受《書》於澓中翁。

濅 jìn

①『浸』的本字。②古水名。③也作『濅』。《漢書・地理志》：『魏群武安縣有濅水，東北流入滹沱河。』

澭 yōng

同『灉』。水名。《吕氏春秋・察今》：『荆人欲襲宋，使人先表澭水，澭水暴溢，荆人弗知。』

澣 huǎn

①又作『浣』。農曆每月上旬、中旬、下旬分别曰上、中、下浣。②洗去衣物上的污垢。《詩・周南・葛覃》：『薄污我私，薄澣我衣。』

濇 sè

①同『澀』。不光滑。《淮南子・要略》：『以内洽五藏，瀸濇肌膚。』②凝滯。《素問・至真要大論》：『陽明之至，短而濇。』

澱 diàn

①通『淘』、『淀』。河底沉積的淤泥。②沉積、壅塞。③淺水的湖泊。④藍色的染料。

濊 huì

①通『穢』。②水深。③污濁。

潡 kě

①『渴』的本字。《說文》：『潡，欲飲歠。』②也作『愒』。《左傳》作『翫歲而愒日。』曠廢也。《國語・晉》：『今忨日而潡歲，待偷甚矣。』《注》：『忨，偷也，潡，潡也。』

濈 jí

通『戢』。聚集貌。《詩・小雅・無羊》：『爾羊来思，其角濈濈。』《釋文》：『濈，本亦作「戢」。』

澧 lǐ

①水名，如澧水。②通『醴』。《禮・禮運》：『故天降膏露，地出澧泉。』《釋文》：『澧，本又作醴。』③波浪聲。《楚辭》漢・劉向《九歌靈懷》：『波澧澧而揚澆兮。』

澹 dàn

①恬静、安定。②澹薄。也作淡薄。③觸動。《漢書・禮樂志・郊祀歌・練時日》：『相放悉，震澹心。』④又音 tān。姓。春秋・魯有澹壹滅明。⑤又音 shàn。通『贍』，满足，充足。《荀子・王制》：『執位齊而與惡同，物不能澹，則必爭。』宋・鮑彪《注》：『澹，即贍，贍，給也。』

濡 rú

①通『胹』。煮熟。《禮・内則》：『濡豚包苦實蓼。』《注》：『濡，謂熟之又以汁和之也。』②尿。《史記・倉公傳》：『病方今客腎濡。此所謂腎脾也。』《正義》：『濡，溺也。』病方客在腎，欲溺，腎也。③又音 ér。水名。河北省淶水縣西北檀水。

濫 làn

①通『鑑』。浴盆。《荀子・節喪》：『又必多為屋幕鼎鼓几梃壺濫戈劍羽毛歲革，寢而埋之。』《莊子・則陽》：『夫靈公有妻三人，同濫而浴。』②浮詞。《文賦》：『每餘煩而去濫。』⑧用水漬果子。《禮・内則》：『漿、水、醷、濫。』《注》：『濫以諸和水也。』

濭 ǎi
同『靄』。雲氣深鬱。《漢書・禮樂志・郊祀歌》：『露葉零，盡晻濭。』《注》：『音靄。晻濭，雲氣之貌。』

濗 mì
也作『漞』。水淺少。《水經注・濁漳水》：『漳津，故瀆水，斷舊溪東北出，涓流濗注而已。』

澀 sè
①本作『歰』。又作『澁』。不光滑也。②味不甘滑。③不通暢。

濬 jùn
①通『浚』。疏通河道。《書・禹貢》：『禹別九州，隨山濬川。』②深。如濬哲。③地名，濬縣，在湖南省。

濕 tà
①又音 fa。通『漯』。水名。②音 shī。《說文》作『溼』。潮濕也。

濰 wéi
水名。《書・禹貢》：『濰淄既道。』《釋文》：『濰，音惟，本又作惟，也作維。』

瀁 yàng
①水名。《史記・夏記》：『嶓冢道瀁，東流為漢。』《書・禹貢》作導漾。漾，古文。②動盪貌。

氵霅 zhà
水名。氵霅，省作『霅』。

瀔 gǔ
通作『穀』。《文選》南朝・宋・顏延年《北史洛詩》：『伊瀔絕今跡，臺館無尺椽。』

瀆 dú
①通『嬻』、『黷』。輕慢。褻瀆。②溝渠。《論語・憲問》：『（管仲）豈若匹夫匹婦之為諒也，自經於溝瀆而莫之知也。』③貪污。《左傳》：『晉有羊舌鮒者，瀆貨無厭。』

瀝 lì

《說文》作『砅』。涉水。《楚辭》漢·劉向《九歌·靈懷》：『濯舟杭以横瀝兮，濟湘流而南極。』

濼 luò

①又音 pō。通『泊』。《大宋宣和遺事》亨集：『宋江為此，只得带領朱仝、雷横，并李逵、戴宗、李海等九人直奔梁山濼上，尋那哥哥晁盖。』②又音 lì。草藥名，即貫衆。

瀦 zhū

《尚書》今文作『都』。古文作『豬』。同音通假，後人加水作瀦。水停積處也。

瀥 xuè

同『瞲』。《廣韻》：『瀥瀑，水桶。』

瀕 bīn

①又音 bīn。通『濱』。水邊。《墨子·尚賢》：『是故昔者舜耕於歷山，陶於河濱。』②臨近。《漢書·成帝紀》：『遣光禄大夫博士孟（嘉）等十一人行學瀕河之群水所敫傷困乏不能自存者，財振貸。』

瀟 xiāo

同『潚』。水清而深貌。

瀷 yī

①也作『潩』。水名。《說文》：『水出河南密縣，東入潁。』②水潦聚積。《管子·宙合》：『泉踰而不盡，薄承瀷而不满。』

瀰 mǐ

①同『濔』。水深满貌。《詩·邶風·新臺》：『新臺有泚，河水瀰瀰。』引伸為盛大貌。②又音 mí。水深遠貌。王昌齡《採蓮》詩：『湖上水瀰漫，清江初可涉。』③水深。《詩·邶風》匏有苦葉：『有瀰濟盈。』

濦 yīn

同『瀥』也作『溵』、『濦』。古水名。河南潁水之原的中源。

灂 zhuó

通『䁬』。眼昏矇。《山海經·北山經》：『（小侯之山）有鳥其狀如烏，而白紋，名曰鴣鸐，食之不灂。』《注》：『或作䁬。』

瀲 liàn

①也作『澰』。水際。《文選》晉·潘安仁《西征賦》：『華蓮爛於淥沼，青蕃蔚乎翠澰。』②漂泊。《文選》郭景純《江賦》：『或泛澰於潮波，或混淪乎泥沙。』③水波蕩漾。

瀸 jiān

①同『殲』。瀸滅。瀸，《穀梁傳》、《左傳》作『殲』。②侵潤。《淮南子·要略》：『執其大指，經內洽五臟，瀸強肌膚。』③泉水時有時無。《爾雅·釋水》：『泉一見一否為瀸。』

瀿 fán

①今本《說文》作『繁』。許慎曰：『楚人謂水暴溢為瀿。』②地面的積水。《淮南子·俶真》：『今夫樹水者，灌以瀿水，疇以肥壤，一人養之十人拔之，必無餘枿。』

灋 fǎ

古『法』字。《周禮·法》均作『灋』。

灊 qián

①也作『潛』。古水名。《漢書·地理志》：『沱灊既道，雲夢土作乂。』《注》：『沱、灊二水，自江出为沱，自漢出为灊。』②古縣名。在今安徽省。

灇 cóng

①通『淙』。《文選》南朝·謝靈運《於南山經往北山湖中瞻眺》詩：『俛視喬木杪，仰聆大壑灇。』②又同『潨』。水會合也。

灉 yōng

①也作『澭』。河水決出複入支流。又古水名，一名灉河。《書·禹貢》：『雷夏既澤，灉沮會同。』《元和群縣志》：『灉，沮俱出雷澤縣西北，會合入雷夏澤。雷澤，唐時在今山東濮縣东南，宋代河決澮濮間，灉沮雷夏澤，为河所掩塞，今已無跡。

灕 lí

①通『漓』。见《集韻》。②江名。灕江，在廣西省。③水流貌。《戰國策·東周》：夫鼎者，非效醯壺醬瓶耳，可懷挾提挈以至齊者，非效鳥集烏飛，兔興馬逝灕然止于齊者。』

灑 sǎ

①也作『洒』。《周禮·毛詩古論》作『洒』。以水噴灑。②清除。晉《孫綽傳·上書》引《桓温表》：『……討除二寇，蕩滌河渭，清灑二京。』

灘 tān

①本字作『灘』。水中沙石堆。②水中多石而急流處。也指岸边露出的部分。

灓 luán

①地面的積水。②又音 luān。《廣韻》：『灓』，絕水渡也，亦作『亂』。

火部

灰 huī

①說文作『灰』②物經燃燒後的粉狀物。②黑白之間的顏色。③碎裂。漢·楊雄《太玄經·童》：『童麋觸犀，灰其首。』④消沉。南朝·梁·蕭統《梁昭明集·講席將訖賦三十韻詩依次用》：『器月希留影，心灰庶方撲。』⑤石灰的簡稱。

灾 zāi

同『災』字。

灶 zào

『竈』的別體字。

灺 xiè

也作『炧』。燈燭灰盡。李商隱《李義山詩集》聞歌：『此聲腸斷非今日，香灺燈光奈爾何。』

灼 zhuó

同『焯』。①炙燒。②明白。《書·立政》：『我其克灼知厥苦』。③鮮明。曹子建《洛神賦》：『遠而望之皎若太陽升朝霞，迫而察之，灼若芙蕖出綠波。』

灵 líng

①小熱皃。②今用作『靈』字的簡體。

災 zāi

①也作『烖』、『灾』、『菑』、『甾』。②禍害。《書·舜典》：『告災肆赦，怙終賊型。』后指疾病、喪亡、損失、傷害、禍災，皆稱之為災。

炕 kàng

①通『抗』。舉起也，《楊雄傳·甘泉賦》：『炕浮柱之飛榱兮，神莫莫而扶傾。』②又音 hāng。張開《爾雅·釋木》：『守宮槐，葉晝聶宵炕。』《疏》：『聶，合也。炕張也；言其葉晝合夜開者，别名守宮槐。』

炎 yán

①火光上昇。焚燒。熱。②又音 yàn。通『焰』、『倓』。火光也。

炖 tún

①火熾盛皃。《柳先生集·湘源二妃廟碑》：『潛火煽蘖，炖於融風。神用播遷，時罔克龔。』②又音 dùn。同『燉』。

炒 chǎo

①本作『鬻』。也作『煼』。煎炒。②通『吵』。吵鬧。《朱子語類·朱子》：『且如出十里外，既無家事炒，又无應接人客，正好提撕思量道理。』

炘 xīn

同『焮』。燃烤。

炁 qì

同『氣』。《周禮·春官眡祲》：『掌十煇之法。』漢·鄭玄《注》：『鄭司農云：煇、謂日光炁也。』《釋文》：炁音氣，本也作『氣』。《闗尹子》：『以一氣生萬物。』

炅 jiǒng

①明亮。李白《明堂賦》：『熠乎光碧之堂，炅乎瓊華之室。』②熱《素問·長刺節論》：『刺而多之，盡炅病已。』《注》：『炅，熱也。』③又音 guì。同『炔』。④姓，後漢太尉《陳球碑》有城陽炅横。

為 wéi

同『爲』。

炬 jù

①《說文》作『苣』。火把。《史記・田單傳》：『牛尾炬火，光明炫燿。』②蠟燭。

炮 páo

①燒烤。炮製。②焚燒。③又音 pào。亦作『礮』、『砲』。火器。

炰 páo

①『炮』的異體字。②烘烤也。《詩・魯頌・閟宮》：『毛炰胾羹，籩豆大房。』③通『咆』。

烜 xuǎn

①盛大顯著。《爾雅・釋訓》：『赫兮烜威儀也。』②又音 xuān。曬乾。通『暄』。《易・說林》：『風以散之，雨以潤之，日以烜之。』③又音 huǐ。火。《周禮・春官》有司烜氏指掌以凹形铜易鏡取火。漢・鄭玄《注》：『讀如衛侯燬之燬。』

烟 yān

①『煙』的別體字。《說文》云：火氣也，從火因聲，亜音因，律文作『烟』俗體也。②通『燕』。如烟煴即胭脂也作『烟支』、『燕支』。

烖 zāi

同『災』、『灾』。《史記・五帝紀》『青烖過赦。』《書・舜典》作『青災肆赦。』

烈 liè

①通『列』。如行列《詩・鄭風・大叔于田》：『叔在藪，火烈具舉。』《箋》：『列人持火具舉，言衆心。』②熾烈貌，③盛武貌，④優貌。《詩・小雅・采薇》：『優心烈烈，載饑載渴。』⑤象聲詞，狀風水等聲音。《文選》晉・劉越石《扶風歌》：『烈烈悲風超，泠泠澗水流。』唐・皮日休《皮子文藪》一霍山賦：『有泉烈烈，其來如訣。』

烝 zhēng

①通『蒸』。以蒸氣熟物。《詩・大雅・民生》：『釋之叟叟，烝之浮浮。』②祭祀的通稱。《書・洛誥》：『戊辰，王在新邑，烝祀歲。』③以牲體升於俎而祭。《國語・周中》：『禘郊之事，則有全烝。』《注》：

『全烝、全其牲體而升之。』④推近，進獻。《詩・小雅・甫田》：『攸介攸止，烝我髦士。』⑤衆多。《詩・大雅・烝民》：『天生烝民，有物有則。』⑥以下淫上。《左傳》桓：『初，衛宣公烝于夷姜，生急子』。《注》：『夷姜，宣公之庶母也。』⑦又音 zhèng。熱，如『鬱烝』。

烹 pēng

①古字为『亯』，後分化為『享』、『亨』、『烹』。清・段玉裁《說文》亯《注》：『亯（亨）象薦孰，因以为飪物之稱，故又讀普庚切。……其形薦神作亨亦亨，飪物作亨也作烹，《易》之元亨皆作亨。』②煮也。《左傳》：『水火醯醢鹽梅以烹魚肉。』③古代用鼎鑊煮人的酷刑。《戰國策》齊：『臣請三言而已矣，益一言，臣請烹。』

𤈦 huǐ

火。《說文》：『𤈦，火也，從火，尾聲。《詩》曰：『王室如𤈦。』』《詩・周南・汝墳》𤈦作『燬』。《釋文》：『或云：楚人名火曰燥，齊人曰燬，吴人曰𤈦。此方言訛語也。』

焊 hǎn

①同『熯』。（見《廣韻》以火使物乾燥。②又音 hàn。同『銲』、『釬』。以金屬溶液黏合罅裂。

炯 jiǒng

『炯』的異體字。

烽 fēng

也作『熢』、『逢』。①古代報警的煙火。②泛指舉火。

焉 yān

又音 yí。通『夷』《周禮・秋官行夫》：『夷使則介之。』《注》：『夷使，始於四夷。』又『安』、『何』。猶今之『那里』。又代詞，猶『之』。又猶言『於此』。又連詞。猶言『乃』、『則』。又猶言『於』。又語氣助詞。又詞尾。猶『然』。

焄 xūn

①同『熏』。《史記·王温舒傳》：『舞文巧詆下户之猾，以熏大豪。』③又音hūn。同『葷』。葱韭之類。《孔子家語·儀解》：『夫端衣玄裳冕而乘軒者，則志不於食焄。』《荀子·哀公》作『食葷』。

焠 cuì

通作『淬』。以燃熾的金屬納水中，使之堅硬。《史記·天官書》：『火與水合曰焠。』《文選》司馬長卿《子虛賦》：『脟割輪焠，自以為娱。』《史記·本傳》作『淬』。

焴 yù

同『煜』。見《玉篇》。

焫 ruò

本作『爇』。燒，點燃。《文選》三國·魏·陳孔璋（琳）《為袁紹檄豫州》：『若舉炎火以焫飛蓬，覆滄海以沃熛炭，有何不滅者哉。』

焰 yàn

本作『爓』。通作『燄』。火苗。《初學記》南朝·梁·簡文帝《對燭賦》：『宵深色麗，焰動風過。』

無 wú

也作『无』。没有。

然 rán

①『燃』的本字。燃燒。《孟子·公孫丑》：『若水这始然，泉之始達。』

焦 jiāo

《說文》作『𤓈』。又『礁』。礁石。宋·許兢《宣和奉使高麗圖經記·海道》：『無苦嶼而其質純，石則曰焦。』

煊 xuān

同『暄』。也作『煖』。温暖也。見《集韻》。

煇 huī

又音xūn。熏灼，漢·荀悦《前漢紀·惠帝》作『熏』。《史記·吕后紀》：『太后遂斷戚夫人手足，去眼，熏耳，飲瘖葯，使君廁中。』②又音yùn。製鼓者。《禮·祭統》：『夫祭有畀、煇、胞、翟、閽者。惠下之道也。』《注》：『煇，《周禮》作『韗』。磔皮革之官也。③日暈。《周禮・春官眡祲》：『眡祲掌十煇之法，以觀妖祥，辨吉凶。』《注》引鄭司農（衆）：『煇謂日光氣也。』

焭 qióng

同『惸』。①孤獨。②骰子。北齊・顏之推《顏氏家訓・雜藝》：『古為之大博則大箸，小博則二焭。』

炶 shǎn

①今作『閃』。《說文》：『炶，火行也。』火光閃灼。②又音 qián。《廣韻》作『燅』。煮肉。《楚辭・大招》：『炙鴰烝鳧，炶鶉陳只。』《注》：『炶，爚也。』又音 shān。木名。《爾雅・釋木》：『柀，炶』。《注》：『炶，似松，生江南，可以為棺材，作柱，埋之不腐。』《廣韻》作『檆』。今作『杉』。

煏 bì

《說文》作『𤐫』。用火焙乾。《周禮・天官籩人》：『鮑魚。』漢鄭玄《注》：『於煏室中粮乾之。』《漢書・貨殖傳》：『鮿鮑乾鈞。』唐・颜師古《注》引鄭《注》糒作『煏』。

煙 yān

同『烟』。①物燃燒而生成之氣。②煙熏所積的黑灰。

煗 nuǎn

同『煖』。温暖。《墨子・辭過》：『當今之主，其為衣服，則與此異矣，冬則輕煗、夏則輕清。』，《呂氏春秋・功名》：『大寒既至，民煗是利。』

煣 rǒu

以火烘木使之彎曲。《漢書・食貨志》引《易・繫辭》『斲木为耜，煣木为耒。』今本《易・繫辭》作『揉』。

煬 yàng

①又音 yáng。熔化金屬。《集韻》：『煬，爍金也，或作『烊』。』②謚號多用此字。《逸周書・謚法解》：『去禮遠衆曰煬，好內遠禮曰煬，好內怠政曰煬。』

煖 nuǎn

温暖。同『暵』、『暖』。

煅 duàn

同『鍛』。《音韻·闡微韻會》：『冶金曰鍛，俗作「煅」。』

煮 zhǔ

《說文》作『鬻』。又作『煑』。

熙 xǐ

①通『嬉』，嬉戲。《莊子·馬蹄》：『含哺而熙，鼓腹而逝。』②吉祥。通『禧』。《漢書·禮樂志·安適房中歌》：『忽乘雲玄，禧事備成。』《注》：『忽登青天而去，福熙之事皆备成也。熙与「禧」同。』③光明。④興盛。⑤曝晒。

尞 liào

『燎』的本字。火焰上升貌。《說文》：『尞，柴祭天也。從火從昚。昚，古文「慎」字。祭天，所以慎也。』按甲骨文『尞』字皆從木，火在上，木旁諸點，象火焰上升狀，非從『昚』。《漢書·禮·樂志郊祀歌·朝隴首》：『靁電尞，獲白麟。』《注》：『尞，古燎字。』

煞 shā

俗『殺』字。消滅。結束。①又音 shà。凶神。北齊·顏之推《顏氏家訓·風操》：『偏之書，死有歸殺，子孫逃竄，莫肯在家。』清·文照《補注》：『俗本殺作「煞」。』②極甚。③啥，什麼。《紅樓夢》：『劉姥姥心中想着，这是什麼東西？有煞用處呢？』

熔 róng

同『鎔』字。

熇 hè

①又音 kǎo。用火烘焐，同『烤』。《集韻》：『熇，焅焐也，或從告。』②又音 xiāo。熱氣。《集韻》：『熇，熇，炎氣也，或從喬。』

煽 shān
①《說文》煽引《詩》作『傓』。熾熱也。《詩・小雅・十月之交》：『艷妻傓方處』。《傳》：『煽，熾也。』②鼓動，煽惑。宋・陸遊《劍南詩稿・排悶》：『友誰同一波，平地肆蹈踐。麽然性命微，日畏讒口煽。』

熒 yíng
①蟲名。通『螢』。《後漢書・靈帝紀》：『（少）帝與陳留王協，夜步逐熒光，行數里。』

粦 lín
『燐』的本字。《說文》：『兵死及牛马之血為『粦』。隸書省作『粦』。

熀 huǎng
明亮。同『晃』。《文選》漢・王文考（延壽）《魯・靈光殿賦》：『鴻爌熀以爣閬』。一本作『爌炾』。

煼 chǎo
①同『炒』。宋・陸遊《老學庵筆記》：『故都李和煼栗。名聞四方』。清・吳震方《嶺南雜記》：『苦瓜……俱食其青者，或淹作菹，或灌肉其內，或以煼肉。』②熏烤。

熏 xūn
①黃昏。通『曛』。②用火煙炙。③灼，火燙。④又音 xìn，以香料塗身。通『釁』。唐・韩愈《昌黎集・答吕狷山人書》：『方將坐足下三浴而三熏之。』

熟 shú
①本作『孰』。烹煮食物。②又成熟、深知、熟悉、美善。③又形容沈酣。《宋書・檀道濟傳》：『將發之夜，道濟入领軍府，就谢晦宿、晦其夕竦動，不得眠，道濟就寢便熟。』

熯 hàn
①以火烘干。同『暵』。《易》说：『燥萬物者，莫暵乎火。』《釋文》：『徐本作暵。音漢，云熟暵也。《說文》同。』②恭敬。《詩・小雅・分莰》：『我孔熯矣，式禮莫愆。』

熭 huì
亦作『慧』、『彗』。曬乾。《漢書・賈誼傳》：『日中必熭，操刀必割。』《注》：『臣瓚曰：《太公》曰：日中不熭，是謂失時；操刀不割，失利之期，言當及時也。』師古曰：『此語見《六韜》。熭，謂暴曬之。』今本《六韜・守土》作『彗』。

⿱夆火 fēng

古代邊疆夜間舉火告警稱『⿱夆火』。同『烽』。

熾 chì

①通『饎』。烹煮。《周禮・考工記・鐘氏》：『鐘氏染羽以朱湛丹秫，三月而熾之。』②又昌盛、燃燒。

燉 dūn

①又音dūn，地名，如敦煌，又作燉煌。②tūn，暖，通『暾』，唐・白居易《长慶集・別氈帳火爐詩》：『婉軟蟄鱗蘇，温燉凍雞活。』③又音dùn。和湯爛煮。通『炖』。

熿 huáng

①閃耀。同『煌』。《戰國策・秦》：『轉轂連騎，炫熿於道。』②又音huǎng。明亮。同『晃』。《文選》漢・楊子雲（雄）《甘泉賦》：『北熿幽都，南煬丹厓。』《注》：『熿、與晃音義同。』《漢書・楊雄傳》作『熿』。熿，古『晃』字。

熺 xī

①光明。同『熹』。《管子・移靡》：『古之祭，有時而星，有時而星熺。』《注》：『熺之明，或有祭明星者。』②又音chì。烹煮。通『饎』。《淮南子・時則》：『湛熺必潔。』《注》：『湛，漬也；熺，炊，必令圭潔也。』

燂 qián

①燒熟。《禮・内則》：『五日則燂湯請浴。』②烘爛。《周禮・考工紀・弓人》：『撟角欲孰，於火而无燂。』字亦作『燖』。音xún。

燌 fén

同『焚』。漢・王充《論衡・雷虚》：『以人中雷而死，中頭則頭髮燒燋。中身則皮膚灼燌，臨其屍上開火氣。』

燎 liǎo

①放火燒田除草。②烘烤。③又音liào。古祭名，焚柴祭天。字本作『尞』。漢・班固《白虎通・封禪》：『燎祭天，報之義也。』④又音liáo。火炬大燭。《詩・小雅・庭燎》：『夜未央，庭燎之光。』《疏》：『庭燎者，樹之於庭，燎之为明，是燭之大者。』

焨 xún

煮肉以熱水脱毛再以湯中煮熟。本字作『掞』。假借为焰、燂、焨。

燈 dēng

照明工具，《說文》作『鐙』。

燃 rán

燃燒。本作『然』。《說文》：『然，燒也，從火，肰聲。』宋・徐鉉謂俗則作『燃』，蓋後人增加。

燋 jiāo

①通『焦』。《韓詩外傳》：『抱羽毛而赴烈火，入則燋焉。』②引火之物。③古代占卜時用以灼龜的柴枝。④燋悴貌。通『憔』。《莊子・天地》：『孝子操藥以施慈父，其色燋然。』

熹 xǐ

光明。同『熺』。宋・楊萬里《誠齊集・明發陳公經过摩舍那灘石峯下》詩：『东暾澹未熹，北吹寒更寂。』

燄 yàn

①也作『爓』、『焰』。火初着。火苗。②比喻氣勢。《左傳・莊》：『人之所忌，其氣焰以取之。』《石經》與《釋文》皆作『炎』。

燧 suì

同『⿱遂火』。①古鏡，古代取火之具。《注》：『金燧可取火於日。』又：木遂，鑽火也。《淮南子・本經》『鑽燧取火。』②燧火。《墨子・號令》：『與城上燧燧相望。』③火炬之類。《左傳》：『命夙駕載燧。宋公違命。』

營 yíng

①圍繞而居。②經營。③圍繞。④由東到西的方向。《注》：『南北为經，东西为營。』⑤惑亂。通『熒』。《荀子・宥有》：『言談足以飾邪營衆。』

燦 càn

同『粲』。

燿 yào

①照耀。同『曜』、『耀』。《左傳》：『焜燿寡人之望。』《疏》：『燿，昭也，焜，明也。』《史記》作『耀』。②又音 shuò。銷熔。《漢書・藝文志・兵家》：『後世燿金為刀，割草為甲，器械甚備。』注：『燿與「爍」

同，謂銷也。『又音shào。細長。《周禮考工紀·梓人》：『大胸燿後。』《注》：『讀為哨，頎小也。』

燻 xūn
同『熏』。以火煙炙物为燻。

燾 dào
①又音tāo。《經傳》作『幬』。也作『燽』。《公羊傳》：『周公盛，魯公燾』。盛謂新穀淋其器。燾謂下故上新裁可半平。

爌 huǎng
光明，照明。《漢書·楊雄傳·甘泉賦》：『北爌幽都，南陽丹厓。』《注》：『爌，古「晃」字。』

爊 āo
廣韻作『爊』。食物製作，如煨爊。

爍 shuò
①熱。②消熔，通『鑠』。《周禮·考工記》：『爍金以為刃』。《釋文》：『爍，義当作鑠』。

爓 yàn
①火焰。《文選》班孟堅（固）《東都賦》：『吐爓生風，吹野燎山。』②又音qián。食物製作，把肉浸於水中。《說文》作『燅』。《禮·禮器》：『三爓，一獻孰』。《注》：爓、沉肉於湯也。

爐 lú
盛火器。也作『鑪』。

爛 làn
①熟。說文作『爤』。《方言》：『爛，熟也，自河以北，趙、魏之間，火熟曰爛。』②為火燒傷。《左傳》：『（邾子）滋怒，自投檢牀，發於爐炭。爛，遂卒。』③腐爛。《公羊傳》：『其自亡奈何。魚爛而亡也。』④光明。《詩·鄭風·女曰雞鳴》：『子興視夜明星有爛。』又指衣服華美鮮明。《唐風·葛生》：『角枕餐兮，錦衾爛兮。』

爢 mí

爛。粉碎。糜爛之『糜』。本字作『爢』。又碎末。《楚辭》屈原《離騷》：『折瓊枝以為羞兮，精瓊爢以为粻。』《注》：『爢，屑也，精鑿玉屑，持以為糧食。』

⿱難灬 rán

①燃燒。《淮南子·說林》：『槁竹有火，弗鑽不⿱難灬。』《注》：『⿱難灬，古「然」字也。』

爥 zhú

同『燭』。照明。《文選》漢·班孟堅（固）《東都賦》：『考聲教之所被，散皇明以爥幽。』

爪　部

爪 zhǎo

①俗字作『抓』。覆手持取。②指甲和趾甲的通稱。③動物的脚也稱爪。④器物的爪形部分。⑤搯，爪刺。唐·柳宗元《柳先生集·種樹郭橐駝傳》：『且視而暮撫，已去而複雇，甚者爪其膚，以驗其生枯、搖其本以觀其疏密，而木之性日以離矣。』

爭 zhēng

又音 zheng。通『諍』。規諫。《漢書·王陵傳》：『（陳）平曰：『於面折廷爭，臣不如君。全社稷，定劉氏後，君稱不如臣。』《注》：『廷爭、謂當朝廷而諫爭。』

爰 yuán

通『猨』。如猿臂也作『爰臂』。《漢書·李廣傳》：『為人長，爰臂，其善射也天性，雖子孫他人學者莫能及。』《注》：如淳曰：臂如猨臂，通肩也。《史記》作『猨臂』。

為 wéi

同『為』。又音 wèi，通『謂』。《論语·為政》：『奚其為政』《孟子·公孫丑》：『曰：管仲、曾西之所不為也，而子为我原之乎？』為我，猶謂我。又通『偽』。《左傳》：『是則公孫申谋之曰：我出師以圍許，为將改立君者，而紓晉使，晉必歸君。』《禮·檀弓》：『夫子為弗聞也者而過之。』《注》：『佯不知。』

爵 jué

禮器。酒器的通稱。盛行於商及西周。又音 può 通『雀』。《孟子·離婁》：『故为淵歐魚者，獺也，为業歐爵者，鸇也。』爵、雀，古今字。歐，同『驅』。

爻部

爾 ěr

也作『尒』、『尔』。①猶『你』。《詩·衛風·竹竿》：『豈不爾思。』②花繁盛貌，通『薾』。《詩·雅行·采薇》：『彼爾為何。』《說文》引《詩》作『薾』。③近。通『邇』。《詩·大雅》：『戚戚兄弟，莫遠具爾。』《注》爾，近也。

爿部

牂 zāng

母羊。俗作『牂』。

片部

版 bǎn

①通『板』。築牆的夾板。《詩·大雅·綿》：『其繩則直，縮版以載。』②笏。即手板。《後漢書·范滂傳》：『滂執公儀詣（陳）蕃，蕃止之，滂懷恨，投版棄官而去。』③牘。即用於寫字的簡。《管子·宙合》：『故退身不捨端，修業不息版。』④圖籍。《論語·新黨》：『凶服者式之，式負版者。』⑤八尺為版。《史記·趙世家》：『引汾水灌其城，城不浸者三版。』《正義》：『何休云：『八尺曰版』』。

牋 jiān

本作『箋』。古作『牏』。①文體。对上级或尊長的書札曰牋。②精美的紙張也曰牋。

牒 dié

①通『疊』。《淮南子·本經》：『積牒懸石，以純修碕。』《注》：『牒，累。』②書札。《左傳》：『右師不敢對，受牒而退。』③受官之簿裓。④訟辭。⑤譜諜。《史記·太史公自述》：『維三代尚矣，年紀不可考，蓋取之諜譜舊聞。』⑥牀版。《方言》：『牀……其上版，衛之北郊，趙魏之間謂之牒。』⑦牒布。《後漢書·王符傳·浮侈篇》：『且其徒御僕妾，皆服文組綵牒。』

牏 yú

又音 tóu。指内衣。通『褕』。《索隱》引晉灼：『今世謂反開小袖衫為侯牏，此最廁近身之衣。』《漢書·萬石君傳》清·王先謙《補注》：『廁，訓为側。牏，當作「窬」。』

牐 zhá

閘門。同『閘』。宋·蘇舜欽《蘇學士集》有觀放牐詩《宋史·河渠志》：『每百里置大牐一，以限水勢。』

牓 bǎng

①牌额。通『榜』。《宋書·文帝紀》：『府州佐史并稱臣，請題牓諸門。』②佈告，告示。《北齊書·馬嗣明傳》：『從駕往晉陽，在遼陽山中，數處見榜，云有人家女病，若有能治者，購錢十萬。』③張掛、張貼。《唐詩紀事·李濤》：『（温庭筠）主秋試，濤与衛丹、張郃等詩賦，皆牓于都堂。』

牖 yǒu

①窗户。②引導。通『誘』《詩·大雅·板》：『天之牖民，如壎如篪』。《傳》：『牖，道（導）也。』《疏》：『牖与「誘」古字通用，故以为導也。』③通『羑』地名。古有羑里，即『牖里』。

牙部

牙 yá

①萌牙、發生。通『芽』。《文選》漢·楊子雲（雄）《劇秦美新》：『或玄而萌，或黄而牙。』②通『迓』。古車輞兩頭相銜接處。《周禮·考工記·輪人》：『牙也者以為固抱也。』《注》引鄭衆：『牙，跛者之訝。謂輪輮也。世間或謂之罔，書或作「輮」。』《疏》：『訝、迎也、此車訝也，輮之使兩頭相迎，故讀從之。』③通『衙』。舊官署。唐·封演《封氏聞見記·公牙》：『近俗尚武，是以通乎公府為公牙，府門為牙門，

字稍訛變，轉而為『衙』。④童孩。通『伢』。《後漢書・崔駰傳・達旨》：『唐且華顛以悟秦，甘羅童牙以報趙。』《注》：『童牙謂幼小也。』

牚 chèng

①斜柱。《文選》漢・王文考（延壽）《魯靈光殿賦》：『芝栭欑羅以戢孴，枝牚杈枒而斜據。』晉・張載《注》：『牚或作棖。』②又音 chēng。支撐。見《集韻》通『撐』。

牛部

牟 móu

①通『蛑』。食苗根的蟲。引伸为貪取，侵奪。《漢書・景帝紀》：『或詐偽為吏，吏以貨賂為市，漁奪百姓，侵牟萬民。』《注》引李奇：『侵牟食民，比之蛑賊也。』②加倍。《注》：『倍勝为牟。』③博大。《注》：『牟，猶大也。』⑤等同。通『侔』等同。《漢書・司馬相如傳・封禪書》：『德牟往初，功無與二』。《史記・司馬相如傳》牟作『侔』。⑤釜屬器皿。通『鍪』。《禮・内則》：『敦、牟、卮、匜。』《釋文》：『齊人呼土釜為牟。』⑥兜鍪。通『鍪』。⑦大麥。通『麰』。《詩・周頌・思文》：『貽我来牟，帝命率育。』⑧通『眸』。⑨國名。故址在今山東萊蕪縣東。⑩姓。漢有太尉牟融。⑪又音 wú。通『務』。

牣 rèn

①盈滿。②通『韌』。《吕氏春秋・别類》：『相劍者曰：「白所以為堅也，黄所以为牣也，黄白雜且堅且牣，良劍也。」』《注》：『牣與韌、忍、刃、纫古皆通。』

犻 bèi

體長的牛。《說文》作二歲牛。也寫作『㸬』。

𤙖 hǒu

①牛鳴。《玉篇》作『呴』。義同。

㸸 hǒu

小牛。同『𤙖』。《文選》晉・郭景純（璞）《江賦》：『夔𤙖踔踛於夕陽。鴛雛弄翮乎山東。』《注》：『夔牛之子也，㸸與『𤙖』同。』

⿰牜辛 xīn

赤色的牛馬。也作『骍』。

牾 wǔ

字也作『遻』、『牾』、『忤』、『迕』、『捂』。①相逢。②《史記·屈原傳·懷沙》：『重華不可牾兮，孰知餘之從容。』《集解》：『王逸曰：牾、逢也』。《楚辭·九章》作『遻』。宋·洪興祖《補注》：『謂遻當作『遻』，音忤，與『忤』同。②逆。違背。《漢書·王莽傳》陳崇奏：『財饒勢足，亡所牾意。』《注》：『牾。逆也。』

犆 tè

①單調。個別。同『特』。《禮·少儀》：『喪俟事，不犆吊』。《釋文》本作『特』。②又音 zhí。邊緣，緣飾。《禮·玉藻》：『君羔幦虎犆，大夫齊車，鹿幦豹犆。』《注》：『犆，讀皆如直道而行之直。直謂緣也，此君車、齊車之飾。』

犇 bēn

『奔』的古體字。《荀子·議兵》：『勞苦煩辱則必犇。』《注》：『犇与「奔」同。』

犂 lí

也作『⿰黍利』、『犁』①耕地的農具。②耕。③堅确。④将，及。如黎明。《史記·晉世家》：『犂二十五年，吾家上柏大矣。』《索隱》：『犂猶比也，又犂猶遲也。』

犍 jiān

①閹過的牛。《說文》：『犍，犗牛也。』②又音 qián。漢武帝置犍为郡。漢碑犍字皆從木作『楗』。六朝人書乃作『犍』。

⿰牜料 kē

無角牛。同『牠』。

⿰牜悤 zǒng

『總』、『揔』的異體字。《文選》晉·左太沖（思）《吴都賦》：『澶湉漠而無涯。党有流而為長。』

⿰牜庸 yōng

《文選》作『㺜』。《漢書》作『庸』。即頸上有肉堆的牛。《史記·司馬相如傳·上林賦》：『獸則⿰牜庸旄貘犛，沈牛麈麋。』《索隱》：『郭璞云：⿰牜庸，⿰牜庸牛，領有肉堆。』案：今之犎牛也。

⿰牜累 léi

公牛。《廣韻》作『⿰牜纍』。

犕 fú

也作『⿰牜莆』、『⿰牜备』。駕馭，心服。《說文》引『易』：『犕牛乘馬。』今本《易·繫辭》作『服牛乘馬。』《後漢書·皇甫嵩傳》：『(董)卓風令御史中丞已下皆拜以屈嵩。既而抵手言曰：「義真犕未乎！」嵩笑而謝之。』《注》：『犕、即古「服」字也。今河朔人猶有此言。』

⿰牜豢 huàn

養。同『豢』。《莊子·達生》：『汝奚惡死、吾將三月⿰牜豢汝。』《釋文》『⿰牜豢，音患。司馬(彪)云：「養也。」』

⿰牜喬 gǎo

乾肉。字也作『薧』。《淮南子·泰族》：『湯之族作囿也以奉宗廟鮮⿰牜喬之具，簡士族習射御以戒不虞。』《注》：『生肉為鮮，乾肉為⿰牜喬。』

犦 bó

字也作『⿰牜㬥』。牛名。

犬　部

犮 bá

①犬走貌。②通『拔』。《周禮·秋官》有赤犮氏。

犴 án

也作『豻』。①北方的一種野狗。《淮南子·道應》：『散宜生以千金求天下奇珍，得青犴白虎。』②又音 àn，古代鄉亭的拘留所。《詩·小雅·小苑》：『哀我填寡，宜犴宜獄』。今本作『岸』。《釋文》本岸作

『犴』。《荀子·宥坐》：『獄犴不治，不可刑也。』《注》：『獄謂之犴也。』

狄 dí

①翦除，治理。通『剔』、『鬄』。《詩·魯頌泮水》：『桓桓於征，狄彼東南』。《釋文》引《韓詩》作『鬄』。②對我國北方少數民族的泛稱。也作『翟』。《書仲虺之誥》：『初征自葛，東征西夷怨，南征北狄怨。曰西圖後乎。』③古代小官，《書·雇命》：『狄設黼扆綴衣。』《禮·喪·大記》：『無林麓則狄人設階。』《注》：『狄人，乐吏之賤者。』④羽毛。《疏》：狄，羽也。⑤姓，相傳出自姬姓。周成王母弟孝伯封於狄城，因以為姓。

㹠 tún

小猪。同『豚』。或作『豘』、『肫』。《莊子·德充符》：『適見㹠子死於其母者。』《釋文》：『㹠子，本又作豚。』《世說新語·汰侈》：『武帝當降王武子（濟）家，……食蒸㹠，肥美異於常味。』

狘 xuè

獸驚走貌。《說文》作『⿸疒木』。

狉 pī

獸名，貔。同『豾』、『⿰豸舌』。

狒 fèi

獸名。同『⿵門舌』。

狟 huán

豪豬。通『貆』。《詩·衛風·伐檀》：『胡瞻爾庭有縣貆兮。』《釋文》本作『貆』。

狌 shēng

①即鼬鼠。俗稱黃鼠狼。字同『鼪』。②又音 xīng。獸名。同『猩』。

狗 gǒu

①大者為犬，小者為狗。也作『豿』、『㺃』。②星名。《晉書・天文志》狗二星，在南斗魁前，主吠守。

狩 shòu

通『獸』。《詩・小雅・車攻》搏獸於敖。《文選》：『漢・張平子（衡）《東京賦》引作『薄狩於敖』。

狡 jiǎo

①傳說中的獸名。②狡猾。③凶暴。④美好。與『姣』、『佼』通。《詩・鄭風・山有扶蘇》：『不見子充，乃見狡童。』《箋》：『狡童，有貌而無實，也作姣童。』《史記・宋微子世家・麥秀之詩》『彼兮童兮不與我好兮。』

狨 rōng

①猿屬。②細布。通『絨』。

狛 mò

獸名。同『貊』。《山海經・中山經》：『崍山』。晉・郭璞《注》：『邛來山有九折坂，出狛。狛似熊，而黑白駮，也食銅鐵也。』

狧 tà

犬食。又音 shì。以舌舔食。通『舐』、『䑛』。

狢 hé

獸名。同『貉』。

狾 zhì

狂犬。《左傳》作『瘈』。

狷 juàn

①褊急。②拘謹。有所不為。《論語・子路》：『不得中行而與之，必也狂狷乎。狂者進取，狷者有所不為也。』狷，《孟子・盡心》作『獧』。

⿰犭足 què

良狗名。通『鵲』。《廣雅·釋獸》：『韓獹、宋⿰犭足』。後泛指為狗。宋·王禹偁《小畜集·酬種放徵君》詩：『方號猤猤龍。已困狺狺⿰犭足。』

狶 xí

豬。同『豨』。《莊子·知北遊》：『正獲之問於監市履狶也，每下愈况。』《注》：『狶，大豬也。』

猋 biāo

①通『飆』。旋風，暴風。《爾雅·釋文》：『焚輪謂之頹，扶搖謂之猋。』②犬奔貌。引伸為迅急貌。《楚辭》屈原《九歌·雲中君》：『靈皇皇兮既降，猋遠舉兮雲中。』③草名。《爾雅·釋草》：『猋，藨芀。』

猒 yàn

①飽，满足。通『厭』、『饜』。《書·洛誥》：『万年猒乃德，殷乃引考。』《國語·周中》：『嵦敢猒從其耳目心腹，以亂百度。』②服。《後漢書·胡廣傳》駁左雄議：『今以一臣之言，剗戾舊章，衆心不猒。』③欺骗。《淮南子·主》：『上操約省之分，下效易为之功，是以君臣彌久而不相猒。』《注》：『猒，欺也。』④又音 yā。壓製。《漢書·高帝紀》：『秦始皇帝常言：「東南有天子氣。於是東遊以猒當之。」引伸用迷信的方法，壓服抵製將来可能出現的災禍。』

猝 cù

突然，古多作『卒』。

猏 jiān

獸，三岁曰猏。同『豣』。《呂氏春秋·知化》：『今釋越以伐齊，譬之猶懼虎而刺猏。』

猗 yī

①語助詞。通『兮』。《詩·衛風·伐檀》：『河水清且直猗。』《書·秦勢》：『斷斷猗，無他技。』《禮·大學》引猗作『兮』。②姓，漢有猗頓。③長。《詩·小雅·節南山》『節彼南山，有食其猗。』④依靠。《詩·衛風》淇奥寬兮綽兮，猗重較兮。⑤加於。《詩·小雅·巷伯》：『楊園之道，猗於畝丘。』⑥束而採之。《詩·豳風·七月》：『以伐遠方，猗彼女桑。』⑦又音 ě。樹枝柔弱貌。『猗儺』同『婀娜』。

《詩・檜風・隰有萇楚》：『隰有萇楚，猗儺其枝』。《傳》：『猗儺，柔順也。』

猇 xiāo

虎吼聲。字本作『虓』。

猘 zhì

瘋狗。本作『狾』。或作『瘈』。《呂氏春秋・首時》：『鄭子陽之難，猘狗潰之。』《淮南子・說林》：『狂馬不觸木，猘狗不自投於水。』

⿰犭委 wō

犬名。同『猧』。

⿱㲋大 chuò

獸名。《說文》作『㲋』。

猵 biān

獺屬。能入水食魚。也作『獱』。

猶 yóu

①獸名。②謀畫。通『猷』。《詩・小雅・采芑》：『方叔元克壯其猶。』③罪過。通『訧』、『尤』。用作動詞，為指責、詬罵之意。《詩・小雅・斯干》：『式相好矣，無相猶矣。』⑨通『由』。《孟子・公孫丑》：『紂之去武丁未久也……然而文王猶方百里起，是以難也。』又音 yāo。動搖。通『搖』。《禮・檀弓》：『詠斯猶，猶斯舞。』《注》：『猶當為搖，聲之誤也。搖，謂身動搖也。』

猪 zhū

『豬』的異體字。

猰 yà

也作『⿰豸契』。猰犬，瘋狗也。

猫	māo	『貓』的異體字。
猱	náo	①猿類，獸名。字同『獿』。《爾雅・釋獸》：『猱蝯善援』。《文選》漢・司馬长卿（相如）《上林賦》：『蛭蜩蠼猱。』《注》：『蠼猱，獮猴也。』②又音 róu。通『揉』。混雜也。宋・宋敏求《春明退朝録》：『昔（後唐）莊宗，……縱兵出獵，涉旬下返。於優倡猱之中，複自矜寫春秋，不知當時刑政何如也。』
猳	jiā	『豭』的異體字。即猪也。《管子・戒篇》：『東郭有狗獕獕，旦暮欲輜齧猳，所遇為傖。』
猨	yuán	獸名。同『猿』、『蝯』。《莊子・齊物論》：『木處則惴慄恂懼，猿猴然手哉。』
猴	hóu	《說文》作『猴』。猿屬。《史記・項羽記》：『說者曰：「人言楚人沐猴而冠耳。果然。」』《集解》：『張晏曰：「沐猴，獮猴也。」』
猿	yuán	獸名。同『蝯』、『猨』。《山海經・南山經》：『又東三百里曰堂庭之山，多棪木，多白猿。』《注》：『今猿以獮猴而大，臂脚长，便捷，色有黑有黄，鳴聲哀。』
獂	yuán	①地名。在今甘肅隴縣西北。《史記・秦記》：『於是乃出兵東圍陜城。』②獸名。同『豲』。《山海經・北山經》：『（乾山）有獸焉，其狀如牛而三足，其名曰獂。』
猺	yáo	①獸名。②對我國少數民族的貶稱。也作『傜』、『徭』。
獋	háo	獸咆哮狀。同『嘷』、『嗥』。

獐 zhāng

獸名。同『麞』。《淮南子·主術》：『鹿之上山，獐不能跂也。』

⿰犭庸 yóng

犎牛。長尾、領有肉堆。《文選》漢·司馬长卿（相如）《上林賦》：『其獸則⿰𧾷犬旄貘犛。沈牛麈麋。』《史記·司馬相如傳·上林賦》作『⿰犭庸』。

⿰犭從 zōng

獸名。《說文》作『豵』。

獘 bì

僕倒。同『斃』《說文》：『頓，僕也。』《春秋傳》曰：『與尤犬獘，獘，或從死。』《左傳》作『斃』。

獝 xù

鳥悔狀。《禮·禮運》：『鳳以為畜，故鳥不獝。』《釋文》本作『矞』。清·錢大昕謂即說文走部之『⿺走矞』。訓狂走，從犬旁作『獝』為誤字。

獧 juàn

同『狷』。①疾急。②拘謹，捐介。《孟子·盡心》：『欲得不屑不絜之士而與之，是獧也。』《論語·子路》作『狷』。

獲 huò

①出獵而得，俘獲。②得到，妝獲。③爭取曰獲。④古代對婢女的賤稱。⑤收割莊稼。通『穫』。《荀子·富國》：『今是土之生五穀也，人善治之，則畝數盆，一歲而在獲之。』《注》：『獲讀為穫。』

⿰犭頡 xiè

獸名，即獺。《山海經·中山經》：『有獸焉名曰⿰犭頡，其狀如獳犬而有鱗，其毛如彘鬣。』《文選》晉·郭景純（璞）《江賦》『獱獺』《注》引《山海經》作『獺』。

獿 náo

獸名。同『夒』。《禮·樂記》：『獿雜子女。』《注》：『獿或為優。』《疏》：『獿雜，謂獼猴也。』

獵 liè

①打獵。②踐踏。通『躐』。《荀子·議兵》：『不殺老弱，不獵禾稼。』

獾 huān

獸名。也作『貛』、『獾』。

獿 náo

獸名，猴屬。《玉篇》同『猱』。

玄部

玄 xuán

①青色，一般指天的青色。②指北方。③通『懸』。《水經注·河水》：『祖昆崙之山三級，下曰樊桐，一名板桐。二曰玄圃，一名閬風。上曰層城，一名天庭。是為太帝仙居。』又宋避祖趙玄朗諱，改玄字為『真』字。清避康熙玄燁諱，常以元代替玄。』如清人著作鄭玄常寫為鄭元或缺末筆作玄。又預言稱為玄記，常作懸記。

玅 miào

『妙』的別體字。

玆 xuán

①黑色。《說文》：『玆，黑也，從二玄。』《春秋傳》曰：『何故使吾水玆。』今本《左傳》作：『何故使吾水滋。』《釋文》：『滋，音玄，本也作玆。』②又音 zì。通『茲』。

率 shuài

通『帥』。統領。《左傳》：『率師以來，惟敵是求，克敵得屬，又何俟？』《荀子·富國》：『將率不能，則兵弱。』又音 lù。計算。緝邊。通『繂』。《禮·玉藻》：『士練帶，率下辟。』《疏》：『用孰帛，練為帶，其帶用單帛，兩邊繂而已，繂緶緝也。』

玉部

玊 sù

①琢玉之工。②西番國名。③姓。④朽玉。也讀 xiù。字也作『琇』。

王 wáng

①君主的稱號。諸侯嗣君即位後或中原地區以外各族朝見天子稱王。②盛。通『旺』。《莊子・養生主》：『神錐王，不善也。』③又音 xǎng。通『往』。去。《詩・大雅・板》：『昊天曰明，及爾出王。』

玏 lè

也作『𤩽』，次於玉的美石。

玖 jiǔ

本指次於玉的黑色美石。又為大寫之『九』字。

玨 jué

二玉相合。字亦作『珏』、『玨』、『瑴』。

玟 mín

質次於玉的美石。通『珉』、『瑉』、『碈』。《釋文》：『玟，武巾反，字或作砇。』

珉 mín

似玉的美石。字也作『瑉』、『碈』、『玟』。《釋文》：『瑉，武巾反。字也作瑉。』

珈 jiā

婦人的首飾。經傳本作『加』。通作『笳』。漢人加王旁作『珈』。

玷 diàn

①玉的斑點。常引伸為過失。②玷污。常用為自謙之詞。③又音 diān。同『敁』。敁掇。以手稱物。

珍 zhēn

①珍寶。②珍奇之食。③珍重，愛惜。④又作『珎』。

玳 dài

同『瑇』。俗以瑇瑁作玳。玳瑁，動物名。又寫作『瑇瑁。』

珪 guī

古『圭』字。帝王諸侯所執的長形玉版。

珥 ěr

①通『刵』。割耳。《周禮・地官・山虞》：『檀虞旗子中，致禽而珥焉。』《注》：『珥者，取禽左耳以效功也。』②祭祀時用雞血塗器。通『衈』。《周禮・春官・肆師》：『以歲時序祭祀及其祈珥。』《注》：『珥，常為衈，機珥者釁禮之事。』③吐，通『咡』。《淮南子・天文》：『蠶珥絲而商絃絕。』《覽冥》作『咡』。

珙 gǒng

大璧。或作『巩』。通作『拱』。

珛 xiù

朽玉。『玉』的別體。亦讀sù。《說文》有解。

珚 yān

玉名。《中山經》：『傅山……穀水出焉，而東流注於洛，其中多珚玉。』《太平御覽》引《山海經》作『⿰王困』。《水經注》引作『瑨』。清・畢沅《校注》有解。

⿰王回 guī

玉石。同『瑰』、『瓌』。

班 bān

①通『斑』。雜色。《文選・離騷》：『紛總其離合兮，班陸離其上下。』②《儀禮・士虞禮・注》：『古文班或為辨，辨治同義。』《荀子・君道》：『君者何也？……曰能羣也。……善生養人者也，善班治人者也。』③盤旋不進。《易・屯》：『乘馬班如。』《釋文》：『如字，子夏《傳》曰：『相牽不進貌。鄭（玄）作「般」。』

珤 bǎo

『寶』之古字。《穆天子傳》：『示女春山之珤。』《注》：『言此山多珍寶奇怪。』又『乃披圖示典，用觀天子之珤器。天子之珤，玉果、璿珠、燭銀、黄金之膏。』

珮 pèi

佩帶的飾物，如玉佩。通作『佩』，南朝·江淹《雜體詩·謝法曹惠連》：『雜珮雖可贈，疏華竟無陳。』

琉 liú

也作『瑠』。

球 qiú

本指美玉或玉磬，後以圓形物為球。也寫作『毬』。

珸 wú

本次玉之謂。並山名。《玉篇》：『珸，石次玉。亦山名，出利金。』也寫作『⿰王吴』。

珋 liú

有光的石。同『瑠』、『琉』。《說文》有解。

琊 yé

本作『邪』。《說文》：『邪，琅邪郡。』也作『瑯琊郡。』

現 xiàn

本作『見』。後作『現』，為後起字也。

珵 chéng

本美玉。又音 tǐng。玉笏也。同『珽』。《儀禮·士喪禮》：『竹笏』。《注》：『天子搢珽。』《釋文》作『珵』，監本亦作『珵』。

琁 xuán

美玉。同『璇』、『璿』。

琇 xiù

本石之似玉者。說文作『琇』。《詩・衛風・淇奧》：『有匪君子，充耳琇瑩，會弁如星。』

琗 cuì

珠玉光彩錯雜貌。晉・郭璞《江賦》：『金精玉英瑱其裏，瑤珠怪石琗其表。』《爾雅》曰：『雜采曰綷，與『琗』同。』《玉篇》作『璲』。

琫 běng

同『鞛』、『䩬』。佩刀鞘上的裝飾。《釋文》：『琫，又作鞛。』

琙 yù

《後漢書・夫餘國傳》：『琙作域。』

琦 qí

①本玉名或奇偉，不平凡之意。②也通『奇』。《荀子・非十二子》：『不法先王，不是禮義，而好治怪說，玩琦辭。』《注》：『琦讀為奇異之奇。』《漢書・西域傳》：『賜以……綺繡，雜繒、琦珍凡數千萬。』

琖 zhǎn

同『盞』。小杯。《禮・明堂位》：『爵用玉琖仍雕。』《疏》：『琖，夏後氏爵名也，以玉飾之，故曰玉琖。』

琕 bǐng

①同『鞞』。刀鞘。《詩・小雅・瞻彼洛矣》：『鞞琫有珌。』《釋文》：『鞞字又作琕。』②又音 pián。同『玭』。

瑄 xuān

大璧。《爾雅・釋器》：『璧大六寸謂之宣。』《注》：『漢書所云瑄玉是也。』《古字》作『琄』。清・鄭珍《說文新附考》有解。

瑛 yīng

本指玉的光或似玉的美石，古籍中多作『英』。

瑌 ruǎn

也作『碝』、『礝』、『瓀』。似玉的美石。《史記・司馬相如傳・子虛賦》：『其石則赤玉玫瑰，……瑌石武夫。』《文選》作『碝石。』《漢書》作『礝石』。

瑕 xiá

①本指赤色之玉。《注》：『玉之小赤色者。』也指美玉的斑點或裂痕。《淮南子・精神》：『審乎無瑕，而不與物糅。』②通『霞』。日周之色彩。《文選》漢・楊雄《甘泉賦》：『吸青雲之流瑕兮，飲若木之露英。』③通『蝦』。《文選》漢・張平子《南都賦》：『巨蜯函珠，駮瑕委蛇。』《注》：『瑕與「蝦」古字通。』

瑉 mín

同『玟』、『珉』。似玉的美石。《史記・司馬相如傳・子虛賦》：『其石則赤玉玫瑰，琳瑉琨珸。』

瑬 liú

本為帝王冠前所垂之玉串。《說文》：『垂玉也。冕飾。』《弁師》作『斿』。《玉藻》從俗作『旒』。為鎏的假借字，故通鎏。《玉篇》：『美金也，亦作鏐。』《正字通》：『旒上垂下裝飾物，同旒。』

瑴 jué

同『珏』。兩玉相合。《注》：『雙玉曰瑴。』

璉 liǎn

本為宗廟盛黍稷的玉飾器皿。又音 lián。通『連』。接連。《文選》三國・魏・何晏《景福殿賦》：『既櫛而櫕集，又宏璉以豐敞。』《注》：『璉與連古字通。』

瑱 tiàn

本玉名。又音 zhèn。通『鎮』。壓也。屈原《九歌・東皇大》：『瑤兮玉鎮。』《注》：『瑱，一作鎮。』宋・洪興祖《補注》：『玉瑱，玉製的鎮壓坐席的器具。』

瑨 jìn

似玉的美石或為次玉。《說文》作『璡』。

瑣 suǒ

本細小也。通『鎖』。或作『鎻』。鏤玉而連環曰『瑣』，後以金屬為之作『鎖』。《後漢書・仲長統傳・述志》詩：『古來繞繞，委曲如瑣。』

瑤 yáo

本美玉。同『珧』。江珧也作江瑤。

璇 xuán

字也作『璿』、『琁』。

璂 qí

古代弁（皮冠）上縫合處的玉飾，字也作『綦』。《周禮・夏官・弁師》：『王之皮弁會五采之玉璂，象邸玉笄。』《注》：『璂，讀如薄借綦之綦。又作璂。』《晉書・與服志》：『皮弁，……禮王皮弁會五继玉璂，象邸玉弁。……其縫中名曰會，以采玉朱為璂。璂，結也。』

瑿 yī

同『黳』。黑色的玉石或琥珀。

璁 cōng

《廣韻》作『璁』。似玉的石。

璪 zǎo

又音 sǎo。同『鎖』。玉之聲音，又或為細小。

璚 qióng

①同『瓊』。古占星術的用語，指日旁帶狀之氣。《晉書・天文志》：『璚者如帶，璚在日四方。』②又音 jué。同『玦』。《集韻》有解。

璗 dàng

同『瑒』。黃金的別名。《爾雅・釋器》：『黃金謂之璗，其美者謂之鏐。』《疏》：『黃金一名璗。』

璑 wú

同『瑫』。三采玉。《周禮・夏官弁師》：『瑫玉三采。』《注》：『三采，朱白蒼也，故書瑫作璑。』

璏 zhì

玉製的劍鼻。後代稱文昭帶。《漢書・王莽傳》：『既解其瑑。』唐・顏師古《注》：『瑑，自雕瑑字本作從王。彘聲後轉寫者訛也。瑑，自雕瑑字耳，音篆也。』

璡 jìn	同『瑨』。似玉的美石。
璸 pián	也作『玭』、『琕』、『蠙』、『玢』。珠名。《玉篇》、《集韻》有解。
璂 qí	皮弁中縫合處的玉飾件。同『璂』字。
璽 xǐ	印章。也作『壐』。
璿 xuán	同『璇』、『琁』、『旋』。美玉。
瓃 léi	同『櫑』、『罍』。玉器。《詩・周南・卷耳》：『我姑酌彼全罍。』《疏》引《韓詩說》：『天子以玉，諸侯大夫皆以金，士以梓。』故字或從玉，或從木。
瓈 lí	也作『瓈』、『璃』。
璺 wèn	器皿的裂紋。同『舋』。漢・鄭玄《注》：『兆者，灼龜於火，其形可占者，其象似玉，瓦原之舋罅。』《釋文》：『謂舋，依字作「璺」。』
瓌 guī	同『瑰』。
瓖 xiāng	本指馬帶飾物，又指婦女釵釧之飾，俗謂之鑲嵌。一物為華麗而加飾皆謂之瓖。字通『鑲』。

瓛 huán

同『桓圭』之『桓』。《說文》：『瓛，桓圭，公所執，從玉、獻聲。』

瓜 部

瓟 bó

①同『瓝』。小瓜。《楚辭》漢·王褒《九懷思忠》：『抽庫婁兮酌醴，援瓟瓜兮接糧。』②又音páo。『捊』的俗體字。刨土也寫『捊土。』

⿰果瓜 buò

①瓜果。《正字通》：『昔人以瓜為菹，享祖考，燕賓客，謂之瓜果。俗因從瓜作⿰果瓜，⿰果瓜與果同。』②又同『敤』。唐·韓愈《昌黎集·征蜀聯句》：『怒鬚猶𩮞鬡，斷臂仍⿰果瓜䫌。』《注》：『⿰果瓜，方崧卿作「敤」。云苦果切，擊也。又云字書無「敤」字。』

⿰盧瓜 lú

葫蘆。《玉篇》：『⿰盧瓜，瓠⿰盧瓜也。』一作『壺盧』。

瓦 部

⿸厂瓦 wà

『瓦』的異體字。《集韻》作『⿸厂瓦』。《洪武正韻》作『⿱宀瓦』。宋·李誠《營造法式》：『造並屋之製，……上用⿸厂瓦⿱宀瓦，內外濩縫。』

瓬 fǎng

『旊』的本字。

瓫 pén

①同『盆』。《集韻》有解。②同『溢』。水溢。《晉書·食貨志》杜預《疏》：『以常理言之，無為多積無用之水。況於今者水潦瓫溢，大為災害。』

瓮 wèng

同『甕』陶製容器。《方言》：『甕，甖也。自關而東，趙、魏之郊謂之甕，或謂之甖。』

瓽 àng

同『盎』。一種口小腹大的容器。《莊子·德充符》：『甕瓽大癭說齊桓公，桓公說之，而視全人，其脰肩肩。』

瓷 cì

字也作『𦈢』、『甆』、『磁』。以粘土、長石、石英混合燒成的器皿。《文選》晉·潘安仁《笙賦》：『傾縹瓷以酌醽。』《注》：『鄒陽《酒賦》曰「醪醴既成，綠瓷既啟。」』

缻 fǒu

同『缶』。瓦製的容器。《晏子·備城門》：『令陶者為薄缻。』《注》：『說文曰：缻，缶也。』

瓶 píng

《說文》作『缾』。泛指小口大腹以盛液體的容器。《文選》南朝·梁·沈休文《三月三日率爾成篇》詩：『象筵鳴寶瑟，金瓶汎羽卮。』

甀 chuí

小口甖。《戰國策·東周》：『夫鼎者，非效醯壺醬甀耳。可懷挾提挈以至齊者。』《注》：『甀，一作『瓿』。』

甄 zhēn

又音 zhèn。通震。震動。《周禮·春官·典同》：『薄聲甄，厚聲石。』《注》：『甄，讀為甄懼之甄。甄，猶掉也。』清·段玉裁《說文解字注》：『《考工記》假借為震掉字。』又地名。《史記·齊太公世家》：『諸侯會桓公於甄。』《集解》：『杜預曰：衛地，今東郡甄城也。』今作鄄，即山東省鄄城。

甆 cí

『瓷』的別體。又作『甆』。宋·楊萬里《誠齋集·謝親戚寄黃雀》詩：『甆瓶淺染茱萸紫，心知親賓寄鄉味。』

甎 zhuān

同『塼』、『磚』。李戚用《披沙集·和友人喜相遇》詩：『合運天殤同白首，價高甎瓦即黃金。』

⿰爽瓦 shuǎng

同『磢』。用瓦石磨刷以去垢。《廣雅・釋詁》：『⿰爽瓦，磨也。』

甑 zèng

瓦製煮器。後世以木竹製者稱為蒸籠。字也作『䰝』。

甒 wǔ

瓦製酒器。《禮・禮器》：『君尊瓦甒。』《注》：『瓦甒，五鬥。』甒，古文作『廡』。

⿱恆瓦 hèng

本作『瓮』。亦作『甕』、『罋』。陶製容器。

甔 dān

①小口腹大的瓦器。《史記・貨殖傳》：『醬幹甔。』徐廣曰：『大甖缶。』②通『儋』。如『儋石』。儋容一石，放曰儋石。《集解》引晉灼：『楊雄方言：海岱之間，名甖為儋。石，鬥石也。』《漢書・蒯通傳・注》：『或曰儋者一人之所負擔也。』漢・荀愉《前漢紀》儋作『擔』。

甖 yīng

字也作『罌』、『甇』。《急就篇》：『甑瓽甂甌瓨甖盧。』《注》：『甖，甀之大腹者也。』

甘部

甘 gān

通『柑』。《初學記》周處《風土記》：『甘，橘之屬，滋味甜美特異者也。』

甜 tián

《說文》作『甛』。甘味、美好，酣適。

生部

甦 sū

同『穌』。通作『蘇』。死而復生。蘇醒。宋・趙師俠《坦庵梅》：『暖日烘梅冷未甦，脫葉隨風，獨見枯株。』北齊・顏之推謂北朝造字『更生為甦。』可知此字在南北朝時已通行。

甤 ruí

同『蕤』字。

用部

甪 lù

或省作『用』。姓。漢初有隱士名甪裏。又為複姓，東漢有甪裏若叔。又『角』字，本有『祿』音。又地名。江蘇吳縣東接昆山縣界有甪直鎮。

甫 fǔ

本作『父』。男子的美稱。經典中男子之字多作某父。彝器皆作父。古稱孔子為尼甫也稱尼父。

甬 yǒng

本為鐘柄之謂。又音tǒng。古量器。即『斛』。《禮・月令》仲春之月：『鈞衡石，角斗甬，正權概。』《注》：『甬，今斗也。』

甯 níng

同『寧』。原也。《漢書・禮樂志・郊祀歌・景星》：『穰穰複正直往甯，馮蠵切和疏寫平。』《注》：『甯，原也，言獲福既多，歸於正道，克當往日所原也。』

田部

田 tián

①耕種的土地。又音diàn。②通『佃』。《詩・齊風・甫田》：『無田甫田，維莠驕驕。』《釋文》：『田，音佃。』《疏》：『上田，謂墾耕，下田謂土地。』

由 yóu

①經歷，原因，自從，尚且，猶如，憑證。②通『猶』。《孟子·梁惠王》：『民歸之，由水之就下。又作甹字。』由蘖，謂再生的新枝。《書·盤庚》：『若顛木之有由蘖，天其永我命於茲新邑。』由者，古文『甹』字。蘖者又作『櫱』。《說文》：『櫱』引《商書》作『甹櫱。』马部『甹』，木生條也。

甲 jiǎ

①外殼，第一，代詞，舊時戶口單位。②又音 xiá。習熟。通『狎』。《詩·衛風·芄蘭》：『雖則佩韘，能不我甲。』

畖 quǎn

同『畎』。廣、深一尺為畖。《周禮·考工記·匠人》：『耜廣五寸，二耜為耦，一耦之伐，廣尺深尺謂之畖。』《釋文》：『畎，古犬反，與畖同，古今字也。』

甿 méng

同『氓』。農民。《周禮·地官·遂人》：『凡治野，以下劑甿，以田裏安甿，以樂昏擾甿，以土宜教甿。』《注》：『變民言甿，異外內地。』

甽 quǎn

古『畎』字。田溝。《廣韻》作『畖』。《荀子·成相》：『舉舜甽畝，任之天下身修息。』《注》：『甽與畎同。』又《注》：『甽者，田中之溝也，一耦之伐，廣尺深尺，謂之甽……字或作畎，其音同耳。』

甾 zī

①同『淄』。水名。《漢書·地理志》：『嵎夷既略，惟、甾其道。』《注》：『惟、甾二水名。……甾或作淄，古今通用也。』《書·禹貢》、《史記·夏紀》皆作『淄』。②又音 zāi。通『災』。災難。《史記·秦始皇紀》之罘刻石文：『闡並天下，甾害絕息，永偃戎兵。』

畐 fú

①容器名。無足之鬲曰畐。清·倪濤《六藝之一錄》有解。②同『幅』。《集韻·屋》：『幅』。《說文》布帛廣也，或作『䋹』。也作『畐』。③又音 bī。『偪』、『逼』的本字。《玉篇·畐》：『腸滿謂之畐』。清·段玉裁《說文解字注》有解。

畊 gēng

古文『耕』字。《晏子・春秋》：『今齊國，丈夫畊，女子織。』

畏 wèi

①害怕，心服，有戒心。②通『隈』。弓的彎曲處。《周禮・考工記・弓人》：『夫角之中恒當弓之畏。』③又音wēi。通『威』。《韓非子・主道》：『其刑罰也，畏乎如雷霆，神聖不能解也。』

畝 mǔ

①田埂。②土地單位。《說文》作『晦』。古文作『畞』。亦作『畆』、『畒』、『畂』、『畮』。

畜 chù

①人所飼養的禽獸。②積貯。《穀梁傳》：『國無九年之畜曰不足。』《禮・王制》畜作『蓄』。③通『慉』。喜愛。《詩・小雅・蓼我》：『拊我畜我，長我育我。』《箋》：『畜，起也。』《詩・邶風・穀風》：『不我能慉，反以我為讎。』《釋文》引《毛傳》：『慉，興也。』清・馬瑞辰：慉與讎對，當讀如『畜好』之畜。不我畜即不我好。

畔 pàn

①田界。邊界。混亂。迴辟。②通『叛』。違背，背叛。《書・胤征》：『沈亂於灑、畔官離次。』《論語・陽貨》：『公山弗擾以費畔。』

留 liú

《說文》作『畱』。俗作『畄』、『留』。

畡 gāi

古天子所管九州之地。《說文》作『垓』。

時 zhī

①古代祭天地五帝之處。②通水中小片陸地。『沚』。《文選》晉・潘嶽《河陽縣作》詩：『歸燕映蘭時，遊魚動圓波。』

略 lüè

①通『掠』。侵略，掠奪。《左傳》：『晉侯治兵於稷，以略狄土。』《注》：『略，取也。』②通『挈』。鋒利。《詩・周頌・載芟》：『有略其耜，俶載南畝。』

畱 liū

「留」的異體字。

畮 mǔ

「畝」的本字。

畯 jùn

①古代的農官。《詩・豳風・七月》：「饁彼南畝，田畯至喜。」《傳》：「田畯，田大夫也。」②通「俊」。五代・王定保《唐摭言好放孤寒》：「李太尉德裕頗為寒畯開路，乃謫官南去或有詩曰：八百孤寒齊下淚，一時難望李岸州。」

畬 shē

①我國東南少數民族。②字也作「畲」、「輋」。又通「畬」。

番 fān

①更替。量詞。舊貶指我國西南少數民族。②通「藩」。籬笆。《荀子》：「抗折，其宂以象槾茨番闕在氏也。」《注》：「番，讀為藩，藩籬也。」③又音fán。「蹯」的本字。獸足也。④又音pō。通「鄱」。地名。《史記・伍子胥傳》：「闔盧使太子夫差將兵伐楚，取番。」《索隱》：「蓋鄱陽也。」《集解》：「番，音普寒反，又音婆。」

畺 liāng

同「疆」、「壃」。邊界。《周禮・地官・載師》：「以大都之田住畺地。」《注》：「五百里王畿地界也。」

畹 wǎn

①古十二畝為畹。②帝王之戚所居之處。通「苑」。

畸 jī

①零片田地。②通「奇」。凡數之零餘者叫畸。

畷 zhuì

①通『綴』。連接。《禮・郊特牲》：『饗農及郵表畷禽獸。』郵表畷謂田畯所以督約百姓於井間之處也。②田間的道路。《急救篇》：『疆畔畷伯耒犂鋤。』《注》：『畷，兩伯間暨道也。』

疇 chóu

①通『酬』。報酬。《三國志・魏・李通傳》：『（通）不幸早薨。子基錐已襲爵，未足疇其庸勳。』②通『籌』。籌算。《荀子・正論》：『至賢疇四海，湯武是也。』《注》：『疇與籌同，謂計度也。』

疊 dié

《說文》作『疊』。古作『疊』。《北齊書・祖珽傳》：『曾至膠州刺使司馬雲家飲酒，藏銅疊二面。』

疋部

疋 shū

①又音 yǎ。疋。同『雅』。《爾雅・序》唐・陸德明《釋文》：『雅字亦作「疋」。』古文《詩》之《雅頌》及《爾雅》之『雅』皆作『疋』。②又音 pǐ。量詞。通『匹』。《戰國策・魏》：『車六百乘，騎五千疋。』

疋 yǎ

『雅』的古字。『疋』、『疋』本為一字。後人分為兩字。《字彙》有解。

疎 shū

『疏』的俗字。《廣韻》有解。

疐 zhì

①同『躓』。頓躓。跌倒。《詩・豳風・狼跋》：『狼跋其胡，載疐其尾。』《說文》：『躓』引《詩》疐皆作『躓』。②又音 dì。通『蒂』。花、瓜、菓根菓相連的部份。《禮・曲禮》：『為太老累之，士疐之。』《疏》：『疐，謂脫華處。』指削瓜菓而去其蒂。

疑 yí

①又音nǐ。通『擬』。類似，比擬。《禮·燕義》：『不以公卿為賓，而以大夫為賓，為疑也。』②又音níng。凝結。同『凝』。《荀子·解蔽》：『以可以知人性，求可以知物知禮，而無所疑止之，則沒世窮年不能偏也。』正立不動曰『疑立』。通『凝立』。《儀禮·士昏禮》：『婦疑立于席西。』《疏》：『以其禮未至而無事故疑然，自定而立，以待事也。』

疒部

疙 yì

也作『⿸疒气』。今讀gē。癡貌。《廣雅·釋詁》：『疙，癡也。』

疚 jiù

《說文》作『宊』。病或內心的痛苦。

疣 yóu

同『肬』。皮膚上的贅生物。

疥 jiè

①皮膚病名。汙，壁上所題書盡曰疥壁。②瘧疾名也稱疥。字也通『痎』。《左傳》：『齊侯疥，遂痁。』《疏》：『疥當為痎，瘧是小痎，痁是大瘧。』

⿸疒气 yì

『疙』的本字。

症 zhèng

病徵。古皆作『證』。

疴 kē

病。也作『痾』。唐《駱賓王集·靈泉賦》：『太夫人在遲暮之年，有溫勞之疾，非濫漿不可以適口，非源泉不可以蠲痾。』

疲 pí

①疲乏，勞累。②瘦，老。《管子・小匡》：『故使天下諸侯以疲馬犬羊為幣。』《注》：『疲，謂瘦也。按：疲，經傳多寫作罷。「罷」、「疲」，古今字。』

疹 zhěn

病名。通『疢』。《國語・越》上：『令孤子，寡婦，疾疹貧病者，訥宦其子。』

疱 pào

《說文》作『皰』。病名。唐釋・慧琳《一切經音義・大般若密多心經・腫皰》引《桂苑珠叢》：『人面上熱氣所瘡名皰。』

疼 téng

同『痋』、『⿰月冬』。痛。

痒 yáng

①瘡。通『瘍』。《禮・曲禮》：『身有瘍則浴。』《釋文》：『瘍，音恙，本或作痒。』②又音yǎng。《說文》作『蛘』。俗作『癢』。

痍 yí

創傷。《左傳》作『夷』。經傳常以夷作『痍』。

⿸疒列 lì

傳染病通稱。字同『癘』。

痌 tōng

痛。同『恫』。

⿸疒酉 yóu

病名。通『庮』。草木之有惡臭者為庮，病之有惡臭者為⿸疒酉。

痢 lì

古醫書作『利』。兼指水泄與腸道傳染病。漢・曹操《魏武令》：『凡山水甚強寒，飲之皆令人痢。』

痠 suān
身體酸疼。通『酸』。

瘂 yǎ
不能說話。同『啞』。

痾 kē
病。《說文》作『疴』。

痹 bì
病名。字也作『痺』。

痼 gù
也作『𤵸』。久病或長期養成的習慣。

痱 féi
①病名。②又音fèi。俗痱子，熱瘡。字同『疿』。

痵 jì
病名。字同『悸』。

痺 bēi
①鳥名。又作庳。鳥聲。②又音bì。痿痹。俗也作『痺』。

痩 shòu
『瘦』的本字。

瘖 yīn
啞。通『喑』。

瘈 zhì

狂。通『狾』、『猘』。

⿸疒昬 mǐn

昏忽之病。字也作『痻』。《詩・大雅・桑柔》：『多我覯痻，孔棘我圉。』《箋》：『痻，病也。』《疏》：『痻字從病而以昬為聲，是昬忽之病。』

⿸疒皆 jiē

字同『痎』。病名。即瘧疾病。隔日發作之病。

瘉 yù

①勞困。越，更加。②通『愈』。病瘳。《漢書・高帝紀》：『漢王疾瘉，西入關，至櫟陽。』《注》：『瘉與愈同。』③同『瘉』。

瘇 zhǒng

足腫。同『尰』、『⿸疒童』。《漢書・賈誼傳》：『天下之勢，如病大瘇。』如淳曰：『足腫曰瘇。』

瘨 diān

①困苦。《詩・大雅》：『瘨我饑饉，民卒流亡。暈倒。』《戰國策》：『七日不得告，水漿無入口，瘨而殫悶，旄不知人。』②『癲』的本字。多喜曰『瘨』，多怒曰狂。

瘠 jí

①瘦弱。疾疫。土地不肥沃。②又音 zì。通『胔』。未腐爛的屍體。《荀子・榮恥》：『是其所以不免於凍餓，操瓢囊為溝壑中，瘠者也。』清・王念孫謂病。讀為『掩骼埋胔』之『胔』，瘠為胔的錯字。

⿸疒帶 zhì

病名。赤白痢。《釋名・釋疾病》作『⿰月帶』。《玉篇》作『⿸疒帶』。

⿸疒旋 xuǎn

同『癬』。

瘮 cǎn

痛苦。通『憯』、『慘』。《漢書·穀永傳》：『又以掖庭獄大為亂阱，榜垂瘮於炮格。絕滅人命。』

療 liáo

醫病。字《說文》作『𤻲』。

癃 lóng

同『𤵸』、『㾏』。衰弱多病。《史記·平原君傳》：『臣不幸有罷癃之病。』《素問·宣明五氣》：『膀光不利為癃。』

癉 dàn

黃疸病。通『疸』。《山海經·西山經》：『有獸焉，服之已癉。』《注》：『黃癉病也。』

癄 qiáo

憔悴。憂患。通『憔』。《集韻》有解。

𤻮 dǎn

因勞而成的病。字同『癉』。《禮·緇衣》：『《詩》云：上帝板板，下民卒𤻮。』今《詩·大雅·板》：𤻮作『癉』。

癕 yōng

惡性毒瘡。字同『癰』、『𤻪』。

癘 lì

①殺。《管子·五行》：『不癘雛轂。不夭麑麛。』《注》：『癘，殺也。』②疫病。《周禮·天官·疾醫》：『四時皆有癘疾。』③通『癩』。惡疾也。《山海經·西山經》：『有鳥焉，其狀如鶉，黃身而赤喙。其名曰肥遺，食之已癘。』《注》：『惡病也，或曰惡瘡。』

𤺥 chèn

同『疢』。也作『㽦』。病。南朝·宋·鮑照《鮑氏集·謝賜藥啓》：『𤺥同山嶽，蒙靈藥之賜。』

癞 lài

惡瘡。麻風。《說文》作『癘』。原本指疾病，唐人始作『癩』。

癰 yōng

惡性濃瘡。字又作『癕』。

癶部

登 dēng

①祭品名。字也作『䒞』、『豋』。②自下而上曰登。《呂氏春秋》：『農乃登黍。』③高。《國語·晉》：『不衰年之不登。』④成熟。《孟子》：『五穀不登。』⑤取。《禮·月令》：『命漁師伐蛟，取目，登鼉，取鼉。』⑥立刻。《會稽典錄》：『……登皆酋服。』

白部

白 bái

通『伯』。『白喜』即太宰嚭，春秋吳國大夫。《史記·吳太伯世家》作『伯嚭。』《吳越春秋·闔閭內傳》作『白喜。』

皁 zào

①通『皂』。差役。黑色。樹名。②通『槽』。牛馬食的槽。《呂氏春秋·勸動》：『若受我而假我道，是猶取之內皁而著之外皁也。』

皃 mào

古『貌』字。

皔 hàn

白。字也作『睅』。《藝文類聚·玄武館賦》：『璀璨皓皔，華璫四垂。』

總括曰皆。

皆 jiē

《書·湯誓》：『時曰曷喪，予及汝皆亡。』《孟子·梁惠王》引《書》皆作『偕』。②都，俱，全，總括曰皆。

皇 huāng

①通『遑』。《禮·表紀》引《國風》：『我今不閱，皇恤我後。』今《詩·邶風·穀風》作『遑』。②又音kuáng。通『匡』。匡正。《詩·豳風·破斧》：『周公秉正，四國是皇。』③又音kuàng。通『況』。《書·秦誓》：『我皇多有之。』《公羊傳》：『而況乎我有之。』

皈 guī

同『歸』。宋·楊萬里《晚皈再度西橋》詩：『皈盡西橋東復東，蓼花近路舞西風。』後多用於佛教反歸向佛。

皋 gāo

①字也作『臯』。湖泊，岸或水旁之地。②通『高』。《荀子·大略》：『望其壙，皋如也。』③又音hao。通『嗥』。呼告。《周禮·春官·大祝》：『來替令舞。』《注》：『皋，讀為卒嗥呼之嗥。』

臯 gāo

同『皋』。

皡 hào

①白。《說文》作『皞』。《集韻》作皡。②通『昊』。《漢書·鄭崇傳》：『朕幻而孤，皇太后躬自養育，免於繈褓。……欲報之德，皡天同極。』《注》：『皡字與昊同。』

蘤 wěi

古『花』字。《後漢書·張衡傳·思玄賦》：『歌曰：天地煙煴，百卉含蘤。』《注》：張揖《字詁》：曰『蘤，古花字也。』《新唐書·東夷百濟傳》：『王服大袖紫袍，烏羅冠，飾以金蘤，群臣降衣，飾冠以銀蘤。』

皬 hè

白。同『皠』。《史記·司馬相如傳·大人賦》：『低回陰山翔紆曲兮，吾乃今目睹西王母皬然白首。』晉·範望《注》：『白而不純謂之皬。』

皮部

翍 pī

古『披』字。《漢書・楊雄傳・甘泉賦》：『回猋肆其碭駭兮，翍桂椒，鬱移楊。』

㿜 guì

同『攰』。極疲乏。《顏氏家訓・書證》：『有人訪吾曰：《魏志》蔣濟上書云：弊攰之民是何字也？』余應之曰：『意為攰即是㿜倦之㿜耳。』《廣韻》、《集韻》作『𤿲』。

皻 zhā

也作『皶』。面部所生的粉刺。《素問・生氣・通天論》：『勞汗當風，寒薄為皶，鬱乃痤。』

皿部

盃 bēi

同『桮』、『杯』。

盈 yíng

①充滿。如《周南・卷耳》：『采采卷耳，不盈頃筐。』又圓滿。《禮・禮運》：『和而後月生也，是以三五而盈，三五而闕。』②通『贏』。如『贏縮』、『贏餘』。

益 yì

①『溢』的本字。原為水溢出器皿，後漸通用。《呂氏春秋・察今》：『荊人欲襲宋，使人先表澭水，澭水暴益。』②利益，富饒，進一步，資助等皆用此字。

盍 hé

①《說文》作『盇』，隸作『盍』。②合。副詞。如『何不』。《論語・公冶長》：『盍各言爾志。』

𥁕 wēn

『温』的本字。凡温和、温柔、温暖者皆當作𥁕，自温字流行而𥁕遂廢。清・段玉裁《說文解字注》有解。

盌 wǎn

字也作『椀』、『碗』、『㼝』。食具。

盖 gài
『蓋』的俗字。

盛 shèng
①兴盛。豐盛。極點。贊美。撫育。②又音 chéng。物於容器中曰盛。又通『郕』。春秋國名。《春秋》：『秋，衛師入盛。』《左傳》作『郕』。

盞 zhǎn
①字也作『琖』、『醆』。②小杯。《方言》：『盞，桮也。』③量詞，如燈之单位曰盞。

盝 lù
通『漉』、『盪』。滲漏以去水。《周禮·考工記·㡃水》：『清其灰而盝之。』《爾雅·釋詁》：『盝，竭也。』

監 jiān
①自上而下，如監視。牢獄的俗稱。②又音 jiàn。通『鑑』、『鑒』。照視。《書·酒誥》：『古人有言曰：人無水監，當於民監。』又官署名如『中書監，秘書監。宦官曰太監。』《史記·秦紀》：『因景監求見孝公。』《正義》：『監，閹人也。』

盡 jìn
①器中空。竭。終。月終。死亡。皆。②又音 jǐn。俗作『儘』。聽任。縱令。《禮·曲禮》：『虚坐盡後，食坐盡前。』

盤 pán
①本作『槃』、『鎜』。俗作『柈』。淺而敞口的器皿。古代沐浴器。②通『磐』。如『磐石』。也作『盤石』。③又通『鞶』。『鞶囊』也作『盤囊』。

盧 lú
①黑的顏色。《書·文侯之命》：『盧弓一，盧矢百。』《傳》：『盧，黑也。』《左傳》作『玈』。②瞳孔。《漢書·楊雄傳·甘泉賦》：『玉女無所眺其清盧兮。』《注》服虔曰：『盧，目童子也。』《文選》作『矑』。③酒商放酒器的土臺。同『壚』、『罏』。《漢書·食貨志》：『請法古令，官作酒以二千五百石為一均，率開一盧以賣。』

盦 ān

『庵』的借用字。多用於人名。又器皿的蓋。古器物名。

盥 guàn

祭名。通『灌』、『祼』。《易觀》：『盥而不薦，有孚以若。』《集解》引漢·馬融《注》：『盥者，進爵灌地，以降神也。』

盪 dàng

也作『蕩』。

盩 zhōu

也作『𥂕』。通『抽』。《吕氏春秋·節喪》：『犯流矢，器白刃，涉血盩肝以求之。』《注》：『盩，古「抽」字。』

盭 lì

與『戾』同。背棄。疾病名。如『足蹠反戾，不可行也。』又草名，可作綠顏料之用。

目 部

直 zhí

俗作『直』。又通『值』。如價值。《史記·梁孝王世家》：『初，孝王在時，有罍樽，直千金。』又通『職』。適宜的處所。《詩·魏風·碩鼠》：『樂國樂國，爰得我直。』

省 xǐng

①又音 shěng。通『眚』。《書·說命》：『惟干戈省厥躬。』《釋文》：『省，息井反，一本作眚。』《春秋》、《穀梁傳》皆作『眚』。②又音 xiǎn。通『獮』。秋天狩獵之稱。《禮·明堂位》：『是故夏礿，秋嘗，冬蒸，春社，秋省而遂大蠟，天子之祭也。』《注》：『省讀為獮。獮，秋田名也。』

眇 miǎo

又音 miào。通『妙』。精微。《漢書·律曆志》：『（劉）向子歆究其微眇。』《注》：『眇，……又讀曰妙。』

盼 pàn

眼睛黑白分明。《詩・衛風・碩人》：『巧美倩兮，美目盼兮。』《詩》今本作『盻』。

眊 mào

同『耄』老年。《漢書・武帝紀・元狩》：『哀夫老眊孤寡鰥獨或匱於衣食。』《注》：『眊，古耄字，八十曰耄。』

眂 shì

『眡』的誤字。

眞 zhēn

俗作『真』。

眩 xuàn

通『炫』。光彩奪目。又音 huàn。通『幻』。《史記・大宛傳》：『條枝在安息西數千里，國善眩。』表演戲法的稱『眩人』。

眎 shì

①古『視』字。《淮南子・氾論》：『夫鴟目大而視不若鼠。』《周易・集解》本作『眎』。②通『示』。《漢書・趙充國傳》：『循河湟曹穀至臨羌，以示羌虜。』《注》：『眎，也示字。』

眛 mèi

①目不明。《左傳》：『目不辯五色之章為眛。』②《說文》『眛』、『眜』同。清・段玉裁謂眛字乃後人所增。

眜 mò

①目不正。②通『冒』。《文選・吳都賦》：『相與眜潛險，搜瓌奇。』

昚 shèn

①古『慎』字。《史記・虞卿傳》：『此食說也，王昚勿予。』

眣 shùn

以目示意曰『眣』。與『瞚』、『瞬』同。《公羊傳》：『郤可眣魯衛之使，使以其辭而為之請。』本或作『眣』。清・阮元以為校勘之誤。

眂 shì	①古『視』字。看。《周禮・天官太宰》：『及執事，眂滌濯。』《注》：『眂，音視，本又作視。』②又比，如。《周禮・天官食醫》：『凡食齊眂春時，羹齊眂夏時，醬齊眂時，飲齊眂冬時。』《注》：『眂，音視。』《疏》：『眂，猶比也。』
眶 kuàng	眼眶。本作『匡』。唐・王昌齡詩：『眼眶滴淚深兩眸。』
䀿 ér	調和。同『聏』。《釋文》：『聏，崔(譔)本作聏……和也。聏和萬物，物和則歡矣。』
眴 shùn	①同『瞚』、『瞬』。目轉動，驚貌。《莊子・德充符》：『適見㹠子食於其母者，少焉，眴若皆棄之而走。』②又音 xuan。通『眩』。眼睛昏花。《文選》楊雄《劇秦美新》：『臣常有顛眴病，恐一旦先犬馬填溝壑。』③又音 xún。眴卷，縣名。
䀪 háng	鳥向下飛。同『頏』。又作『𦐂』、『鴧』。《漢書・楊雄傳》：『柴虎參差，魚頡而鳥䀪。』《注》：『柴虒參差，不齊貌也，頡䀪上下也。』
眥 zì	也作『眦』。眼眶。
眾 zhòng	通作『衆』。多。
睆 huǎn	同『睅』。《說文》有解。

䀹 jié

①眼毛。同『睫』。《史記・扁鵲傳》：『流涕長潸，忽忽視䀹。』②又音 zhǎ。目動。同『眨』。

睋 é

须臾。通『俄』。《公羊傳》：『睋而鋟其板。』

睠 juàn

反顧。同『眷』。《詩・小雅・大東》：『睠言顧之，潸言出涕。』《荀子・宥坐》、《後漢書・劉陶傳》引《詩》皆作『眷』。

睫 jié

《說文》作『䀹』。睫毛。眨動眼睛也曰睫。《列子・促尼》：『矢来注眸子，而眶不睫。』

睹 dǔ

看见。字同『覩』。《莊子・秋水》：『今我睹子之難窮也，我非至於子之門，則殆矣。我長見笑於大方之家。』

睬 cǎi

理會。本作『採』。《古今雜劇》元・王實甫《破窑記》：『不是这老泰山為人忒歹，親女婿昂然不睬。』

睪 yì

①又音 zé。通『澤』。香草。《荀子・正論》：『乘大路趨越席以養安，側載睪芷以養鼻。』②又音 gāo。高貌。也作『睾』通『皋』。《孔子家語・用誓》：『自望其廣，則睪如也。』《荀子・大略》作『皋如。』又陰丸也謂之睪丸。

瞏 qióng

『睘』的俗字。

睿 ruì

明智。同『叡』。

瞂 fā

古兵器名。字也作『献』。《文選》漢·張平子（衡）《西京賦》：『植鎩縣献，用戒不虞。』《方言》九作『𢻱』。《史記·孔子世家》作『撥』。《蘇秦傳》作『吷』。皆為通假字。

睾 gāo

①俗作『皋』、『臯』。男子及雄動物的陰丸。俗又作『睪』。

䁝 yíng

迷惑。《淮南子·原道》：『今人所以眭然能視，䁝然能聽。』䁝，本作『營』。

瞑 míng

①閉目或目力昏花。②又音 miàn。睡眠。通『眠』。《莊子·知北遊》：『神農隱几闔户書瞑。妸荷甘中奓户而入。』③又音 miàn。『瞑眩』即頭昏目眩。

瞋 chēn

本為張目的意思。如瞋目《莊子·秋水》：『鴟鵂夜撮蚤，察毫末；書出，瞋目而不見山。』又怒。同『嗔』。《南史·範曄傳》：『曄問曰：汝嗔我也，（子）藹曰：今日何緣複嗔，但父子同死，不能不悲耳。』《宋書·曄傳》作『恚』。

𥉴 tí

失意貌。《文選》左太冲（思）《魏都賦》：『吴蜀二客目焉相顧，𥋁言失所。』𥋁，《說文解字》繫縛作『𥋁』。

瞏 qióng

驚視貌。俗作『睘』。

瞚 shùn

目動或眨眼。同『瞬』、『眴』。《莊子·庚桑楚》：『終日視而目不瞚，偏不在外也。』

瞢 méng

本為直視不審或昏暗或煩悶或羞慚之貌。又音 mèng。同『夢』。《晏子·春秋·諫》：『景公舉兵將伐宋，師過泰山，公瞢見二丈夫立而怒，其怒甚盛。』又古澤名，即雲夢。

瞖 yì

眼疾。古字作『翳』。

瞯 jiàn

①也作『瞷』。目動，窺視。《孟子·离婁》：『王使人瞯夫子，果有異於人乎。』《注》：『瞯，視也。』一又作『矙』。②又音 xiá。目上視。英武貌。《文選》晉·潘安仁（岳）《馬汧督誄》：『瞯然馬生，傲若有餘。』

瞬 shùn

同『眴』、『瞚』。眨眼。《六韜·龍韜》：『善者從而不擇，巧者一決而不猶豫，故疾雷不及掩耳，卒電不及瞬目。』

瞣 miè

俗作『蔑』。眼眶紅腫。《急就篇》：『癉熱瘻痔眵瞣眼。』《注》：『瞣，目眥傷赤也。』

矊 mián

同『𥉊』。瞳子黑。含情默默。《楚辭》宋玉《招魂》：『靡言膩理，遺視矊些。』《注》：『矊，脈也，……心中矊脈，時時竊視。』

矆 miè

本作『瞣』。目眶紅腫也。

矙 kàn

窺視。字同『瞰』。《孟子·滕文公》：『陽貨矙孔子之亡也，而饋孔子蒸豚。』

矆 huò

驚視貌。字同『矐』。《文選》晉·左太沖（思）《魏都賦》：『先生之言未卒，吳蜀客矆言相顧。』

矛部

矜 jīn

又音 guàn。病。通『瘝』。《詩・小雅》：『何草不黃，何人不矜。』又通『鰥』。年老無妻。《禮・王制》：『老而無妻者謂之矜，老而無夫者謂之寡。』《詩・大雅・蒸民》：『不侮矜寡，不畏彊禦。』《疏》：『不欺侮鰥孤觸之人。』《禮・禮運》：『矜寡孤觸疾者，皆有所養。』

矞 yù

①彩雲。通『霱』。漢・董仲舒《雨雹對》：『雲則五色而為慶。三色而成矞。』②又音 jué。詭詐也。同『譎』。《荀子》：『矞宇嵬瑣。』③又音 xū。驚懼貌。通『獝』。《周禮・春官・大司樂》：『凡六樂者，一變而致羽物。』漢・鄭玄《注》引《禮紀・禮運》：『鳳以為畜，故鳥不矞。』今本《禮記》矞作『獝』。

⿰矛堇 qín

矛柄。同『矜』。唐・顏師古《注》云：『矜與「⿰矛堇」同。⿰矛堇謂矛鋋之把也。』

矢 部

矢 shǐ

通『屎』。《左傳》：『（襄）仲以君命召惠伯，……乃入，殺而埋之馬矢之中。』

矤 shěn

古『矧』字。

知 zhī

又音 zhì。同『智』。知、智，古今字。《易・蹇》：『見險而能止，知矣哉。』《論語・子罕》：『擇不處仁焉得知。』《論語》智皆作『知』。

矧 shěn

本作『矤』，或作『⿰矢攵』、『訠』。況。《詩・小雅・伐木》：『矧伊人矣，不求友生。』又亦。《書・康誥》：『王曰封，元惡大憝，矧為不孝不友。』又齒齦。《禮・曲禮》：『笑不至矧。』《注》：『齒本曰矧，大笑則見。』

矱 huò

又音 yuē。法度。《說文》作『蒦』。《廣韻》作『韄』。《後漢書・崔駰傳・尉志賦》：『協準矱之貞度兮，同斷今之玄策。』

矲 dà

短也。也作『羆』。《周禮・春官・典同》：『陂聲散。』鄭玄《注》：『陂讀為人短羆之羆。』《釋文》：『短罷，皮買反；字或作矲，音同。』

石部

石 shí

①一般指天然形成之石稱巖石。②又指堅硬之代詞，如盤石。③量詞，糧百二十斤為石。④大。通『碩』。《漢書・匈奴傳》楊雄諫書：『時奇譎之士，石畫之臣甚重。』《注》：『鄧臣曰：石大也。』王安石《臨川集》：『廟謨資石書，兵略倚珠鈐。』

矴 dìng

固定船位的石頭。宋・蘇東坡《两橋詩引》：『羅浮道士鄧守安始作浮橋，以四十舟為二十舫。鐵索石矴，隨水漲落。』字又作『椗』、『碇。』

砣 tuō

古代分裂肢體酷刑。意同『磔』。

研 yán

①本作『研』。磨礪。研究。討論。②又音 yàn。通『硯』。《後漢書・班超傳》：『當輟業投事嘆曰……安能久事筆研間乎。』

砂 shā

『沙』之俗字。

砋 zhǐ

擣衣石。本又作『⿰石之』、『⿰石延』。

砒 pī

《廣韻》作『磇』。劇毒。

砅 lì

履石渡水。《說文》引《詩》：『深則厲。』今《詩·邶風·匏有苦葉》砅作『厲』。

砣 tuó

磚。也作『碢』。稱錘也俗作『砣』。

砢 luǒ

①衆多貌。②又音kē。次玉。同『珂』。

砧 zhēn

同『碪』。即搗衣石。

砠 jū

《說文》作『岨』。

砲 pào

本以機發石也。自有火藥发射鐵弹丸以後字也從火作『炮』。又同『礮』。

䂮 lüè

鋒利。本作『⿱㓞各』。通『略』。唐·颜師古《焦謬西俗》引張揖《古今字詁》古作『⿱㓞各』，一本作『䂮』。

硋 ài

同『礙』。《後漢書·方術傳序》：『夫物之所偏，未能無蔽，雖云犬道，其硋或同。』

硎 xíng

①磨刀石。《莊子·養生主》：『今臣之刀十九年矣，所解數千牛矣，刀刃若新發於硎。』②又音kēng。同『坑』。《庾子山集·哀江南賦》：『荒谷縊於莫敖，冶父囚於羣師，硎穽摺拉，鷹鸇批攢，冤霜夏零，

憤泉秋沸。」

研 yán

同『研』。

硍 xiàn

①鐘聲。同『硍』。②又音 kěn。咬。同『啃』。《西遊記》：『使如意鉤子把大聖鉤着腳一跌，跌了個嘴硍地。』

硇 náo

硇砂。礦物名。供藥用。《廣雅》作『洶』、『礏』。俗作『硇』。

砦 zhài

同『寨』。守衛用的柵欄，或營壘。《三國志·朱衡傳》附朱異：『多設屯砦，置諸道要。』

硩 chè

又音 tì。摘取。《說文》作『硩』。《吴都賦》：『精曜潛穎，硩陊山谷。』

硬 yìng

堅實。也作『鞕』。

硭 máng

硭硝。也作『矼硝』、『芒硝』。

确 què

①瘠薄。也作『埆』。《文選》晉·左太沖《吴都賦》：『庸可供世而論巨細，同年而議豐埆乎！』②堅實。通『確』。《後漢書·崔寔傳》：『論當世便事數十條，名曰《政論》，指切實要，言辯而确。』③敲擊。通『搉』。《世說新語·文學》：『樂（廣）亦不復剖析文句，直以麈尾柄确几。』④又音 jué。角勝負。通『角』。《漢書·李廣傳》：『李廣材氣，天下亡雙，自負其能，數與虜确，恐亡之。』

碁 qí

『棋』的別體字。

碇 dìng

停船時穩定船身的石墩。本作『矴』。韓愈《昌黎集》:『唐正議大夫尚書左丞孔公墓誌銘』:『蕃泊之至泊步有下碇之稅,始至有閱貨之燕。』

碗 wǎn

食具。本作『椀』、『盌』。又燈籠的單位,宋以来燈籠一盞稱一碗。

碚 bèi

地名用字。也作『培』湖北宜昌西北有蝦蟆碚。歐陽修、蘇軾、陸遊詩中都曾有蝦蟆碚詩。歐陽修於詩中注云:『今土人寫作背字』。蘇軾詩寫作『培』。

碕 qí

曲岸。同『埼』。《文選》楊雄《羽臘賦》:『探巖排碕,薄索蛟螭。』

碍 ài

『礙』之俗體。唐·釋齊已《白蓮集》:『舉頭遠有碍,低眼即無妨。』

硂 yín

同『崟』。

硾 zhuī

①使物下沉。同『錘』。《吕氏春秋·勸學》:『是拯溺而硾之以石也。』②又音 chuí。舂、搗。通『捶』。米芾《畫史》:『第一池紙匀硾之,易軟少毛,澄心其製也。』

碓 duì

①舂米的設備。②又音 duī。小丘。古『堆』字。《史記·河渠書》:『蜀守(李)冰鑿離碓,辟沫水之害。』

碰 pèng

同『搒』。相撞。

磓 zhuì

從高下落。『墜』的本字。《漢書・天文志》：『星隊至地，則石也。』

⿰石爲 huǐ

敗壞。同『毀』。《淮南子・俶真》：『處玄冥而不闇，休於天均而不⿰石爲。』

碪 zhēn

①亦作『砧』。擣衣石。南朝・鮑照《鮑氏集・登大雷岸與妹書》：『回沫冠山，奔濤空谷，碪石为之摧碎。碕岸為之整落。』②又音 ǎn。同『堪』『嵁⿸疒示，為高大之貌。』

碟 dié

盛食物的盤子。唐人作『疊』、『楪』。

碝 ruǎn

似玉之石。《漢書・司馬相如傳》作『礝』。

碈 mín

似玉之石。同『瑉』、『珉』、『玟』。

碣 jié

①石碑。方者為碑，圓者為碣。字也作『嵑』。②標出。同『揭』。《漢書・楊雄傳・校獵賦》：『鴻濛沆茫，碣以崇山。』

磋 cuō

象牙加工曰磋。《說文》作『瑳』。《傳》：『治骨曰切磋，象曰磋，玉曰琢，石曰磨。』後来引伸為商量研究。

碻 què

確實。同『確』。

磁 cí

本作『礠』，省從茲。通『瓷』。

磏 lián

①赤色的厲石。②通『廉』。《韓詩·外傳》：『仁道有四，磏為下。』

磝 áo

①山多小石曰磝。《說文》作『嶅』②又音 qiāo。硬石。同『磽』。

磒 yǔn

墜落。同『隕』。《說文》引《春秋傳》：『磒石于宋五。』今本《左傳》磒作『隕』。

碾 niǎn

『輾』的別體字。研磨或滚壓某物曰碾。

磎 xī

山谷。同『谿』。《文選》馬季長（融）《長笛賦》：『托九咸之岑兮，臨萬仞之石磎。』

磤 yǐn

雷聲。亦作『𨏩』。《文選》何叔平（晏）《景福殿賦》：『體洪剛之猛毅，聲訇磤其若震。』《注》：《毛詩傳》曰『磤，雷聲也。』按《詩·召南·殷其靁》作『殷』。『殷』、『磤』，古今字。

磬 qìng

樂器，身體彎曲。佛寺中敲擊物。字同『罄』。

䃚 zú

箭。同『鏃』。李賀《歌詩編》：『雀步蹙沙聲促促，四尺角弓青石䃚。』

硜 kēng

《說文》作『硻』。同『硜』。簡陋。漢·桓寬《鹽鐵論·水旱》：『器多堅硜，善惡無所擇。』

磥 lěi

石多貌。也作『礧』。

磪 cuī

①山高。同『崔』。②折傷。通『摧』。《費鳳別碑序》：『肝磪意悲，感切傷心。』

磲 qú

硨磲。石之次玉者。也作『碟』

磷 lín

①水在石間。本作『粼』。《文選》三國·魏·劉公幹《贈從弟》詩：『汎汎東流水，磷磷水中石。』②同『燐』。礦物質。因磨擦可生光。因謂之磷火。

磴 dèng

①石階。②又音 tèng。增益。《文選》郭景純《江賦》：『磴之以瀿瀷，渫之以尾閭。』《注》：『磴，猶益也。』五臣本作『蹬』。

磿 lì

①俘虜。《逸周書·世俘》：『馘磿億有十萬七千七百十有九。』又古喪禮寫執紼者名字的版。《周禮·地官·遂師》：『道野役及窆，抱磿。』磿，或作磨。②通『曆』。曆室是古代推算曆象之所。《史記·樂毅傳·燕·惠王書》：『大呂陳於元英，故鼎反乎磿室。』《戰國策·燕》作『曆室』。

礧 lèi

①大石。同『儡』。如《庾子山集》：『羅梁猶下礧，楊排久飛灰。』②又音 lěi。同『磊』。如『礧礧落落。』本行事光明。又寫作『磊磊落落』。

礔 pī

同『霹』。如迅猛的雷聲作『礔礰』。也作『霹靂』。

礉 hé

①核對切實。通『覈』。集韻有解。②苛刻。《史記·老子·韓非子傳》：『太史曰：韓子引繩墨，切事情，明是非，其極慘礉少恩。』

礝 ruǎn

次于玉之美石，說文作『碝』。

礚 kē

象聲詞。同『磕』。

礛 jiān

也作『厱』。

礙 ài

限止。遮蔽。俗作『碍』。

礦 kuàng

《說文》作『磺』，古文作『丱』。通作『鑛』。

礪 lì

①磨石。如『礪石』、『磨礪』。②磨治。《書・費誓》：『礪乃鋒刃，無敢不善。』又本作『厲』。

礧 lèi

①以石投物。②古代守禦時用以投擲的木石。③又音 léi。撞擊。如『觸曲浪而相礧。』郭景純《江賦》：『觸曲厓以縈繞，駭崩浪而相礧。』④又音 léi。通『磊』。杜甫《三川觀水漲》詩：『枯查卷拔樹，礧塊共充塞。』謂石塊為礧塊，字又作『磊塊』。又如樹木多節喻人有奇才異能曰『礧砢』。又作『磊砢』。《晉書・庾敳傳》：『敳更器(溫)嶠，同嶠森森如千丈松。雖礧砢多節，施之大厦，有棟梁之用。』《世說新語》作『磊砢』。

礨 lěi

突出高出的地勢。司馬相如《上林賦》：『巖魄碨廆。丘虛堀礨。隱磷鬱壘，登降施靡。』《史記・司馬相如傳》作『㠥』。

礱 lóng

磨物。《國語・晉》：『趙文子為室，斲其椽而礱之。』也作『礲』。後專指磨穀去殼工具。

礲 lóng

同「礱」。

礮 pào

戰具。古代作戰，以機發石，戰具曰砲，因以從石故作「礮」。又寫作「砲」。後改火藥發彈，又寫作「炮」。又因以石為彈，所用之石曰「礮石」，又常作「拋石」。晉・潘安仁《閒居賦》：「礮石雷駭，激矢蝱飛。」

礳 mò

「磨」的本字。如「石磨」、「磨碎」。

示部

示 qí

①地神。同「祇」。《周禮・春官・大宗伯》：「大宗伯之職，掌建邦之天神、人鬼、地示之禮。」②又音 shí。姓，春秋・晉有示眛明。

礼 lǐ

古文「禮」字。《詩・魯頌・閟宮》：「犧尊將將。」唐・孔穎達《正義》：「阮諶《礼圖》云：犧尊飾以牛。」今為禮的簡化字。

礽 réng

福也。自本身八世以下為仍孫，仍也作「礽」。

礿 yào

古代宗廟四時祭之一。《禮・王制》：「天子諸侯廟之祭，春曰礿，夏曰禘，秋曰嘗，冬曰烝。」《注》：「此蓋夏殷之祭名，周則改之，春曰祠，夏曰礿。」字也作「禴」。

祊 bēng

①廟門旁祭祖曰祊，也作「䯂」。《詩・小雅・楚茨》：「祝祭於祊，祀事孔明。」《箋》：「《說文》作䯂。」②廟門。本作「閍」。《禮・郊特牲》：「索祀祝於祊。」《注》：「廟門曰祊。」③邑名。在今山

東境内。

祆 xiān

波斯拜教神名。本祇作『天』。其後加示作『祆』。

祅 yāo

天反時曰災，地反物曰祅。本作『䄏』。通『妖』。《漢書・禮樂志・郊祀歌・西顥》：『姦偽不明祅孽伏息。』《樂府詩集》、《漢・郊祭歌》祅作『妖』。

祇 qí

①地神。同『示』。《論語・述而》：『誄曰：禱爾於上下神祇。』②病。通『疧』。《易・坎》：『祇既平，無咎。』

祈 qí

①对天或神明的告求，请求曰祈禱。②城廓周圍之地。通『畿』、『圻』。《詩・小雅・祈文序》：『《祈文》，刺宣王也。』唐・孔穎達《疏》：『此職掌對畿兵甲，當作畿字，今作圻。』③通『禨』。《周禮・春官肆師》：『以歲時序其祭祀。及其祈珥。』《注》：『玄謂祈當為進禨之禨。珥當為衈。』禨珥者釁禮之事。

祙 mèi

同『魅』。鬼魅。《山海經・海内北經》：『祙，其為物，人身黑首從目。』《注》：『祙，即魅也。』

祐 yòu

也作『佑』。指神明的佑助。《易・大有》：『天祐之，吉，無不利。』《釋文》：『本作『佑』。馬融作右。』

祗 zhī

①恭敬。《詩・商頌・長發》：『昭假遲遲，上帝是祗。』②祗與『適』、『是』、『禔』、『衺』等字音近，常相通假。③又與『祇』、『秖』、『衹』等字形相近，古籍中多混用。

祘 suàn

計數。古『筭』字。《說文》：『明視以筭之，從二示。』《逸周書》曰：『士分民之祘，均分以祘之也。』今本《逸周書》無此語。清・朱駿聲《說文通訓定聲》：『按四横六直，象觚之形，實即筭字之古文也。』

祥 xiáng

①本幸福、吉利之語。②通『詳』。《史记·太史公自序》論上家要指：『嘗竊觀陰陽之術，大祥而衆忌諱，使人居而多畏。』《漢書·司馬遷傳》作『大詳』。

祧 tiāo

①古作『濯』。《禮·祭法》：『天下有王，分地建国，置都立邑，設廟、祧、壇、墠而祭之……遠廟為祧。』②祭遠祖始祖之廟。又古代帝王立七廟，依次遷去神主藏之，謂之『祧』。承祭為後祠。

票 piāo

①說文作『㶾』。飛光。輕舉之貌。②疾速。《漢書·王商傳》：『遺票輕吏微求人罪，欲以立威。』亦作『僄』。《漢書·高帝紀》：『項羽為人慓悍禍賊。』清·段玉裁謂票與僄音義皆同，引伸為凡輕銳之稱。③漢代將军稱『票騎』，又作『驃騎』。

祳 shèn

古代帝王祭天地神供肉，今通作『脤』、『蜃』。《說文》：『祳，社肉。盛之以蜃，故謂之祳。』《春秋傳》曰：『石尚來歸祳。』今本《春秋》作『脤』。

祰 gào

告祭。古代天子出行祭其祖之謂。《周禮·大祝》：『二曰造。』《禮記·曾子問》：『諸侯適，天子必告於祖。』『造』、『告』皆即祰的借字。

䄍 zhà

古代歲終之祭。通作『蜡』，也作臘。《廣雅·釋天》：『……索，鳰也。夏曰清祭，殷曰嘉平，周曰大鳰，秦曰臘。』

祼 guàn

古代帝王以酒祭奠祖先或賜客之禮。也作『灌』、『果』。《書·洛誥》：『王入太史祼。』《疏》：『祼者灌也，因奠不飲謂之祼。』《周禮·春官·大宗伯》：『大賓客則攝而不載果。』鄭玄《詩》：『果，讀為祼，代王祼賓客以鬯。』鬯，鬱鬯酒。

福 fú

①古稱富貴壽考為福。《書·洪範》：『五福：一曰壽，二曰富，三曰康，四曰攸好德，五曰考終命。』②相稱，同『副』。《文選》張衡《西京賦》：『仰福帝居，陽曜陰藏。』《注》：『福，猶同也。』

禔 tí
①又音 zhī。福安。②通『祇』。但，適。《史記·韓長孺傳》：『臣以三萬人衆不敵，禔取辱耳。』《漢書》禔作『祇』。

祸 huò
也作『旤』。災殃。《漢書·五行志》：『劉向治穀梁春秋數其旤福，傳以洪範，與（董）仲舒錯。』

禛 zhēn
感神而得到福。清·雍正帝名胤禛。後因避諱，典籍常以『禎』、『正』代之。

禮 zǔ
祈鬼神加禍於人。同『詛』、『禮』。《漢書·五行志》：『屈釐復坐祝禮要斬。』《注》：『禮，古詛字。』

禪 shàn
①讓位於人。又帝王祭天地的典禮。古作『墠』。②又音 chān。梵語『禪那』的省稱。意譯為『思維修』。靜思的意思。又指有關的事物。

禨 jī
①求神降福去災。②又音 jì。濯髮後所飲之酒。通『醼』。《禮·玉藻》：『君子……五曰盥，沐稷而靧粱，櫛用樿櫛，髮晞用象櫛，進禨進羞，工乃升歌。』

禷 lèi
祭名。《古文尚書》說以非時祭。以事類告為禷；今文說祭天的別名。《爾雅·釋天》：『是禷事禡，師祭也。』《注》：『師出征伐，類於上帝。』《詩·大雅·皇兮》禷作『類』。經典通作『類』。

禸部

禸 róu
獸足踏地。篆作『蹂』。也作『厹』。《疏》：『其指頭着地處名禸。』

离 chī
①『魑』、『螭』的本字。《說文》作『𥝢』。隸作『离』。②同『離』。《晉書·宣帝紀》：『司馬公下居餘氣，形神已離。』殿本作『离』。

禼 xiè

殷始祖契。本作『禼』也作『卨』、『契』、『偰』。《史記・司馬相如傳・子虛賦》：『禹不能名，契不能計。』《文選》作『卨』。

禾　部

私 sī

凡屬一己者曰私，對公而言。古作『厶』。退居獨處的生活曰私下。暗中活動曰私自。

秆 gǎn

同『稈』。禾莖。

秊 nián

『年』的本字。隸作『年』。後正書沿習。

秄 zǐ

培土於禾根。同『耔』。《詩・小雅・甫田》：『或耘或耔。』《傳》：『耔，雝禾本也。』《疏》：『耔，當作秄。……《說文》秄，雝禾本，本《傳》訓也。』

秌 qiū

『秋』的本字。篆作『秌』，隸作『秋』。

秔 jīng

不黏的稻。也作『稉』、『粳』。《宋書・陶潛傳》：『公田悉令種秫稻，妻子固請種秔，乃使二頃五十畝種秫，五十畝種秔。』

秕 bǐ

①中空的穀。也作『粃』。《書・仲虺之誥》：『若苗之有秀，若粟之有秕。』②喻敗類。《後漢書・安帝紀傳》：『安德不升，秕我王度。』

秖 zhī

①穀始孰曰秖。②只。通『祇』。《鄒陽傳》獄中上書：『故無周而至前，雖出隨珠和璧，秖結怨而不見德。』

秘 mì

『祕』的異體字。《集韻》至韻有『秘』字。

秤 chèng

『稱』的異體字。衡定物體重量。又音 chēng。以秤衡計重量。

秫 shú

①稷之黏者曰『秫』。②又音 shù。長針。通『鉥』。《戰國策・趙》：『黑齒雕題，鯷冠秫縫，大吳之國也。』

秺 dù

同『秅』。①禾束。②地名。在今山東成武縣境內。

秸 jiē

農作物脱粒後剩下的莖稈。《傳》：『秸，本作「稭」。』《漢書・地理志》引《書》作『鞂』。

移 yí

①遷從。如移居某地。又動搖。如富貴不能移。②又音 yì。羨慕。《注》：『移之言羨也。』③又音 chǐ。廣大。通『侈』。《禮・表紀》：『容貌以文之，衣服以侈之。』

税 shuì

①官府取於民者概稱税賦。又租賃也曰税。唐・白行簡《李娃傳》：『聞兹地有隙院，原税以居，信乎。』又姓。明・陳士元《姓觿》：『盛弘之《荊州記》云：建平信陵有税氏。』又以財物贈人曰税人。②釋放，解脱。也作『說』。又讀為『脱』。《左傳》：『管仲請求，鮑叔受之，及堂阜而税之。』《釋文》：『税，本作說。同吐活切，又失銳切。』《吕氏春秋・慎大》：『乃税馬於華山，税牛於桃林。』③又音 tuì。補行服喪之禮。《禮・檀弓》：『小功不税。』《注》：『日月已過，乃聞喪而服曰税。』④又音 tuàn。通『褖』。黑衣。古代婦女六服之一。《禮・雜記》：『繭衣裳，與税衣，纁袡為一。』《疏》：『與税衣者，税為黑衣也。』字本作『褖』。清・陳喬樅《禮記鄭讀考》有解。⑤又音 yuè。和悦。通『悦』。《史記・禮書》：『凡禮始乎脱，成乎文，終乎税。』《索隱》：『（税）音悦，言禮終卒和悦人情也。』⑥又音 huì。通『繐』。以細紗

布製的喪服。《注》：『税即繐也，喪服繐縗裳，縷細而希，非五服之常。』⑦又音tuō。解，脱。通『挩』、『脱』。脱掉鎧甲，指戰事停息。《漢書．敘傳》：『税介免冑，禮義是創。』也作『税甲』。又脱去衣服。《左傳》：『陳須無以（景）公歸，税而如內宮。』

稉 gēng

稻類。同『秔』。也作『粳』。《漢書．楊雄傳．長楊賦》：『馳騁稉稻之地，周流梨栗之林。』《文選》作『秔稻』。

稍 shào

捎帶。同『捎』。《元曲選》關漢卿《救風塵》：『我這隔壁有個王貨郎，他如今去汴梁做買賣，我寫一封書稍將去，着俺母親和趙家姐姐來救我。』

稆 lǚ

野生之禾。通『穭』。《後漢書．獻帝紀》：『羣僚饑乏，尚書以下自出采稆。』《注》：『埤蒼曰：穭，自生地。稆與「穭」同。』

稍 juān

麥莖。也作『䅌』。南唐．徐鍇《繫傳》引晉．潘嶽《射雉賦》：『窺覘稍葉。』今本《文選》作『䅌大些』，唐．李善《注》謂䅌大些與『稍』同。

稃 fū

穀粒的殼。古籍多作『孚』。

稟 bǐng

①俗作『禀』。下對上言事曰稟。又承受。《書．說命》云：『臣下罔攸稟命。』《左傳》：『先王所稟於天地，以其為民也。』《注》：『稟，受也。』②又音jǐn。賜人以穀。也作『廩』。《急救篇》：『稟食縣官帶金銀。』《注》：『讀曰廩，一作廩。』

稡 cuì

聚集。同『萃』。《爾雅》晉．郭璞《序》：『綴集異文，薈稡舊說。』

稑 lù

後種先熟的穀類。也作『穋』。《注》：『鄭司農云：先種後熟謂之穜，後種先熟謂之稑。』《釋文》：『稑，音六，本又作穋，又謂豐收也。』

稜 léng

①物體上的邊角或角尖。《說文》作『棱』。《文選》漢・班固《西都賦》：『設壁門之鳳闕，上觚稜而失金爵。』又威勢。《漢書・李廣傳》武帝報書：『是以名聲暴於夷貉，威稜憺乎鄰國。』又打。《醒世因緣》：『你氣頭上稜兩棒棰……』②又音 léng。田間土壟。唐宋計田畝的單位。陸龜蒙《甫里集奉酬苦雨見寄》詩：『我本曾無一稜田，乎生笑傲空漁舡。』

稘 jī

『期』的本字。也作『朞』。《說文》『稘』引《虞書》：『稘三百有六旬。』今《書・堯典》作『朞』。周年。

稚 zhì

本作『稺』，也作『穉』。幼小。《谷梁傳》：『(麗姬)有二子，長曰奚齊，稚曰卓子。』又晚。《尚書・考靈曜》：『百穀稚熟，日月光明。』

稨 biān

籬上之豆。即扁豆。《廣韻》作『⿰禾臱』。

稬 nuǎn

又音 nuò。黏稻。也作『穤』、『糯』。

稰 xū

①晚稻。②精米。通『糈』。《楊雄傳・反離騷》：『费椒稰以要神兮，又勤索彼瓊茅。』

稭 jiē

農作物的莖稈。今作『秸』。也作『鞂』、『⿱艹點』。《史記・封禪書》：『埽地而祭，席用葅稭。』

稱 chēng

①又音 chèng。衡物輕重的器具。亦作『秤』。②又音 chèn。相當。符合。《荀子・富國》：『德必稱位，位必稱祿，祿必稱用。』③又音 cheng。通『趁』。《醒世恒言・張孝基陳留認舅》：『稱身邊還有得三四兩銀

可做盤纏，且往遠處逃命。」

稾 gǎo

①又作『稿』。禾稈。《史記·蕭相國世家》：『原令民得入田，毋收稾為禽獸食。』②寫詩文的草底。《史記·屈原傳》：『懷王使屈原造為憲令，屈原平屬草稾未定……。』

稿 gǎo

『稾』的異體字。

稺 zhì

①同『稺』、『稚』。幼苗。《傳》：『先種曰稙，後種曰稺。』②幼童。《詩·鄘風·載驅》：『許人尤之，衆稺且狂。』《注》：『稺，本又作稚。』

稷 jì

穀物名。別稱『粢』、『穈』、『穄』。古今著錄，所述形態各異。漢以後以粟為稷。唐以後以黍为稷。多認為最早的穀物。因之常以百穀之長或五穀之神之冠。古稱農官為稷。《左傳》：『稷，田正也。』②日西斜。意通昃。《穀梁傳》：『戊午，日下稷，乃克葬。』《注》：『稷，昃也。』

穈 mén

又音 mí。粱，红色。穀的良種。也作『虋』、『蘴』、『穲』。《詩·大雅·民生》：『誕降嘉種，維秬維秠。維穈維芑。』

穅 kāng

也作『糠』。穀皮。

積 jī

①功業。又通『績』。《荀子·禮論》：『積厚者流澤廣。』②通『跡』。《後漢書·鄧晨傳》：『晨發積射士千人。』《注》：『積與跡同。古字通用。』

穮 biāo

禾芒。《宋書·律曆志》：『秋分而禾穮定。穮定而禾熟。』《注》：『穮，或作蔈。訛作穲。』

穉 zhì

『穉』的異體字。

穆 mù

①温和。《詩・大雅・烝民》：『吉甫作誦，穆如倩風。』又肅静。《漢書・禮樂志・郊祭歌・天門》：『天門開，詄蕩蕩，穆並乘，以臨饗。』又壯美。《詩・周頌・清廟》：『於穆清廟，肅雝顯相。』②通『睦』。和睦。三國・魏・曹植《曹子建集・豫章行》：『周公穆康叔，管蔡則流言。』《注》：『穆，睦也，古二字通用。』又通『默』。如『穆然』猶默然。《文選》漢・東方曼倩《非有先生論》：『於是吴王穆然。俛而深惟。』《注》：『穆猶默。静思貌也。』

穌 sū

穌醒。『蘇』的本字。南齊・王琰《冥祥記》：『（趙泰）常卒心重，須臾而死……留詩十日，平旦喉中有聲如雨，俄而穌活。』

䆃 dào

一莖六穗的嘉禾。《漢書》作『導』。清・黄生《字詁》有解。

穟 suì

茂盛的禾苗。又穀類結實的頂端。通『穗』。唐・李賀《歌詩編・艾如張》：『隴東卧穟满風雨，莫信龍媒隴西去。』

穗 suì

穀類結實的頂端部分。古文作『采』。又植物穗狀的花實。《全唐詩》謝良甫《孟冬》：『江南孟冬天，獲穗軟如綿。』又燈花、燭花。《全唐詩》韓偓《懶卸頭》：『時複見殘燈，如煙墜金穗。』又廣州的别稱為穗垣，又省作『穗』。

穡 sè

①愛惜。通『嗇』。②收獲穀物。《詩・魏風・伐檀》：『不稼不穡，胡取禾三百廛兮。』《傳》：『種之曰稼，斂之曰穡。』又鉤連。《注》：『穡，鉤也。謂荆棘科條相鉤連也。』

穭 lǔ

禾苗自生。也作「稆」。《注》：「埤倉曰：穭，自生也。」

穰 ráng

①果食之肉。通「瓤」。②黍茎的内包部分。《說文》：「穰，黍碃已治者。」又豐收。《管子·國蓄》：「歲有凶穰，故有貴賤。」③又音 rǎng。繁盛。《注》：「穰，盛也，言人衆之多也。」又祈福。通「禳」。《史記·滑稽傳》：「見道傍有穰田者。」《索隱》：「謂為稻田求福禳。」

穱 zhuō

《說文》作「糕」。①早收的麥稻等穀物。《文選》漢·張平子《南都賦》：「冬稌夏穱，隨時代熟。」唐·劉良《注》：「穱，麥也。」②選擇。宋玉《招魂》：「稻粢穱麥，挐黃粱些。」《注》：「穱，擇也，擇麥中先熟者。」

穴部

穵 wā

「挖」的本字。《西遊記》：「只見海邊有人捕魚、打雁、穵蛤、淘鹽。」後「挖」行而「穵」廢。

穹 qióng

①天。《文選》南朝·宋·謝宣遠《九日從宋公戲馬臺集送孔令》詩：「輕霞冠秋日，迅商薄清穹。」②窮
又通「空」。《周禮·考工記·韗人》：「穹者三之一。」《注》：「鄭司農云：讀為志無空邪之『空』。」
盡。《詩·豳風》：「穹室熏風，塞向墐户。」《傳》：「穹，窮；室，塞也。」③物狀隆起。《周禮·考工記·韗人》：「穹者三之一。」漢·鄭玄《注》：「穹隆者，居鼓面三分之一。」

穸 xì

晚上或深夜。通「夕」。唐·史承節《漢·鄭康成碑》：「年過四十乃歸鄉，假田插殖，以誤朝穸。」

穽 jǐng　獵取野獸的陷坑。字本作『阱』。漢·桓寬《鹽鐵論·毀學》：『無仁義之德而有富貴之禄，若蹈穽食於懸門之下。』

穾 yào　①幽深隱暗之處。同『窔』。《楚辭》宋玉《招魂》：『冬有穾廈，夏室寒些。』②深竅聲。唐·成玄英《疏》：『穾者，深也，若深谷然。』

窅 yǎo　①深遠。《文選》南齊·謝玄暉《敬亭山詩》：『緣源殊未極，歸徑窅如迷。』②凹下。通『坳』、『眑』。

窊 wā　①低陷地，字亦作『窪』。《爾雅·釋地》：『下溼曰隰。』晉·郭璞《注》：『李巡曰：下溼謂土地窊下。』②低下。《漢書·禮樂志》：『都荔遂芳，窅窊桂華。』

窑 yáo　『窯』的異體字。

窕 tiǎo　①細。《左傳》：『小者不窕，大者不槬。』《注》：『窕，細不滿。』又空隙。《荀子賦》：『充盈大宇而不窕。入郄穴而不逼者與。』又美好。《方言》：『秦晉之間，凡美色或謂之好，或谓之窕。』②又音 tiào 輕佻。通『佻』。《左傳》：『楚師輕窕。固壘而待之，三日必退。』③通『挑』窕追。《文選》漢·枚叔《七發》：『雜裾垂髾。目窕心與。』《注》：『窕，當為挑。』④又音 yáo。通『姚』。如妖豔曰窕冶。《荀子·禮論》：『故其立文飾也，不至于窕冶。』《注》：『窕，讀為姚。』

窒 qìng　同『罄』。《說文》引《詩》：『瓶之窒矣。』今《詩·小雅·蓼莪》作『罄』。

窗 chuāng　本作『囱』。同『窓』、『窻』、『窗』、『窻』、『牕』、『牎』。王充《論衡·别通》：『鑿窗啟牖，以助户明也。』

窢 huò
逆風聲。《莊子·天下》：『其風窢然，惡可而言。』《釋文》：『窢，亦作「罭」。又作「閾」。』

窠 kē
①同『棵』。唐·段成式《酉陽雜俎》：『興唐寺有牡丹一窠。』又《王建詩·宮詞》：『勑賜一窠紅躑躅，謝恩未了奏花開。』②昆蟲鳥獸棲息之所。又小穴，孔洞。又謂古人刻印时先為界格，謂之擘窠。又印文空白之處，李賀《歌詩編·沙路曲》：『獨垂重印押千官，金窠篆字紅屈盤。』

窩 wō
①鳥獸昆蟲的巢穴，本作『窶』。意通『窠』。人之安身處也稱窩。軼名《紅繡鞋》：『不戀麒麟閣，跳出虎狼窝。』②藏匿。又凹陷處。又差使。《元曲》李行道《灰闌記》：『我如今將这頭面，兑换些銀兩，買個窩儿，做開封府公人去。』

窬 yú
①清糞物的空道。同『牏』、『竇』。《史記·萬石傳》：『取親中帬廁窬，身自浣滌。』《集解》：『孟康曰：廁，行清。窬，行中受糞者也。東南人謂鑿木空中如曹謂之窬。』

窯 yáo
①也作『窑』、『窰』。燒製磚瓦陶器之竈。②陶瓷器之代稱。如柴窑、汝窑，又舊社会娼寮稱窑子。

窴 tián
填之本字。將凹處墊平。《墨子·雜守》：『外宅，溝井可窴。』《注》：『窴，同填。』《楚辭》屈原《天問》：『洪泉極深，何以窴之。』宋·洪興祖補《注》：『「窴」與「填」同。』

寖 jìn
①引以灌溉之水。同『浸』。②逐漸。《漢書·五行志》：『其後寖盛，五將世權遂以亡道。』也作『寖』、『濅』。③古地名。今河南比五縣地。

窺 kuī
①暗中偷看。又從内往外看。又觀看。《注》：『窺戎即觀兵。』②半步。通『跬』。《漢書·息夫躬傳》：『京師雖有五蠭精兵，未有能先窺左足而先應者也。』《注》：『蘇林曰：「窺」，音「跬」。』

窶 jù

貧而簡陋。本字作『窶』。《詩・北風・北門》：『終窶且貧，莫知我艱。』《注》：『窶者，無禮也，貧者困於財。』

竀 chēng

①正視。②赤色。通『赬』

立　部

竚 zhù

久立。同『佇』《楚辭》屈原《九歌・大司命》：『结桂棲兮延竚，羌愈思兮愁人。』

竝 bìng

『並』本字。

竦 sǒng

①引領舉足。《漢書・韩王信傳》：『士卒皆山東人，竦而望歸。』《史記》作『跂而望歸。』又執。《楚辭》屈原《少司命》：『竦長劍兮擁幼艾。』②懼。震驚。同『悚』。《詩・商頌・長發》：『不戁不竦，百禄是總。』③震動。通『聳』。《文選》晉・木玄虛《海賦》：『若乃霾曀潛銷，莫振莫竦。』晉書・張協傳作『聳』。④勸說。通『慫』。《漢書・楊雄傳・長楊賦》：『迺時以有年出兵，整輿竦戒。』

童 tóng

①男有罪為奴。《易旅》：『旅即次，《說文》作「僮」。懷其資，得童賞真。』②年幼未成年曰童。③牛羊無角者曰童。《詩・大雅・抑》：『彼童而角，實虹小子。』④山無草木曰童。《荀子・王制》：『斬伐養長不其實，故山林不童而百姓有餘財也。』頂禿曰童，唐・韓愈《昌黎集》：『頭童齒豁，竟死何裨。』⑤愚昧。漢・賈誼《新書・道術》：『反慧為童。』⑥眼珠。通『瞳』。《漢書・項籍傳・赞》：『舜蓋重子項羽又重童子。』《史記・項羽紀》作『瞳』。

竢 sì

等待。同『俟』。《國語・晉》：『質將善，而賢良贊之，則濟可竢也。』

竪 shù

『豎』的別字。

頿 xū

立而待。《漢書・翟方進傳》：『(涓)勳私過，光祿勳辛慶忌，又出逢帝舅成都侯(王)商道路，下車立，䂀邊，乃就車。』今字多作『需』、『須』。

竵 wāi

不正。『歪』的本字。宋・趙叔向《肯綮錄》：『竵，物之不正。』清・段玉裁《說文解字注》有解。

竹部

竺 zhú

①《廣韻・釋草》：『竺，竹也。』清・王念孫《疏證》：『竹，竺，同聲字。』又竺，古國名。又姓。②又音 dū。厚，通篤。《楚辭》屈原《天問》：『稷維元子，帝何竺之。』清・俞樾謂竺當讀『毒』。訓為憎惡。《俞樓雜纂》有解。

竾 chí

樂器名。同『篪』。《禮・月令》：『調竽笙竾簧。』《呂氏春秋・仲夏紀》作『調竽笙壎篪。』

笇 suàn

計算。同『算』。《史記・吳王濞傳》：『上方與鼂錯調兵笇軍食。』又竹器。

笋 sǔn

同『筍』。

笓 pí

①捕蝦的竹器。《廣韻·釋器》：『箄笓謂之笓。』②又音 bí。梳頭具。同『篦』。

笵 fàn

法則。模範。通『範』。

笛 dí

管樂器名，古作『篴』。

笮 zé

①屋上箔席。又盛箭的竹器。又壓榨、排擠。《後漢書·耿恭傳》：『恭於城中穿十五丈不得水，吏士渴之，笮馬糞汁而飲之。』②又音 zuó。引舟的竹索。通『筰』。《宋書·樂志·漢鼓吹鐃歌上陵曲》：『桂樹為君船，青絲為君笮。』③通『鑿』。《國語·魯》：『中刑用刀鋸，其次用鑽笮。』《注》：『笮，黥刑也。』

筊 jiǎo

①竹纜。《說文》：『筊，竹索也。』又簫名。《爾雅·釋樂》：『大簫謂之言，小簫謂之筊。』②同『珓』。杯珓。占卜的工具。以蚌殼或竹片或木片兩片製成。稱之為卜珓或擲珓。也作『盃珓』、『杯筊』。

笄 jī

同『笄』。

策 cè

①馬鞭。又以鞭擊馬。又杖。《釋文》：『司馬彪云：枝，柱也。策，杖也。』又策書。古命官授爵。用策書為符信。又文體的一種。如漢·賈誼之《治安策》董仲舒之《賢良對策》。又謀略。《呂氏春秋·簡選》：『此勝之一策也。』《注》：『策，謀術也。』又占卜用的蓍草。②簡。連篇之簡謂之策。也作『册』、『筴』。《儀禮·聘禮》：『百官以上書於策，不及百名書於方。』《注》：『策，簡也』。

筒 tǒng

①管。竹筒。《注》：『六律六吕各有管，故曰十二筒。』②捕漁具。《文選》晉·郭景純《江賦》：『筒灑連鋒。』一本作『筩』。

筌 quán

竹製的捕魚具。《莊子·外物》作『荃』，唐·陸龜蒙《甫里集·漁具》詩《序》：『緡而竿者總謂之筌。』

答 dá

應答。古皆假用『荅』。今通作『答』。應對、回話曰答。回報曰報答。

筅 xiǎn

①刷洗用的帚。同『箲』。宋·吳自牧《夢粱錄·諸色雜貨》所載諸貨名目有『筅帚』。②兵器。如狼筅。

筍 sǔn

①竹的嫩芽。也作『笋』。②古代懸鐘磬的橫木。同『簨』。③竹的青皮。俗稱篾青。以蔑青編製的竹席謂之筍席。④榫頭。同『榫』。《史記·孟子傳》：『持方枘欲內圓鑿。』司馬貞《索隱》：『方枘，是筍也。』⑤又音sùn。竹輿。《公羊傳》：『脅我而歸之，筍將而來也。』《注》：『筍者竹箯，一名編輿。齊魯以北名曰筍。』

筴 cè

同『策』。①卜筮所揲之蓍。《儀禮·士冠禮》：『筮人执筴抽上韇，兼執之，進受命於主人。』《禮·曲禮》：『龜為卜，筮為筴。』又計謀。《史記·留侯世家》：『留侯善劃計筴。』又書簡。《國語·魯》：『季子之言，不可不法也。使書以為三筴。』又小箕。《莊子·人間世》：『鼓筴播精，足以食十人。』②又音jiā。箸類。同『挾』。陸羽《茶經·器》火筴，一名筯。又挾製，韓愈《昌黎集·曹成王碑》：『掇黃岡，筴漢陽。』

筩 tǒng

①竹筒。②捕魚具。《文選》晉·郭景純《江賦》：『筩灑漣鋒，罾罶比船。』《注》：『筩灑，皆釣名也。』一本作『筒』。

筯 zhù

食具。同『箸』。又火箝。《玉溪編事·仲庭預》：『時方凝寒，王以舊火爐送學院，庭預方獨坐歎息，以筯撥灰。俄灰中得一雙金火筯。』

筱 xiǎo

①小竹。同『篠』。②俗借用為『小』。專用於人名。

筰 zuó

①竹索。同『笮』。②追促。《周禮・春官典同》：『侈聲笮。』《注》：『侈謂中約也。侈則聲迫笮，出去疾也。』

箸 zhù

①飯具。同『筯』。俗稱筷。《史記・絳侯世家》作『櫡』。②顯明。通『著』。《荀子・王霸》：『致忠信，箸仁義，足以揭人矣。』③附着。《戰國策・趙》：『兵箸晉陽三年矣。』宋・鮑彪《注》：『箸，言附其城。』一本作『着』。

箋 jiān

①注釋古書。如箋注。又小幅而華貴的紙張。如薛濤箋。②文體名。《文選》有吴質《答太子箋》。箋與『牋』同。

算 suàn

①計數曰算，又計謀也曰算。②通『筭』。古投壺及射計勝負的籌碼。按：『算』、『筭』二字古通用。

箇 gè

古也作『个』、『個』。竹一枝為箇。引伸為計量單位。又指示代詞。如这個、那個。

箲 xiǎn

炊具。也作『筅』。洗滌釜甑之具。以竹為之。

篇 piān

本源於古之竹簡。後因稱首尾完整之文字為篇。俗作『萹』。

劄 zhā

①刺劄。古在皮膚上刺圖曰『劄青』。②屯札。安营扎寨。陳規《守城錄》：『（孔）彥周又自隨周領人馬至本府城下，圍繞劄寨。』③又音zhá。劄子。唐人奏事，非表非狀者曰牓子，宋人曰劄子。後為文

體之一種。多為校勘考證之文字，即隨記之謂。如清・閻若璩有書名曰《潛邱劄記》。

範 fàn

①模器。本字作『笵』。後俗作『范』。②規範。《後漢書・張衡傳・應間》：『恥一物之不知，有事之無範。』③使之合乎法度。《孟子・滕文公》：『吾為之範我馳驅。』

箬 ruò

①竹名。也作『篛』。元・李衎《竹譜詳錄》：『箬竹又名篛竹，出浙江及閩廣。』②竹筍之皮，唐・柳宗元《柳先生集》：『青箬裹鹽歸峒客，綠荷包飯趁虛人。』

箱 xiāng

①本指車箱。《詩・小雅・甫田》：『乃求千斯倉，乃求萬斯箱。』②凡可藏物有底蓋者曰箱。③通『廂』。正廳兩旁之房室曰箱房。《漢書・周昌傳》：『呂后側耳於東箱聽。』《注》：『正寢之東西室皆曰箱，言似箱篋之形。』

箴 zhēn

①縫衣的工具。通『針』、『鍼』。《禮・內則》：『衣裳綻裂，紉箴請補綴。』②規諫勸告。《書・盤庚》：『無或敢伏小人之攸箴。』③文體之一種。《漢書・楊雄傳贊》：『箴莫善於《虞箴》，作《州箴》。』

葭 jiā

樂器。同『笳』。《宋書・樂志》：『箛，杜摯《笳賦》云：李伯陽入西戎所造。《漢書》《舊注》曰：『箛號曰吹鞭。……「箛」即「葭」也。』《北堂書鈔・樂》引杜摯作『笳』。

箾 shuò

①舞者執之竿。《左傳》：『見舞象箾南籥者。』《注》：『象箾舞所執。』又舞曲名。《荀子・理論》：『故鐘鼓管磬，琴瑟竽笙。《韶》、《夏》、《護》、《武》、《汋》、《桓》、《簡象》，是君子之所以為悼詭其喜樂之文也。』《注》：『箾音朔。賈逵曰：舞曲名。』②又音 xiāo。箾韶。《書・益稷》作『簫韶』。《左傳》作『韶箾』。③又音 qiào。刀劍的套子。同『鞘』。唐・李賀《歌詩編・公莫舞歌》：『腰下三看賓玦光，項莊掉劍攔前起。』

篍 qiū

吹筒。《說文》作『⿱竹殊』。《注》：『篍，吹箫也。』

箰 sǔn

同『筍』、『笋』。《莊子・至樂》：『羊奚比乎不箰，久竹生青寧。』《列子・天瑞》作『筍』。

節 jié

同『節』。俗作『莭』。

篆 zhuàn

①書體名。如大篆、小篆。又指香的烟縷。宋・蘇東坡《宿臨安浄土寺》詩：『閉門群動息，香篆起煙縷。』②通『瑑』。鐘口或車轂約上所刻畫的圖案。《周禮・宗伯・巾車》：『服車五乘，孤乘五篆。卿乘夏縵。』

篣 páng

①竹名。晉・戴凱之《竹譜》：『百葉参差，生自南垂，傷人則死，醫莫能治。亦曰篣竹。厥毒若斯。』②通『搒』。笞擊。《後漢書・虞延傳》：『明年，遷洛陽令，是時陰氏有客馬成者，常為姦盜，延小考之，陰氏屢請，獲一書輒加篣二百。』《注》：『篣，捶也。』

篴 dí

管樂器。『笛』的異體字。《周禮・春官笙師》：『掌教歛竽，笙，塤，籥，簫，箎，篴，管，春牘，應，雅，以教祴樂。』《注》：『今時所吹五空竹篴。』

篛 ruò

同『箬』。竹名。宋・陸遊《劍南詩稿》：『銀盃酒色家家綠，篛笠煙波處處寬。』

篗 yuè

絡絲的用具。同『籰』。《廣韵》有解。

篠 xiǎo

小竹。《說文》作『筱』。晉·戴凱之《竹譜》：『海中之山曰島。有篠。大者如筯，內實外堅，拔之不曲，生既危埇，海又多風，枝葉稀少，狀若枯筯。』

篰 bù

①簡牘。同『簿』。五代·南唐·徐鍇《說文繫傳》：『《字書》菿爰，簡牘也。』清·段玉裁《說文解字注》：『許（慎）書無簿字，篰，蓋即今之簿字也。』②竹篾所編的籠子。朱熹《宋文公集·按唐仲友第一狀》：『有客人販引鰲鮭一舡。凡数篰。』

箾 shāo

同『梢』。物的端。《文選》漢·馬季長（融）《長笛賦》：『纖末奮箾，錚鐄謍嗃。』唐·張銑《注》：『箾，頭也。』又《類篇》謂船舵尾曰梢。又同『鞘』。劍鞘。

篹 suǎn

①祭器名。《禮·明堂位》：『薦用玉豆雕篹。』又撰述。《漢書·敘傳》：『太初以後，闕而不錄，故探篹前記，綴輯師聞，以述漢書。』②又音zhuàn。具餐。通『饌』。《漢書·元后傳》：『獨置孝元廟故殿，以為文母篹食堂。』《注》：『晉灼曰：篹，具也。』

簂 guì

通『幗』。婦女覆以頭上的首飾。《注》：『字或為幗，婦人首飾也。』

篸 cēn

①篸差。古代樂器。洞簫。即排簫。②又音zān。『簪』的異體字。首飾。南朝·梁沈約《江南曲》：『羅衣織成帶，墮馬碧玉篸。』又插住。白居易《同諸客嘲雪中馬上妓》詩：『銀篦穩篸烏羅帽，花檐宜乘叱撥駒。』

簃 yí

閣邊小屋。字也作『誃』、『謻』。

篼 dōu

①飼馬籠。梁·慧皎《高僧傳·釋道安》：『前行得人家，門裏有二馬棉，棉間懸一馬篼，可容一斗。』②兜子也作篼子。又竹輿。《正字通》有解。

簁 shī

又音 xǐ。同『篩』。竹器。《急就篇》：『簁、箄、箕帚筐篋篓。』《注》：『簁，所以籮去麤細者也，今謂之篩。』

簙 bó

弈，棋類。古代博戲之一種。通作『博』。《楚辭》宋玉《招魂》：『菎蔽象棊，有六博些。』

簠 fǔ

古祭祀器。《禮·樂器》：『簠簋俎豆，制度文章，禮之器也。』古文本作『医』。或『𠥓』。以竹木為之，以后以銅為之。

簪 zān

①多指插定髮髻的長針。又指插，戴。唐·李嶠《扈從還洛呈侍從羣官》詩：『並輯蛟龍書，同簪鳳皇筆。』也指連綴。《儀禮·士喪禮》：『以爵弁服簪裳於衣左。』《注》：『簪，連也。』②急速。《易豫》：『勿疑朋盍簪。』《傳》：『簪，疾也。』《疏》：『盍，合也。』清·王引之謂簪為「撍」的借字。

簭 shì

①咬。同『噬』。《周禮·考工記·梓人》：『凡攫閷援簭之類，必深其爪，出其目，作其鱗之而。』②以著草占卜。通『筮』。《疏》：『攫著則殺之，援覽則噬之。』

簻 zhuā

①同『檛』。鞭，杖。《文選》漢·馬季長（融）《長笛賦》：『剡其上孔通之，裁以當簻便易持。』《注》：『馬策也。』②古人謂樂器之管為簻。

簡 jiǎn

①古人用以書寫的竹片。又信札。如《南齊書·陸慧傳》附《顧憲之議》：『縣簡送郡，郡簡呈使。』又手版。唐·高彥休《唐闕史·太清宮玉石像》：『工役掘地，得玉石人，滌去泥壤，則簪去端簡，如龍之像。』又簡要。《易·繫辭》：『易，易知，簡則易從。』又怠慢，倨傲。《注》：『簡，傲也。』又選擇，分別。《書·冏命》：『慎簡乃僚。』又检閱，查驗。《左傳》：『秋大閱，簡車馬。』又情實。《禮·王制》：有旨無簡，不聽。』《注》：『簡，誠也。』《疏》：『言犯罪者雖有其意，而無誠實者，則不論之以罪也。』②大。通『僩』。《詩·邶風·簡兮》：『簡兮簡兮，方將邁舞。』③又通『諫』。《左傳》：『詩曰：猶之未遠，是

用大簡。」今本《詩・大雅》作『諫』。又鞭類兵器。通『鐗』。《宋史・兵志》：『知弁州楊偕遣陽曲縣主簿楊極獻龍虎八陣圖及所製神盾，劈陣刀，手刀，鐵連錘，鐵簡。』

簚 mì　車前欄杆的覆盖物。同『幭』。《禮・曲禮》：『鞮屨素簚，乘髦馬。』《注》：『簚，覆苓也。』

篽 yǔ　禁苑，字亦作『籞』。

篃 mèi　竹名。字也作『篃』。《注》：『今漢中郡出篃竹。厚裏而長節，根深。筍冬生地中，人掘取食之。』

簿 bù　①書寫或登記用的册籍。又文狀。《史記・李將軍傳》：『大將使長史急責（李）廣之幕府對簿。』又鹵簿，侍從儀仗。《集解》引《漢書音義》：『簿，鹵簿也。』又閱歷。《漢書・翟方進傳》：『先是逢信已從高北郡守曆京兆，太僕為衛尉矣，官簿皆在方進之右。』《注》：『簿，謂伐閱也。』②又音 bó。蠶具。通『箔』。《廣韻》有解。

簵 lù　竹名。同『簬』。《書・禹貢》：『惟箘簵楛，三邦厎貢厥名。』

簫 xiāo　①竹製管樂器。②弓梢。亦作『弰』。《疏》：『簫，弓頭，頭稍剡差，邪似簫，故謂為簫也。』③又音 xiǎo。小竹。通『篠』。漢・馬季長（融）《長笛賦》：『林簫蔓荆，森槮作樸。』

簴 jǔ　圓底的筐。同『筥』。《呂氏春秋・季春》：『具栚曲簴筐。』《注》：『圓底曰簴，方底曰筐，皆受桑器也。』

簬 lù　竹名。同『簵』。《戰國策・趙》：『其堅則箘簬之勁，不能過也。』

簽 qiān

同『籤』。①標記。②署名押字曰簽。③古官府逮捕犯人的證牌曰籤牌。

簷 yān

同『檐』。也作『櫚』。屋簷或某物邊部伸出的部份都稱簷。

籍 jí

①簿册。書籍。又門籍。《注》：『籍者，為二尺竹牒，記其年紀名字物色，縣之宫門案省相應，乃得入也。』又登記。又没收入官。《太平御覽·中興書》：『王敦害周顗，籍其家，止見素簏中故絮。』又税。《詩·大雅·韓奕》：『實墉實壑，實畝實籍。』《箋》：『籍，税也』又姓。晋大夫荀林父為中興伯，孫伯黶以王父字為伯氏，司晉之典籍，故也謂之籍氏。②皇位，通『阼』。《荀子·儒效》：『履天子之籍。』③又音 jiè。通『藉』。《漢書·義縱傳》：『治敢往，少温籍。』《史記》作『藴藉』。

臺 tái

笠的一種。古作『台』。《詩·小雅·都人》：『彼都人士，台笠緇撮。』《傳》：『台，所以禦署，笠所以禦雨也。』

篝 gōu

籠。同『篝』。《集解》：『徐廣曰：篝，籠也，蓋燃火籠罩其上也。』音溝。《陳涉世家》曰『夜篝火也。』今本《陳涉世家》作『篝』。

籋 niè

①夾物的工具。《周禮·夏官·司弓矢》：『如數并夾。』漢·鄭玄《注》：『並夾，矢籋也。』以鑷鉗取。②踏。通『躡』。《注》蘇林曰：『籋，音躡，言天馬上躡浮雲也。』

簴 jù

支撑簨的兩根立柱。字同『虡』。簨為古代鐘磬之架。

籑 zhuàn

①《説文》作『籑』。飲食。通『饌』。《儀禮·特牲饋·食禮》：『籑者，舉奠許諾。』②著述。通『撰』。《注》：『篹，與撰同。』

籧 qú

①圓形的竹器。通『筥』。②粗竹蓆。

⿱竹鞠 jú

審罪問人。同『鞫』。《楚辭》屈原《天問》：『皆歸射⿱竹鞠，而無害厥身。』《注》：『⿱竹鞠，窮也。……一作鞫。』

籖 qiān

同『簽』。

籥 yuè

①本作『龠』。古管樂器。又吹火的竹筒。《老子》：『天地之間，其猶橐籥乎。』②通『鑰』鎖鑰。《墨子·號令》：『諸城門吏，各入諸籥，開門已，輒復上籥。』

籯 yíng

筐籠一類的盛物竹器。也作『籝』。《文選》晉·左太沖（思）《蜀都賦》：『黃潤筆筒，籯金所過。』劉逵《注》引《韋賢傳》籯作籝。

籰 yuè

絡絲的工具。說文作『篗』。

米部

米 mǐ

①穀物去殼後的種子。②古代貴族衣服上的繡紋。通『絑』《書·益稷》：『藻、火、粉、米、黼、黻、絺繡。以五采彰施於五色，作服。』《疏》：『米若聚米者，刺繡為米，類聚米形也。』③點。《元曲選》張壽卿《紅梨花》：『想才郎没半米兒塵俗。』又姓。漢·西域有城國米國，後人以國為姓。

籴 dí

買穀米。同『糴』。陸游詩《初夏雜興》：『閟裏家書到，貧時糴穀平。』籴，一本作『糴』。

粇 hé
米麥的碎屑。同『麧』。杜甫詩《驅賢子摘蒼耳》：『亂世誅求急，黎民糠粇窄。』

粈 róu
雜飯。同『飷』、『糅』。

粆 shā
蔗飴。通作『沙』。通謂之砂糖。《正字通》有解。

粃 bǐ
中空或不飽之穀。同『秕』。《墨子·備城門》：『灰、康、粃、杯，馬矢，皆謹收藏之。』後引伸為不良。

粄 bǎn
屑米餅。同『䬳』。南朝·梁宗懔《荊楚歲時記》：『是日（三月三日）取鼠麴汁和粉，謂之龍舌粄，以厭時鼠。』

粘 nián
膠着。同『黏』。韓愈《祭河南張員外文》：『洞庭漫汗，粘天無壁。』

粗 cū
同『鹿』、『麤』。稷類粗糧。①粗略。《荀子·正名》：『故遇者之言，芴然而粗。』②粗大、粗糙。《禮·月令》：『其器高以粗。』《注》：『粗、猶大也。』

粧 zhuāng
『妝』的異體字。也作『糚』。粧飾，又婦女之妝飾物。又假裝。如『妝聾做啞』也寫作『粧聾做啞』。

粥 zhōu
①稀飯。《禮·檀弓》：『饘粥之食。』《疏》：『厚曰饘，希曰粥。』②又音yù。賣。同『鬻』。《禮·曲禮》：『君子雖貧，不粥祭器。』③養育。同『育』。《周禮·秋官·修閭氏》：『掌比國中宿互㯳者，與其國粥。』《注》：『粥，養也。』又出。漢·楊雄《太玄經·沈》：『雕鷹高翔，沈其腹，好娓惡粥。』晉·范望《注》：『粥，出也。』

粣 cè

①粽子。《南齊書·虞悰傳》：『世祖幸芳林園，就悰求扁米粣。』一說饊子。②又音 sè。『糝』。《齊民要術·作俎藏生菜法·蒲俎》：『欲令色黃，煮小麥時宜粣之。』

粤 yuè

①助詞。用於句首或句中。與『曰』通。《漢書·律曆志》引《書·武成》：『粤五日甲子，咸劉商王紂。』②古民族名。同『越』。居住江、浙、閩、粤一帶。③廣東、廣西古為百粤之地。今廣東省簡稱粤。

粮 liáng

糧食。通『糧』、『粻』。《文選》張平子（衡）《思玄賦》：『餐沆瀣以為粻。』自《注》：『粻，粮也。』

粳 jīng

不黏之稻。本作『秔』。也作『稉』。今稱早稻為秈，晚稻為粳。

粰 fū

麩皮。米糠。同『稃』。《晉書·王道子傳》：『於是公私匱乏，士卒唯給粰橡。』

粹 cuì

①純粹。《荀子·非相》：『博而能容淺，粹而能容雜。』《注》：『粹，專一也。』②精粹，清美。南朝·宋·傅亮《故安城太守傅府君銘》：『含章蘊粹，佩蘭（藉）蕙。』③齊全。通『萃』。《荀子·正名》：『凡人之取也，所欲未嘗粹而來也，其去也，所惡未嘗粹而往也。』《注》：『粹，全也。』④又音 suì。通『碎』。粹折，破碎斷折。《荀子·儒效》：『故能小而事大，辟之是猶力之少而任重也，含粹折無適也。』《注》：『粹讀為碎，除粹折之外無所之適，言必粹折。』

精 jīng

①精華。《易乾》：『剛健中正，純粹精也。』又古謂生成萬物的靈氣。又精神，精力。《莊子·刻意》：『形勞而不休則弊，精用而不已則勞。』又神靈。晉·王嘉《拾遺記·前漢》：『勿輕萬乘之尊，惑此精魅之物。』又精細。《論語·鄉黨》：『食不厭精，膾不厭細。』又精誠、純一。《管子·心術》：『形不正者德不來。中不精者心不治。』又精通。韓愈詩：『業精於勤荒於嬉，行成於思毀於隨。』又明亮。《史記·

天官書》：『天精而見景星。』②花。通『菁』。《文選》戰國·楚·宋玉《風賦》：『徘徊於桂椒之間，翱翔於水之上，将擊芙蓉之精。』《注》：『《廣雅》曰：菁，華也，菁與精古字通。』③純净的上等米。《莊子·人間世》：『鼓莢播精，可以食十人。』清·郭慶藩《集釋》謂精當作『糈』。引申為物之純净無雜者，如言酒精、香精等。

糒 bì

以火乾肉。同『煏』、『[illegible]』。後以火乾肉皆稱糒。

糂 sǎn

以米合羹。同『糝』。《荀子·宥座》：『七日不火食，藜羹不糂。』《注》：『糂與糝同。』

粺 bài

①精米。《傳》：『彼宜食疏，今反食精粺。』鄭玄《箋》：『米之率，糲十粺九。』②粺子。通『稗』。《孔子家語·相魯》：『若其不具，是用秕粺。』《注》：『粺，草之似穀者。』

糊 hú

①粥。說文作『黏』、『粘』。字又作『餬』。《爾雅·釋言》：『餬，饘也。』《疏》：『饘，厚粥也。』②漿餬。馮贄《雲仙雜記宣武盛事》：『日用飯一斗為餬，以供緘封。』又涂抹或黏結物品。《注》：『糊，黏也。』

糉 zòng

糉子。又做『粽子』。

糇 hóu

乾糧。同『餱』。《詩·大雅·公劉》：『延裹餱糧，於橐於囊。』《釋文》：『餱，音侯。食也。』

糖 táng

可食的甜物。古時以麥製飴。即今之麥芽糖。字也作『餳』。唐以後以甘蔗做糖。字又作『餹』。

糕 gāo

食品。同『餻』。

糠 kāng

穀皮。本作『穅』。

糚 zhuāng

妝飾。打扮。同『妝』。又作『粧』、『糚』。《文選》司馬相如《上林賦》：『靚糚刻飾，便嬛綽約。』《注》：郭璞曰：『靚糚，粉白黛黑也。』

糞 fèn

①掃除。也作『擹』。《禮·曲禮》：『凡為長者糞之禮，必加帚於箕上。』《釋文》：『擹，本又作糞，掃席前曰擹。』②糞便。又肥田、施肥。《孟子·滕文公》：『凶年，糞田而不足，則必取盈焉。』《禮·月令》：『可以糞田疇，可以美土疆。』

糝 sǎn

《說文》作『糂』。以米和羹。《莊子·讓王》：『七日不火食，藜羹不糝。』《注》：『凡羹齊宜五味之和米屑之糝。』又泛指散粒狀之物。《韓昌黎集·送無本師歸范陽》：『始見洛陽春，桃枝綴紅糝。』又濺。《太平樂府》元好問《雙調驟兩打新荷》曲：『驟雨過，珍珠亂糝，打扁新荷。』

糧 liáng

同『粮』。糧食。又田賦。《宋史·高宗紀》：『庚戌，以四川經、總、制及田晟錢糧錢共百三十四萬緡，充增招軍校費。』

糲 lì

粗米。同『糲』。《漢書·司馬遷傳》：『糲糧之食，藜火之羹。』

糯 nuò

黏稻。《說文》作『稬』。俗作『穤』。

糲 lì

粗米。同『糲』。

糵 niè

俗作『蘖』。萌芽。又釀酒或製藥時發酵物。《注》：『糵，米麴也。』

糷 làn

粥之稠而黏者。俗稱稠飯。也作『糷』。

糳 zuò

春。也指春成的精米。《楚辭》屈原《九章·惜誦》：『擣木蘭以結蕙兮，糳申椒以為糧。』《注》：『糳，一作鑿。』《說文》：『萬米一斛春为九斗曰糳。』以後古籍多借鑿为糳。

糸部

糸 mì

①細絲。《說文》細絲也，象束絲之形。②又音 sī。絲字的省寫。

系 xì

①聯蜀。自上而連屬於下。同『繫』。②繼承。《新唐書·周志光傳》：『少賤，失其先系。』又辭賦末尾總結全文之語。漢·張平子《思玄賦》：『系曰：天镸地久歲不留。獲我所求夫何思。』唐·李善引舊注：『系，繫也。言繫一賦之前意也。』又繩帶。通『繫』、『系』。《後漢書·輿服志》：『武偈，俗謂之大偈，環纓無蕤。以青系为緄。』又姓。楚有系益。

糺 jiū

同『糾』。絞合的繩索。引伸为纏繞，糾纏。

紅 hóng

①紅色。又草名。紅草即葒草。也稱蘢古、水紅、水葓。又姓。汉初，楚元王子富封於紅，子孫以封为姓。②又音 gōng。通『工』。如女工。古指從事紡織、刺繡、縫紉的女工为紅女，也作『工女』、又通『功』。《史記·文帝紀》：『（柩）已下，服大紅十五日。』

紂 zī

同『緇』。《禮·檀弓》：『紂衣。』《釋文》『紂，本又作緇。』

紀 jì

①絲縷的頭績。又治理，綜理。如『理之为紀。』又紀律。如『禹乘勝獨剋而師行有紀。』又古代紀年的單位。《傳》：『十二年曰紀。』一千五百年曰一紀。一世也稱一紀。又寫史的體裁之一，如《史記》高祖本帝紀，新唐書太宗紀等。又基址。《詩·秦風·終南》：『終南何有，有紀有堂。』《注》：『紀基記高也。』又僕人。本管理。后指僕人。《左傳》：『秦伯送衛於晉三千人。』《注》云：『諸門户僕隶之事，皆秦卒共(供)之。謂之紀綱。』②姓。音jǐ。春秋紀侯之後。漢有紀信。③記載。通『記』。《左傳·桓》：『夫德儉而有度，登降有數，聲以發之，文物以紀之。』

紉 rèn

①柔而結實。通『靭』。《樂府詩集·焦仲卿妻》：『君当作盤石，妾当作蒲葦。蒲葦紉如絲，盤石無轉移。』②將兩縷線捻成單繩。《楚辭》屈原《離騷》：『紉秋菊以為佩。』又縫綴。《禮·内則》：『衣裂，紉箴請補紉。』又縫綴。又按摩。《注》云：『紉，猶摩也，自摩其胸，若有所痛患也。』

素 sù

①白色生絹。《禮·玉藻》：『大夫素帶，辟垂。』又白色。如素服、素冠、素車。又空。謂有名無實。又樸素，純潔。《莊子·刻意》：『純素之道，唯神是守，能體純素，謂之真人。』又始，本。《注》：『猶始也。』又平素往常舊時。《史記·項羽記》：『居鄛人范曾年七十素家居，好奇計。』又預先。《國語·吳》：『夫謀，必素見事焉，而後履之。』又現在。宋·朱熹《注》：『素猶現在也。』又蔬食。如素食。又姓。后魏有素延耆。②誠心。通『愫』。《戰國策·秦》：『夫公孫鞅事孝公，極身毋二……竭智能，示情素。』《注》：『素、通愫，誠也。』

䋁 gěng

井架上汲水的繩索。通『綆』。《漢書·枚乘傳》上書諫吴王：『泰山之溜穿石，單極之䋁斷幹。』《注》：『晉灼曰：䋁，古綆字也。』

緓 miè

①細微。通『蔑』。清·王念孫《疏證》：『緓之言蔑也。』《廣韵》引《倉頡篇》云：『緓，細也。』《君奭》：『兹迪彝教，文王蔑德。』鄭《注》云：『蔑，小也。』《正義》云：『小謂精微也。』②又思念貌。通『緬』。宋·王安石《臨川集·示德逢》詩：『先生貧敝古人風，緓想榮桑在眼中。』

紘 hóng

①古代冠冕上的帶子。《國語·魯》：『王后親織玄紞，公侯之夫人，加之以紘綖。』又編磬成組的繩子。《儀禮·大射》：『簜倚於頌磬西紘。』又維、包舉。《淮南子·原道》：『横四維而含陰陽，紘宇宙而章三光。』②綱。《文選》揚子雲《羽獵賦》：『沆沆溶溶，遥噱乎紘中。』《漢書·揚雄傳》作『紭』。紭、紘，古今字。③廣大。通『宏』。《淮南子·精神》：『夫天地之道，至紘以大。』

紗 shā

①絹之輕細者。古作『沙』。如周王后夫人之服以白紗縠为裹，謂之素沙。又棉之紡成絲縷者也稱紗，俗棉紗。②又音 miǎo。謂細微也。或作『仯』、『仯』。

納 nà

①入。《書·舜典》：『夙夜出納朕命，惟允。』《史記·五帝紀》作出入。又引進。接納。《儀禮·燕傳》：『小臣納卿大夫，卿大夫皆門右。』又收藏。《詩·豳風·七月》：『九月築場圃，十月納禾稼。』又取。《國語·晉》：『殺三部而屍諸朝，納其室以分婦人。』②粗縫。補綴。通『衲』。漢·王充《論衡》：『刺繡之師，能縫補裳。納縷之工不能織錦。』③驂馬車上兩匹馬的側轡繩。通『軜』。《荀子·正論》：『三公奉軶持納。』

紟 jín

①衣服的結帶。也作『衿』。《禮·内則》：『衿纓綦屨。』《釋文》：『本又作紟。』②單被。《儀禮·士喪禮》：『縛絞紟衾二。』

紒 jì

結髮。同『結』、『髻』。《儀禮·士冠禮》：『將冠者采衣紒。』《注》：『紒，結髮。古文紒为結。』

紝 rén

①織布帛絲縷。如《墨子·非攻》：『婦人不暇紡績織紝。』《注》：『紝，織機也。』紝同『絍』。②用線穿針。如董《西厢記》：『一雙春荀玉纖纖，貼兒裏貼綫，把繡針兒穿，行待紝針闕，却便紝針尖。』

紙 zhǐ

①紙張。自發明搗布而成紙後，別造『帋』而從巾。②量詞。如《鄴下諺》：『博士買驢，書卷三紙未有驢字。』

紮 zā

①繩住弓把。也作『扎』。②又音 zhá。駐扎。如『扎營』。

累 lěi

①堆積，積聚。《說文》作『絫』。又重迭。《楚辭》宋玉《招魂》：『層台累树，臨高山些。』又多次，連續。《晉書·楊佺期傳》：『累戰皆捷。』②又音 lèi。牽連、連累。妨碍。《莊子·天下》：『不累於俗，不飾於物。』又憂患。危難。《莊子·至外》：『諸子所有，皆人生大累也。』又過失。《鄧析子·無厚》：『君三累，臣有四責。』又家室。《晉書·戴陽傳》：『（孫）混欲迎其家累。』清·翟灝《通俗編》：『今人自言妻妾子女曰賤累，子女多曰累重。』又音 luǒ。裸露。通『倮』。《禮·曲禮》：『为天子削瓜者副之，巾以絺，為國君者華之，巾以綌。為大夫累之。』《注》：『累，倮也。謂不巾覆也。』③又音 léi。繩索。同『縲』，通『虆』。《莊子·物外》：『夫揭竿虆，趣灌瀆，守鯢鮒，其於得犬魚難矣。』《釋文》：『本或作累。引伸为綑綁。』

絃 xián

琴瑟上使其發音的線。本作『弦』。又弦樂也稱弦。又古以琴瑟和諧謂夫婦。因稱妻亡再娶曰續弦。

絆 bàn

本为套馬足的繩。後引伸約束。楊雄《交州箴》：『爰是开闢不羈不絆。』《晉書·文帝紀》：『今絆姜維於沓中，使不得東顧。』

絉 wà

①袜子。同『袜』、『韈』。《淮南子·說林》：『鈞之縞也，一端以為冠，一端以為絉，冠則戴致之，袜則蹍履之。』②又音 mò。袜肚，即肚巾。同袜。

紲 xiè

①轠繩、繩索。也作『緤』、『絏』。又拴，縛。《楚辭》屈原《離騷》：『朝吾將濟於白水兮，登閬風而紲馬。』又弓韠。即竹製的弓檠。縛在弓裏以保獲用具。《周禮·考工記·弓人》：『譬如終紲。』弓韠。《注》：『紲，弓韠。』②又音 yì。超越。通『跇』。《注》：『紲与跇同。紲，度也。』

紱 fú

本指繫官印的絲帶。後也指官印。又敝膝，縫於長衣之前。通『韍』、『芾』。《疏》：『紱，祭服也。』

紼 fú

大麻索。通『綍』。又牽引棺材的繩索。《注》：『紼，挽索也。』

細 xì

細小。說文作『䌌』。

絅 jiǒng

襌衣。單布衣。同『褧』。《禮·玉藻》：『襌為絅。』《注》：『有衣裳而無裏』。又《中庸》：《詩》曰：『衣錦尚絅，惡其文之善也。』今《詩·衛風·碩人》作：衣錦褧衣。』

絭 quàn

斂衣袖，束袖繩。亦作『帣』。

絜 xié

①用繩圍量。《莊子·人間世》：『匠石之齊，至於曲轅，見櫟社樹，其大蔽數千牛，絜之百圍。』《釋文》：『絜，約束也。』引伸為衡量。《史記·秦始皇·論賈誼》：『試使山東之國與陳涉度長絜大，比權量力，則不可同年而語矣。』又持。通『挈』。《戰國策·秦》：『若有敗之者，臣請絜領。』鮑彪《注》：『言欲請誅，持其項以受鐵鉞。』②又音 jié。清潔。同『潔』。《詩·小雅·楚茨》：『濟濟蹌蹌，絜爾中羊。』又修整。《荀子·不苟》：『君子絜其辯，而同焉者合矣。』

絯 gāi

①拘束。《莊子·天地》：『方且为物絯。』《注》：『遂將使後世拘牽而制物。』②又音 hài。驚駭。通『駭』。《莊子·外物》：『木與木相摩則然，金与金相守則流，陰陽錯行則天地大絯。』《釋文》：『音駭，又音「該」。』《太平御覽》皆作『駭』。

絀 chù

①縫。②貶斥。通『黜』。《左傳》：『（公孫無知）有寵于僖公，衣服禮秩如適，襄公絀之。』

絓 guà

①粗紬。《急就篇》：『絳緹絓紬絲絮綿。』《注》：『紬之尤粗者曰絓，茧滓所抽也。』②阻碍，絆住。《韓非子·說林》：『君聞大魚乎，網不能止，繳不能絓也，蕩而失水，螻蟻得意也。』通『罣』、『掛』。

結 jié

①又音 jì。通『髻』。《楚辭》宋玉《招魂》：『激楚之結，獨秀仙些。』《注》：『結，頭髻也，古髻字皆作結。』②以繩編織之物。如『衣有褶，帶有結。』又繫，扎。《老子》：『善結，无繩約而不可解。』③締連。《左傳》：『齊侯使夷仲年来聘，結艾之盟也。』又聚合。《淮南子·氾論》：『不結於一跡之塵土。』又構築。陶淵明《飲酒》詩：『結盧在人境。』又盤旋。司馬相如《難蜀父老》：『結軌還轅，東鄉將又决斷。《漢書·嚴延年傳》：『……以結延年，坐怨望非謗政治不道棄市。』又終了。《淮南子·繆稱》：『故君子行思乎其所結。』又植物果实。杜甫詩：『雨露之所濡，甘苦齊結實。』

絨 róng

織物名。同『羢』。

絝 kù

褲。同『袴』、『褌』。又絆絡。《史記·司馬相如傳》：『蒙鶡蘇，絝白虎。』

絙 gēng

①大繩，粗索。《說文》作『緪』。古籍中亦做絙。《說文》別有『絙』字。《三國志·王昶傳》：『昶詣江陵，而岍引竹絙為橋，渡水擊之。』②緊迫，急。《淮南子·繆稱》：『治國比若張瑟，大弦絙則小

弦絕矣。③又音geng 接連貫通。通『亙』。《楚辭》宋玉《招魂》：『姱容修態，絙洞序些。』《注》：『絙，竟也』；《後漢書·班固傳·西都賦》：『自未央而連桂宮，北彌明光而絙長樂。』《文選》作『亙』。

絖 kuàng

棉絮。《說文》作『纊』。《莊子·逍遥遊》『宋人善为不龜手之藥者，世世以洴澼絖為事。』《釋文》：『李頤云：洪絖者，漂絮水上。纊，絮也。』

絏 xiè

韁繩。《說文》作『絏』。《左傳》：『臣負羈絏从君於天下。』『注』：絏，馬韁。又縛犯人的繩索。

絑 zhū

赤色。通『朱』。《說文》：絑，純赤也。清·段玉裁《說文解字注》：『凡經傳言朱，皆当作絑，朱，其假借字也。

絍 rèn

紡織。同『紝』。《戰國策·秦》『（蘇秦）資用乏絕去秦而歸，……妻不下絍，嫂不为飲』。

綁 bǎng

捆：縛。《正字通》：『俗字。今作綁縛，字讀如榜。元·王實甫《西廂記》：『將軍引卒子騎竹馬請陣。拿綁下，《說文》：有繃，訓束。綁字起於元明之間。

綍 fú

同『紼』。①引棺的大繩索。《禮·緇衣》：『王言如絲，其出如綸，王言如綸，其出如綍。』《雜記》：『升正柩，諸侯執綍五百人。』《注》：『廟中曰綍，在涂曰引。』又帝王詔書、如《水滸》：『年来教授隱安仁，忽召軍前捧綍綸。』也作『綸綍』。

絿 qiú

同『紈』。急噪。《詩·商頌·長髮》：『不競不絿，不剛不柔。』《傳》：『絿，急也。』又幼小。《逸周書·王會解》；卜蘆以紈牛、紈牛者，牛之小者也；《注》：『王云：紈与絿同。又通逑。』《廣雅·釋詁》『絿，求也。』

綃 xiāo

①生絲織成的薄紗。②又音shao。船上挂帆的木柱。通『梢』。《文選》晉・木玄虛（華）《海賦》：『維長綃，掛帆席。』《注》：『綃，今之帆也，以長木为之，所以掛帆也。』

絼 zhèn

牽牛的繩索，同『紖』。《周禮・地官・封人》：『凡祭祀，飾其牛牲，設其福衡，置其絼，共具水槀。』《注》引鄭司農（衆）：絼，着牛鼻繩，所以牽牛者，今時謂之雉。』《釋文》：絼，本又作『紖』。

綏 suí

①上車時手挽的繩索。如《論語・良鄉黨》：『升車，必正立，執綏。』又安撫。《詩・大雅・民勞》：『惠此中國，以綏四方。』又退軍。《左傳》：『秦以勝蹄、我何以報，乃皆出戰，交綏。』又古旌的一種。《禮・王制》：『天子殺，則下大綏。諸侯殺則下小綏。』②又音tuo。下垂。通『妥』。《禮・曲禮》『執天子之器則上衡，國君則平衡，大夫則綏之。士則提之。』《注》：『綏，讀曰妥，妥之謂下於心。』

綉 tòu

①物數量名。《集韻》：『繡，吴俗謂緜一片。』②又音xiù。俗『繡』字。

絻 wèn

①古代喪服。又吊喪時所執之紼。漢・何休《注》：『吊所執之紼曰絻』。②又音mian。通『冕』。禮冠。《荀子・哀公》：『夫端衣玄裳，絻而乘路者，志不在於食素。』

綖 yán

①古代覆在王冠上的裝飾。《疏》：冕，以木幹，以玄布衣其上，謂之綖。』又延緩，遷延《注》：「愉、解（懈）、綖緩。」②又音xian。『線』的異體字。《後漢書・虞詡傳》『又潛遣貧人能縫者，佣作賊衣。以采綖縫其裾，以为幟。』

綮 qǐ

①細密的繒帛。又戟衣。又傳信的符證。通『棨』。②又音qing，筋骨結合處，字也作『肻』。《山海經・海外北經》：『无肻之國在長股東。为人無肻。』《注》：『或作綮。』

綦 qí

青黑色。說文作『綥』。又鞋帶。又脚印。又極。甚。『綦，極也。或为甚。又两足連並。《穀梁傳・昭》：『两足不能相過，齊謂之綦。』又姓。漢有綦儁。

綻 zhàn

衣縫開裂。《禮・內則》：『衣裳綻裂。紉箴請補綴。』《注》：『綻，猶解也。』《後漢書・崔寔傳・注》引《內則》作『裞』。引申为飽满，開裂。又特指花果。《庾子山集》：『春色方盈野，枝枝綻翠英。』又縫。補。同『組』《艷歌行》：『故衣誰为補，新衣誰當綻，賴得賢主人，覽取為吾組。』

綧 zhǔn

丈量标準，通『準』。《管子・君臣》：『衡石一稱，斗斛一量，丈尺一綧制，戈兵一度。』《注》：『綧古『准』字。准，節律度量也，謂丈尺各有准限也。』

綣 quǎn

彎曲。引申為屈服。古作卷。《淮南子・人間世》『昔晉厲公……兵衡行天下而無所讕綣，威服四方而無所詘。』《注》：『綣，屈也。』

綪 qiàn

①草名。同『倩』。《左傳》：『綪茷、旃旌。』《疏》：『綪是染赤之草，茷即旆也。綪茷是大赤，大赤即今之紅旗，取染赤之草為名也。』②又音zheng屈曲。通『竫』。《禮・玉澡》：『齊則綪結配而爵韠。』《注》：『綪，屈也。』

綫 xiàn

同『線』。《公羊傳》：『中國不絕若線。』《禮・內則》：『右佩箴管線纊。』《釋文》：『線，本文作綫。』

綴 zhuì

①縫合。《禮・內則》：『衣裳綻裂，紉箴請補綴。』又連結。《文選》张衡《西京賦》：『左有崤函重險，桃林之塞，綴以二華。』又裝飾，《大戴禮・明堂》：『赤綴户也。白綴牖也。』②又音chuo。停止。同『輟』。《荀子・成相》：『春申道綴基畢輪。』又牽制。《後漢書・吴漢傳》：『既輕敵深入。又與刘尚別營。……賊若出兵輟公，以大衆攻尚，尚破，公即收矣。』

網 wǎng

本字作『罔』。捕魚或鱉鳥獸的工具，又謂法律。『《史記・酷吏傳序》』『昔天下之嘗密矣，然奸偽萌起，上下相遁，至於不振。』《索隱》，《鹽鐵論》（刑德）云：『秦法密於凝脂。』

綵 cǎi

彩色的織物。通『采』、『彩』。《後漢書・梁翼傳》：『賞賜金錢、奴婢、彩帛、車馬、衣服、甲第，比霍光。』又花紋，光色。同『彩』。《思玄賦》：『昭彩藻與琱琭兮，璜聲遠而彌長。』

綢 chōu

①纏繞，束縛。《楚辭・湘君》：『薜荔柏兮蕙綢，荪繞兮蘭旌。』又密。本字作『稠』。《詩・小雅・都人士》：『彼君子女，綢直如發。』通『紬』。絲織物的總稱。②又音tao。藏。通『韜』。《禮・檀弓》：孔子之喪綢練設施，夏也，《注》：『以練綢旌之杠。』《爾雅・釋天》：『素錦綢杠。』《注》：『以白地錦韜旗之竿。』

綯 táo

絞裂的繩子。《詩・豳風》：『書爾於矛，宵爾索綯。』又繩。同『縚。』《方言》：『車紂，或謂之曲綯。』《注》：『綯，亦繩名。』

維 wéi

①大繩。《注》：『維所以繫船，楫所以刺船也。』又隅。《素問・气交變大論》：『土不及四維。』《注》：『四角為維也。』又大綱。《管子・禁藏》：法令為維綱。《注》：維綱以張也。又繫。《注》：『繫馬曰維，繫牛曰婁』。又連結。《詩・小雅・節南山》：『秉國之鈞，四方是維。』《注》：『維，連結也。』又介詞，由於。《詩・鄭風・狡童》：『維子之故，使我不能餐兮。』又句首句中助詞。《詩・召南・雀巢》：『維鵲有巢，維鳩居之。』②思考，計度。同『惟』。《史記・秦楚之際月表》：『墮壞名城，銷鋒鏑，鉏豪桀，維萬世之安。』《索隱》：『維訓度，謂計度令萬代安心。』

綿 mián

本字作『緜』。《玉篇》作『綿』。

綼 bì

下裳的邊緣。通『紕』：《儀禮・既夕禮》：『縓綼緆。』《注》：『飾裳在幅，曰綼』。

綠 lù

①顏色青黃之謂。②又音lu草名。即藎草。字同『菉』。

緇 zī

顏色之黑色。字亦作『紂』。《論語・陽貨》：『不曰白乎，涅不緇。』

緜 mián

字亦作『綿』。

緧 qiū

牲畜拉車時拴在牲股後的革帶。字也作『鞧』、『鞦』。《周禮・考工記・輈》：『不援其邱，必緧其牛後。此無他故，唯轅直且無橈也。』

練 liàn

①煮熟的生絲，使其潔白。《周禮・天官染人》：『凡染，春暴練，夏纁玄。』又白色的熟絹。又熟練嫻熟。又古喪服。又姓。唐有練何，宋有練㮚。②通『揀』。選擇。《禮・月令》：『選士厲兵，简練桀俊。』

緤 xiè

繫牲畜的繩索。拴繫。同『紲』、『絏』。《禮・少儀》『大則通絏』。《注》：『絏，繫也。』

緼 yùn

①亂麻，舊絮。以亂麻絮做成的袍子稱緼袍。又收藏。《穀梁傳》：『晉人執虞公，執不言所，於地緼於晉也。』②通『醞』、『蘊』。淵奧，藏處。《易・繫辭》，『乾坤其《易》之緼邪。』③又音 wēn。淺紅色。《注》：『緼，赤黃之間色，所謂韎也。』④又音 yùn。通『氳』。『絪緼』，也作『氤氳』。古指天地間陰陽二氣交互之狀。《易・繫辭》：『天地絪緼，万物化醇。男女構精，万物化全。』《疏》：『絪緼，相附之意。』

緝 qì

①以麻搓成的線，《管子・輕重》：『大營室中，女事紡績緝縷之所作也，此事謂冬之秋。』又橫縫衣服下面的邊。《儀禮，喪服》：『斬者何？不緝也。』又繼續。《詩・大雅・行葦》：『肆筵設席，授几有緝御。』②又音 jī。捉拿。如通緝。③又音 jí。團聚，和合。《後漢書・伏隆傳》：『隆招懷綏緝，多來降服。』又收集編次。通『輯』。南朝・梁・沈約《紼記序》：『通道巳来，四十九載，妙應事多，宜加

總緝，共成區畛。』

緵 zōng

①《說文》作『稯』。一種粗布。《正義》：『緵，八十縷也，与布相似。七升布用五百六十縷。』②又音zòng。綱目細而密的魚網。《爾雅·釋器》：『緵罟謂之九罭。今江東呼為緵。』

緣 yuán

①衣邊。又圍繞。晉·陶淵明《桃花源記》：『緣溪行，忘路之遠近。』又攀援。《孟子·梁惠王》：『以若所為，求若所欲，猶緣木而求魚也。』又憑籍《荀子·正名》：『則緣耳而知聲可也。緣木而知形可也。』又因緣。宋·謝靈運《還舊園作顏范二中書》：『长與懽愛別，永絕平生緣。』又因為。《杜工部詩·史補遺》：『花徑不曾緣客掃，蓬門今始為君開。』②又音tuan。同『褖』：《周禮，天官，內司服》：『掌王后之六服……褖衣』。

緫 zǒng

同『總』。

線 xiàn

同『綫』。用棉絲、毛拈成的細縷。又細长如線的東西。溫庭筠《楊柳枝》：『毿毿金線拂平橋。』又量詞。金·元好問《遺山集·題寫真》詩：『東涂西抹竊時名，一線微官誤平生。』

緥 bǎo

嬰兒的衣被。字也作『褓』。

縉 jìn

淺赤色。《急救篇》：『丞票絹紺縉紅繎。』又插。如插笏於紳曰縉紳。此縉與『搢』同。

縝 zhěn

細致。如『縝密以栗。』又黑髮。通『鬒』。謝朓詩：『有情知望鄉，誰能縝不變。』

絛 tāo

罩套。同『韜』。《儀禮・士昏禮》：『姆麗笄宵衣在其右。』鄭玄《注》：『纚，縚髮。』又帶。同『絛』。唐・李賀詩《書江潭苑》：『剪翅小鷹斜，縚根玉鏇花。』指繫鳥的絲索。

縐 zhòu

褶疊不伸展貌。同『皺』。又織出縐紋的織品。如湖州產湖縐或其它地區產線縐等。

縻 mí

牛鼻繩。《索隱》：『縻，牛韁也。』又束縛。縻絆其軍稱縻軍。不能自由行動的意思。《孫子・謀攻》：『不知軍之不可以退而謂之退，是謂縻軍。』②通『靡』耗費曰縻費。北齊・魏收《为武成帝以三臺宫為大興聖寺詔》：『氓庶勞止，縻費難量。』

縶 zhí

《說文》作『馽』。拴縛馬足的繩索。又拘囚。《左傳》：『晉侯觀於軍府，見鐘儀問之曰：『南冠而縶者，誰也。』

繇 yáo

①草木茂盛。《書・禹貢》：『厥上黑墳，厥草为繇。』②徭役。通『徭』。《史記・高祖記》：『高祖常繇咸陽，縱觀……』③歌謠。通『謠』《漢書・李尋傳》：『揆山川變動，參人民繇俗。』《注》：『繇，讀与謠同。』④動摇。通『摇』。《史記・蘇秦傳》：『我起乎宜楊而觸解平陽之日而莫不盡繇。』。⑤又音 yóu。从，自。通『由』。《爾雅・釋水》：『繇膝以下为揭，繇膝以上为繇。』⑥道。通『猷』漢・班固《幽通賦》：『莫先聖之大繇兮，亦鄰惠而易信。』。大繇。今《詩・小雅・巧言》作『大猷』。⑦又音 yōu 通『悠』。自得貌。《莊子・禾水》：『嚴乎若國之有君，其無私德，繇繇乎若祭之有社，其無私福。』⑧又音 zhòu。卦兆的占辭。⑨通『籒』《左傳・閔》：『成風聞成，李之繇。乃事之而屬僖公焉。』

縹 piǎo

①淡青色。今所謂月白。《急救篇》：『縹綟綠紈早紫硟。』也謂青白色的織物。《楚辭・九懷・通路》：『翠縹兮為裳，舒佩兮綝纚。』②又音 piāo 謂飛揚。同『飄』《司馬相如傳・子虛賦》：『縹乎忽忽，

若神仙之仿佛。」

縸 mù

通『幕』。《後漢書・馬融傳・廣成賦》：『矰碆飛流，纖羅絡縸。』《注》：『絡縸，張羅貌也。縸與『幕』通。』

繈 qiǎng

特指穿錢的繩索。《漢書・食貨志》：『臧繈千萬。』引申謂穿好的錢貫。俗作『鏹』。又背嬰儿用的寬頻。通『襁』。如『繈緥』。

繆 móu

①纏綿。《詩・豳風・鴟鴞》：『迨天之未陰雨，撤彼桑土綢繆牖户。』《疏》：『鄭(玄)以為鴟鴞及天之謂陰雨之時，剥彼桑根，以纏綿其牖户，乃得有此室巢。』後常以未雨綢繆喻防患於未然。②又音jiū。通『樛』。結交也。《禮・檀弓》：『其妻魯人也，衣衰而繆絰。』《注》：『繆，當为木樛垂之樛。』《疏》：『樛，謂两股而交也。』《漢書・外戚傳》：孝成趙太后：『即自繆死。』《注》：『繆，絞也。』③又音miù。乖錯。《禮・經解》：『易曰：君子慎始，差以毫氂，繆以千里，此之謂也。』又作為。《史記・司馬相如傳》：『故相如繆與令相重，而以琴心挑之。』④又音mù。通『穆』。《禮・大傳》：『序以昭繆，别之以禮義。』《史記・魯周公世家》：『太公召公乃繆卜。』《集解》：徐廣曰：古書穆字多作『繆』。⑤又音miào。姓。據考秦穆公之後。⑥又音liáo。纏繞。同『繚』蘇東坡《經進文集事略・前赤壁賦》：『山川相繆，攀乎蒼蒼。』

𦈸 qiè

縫緝衣邊。同『緁』。通作『緝』。《廣雅・釋詁》：『𦈸，緁也。』

縪 bì

①縫。《儀禮》：『冠六升，外縪。』《注》：『縪，謂縫著於武也。』又以組約束玉圭。《周禮・考工記・玉人》：『天子圭中必。』鄭玄《注》：『縪・讀如鹿車之縪，謂以組約其中央執之，以備失墜。②韍。古

代作祭服的蔽膝。通『韠』。《廣雅・釋器》：『韍謂之縪』。

縷 lǚ

①絲線、麻線。《楚辭》宋玉《招魂》：『秦篝齊縷，鄭綿絡些。』又凡物細長者皆稱縷。《朝野新聲・太平樂府》元・橋吉《双調清江引・即景》：『垂楊翠絲千万縷，惹住閑情緒。』又詳盡詳細。漢・枚乘《七發》：『雖有心略辭給，固未能縷形其所由然也。』②通『褸』。如藍褸亦作藍縷。

縵 màn

①無花紋圖案的繒帛。《管子・霸形》：『君何不發虎豹之皮文錦以使諸侯，令諸侯以縵帛鹿皮報。』又凡無紋飾者皆曰縵。《周禮・春官巾車》：『鄉乘夏縵。』《疏》：『言縵者，亦如縵帛無文章。』又雜樂。《周禮・春官・磬飾》：『教縵樂燕樂之鐘磬，凡祭祀秦縵樂。』《注》：『（縵）謂雜聲之和者也。』②寬縵，疏慢。通『慢』。《莊子・列御寇》：『人者，厚貌深情，……有堅而縵，有緩而釬。』

縿 shān

①旌旗上的飾物。《爾雅・釋天》：『素錦綢杠，纁帛縿。』②又音 xiāo。縑帛。同『綃』。《禮・檀弓》：『布幕衛也；縿幕，魯也。』《注》：『縿，縑也。縿，讀如綃。』

總 zǒng

①也作『緫』、『摠』、『惣』。聚合。又束髮，如總角。又聚禾稾成束曰總。《書・禹貢》：『百里賦納總。』《注》：『禾稾曰總』。又結繫。如『解扶桑之轡兮。』又統領，統管。《注》：『總，將領也。』又都、凡。《淮南子・本經》：『不知道知所一體，德之所總要。』又一概。《春秋・左氏傳序》：『經之條貫，必出於傳；傳之義例，總歸諸凡。』又車馬之飾。《注》：『總，以提繒飾鑣轄也。』②又音 zōng。量詞。絲數名。古絲八十根曰總。③又音 cōng。絹的一種。通『蔥』。左思《魏都賦》：『綿纊房子，縑總清河。』《注》：『廣雅曰：總，絹也。』又忽然。通『忽』。《禮・月令》：『行秋令則其民大役，猋風暴而總至。』④又音 zòng。連詞。即使，縱然。通『縱』。唐・李益《渡破納沙》：『莫言塞北無春到，總有春来何處知。』

縰 shǐ

古時束發的緇帛。同『纚』。《禮·內則》：『雞初鳴，咸盥漱，櫛、縰、笄、總。』

縱 zòng

①發放。如『仰縱送忌。』又釋放。如縱使還家，約其自歸以就死。』又放縱。如『無縱詭隨，以謹無良。』又泛。如縱言至於禮。又聳，騰躍。如『收身一縱。』又連詞。如『縱江東父兄憐而王我。』②又音 zōng。直，與橫相對。漢·東方朔《七諫·沉江》：『不開寤而難道兮，不別橫之與縱。』又踪跡。同『踪』。《漢書·蕭何傳》：『夫獵，追殺狗者獸也，而發縱指示獸處者人也。』《史記·蕭相國世家》作『發踪』。③又音 sǒng。勤勉，縱勇。《史記·陳丞相世家》：『伯常耕田，縱平使游學。』

繅 sāo

①繅絲，如『夫人蠶繅，以為衣服。』《說文》：『繅，繹為絲也。』②又音 zǎo。玉器的彩色墊板。同『璪』。《儀禮·聘禮》：『圭與繅皆九寸。』又五彩絲繩。通『藻』。《周禮·夏官弁師》：『五彩繅，十有二就。』《注》：『繅，雜紋之名也。合五彩，絲為繩』。合彩絲為繩。

𦈡 xū

絆住馬的兩足。省作『縜』。《文選》左思《吳都賦》：『暴虎虪，𦈡麋麖。』唐·劉良《注》：『縜，絆馬前兩足也。』莊子曰：『連之羈𦈡。』今本《莊子·馬蹄》笄，作『馽』。《釋文》引司馬彪、向秀、崔譔本皆作𦈡。

織 zhì

①織布。或作布帛的總稱。②又音 zhì。染絲織成的彩帛。《禮·玉澡》：『士不衣織。』《注》：『織，染絲織之，士衣染繒也。③旗幟。標誌。通『幟』。《詩·小雅·六月》：『織文鳥章，白旆央央。』《箋》：『織，徽織也。』《漢書·食貨志》：『治樓船，高十餘丈，旗織加其上，甚壯』。

繖 sǎn

『傘』本字。《史記·五帝記》：『舜乃以兩笠自扞而下，去得不死。』《索隱》：『皇甫謐云，两繖。繖，笠類。』《晉書·王雅傳》：『将軍遇雨請以繖入。』

緒 zhù

粗麻布。同『紵』。《文選·齊·竟陵·文宣王行狀》：『華衮与縕緒同歸，山藻與篷茨俱逸。』《注》：『子路曰：曾子褐衣縕緒未嘗完。』今本《韓詩·外傳》作『緒』。

繢 huì

①布帛的头尾。《禮·玉澡》：『緇布冠繢緌。』《注》：『繢亦絛組之屬也。似纂而色赤。』②繪畫。通『繪』。《周禮·考工記·畫繪》：『畫繢之事，雜五色。』

繑 qiāo

麻鞋。同『屩』。《管子·輕重》：『魯梁郭中之民，道路揚塵，十步而不相見，絏繑而踵相随。』

繭 jiǎn

也作『蠒』。蠶以及某些昆蟲蛹前所作之壳。又手脚因摩擦而生的硬皮，通『趼』。《戰國策·宋衛》：『墨子聞之，百舍重繭，往見公輸班。』又絲綿袍之謂。《左傳》：『重繭衣裘。』《注》：『繭，緜衣。』

纒 chán

通『纏』。

繮 jiāng

馬的繮繩。同『韁』。

繡 xiù

①繪畫設色，五彩俱備。又刺繡简稱繡。又華麗精美曰繡。②繡花的衣服。《魯詩》作『綃』。《漢書·項籍傳》：『繡作錦。』③俗作『绣』。

繰 zǎo

①深青帶紅色之帛。②又音 sāo。抽理蠶絲。同『繅』。《國語·楚》：『王后親繰其服。』白居易《长慶集·繚綾》詩：『絲細繰多女手疼，扎扎千聲不盈尺。』

繹 yì

①抽絲。又連續不斷。又尋求或追求。又陳述。又周稱正祭之次日又祭曰繹。又龜頭。《周禮·春官龜人》：『地龜曰繹屬。』②山名。也作『嶧』山东鄒縣东南有嶧山。《詩·魯頌·密宮》：『保有鳧嶧』即此。

繪 huì ①彩繡。《說文·繪》引《虞書》：『山龍華蟲作繪。』今本《尚書·益稷》作會。②繪畫。《論語·八佾》：『繪事后素。』

纘 zuǎn 組類。同『纂』。《玉篇》有解。

繻 rū ①彩帛。又漢代出入關隘的帛製證件。②沾濕。通『濡』。《易·繫齊》：『繻有衣袽。』《注》：『繻，宜曰濡。衣袽所以塞舟漏也。』

纍 léi ①繩索。《急救篇》：『纍繘繩索絞紡纑。』《注》：『纍，大索也。』又拘繫。如『纍臣』、『纍囚』。又纏繞。《詩·周南·樛木》：『南有樛木，葛藟纍之。』又致死。《漢書·楊雄傳·反離騷》：『因紅潭而淯兮，欽吊楚之湘纍。』②又音lei。堆積。同『累』。

纏 chán ①盤貌。班固《西都賦》：『颮颮紛紛，矰繳相纏。』又繩索。《淮南子·說林》：『子丞溺者金玉不若尋常之纏索。』又糾纏。《班固傳·和親儀》：『竊自維思，漢興以來，曠世歷年，兵纏夷狄，猶是匈奴。』②日月星辰天體的運行。通『躔』。《王莽傳》：『以始建國八年，歲纏星紀，在洛陽之都。』

纚 shǐ ①包髮的帛。《漢書·江充傳》：『冠禪纚步摇冠。』又群行貌。《司馬相如傳·子虛賦》：『車案行，騎就隊，纚手滛滛。』②又音sǎ。網。张衡《西京賦》：『然後釣魴鱧繼鰋鮋。』《注》：『纚，網。』③又音lí。通『縭』。《詩·小雅·采菽》：『泛泛揚舟，紼纚維之。』又連續。《司馬相如傳》：『華榱璧璫，輦道纚蜀。』

缶部

缸 gāng

①瓦器。似罂长頸。《說文》作『缸』。②燈。通『釭』。白居易《長慶集》：『焰短寒缸盡，聲長曉漏遲。』

缹 fǒu

以火煮熟。字或作『炰』。

缽 bō

『鉢』的異體字。

缾 píng

汲水器。同『瓶』。

缾 píng

同『缾』。

罄 qìng

①因中空之器，而引申為盡或完之意思。②顯現。通『俔』。《韓非子・外諸說》：『齊王問曰：「盡孰最雜者？」曰「大馬難……夫犬馬人所知也，且暮罄於前，不可類之，故難。」』③嚴整。通『磬』。《遺周書・太子晉》：『師曠罄然。』晉・孔晁《注》：『罄然自嚴整也。』

罇 zūn

古盛酒器。本作『尊』。

罋 wèng

陶製罌的容器。本作『罋』，也作『甕』。《儀禮・聘禮》：『醯醢百罋』。

罌 yīng

盛流質的陶製容器。字同『甖』。《墨子・備城門》：『令陶者为器，容四十斗以上。』

罍 léi

古代盛酒器，也用盛水。《說文》作『櫑』。《詩・周南・卷耳》：『我姑酌彼金罍，維以不永褱。』

罋 wèng

汲水器。『甕』本字。

网部

网 wǎng

『網』本字。《說文解字》有解。

罕 hǎn

本作『𦊨』。也作『罕』。捕鳥的網。又旗名。如罕旗。又少。《論語・子罕》：『子罕言利・與命與仁。』又姓。

罔 wǎng

①捕鳥獸魚類的工具。同『網』。又編結。《楚辭・九歌・湘夫人》：『罔薜荔兮为帷，擗蕙櫋兮既張。』又王網，法網。《漢書・楊雄傳・解潮》：『往者周罔結解，群鹿争逸。……四分五剖，並为戰國。』又無知。《禮・少儀》：『衣服在躬，而不知其名為罔。』又副詞，毋，不。《書・大禹謨》：『罔游於逸，罔淫於樂。』②迷惑，失意。同『惘』。《論語・為政》：『學而不思則罔・思而不學則殆。』

罘 fú

捕兔的獵具。《說文》作『罟』。即覆車。又名罬車罔。

罠 mín

釣魚繩。同『緡』。緡，古今字。又捕魚的網，也稱罠。

罪 zuì

本字作『辠』。作惡、犯法。又判罪。《書・舜典》：『流共工於幽州。……四罪天下咸服。』又刑罰。《漢書・刑法志》：『墨罪五百，刑罰五百。……殺罪五百。』又歸罪於。《孟子・梁惠王》：『王無罪歲

罷 bà

①停止。又放遣、免職。②又音 pí。疲困、軟弱。《國語・吴》：『今吴民既罷，而大荒薦饑，市無赤朱』。又極，盡。《楚辭・離騷》：『時暖暖將罷兮，結幽蘭而延佇。』③又音 ba。语末助詞。同『吧』。《元曲選・金錢記》：『天色晚了也，回去罷。』

罹 lí

遭遇。通『離』。《書・洪範》：『不協於極，不罹於咎，皇則受之。』有憂患。《詩・王風・兔爰》：『……我生之後，逢此百罹』。

罼 bì

捕鳥、兔的網。字也作『畢』。《國語・齊》：『昔我先君襄公築臺，以為高位，因守畢弋，不聽國政，卑聖士，而唯女是崇。』《注》：『罼，掩雉兔之網也。』

䍣 léi

捕魚網。通『罍』。《文選》郭璞《江賦》：『箭榕連鋒，罾䍣比船。』

羂 juàn

同『罥』。①掛《集韻》有解。②又用繩索、羅網捆縛。司馬相如《子虛賦》：『羂要褭，射封豕』。③套索。《晉書・吕光載記》：『胡便弓馬，善矛矟，鎧如連索，射不可入，以革索為羂，策馬擲人，多有中者。』

羃 mì

通『幕』。

羇 jī

同『羈』。古籍傳刻，羇、羈並用。

羈 jī

也作『羇』。①馬籠頭。又捆縛。又牽制。《吕氏春秋・決勝》：『幸也者審於戰期，而有以羈誘之也。』又拘束。《司馬遷傳・報任安書》：『僕少負不羈之才，長無鄉曲之譽。』又髮髻。《禮・内則》：『三月之末，擇日剪髮为鬌，男角女羈。』

羊部

羊 yáng

①家畜。如山羊、綿羊。六畜之一。②通「祥」。古「吉祥」多作「吉羊」。清阮元《集古齊・鐘鼎器款試・漢洗大吉羊洗》：「大吉羊宜用。」③通「揚」。《史記・孔子世家》：「眼如望羊」。《釋名・釋姿容》：「望羊：羊，陽也。言陽氣在上，舉頭高，似若望之然也。」《疏証》：「古羊，陽字通。」④通「徉」。如相羊。即徜徉、漫遊、徘徊之意。《漢書・孝武李夫人傳》：「念窮極之不還兮，唯幼眇之相羊。」《注》：「相羊，翺翔也。」也作「相徉」。

芈 mǐ

羊叫聲。也作「哶」。又《春秋・楚國》祖姓。《史記・楚世家》：「陸終生子六人。大曰季連，芈姓，楚其後也。」

羖 gǔ

黑色公羊。通「羖」。

牂 zāng

母山羊。同「羘」。《史記・李斯傳》：「泰山之高百仞跛牂牧其上。」《集解》：「牂羊墳首。」《毛傳》曰：「牝曰牂」。今《詩・小雅・苕之華》作「羘」。

羛 yì

①通「義」。《說文》「羛，墨翟書義從弗。」②又音 xī。羛陽，古地名。《後漢書・光武紀》：「大破王校於羛陽。」注：「羛陽，属魏郡，故城在今相州堯城縣東。諸本有作『苐』者誤也。」《左傳》云：「晉荀盈如齊逆女，還，卒於戲陽，戲與羛同。」

羚 líng

字也作「䴇」。

羢 róng

細羊毛。同『絨』。

羨 xiàn

①也作『羡』。貪欲、想慕。又盈餘。《詩・小雅》：『四方有羨，我獨居憂。』又豐饒，富裕。《漢書・食貨志》：『浮食奇民欲擅斡山海之貨，以致富羨，役利細民。』又濫。《晏子・春秋問》：『喜樂無限賞，忿怒無罰刑。』又徑長。《周禮・春官・典瑞》：『璧羨以起度。』《注》：『羨，長也。』又邪。楊雄《太玄經》：『羨於微，克復可以為儀。』②超過，氾濫。通『衍』。《漢書・溝洫志》：『然河災之羨溢，害中國也尤甚。』《史記・河渠書》作衍溢。③又音 yán。墓道。通『埏』。《史記・衛康叔・世家》：『和以其賂賂士，以襲攻共伯於墓上，共伯入釐侯羨自殺。』《索隱》：『（羨）音延，延，墓道。』又引進，延請。通『延』。張衡《東京賦》：『乃羨公侯鄉卿士，登自東除。』④又音 yí。沙羨，地名。屬江夏郡。《漢書・地理志》有載。

義 yì

義禮。《周禮・春官肆師》：『凡國之大事，治其禮儀。』鄭衆云：『古者儀但為義，今時所謂義者为誼。』又宜，適宜。《易・乾》：『利物足以和義，貞固足以幹事。』又善。《詩・大雅・文王》：『宣昭義問，有虞殷自天。』《傳》：『義，善。』又道理，意義。《易・解》：『剛柔之際，義無咎也。』《注》『義，猶理也。』又情義，恩義。《史記・淮陰侯傳》：『乘人之車者戴人之患，衣人之衣者懷人之憂，食人之食者死人之事。吾豈可以鄉利倍義乎。』又外加的。宋・洪邁《容齋随筆・人物以義為名》：『自外入而正者曰義。義父、義兒、義兄、義弟、義服是也。』又姓。漢有義縱。又議論。通『議』。《莊子・齊物論》：『有左、有右、有論、有義。』

羣 qún

又作『群』。禽獸聚合。又人羣，朋輩。又種類。又合羣。《注》：『羣，會合也，又猶諸冢。《左傳》：『置羣公子於萊。』

羶 shān

羊的氣味。說文作『羴』。

羽部

翅 chì

①鳥和昆蟲的翅膀。②只有。僅。通『啻』。《孟子·告子》：『取食之重者與禮之輕者而比之，奚翅食重？』《莊子·大宗師》：『陰陽於人，不翅於父母。』

翄 chì

『翅』的本字。《漢書·禮樂志·郊祀歌·天馬》：『幡此翄回集，貳雙飛常羊。』《注》引《文頴》：『舞者骨騰肉飛，如鳥之回翄而雙集也。』

翀 chōng

直往上飛。通『沖』。王維《恭懿太子挽歌》：『翀天王子去，對日聖君憐。』

𦐈 chì

①同『翅』。《史記·楚世家》：『奮翼鼓𦐈，方三千里。』②飛貌。《文選》左思《魏都賦》：『𦐈𦐈精衛，銜本賞怨。』

翊 yì

①飛。《漢書·禮樂志·郊祀歌》：『神之徠泛翊翊，甘露降，慶雲集。』又輔佐，護衛。《梁書·范雲傳》：『高祖（蕭衍）因留之，便參帷幄，仍拜皇門侍郎，與沈約同心翊贊』。②明日。通『翌』。《漢書·王莽傳》：『公以八月載生魄庚子奉使……越若翊辛丑。』《注》：『翊，明也。幸丑者，庚子之明日也。』

翌 yì

明日或明年。也作『翼』、『翊』。《爾雅·釋言》：『翌，明也。』《注》：『書曰：翌日乃瘳。』今本《書·金縢》作『翼日』。

翍 pī

披散，擴張。《漢書·楊雄傳·甘泉賦》：『回猋肆其碭駭兮，翍桂椒鬱揚。』《注》：『翍，古披字。』

翔 xiāng

①盤旋而飛。又游，行。又行走時兩臂張開。《注》：『行而張拱曰翔。』②通『祥』。漢·王充《論衡·是應》：『翔風起，甘露降。』《太平御覽·尸子》：『翔風，瑞風也。一名景風，一名惠風。』《新唐書·李適

傳》：『冬幸新豐，曆日白鹿觀，上驪山，……從行給翔麟馬。』杜甫詩：『今日翔麟馬，先宜駕鼓車。』

翜 shà

①飛疾。《說文》：『翜，倢也，飛之疾也。』②官羽飾。通『翣』。《集韻》有解。

翛 xiāo

①自然超脱謂之翛然。《莊子·大宗師》：『翛然而往，翛然而來而已矣。』《釋文》：『向（秀）云：翛然，自然無心而自爾之謂。』②又音 shū。疾。通『倏』。《西嶽華山亭碑》：『神樂其靜翛翬無形。』宋·張樵《注》：『翛翬，飛騰迅疾也。』

翢 dào

①纛。同『翿』。《爾雅·釋言》：『翢，纛也。』《注》：『今之羽葆幢。』②又音 zhōu。翢翢。鳥名。《韓非子·說林》：『鳥有翢翢者，重首而屈尾。將欲飲於河則必顛，乃銜其羽而飲之。』

翟 dí

①長尾的山雉。又用作服飾或舞具的雉羽。又樂吏名。《禮·祭統》：『翟者，樂吏之賤者也。』又我國北方少數民族名。通『狄』。②又音 zhái。姓。戰國魏有翟璜、漢有翟公、翟方進。

翦 jiǎn

同『剪』。斬斷、削滅。又滅除。又盡，全。《文選》張衡《西京賦》：『錫用此土，而翦諸鶉首。』三國·吳·薛綜《注》：『翦，盡也。』又淺。《儀禮·既夕禮》：『加茵用疏布，緇翦有幅。』《疏》：『翦，淺也。謂染為淺緇色。』

翬 huī

①大飛。又五彩的山雉。②揮動。通『揮』。《後漢書·馬融傳·廣成頌》：『翬終蔡，揚關斧。』《注》：『翬，亦揮也。』

翨 chì

①猛鳥。《說文》：『翨，鳥之彊羽猛者。』②鳥翼。同『翅』。《周禮·春官·司寇》：『翨氏。』漢·鄭玄《注》：『翨，鳥翮也。』清·徐灝《說文解字注箋》：『翨，即翅字。』

翫 wán

①輕忽，戲狎。②喜好。同『玩』。《文選》张衡《西京賦》：『作洛制，我則未暇，是以西匠營官，目翫阿房。』又晉·陸機《歎逝賦》：『步寒林以悽惻，翫春翅而有思。』③貪圖。同『忨』。『漢書·賈誼傳》：翫細娛而不大惠，非所以為安也。』

翭 hóu

①也作『翭』。羽根。《說文》：『翭，羽本也。』②羽初生。《說文》：『翭，……一曰羽，初生皃。』因以謂細毛。《通俗文》：『細毛，翭也。』

翮 hé

①羽莖，也代指鳥翼。《莊子·王制》『海南則有羽翮、齒、革、曾青、丹干焉。』又喻指笙管。晉·潘岳《笙賦》：『搴纖翮以震幽簧，越上筩而通下管。』《注》：『翮，管也，其形類羽。故曰翮也。』②又音lì。古炊具。通『鬲』（甗）《史記·楚世家》『吞三翮六翼，以高世主，非貪而何。』《索隱》：『翮亦甗，同音歷，三翮六翼，也謂九鼎也。空足曰翮，六翮即六耳。』

翰 hàn

①赤羽的山鷄，即錦鷄，通『鶾』。②鳥羽。又高飛。又毛筆。古以羽毛為筆，故以翰代謂。又柱子。《詩·大雅·嵩高》：『維申及甫，維用之翰。』③長毛馬。通『鶾』。清·段玉裁：《注》：『馬毛長者名翰，多借翰字為之，翰行而鶾廢。』又白馬。《禮·檀弓》：『段人尚白，戎事乘翰。』《注》：『翰，白色馬也。』

翱 áo

飛翔。也作『翶』。《漢書·王褒傳·聖主得賢臣頌》：『恩從祥風翱，德與和氣遊』。

翳 yì

①華蓋。《晉書·輿服志》：『戎車，駕四馬，天子親戎所乘者也，載金鼓、羽旗、幢翳。』又障蔽。《楚辭》屈息《離騷》：『百神翳其備降兮，九疑繽其并迎。』又掩蔽物。《國語·齊》：『兵不解翳，弢無失無服。』又眼病引起的障膜。《一切經音義鞞婆沙阿毗曇論三蒼》：『翳，目病也。』又是。《國語·吳》：『君王之於越也，人肉白骨翳起，死人而肉白骨也。』②樹木枯死，倒伏於地。通『殪』。《詩·大雅·

皇矣》：『作之屏之，其菑其翳。』《傳》：『自斃為翳。』《疏》：『自斃者，生禾自倒，枝葉覆地為蔭翳，故曰翳也。』《釋文》：韓詩作『殪』。

翼 yì

①鳥或蟲的翅膀。又魚翅。又戰陣兩側或左右兩軍皆曰翼。又覆蔽，又輔助，又承接，又飛檐，又船，又星名，又地名。②通『翌』。明天。《書·金縢》：『王翼曰乃瘳。』又《召誥》：『若翼日乙卯，周公朝於洛。』

翃 hōng

飛的聲音。同『䎕』。《集韻》有解。

翻 fān

①飛。也作『飜』。張衡《西京賦》：『豖鳥翩翻，羣獸駓騃。』又南朝·宋·謝宣遠《張子房詩》：『肇允契幽叟，翻飛指帝鄉。』②變動位置，翻轉或翻騰。《後漢書·杜林傳》奏：『臣愚以為舊制，不合翻移。』

翾 xuān

①小飛。通『蠉』、『蜎』。《楚辭·九歌·東君》：『翾飛兮翠曾，展詩兮會舞。』借指鳥。②急。通『懁』。《荀子·不苟》：『喜則輕而翾。』《注》：『言小人之喜輕脩如小鳥之翾然。』

翿 dào

說文作『翳』。頂上以羽毛為飾的旗。

耀 yào

同『燿』。照射。放光。顯示，顯赫。炫耀。

老部

考 kǎo

①通『拷』。《後漢書·郎顗傳》就尚書對：『又恭陵大火，主名未立，多所收捕，備經考毒。』②同『攷』。多用於考校、考問、考擊。③亡父曰考。玉的斑點或裂痕也稱考。如《淮南子·說林》：『白璧有考，不得为寶。』

耆 qí

①老。《禮·曲禮》：『六十曰耆』。《釋文》：賀楊云：『至也，至老境也』。又强横《左傳》：『不僭不貪，不懦不耆。』②又音 zhǐ。致。《周頌·武》：『勝殷遏劉，耆定爾功。』③又音 shì。爱好，欲望。通『嗜』。《禮·月令》仲夏之月，『節耆欲，定心氣。』《莊子·齊物論》：『鴟鴉耆鼠。』《釋文》：『字或作嗜。』

耇 gǒu

或作『耈』老，高年。

而部

而 ěr

①又音 néng。通『能』，能够。《楚辭》屈原《九章·惜往日》：『不逢湯武與桓繆兮，世孰云而知之。』又能力。先秦古籍多以而為能。《莊子·逍遥遊》：『故夫知效一官，行比一鄉，德合一君，而微一國者，其自視也亦若此矣。』②代詞。汝，你，你們。《書·洪範》：『而康而色。』又連詞。1.和，及。2.就，纔 3.並。4.尚且。5.但是。6.因而，所以。7.如果。又助词。1.相當於『之』。2.表語氣，略近『兮』。③如，好象。通『如』。《詩·小雅·都人士》：『彼都人士，垂帶而厲，彼君子女，卷髮如蠆。』

耐 nài

①又音 néng。通『能』。《禮·禮運》：『故聖人耐以天下為一家，以中國為一人者，非意之也。』《注》：『耐，古能字。』②忍受，經得住。《荀子·仲尼》：『能耐任之。』《注》：『耐，忍也。』③古代一種剃去

頰鬚的刑罰。二歲刑。通『耏』。《漢書・高帝紀》：『春，令郎中有罪耐以上，請之。』《注》：應劭曰：『輕罪不至於髡完其耏鬚，故曰耏，古耐字從彡，髮膚之意也。』又通『奈』。

耎 ruǎn ①通『懦』柔弱。《漢書・司馬遷傳・報任安書》：『僕雖怯耎欲苟活，亦言顏識去就之分矣，何至自湛溺累紲之辱哉。』《文選》作『懦』。

耑 duān ①古『端』字。植物開始發芽曰耑。引申為物的尖端。《周禮・考之記・磬氏》：『已下則摩其耑。』《漢書・天文志》：『前列直斗口三星，堕比耑銳，若見若不見。』②又音 zhuān。『專』的異體字。

耒部

耗 hào ①本作『秏』。虧損，消耗。《禮・王制》：『用地大小，視年之豐耗。』微收賦稅因存儲折損額外加徵稱『耗』。又音問，消息。《太平廣記》唐・李朝成《柳毅》：『托或四耗，雖死必謝。』②又音 mào。昏昧不明。同『眊』。《荀子・修身》：『少而理治，多而亂曰耗。』《漢書・景帝紀》：『其兩千石各脩其職。不識官職耗亂者，丞相以聞，請其罪。』③又音 máo。無，盡。《漢書・高惠高后文功臣表序》：『訖於孝武後元之年，靡有子遺，耗矣。』《注》：『言無有獨存者，至於耗盡也，今俗語猶謂無為耗，音毛。』

耡 chú ①同『鋤』。除草的農具。②又音 zhù。通『助』。帮助。《周禮・地官遂人》：『教甿稼穡以興鋤，利甿以時器。』《注》：『杜子春讀耡為助，謂起民人令相佐助。』又古代里官辦事之處。《周禮・地官里宰》：『以歲时合耦於耡。』《注》：『耡者，里宰治處也，若今街彈之室，於此合耦，使相佐助，因放（仿）而為名。』

耤 jí ①通『籍』。籍田，天子所耕之田。也作『籍田』。②又音 jiè。借助。《漢書・郭解傳》：『軀耤友報仇。』《注》：『耤，古籍字也，耤，為借助也。』

耦 ǒu

①两人并耕。合諧。《論語·微子》：『長沮桀溺耦而耕。』《注》：『二人為耦。』②成雙，配偶。通『偶』。《左傳》：『太子曰：人各有耦，齊大，非我偶也。』又雙數曰『偶』。《易·繫辭》：『揚卦奇，陰卦耦。』《鶡冠子·能天》：『奇，耦，數也。不可增減也。』

耨 nòu

除草的農具。本作『槈』。也作『鎒』。《易·繫辭》：『斲木為耜，揉木為耒，耒耨之利，以教天下。』又除草。《孟子·梁惠王》：『深耕易耨。』

耬 lóu

播種的工具。也作『樓』。多稱耬車。又耕土成畦。北魏·賈思勰《齊民要術》：『先重耬耩地壟，燥培而種之。』

耰 yōu

同『櫌』。古農具。《莊子·則陽》：『深其耕而熟耰之。』又播種後覆土保護種子。《論語·微子》：『耰而不輟。』又泛指耕種。《東坡集·正輔既見和覆次前韻》詩：『南窻可寄傲，北山早歸耰。』

耳部

耳 ěr

①耳朵，人體五官之一。物體兩端便於捏舉部份。又狀似耳形之物，如木耳，銀耳。又聽說、耳聞。又量詞。猶罷了。《論語·陽貨》前言戲之耳。又姓，明有耳元明。②通『仍』。遠代之孫稱仍孫。晉灼曰：耳孫，玄孫之曾孫也，……據《爾雅》：『曾孫之子為玄孫，玄孫之子為來孫，來孫之子為昆孫，昆孫之子為仍孫。從已而數，是為八葉，則與晉說相同。仍，耳聲相近，蓋一號也。』

耶 yé

①語末助詞。表示疑問，如無恙耶。②父親。通『爺』。《古文苑·木蘭詩》：『軍書十二卷，卷卷有耶名。』《注》：『今作爺，俗呼父為爺。』《杜工部草堂詩箋》：『見耶背面啼，垢膩脚不襪』。

耽 dān

①耳大下垂。《淮南子·地形》：『夸父耽耳。』又玩樂，沉溺。《詩·衛風·氓》：『於嗟女兮，無與士耽。』又延擱。《水滸》：『只是林冲放心不下，枉自兩相耽誤。』②通『眈』。如眈眈也作耽耽。《漢書

•敍傳》：『六世耽耽，其欲浟浟。』

耼 dān

同『聃』①耳長而大。《說文》：聃，耳曼也。②通『耽』《列子・楊朱》：『方其染耼於色也。』

聓 xù

同『壻』。也作『聟』。漢・應劭《風俗通義》：『女新從聓家來。』

聃 dān

也作『耼』。①耳長而大。《說文》：『耼，耳曼也』蘇東坡詩：『聃耳屬肩，綺眉覆顴。』又國名，《左傳》：『故封建親戚以番屏周。管、蔡、郡、霍、魯、衛、毛、聃……文之昭也。』

聑 tiē

安帖。妥帖之『帖』本字。清・段玉裁《說文解字注・聑》：『會意。二耳之在人首，帖妥之至者也。凡「帖妥」當作此字。帖，假借字也。』

聘 pìn

①訪，探問。《詩・小雅・采薇》：『我戍未定，靡使歸聘。』古代諸侯通問修好。《春秋》：『冬，衛侯使公孙剽来聘。』又通問。致意。《禮・月令》：『(天子)勉諸侯，聘名士，禮賢者。』②舊时婚姻訂婚，迎娶皆稱聘。通『娉』《左傳》：『聲伯之母不聘。』《注》：『不聘，無媒禮。』

聳 sǒng

①耳聾。《方言》：『生而聾，陳、楚、江、淮之間謂之聳。』又高起直立。《文選・敬亭山詩》：『交藤荒且蔓，樛枝聳復低。』又故重。《國語・楚》：『昔殷武丁能聳善而抑德焉。』②獎勵。通『慫』。《國語・楚》：『教之春秋，而為之聳，善而抑恶焉。』③驚動。通『愯』。《左傳》：『大夫聞之，無不聳懼。』

職 zhí

①記。《史記・屈原傳・懷沙》：『章盡職墨兮，前度未改。』《索隱》：『楚辭，「職」作「志」。』②常。分內應執掌之事，即職業，貢賦，主要。《漢書・景帝紀》：『令亡罪者失職，联甚憐之。』《注》：『職，

常也。』又職業，職務。又主要。《史通・敍事》：『史之煩蕪，職由於此。』②又音 zhì。旗幟。《史記・叔孫通傳》：『於是皇帝輦出房，百官執職傳警。』《集解》：『一作幟。』

聶 niè

①附耳私語。通『囁』。《說文》：『聶，附耳私小語也。』又姓。楚大夫食采於聶，後人因以為氏。②又音 zhé。切成薄片的肉。通『牒』。《禮・少儀》：『牛與羊魚之腥，聶而切之為膾，麋鹿為菹，野豕為軒，皆聶而不切。』又合攏。《爾雅・釋木》：『守宮槐，葉晝聶宵炕。』疏：『聶，合也。炕，張也。』③又音 shè。握持。《山海經・聶耳國》：『為人兩手握其耳。』《注》：『言耳長，行則以手握持之也。』

聽 tīng

①用耳朵感受聲音。聽從，接受。斷决治理。聽任，任憑。耳目，間諜。②廳堂。通『廳』。《世說新語・黜免》：『大司馬相府聽前有一老槐，甚扶疏。』

聿部

聿 yù

①筆的本字。漢・楊雄《太玄飾》：『舌聿之利，利見知人也。』《說文》：『聿，所以書也，楚謂之聿，吳謂之律，燕謂之弗，秦謂之筆。』②輕疾貌曰聿皇。《楚文苑・小言賦》：『體輕翼重，形微蚤鱗，聿遑浮涌，凌雲縱身。』《注》：『聿遑，訊疾也。』③助詞。用於句首或句中《詩・大雅・文王》：『無會爾祖，聿修厥德。』

肆 sì

①陳列。②市集貿易之處曰肆。③縱肆，放肆。④題明。⑤極力，勤苦。⑥延伸，擴張。⑦執行死刑後陳屍示衆。⑧鐘罄懸列之數。⑨數目字『四』的大寫。⑩語助詞。如，遂、固然。⑪姓。漢有漁陽太守肆敏。⑫又音 yì。解剔牲體。《禮・郊特牲》：『腥肆爓腍祭。』又餘。通『肄』。《禮・玉藻》：『肆刺及帶，勤者有事則收之，走則摇擁之。』《釋文》：『肆音肄，以四反。』

肅 sù

①恭敬。②嚴肅。③揖拜。④進，引導。⑤衰落、萎縮。⑥峻急。⑦姓。周卿士成肅公之後以謚為姓。⑧通『速』。《國語・晉》：『知羊舌職之聽敏肅給也，使佐之。』

肈 zhào

①《說文》作『肇』。②端正。《國語·齊》：『比綴以度，竱本肈末。』《注》：『竱，等也；肈，正也。謂先等其本，以正其末。』又謀《詩·大雅·江漢》：『肈敏戎公，用錫爾祉。』

肅 sù

同『肅』。

肉部

肊 yì

也作『臆』。胸，胸骨。《說文》有解。

肎 kěn

①同『肯』。②貼附骨上的肌肉。《說文》作『肎』。又許可，願意。《詩·邶風·終風》：『終風且霾，惠然肯來。』

肐 gē

肐膊。肩以下手以上部位。字同『胳』。

胥 xù

『胥』的異體字。

肴 yáo

同『餚』。魚肉之類葷菜。

肮 háng

咽喉。通『吭』。《集解》：韋昭曰：『肮，咽也。』

肬 yóu

肉瘤。同『疣』。

肧 pēi

①俗作『胚』。②未脱母體的幼體。古稱婦孕一月為肧，三月為胎。③凡物尚未成形者。

肦 bān

肦賜。通『頒』。《禮・王制》：『名山大澤不以肦。』《注》：『肦，讀為班。』

肵 qí

尊敬。同『祈』。

胡 hú

①通『瑚』。古代祭器。稱『胡簋』。②獸下頷部份的肉。《詩・豳風・狼跋》：『狼跋其胡，載疐其尾。』又戈戟刄部曲下垂的部分。《周禮・考工記・冶氏》：『戈廣二寸，內倍之，胡之三，援四之。』又壽。『壽考』又作『胡考』。《傳》：『胡，壽也。考，成也。』《絲衣》：『不吴不敖，胡考之休。』又任意亂来。如胡作非為。

胥 xū

①等待。通『須』。《管子・效法》：『四者備體則胥時在王，不難矣。』②語氣词。《詩・小雅・桑户》：『君子樂胥受天子之祜。』③古代官府的小吏。《周禮・天官》序官：『胥，十有二人……。』《疏》：『案，周內，稱胥者多，謂若大胥，小胥之類。』又疏遠。《詩・小雅・角弓》：『爾之遠矣，民胥然矣。』

背 bèi

①又音 bēi。用背馱負。引申為負擔。也作『揹』。②凡物之後面或反面皆曰背。《詩・大雅・蕩》：『不明爾德，時無背無側。』又轉身或離開曰背走。《荀子・解蔽》：『卬視其髮，以為立魅也，背而走。』引伸為死亡。又默誦詩文曰背誦。

脉 mài

同『衇』、『脈』。

胠 qū

①通『阹』。《荀子・榮辱》：『鯈䱁者，浮陽之魚也，阹大於沙而思水，則無逮矣。』②腋下。《素問・新論》：『轉則兩胠下满。』《注》：『胠，亦脅也。』《左傳》：『啟：牢成御襄罷師，狼遽疏為左。』古代軍左翼為啟，右翼为胠。《左傳》：『商子車御侯朝，桓跳為右。』

胚 pēi

《說文》作『肧』。未離母體的幼體。

胇 bì

①又音 fèi。通『肺』。《詩・大雅・桑柔》：『自有肺腸。』唐・陸德明《經典釋文》：『肺本又作胇。』②大貌。

𦙶 kāo

臀部。同『尻』。《呂氏春秋・觀表》：『古之相馬者……許鄙相𦙶。』《注》：『𦙶，後竅也。』

胆 tán

①口脂澤。②『膽』俗字。

胑 zhī

手足的統稱。同『肢』。《荀子・君道》：『塊然獨坐而天下從之如一體，如四肢之從心。』

胅 dié

①突出。通『凸』。《山海經・海外南經》：『（結匈國）其為人結匈。』郭璞《注》：『臆前胅出如入結喉也。』②骨結的隆起部分。又腫大。《淮南子・精神》：『一月為膏，二月為胅，三月而胎。』言胎漸大如腫物也。

胞 bāo

①胎兒的包膜。又同母所生者為同胞。②又音 bào。古代祭祀時掌割肉的小吏。通『庖』。《禮・祭統》：『胞者，肉吏之賤者也。』③又音 pāo。膀胱。同『脬』。《文選》晉・嵇叔夜（康）《與山巨源絕交書》：

『每常小吏而不忍起，令胞中略轉乃起耳。』

胕 fǔ

①『腑』的省文。《集韻》：『腑，人之六腑也。』②又音fū。脚背，通『跗』《戰國策·楚》：『服監車而上大行，蹄申膝折，尾湛胕潰。』《注》：謂胕通『膚』。③又音fú。浮腫。《素問·五常政大論》：『寒熱胕腫。』《注》：『胕腫謂腫满，按之不起。』

胝 zhī

手掌或脚掌的老繭。通『骶』。《靈樞經·五色》：『其隋而下至胝為淫。』

胤 yìn

①嗣。後代。②曲調。通『引』。《文選》漢·馬融《長笛賦》：『詳觀夫曲胤之繁會叢雜，何其富也。』《注》：『胤亦曲也，字或為引。』

能 néng

①才能，传说中的一种兽。又能够，親善，和睦。及，到。乃，於是。猶『而』，能少嘗之甘。義通『寧』，如能可。又意通『恁』。如張九齡詩：『芳意何能早，孤榮亦自危。』②又音nài。受得住。通『耐』。《漢書·鼂錯傳》：『揚奧之地，少險多揚，其人疏理，鳥獸希毛，其性能署。』《注》：『能，讀曰耐。』又姓。《以名為姓》：『能氏，楚兄摯之後，避難及為能氏。』能音『耐』。③又音tái。星名。④通『台』。《史記·天官書》：『魁下六星，兩兩相比者，名曰三能。』《集解》：『蘇林曰·能音台。』⑤又音tài。形狀。通『態』。《素問·陰陽應象大論》：『此陰陽更勝之變，病之形能也。』《厥論》：『願聞六經脈之厥狀病能也。』⑥傳說中的一種獸。《國語·獸》：『今夢黃能入於寢門。』《注》：『能，似熊。』又親善和睦。《詩·大雅·民勞》：『柔違能爾。』又乃，於是。《管子·權修》：『審其所好惡，則其長短可知也，觀其交游，則其賢不肖可察也。二者不失，則民能可得而官也。』又猶『而』。《古文苑·大理箴》：『或有忠能被害，或有孝而見殘。』又做得到曰能够。又義通『寧』。寧可也作『能可』。

胲 gāi

①動物脚大指上有毛處的肉，指牲蹄。②軍中約。通『該』。《說文》：『該，軍中約也。』《漢書·藝文志》：諸子兵家有《五音奇胲用兵》二十三卷。

胰 yí

夾脊肉。又作『[illegible]』。即胰臟或胰腺。

脄 méi

脊側的肉。同『脢』。《禮·内則》：『壽珍，取牛羊麋鹿麕之肉，必脄。』《注》：『脄，脊側肉也。』

胯 kuà

①兩股之間曰胯。《說文》：『胯，股也。』《史記·淮陰侯傳》：『信能死，刺我不能死，出我袴下。』《集解》：『徐廣曰：袴，一作「胯」。胯，股也。』《漢書》作『跨』。②革帶上的飾物。古稱鞶鑒。《新唐書·李靖傳》：『胯各附環，以金固之。』

脃 cuì

『脆』的本字。

胸 xiōng

①本作『匈』。軀幹的前部，頸下腹上的部分。②前部。《文選》張衡《南都賦》：『湯谷涌其後，清水溫其匈。』又心懷。李白詩：『洛陽因劇孟，托宿話胸襟。』

脆 cuì

①本作『脃』。②容易斷碎。又輕也。《後漢書·徐荆傳》：『群濱南州，風俗脆薄。』《注》：『脆薄猶輕薄也。』又音響清越。白居易詩：『玲瓏曉樓閣，清脆秋絲管。』又爽利，乾脆。宋·元興宗《九華集·紹興采石大戰始末》：『……殺你也得由你輩，不若早早快脆。』

脈 mài

①說文作『衇』。俗作『脉』。②血管。又中醫所指脈息或脈搏。又指事物連貫而有條理者。③又音 mò。通『脈』。相視而含情不語如含情脈脈，也寫作『脉脉』。

脅 xié

①也作『脇』②從腋下至肋骨盡處曰脅，又逼迫《荀子·國富》：『朋家作仇，脅權相滅。』③收斂。通『翕』。《文選》司馬相如《長門賦》：『翡翠脅翼而萃兮，鸞鳳翔而北南。』

胷 xiōng

『胸』的本字。

脣 chún

①嘴唇。通『唇』。②邊。唐·杜甫《杜工部草堂詩箋·麗人行》：『頭上何所有，翠微㔩葉垂鬢脣。』

脱 tuō

①通『蛻』，蟬、蛇脱去皮稱为『蛻』。因之，脱化也稱『蛻化』。②脱落，失去。《老子》：『善健者不拔，善抱者不脫。』又逃脱。《國語·晉》：『公懼，乘馹自下，脱會於王城。』又疏略，輕慢。《左傳》：『輕則寡謀，無禮則脱，入險而脱，能無敗乎。』

脚 jiǎo

①同『腳』。人和動物的行走器官。又器物的支撑部位，如桌脚、椅脚。又物體的下端。如山脚、墙脚。又殘餘的渣沫。宋·張世南《遊宦紀聞》：『……頃刻如泥，更無渣脚。』又脚力省作『脚』。《文狀通考·田賦》：『（唐）大中三制……近者多是權要富豪，悉請留縣輸納，致使貧單之人郤須顧脚搬戴。』②又音 jué。脚色。

脛 jìng

①人體自膝至脚跟的部分曰脚脛。②又音 kēng。通『硜』。脛脛，固執貌。《漢書·楊惲傳》：『左馮翊韓延壽有罪下獄，郎中兵常謂惲曰：『聞君侯訟韓馮翊，當得活手？惲曰：「事何容易，脛脛者未必全也。」』《注》：『脛脛直貌也』。

䏶 bì

股。通『髀』。也作『髀』。《昌黎集·陸渾山火和皇甫提用其韻》：『鬃其肉皮通脛臀，頽胸垤腹車掀轅。』又䏶脛，即膍脛。牛胃也。

脟 luán

切肉成塊。通『臠』。《呂氏春秋·察今》：『當一脟肉，而知一鑊之味，一鼎之調。』

脧 juān

①少汁的肉羹。通『臇』。漢·桓寬《監督論·散不足》：『楊豚韭卵，狗腊馬脧。』又縮，減。《漢書·董仲舒傳》：『民日削月脧，寢以大窮。』②男孩的性器官。亦作『峻』。《說文》：『脧，赤子陰也，從肉俊聲，或从血。』

脗 wěn

脣之兩邊。同『吻』。

脩 xiū

①通『修』。修者裝也。脩者乾肉。本為兩字。自漢隸互相通用。後來乾肉義少用兩字多通用。②又音 yóu。滌樽。同『卣』。《周禮·春官凶人》：『廟用脩。』《注》：『脩讀曰卣。』③又音 táo。縣名。漢周亞夫封邑，在今河北景縣南《漢書·外戚恩澤侯表序》：『孝景覓侯王氏，脩侯犯色，卒用廢黜。』《注》：『脩，音條。』

胼 pián

同『胼』。

𦝫 jì

身直，雙膝着地。同『跽』。《史記·淳於髡傳》：『髡帣韝鞠跽，侍酒於前。』《集解》：𦝫音其紀反。又與『跽』同。謂小跪也。

腓 féi

①脛骨後的肌肉，即小腿。又枯萎。《詩·小雅·四月》：『秋日凄凄，百卉具腓。』②庇護。通『庇』。《詩·小雅·采薇》：『君子所依，小人所腓』。

脾 pí

①人和动物的内藏之一。②牛的胃。通『膍』。《詩·大雅·行葦》：『嘉殽脾臄，或歌或咢。』③大腿。通『髀』。《莊子·在宥》：『鴻蒙方将拊脾雀躍而遊。』

膉 yì

胸前骨。同『䯧』。《淮南子·精神》：『子求行年五十有四而病傴僂，脊管高於頂，䯧下迫頤，两脾在上，燭營指天。』

腮 sāi

两頰下半部，同『顋』。

腨 shuàn

脚肚。《說文》作『踹』。《陰陽別論》：『痿厥腨痏。』《注》：『痏，痠疼也，痠無力也。厥，足冷即氣逆也。』意為脚肚酸痛。

䐅 hóu

①味道過厚難下咽曰䐅。《呂氏春秋·本味》：『澹而不薄，肥而不䐅』。②同『喉』。咽喉。集韻有解。

⿰月隺 huò

肉羹。也作『臛』。《楚辭·大招》：『煎鰿⿰月隺雀，遽爽存只。』陸游《劍南詩稿》：『長魚出網健欲飛，新兔臥盤肥可⿰月隺。』

膆 sù

鳥的嗉囊。同『嗉』。《文選》潘岳《射雉賦》：『當咮值胷，裂膆破觜。』《注》：『膆，喉受食處也。』

膊 bó

①《說文》作『髆』。切成塊的肉。②胳膊。即肩臂。清·徐灝《箋》：『今人去衣為赤膊，因之謂肩臂為膊。』又分裂四肢。《左傳》：『桓公之嬖人盧蒲就魁門焉，龍人因之殺而膊諸城上。』《注》：『膊，磔也。』

⿰月寅 yín

夾脊肉。通作『寅』。《易·艮》：『艮其限，列其寅。』《釋文》：『馬融云：夾脊肉也。鄭（玄）本作「寅」。』

⿰月庸 chōng

又音 yōng。匀，直。同『傭』。唐·孟郊《孟東野集·品松》詩：『擘裂風雨獰，抓拏指爪⿰月庸。』

膞 zhuǎn

①切成塊的肉。②又音 zhuān。禽類的胃。（見雅韻）。又旋盉。通『輇』。陶土的工具。《周禮·考工記·旊人》：『器中膞……膞崇四尺，方四寸。』

膜 mó

①又音mō。撫摸。通『摸』。《方言》：『膜，撫也。』《注》：『謂順也。』②動物體內薄衣狀的組織。《素問・痺論》『故循皮膚之中，分肉即間，熏於盲膜，散於胸腹。』《疏》：『治肉，除其筋膜，取好處。』又果實殼內的薄衣也稱膜。又沙地，沙漠。《穆天子傳》：『甲申至於黑水，西膜之所謂鴻鷺。』《注》：『西膜沙漠之鄉。』又合掌跪拜曰膜拜。《穆天子傳》：『吾乃膜拜而受。』

䐣 sǔn

說文作『䐪』。切熟肉再煮。又用肉羹煮飯。北魏・賈思勰《齊民要術・羹臛法》有『肺䐣法。』《釋名・釋飲食》：『䐪、饡也，以米糝之，如膏饡也。』清・畢沅《疏證》：『今本䐪作「䐣」。』

膰 fán

①《說文》作『燔』。宗廟祭祀用的肉，生曰脤，熟曰膰。《周禮・春官・大宗伯》：『以脤膰之禮，親兄弟之國。』又致送祭肉。《後漢書・劉長卿妻傳》：『縣邑有祀必膰焉。』

膬 cuì

①脆嫩，不牢固。同『脆』。《管子・霸言》：『釋實而攻虛，釋堅而攻膬。』②鳥獸的絨毛。通『毳』。南朝《何水部集》：『文皮坐裂，膬尾生抽。』

臆 yì

①本作『肊』。②胸骨。又當胸之處。又意料。通『意』。《史記・賈誼傳》：『口不能言請對以臆。』《漢書》作『意』。

膻 dàn

①膻中。指人體胸腹間的横鬲膜。也稱氣海。②又音shān。謂羊的臊臭曰膻。通『羶』。《尹文子・大道》：『好膻而惡焦，嗜甘而逆苦。』《韓詩外傳》：『昔者舜甑盆無膻而下不以餘獲罪。』《初學記》引作『羶』。

臃 yōng

腫。本作『癰』。《史記・倉公傳》：『石之為藥精悍，公服之不得數溲，丞勿服，色將發臃。』

膹 fèn

積滿。通『憤』。《素問・致真要大論》：『諸氣膹鬱皆屬於肺。』《注》：『膹謂膹滿。』②多汁的肉羹。漢・桓寬《鹽鐵論・散不足》：『胹羔豆賜，轂膹雁羹。』又切成塊的肉曰膹。漢・賈誼《新書・匈奴》：『飯羹啗膹炙。』《急救篇》：『膹膾炙胾各有形。』唐・颜師古《注》：『切生肉也。』

臈 là
周十二月祭名。同『臘』。後来泛指農曆十二月為臘月。《晏子春秋·諫》：『景公令兵摶治當臈，冰月之間而寒，民多凍餒。』朱熹詩：『殘臈生春序，悉林逼歲昏。』

腪 yùn
古『孕』字。《管子·五行》：『然則羽卵者不段，……腪婦不銷棄。』也作『䏰』。楊雄《太玄經·沈》：『好䏰惡粥。』

膿 nóng
①本作『盥』。瘡口潰爛的液體。②腐爛。北魏·賈思勰《齊民要術·水稻》：『陳草複起，以鐮侵水芟之，草悉膿死。』③濃厚。通『醲』。《文選》漢·枚叔《七發》：『甘脆肥膿，命曰腐腸之藥。』《五臣本》作『濃』。

臉 liǎn
①頰。南朝·梁·簡文帝《妾薄命》詩：『玉貌歇紅臉，長顰串翠眉。』又面子，颜面。《紅樓夢》：『挑剩下的才給你，你還充有臉呢！』②又音 jiǎn。通『瞼』。借作眼。梁武帝詩：『帛上看未終，瞼下淚如雨。』

膽 dǎn
①胆的繁體字，膽囊為人體器官之一，通常曰膽、膽量。常謂人之勇氣為膽量。②指擦。通『撣』。《禮·內則》：『桃曰膽之，相梨曰攢之。』

臇 juǎn
少汁的羹。也作『膗』。動詞用作烹煮肉羹。三國·曹子建《名都篇》：『膾鯉臇胎鰕，炮鱉炙熊蹯。』《注》：《倉頡解詁》曰：『臇，少汁臛也。』

臏 bìn
同『髕』。①脛骨，即膝蓋骨。《史記·秦記》：『武王有力好戲，力士任鄙、烏獲、孟說皆至大官，王與孟說舉鼎，絕臏。』②古代剔去膝盖骨的一種酷刑。《荀子·正論》：『詈侮捽搏，捶笞臏脚。』

臑 nào
①人體上肢或動物的前肢。②又音 er。煮。煮爛。通『胹』。《楚辭·大招》：『鼎臑盈望，致和芳只。』

臕 biāo
肥壯。同『膘』。《樂府詩集·企喻歌辭》：『放馬大澤中，草好馬著臕。』

胎兒夭折或流產。同『殰』、『卵』。《管子・五行》『然則羽卵者不段，毛胎者不膭。』

臚 lú

①腹。《急就篇》：『寒气泄注腹臚脹。』《注》：『腹前曰臚。』又額。《雲笈七籤・黄帝内景經・上有》：『七液洞流衝臚間。』《注》：『兩眉門，謂額也。』又陳述，傳告。《漢書・禮樂志，郊祭歌・天門》：『殷勤此路臚所求。』《注》：應邵曰：『臚，陳也。』又序列。陳列。《注》『臚，陳序也。』②又音 lù。祭名。通『旅』。《漢書・叙傳》：『大夫臚岱，侯伯僭畤。』《注》：鄭（玄）曰：臚岱，「季氏旅於太山」是也。（颜）師古曰：「臚旅聲相近，其義一耳。」

臘 là

①也作『臈』。②祭名。周時臘與大腊，各為一祭。臘祭祖先，腊祭百神。又冬季曰臘月。年末正值冬盡曰臘盡。又僧人受戒曰臘。唐・釋貫休《禅月集・天台老僧》詩：『僧中九十臘，雲外一生心。』又兩面刀具。《周禮・考工記・桃氏》：『桃氏為劍，臘廣二寸有半寸。』

臝 luǒ

①又音 luó。通『騾』。《漢書・霍去病傳》：『薄莫單于遂乘六臝，壯騎可數百，直冒圍西北馳去。』②赤身露體曰臝露。《左傳》：『赵簡子夢童子臝而轉以歌。』《莊子・田方》：『公使人視之，則解衣般礴，臝。』又短毛的獸類曰臝物。《周禮・地官・大司徒》：『其動物宜臝物，其植物宜叢物。』《注》：『臝物，虎豹貔貐之屬，淺毛者。』

臟 zàng

内臟的總稱。本作『臧』、『藏』。《抱樸子・至禮》：『破積聚於腑臟，退二竪於膏盲。』

臞 qú

又作『癯』。清瘦。《戰國策・燕》：『遂入見太后，曰：何臞也。』《淮南子・脩務》：『神農憔悴，堯瘦臞。』

臠 luán

又音 iǔan。切成塊狀的魚肉。《淮南子·說山》：『當一臠知一鑊之味。』。《呂氏春秋·察今》：『臠作「脟」。又碎割。』宋·王明清《揮鹿塵錄》：『詔臠康孫於宅前，國醫曹孝忠併坐流竄。』

臣部

臥 wò

今作『卧』。睡，躺狀。《史記·吳起傳》：『臥不設席，行不騎乘。』又倒伏。《隋書·禮儀志》：『發起之意，旗臥則跪。』又寢室曰臥室。

臧 zāng

①善。《詩·北風·雄雉》：『不忮不求，何用不臧。』又奴隸。《荀子·王霸》：『……則雖臧獲不肯與天子易勢業。』《注》：『獲，奴婢也。』②賄賂、盜竊之物。通『贓』。《史記·王溫舒傳》：『群中豪猾相連坐千餘家，上書請大者至族，小者乃死，家盡沒入償臧。』③又音 cáng 收藏。通『藏』。《荀子·國富》：『足國之道，節用裕民而善臧其餘。』《漢書》藏皆作『臧』。④又音 zàng。臟腑。通『臟』。《漢書·王吉傳》諫昌邑·王疏：『吸新吐故以練臧。』《注》：『臧，五臧也。』

自部

臭 xiù

①用鼻子辨別氣味。同『嗅』、『齅』。《荀子·榮辱》：『彼臭之而無嗛於鼻。』②氣味的總稱。《箋》：『耳不聞聲音。鼻不聞香臭。』③又音 chou。形容令人厭惡的氣味。④1、氣味。香氣，《易·繫辭》：『同心之言，其臭如蘭。』2、穢惡的氣味。《左傳》：『一薰一蕕，十年尚猶有臭。』

臯 gāo

同『皋』

臮 jì

與，及。同『暨』。《史記・夏紀》：『淮夷蠙珠臮魚。』

至部

致 zhì

①傳達，表達，《詩・小雅・楚茨》：『工祝致告，徂賚孝孫。』又給予。《周禮・秋官・司儀》：『饗食致贈郊送，皆如將幣之儀。』又到達。《禮・玉藻》：『稽首攄掌致諸地。』又盡，極。《荀子・榮辱》：『志意致修，德意致厚，智慮致明，是天子之所以取天下也。』又意態，情趣。《三國志・吳・周瑜傳》：『（蔣）幹還，稱瑜雅量高致。』②細密。通『緻』。《禮・月令》孟冬之月：『作為淫巧，以蕩上心，必功致為上。』③書券，契據。通『質』。《禮・曲禮》：『獻田宅者操書致。』

戜 dié

①老。通『耋』。《漢書・孔光傳》对：『臣光智謀淺短，犬馬齒戜，誠恐一旦顛僕，無以報稱。』②赤黑的馬。通『驖』。《詩・秦風・駟驖》、《漢書・地理志》皆作『四戜』。③又音 zhì。戜國，古神話傳說中的國名。《山海經・海外南經》：『戜國在其東，其為人黃，能操弓射蛇。一曰戜國在三毛東。』又《大荒南經》有戜氏三國。

臺 tái

①高而上平的建築物。《詩・大雅・靈臺》：『經始靈臺，經之營之。』又官署名。尚書曰中臺，謁者為外臺，御史為憲臺。晉・宋間謂朝廷禁省為臺，故禁城曰臺城，官軍曰臺軍使者曰臺使。明清曰布政使為藩臺，按察使為臬臺。又低等的奴隸。如供臣臺。②草名，亦作『薹』。《詩・小雅・南山有臺》：『南山有臺・北山有萊。』

臼部

臾 yú

①須臾。猶言片刻。又姓。春秋·晉有臾駢。②又音yǔ。臾弓。亦稱庾弓，便於遠射之弓。③又音kuì。草編之筐。『蕢』之古文。《說文》『蕢』引《論語》：『有荷臾而過孔氏之門。』《論語·憲問》作『蕢』。④又音yǒng。通『慂』。慫慂，也作『縱臾』。

臿 chā

①農具名，即鍬。《韓非子·五蠹》：『禹之王天下也，身秉耒臿，以為民先。』②夾雜。通『插』。《文選》司馬相如《上林賦》：『赤瑕駁犖，雜臿其間。』

舁 yú

①抬。《說文》：『舁，共舉也。』②借作『輿』。宋·司馬光《司馬温公集·和子駿新荷》詩：『新荷滿沼綠，篮舁出門疎。』蓝舁，竹轎。舁，讀為yú。

导 biǎn

『貶』古字。《漢書·司馬相如傳·上林賦》：此不可以揚名發譽，而適足以导君自損也。《史記·司馬相如傳》作『貶』。

舂 chōng

①用杵臼搗穀類。②撞擊。通『衝』，也作『摏』。《史記·魯·周公世家》：『魯敗翟於鹹，獲長翟喬如，富父終甥舂其喉，以戈殺之。』《左傳》作『搗』。

舄 xì

亦作『舃』。①鞋子，單底為履，複底着木者為舄。②鹽鹹地。通『潟』如舄鹵。③柱下石。通『碣』。《墨子·備穴》：『柱下傅舄』。《文選》三國·魏·何叔平（晏）《景福殿賦》：『金楹齊列，玉舄承跋。』④大貌。《詩·魯頌·閟宮》：『松桷有舄，路寢孔碩。』《釋文》：『舄，音昔，徐（邈）又音託。』

舉 jǔ

本作『擧』。①擎，向上托。②起來，飛起。③推薦，選用。④稱引，提出。⑤行動，舉動。⑥立，興辦。⑦養育，撫養。⑧攻克，拨取。⑨没收 。《注》：『舉之，投入官。』

舌部

舍 shè

①客館。住宿，止宿。休息，止息。一宿為舍。行軍三十里为一舍。宋、元戲曲小說中稱官僚子弟為舍。②通『赦』。《荀子·榮辱》：『內忘其親，上忘其君，是刑法之所舍也。』③又音 shě 放射。施舍，布施。放棄，釋放。通『捨』。《荀子·勸学》：『鍥而舍之，朽木不折；鍥而不舍，金石可鏤。』④又音 shē。通『啥』。什麼，任何。《孟子·滕文公》：『且許子何不为陶冶，舍皆取諸其宮中而用之。』⑤通『釋』。古者入學，執舍菜以為贄。《周禮·春官·大胥》：『春入學，舍采，合舞。』《注》：『鄭玄謂，舍即釋也，采讀為菜，始入學必釋菜禮先師也；菜，蘋繁之屬。』《釋文》：『舍，音釋。采，音菜。』

䑛 shì

同『舓』。

舲 jìn

閉口。通『噤』。《昌黎集·同宿聯句》：『直辭一以薦，巧舌千皆舲。』

舐 shì

以舌取食或舔物。《說文》作『䑛』。俗作『舐』。唐釋慧琳《一切經音義·光明經合部·舐血》：『上食爾反，顧野王云舐，以舌取食也。《說文》正作舓，從舌易聲。經本作『舐』俗用字也。

辞 cí

『辭』的異體字。

舚 tà

喝，飲。也作『䑜』。清·段玉裁《注》：『《曲禮》曰：『毋嚃羹。』廣韻：『嚃，歠也。』『然則嚃即舚也。羹之無菜者不用梜，直歠之而已。』

舓 shì

以舌取物。『舐』之本字。也作『䑛』。

䑜 tà

本字作『舚』。

舘 guǎn

『館』的異體字。

舛部

舜 shùn

本作『䑞』。木槿。古帝名。又姓。

舟部

舵 duò

船尾用以航向裝置。同『柁』、『柂』。

⿰舟目 mù

『艒』之省寫。一種小船。

艘 sāo

又音sōu。船的泛稱。本作『⿰木叟』。又船隻的量詞。

⿰舟桀 qióng

小船。同『舼』。《玉篇》有解。

艣 lǔ

劃船的工具。同『櫓』、『艪』。《李太白詩·淮陰書懷寄王宗城》：『大船夾雙艣，中流鵝鸛鳴。』

艮部

良 liáng

①又音 liǎng。通『两』。《周禮·夏官·方相氏》：『敺方良。』《注》：『方良·罔两也。』②善良、賢能、精善、和悦。古代婦女稱其夫曰良。又副詞：甚、很、確實。又姓。

色　部

艵 pīng

同『艵』。①青白色。《說文》：『艵，縹色也。』清·段玉裁《注》：『縹者·帛青色也。』②發怒，變色貌。通『頩』。《玉篇》：『楚辭』曰：『玉色艵以免顔兮。』今本《楚辭·遠遊》艵作『頩』。

艷 yàn

『豔』之俗字。

艷 yàn

『豔』的異體字。

艸　部

艸 cǎo

『草』的本字。見《說文》。

艻 lè

①通『扐』。古代卜筮數，蓍草以為吉凶。漢·杨雄《太玄經·數》：『並餘為艻，一艻之後而數其餘。』《注》：『艻，猶成也，今之數，十取出一，名以為艻，蓋以識之也，其所餘者，並之於左手兩指間，故謂之艻。』②香菜名。③又音 jí。蕀木。

芀 tiáo

同『苕』。《爾雅·釋草》：『蕫、蔿、荼、猋、藨、芀。』《注》：『皆芀、荼之别名。』

艾 ài 草名。①又音 yì。通『刈』。收獲。《詩·周頌·臣工》：『庤乃錢鎛，奄觀銍艾。』②又通『乂』『艾安』又作『乂安』。又安定，太平的意思。《史記·河渠書》：『诸夏艾安，功施於三代。』

芒 máng ①爾雅作『恾』。②通『茫』。廣大貌。《詩·商頌·長發》：『洪水芒芒。』③草名。④草的末端。⑤尖端。⑥光芒。⑦秦漢縣名。今河南永城縣北。

芋 yù ①植物名。②又音 hū。通『幠』。覆蓋。《詩·小雅·斯幹》：『鳥鼠攸去，君子攸芋。』《傳》：『芋，大也。』《箋》：『芋，当作「幠」。幠，覆也。』

芓 zì ①『荸』的本字。即麻。清·段玉裁《注》：『今《爾雅》作『荸』。②又音 zǐ。通『耔』《漢書·食貨志》上：故其《詩》曰：『或芸或芓。黍稷儗儗。』芸，除草也，芓附根也。髡』《詩·小雅·莆田》作『耔』。

芑 qǐ ①植物名。②通『杞』。《山海經·東山經》：『（餘莪之山）其上多梓柟，其下多荆芑）』。《南山經》虖勺之山作『荆杞』。

芔 huì ①『卉』的古體字。草的總稱。②落。《穆天子傳》：『顧世民之思，流涕芔隕』。興起貌。《注》引郭璞：『芔，猶勃也。』④意同『歘』。草木所發出聲音。《史記·司馬相如傳》：『瀏莅芔吸。蓋象金石之聲。』

芍 sháo ①通『的』，蓮子。《廣韻》有解。②芍藥。植物。③又音 xiào。即荸薺。④又音 què。陂名。陂塘。在今安徽壽縣南。

芸 yún ①香草。②通『耘』。除草。《論語·微子》：『植其杖而芸。』《漢書·食貨志》引《詩》：『或芸或芓。』今《詩·小雅·莆田》作『或耘或耔』。

芾 fèi ①微小。②又音 fú。字亦作『韍』。古代官服外的蔽膝縫於腹下膝上。③草木盛貌。

苎 zhù ①同『苧』草名。《史記·司馬相如傳·上林賦》：『鮮枝黄礫，蔣苎青薠。』②《集解》引《漢書音義》：『苎，三棱。』《文選·上林賦》作『芧』。③木名。即櫟樹。通『杼』。《莊子·齊物論》『狙公賦芓。」司馬彪云：「芓，橡子也。」

芭 bā

①通『葩』。花。②又通『笆』。如『芭犁』。③香草。④植物。如芭蕉。

芮 ruì

①通『汭』。河流彎曲之處。水名。《詩·大雅·公劉》：『止旅乃密，芮鞫之即。』《漢書·地理志·右扶風杜揚》：『芮水出西北，东入涇。』②小貌。③絮。④結在盾上的絲帶。⑤古國名，周初姬姓諸侯之一。⑥姓。周有司徒芮伯之後。

芘 pí

①植物。荊葵。花可觀賞，葉花皆可入藥。②又音 bì。通『庇』。《莊子·人間世》：『南伯子綦遊乎商之丘，見六木焉，有異，結駟千乘，隱將其所藾。』《釋文》：『本也作「庇」。』

芼 mào

通『毛』。可供食用的水草。《晏子春秋·重而異者》：『今歲凶吉，蒿種芼斂不半。』《注》：『芼，池沼生草，可為蔬者。』唐·柳宗元《柳先生集·游南亭夜還敍志》詩：『野蔬盈傾筐，頗雜池沼芼』。②蔬菜。《注》：『芼』，菜也。③拔取。《詩·周南·關雎》：『參差荇菜，左右芼之。』《傳》：『芼，擇也。』《玉篇》引《詩》作『覒』。

花 huā

①花朵。②古草木之花作『𠌶』。榮華之華作『蕐』。

范 fàn

①通『笵』、『範』。模型。《荀子·彊國》：『刑范正，金錫美。』《禮·禮運》：『范金合土，以為臺榭宮室牖戶。』《疏》：『范金者，謂為形范以鑄金器。』榜樣。漢·揚雄《太玄經·瑩》：『矩范之動，成敗之效也。』《注》：『范，法也。』②蟲名，蜂。《禮·檀弓》『范則冠而蟬有緌。』③姓。

苣 jù

①用葦杆紮成的火炬。今作『炬』。②蔬菜。如萵苣。

苛 kē

①通『疴』病。《禮·內則》：『疾病苛癢。』《注》：『苛，疥也。』②又音 hē。通『訶』、『呵』譴責，責問。《周禮·春官世婦》：『大喪比外內命婦之朝，莫哭不敬者而苛罰之。』《漢書·王莽傳》：『大司空夜過奉長亭，亭長苛之。』

苦 kǔ

①植物名。《詩·唐風·采苓》：『采苦采苦，首陽之下。』苦即甘草。又苦菜。《詩·邶風·谷風》：『誰謂荼苦，其味如薺。』荼即苦菜。②與甘相對。如味苦，勞苦，困苦。③急。《莊子·天道》『斲輪徐則甘而不固，疾則苦而不入。』④又音 gǔ。通『盬』。《荀子·王制》：『辨功苦，尚完利。』《注》：『功謂利之精好者，苦謂濫惡者。韋昭曰：功，堅、苦，脆也。』

茂 mào

①同『秀』。優秀。避光武帝諱稱秀才為茂才。漢·班固《白虎通·聖人》：『禮別名記曰：五人曰茂，十人曰選，百人曰俊，千人曰英。』《漢書·五帝紀》：『其令州群察吏民有茂才異蒔，可為將相及使絕國者。』②通『懋』。勸勉。《易·無妄》：『先王以茂對時育萬物。』③草木繁盛。④美好。⑤姓。漢有茂真。

茅 máo

①草名，也作『茆』。②古國名，在今山東金鄉縣西北。③姓。秦有博士茅焦。傳為周公之後，子孫以國為氏。

茇 bá

又音 bèi。通『跋』。跋涉也作『茇涉』。

茀 fú

通『紼』牽引棺柩的繩索。《左傳》：『葬敬姜，早無蓆，始用茵布。』《注》：『茀，所以引柩。』疏：茀字體或作『紼』，或作『綍』。繩之別名也。②福氣。《詩·大雅·卷阿》：『爾壽命長矣，茀祿而康矣。』《箋》：『茀，福。』③首飾。《易・既濟》：『夫喪其茀。』《集解》：『本茀作「髴」。』④遮避車身的竹蓆。《詩・大雅・民生》：『茀厥豐草，種之黄茂。』《疏》及除治而去其茂盛之草。⑤除治。⑥多草。《國語・周》：『道茀不可行也。』《注》：『草穢塞路為茀。』

苴 jū

①通『粗』。粗劣的衣服。《墨子・兼愛》：『昔者晉文公好苴服。』②麻的子實。③襯墊。鞋中草墊。④古國名，昔蜀王封其弟於漢中，号苴侯。⑤姓。⑥又音 chá。水中浮草或枯干的草。⑦又音 zhà。通『蒩』。水草茂密的沼澤。《管子・七臣・七主》：『苴多螣蟇，山多蟲蝖。』⑧又音 zhā。通『柤』。木名。《山海經・中山經》：『其上多杻橿多苴』。清・郝懿行《疏》：『經内皆云，其木多苴，疑苴即「柤」之假借字也。』⑨又音 zū。通『蒩』師古曰：苴字本作蒩，假借用草蓆。也作『蒩稭。』

英 yīng

①通『瑛』。似玉的美石。《詩・齊風・著》：『尚之以瓊英乎而。』《傳》：『瓊英，美石似玉者。』②姓。漢初有九江王英布。③花片。④傑出，優異。《荀子・正論》：『堯舜者，天下之英也。』⑤精粹。《闔閭・内傳》：『千將作劍，采五山之鐵精，六令之金英。』⑥矛上的羽飾。《詩・鄭風・清人》：『二矛重英，河上乎翱翔。』《傳》：『重英，矛有英飾也。』

⿱艹兄 kuǎng

恍惚貌。如敞⿱艹兄。《漢書・外戚傳》：『漢武帝悼李夫人賦》：『寢谣敞⿱艹兄，寂兮無音』。《注》：『⿱艹兄，古『怳』字。

苘 qǐng

同『檾』、『䔛』。植物。《玉篇》：『苘，草也，也作『檾』。即茴蔴。

苡 yǐ

本作『苢』。

莓 méi

同『莓』。草名。

苓 líng

①草名，即蒼耳子。②即大苦。通『蘦』《詩·邶風·簡兮》：『山有榛，隰有苓』《傳》：『苓，大苦』③茯苓，中藥也。④零落。通『零』。《管子·宙令》：『明乃哲，哲乃明，奮乃苓，明哲乃大行，是故聖人著之簡筴。傳以告後進，日奮盛苓落也，盛而不落者，未之有也。』⑤古代車前的檻，通『笭』。《禮少儀》：『扞諸幦。』漢·鄭玄《注》：『幦，覆苓也。』《疏》作『笭』。⑥又音 lián。古『蓮』字。《文選》漢·枚叔（乘）《七發》『淑漻薵苓，蔓草芳苓。』《注》：『苓，古「蓮」字。』

苶 nié

俗作『苶』。也作『薾』。《莊子·齊物論》：『苶然疲役而不知其所歸。』

苔 tái

①古作『菭』。苔蘚类植物。也叫地衣。《淮南子·泰族》：『水之性淖以清，窮谷之汙生以青苔，不治其性也。』②又音 tāi。如舌苔。

苞 bāo

①通『包』。包裹。《儀禮·既夕禮》：『撤巾苞牲，取下體。』《荀子·非十二子》：『恢然如天地之苞萬物。』②通『俘』。《穀梁傳》隱，『苞人民歐牛馬曰侵。』③草名。可做蓆、鞋的水草。④叢生長茂盛。《詩·唐風·鴇羽》：『肅肅鴇羽，集於苞栩。』

苑 yuàn

①通『苑』。《國語·晉》優施歌：『人皆集於苑，已獨集於枯。』《注》：『苑茂木貌。』②古代養禽園林。③薈萃集中之所。多指學術文藝。如『文苑』『藝苑』④通『苑』。《國語·晉》優施歌：『人皆集於苑，已獨集於枯。』《注》：『苑，貌木貌。』⑤姓。殷武丁之子先受封於苑，其後因以為姓。⑥又音 yǔn。（字集）欝結。《禮·禮運》：『故事大積焉而不苑。』⑦《淮南子·俶真》：『是故形傷於寒暑燥濕之虐者，

型苑而神壯。』《注》：『苑，枯病也。』

苻 fú

①草名，又叫鬼目草。②通『莩』。蘆葦内的薄膜。《淮南子・俶真》『蘆苻之厚。』《注》：『苻，蘆之中白苻，言其薄。』③姓。晉氏族人蒲洪改蒲為苻。

茆 mǎo

①草名。即蓴菜。又名凫葵。②又音 máo。通『茅』。《韓非子・外儲說》：『楚國之法車不得至於茆門，天雨，延中有潦，太子遂驅車至於茆。』漢・劉向《說苑・至公》作『茅門』。③姓。明有茆鼎。

苽 gū

草名。同『菰』。《淮南子・原道》『浸潭苽蔣。』《注》：『苽者，蔣實也，其米曰彫胡。』

茫 máng

①曠遠。模糊。《莊子・天下》『茫乎昧乎，未之盡者。』②急速。《方言》：『茫、矜、奄，遽也，吴揚曰茫。』今作『忙』。

荒 huāng

①無人治理的地。②歉收。③廢置。④滅亡。⑤迷亂。⑥推廣，擴大。⑦包有。⑧掩，覆蓋。⑨邊遠，遠方。⑩靈柩上的飾物，在旁曰帷，在上曰荒。⑪同『肓』。膏肓。《史記・扁鵲傳》：『搦髓脑，揲荒爪幕。』《索隱》：『荒，膏荒也。』

茙 yóng

①草名。葵屬。茙葵。《爾雅・釋草》作『戎葵』。②厚，繁而密。通『襛』《詩・召南・何彼襛矣》、《經典釋文》引《韓詩》作：『茙』。

荑 tí

①草名。通『稊』。草木始生的嫩芽。②又音 yí。芟刈。《周禮・地官・稻人》：『夏以水殄草而芟荑之。』③菜名。白莧菜，一名白蕢。

茜 qiàn

①亦作『蒨』。又名茹藘，根赤紫色，可做染拜。

茸 róng

①初生的草。②柔細的毛。③刺繡用的絲縷，同『絨』。元·虞集《道園學古録·竹杏沙頭鸂鶒》詩：『荷花啼鳥銀屏暖，臥着窗前唾碧茸。』明·高啟《高太史集·效香奩》詩：『青鎖初空別恨長，繡茸留得唾痕香。』④鹿茸的簡稱。⑤又音 rǒng。推入。

茌 chí

①草盛貌。②斜砍。通『槎』。《注》：『茌，古『槎』字也。槎，木也。』

草 cǎo

草本植物的總稱。《說文》作『艸』。

茈 zǐ

①清·王念孫《疏證》：『茈，與『紫』同。草名。紫色。可染紡織品。古人稱紡織品的紫色為紫，而其他紫色稱作『茈』。②又音 cǐ。荸薺。古稱凫茈。③又音 chái。草藥名，即柴胡。

茮 jiāo

同『椒』。

茵 yīn

①通『氤』。氣彌漫貌。②草名。③車上的墊子。《詩·秦風·小戎》：『文茵暢轂，駕我騏馵。』《釋文》：『文茵，以虎皮為茵。茵，車蓆也。後引伸為車輿。』④坐褥。

茻 mǎng

『莽』的本字。《說文》：『茻，衆草也。从四『屮』。清·段玉裁《注》：『按經傳莽字，當用此。』

䒼 qū

用蘆葦或竹編成的飼蠶的器具。《說文》：『䒼，蠶薄也。』《方言》：『薄，宋魏陳楚江淮之間謂之『䒼』按：『經典通作「曲」或作「苖」』。又《广雅釋器》：『䒼，謂之薄。』

芟 piǎo

同『莩』。殂落。《玉篇》：『芟，落也，正作「莩」』。

荃 quán

①補魚用具。通『筌』。《莊子·外物》：『荃者所以在魚，得魚而忘筌。』《疏》：『荃，魚笱也。以竹為之，故字從竹，亦有從草者。』②細布。通『絟』。《漢書·五景十三王傳》江都易王非：『繇王閩侯亦遺建荃、葛、珠璣、犀甲、翠羽。』《注》：許慎云：『荃，細布也。』字本作絟。《楚辭》屈原《離騷》：『蘭芷變而不芳兮，荃蕙化而為茅。』

茶 chá

說文作『荼』。唐以後省作『茶』。

荅 dá

①小豆。《說文》：『荅，小尗也。』②猶當、對。《書·洛誥》：『奉荅天命，和恒四方。』③量詞。《史記·貨殖傳》：『漆幹斗，蘖鞠監豉千荅，鲐鮆千斤。』④粗厚貌。《漢書·貨殖傳》：『荅布皮革千石。』《史記·貨殖傳》作『榻』。⑤同『答』。⑥又音 tà。通『嗒』。《莊子·齊物論》：『南郭子綦，隱機而坐，仰天而噓，嗒焉似喪其耦。』《釋文》：『荅本又作嗒。……解體貌。』

茗 míng

①一說指茶芽，一說指晚采之茶。《爾雅·釋木》：『檟，若荼』晉·郭璞《注》：『今呼早採者為茶，晚採者為茗。』今茶、茗互用。②大醉曰茗艼。同『酩酊』。《世說新語·伍誕》：『山季倫（簡為荊州時出酣暢，人為之歌曰：山公時一醉，經造高陽也，日莫倒戴歸，茗艼無所知。』宋·陸遊《劍南詩稿》：著书效蒙莊，茗艼物自齊。』

茷 fá

①草葉茂盛。②又音 pèi。旗末狀如燕尾的旆蘇。通『旆』。《左傳》：『分康叔以大路。少帛、綪茷、旗旌、大呂。』《疏》：『郭璞曰，茷即旆也。』③嚴整貌，如『茷茷』。④又音 bá。樹木屈曲盤紆貌。通『茇』。《楚辭·漢淮南小山招隱士》：『樹輪相糾兮，林木茷骫。』《注》：『茷，一作茇。』

茲 zī

①也作『兹』。②代詞。1.此、這。2.現在、這裏、這個。③年。《呂氏春秋·伍地》：『今兹美禾，来兹美夢。』④草蓆。《爾雅·釋器》：『蓐謂之兹。』⑤副詞。益、更加。通『滋』。《墨子·尚同》：『其

人茲冢，其所謂益者亦茲衆。』⑥語氣詞，相當於『哉』。《書・立政》：『周公曰：嗚乎，休茲。知恤解哉。』⑦又音 cí。如龜茲。

莐 chén

草名。莐潘，即知母。也作『蕈』、『蕁』。《爾雅・釋草》：『蕁，莐藩，生山上，葉如韭。』

荸 bó

①又音 bí。草名。荸薺。也寫作『葧臍』。《爾雅》：作『鳧茨』。葉管狀，根莖呈球形，可食。古名鳧茈，又稱烏芋，江浙人謂之地栗。兩廣謂之馬蹄。《字彙》：『荸薺，即鳧茈。』

荳 dòu

同『豆』。

莆 fǔ

①蓮莆。傳說堯時瑞草。②又音 pú。水草。通『蒲』。《楚辭》屈原《天問》：『咸播秬黍，莆雚是營。』宋・洪星祖《補注》：『莆，疑即『蒲』字。蒲，水草，可以做蓆。

莤 suō

①又音 sù。本指以酒洒茅束而祭神。見《說文》。後謂濾酒使清。《詩・小雅・伐木》：『有酒清我。』漢《毛亨傳》：『湑，莤之也。』《釋文》：『謂以茅泲去其糟也，古書多假『縮』為『莤』。《左傳》：『爾貢包茅不入，王祭不共，無以縮酒。』《說文》：『莤部』引作『莤酒。』又音 yóu。草名。

荴 fū

字也作『敷』、『薄』。《漢書・外戚傳・孝武李夫人傳・傷悼李夫人賦》：『函菱荴以俟兮，芳雜襲以彌彰。』《注》：『李奇曰：荴，音敷。孟康曰：菱音綏，華中齊也，夫人之色，如春華含菱敷散，以待風也。』

菷 zhōu

同『菆』。

茝 chǎi

①草名。《爾雅・釋草》：『蘄茝，蘼蕪。』《疏》：『芎藭草苗也。』②又音 zhǐ。香草，蘭草之類。《山海經・北山經》：『其神狀皆馬身而人面者廿神。其祠之，皆用一藻茝瘞之。』茝字亦作『芷』，故曰芷

亦作『白茝』。

惎 jì

①又音 qí。通『萁』。豆稭。一說豆。《孫子·作戰》：『惎秆，一石，當二十石。』曹操《注》：『惎，豆稭也』。一云惎，音忌，豆也。王哲《注》：『惎，今作『萁』。

莙 jūn

①水草名。即大葉藻。《爾雅·釋草》：『莙，牛藻。』《注》：『江東呼為馬藻。』《疏》：『藻之葉大者也，藻，同「藻」。②莙蓬，菜名。③阻塞，凝結不舒，通『窘』。《淮南子·繆稱》：『無不得則無莙，發莙而後快。』又《要略》：『以莙凝天地，發起陰陽。』

莫 mò

①無。②毋，勿。③安定。④勉勵。《淮南子·繆稱》：『其謝之也，猶未之莫與。』案《說文》：『慔，勉也。』『莫』為『慔』的假借字。⑤姓。⑥又音 mó。謀劃。通『謨』。《詩·小雅·巧言》：『秩秩六猷，聖人莫之。』⑦遼闊。⑧削。通『劘』。《管子·制分》：『屠牛坦朝鮮九牛，而刀可以莫鐵，則刃遊閑也。』⑨又音 mù。蔬類植物。⑩同『暮』。《詩·小雅·小明》：『昌雲其還，歲律云莫。』⑪通『幕』。駐門施帷帳，固稱將帥治事之所為莫府。又寫作『幕府』。

莂 bié

①契卷，合同。《釋名·釋書契》：『莂，别也。大書中央，中破别之也。』今所存古莂有晉·太康五年楊買冢地莂。（见王先謙《釋名疏證補》六。《周禮·天官小宰》：『聽稱責以傳別。』『傳別』即『莂』。②佛家文體，詩稱『偈』，文稱『莂』。《藝文類聚》南朝·梁蕭綱（簡文帝）《善覺寺碑》：『已於恒沙佛所，經受記莂。』

莔 méng

草藥名，即貝母。《爾雅·釋草》：『莔，貝母。』《詩·鄘風·載馳》作『蝱』。

莊 zhuāng

①同『妝』、『粧』。《史記・司馬相如傳・上林賦》：『靚莊刻飾，便嬛婥約。』《文選》作『粧』。《漢書》：『如元會儀』《注》引《漢官儀》：『具盥水，陳莊具。』②草盛。③四通八達。④端莊。⑤莊園。⑥姓。楚有莊周。

莩 fú

①蘆稈裹的薄膜。②又音 piǎo。餓死。通『荽』、『殍』。《孟子・果惠五上》：『民有饑色，野有餓莩。』

荽 suī

菜名。本作『葰』。也作『荾』。又名芫荽、胡荽。

荼 tú

①通『塗』、『涂』。《文選・晉孫子荊（楚）為石仲容與孫皓書》：『桓靈失德，災釁並興，豺狼抗爪牙之毒，生入隘荼炭之艱』。《晉書・孫楚傳》作『塗炭』。《魏書・沮渠業遜傳上朝貢表》：『況在秦隴荼炭之餘，真是老臣書孝之會。』②又音 shū。玉器名。《荀子・大略》：『諸侯御荼。』《注》：『荼，古「舒」字。玉之上圓下方者也。』③通『紓』。《尚書・大傳・洪範五行傳》：『視之不明，是謂不悊，厥咎荼。』《注》：『荼，緩也，君視不瞭則荼緩矣。』③苦菜。④萱茅的花。⑤古『荼』字。⑥荼味苦，引伸為苦痛。

莝 cuò

①切碎的草。②鍘草。《漢書・伊翁歸傳》：『毫疆有論罪，輸掌宿官，使所莝，責以員程，不得取代。』《詩・小雅・鴛鴦》：『摧之秣之』。漢・鄭玄《箋》：『摧，今「莝」字也。』

荾 suī

①花穗。②香菜名。本作『葰』。也作『荽』。《文選・潘安仁（岳）閒居賦》：『堇荠甘旨，蓼荾芬芳。』《注》：『鄭玄《儀禮》注曰：「荾，廉薑也。」』《韻略》曰：『荾，香菜也。』《五臣》本作『荽』。

莓 méi

植物名。同『苺』。《爾雅・釋草》：『葥，山莓。』

莅 lì

臨，到。說文作『竦』。通『涖』、『蒞』。《易・明夷》：『明入地中，明夷，君子以蒞衆。』《國語・晉》：『使溪齊莅事。』

荷 hé

①蓮花。一名夫渠，實曰蓮，地下莖曰藕。②又音 hè。用肩承物；擔任。《左傳》引《詩》：『殷受命咸宜，百祿是荷。』《釋文》：『荷本又作『何』。今《詩・商頌・玄鳥》作『何』。《文選・張平子東京賦》：『荷天下之重任，匪怠皇以寧靜。』又承受也。如感荷，拜荷。《左傳》：『一為禮於晉，猶荷其祿，況以禮終始乎。』《宋書・袁顗傳》：『我等並過荷曲慈，俱叨非服。』③又音 kē。荷細，繁瑣。通『苛』。

菹 zū

字亦作『葅』。①醃菜。②肉酱。③古代酷刑。把人剁为肉酱。④水草多的沼澤地。⑤枯草。

菭 tái

青苔。同『苔』。《管子・地員》：『五隱之狀，黑土黑菭。』《注》：『菭，地衣也。』《漢書・外戚傳》孝成班婕伃《自傷賦》：『華殿塵兮玉階菭，中庭萋兮綠草生。』《注》：『菭，水氣所生也。』

菅 jiān

①蘭草。通『簡』。《漢書・地理志》引鄭詩：『士與女方秉菅晰，恂盱且樂。』今《詩・鄭風溱洧》菅作『簡』。②草名。苫，結茅草以覆屋頂。④地名，春秋宋地，今在山東金鄉成武縣境。《左傳》：『公敗宋師於菅。』

莞 guān

①茂盛貌。②草名。可入藥，即紫莞。③又音 wǎn。鬱積。通『蘊』。《素問・生氣通天論》：『大怒則形氣絕而血莞於上。』《楚辭・漢劉向九歎惜賢》：『芳若茲而不御兮，損林薄而莞死。』④又音 yuàn。苑囿。通『苑』。《管子・水地》：『地者萬物之本原，諸生之根莞也。』

萃 cuì

①草叢生貌。②棲止，停止。③聚集。④羣類。⑤易卦名。⑥副職。通『倅』。《周禮・春官典路》：『車僕掌戎路之萃。』《注》：『萃，猶副也。』⑦憔悴。通『瘁』、『悴』。《荀子・富國》：『勞苦頓萃而愈無功。』《注》：『萃與「顇」同』。

菸 yù

①枯萎。如『菸邑』《文選》：戰國・楚・宋玉《九辯》：『葉菸邑而無色兮，枝繁絮而交橫。』漢・王逸《注》：『容顏變易而蒼黑。』②草名。又音 yān。煙草也寫作『菸草』。

萐 shà

①草名，瑞草。同『菨』也作『箑』。②扇的別名。漢・王充《論衡・是應》：『入夏目操萐，須手搖之，然後生風。』

菱 líng

《說文》作『蔆』，一名『芰』。水生植物，果實有硬殼，俗稱菱角。

菆 zōu

①麻秸。古文作『騶』。《儀禮・既夕禮》：『御以蒲菆。』《注》：『蒲菆，牡蒲莖。』②好箭。③草蓆。④又音 cuán。聚攏。⑤又音 chù。鷹巢。唐・段成式《酉陽雜俎》：『鷹巢一名菆，鷹呼菆子者雛鷹也。』

萅 chūn

春字之別體。四時之首。《說文》作『萅』。今隸作『春』。

菥 xī

麥的一種。《文選》漢・司馬長卿（相如）《子虛賦》：『其高燥則生葴菥苞荔。』《注》：『菥，似燕麥也。』按：《史記》作『蘄』，《漢書》作『析』。②又音 xī。草名，菥蓂。

菴 yǎn

圓形的草屋。同『庵』。

菡 hàn

本作『菡』。『菡萏』為「荷」的別稱。《詩・陳風・澤陂》：『彼澤之陂，有蒲菡萏。』

菰 gū

①植物名。同『苽』。②菌類統稱為『菰』。如『蘑菇』又作『蘑菰』。

菽 shū

豆類的總稱。同『尗』。

菓 guǒ

菓實。同『果』。

菎 kūn

①草名。《廣雅·釋草》：『菎，薈也。』《玉篇》：『菎，香草。』②玉名。同『琨』。《楚辭》宋玉《招魂》：『菎蔽象基，有六簙些。』《注》：『菎，玉蔽、博、箸，以玉飾之也。』

萌 méng

①植物的芽。②開始，發端。③耕地覆草。④姓。⑤又音 máng。民衆。通『氓』。《墨子·上賢》：『國中之衆，四鄙之萌人聞之，皆競為義。』《戰國策·秦》一萌作『氓』。⑥無知貌。通『甿』。《漢書·楚元王傳·附剽向諫营昌陵》疏：『民萌何以觀勉。』《注》：『萌與甿同無知之貌。』

菵 wǎng

植物名。①莽草，有毒。②似燕麥。《爾雅·釋草》：『皇，守田。』清·郝懿行《義疏》引陈藏器《本草》：『菵米可為飯，生水田中，苗子似小麥而小，四月熟，此即「皇」，守田也，皇，菵聲亦相轉。』䒽同『菵』。

菌 jūn

①胞子植物之屬。也作『蕈』。②竹筍，通『箘』。《呂氏春秋·本味》：『和之美者……越駱之菌，鱣鮪之醢。』《注》：『菌，竹筍也。』③鬱结貌。《注》：『菌，不申之貌』。漢·馬融《长笛賦》：『充屈鬱律，嗔菌碨抰。』

菲 fěi

①植物名。②微薄。③又音 fēi。④又 fèi。草履。通『屝』。《禮·曾子問》：『曾子問曰：「女末廟見死則如何？」孔子曰：「……埍不杖、不菲、不次。」』

菞 lí

①地名，《穆天子傳》：『天子東遊讀書於菞丘』。②同『黎』。《漢書·匈奴傳贊》：『三世無犬吠之驚，菞庶五王戈之役。』《注》菞古『黎』字。

菊 jú

植物名。古作『蘜』。《禮月令》季秋之月：『蘜有黃花。』《釋文》：『蘜，本又作「菊」』。

萉 fèi

①麻子。《爾雅·釋草》作『黂』。《周禮·天官蓮人》，又《地官草人》作『蕡』。②躲避。《注》：鄧展曰：『萉，避也。』通『菔』羅蔔。《爾雅·釋草》：『葖，蘆萉。』《注》：『萉為「菔」。』

菟 tù

①草藥名。菟絲。②通兔。《楚辭》屈原《天問》：『厥利為何，而顧菟在腹。』《注》菟，一作『兔』。③又音 tú。於菟。虎的別名。

蓽 bì

①通『蔽』。《史記·淮陰侯傳》：『從閑道蓽山而望趙軍。』《集解》引如淳：『蓽音「蔽」依山自覆蔽。』

菇 gū

同『菰』。菌類植物。

菑 zī

①《說文》作『甾』②開荒。《疏》：『菑耕其田，殺其草。』③已耕一年的田。《爾雅·釋地》：『田一歲曰菑。』④茂密的草叢。《淮南子·本經》：『草菑穢，聚埒畝。』⑤又音 zì。樹立，植物枯死叫菑。通『椔』。《詩·大雅·皇矣》：『作之屏之，其菑其翳。』《注》：『木立死曰菑。』《荀子·非相》：『周公之狀。身如斷菑。』《注》『椔與菑同』。⑤姓。又音 zāi。災害。同『災』《詩·大雅·生民》：不坼不副，無菑無言。

蓱 píng

①同『萍』。

葓 hóng

①同『葒』。水草名。《北齊書·慕容儼傳》：『又於上流鸚鵡洲上荻葓，竟數里以塞船路。』②蕹菜，閩人謂之葓菜，其莖中空也稱空心菜。

落 luò

又通『絡』。如聯絡。《莊子·秋水》：『落馬首，穿中鼻，是謂人。』《淮南子·原道》作『絡』。又如『經絡。』《漢書·季尋傳》：『王道公正修明，則百川理，落脉通。』

萱 xuān

草名。萱草，又名鹿葱、望憂、宜男、金針花。《說文》作藼。《詩·衛風·伯兮》：『焉得諼草？言樹之背。』《傳》：『諼草令人忘憂。』《釋文》：『諼，本諼，又作「萱」。』

蒂 dì

同『蔕』。花或瓜菓與枝相連的部份。引伸為本源。《聊齋志異・蓮香》：『幸病蒂猶淺，十日恙當已。』

葴 zhēn

①草名。《注》：『今酸漿草，江東呼曰「苦葴」。』②山名。在今河南密陽縣東。③生，黃帝之二十五宗十二姓『葴』為其一。④又音 qián，同『鍼』《集韻》鍼鬫，人名。《春秋傳》：『秦有鍼虎或作「葴」』又音 zhēn。

葝 qíng

植物名。《爾雅・釋草》『葝，山䪥。』《疏》：『䪥《說文》云：菜也，葉以韭，生山中者名葝。即古草『薤』字。又《爾雅・釋草》云：『葝，鼠尾』。《注》『可染阜。』

蔇 xì

同『暨』。来。到。《左傳》：『善鄭以勸来者，猶懼不蔇况不禮焉。』《注》：『蔇，至也。又古地名，在今蒼山縣西北。

葭 jiā

即蘆葦。《詩・召南・騶虞》：『彼出者葭壹發五豝。』又樂器名。同『笳』。《文選》南朝・宋・謝靈運《九日從宋公戲馬臺集送孔令》詩：『鳴葭戾朱宮，蘭巵獻時哲。』②又音 xiá。同『遐』。猶遠也。

萼 è

環列花朵外部葉狀薄片。也作『蕚』，或作『蘁』。《晉書・皇甫謐傳・釋勸論》：『是以春華發萼，夏繁其實。』

蔽 huǎi

又音「kuài」。草名。同『蒯』。見《玉篇》。

菌 shǐ

人糞。同『屎』。也作『矢』。《宋史・賈黯傳》：『初通判襄州，疑優戲已，以人菌啖之。』

葛 gě

①植物名。多年生蔓草。塊根可入藥。②古國名。又姓。夏時有葛伯。③又音 hè。通『褐』。《穀梁傳》：『以葛覆質執。』《注》葛，或為『褐』。

萲 xuān

草名，《說文》作『藼』。或作『蕿』，又作『萱』。

葅 zū

同『菹』（参见菹）。

菉 lù

①草名。②通『録』。收納。《汲塚周書王會解》：『堂下之東西，郭叔掌為天子菉幣焉。』《注》：菉，『録諸侯之幣也』。

葱 cōng

①草本植物。《說文》作『蔥』。②青綠色。《詩·小雅·采芑》『朱芾之皇有瑲蔥珩』。③又音chuāng。通『窗』。古代一種有窻櫺的輜車。『葱』通『窗』。『靈』通『櫺』。蔥窗雙聲。靈，又疊韻。《左傳》：『齊侯執陽虎，書借邑人之車，鍥其軸，麻曰以歸之，截蔥靈寢於其中而逃。』賈逵云：『葱靈，衣車也。有葱有靈。然則此車有蔽。兩旁開窻，可以觀望，窻中豎木謂之「靈」。』

萩 qiū

①草名。蒿類。②木名。通『楸』。《漢書·貨殖傳》：『山居千章之萩。』《注》：『萩即楸樹也。』

菀 wǎn

草名。同『菟』。見《集韻》。②人名。《莊子·天地》有將閭菀。

葪 jì

木名。同『薊』。《山海經·中山經》：『（敏山）上有木焉，其狀如荊，白花而赤實，名曰葪柏。』

葟 huáng

草木花。《說文》作『𩇯』。《爾雅·釋草》：『蕍、芛葟、華、榮。』按：此五訓轉相訓。

葩 pā

草木花。《文選》漢·張平子（衡）《思玄賦》：『天地烟熅，百卉含葩。』《後漢書·本傳》作『蘤』。引伸為華麗。

萭 yǔ

①草名。又音jǔ。校正直角的一種工具，即今之曲尺。通『矩』。《註》引鄭司農（衆）：『萭或作「矩」。』②姓，《漢書·遊俠傳》有萭章，又音ju。

葆 bǎo

①草盛茂貌。②車蓋。《文選》張平子（衡）《西京賦》：『雷翟葆，建羽旗。』③保全、保護。通『保』。《釋文》：『葆，音「保」。本作保。』④平衡。《素問徵·四央論》：『治數之道，從容之葆。』⑤隱藏。⑥珍貴。通『寶』。《史記·留侯世家》：『從高帝過濟北，果見穀城山下，取而葆祠之。』《集解》：『徐廣曰：「《史記》「珍寶」字皆作葆。』⑦小孩被。通『褓』。《史記·魯·周公世家》：『武王既崩，成王少。在强葆之中。』《索隱》：『强葆即襁褓。』⑧小城，通『堡』。《史記·匈奴傳》：『匈奴左賢王入居河南地，侵盜上群，葆塞蠻，殺略人民。』又音 bāo。通『褒』。猶高大。《禮·禮器》：『君子曰：「祭祀不祈……不樂葆大。」』《疏》：『葆者，褒也。褒，崇高之稱也。祭之器幣，大小長短，自有長宜。……不以貴者食高大為之也。』

葰 suī

①薑類植物。即廉薑。《儀禮·既夕禮》作『綏』。也作『荾』。又音 jùn。大。《史記·司馬相如傳·上林賦》：『夸條直暢，實業葰茂。』②又音 suǒ。漢縣名，現山西繁峙縣境，漢有葰人縣。

葯 yào

①『藥』的省寫。②白芷。《廣雅·釋草》：『白芷，其葉謂之葯。』③花中雄蕊生出花彩的部份叫藥。又音 dǐ。纏裹。《文選》晉·潘安仁（岳）《射雉賦》：『首葯綠素，身拕黼繪。』注：『方言曰：葯，纏也。』

葌 jiān

草名。同『菅』。即『蕑』。《山海經·中山經》：『吴林之山，其中多葌草。』《注》：『亦菅字。』

蒲 pú

①草名。可以食用，葉供編織。②菖蒲的簡稱。③蒲柳。即水楊。④地名。春秋衛地，在今河南長垣縣境。又春秋晉邑，在山西呂梁縣境。⑤姓。傳為有扈氏之後。⑥通『匍』。伏地膝行，常作『匍匐』。《左傳》：『懷錦奉壺飲冰，以蒲伏焉。』⑤又音 bó。通『薄』、『亳』。薄姑，又地名，在今山東博興縣東北。《釋文》：『蒲如字。又音薄。』《史記·周紀》作『薄姑』。

蒙 měng

①草名。女蘿的別稱。②通『萌』。《易·序卦》：『物生必蒙，故受之以蒙。』③幼稚。《注》：『曹大家曰蒙，童蒙也。』④陰闇。《傳》：『君行蒙闇，則常風順之。』⑤覆蓋。《詩·鄘風·君子偕老》：『蒙彼縐絺。是

紲袢也。』⑥欺騙。《左傳》：『下義其罪，上賞其姦。上下相蒙，難與處矣。』⑦遭受。《釋文》：『蒙，猶遭也。』自稱之謙詞。《文選》漢・張平子（衡）《西京賦》：『豈欲之而不能，將能之而不欲歟，蒙竊惑焉。』

蓁 zhēn　叢木。通『榛』。《莊子・徐無鬼》：『（衆狙）逃於深蓁。』《疏》：『蓁，棘叢也。』

蓋 gài　①也作『盖』。《說文》作『葢』。②苫、覆蓋物體。③車蓋，遮陽禦雨之具。④勝過。《國語・周中》：『君子不自稱也，非以讓也，惡其蓋人也。』⑤崇尚。《國語・吳》：『夫知君王之蓋成以好勝也，其辭，以從逸王志。』⑥又音 hài。危害，通害。《書・呂刑》：『鰥寡無蓋。』③又音 hé。通『盍』。何不。《禮・檀弓》：『子蓋言子之志於公乎。』⑧又音 gě。地名、戰國齊蓋邑，漢置蓋縣，在山東。又故婉約姓，齊士夫食邑於蓋，子孫以邑為姓。

蓐 rù　①草蓆草墊。《爾雅・釋器》：『蓐謂之茲。』茲者，蓐席也。今通作『褥』。②春秋國名，在汾水流域。③陳草復生。引伸為臥止草。《疏》：『蓐，為臥止草。』

菡 hàn　同『菡』。

蒸 zhēng　①同『烝』。衆多也。《孟子・告子上》：『天生蒸民。』《詩・大雅》：蕩作『烝民』。②細小的木柴。《詩・小雅・無羊》：『以薪以蒸。』③以蔴秸、竹木製成的火炬。《廣雅・釋器》：『蒸，炬也。』④熱氣上昇。《史記・周紀》：『陽伏而不能出，陽迫而不能蒸。於是有地震。』⑤牲畜昇於俎上而祭。⑥古代祭名。《國語・魯》：『蒸而獻功。』

萓 qǐ　植物名、即水蕨。字也作『芑』。《說文》：『菜之美者，雲夢之豈。』

蒐 sōu

①通『搜』。求索、尋找。《文選》晉·陸士衡(機)《辯王論》:『於是講八代之禮,蒐三五之樂。』《注》:『「蒐」與「搜」古字通。』②草名。即今之茜草。《山海經·中山經》:『(麓山)其陽多玉、其陰多蒐。』《注》:『茅蒐,即今之蒨草也。』③打獵。春獵為蒐。《左傳》:『故春蒐、夏苗、秋獮、冬狩。』④檢閱、閱兵。《注》:『蒐,簡閱車馬。』《左傳》:『蒐乘補卒,秣馬厲兵。』⑤隱蔽。《左傳》:『服讒蒐慝,以誣盛德。』

蔱 shā

茱萸。同『榝』。《文選》漢·張平子(衡)《南都賦》:『蘇蔱紫薑。拂徹羶星。』

蓌 cuò

蹲。《禮·曲禮》:『介者不拜,為其拜而蓌拜。』《釋文》:『蓌,盧本作「蹲」。』

蒯 kuǎi

說文作『蔽』。①草名。莖供編織。②地名。河南縣西蒯鄉是也。今河南洛陽市境內。③姓。漢有蒯通。

蒦 wò

規矩。同『彟』。《漢書·律曆志》:『尺者蒦也,夫度者,別於分,付於寸,蒦於尺。』

蓇 gāo

也作『皐』。草名。

蓧 yóu

也作『篠』。①古代耕田用的竹器。②草名、即羊蹄草。③又音 dí。籃形竹編器,盛穀種之器。

蓚 xiū

①草名。即羊蹄草。②又音 tiáo。古地名。通『條』。也作『脩』漢置脩縣。周亞夫封條侯即此。隨·開皇時改作『蓚』。今河北景縣。

蓖 bì

《玉篇》作『芘』。蓖麻，草名。本作萞麻。可製油，也可入藥。

蘉 máng

①草名。②又音hè。豬聲。同『豞』。《文選》晉・左太冲（思）《吴都賦》：『封豨䓷，神螭掩。』

蒓 chún

水葵。通作『蓴』。

莏 suō

同『莎』。

蔆 líng

同『菱』。《周禮・天官籩人》：『加籩之實，蔆、芡、栗、脯。』

蔏 dí

同『荻』。《淮南子・說林》：『蔏苗類絮，而不可為絮。』《注》：『蔏苗荻秀，楚人謂之蔏……幽冀謂之「荻苕」也。』即蘆花絮。

蔗 zhè

植物名，甘蔗。古作『柘』。

蔍 lù

粗。『麤』的省文。《晏子春秋・問上》：『蔓密不能，蔍苴不學者詘。』《注》：『蔍苴當與麤相同。』

蔰 hù

同『扈』。

蓴 tuán

水葵。也作『蒓』。

蓺 yì

①植物名。《詩·大雅·生民》：『蓺之荏菽，荏菽旆旆。』《箋》：『蓺，樹也。』②斬割。通『刈』。《新唐書·黃巢傳》：『殺人如蓺。』③通『藝』。六藝也作『六蓺。』

蔪 shān

①麥芒。②又音 jiān。通『漸』。如漸漸為麥苗秀出貌。③除去。通『芟』。《漢書·賈誼傳》上疏：『高皇帝瓜分天下，以王公臣反者如蝟毛而起，以為不可，故蔪去不義諸侯而虛其國』。《註》：『蔪讀與芟同，謂芟刈之。』

蓲 qiū

①草名。②又音 qū。木名。即刺榆。《爾雅·釋木》亦作『藲』。③又音 xū。和煦。《漢·楊雄太玄經·六養》：『陽蓲万物，赤之於下。』④又音 fū。蓲蔛。花開繁盛貌。《集韻》：字又作『莒』。

蓳 jìn

①與從土從黃省之堇，本為二字，今經傳中皆曰『艸』。遂與『堇』字無別，又菜名，通称堇菜。②又草名。即烏頭。可入藥。有毒。《國語·晉》：『驪姬受福乃寘鴆於酒，寘堇於肉。』③又音 jǐn。木名，通『槿』。《禮·月令·仲夏三月》：『木堇榮。』《疏》引《爾雅·釋草》：『椵，木槿……或呼為日及。』

蔕 dì

通『蒂』。花及瓜菓與枝莖相連的部份。漢·張平子（衡）《西京賦》：『蔕倒茄於藻井，披紅葩之狎獵。』《注》：『蔕，菓鼻也。』

蔬 shū

①草菜可食者。通稱為蔬。本為『疏』。漢·魏間加艸作『蔬』。又音 xū。通『糈』。米粒也。《莊子·天道》：『鼠壤有餘蔬。』《釋文》：『蔬讀曰糈。糈，米粒也。』

蔚 wèi

①草名。②盛貌。《文選》漢·班孟堅（固）《西都賦》：『茂樹蔭蔚，芳草被隄。』③文采華美。《易革》：『君子豹變，其文蔚也。』《說文》：『斐』引《易作》：『其文斐也。』④病。通『痿』。《淮南子·俶真》：『血脈無鬱滯，五藏無蔚風。』《注》：『蔚，病也。』⑤地名，河北省有蔚縣。⑥通『鬱』。《後漢書·張衡傳·思玄賦》：『愁鬱鬱以慕遠兮，越卬州而愉敖。』《文選》作『鬱鬱』。

蔭 yīn

①樹蔭。②日影。③又音 yìn。庇護。《楚辭》屈原《九歌·山鬼》：『中山人兮芳杜若，飲石泉兮蔭松栢。』庇護人及受託於人皆稱蔭。④封建时代子孫因先世有功推恩得賜官爵曰蔭。⑤又通『廕』。遮蓋。《文選》晉·張茂先《華情詩》：『蘭蕙得清渠，繁華蔭綠渚。』⑥地窖。通『窨』。漢·王符《潛夫論》：『故善者之養天民也，猶良工之為鞠鼓也，超居以其時，溫寒得其適，則一蔭之鞠鼓，盡美而多量。』

蔞 lóu

水草名。如蔞蒿。《爾雅·釋草》：『購蔏蔞。』晉·郭璞《注》：『蔏蔞，蔞蒿也。』宋·蘇軾《分類東坡詩·惠崇春江晚景》詩之一：『蔞蒿滿地蘆芽短，正是河豚欲上時。』又音 liǔ，通『柳』。古代棺木的裝飾。《禮·檀弓》：『是故製絞衾，設蔞翣，為使人勿惡也。』《注》：『蔞翣，棺之牆飾。』《周禮》蔞作『柳』。

蓽 bì

同『篳』。

蔮 guó

古代婦女髮上的裝飾。字作『幗』、『簂』。

蔑 miè

①目不明。通『䁾』。②無，没有。③小，末。方言二：『細木枝謂之杪，江淮陳楚之内謂之蔑。』《注》：『蔑，小貌。』本作『篾』。④輕視，欺侮。⑤拋棄，消滅。⑥通『眛』。《春秋》：『公及邾儀父盟於蔑。』《公羊傳》作盟於眛。又通『眛』。⑦地名，姑蔑，在今山東泗水縣東。

蔘 shēn

①下垂貌。《鶡冠子·道論》：『白蔘明起，氣榮相宰。』《注》：『白蔘於下，明起於上。』②通『森』。萷蔘同『蕭森』。《漢書·司馬相如傳·上林賦》：『紛溶萷蔘，猗柅從風。』也作『萷槮』。宋·朱熹《朱文公集》三梅溪陂下作詩：『野牛浮鼻過寒溪，落木萷蔘水下陂。』

菰 guó

同『苦』。土瓜，菰數。《說文》作『苦蔞』。宋・王禹偁《小畜集・夜波樓咏懷》詩：『誰家上元燈，兒戲刳菰瓤』。

蔔 pú

同『菔』。

䓷 yú

草名。荏，又名白蘇。《方言》作『菩』。

蔡 cài

①野草。②占卜用的天龜。③周時的國名。④姓。又音 sà。⑤滅殺。通『粲』、『殺』。《書・禹貢》：『三百里夷，二百里蔡。』《傳》：『蔡，法也。』⑥流放。《左傳》：『周公殺管叔而蔡蔡叔。』《釋文》：『上蔡字音素葛反。』《說文》作『粲』。

䓯 dú

萹竹的別名。也作『毒』。《詩・衛风・淇奥》：『瞻彼淇奥，綠竹猗猗。』唐・陸德明《釋文》：『韓詩竹作「䓯」。』

薀 wēn

①水草名。清・段玉裁以薀為『蒼』之借字。②又音 yùn。通『蘊』。《左傳》：『衆怒不可蓄也，蓄而弗志將薀。』《釋文》：『薀，本作蘊。』

蕅 ǒu

『藕』的本字。《說文》：『蕅，芙蕖根。』《梁相孔耽神祠碑》：『舞土茅茨，躬采菱蕅。』

蕫 dǒng

①草名。②藕的別名。③姓。通『董』。漢《溧陽長藩乾校官碑》：『左尉河內汲蕫苙，字庴房。（隸釋五）』按：古代『蕫』、『董』自東漢始通用。清・王筠《說文句讀》有解。

蕊 ruǐ

本作『惢』。也作『蕋』、『桒』、『蘂』、『䕼』。①花心。南朝・梁・何遜《河水部集・酬范記室雲》詩：『風光蕊上輕，日色花中亂。』②花。《文選》晉・郭景純（璞）《江賦》：『翹莖瀵蘂，濯穎散裹。』③

木叢生貌。《文選》晉・潘安仁（岳）《藉田賦》：『瓊鈒入蘂，雲罕晻藹。』《注》：『倉頡篇曰：「蘂，聚也」。』

蕀 jí
草名。①天門冬的別名。字也作『棘』。②蕀蒬。遠志的別名。《爾雅・釋草》：『葽蒬，蕀蒬。』《注》：『今遠志也。』

蕁 tán
①《爾雅・釋草》作『藫』。②又音 qián。蕁。本作『[illegible]』。[illegible]草，俗讀 xún。

蔽 bì
①遮蓋。②蒙蔽。③概括。《論語・為政》：『詩三百，一言以蔽之。』④博具。《楚辭》宋玉《招魂》：『菎蔽象棊，有六簙些。』《注》：『菎，玉也。蔽，簙箸，以玉飾之也。』⑤又音 piē。拂，摻。通『撆』。《史記》：《荊軻傳》：『太子逢迎，却行為導，跪而蔽席。』《索隱》：『蔽，音疋結反。蔽猶拂也。』

蕋 ruǐ
『蕊』的異體字。

蕢 kuì
①草編的筐子。②又音 kuài。1.菜名。即赤莧也。2.土塊。通『凷』。

蕞 zuì
①小貌。②叢聚貌。③用茅草等物立於地上，表明定位的標誌。②通『蕝』。《史記・叔孫通傳》：『遂與所徵三十人西，及上左右為學者與其弟子百餘人為緜蕞野外，習之月餘。』

蕃 fán
①草木貌盛。②生息繁殖。③衆多。④又音 fān。通『繁』。⑤草名。⑥鳥名。⑦屏障。通『藩』。《詩・大雅・崧高》：『四國于蕃，四方於宣。』《箋》：『四國有難則往扞禦之，謂蕃屏。』⑧附屬。通『番』。《周禮・秋官・大行人》：『九州之外，謂之蕃國。』⑨姓。

藜 lí

同『藜』。植物名。蒺藜。《易困》：『據于蒺藜。』

蕉 jiāo

①生麻。②植物名，如芭蕉。③又音 qiáo。通『樵』。柴薪。宋·周必大《益公題跋·題与王洋於書》：『芻狗已陈豈应复盛篋衍，蕉鹿雖在，未知其為彼夢？』④通『憔』。《左傳》：『詩曰：雖有絲麻，無棄菅蒯，雖有姬姜，無棄蕉萃。』《注》：『蕉萃，陋賤之人。』

蕕 yóu

水草名。也作『莤』。别名蔓于。

薌 xiāng

①穀類的香氣。②調味的香草。③通『香』。《荀子·非相》：『欣驩芬薌以送之。』《注》：『芬薌，言至芳絜也。』④又音 xiǎng。通『響』。《漢书·楊雄傳·甘泉賦》：『薌呹肸以掍根兮，声駍隱而曆鐘。』《注》：『又言風之動树，聲響振起衆根合……薌，讀與響同。』

薄 bó

①草木叢生貌。②簾子。③養蠶用具。④厚度小的物件。⑤輕微。⑥味淡。⑦土質貧脊。⑧不厚道。⑨減輕。⑩輕視。⑪逼近，靠近。⑫迫、逼迫。⑬停止。⑭柱上斗拱。通『欂』。《爾雅·釋宫》：『屋上薄謂之筄。』《注》：『屋笮』。⑮發語詞。《詩·周南·芣苢》：『采采不苢，薄言采之。』⑯語助詞。《詩·周南·葛覃》：『薄污我私，薄澣我衣。』⑰地名。通『亳』。《荀子·議兵》：『古者湯以薄，武王以滈皆百里之地。』《注》：『薄与「亳」同。』『滈与「镐」同』。⑱姓。春秋宋大夫食邑，因以食邑為氏。漢有薄昭。

蕼 sì

草名。《玉篇》：『蕼堇也。』《說文》作『蕼』。

薦 jiàn

也作『荐』。①獸所食的草。②草墊、草席。③頻，一再。④獻，進。⑤推舉。⑥遇時節供食物而祭。⑦又音 jìn。通『搢』。《韓非子》：『蠢堅甲立兵以備難，而美薦紳之飾。』《集解》：『徐廣曰：薦紳即搢紳也。古字假借。』

薜 bì

①植物名。1、當歸。2、山麻。3、薜荔。②破裂。《周禮·考工記·旊人》：『凡陶旊之事，髻墾薜暴不入市。』《注》：『薜、破裂也。』③又音 pì。同『僻』。《漢书·楊雄傳·校獵賦》：『陜之王之陀薜，嶠高舉而大興。』《注》：『薜，也「僻」字也。』

薤 xiè

說文作『韰』。本草植物。

蕷 yù

薯蕷。同『蒖』。

薉 huì

①草蕪雜。同『穢』。《荀子·王霸》：『涂薉則塞。』②通『濊』。《漢書·地理志》：『濊貉。』唐·顏師古《注》：『濊、音穢』。字或作薉，其音同。

蕗 lù

①香草名。即蔠葵，一名蘩露。《廣韻》作『虂』。②甘草的別名。

薎 miè

渺小。同『蔑』。唐·柳宗元《柳先生集·为南承嗣上中書門下乞两河效用狀》：『薎爾小醜，尚欲逋誅。』一本作『蔑』。

薙 tì

①除草。《禮·月令》季夏之月：『燒薙行水、以利殺草。』②鬄髮曰薙。《周禮秋官·薙氏·序·注》：『郑玄謂薙讀如鬄，小兒頭之鬄。』俗作『剃』。

藹 ài

①香氣濃重。同『藹』。漢·司馬长卿（相如）《上林賦》：『肸蠁布寫，晻薆咇茀。』《注》：『藹與薆音義同』。②隱蔽貌。《楚辭》屈原《離騷》：『何瓊佩之偃蹇兮，衆薆然而是蔽之。』③草木繁盛貌。《文選》漢·张平子（衡）《西京賦》：『鬱蓊薆薱，橚爽櫹槮。』

藻 zǎo

水草名。同『藻』。《周禮·春官·巾車》：『藻車藻蔽。』《注》：『藻，水草，蒼色，以蒼土堊車，以蒼繒为蔽也。』

藳 gǎo

同『稾』、『稾』。

歊 xiāo

①音 xiāo。草貌。②又音 hāo。縮、耗。因變形而不平。通『耗』。

藉 jiè

又音 jí。同『籍』。古藉『藉』、『籍』通用。

藍 lán

①植物名。其葉可製藍色染料。②深青色。③通『襤』。衣服破爛稱『藍縷』，也作『襤縷』。《左傳》：『蓽路藍縷，以啟山林。』《注》：『藍縷，敝衣。』《疏》：『方言云：楚為凡人貧，衣破醜敝為藍縷。服虔云：言其縷破藍藍然。』④佛寺。伽藍的省稱。《景德傳燈録》普岸禪师：乃结茅薙草。宴寂林下，日居月諸，为四衆所知，創建精藍，號平田禪院焉。⑤姓。明有藍玉。

薾 ěr

①花盛貌。同『爾』。《詩·小雅·采薇》：『彼爾維何維常之華。』《傳》：『爾，華盛貌。』《釋文》：《說文》作『薾』。②惡劣，通『苶』。《抱樸子·百里》：『冒昧苟得，闇於自量者，慮中道之顛躓，不以駑薾服鸞衡。』

薹 tái

①草名。生於沼澤地，葉扁而長，可製蓑笠。②也作『臺』。蔬菜和草開花的莖部為薹。

藏 cáng

①潛匿。②收藏、儲藏。③懷也。④又音 zàng。存儲東西的地方。⑤佛教道教經典的總稱。⑥通『臟』。《周禮·天官·疾醫》：『參之以九藏之動。』《注》：『正藏五，又有胃、膀光、大腸、小腸。』《疏》：『正藏五者謂五藏，肺、心、肝、脾、腎，並氣之所藏。』⑦少數民族名稱。⑧又音 zāng 草名。⑨通『贓』。《左傳》：『毀則為賊，掩賊為藏。』

蕢 jùn

祭宴餘剩的食品。同『餕』。《儀禮·特牲·饋食禮》：『祝命嘗食，蕢則舉樽許諾。』《注》：『古文蕢皆作『餕』。

藐 mò

①本作『藐』。茈草。可以染紫。②弱小。③輕視。④廣遠。通『邈』。《楚辭》屈原《九章·悲回風》：『藐蔓蔓之不可量兮』。《注》：『一作邈。』宋·洪興祖《補注》：『藐，音邈，遠也。』

藊 biǎn

亦作『稨』。豆的一種。

藒 jiē

菜名。也作『藹』。北魏·賈思勰《齊民要術》：『藒菜，似蕨，生水中。』

薰 xūn

①通『獯』。薰育，古匈奴名。即獯鬻。也作獫允。《史記·周紀》：『古公亶父復修后稷公劉業，積德行義，國人皆戴之，薰育戎狄攻之。……遂去豳渡漆沮。踰梁山，止於岐下。』

藙 yì

植物名，說文作『藙』。《禮·內則》：『三牲用藙』。《注》：『藙，煎茱萸也，漢律會稽獻焉。《爾雅》謂之『榝』。

藷 zhū

①甘蔗。《文選》漢·張平子（衡）《南都賦》：『若其園圃則有蓼蕺蘘荷，藷蔗蔓番。』②又音 shǔ。同『薯』。藷藇也作『薯蕷』。

廢 fèi

粗竹席。《說文》作『廢』。《廣雅》作『癈』。

藕 ǒu

蓮的地下莖。可食。《說文》作『蕅』。

藝 yì

《說文》作『埶』或作『蓺』。①種植。《詩·唐風·鴇羽》：『王事靡盬，不能蓺黍稷。』②才能。《書·金滕》：『乃元孫不若旦，多材多藝。』③準則，限度。《左傳》：『陳之藝極。引之表儀。』《注》：『藝，準也。』④區分。《孔子家語·正論》：『合諸侯而藝貢事，禮也。』《注》：『藝，分別貢獻之事也。』

藟 lěi

①花蕾。通『蕾』。宋·秦觀《淮海集·後集早春題僧舍》詩：『東園紫梅初破蕾，北澗淥水方通流。』②蔓草名。即葛藟，又名巨苽。③纏繞。唐·王勣《王無功集》，古意詩之三：『漁人遞往還，網罟相縈藟。』

藪 sǒu

①大澤。②水淺草貌的澤地。③比喻人或物聚集的地方。④容量名。漢·孔鮒《小爾雅·廣量》：『釜二有半謂之藪。』《注》：『一斛六門也。』⑤又音 sōu。搜求。通『搜』。晉《李重傳》上疏：『臣訪（朱）沖州邑，言其雖年近耋耄，而志氣克壯耽道窮藪，老而彌新。』

蘊 yùn

①悶熱。通『煴』。《詩·大雅·雲漢》：『旱既大甚，蘊隆。』②亂麻。通『緼』。《韓詩外傳》：『（里媼）即東蘊去婦之家，曰：我大爭肉相殺，請火冶之。』《漢書·蒯通傳》作『緼』。③通『醞』。④佛教語，意為蔭覆。也譯作『陰』。如佛經以色、受、想、行、藏為五陰，也作五『蘊』。⑤又音 wen。水草。通『薀』。《文選》晉·左太沖（思）《蜀都賦》：『綠菱紅蓮，雜以蘊藻。』⑥聚積收藏。⑦含義深奧，如底蘊。

藥 yào

俗作『药』。①治病之物。②療治。《詩・大雅・板》：『多將熇熇，不可救藥。』③花名。芍藥的簡稱。④姓。漢有藥松，晉有藥沖。

藻 zǎo

說文作『藻』。水草的總稱。②辭藻，文章。《漢書・敘傳答賓戲》：『雖馳辯如波濤，摛藻如春華，猶無益於殿最。』《注》：『藻文辭也。』③文彩，修飾。三國・魏・曹子建《七略》：『步華之劍，華藻繁縟。』④貫玉的五色絲繩。⑤墊玉的五色彩板。《禮・雜記》：『藻三彩六等。』《注》：『藻，鑒玉者也。』《疏》：『藻，謂以韋衣板以籍玉者。』

藼 xuān

『萱』的本字，忘憂草也。

藹 ǎi

《注》：『藹』与『靄』古字同。

蘂 ruǐ

本作『惢』。也作『蕋』、『橤』、『蘃』。古藉中名體互用。

䕲 lǐn

《說文》作『菻』。草名。

藿 huò

《說文》作『藿』。豆葉也。

蘁 wù

違朔，不順徒。通『啎』。《莊子・寓言》：『使人乃以心服，而不敢蘁立』。

蘧 qù

①荷名。通『蕖』。《文選》漢・張平子《西京賦》：『蘧藕拔，蜃蛤剥。』②草名。蘧蒙。③驚喜貌。《莊子・大宗師》：『成然寐，蘧然覺。』④姓，春秋有蘧瑗，漢有蘧正。

藐 miǎo

①草名。即紫草。《爾雅》作『藐』。

藫 tán

①同『蕁』。草名。《爾雅·釋草》：『藫，莸藩』。《注》：『知母也。』②又音xūn。草名。《爾雅·釋草》：『藫，海藻』。《注》：『一名海羅。如亂髮生海中。』

[illegible] yú

同『蕍』。

蘭 lán

①花草名。俗稱草蘭。一莖一花為蘭，一莖數花者為蕙。通稱蕙蘭。②蘭草，一名蕑，古所謂蘭，多指此。③木蘭。一種落葉喬木。开紫色花。④兵器架，兵器和盾牌的總稱，也同『闌』。《莊子·小匡》：『輕罪入蘭盾鞈革二戟。』《注》：『蘭，即所謂蘭錡。』即兵器架。⑤柵欄。同『欄』。《漢書·王莽傳》：『秦又置奴婢之市與牛馬同蘭。』

蘗 bò

植物名，同『檗』。如黃蘗。與『薜』通。『薜荔』亦作『蘗荔』。

蘠 qiáng

同『嗇』。①草名。《爾雅·釋草》：『蘠蘼，虋冬。』《疏》：『藥草也，一名蘠蘼，一名虋冬。』②菊一名治蘠。③東蘠，草名。

蘞 lián

①草名。本作『蘝』。《詩·唐風》：『葛生於楚，蘞蔓於野。』②又音liǎn。草名。又作『蘝』。五月開花，七月結實，肉白者稱白蘞，赤者名赤蘞，可入藥。

藷 shǔ

或作『藷』。植物名。晉·嵇含《南方草木狀·上》：『甘藷……皮紫而肉白，蒸鬻食之，味如薯蕷。』

櫱 niè

一作『蘖』。樹木被砍伐後重生的枝條。

蘵 zhī

草名。也作『⿱艹織』。《爾雅·釋草》：『蘵，黃蒢。』《注》：『蘵草，葉似酸漿，花小而白，中心黃，江東以作菹食。』

⿱艹黠 jiē

麻莖，麥秆。通作『稭』。

蘬 kuī

①草名。《爾雅·釋草》：『紅蘢古，其大者蘬。』②又音 huǐ。同『虺』。《荀子·堯問》：『其在中蘬之言也。』《注》：『中蘬與仲虺同。陽左相也。』中蘬之言，即指《書·仲虺之誥》語。

蘽 lěi

蔓生植物。也作『櫐』。《爾雅·釋木》：『諸慮，山櫐』。《注》：『今江東呼櫐為藤，似葛可麤大。』

⿱艹瀸 jiān

草名。《說文》作『鑯』。即百足草，俗稱地蜈蚣。《爾雅·釋草》：『⿱艹瀸，百足。』

虈 xiāo

也作『虈』。草名。即白芷。

虀 jī

『齏』、『齏』之俗字。齏也作『韲』、『韰』。①調味的細碎鹹菜。②碎屑。

⿱艹蠲 juān

麥莖。《說文》作『稍』。

⿱艹靃 huò

『藿』的本字。

虋 mén

字也作『亹』、『穈』、『⿰禾㒼』。穀的一種。

虍部

虓 xiāo
①虎怒吼。②又音 piao。敲擊。通『敲』。《吕氏春秋·必已》：『船人怒，而以楫虓其頭。』《注》：『虓，暴辱。』

虙 fú
①虎貌。②姓。通『伏』、『宓』。伏羲也作『虙羲』。宓子賤也作『虙子賤』。

虘 mì
白虎。《爾雅》作『蘵』。

虞 yú
①歡樂。通『娛』。《孟子·書心》：『霸者之民，驩虞和也。』《國語·周》：『昔共工棄此道也，虞於湛樂，淫失其身。』②神話傳說中的獸名，即騶虞。③意料，料度。④憂慮，戒備。⑤欺騙。⑥古时葬後拜祭稱虞。⑦古掌管山澤之官。⑧古部落名，即有虞氏。⑨國名。周時所建。⑩姓。舜子商均封於虞。後世以國为氏。又周武王封虞仲於河東，也为虞氏。

虣 bào
凶暴。通『暴』。《周禮·地官大司徒》：『以刑教中，則民不虣。』

虥 zhàn
淺毛的虎。也作『虦』。《爾雅·释獸》：『虎竊毛謂之虥猫。』《注》『竊，淺也。』

虫部

虫 huǐ
①『虺』的本字。毒蛇。《說文》：『虫，一名蝮，博（體廣）三寸，首大如指，象其臥形。』《山海經·南山經》：『（猨翼之山）多白玉，多蝮虫。』《注》：虫，古『虺』字。②又音 chǒng。俗借作『蟲』。

虬 qiú

「虯」的異體字。

虱 shī

同「蝨」。

虭 diāo

「蛁」字的省文。

䖟 máng

①蟲名。同「蝱」、「虻」。《莊子·天下》：「由天地之道觀惠施之能，其猶一蚉一䖟之勞者也。其於物何庸。」②通「盲」。疾風曰盲風，北齊·劉晝《劉子託附》：「鷦鷯巢葦之莖，然盲風歘至，則葦折卵破者何也，所托輕弱使之然也。」

𧈪 hóng

同「虹」字。《漢書·天文志序》：「暈適背穴，抱珥𧈪蜺。」《注》：引如淳：「𧈪或作虹。」

虻 méng

蟲名。《說文》作「蝱」。

虹 hóng

①又音 jiāng。陽光與水氣相映天空而現的彩暈。②建築物半圓形結構稱虹。③惑亂。通「訌」。《詩·大雅·抑》：「彼童而角，實虹小子。」④同「澒」。相連。「鴻洞」，也作「澒洞」。《文選》漢·枚叔《七發》：「虹洞兮蒼天。極慮乎崖矣。」《注》：「虹洞，相連貌。」《後漢书·馬融傳·廣成頌》：「天地虹洞，固無端涯。」

虵 shé

俗「蛇」字。

蚉 wén

同『蚊』。又作『螡』。

蚤 zāo

①通『爪』。《儀禮・士喪禮》：『蚤揃如他日。』《注》：『蚤讀为爪，斷爪揃鬋也。』②通『早』。《國語・越》：『孰使我蚤朝而晏罷者，非吴乎。』《孟子・離婁》：『蚤起施從良人之所之。』③蟲名，跳蚤。④车辐入輞的榫。《周禮・考工記・輪人》：『眂其綆，欲蚤之正也。』《注》：『謂輻入牙中者也。』

蚊 wén

《說文》作『蟁』，也作『蚉』、『螡』。咬人的飛蟲。

蚋 ruì

『蜹』的省文。

蚧 jiè

①通『疥』。《後漢書・鮮卑傳・蔡邕議》：『夫邊垂之患，手足之蚧搔，中國之困，胷背之瘭疽。』②蚌。③蛤蚧，蜥蜴類。

蚡 fén

①田鼠。同『鼢』。《說文》：『地行鼠，伯勞所作也。一曰偃鼠，或從蟲分。』②人名。漢有田蚡。

蚣 gōng

亦作『蜙』。

蚦 rán

蟒蛇。俗作『蚺』。《說文》：『蚦，大蛇，可食。』

蚏 yuè

同『蠘』。一種小蠏名。晉・崔豹《古今注》：『蟛蚏，小蟹也，生海邊，食土，一名长卿，其一螯偏大。謂之擁劍。亦名執火。以其螯赤，故為執火也。』

蚝 cì

毛虫。同『蛓』。見《廣韻》。

蚩 chī

①嘲笑。通『嗤』。《文選》晉·阮籍《咏懷詩》：『乃悟羨門子，噭噭今自蚩。』②醜陋。通『媸』。《後漢書·趙壹傳·刺世疾邪賦》：『榮納由於揄，孰知辨其蚩妍。』③海獸名。古代屋脊上的飾物。唐·蘇鶚《蘇氏演義》：『蚩者，海獸也。』④蟲名。⑤愚蠢。《後漢書·劉盆子傳》：『帝笑曰：兒大黠，宗室無蚩者。』⑥欺侮。《文選》漢·張平子（衡）《西京賦》：『鬻良雜苦，蚩邊鄙。』李善《注》：『倉頡篇曰：蚩，侮也。』

蚠 fén

①同『蚡』。②人名。《左傳》：『刘獻公之庶子伯蚠事單穆公。』

蚕 tiǎn

①蟲名。蚓屬。《爾雅·釋蟲》：『螼蚓。堅蠶。』《注》：『即螼蟺也，江東呼塞蚓。』②又音 cān。蠶的異體字。

蛋 dàn

①動物的卵曰蛋。古衹做『彈』，以禽卵形似彈而得名。②古作『蜑』，南方的一种少數民族。廣東水上居民舊稱『蛋民』。③又通『彈』。《金瓶梅》：『蒼蠅不鑽無縫的雞彈』。

蚴 yǒu

也作『[虫幽]』。

蛮 mán

『蠻』字的簡寫。

蛘 yǎng

①同『癢』。也作『蛘』、『痒』。搔蛘也。②又音 yáng。米中的小黑蟲。《爾雅·釋蟲》作『蛘』。

蛙 wā

《說文》作『鼃』。蝦蟆也。

蛚 liè

蟲名。也作『蛪』。

蛕 huí

①人體寄生蟲。也作『蚘』。今作『蛔』。②又音 huǐ。有一種叫土蛕的蟲，为毒蟲也。

蛔 huí

本作『蛕』。人體寄生蟲。

蛧 wǎng

也作『蝄』。古代傳說中的山精。《國語・魯》：『木石之怪曰夔、蛧蜽、山精，傚人聲而迷惑人也。

蛞 kuò

①蝦蟆子。即蝌蚪。②又音 she。蟲名。通『蝌』。即『螻姑』。

蛜 yī

蟲名。也作『蚜』。《說文》：『蛜，蛜威，委黍，鼠婦也。』

蛗 fù

也作『蛗』、『蟲』。蟲名。也作『蟲螽』、『蛗螽』。即蚱蜢。《詩・召南・草蟲》：『喓喓草蟲，趯趯阜螽。』

蜋 láng

今作『螂』。《說文》：『蜋，堂蜋也。』

蛷 qiú

①多足蟲，即蠼螋。《說文》作『蝵』。②指患蠼螋瘡。《淮南子・說林》：『曹氏之裂布，蛷者貴也。』《注》：『楚人名布為曹，今俗間以始織布繫着其旁，謂之曹布，燒以傳蠷蛷瘡，則愈。故蛷者貴之。』

蛘 yǎng

蟲名，也作『蛘』。

蜄 shèn

①蛤類。同『蜃』。②又音zhen。震動。《史記・律書》：『辰者，言萬物之蜄也。』

蜆 xiǎn

①蟲名。小黑蟲。俗名縊女。《爾雅・釋蟲》：『蜆，縊女』。一說古文『繭』、『絸』作『蜆』，通『絸』。又小蛤也作『蜆』。

蜎 yuān

①蚊的幼蟲，即孑孓。②姓，春秋有蜎淵。③彎曲。《周禮・考工記・廬人》：『句兵欲無彈，刺兵欲無蜎。』④飛翔。通『翾』。《鬼谷子・揣》：『故觀蜎蠕動，無不有利害。』

蜉 fú

蟲名。說文作『𧕴』。

蛾 é

①蟲名。字也作『䖸』、『𧍷』。②蛾眉的省稱。蛾眉者，美人的代稱。唐・高適：《高常侍集・塞下曲》：『蕩子從軍事征戰。蛾眉蟬蜎守空閨。』③物之寄生者，如木耳，又名木蛾。④不久，通『俄』。《注》：『蛾与俄同，古字通用。⑤又音yǐ。同『蟻』。《禮・學紀》：『蛾子時術之。』《注》：『蛾，蚍蜉也』。《釋文》：『本或作「蟻」』。⑥姓。晉有蛾析。

蜂 fēng

說文作『蠭』。昆蟲名。

蜀 shǔ

同『蠋』。蛾蝶類的幼蟲。《說文》：『蜀，葵中蠶也。』今本《詩・豳風・東山》作『蠋』。《傳》：『為桑蟲』。②祭器。《注》：『蜀，祭器也。』③朝代名。漢・劉備據有益州稱帝，舊史稱蜀漢；五代王建據東西二川，在成都稱帝，國號曰蜀；後唐孟知祥在蜀封蜀王，自稱帝，國號蜀，史稱後蜀。夏周以今四川為蜀國，秦滅之置蜀郡。漢因之，屬益州，自後以蜀為四川之別稱。

蜜 mì

說文作『蠠』。蜜蜂所采花粉酿成的濃液。

蜇 sī

①草蟲名。②通『蜥』。

蜧 lì

說文作『蜦』。傳說中的神蛇。

蝜 yú

同『蝓』。蟲名。《方言》：『趙魏謂鼅鼄為蠾蝓，或作「蝜」』

蜯 bàng

同『蚌』。蛤類。《文選》作『蚌』。

蜨 dié

『蝶』的本字。

蜮 yù

①傳說古代一種能含沙射人而致人生病的動物。後世常以『鬼域』喻為災害動物。②又音 guō。通蟈。蝦蟆。《周禮・秋官・蟈氏・注》：『鄭司農（衆）云：蟈讀為域，域，蝦蟆也。』（鄭）玄謂：『蟈，今御所食蛙也。』《疏》：『蛙、蟈为一物。』③蝕苗的蟲。《吕氏春秋・伍地》：『大草不生，又無螟蜮。』《注》：『蜮或作「螣」。食心曰螟。食葉曰蜮，兗州謂蜮为「螣」，音相近也。』

蜡 zhà

①同『䄍』。古年終祭名。周曰『蜡』，秦曰『臘』《禮・郊特牲》：『天子大蜡八。伊曹氏始為蜡，蜡也者，索也，歲十二月。合聚萬物而索饗之也。』②又音 qù。蝇蛆。《說文》：『蜡蝇蛆也。』清・段玉裁《注》：『蝇生子为蛆。蛆者俗字「胆」者正字，蜡者古字，已成为蛆，乳生之曰「胆」曰「蜡」。』

蜹 ruì

①蚊子。同『蚋』。《說文》：『秦晉謂之「蜹」，楚謂之「蚊」』。②毒蛇名：《玉篇》：『「蜹」，含毒之蛇。』

蜙 sōng

蟲名。蝗屬。一作『蚣』。《爾雅·釋蟲》：『蜇螽，蜙蝑。』《注》：『蜙，蜙也。俗呼蝽蟒。』

蜾 guǒ

《說文》作『蝸』。一種小蜂。

蜱 pí

《說文》作『蠯』。

蜚 fěi

①也作『蜰』。害蟲名。②傳說中的獸名。③又音 fēi。通『飛』。《莊子·秋水》：『風曰：……夫折大木，蜚大屋者，唯我能也。』《史記·蘇秦傳》：『毛羽未成，不可以高蜚。』

蝱 máng

①蟲名。也作『虻』、『䖟』。②藥草名。即貝母。

蝏 tíng

①一種貝類動物。②蜻蜓，蜓也作『蝏』。

蝤 qiú

①蟲名。『蝤蠐』。②又音 yóu。通『蝣』。《漢書·王褒傳·聖主得賢臣頌》：『蟋蟀俟秋唫，蜉蝤出以陰。』《注》：『蝤音由，字也作蝣，其音同也。』

蝳 dú

①蜘蛛的別名。②又音 dǎi。『蝳瑁』同『玳瑁』。《正字通》：『蝳也作「瑇」。』

蝠 fú

①蝙蝠。②通『蝮』。毒蛇。《後漢書·崔琦傳·外戚箴》：『蝮蛇毒心縱毒不幸。』《注》：『此當作「蝮」』。

蝘 yǎn

蟬屬。字也作『䗡』。

蝶 dié

蝴蝶。說文作『蜨』。

蝦 xiā

①節足動物。通『鰕』。

蝟 wèi

哺乳動物。刺蝟。《說文》作『彙』，也作『猬』《爾雅·釋獸》：『彙，毛刺。』《注》：『今蝟，狀如鼠。』

蝎 hé

①木中蠹蟲。通名为蝎。②又音 xiē。同『蠍』。

蚌 yōu

同『蚴』。

蝯 yuán

『猿』的本字。《爾雅·釋獸》：『猱猿善援，俗作「猨」。』

蝨 shī

亦作『虱』。寄生於人畜體上的吸血的小蟲。②置身。唐《韓愈集·瀧吏詩》：『得無虱其間，不武亦不文。』

螙 dù

蛀虫。古『蠹』字。

蠊 lián

介蟲名。肉可食。《廣韻》作『蠊』。又音 xián。蛤類。《集韻》作『蝛』。

螘 yǐ

『蟻』的本字。《爾雅・釋蟲》：『蚍蜉大螘』。《釋文》：『螘，本又作「蛾」，俗作「蟻」字。』經傳螘蛾二字每混用。

螅 xī

蟲名。螅蟀。螅，同『蟋』。

螣 tè

食禾苗害蟲名，《說文》作『蟘』。《詩・小雅・大田》：『去其螟螣，及其蟊賊，無害我田穉。』又音 téng。傳說中的神蛇。《荀子勸学》：『螣蛇，無足而飛。梧鼠五枝而窮。』

䗪 zhè

蟲名，說文作『蟅』。

螱 wèi

白蟻的別稱。也作『螱』。

蟊 máo

吃苗根的害蟲。字也作『蝥』。

蟁 wén

蟲名。同『蚊』。《漢書・中山靖王勝傳・武帝問對》：『夫衆煦漂山。聚蟁成靁。』《注》：『蟁，古蚊字。靁，古雷字。』

螭 chī

通『魑』。傳說中無角的龍。

螏 jí

同『鰿』。《爾雅・釋魚》：『鰿，小而橢。』《注》：『即上小貝橢，謂狹而長，此皆說貝之形容。』

蟒 mǎng

大蛇，肉可食。又音 méng。同『蜢』。《方言》：『蟒……南楚之外謂之蟅蟒，或謂之蟒，或謂之螣。』《注》：『即蝗也……亦呼吒蛨。』

蟿 qì

蟾蜍的別名，字亦作『蠀』。

螺 luó

①同『蠃』。硬殼有旋線的軟體動物的總稱。②酒杯的別稱。北周·庾信《庾子山集·園庭》詩：『香螺酌美酒，枯蚌藉蘭殽。』③墨铤曰螺。晉·陸雲《陸士龍集·与平原書》：『曹公藏石墨數十萬斤，今送二螺。』④軍中以螺製成的樂器曰法螺。省作『螺』。《韩昌黎集·華山女》詩：『街東街西講佛經，撞鐘吹螺鬧宮庭。』⑤螺髻、螺黛也稱『螺』。《元詩選·陈旅安雅集·自書眉圖》：『隋家宮妓掃長蛾，销盡波斯萬斛螺。』⑥指紋的類別的一種。螺形紋。宋·蘇軾：《經進東坡文集事略·前怪石供》：『石似玉者，多紅黄白色，其文如人指上螺，精明可爱。』

蟌 cōng

蟲名。即蜻蛉。也作『蟌』。

蟚 péng

也作『蟛』。一种小蟹。

蟮 shàn

『蟺』字的別體。《老子》：『魚不可脫於淵。』河上公《注》：『夫蚖蟺以淵為淺。』《釋文》：『蟺，本又作蟮。』

蟛 péng

『蟚』的異體字。

蠘 yuè

小蟹。也作『蚏』、『蚎』。

蟴 sī

蛅蟴。蟲名，也作『蜇』。

蟩 jué

蟩。即孑孓。蚊的幼蟲。与『蟨』字同。

蟔 mò

毛虫。也作『𧓍』。

蟲 chóng

①昆蟲的總稱。②泛指動物。禽为羽蟲，獸為毛蟲，龜为甲蟲，魚為鱗蟲，人为倮蟲。③通『爞』。為熱氣蒸騰貌。

蠃 luó

蝸牛，又音 luǒ，蚌屬。同『螺』。

蟿 qì

昆蟲名。字亦作『蟿』。

蟻 yǐ

①蟲名。②玄色。《書·雇命》:『卿士邦君，麻冕蟻裳。』蟻为黑色，因以黑衣為蟻衣。③酒滓。《注》:『酒有汎齊，浮蟻在上，汎汎然如洴满之多者。』④姓，即蛾氏。晋有蛾析。蛾也音『蟻』，故遂为蟻姓。

蠝 léi

介蟲名。《玉篇》作『𧕋』。

蟷 dāng

①同『螳』。《說文》作『蟷』。②蛭蟷。即土蜘蛛。

蠍 xiē

蟲名，同『蝎』。

蠏 xiè

《說文》作『蟹』。

蠒 jiǎn

『繭』的别體字。

蠙 pín

蚌的别名。《說文》作『玭』。

蠘 jié

蟹的一種。《廣韻》作『蠽』。

蠢 chǔn

①蟲蠕動貌。②不恭順。《爾雅・釋訓》:『蠢、不遜也。』《注》:『蠕動為惡,不謙遜也。』③愚笨。

本作『惷』,也作『蠢』。

蠠 mǐn

《廣韻》作『蠠』。蠠没,勤勉努力。《爾雅・釋詁》:『蠠没,勉也。』《注》:『蠠没,猶黽勉。』清・郭懿行《義疏》:『蠠没者,釋文蠠,……本作蠠』。引《說文》曰:『蠠古密字,是蠠無正文,借聲为之。蠠没,聲为黽勉,故郭云:蠠没猶「黽勉」也。』

蟔 mò

蟲名。《爾雅・釋蟲》作『蟔』。

蠝 lěi

鼯鼠。同『鸓』。《漢書・司馬相如傳・上林賦》:『蜼玃飛蠝。』引张揖:『飛蠝,飛鼠也,其狀如兔而鼠首,以其頓飛。』又引郭璞:『蠝,鼯鼠也,毛紫赤色。飞且生,一名飛生。』《史記・司馬相如傳・上林賦》作『鸓』。

蠪 lóng

也作『蠬』。①大蟻。②海龍之屬。

蠡 lǐ

①蟲蛀木。引伸器物因腐蝕或磨損而剝落或斷絕。②又音 lí。瓠瓢。蠡測。以瓠瓢而測量水，喻淺薄而不能了解高深。③分割。《方言》：『参、蠡，分也。』④又音 luó。螺，通『蠃』。《文選》漢曹大家（班昭）《東征賦》：『諒不登樔而椓蠡兮。得不陳力而相追。』《尸子》曰：卵生曰琢，胎生曰乳，琢與『椓』，蠡與『蠃』古字通。瘯蠡。六畜病名。

蠥 niè

①妖孽。字亦作『孽』、『螱』。②憂，《楚辭》屈原《天問》：『啟代益作后，卒然离蠥。』《注》：『離，遭也，蠥，憂也，天下皆去益而歸啟以為君，益辛不得立，故曰遭憂也。』

螚 nè

蟲名，似蝱而小，青斑色，也作『螚』。

蠭 fēng

昆蟲名。『蠭』的本字。也作『螽』。①《說文》：『蠭，飛蟲，螫人者。』②銳利。通『鋒』。《新唐書·高睿傳》：『突厥蠭銳。所向無完。』

蠯 pí

體形狹长的蚌。字亦作『螷』、『碑』、『蠯』。杜子春云：『蠯，蜂也。』《文選》漢·張平子（衡）《東京賦》：『獻鼈蜃與龜魚，供蝸蠯與菱芡。』

蠲 juān

①蟲名。清·段玉裁《說文解字注》：『蠲，馬蠲，今巫山夔州人謂之草鞋絆，也曰百足蟲。』②顯示，明示。《左傳》：『惠公蠲其大德，謂我諸戎。』③清潔。通『涓』。《書·多方》：『圖厥政，不蠲烝，天惟降時喪。』《傳》：『紂謀其政，不絜進於善。』《周禮·天官·宮人》：除其不蠲。去其惡臭。《注》：『蠲，猶絜也。』④除去，減免。通『捐』《文選》漢·楊子雲（雄）《劇秦美新》：『摘秦政慘酷尤煩者，應時而蠲。』

蟰 xiāo

《說文》作『蟰』。蟰蛸，蟲名。

螱 wèi

白蟻的別稱，亦作『螱』。

蠹 dù

同『蠧』、『螙』。①蛀蟲。②喻侵奪或指耗財物的人。③敗壞，蛀蝕、損害。④曬去書中的蛀魚。《穆天子傳》：『蠹書於羽陵。』《注》：『謂暴書中蠹蟲，因云蠹書也。』

蠼 jué

①母猴。同『玃』、『貜』。②龍的形貌。《史記・司馬相如傳・大人賦》：『低卬夭蟜據以驕驁兮，詘折隆窮蠼以連卷。』《漢書》作『躩』。

血部

衅 xìn

以牲血塗器祭祀。同『釁』。《禮・樂記》：『車甲釁而藏之府庫。而弗復用。』《疏》：『言車、甲不複更用，故以血衅而藏之。』

衆 zhòng

同『眾』。简化字作『众』。

衇 mài

血管。『脈』、『脉』的本字。

䘒 zuī

男嬰的生殖器。字也作『朘』。

行部

衖 xiàng

小巷。弄堂，同『巷』。《爾雅・釋宮》作『衖』。《廣韻》多作『衖』。唐・李賀《歌詩編綠草对事為吳道士夜醮作》：『金家香衖幹輪鳴，楊雄秋室無俗聲。』江南一帶通作『弄』。

衕 tòng

①街道。《說文》：『衕』通街也。②又音 dòng。腹瀉，即洞下，通『洞』。《山海經・北山經》：『䴊，其音如鵲，食之已腹痛，可以止衕。』《注》：『治洞下也，音洞。』

衎 kàn

①耿直貌。通『侃』。漢《國三老袁良碑》：『其節衎然，忠義之臣。』②快樂。《詩·商頌·那》：『奏鼓簡間，衎我烈祖。』

術 shù

①邑中的道路。《後漢書·馮衍傳·顯志賦》：『播蘭芷於中庭兮，列杜衡於外術。』②方法。《孟子·营子》：『教亦多數笑，予不屑之教誨者。是亦教诲之而已矣。』③學術。④特指天文曆法。⑤省親。通『述』。《禮·祀義》：『結諸心，行諸色，而述省之。』《注》：『術，当为述，聲之誤也。』《疏》：『術，述，省視也。』⑥又音 suì。古代的行政區劃。通『遂』。《禮，學記》：『家有塾，黨有痒，術有序，國有學。』《注》：『術，当为「遂」，聲之誤也……。《周禮》：五百家為黨屬於鄉，遂在遠郊之外。』

衝 chōng

『衝』的本字。

衣部

衫 shān

①旌旗下垂（旒）的正幅。『縿』、『襂』的異體字。《廣雅·釋器》：『複襂謂之衫。』清·王念孫《疏證》：『襂與衫同』。②古指短袖的單衣。

表 biǎo

①《說文》作『衺』。外加上衣。《論語·鄉黨》：『當署，袗絺綌，必表而出之。』《集解》：『孔（安國）曰：必表而出之，加上衣。②外面。《書·立正》：『方行天下，至於海表。』③標誌，標記。④標準，法則。⑤儀範，表率。⑥表彰。⑦明示，顯揚。⑧古代測量日影以計時的標竿。《史記·司馬穰苴傳》：『穰苴先馳至軍，立表下漏待賈』。⑨漢制，下言於上分章、奏、表、驕議四種。⑩記載事物，分類排列。如《史記》十「表」。⑪亲戚外姻稱表親。

衺 xié

邪惡。不正。同『邪』。《周禮·地官比长》：『比長各掌其比之治，五家相受相如親，有辠其奇衺則相及。』《注》：『衺，猶惡也。』又《天官·宮正》：『去其淫怠与其奇衺之民。』《注》：『奇衺，譎觚非常。』《釋文》：『衺，也作「邪」』。

衰 shuāi

①盛之對稱。指事物由强漸趨弱。②又音 cuī。由大到小依照一定的等級遞減。③古代的喪服，有『斬衰』、『齐衰』之分，字同『缞』。

衮 gǔn

也作『袞』。古代喪服。古代上公服衮，後世因稱三公为衮。

衿 jīn

《說文》作『裣』，字又作『襟』。①衣下兩旁掩裳之處。②古代衣服的交領。③又音 jìn。結住，帶上。或作『紟』。

衽 rèn

俗作『袵』。①衣襟。②衣袖。③卧席。《禮·曲禮》：『請衽何趾。』《注》：『衽，卧席也。』④下裳。⑤整襟。漢·劉向《新序節士》：『衽襟則肘見。』⑥連接棺蓋与棺木的木榫形似衽。故名。

袄 ǎo

『襖』字的俗寫。

袀 jūn

①通『均』。上衣下裳同色之服曰袀服。又同均服。

袠 zhì

①書套、書函。同『帙』。②十年为一袠。通『秩』。

袚 bō

①蔽膝。跪拜所用的護膝。通『帗』、『韍』。《方言》：『蔽厀，江淮之間謂之「褘」，或謂之「袚」』。②古代樂舞時舞者所執的舞具。同『帗』。《索隱》：『袚，音弗，為舞者所執。』，《周禮·舞師》作『帗』。

被 bèi

①又音 bì，頭飾。即假髮。通『髲』，被為古婦女常服，祭時則於被上加副笄六。②又音 pī，通『披』。穿着，《左傳》：『乃祖吾離，被苦盖，蒙荆棘，以来歸我先君。』③被子，寢時覆盖之具。④表面。《注》：『被，表也。』⑤覆蓋。《楚辭》宋玉《招魂》：『皋蘭被經兮斯路漸。』⑥及。《荀子·臣道》：『功參天地，澤被生民。』⑦遭遇。《世說新語·言語》：『孔融被收，中外惶怖。』⑧姓。春秋鄭有大夫被瞻。漢有牂牁太守被條。

衻 rán

也作『袡』。①衣裳的邊緣。②婦女出嫁時的上服。③蔽膝。跪拜时的蔽膝。

袘 yì

亦作『袉』。衣裙的下檐。②又音 yī。衣袖。

袟 zhì

書套，書函。同『帙』、『袠』。②劍衣。

袙 pà

頭巾。通『帕』。

袋 dài

囊。口袋。說文作『帒』。

袷 jiá

夾衣。同『裌』。

袾 zhū

①大红袍。通『朱』。《荀子·國富》：『故天子袾裷衣冕。』《注》：『袾』，古『朱』字。

袽 rú

敗絮。《說文》作『⿱奴衣』。《集解》引虞翻：『袽、敗衣也。』

裁 cái

①通『纔』。《史記・張儀傳》：『燕王曰，寡人蠻夷避處，雖大男子裁如嬰兒，言不足採證計。』《漢書・惠高后文功臣表》：『時大城名都氏人散亡，戶口可得而數裁什二三。』②裁製，剪裁。③刪減。④節制、控制。⑤裁斷，量度。⑥殺，自殺謂自裁。⑦體制，格式。三國・吳・薛綜《注》：『裁，制也……言采取八方異制以为宮室之巧。』

裂 liè

①同『帤』。繒帛的残餘。②圻開。③裁，扯開。

裏 lǐ

①衣服的內層。②在內或在其中。與外相對。又音 lī。助語，相當於『哩』。辛棄疾《稼軒詞補遺・鵲橋仙・送粉卿行》『莫嫌白髮不思量，也許有思量去裏。』

裌 jiá

夾衣，通『袷』。

裖 zhěn

①黑色的衣服。同『袗』。②重疊貌。《注》：『裖……謂重密而累積。』

裙 qún

①下裳。《說文》作『帬』。②鱉甲的邊緣也叫裙。

裘 qiú

①通『求』。《詩・小雅・大東》：『舟人之子，熊羆是裘。』《箋》：『裘，當作「求」，聲近相故也。』②皮衣。③姓：衞大夫食采於裘。後以为氏。

裊 niǎo

①『褭』的俗字。②柔弱，繚繞。通『嫋』。《玉臺新咏》南朝・梁・沈約《十詠領邊繡》：『不聲如動吹，無風自嫋枝。』

裧 chàn

同『襜』、『幨』。①車中帷幕。《儀禮·士昏禮》：『婦車也如之，有裧』。《注》：『裧、車裳帷』。②古代裝飾靈車的裙狀物。《禮·雜記》：『其輤有裧。』《注》：『載柩將殯之車飾也。』

裾 jū

①衣服的前襟。②衣袖。③又音 jù。傲慢，通『倨』。《注》：『張揖曰：「裾，直項也。」（顏）師古曰：「裾音倨」』。④通『據』《文選》晉·左太沖（思）《魏都賦》：『由重山之束阨，因長川之裾勢。』《注》：『裾勢，依據川之形勢也。』裾，古『據』字。

裶 fēi

裶裶。衣長貌。《說文》作『裵』。

裴 péi

①衣長貌。說文作『裵』。②通『徘』。裴回，往返回旋。《史記·司馬相如傳·子虛賦》：『於是楚王乃弭節裴回，翱翔容與。』《文選》作『徘徊』。《漢書·禮樂志·郊祀歌·天門》：『神裴回，若留放。』

褒 bāo

『褏』的俗體。

褏 xiù

①同『褎』、『袖』。《漢書·淮南厲王長傳》：『辟陽侯出見之，即自褏金椎椎之』。《注》：『褏，古袖字也。』②又音 you。同『褎』。盛貌。

褎 xiù

①衣袖。『袖』本字。又音 yòu。禾苗漸長貌。《詩·大雅·民生》：『實種實褎、實發實秀。』《箋》：『褎，枝葉長也。』

䘤 duò

無袖之衣。也作『䙃』。

褓 bǎo

褁覆小兒之被。本作『緥』。

褭 niǎo ①以組帶馬。②柔弱搖曳貌。通『袅』、『嫋』。

褱 huái 包圍。『懷』的本字。

褢 huái ①衣袖。②懷抱。《漢書・孝帝許皇后傳・成帝報書》：『將相大臣秉忠，唯義是從。』《注》：『褢，古懷字。』

褲 kù 褲子。同『絝』、『袴』。

䙐 mì 覆蓋車前橫木軾上擋禦風塵的帷席。同『幦』。

襃 bāo 今作『褒』。也作『褎』。衣襟寬大。②廣大。③贊美嘉獎。④古國名。⑤姓，姒姓。《魏書・官氏志》：百代北達勒民，後世改作『褒』。宋有太子洗馬褒希僾。⑥又國名。《史記・周紀》：『幽王嬖爱褒姒。』唐・司馬貞《索隱》：『褒，國名，夏同姓，姓姒氏。』

褵 lí 古時女子出嫁時所繫的佩巾。本作『縭』。也作『襹』。

褹 yì 衣袖。同『袂』、『䙝』。《方言》：『複襦，江湘之間謂之襏。或謂之「筩褹」。』《注》：『今筩袖之襦也。』褹即『袂』字。

褶 dié ①夾衣。②上衣。又音 xí ③騎服。④傳統戲劇中的一種便服，謂之褶子。又音 zhe。⑤衣裙的褶襉。本作『褔』。

襂 shēn 『襂褷』。毛羽下垂貌。又音 shan。同『衫』。《廣雅・釋器》：『複襂謂之裯。』清・王念孫《疏証》：『襂與衫同。』

襒 bié 拂拭。也作『𧝓』。

襊 cuì ①衣褶。②又音 cuō。黑色布帽。《廣韻》：『襊，緇布冠。』《詩》作『撮』。《詩小雅・都人士》『彼都人士，臺笠緇撮。』《傳》：『緇撮，緇布冠也。』

襆 pú 包袱，巾帕。同『襥』、『幞』。唐・李賀《歌詩編・馬》：『香襆赭羅新，盤龍蹙蹬鱗。』

襍 zá 混雜。同『雜』。《韓非子・亡徵》：『好以智矯法，時以私襍公，法禁變易，號令數下者，可亡也。』

襢 tǎn 裸露。同『袒』。《禮・喪大服記》：『父母之喪，居其廬，……大夫、士襢之。』《疏》：『其廬袒露不帷、不帷障也。』

襟 jīn 本作『裣』，也作『衿』。①古代指衣的交領。《爾雅・釋器》：『衣皆謂之襟。』《注》：『交領。』後指衣的前襟。②襟在前，故也以『襟』，代指前面。③胸懷。晉・陶潛《陶淵明集・贈長沙公族祖》詩：『款襟或遼，音間其先。』④兩婿相稱為連襟。

襭 xié 將衣襟掖在腰帶上以盛物。《詩・周南・芣苢》：『采采芣苢，薄言襭之。』《釋文》：一本作『擷』。同『扱』。

襪 wà 襪子。本作『韈』。

襯 chèn

①外衣内的單衫。《玉篇》：『襯，近身衣。』②襯托、陪襯。也作『儭』。北周・庾信《庾子山集》：『好拆待賓客，金盤襯紅瓊。』③施捨。同『儭』、『嚫』。南朝・梁・吳均《續齊諧記》：『（蔣）潛以此纛上晉・武陵王晞，晞薨，以襯眾僧。』

襱 lòng

褲脚管。也作『𧙕』。《方言》：『袴，齊魯之間謂之䙠，或謂之襱。今俗語袴踦為襱。』《注》：『𧙕，亦襱字之異耳。』

襴 lán

①短袖單衣。衫也。②衣與裳相連的服裝。③界闌。通『闌』、『欄』。《金志・百言志》：『鐵券，以鐵為之，狀如卷瓦，刻字書襴，以金填之。』

襾部

要 yāo

①『腰』本字。腰，古皆作『要』。《墨子・兼愛》：『楚靈王好士細要。』引伸為中樞之義。《素問・天元紀・大論》：『至數之要，願書聞之。』《注》：『要，樞紐也。』②約，節要束。《論語・憲問》：『見利思義，見危愛命，久要不忘平生之言。』③强迫、要挾。《公羊傳》：『要盟可犯。』④求，取。通『徼』。《孟子・告子》：『今之人修其天爵以要人爵。』⑤攔截、遮留。通『邀』。《孟子・萬章》：『孔子不悅於魯衛，遭宋桓司馬，將要而殺之。』⑥察劾。《周禮・秋官・鄉士》：『辨其獄訟、異其死刑之罪而要之。』⑦會，《禮・樂記》：『行其綴兆要其節奏，行列得正焉。』《注》：『要，猶會也。』⑧姓，春秋・吳有要離。又音 yào。⑨要點，綱要、總要也。又需要，皆得到之義也。清・朱駿聲《說文通訓定聲》：『要，後人稱欲曰要。』⑩簿書，會計。《周禮・夏官・大司馬》『受其要，以待考而賞誅。』《注》：『要者薄書也。』⑪又音 yǎo 同『騕』。古之駿馬名。《淮南子・原道》：『馳要裹，見翠蓋。』

覂 fěng

①翻覆。②又音fá。缺少。通『乏』。《新唐書・宋務光傳》：『公私覂竭，户口減耗。』

覃 fán

①長。延長。《箋》：『覃，延也。』《疏》：言葛之漸長，稍稍之延蔓兮而移於谷中。』②深沉。《後漢書・鄭玄傳・戒子書》：『今我告爾以老，歸爾以事，將閑居以安性，覃思以終業。』③姓。又讀fán、pín二音。《通志・氏族》以國為氏：『本譚，或去言为覃，梁有東寧州刺史覃無克。』又音尋。今嶺南多此姓也，又音yǎn，鋒利也。通『剡』。《詩小雅・大田》：『以我覃耜，俶載南畝。』朱熹《注》：『覃，利。音剡。』

覆 fù

①翻，傾倒。②敗壞，覆滅。③反，顛倒。④遮蓋，掩蔽。⑤埋伏。⑥審察。⑦回，返。如覆信，覆命。⑧通『複』。《後漢書・馮唐傳》：『賞賜決於外，不從中覆也。』《注》：『覆謂覆白之也。』

覈 hé

①果實核。通『核』。②米麥的粗屑。通『籺』、『麧』。《史記・陳丞相世家》：『亦食糠覈爾。』《集解》：『麥穗中不破者也。』③查驗，核實。④深刻。《後漢書・第五倫傳論》：『峭覆為方。非夫愷悌之士。』《注》：『峭覈謂其性急，好窮覈事情。』

見部

見 jiàn

①看見。②謁見。③見解。④聽，聽說。⑤知，覺得。⑥擬議。⑦助動詞。如《荀子》：『明見辱之不辱。使人不鬭，人皆以見侮為辱，故鬭也。』⑧他人行為及於己。《史記・蘇秦傳》：『初，蘇秦之燕，貸人百錢為資，及得富貴，以百金償之，偏報諸所嘗見德者。』又音xiàn。『現』的本字。1.顯露。《論語・泰伯》：『天下有道則見，無道則隱。』2.引伸為薦舉。《左傳》：『初，齊豹見宗魯公於公孟。為驂乘馬。』3.現成。《史記・項羽紀》：『軍無見糧。』

視 shì

①看、審察。《論語・為政》：「視其所以，觀其所由，察其所安，人焉廋哉，人焉廋哉。」②看待。看顧。《左傳》：「賈人如晉，荀罃善視之。」③比照。《後漢書・張純傳》：「帝乃東巡太宗，以巡視御大夫從。」《注》：「視。比也。」④效法。《書・太甲》：「王懋乃德，世乃厥視。」⑤生存。《老子》：「是為深根固柢，長生久視之道。」⑥以事或物示人。通「示」。《詩・小雅・鹿鳴》：「德音孔昭，視民不恌。」《漢書・高帝紀》：「（張良）因說漢王燒絕棧道，以備諸侯盜兵，亦視項羽無東意。」《史記》作「示」。又音 zhǐ。通「指」。《列子・湯問》：「肆咤則徒卒百萬，視撝則諸侯從命。」

規 guī

①法度。②典範，風儀。③圓規。④圓形。⑤謀劃。⑥諫諍。⑦古田制，規田。⑧姓。明有規恰。⑨又音 kuí。窺測。通「窺」、「闚」。《韓非子・制分》：「然則去微姦之奈何，其務令之相規其情者也。」一本作「闚」。

覜 tiào

①遠望。同「眺」。《後漢書・張衡傳・思玄賦》：「流目覜夫衡阿兮，覩有黎之圮墳。」《文選》作「眺」。②諸侯聘問相見之禮。《周禮・春官・典瑞》：「瑑圭璋璧琮，繅結二采一就，以覜聘。」

覛 mì

①尋覓。同「覓」。《文選》漢・張平子（衡）《西京賦》：「覛往昔之遺館，獲林光於秦餘。」林光，秦離宮名。②察視。《國語・周》：「古者，太史顺時覛土。」

覝 lián

察視。「廉」的本字。《漢書・高帝紀》：「且廉問，有不如吾詔者，以重論之。」唐・颜師古《注》：「廉，察也。」廉字本作「覝」。其音同耳。

覢 shǎn

猝見。同「睒」。《說文》：「覢，暫見也。從見，炎聲。」

覩 dǔ

見。同「睹」。《易乾》：「聖人作而萬物覩。」

覰 xì

恐懼貌。同『䚀』。《莊子·天地》：『將閭葂覰覰然驚曰：「葂也汒若於夫子之所言矣。」』

親 qīn

①又音 qìn。姻親。男女兩姻家的互稱。②又音 xín。通『新』。《禮·大學》：『大學之道，在明明德，在親民，在正於止善。』宋·朱熹章句：『程子（頤）曰親當作新。』《韓非子·亡徵》：『親臣進而故人退，不肖用事而賢良伏。』

覯 gòu

①遇見。同『遘』、『逅』。《詩·豳風·九罭》：『我覯之子，衮衣繡裳。』②構成。通『構』。《左傳》：『郇瑕氏土薄水淺，其惡易覯。』《注》：『覯，成也。』

覷 qù

俗作『覻』。①窺伺。②集中視力，瞄。《水滸》：『（花榮）搭上箭，拽滿弓覷着那絨絛較親處，颼的一箭，恰好正把絨絛射斷。』

覻 qù

『覷』的俗字。

覲 jìn

①通『僅』。《呂氏春秋·長見》：『魯公以削，至於覲存。』②古代諸侯秋朝天子稱覲。《禮·曲禮》：『諸侯北面而見天子曰覲。』《注》：『諸侯春見曰朝……秋見曰覲。』

覵 jiān

窺視。同『瞯』。《廣雅·釋詁》：『覵，視也。』

覽 lǎn

①接受，摘取。通『攬』。《戰國策·齊》：『從人說大王者……大王覽其說，而不察其至實。』《注》：『覽，受。』唐·李白《李太白詩·宣州謝眺樓餞別校書叔雲》：『俱懷逸興壯思飛，欲上青天覽明月。』

覶 luó

『覼』的俗字。

角部

觓 qiú

角曲貌。同『觩』。《詩・小雅・桑扈》：『兕觥其觩，旨酒思柔。』《釋文》：『觩，音虯，本或作「觓」。』《穀梁傳》：『郊牛曰，展觓角而知傷。』《釋文》：『觓角，其樛反，一音求，角貌。』

觔 jīn

①同『筋』。《元曲選・蕭德祥殺狗勸夫》：『淹如今剔下了這骨和觔，割掉了這肉共脂。』②借用為『斤』。《舊唐書・文宗紀》：『京兆府奉先縣界鹵池側百姓，取水拓柴燒灰煎鹽，每一石灰得鹽一十二觔一兩。』

觕 chù

粗疏，粗略。通『粗』。《公羊傳》：『觕者曰侵，精者曰伐。』《注》：『觕，粗也。』《漢書・敘傳》：『觕舉僚職，並列其人。述《百官公卿表》。』《注》：『觕，……謂大略也。』

觖 jué

①挑剔。通『抉』。《漢書・孫寶傳》：『馮氏反事明白，故欲擿觖以揚我惡。』②不滿。《淮南子・繆稱》：『禹無廢功，無廢財，自視猶觖如也。』③企盼，希冀。《後漢書・李通傳論》：『夫天道性命，聖人難言之，況乃億測微隱，猖狂無妄之福，汙滅親宗，以觖一切之功哉！』《注》：『觖，望也。』

舡 gāng

舉角。舉物。通『扛』。《說文》：『舡，角也。』假借為『扛』字。

𧤾 chù

以角抵物。古文『觸』字。《淮南子・齊俗》：『故諺：「鳥窮則噣，獸窮則𧤾，人窮則詐。」』

𧢺 jù

雞距。同『距』。《史記・司馬相如傳・子虛賦》：『建干將之雄戟。』《集解》引《漢書音義》：『雄戟，胡中有𧢺干將所造也。』

觝 dǐ

拒，抵擋。通『抵』、『牴』。《文選》晉・嵇叔夜（康）《琴賦》：『爾乃顛波奔突，狂赴爭流，觸巖觝隈，鬱怒彪休。』

觚 gū

①通『孤』。《莊子·大宗師》：『與乎其觚而不堅也，張乎其虛而不華也。』②古代酒器。青銅製。上下呈喇叭形，腰細。《注》：『觚，禮器，一升曰爵，二升曰觚。』③多棱角之器物。《索隱》引應劭：『觚，八棱有隅者。』也指器物的邊角，棱角。③也指木簡。古人用以書寫之木片。《注》：『觚者，學書之牘，或以記事，削木為之，蓋簡之屬。其形或六面或八面、皆可書。』④法。漢·楊雄《太玄經·玄攡》：『古之以其觚。』《注》：『觚、法也，法謂經緯之休咎也。』⑤劍柄也曰觚。《淮南子·主術》：『操其觚，招其末，則庸人能以制勝。』《注》：『觚，劍拊。』

觜 zī

①猫頭鷹頭上毛角。②星宿名。二十八宿之一。③又音 zuǐ，通『嘴』。特指鳥啄。《文選》：晉·潘安仁（岳）《射雉賦》：『當味值胸，裂膝破觜。』《注》：『觜，啄也。』

觟 huà

①長角的母羊。清·郝懿行《爾雅義疏·釋畜》：『吴羊牝者無角，其有角者别名觟也。』②偏僻小徑。《淮南子·俶真》：『於是萬民乃始慲觟離跂，各欲行其知偽，以求鑿枘於世。』《注》：『觟，傒徑之傒也。』③又音 xiè。通『獬』。觟冠，古代執法官的帽子。觟觽，傳說古代的一種神獸，即獬廌。後世官署正墻所畫的獸即此，俗誤為麒麟。漢·王充《論衡·是應》：『儒者云，觟觽者，一角之羊也，性知有罪。臯陶治獄，其罪疑者令羊觸之，有罪則觸，無罪則不觸。』

觥 gōng

古代飲酒及盛酒的器具。古以獸角製，後世也以木或鋼製。字本作『觵』。

解 jiě

①剖開。《莊子·養生主》：『庖丁為文惠君解牛。』②分裂，渙散。《漢書·陳餘傳》：『恐天下解也。』③開放。《後漢書·耿純傳贊》：『嚴城解扉。』④廢除，消除，停止。《列子·周穆王》：『而況魯之君子迷之郵者，焉能解人之迷哉。』⑤排泄。如大、小便稱之為大解小解。⑥解釋。《史記·吕太后·本紀》：『君知其解乎。』⑦通達。《莊子·秋水》：『無南無北奭然曰解。』⑧樂曲、詩歌的章節。《樂府詩集·相

如歌辭題解》：《古今樂錄》：『傖歌以一句為一解，中國一章為一解。』⑨武術用語，猶言套。無名氏《東平府》：『恰才衙内爹爹喚您呈見解要子哩。』⑩三十六卦之一。坎下震上。《易解》：『解，利西南。』《釋文》音『蟹』。《序卦》云：『緩也。』又音 jiě。押送，如押解、起解。又音 xie。⑪通『蠏』。《呂氏春秋・恃君》：『大解陵魚。』⑫通『懈』。《詩・大雅・烝民》：『夙夜匪解。』⑬通『邂』。本為不期而會之意。引伸為附會湊合。《莊子・法胠篋》：『知詐漸毒，頡滑堅白，邂垢同異之變多，則信惑於解矣。』⑭古地名。大解在今河南洛陽市，小解在今洛陽西南。⑮姓。《急就篇》：『解莫如。』《注》『解。地名，在河東，因地為姓，故晉因多姓解氏焉。』

觩 qiú

①本作『觓』。彎曲貌。《詩・小雅・桑户》：『兕觥其觩，旨酒思柔。』②弓健貌。《詩・魯頌・泮水》：『角弓其觩，束矢其搜。』《箋》：『角弓觩然，言持弦急也。』

觰 zhǎ

①角向上張開。同『奓』。《廣韻》：『角上廣也。』引伸為張開。②大，過多。《廣韻・釋詁》：『觰，大也。』清・王念孫《疏證》：『觰之言奢也。』

𧤵 zhǎn

酒杯。同『琖』、『盞』。唐・韓愈《昌黎集・祭河南張員外》文：『君正於縣，又我南踰，把𧤵相飲，後期有無。』

觳 hú

①古代量器名。通『斛』。《周禮・考工記・陶人》：『鬲實五觳，……庾實二觳。』《注》：『觳讀為斛。』

觵 gōng

飲酒及盛酒器，『觥』的本字。《說文》：『觵，兕牛角可以飲者也。從角，黃聲。』

觷 xué

治角。對獸角加工。也作『礐』。《爾雅・釋器》：『象謂之鵠，角謂之觷，……金謂之鏤，木謂之刻。』述蕩之目擊。

鷰 yàn 同『燕』。鳥名。《吕氏春秋・孝行本味》：『肉之美者猩猩之脣，貛貛之炙，隽鷰之翠，旄象之約。』清・畢沅《校註》：『鷰乃燕字之訛。』《初學記》與《文選・七命》皆作『燕』。

言部

訆 jiào 大呼。同『叫』。《左傳》：『或叫于宋大廟，曰譆譆出出。』說文引作『訆』。

訑 yí ①訑訑。傲慢自足。②又音 tuo。欺詐。通『詑』。《戰國策》：『寡人甚不喜訑者言也。』

訪 fǎng ①詢問。《左傳》：『穆公訪諸蹇叔。』②商議。《國語》：『教之令，使訪物官。』《注》：『使議知百官之事業。』③訪查。《晉書・儒林傳序》：『於是傍求蠹簡，博訪遺書，創甲乙之科，擢賢良之舉。』④探求。《全唐書》：《韓翃送丹陽劉太真》：『相訪不辭千里遠，西風好借木蘭橈。』⑤又音 fāng。通『方』。《漢書・高武傳齊悼惠王》：『訪以吕氏故，幾亂天下。』《注》：『如淳曰：訪猶方也。』

訝 yà ①迎接。亦作『迓』。《儀禮・聘禮》：『厥明訝賓于館。』②驚訝。《吕氏春秋・必已》：『若夫道德則不然，無訝不訾。』

訧 yóu 過失。古書多作『尤』。《詩・邶風・綠衣》：『我思古人卑無訧兮。』《注》：『何尤者無過也。』

訣 jué ①裁決，自裁。通『決』。《隨書・薛道衡傳》：『帝令自盡，道衡殊不意，未能引訣。』②將遠離而相告別。《史記・吴起傳》：『東出衛郭門，與其母訣。』③永別，與死者告別。《世說新语・任誕》：『阮籍嘗葬母，蒸一肥豚，飲酒二斗，然後臨訣。』④秘訣，訣竅。《列子・說符》：『衛人有善數者，臨死以訣喻其子。』

訟 sòng

①通『誦』、『頌』。《說文》：『訟，從言公聲，一曰歌訟。』清·段玉裁《注》：『訟、頌古今字，古作『訟』，後人假頌皃字為之。』古本《毛詩雅頌》字多作『訟』。②案件訴訟。《論語·颜淵》：『聽訟，我猶人也，必也使由訟乎。』③爭辯是非。《後漢書·曹褒傳》：『會禮之家，名為聚訟。』④替人雪寃。《漢書·王莽傳》：『(莽)在冈之歲，吏上書訟寃，莽者以百數。』⑤自責。《論語·公冶長》：『吾未見能見其過而內自訟者也。』又音 gōng。如公然。通『公』。《淮南子·兵略》：『夫有形埒者，天下訟見之；有篇籍者，世人傳學之。』又音 róng。接納。通『容』。《淮南子·泰族》：『藏精心，靜莫恬澹，訟繆胸中。』

許 xǔ

①通『所』。處所。清·段玉裁《注》：『許，或假為所。』《墨子·非樂》：『古者聖王亦嘗厚措斂乎萬民，以為舟車，既以成矣，曰：「吾將惡許用之」。』晉·陶潛《陶淵明集·五柳先生傳》：『先生不知何許人也。』白居易《偶作詩》：『若問此何許，此是無何鄉。』何許，猶言何處、何所也。②也作『鄦』。周時國名，姜姓，後為楚所滅。

訛 é

本作『譌』。謬誤。《詩·小雅·沔水》：『民之訛言，寧莫之懲。』《漢書·成帝紀》：『京師無故訛言大水至。』《注》：『訛，僞言。』②通『吪』。行動，移動。《詩·小雅·無羊》：『或降於阿，或飲於池，或寢於訛。』

訢 xīn

同『欣』。快樂。《孟子·盡心》：『終身訢然，樂而忘天下。』

詠 yǒng

同『咏』。《書·益稷》：『戛擊鳴球，搏拊琴瑟之詠，祖考來格。』《國語·周》：『詩以道之，歌以詠之。』《國語·楚》：『若是而不從，動而不悛，則文詠物而行也。』《晉書·樂志·祠廟饗神歌》：『舞象德，歌詠功……舞象功，歌詠德。』

訶 hē

怒斥也。同『呵』。《三國志·蜀·廖立傳注》引：《諸葛亮集》：『又彈廖立表隨大將軍則誹謗譏訶。』《宋史·王旦傳》：『旦子弟及家人皆迎於郊，忽聞後有騶訶聲，驚視之，乃旦也。』

詞 cí

同『䛐』。①語言單位。《說文》：『詞。意内而言外也。』清·段玉裁《注》：『有是意於内，因有是言於外，謂之詞……言者，文字之聲也，䛐者文字形聲之合也。』②言詞，文詞。《公羊傳》：『春秋之信使也。……其則(孔)丘有罪焉耳。』③韻文文體之一。詞始於唐，盛於宋，固詩歌發展而来，故又稱詩餘，因其先有曲調，後有文詞，故又稱之為曲子詞，每首皆有調名，稱之為詞調，每調的片(闋)數、句數、字數，用韻，字的平仄，均有一定要求。

詘 qū

①通『屈』。《禮·服大記》：『凡陳衣不詘。』《注》：『不屈，謂舒而不卷也。』《荀子·勸學》：『若挈裘領，詘五指而頓之。』《注》：『詘，與『屈』同。』②又音chù。貶詘、貶退也。通『黜』。《戰國策·韓》：『彼公仲者，秦勢能詘之。』

訑 yí

也作『詑』。自得自滿貌。《孔子·告子》：『夫苟不好善。則人將曰訑訑。』《注》：『訑訑者，自足其智不嗜善。』唐·柳宗元《柳先生集·敵戒》：『秦有六國，兢兢以强，六國既除，訑訑乃亡。』

詔 zhào

①音zhào。②又音shào。通『紹』。介紹。《禮·禮器》：『故禮有擯詔。』《注》：『詔，為紹。』《疏》：『賓主相見，有擯相詔告也。』

詬 gòu

同『訽』。①罵。《左傳》：『衛孫蒯田於曹隧。飲馬於重丘，毀其瓶，重丘人閉門而詬之。』②耻辱。《左傳》：『子死亡有命，余不忍其詬。』

詆 tì

通『抵』。根底，基礎。《淮南子·兵略》：『兵有三詆。』《注》：『詆要事也。』

訴 sù

同『遡』、『愬』。①告訴，訴說。《楚辭》漢・王逸《憫上》：『思怫鬱兮肝切割，忿悁悒兮孰訴告。』②控告。《漢書・成帝紀・鴻嘉》：『刑罰不中、衆冤失職，趨闕者告訴不絕。』③誹謗。《左傳》：『郤犨將新軍……取貨於宣伯，而訴公於晉侯。晉侯不見公。』

䛒 biàn

同『辯』。北魏造新字，以巧言為辯，《廣韻》本作『䛒』。譌作『⿱巩言』。隋有柳䛒字顧言。《隋書》有傳。其後，『䛒』譌為『⿱巩言』。唐有僧名⿱巩言光者。

詨 xiǎo

通『嗃』。象聲也。《北史・尒朱世隆傳》：『初，世隆曾與吏部尚書元世雋握，忽聞局上詨然有聲，一棋子盡倒立。』《魏書》作『欻然』。

詳 xiáng

①本為審慎、周備、知迷之意。又通『祥』，善也。②又音 yáng。假作，通『佯』。《史記・殷本紀》：『箕子懼，乃詳狂為奴』。

誆 kuāng

通『誑』。以謊言騙人。《史記・鄭世家》：『乃求壯士，得霍人解揚，字子虎。誆楚。』

誇 kuā

同『夸』。①大也。《漢書・外戚傳》：『皇后廼上疏曰：「妄誇布服糲食，加以幼稚愚惑，不明義理。」』②誇大。《史記・司馬季主傳》：『夫卜者多言，誇嚴以得人情，虛高人祿命以說人志。』③誇耀。《文選》漢楊子雲（雄）《長楊賦》：『明年，上將大誇胡人以多禽獸。』

訿 zǐ

詆毀。同『訾』。《史記・莊子傳》：『作漁父、盜跖、胠篋，以詆訿孔子之徒。』

詤 huāng

亦作『謊』。夢言。《呂氏春秋・知接》：『瞑者目無由接也，無由接而言見，詤。』

詾 xiāng

多連用為詞，如『詾詾』意為誼譁紛擾貌。《新五代史四夷附錄》：『契丹大人聚而謀者詾詾，必有變，宜備之。』也作『訩』。

詻 è

多連用為詞，如『詻詻』，同『諤諤』。意直言爭辯也。《墨子·親士》：『分議者延延，而支苟者詻詻焉，可以長生保國？』

誃 yí

臺名，誃臺，亦作『謻臺』，周景王作，在洛陽南宮。

訾 zǐ

①又音zī，通『貲』，計量。《國語·齊》：『桓公召而與之語，訾相其質。』②通『資』。資財。《史記·杜周傳》：『及身久任事，至之公列，子孫尊官，家訾累数及萬矣。』③又通『恣』疾病。④足。《荀十二子》：『以不俗為俗，離縱而跂訾者也。』《注》：『訾讀為恣，離縱謂離俗而放縱，跂恣謂跂足違俗而恣其志意，皆違俗志高之貌。』⑤放縱。通『恣』。《淮南子·氾論》：『故心慎者無成功，訾行者不容衆。』

②又音cī。疾病、缺點。通『疵』。《禮·檀弓》：『故子之所刺於禮者，亦非禮之訾也。』

詹 zhān

①通『瞻』。仰望。詩《魯頌·閟宮》：『泰山巖巖，魯邦所詹。』②通『占』。詹尹。古占筮之官。《楚辭》屈原《卜居》：『心煩慮亂，不知所從，往見太卜鄭詹尹。』③又音dàn，足，《吕氏春秋·適音》：『不充則詹，不詹則窕。』漢·高誘《注》：『詹，足也，詹讀如澹然無為之澹。』④通『蟾』，蟾蜍。《文選·古詩十九首》：『三五明月滿，四五詹兔缺。』

詧 chá

諦視，明察。同『察』。《史記·秦紀》：『繆公曰：「善」。固與由余曲席而坐，傳器而食，問其地形與其兵勢盡詧。』

說 shuō

①又音shuì。通『稅』。舍止。《詩·南甘棠》：『勿翦勿拜，召伯所說。』②又音yuè。通『悅』。喜悅。《詩·召南草蟲》：『亦既見止，亦既覯止，我心則說。』③又音tuō。通『脱』。《易蒙》：『利用刑人，說

桎梏。』《左傳》：『車說其輹。火焚其旗。』

誖 bèi

同『悖』。①違背。《漢書·禮樂志》：『禮樂政刑四達而不誖，則王道備矣。』②惑亂。《漢書·司馬遷傳》：『太史公任於建元元封之間，愍達者不達其意而師誖。』《史記·太史公自序》作『悖』。

誌 zhì

①通『志』。記事文章或書籍。如地方誌，墓誌。②通『痣』。皮膚上的斑痕。《南齊書·江祏傳》：『高宗胛上有赤誌，常秘不傳。』

誚 qiào

責備。《說文》作『譙』。《書·金滕》：『公乃為詩以貽王，名之曰鴟鴞，王亦未敢誚公。』《疏》：『誚公，言王意欲責而未敢也。』

誼 yì

議論。通『議』。《漢書董仲舒傳·對策》：『故舉賢良方正之士，論誼考問。』

請 qǐng

又音 qìng。通『情』。《荀子·成相》：『聽之經，明其請，參伍明謹其賞罰。』《注》：『請，當為「情」，聽獄之經在明其情。』《按》：『《墨子》書多以請為「情」。』

諸 zhū

①指代人或事、物。通『之』。《左傳》：『晉荐饑，使乞糴於秦，秦伯謂子桑，與諸乎？』漢·楊雄《法言學行》：『夫有刀者礲諸，有王者錯諸，不礲不錯焉攸用？』②又音 zū。醬。通『菹』。《禮·內則》：『醢醬、桃諸、梅諸、卵鹽。』《疏》：『諸，菹也，謂桃菹、梅菹，即今之藏桃、藏梅也。』③又音 chú。通『蜍』。蟾蜍。《淮南子·說林》：『月照天下，蝕於詹諸。』

諆 jī

①謀劃。《後漢書·張衡傳·思賦》：『囬志朅来從玄諆，獲我所求夫何思！』《注》：『諆或作謀，諆也謀也。』②嫉妒。也作『惎』。北齊·劉書《劉子傷讒》：『妬才智之在己前，惎富貴之在己上。』

詘 qū

屈折。同『屈』。《淮南子·氾論》：『屈寸而伸尺，聖人為之。』

諕 huò

①「謋」之異體字。迅速分解狀。《莊子・養生主》：「動刀甚微，謋然已解。」唐・成玄英《疏》：「謋然、骨屈離之聲也。」

誷 wǎng

欺騙。同「罔」。《晉書・郤詵傳・對問》：「動則爭競，爭競則朋黨，朋黨則誣誷，誣誷則臧否失實，真偽相冒，主聽用惑，姦之所為也。」

誻 tà

同「沓」。如「誻誻」，也作「沓沓」。多言貌。《荀子・正名》：「故愚者之言，芴然而粗，嘖然而不類，誻誻然沸。」

諍 zhèng

又音 zhēng。爭奪，紛爭。通「爭」。《戰國策・秦》：「有兩虎諍人而鬭者。」《註》：「一作爭。」

諗 shěn

①思念。同「念」。《詩・小雅・四牡》：「豈不懷歸，是用作歌，將母来諗。」《註》：「諗，念也。」②知悉。也作「讅」。義同「審」。

論 lùn

又音 lùn。秩序。通「倫」。《禮・王制》：「凡制五刑，必即天論。」又通「掄」。《國語・齊》：「權節其用，論比協材。」《注》：「論，擇也。」

調 tiáo

①嘲笑、調戲。通「啁」。《世說新語・排調》：「康僧淵目深而鼻高。王丞相（導）每調之。」②又音 zhōu。通「朝」。「調饑」，謂「朝饑」，表渴的心情。《詩・周南・汝墳》：「未見君子，惄如調饑。」《箋》：「未見君子之時，如朝饑之思食。」韓詩作「朝」。

諂 chǎn

奉承，獻媚。《說文》作「讇」。《論語・學而》：「貧而無諂，富而無驕。」

諐 qiān

過失、罪過。古「愆」字。《禮・緇衣》引《詩》：「淑慎爾止，不諐于儀。」今《詩・大雅・抑》作「愆」。《漢書・劉輔傳》辛慶忌等上書：「朝廷無調諛之士，元首無失道之諐。」

諠 xuān

①忘記。同「諼」。《禮・大學》引《詩》：「有斐君子，終不可諠兮。」《注》：「諠，忘也。」《詩・衛風・淇奧》作「諼」。②聲大而雜。同「喧」。南朝・宋・鮑照《鮑氏集・代東武吟》詩：「主人且勿諠，賤子歌一言。」

諦 dì

又音 tí。通「啼」。如號哭為「啼號」。《荀子・禮論》：「歌謠謸笑，哭泣諦號是吉凶憂愉之情，發於聲音者也。」《注》：「啼讀為「諦」。」《管子》曰：「豕，人立而諦古字通用。」今本《管子・大匡》作「豕人而立啼。」

諺 yàn

①粗俗。通「喭」。《書・無逸》：「厥子乃不知稼穡之艱難，乃逸乃諺，既誕。」②弔喪。通「唁」。南朝・梁・劉勰《文心雕龍・書記》：「諺者，直語也，喪言也不及言，故弔也，稱諺。」

諞 pián

巧辯。通「便」。《書・秦誓》：「惟截截善諞言，俾君子易辭。」《說文》：「諞，巧言也。《論語》曰：「友諞佞。」」今本《論語・季氏》作「友便佞。」

諮 zī

商量，徵詢。同「咨」。《後漢書・趙典傳》：「朝廷每有災異疑義，輒諮問之。」

諜 dié

①譜諜。通「牒」。《史記・三代世表》：「余讀諜記黃帝以来皆有平數。」②通「喋」。如無休止的說話謂「喋喋」，也作「諜諜」。《史記・張釋之傳》：「夫絳侯東陽侯稱為長者，此兩人言事曾不能出口，豈斅此嗇夫諜諜利口捷給哉！」《索隱》：「《漢書》作「喋喋」，口多言。」

諵 nán

「諵諵」。低語聲也。同「喃喃」。唐・韓愈《昌黎集・酬司門盧四兄院長望秋作》詩：「日来省我不肯去，論詩說賦相諵諵。」

謂 wèi

通『為』。漢·桓寬《鹽鐵論·憂邊》：『有一人不得其所，則謂之不樂。』

遡 sù

告訴。同『訴』、『愬』。《管子·版法》：『治不盡理，則疏遠微賤者無所告遡。』

谦 qiān

又音 qiàn。滿足。通『慊』。《禮·大學》：『所謂誠其意者，毋自欺也，如惡惡臭，如好好色，此之謂自謙。』

謚 shì

也作『諡』。帝王、貴族、大臣、士大夫死後，依其生前事跡給予的稱號。《史記·蕭相國世家》：『孝惠二年，相國何卒，謚為文終侯。』

講 jiǎng

又音 gòu。通『覯』。如『講若畫一』。《漢書·曹參傳》：『參為相國三年薨，百姓歌之曰：「蕭何為法講若畫一，曹參代之，守而勿失。」』《注》：『講，和也，畫一，言整齊也。』《史記·曹相國世家》作『顜若畫一』。

謊 huǎng

『謊』的俗體字。

謘 chí

同『訑』。

謑 xià

也作『謨』。《荀子·非十二子》：『偷儒而罔，無廉恥而忍謑詢，是學之嵬也。』楊倞《注》：『謑詢，詈辱也。……』《漢書·賈誼傳》有『奊詬亡節』語。譏諷嘲笑常作為『奚落』，奚，當為『謑』。

謋 huò

亦作『謔』。迅速分解狀。《莊子·養生主》：『動刀甚微，謋然已解。』唐·成玄英疏：『謋，骨曲離之聲也。』

謝 xiè

臺榭。通『榭』。《公羊傳・宣》：『成周宣謝災。』按：《左傳》作『宣榭火。』《荀子・王霸》：『臺謝甚高。』《注》：『謝與榭同。』

謕 tí

同『啼』。《漢書・嚴助傳》：『親老涕泣，孤子謕號。』

謯 zǔ

同『詛』。《漢書・許皇后傳》：『後姊平安剛侯夫人謁等為媚道，祝謯後宮有身者王美人及（大將軍王）鳳等。』

謼 hū

號呼。同『呼』。《漢書・息夫躬傳》：『上遣侍御史廷尉監逮躬，繫雒陽詔獄，欲掠問，躬仰天大謼，因僵仆。』

謾 mán

又音 màn。廣泛。通『漫』。《莊子・天道》：『老聃中其說。曰：「太謾，願聞其要。」』宋・蘇軾《東坡集・王定國硯銘》：『墨雲浮空，謾不見天。』

謲 zàn

又音 zào。喧嚷。通『譟』。《墨子・迎敵祠》：『靜亱聞鼓聲而謲。』

謷 áo

又音 ào。驕傲。通『傲』。《新唐書・周墀傳》：『宿將暴謷，不循令者，墀命鞭其背。』

識 shí

又音 zhì。①記住，通『誌』。《論語・述而》：『默而識之，學而不厭，誨人不倦，何有於我哉。』②標幟。又通『幟』。《釋名・釋言語》：『識，幟也，有章幟可按視也。』

譈 duì

怨恨、憎恨。同『憝』。《孟子・萬章》：『康誥曰：殺人越於貨，閔不畏死，凡民罔不譈。』按：今本《尚書》『康誥』作『憝』。

譐 zǔn

①減少。漢・《賈誼傳・新書修政語》：『故服人而不為仇，分人而不辯者，真惟道矣。』②同『噂』。聚語。如議論紛雜稱為譐誻。又與『譐沓』同。《魏書・安定王休傳附元燮上表》：『譐誻明昏，有虧禮教。』

謿 cháo

譏諷。同『嘲』。《漢書·楊雄傳》：『時雄方草汰玄，有以自守，泊如也。或謿雄以玄尚白，而雄解之，號曰解謿。』

譓 huì

察辯。《國語·晉》：『今陽子之情譓矣。』一本作『譿』。

譆 xī

驚歎，悲哀。通『嘻』。《莊子·養生主》：『譆，善哉，技蓋至此乎。』

譚 tán

①說。同『談』。《莊子·則陽》：『彭陽見王果曰：「夫子何不譚我於王？」』《釋文》：『音譚，本亦作「談」。李云說也。』②延及。《管子·侈靡》：『而祀譚次祖，犯祖諭盟商言。』③放縱。《大戴禮·子張問入言》：『富恭有本能圖，修業居久而譚。』④春秋時諸侯國名。⑤姓。漢有譚閎。

證 zhèng

證實，證驗，諫，法則。『証』的繁體字。

譌 é

錯誤。同『訛』。《說文》：『譌，譌言也……《詩曰》：「民之譌言。」』今本《詩·小雅·河水》作『訛言』。《史記·封禪書》：『百姓怨其法天下畔之，皆譌曰：「始皇上泰山，為暴風雨所擊，不得對禪。」』

譕 mó

『謨』的古體字。

譑 jiǎo

取。通『撟』。《荀子·富國》：『而或以無禮節用之，則必有貪利糾譑之名，而且有空虛窮乏之實矣。』《注》：『譑，發人罪也。』②多言。《玉篇》有解。

譙 qiáo

①譙悴。通『憔』。如『譙譙』，羽毛殘敝貌。《詩·豳夙·鴟號》：『予羽譙譙、予尾脩脩。』《傳》：『譙譙，殺也，脩脩，敝也。』②瞭望。通『瞧』。如譙門為有望樓的城門。《漢書·陳勝傳》：『改陳，陳守令

皆不在，獨守丞與戰譙門中。』《注》：『譙門，謂門上为高樓以望者耳。』③责備。通『誚』。《韓非子·蠹》：『父母怒之弗為改，鄉人譙之弗為動，師長譙之弗為變。』

譩 yī 歎聲。通『噫』。

譤 jǐng 警戒。同『警』。《墨子·明鬼》：『為君者以教其臣。為父者以譤其子。』

譟 zào 喧鬧。同『噪』。《左傳》：『（士會）既濟，魏人譟而還。』

譍 yìng 答話。通『應』。唐·元稹《長慶集·通州丁溪館亱别李景信詩》：『倦童呼喚譍復眠，啼鷄拍翅之聲絕。』

譱 shàn 『善』的本字。《漢書·禮樂志》：『故孔子曰：「安上治民，莫譱於禮，移風易俗，莫譱於樂。」』古籍通作『善』。

警 jǐng 又同『儆』。戒備。

譥 jiào 大叫。通『噭』。《說文》：『痛呼也，從言，敫聲。』

譹 háo 大聲呼叫。同『嚎』。《莊子·齊物論》：『大木百圍之竅穴，似鼻，似口……叫者，譹者，宎者，咬者。』唐·成玄英《疏》：『叫者如叫呼聲也；譹者，哭聲也。』

讁 zhé 同『謫』。①責難。《詩·邶風·北門》：『我入自外，室人交徧讁我。』②過失，災禍。《老子》：『善行無轍迹，善言無瑕讁。』③因罪流放或貶官。《文選》漢·賈誼《過秦論》：『讁戍之衆非抗於九國之師也。』

譸 zhōu

忖度。通『籌』。《漢書·虞詡傳》：『初除之月，士大夫皆見弔勉，以虞譸之，知其無能為也。』《注》：『譸，當作「籌」。』

譾 jiǎn

淺薄。俗寫作『謭』。

譓 huì

辨察。同『譿』。《國語·晉》：『今陽子之情譓矣，以濟盖也。』

讌 yàn

宴會，會飲。同『宴』。《後漢書·樊準傳》上疏：『又多徵名儒以充禮官，……每讌會則論難衎衎，共求政化。』

讇 chǎn

奉承人。同『諂』。《禮·少儀》：『頌而無讇，諫而無驕。』

讎 chóu

①通『酬』。如賓主互相敬酒曰『讎柞』，向客人敬酒曰『讎』，向主人敬酒曰『柞』。《戰國策·趙》：『五國之王，嘗合横而謀伐趙，三分趙國壤地。著之盤盂，屬之讎柞。』②多。通『稠』。《書·微子》：『降監殷民，用人讎斂。』《釋文》：『馬本作「稠」。云數也。』按：『謂賦斂繁數。』

讓 ràng

又音 rǎng。竊奪。通『攘』。《管子·君臣》：『治斧越者，不敢讓刑，治軒冕者，不敢讓賞。』

讙 huān

喜悦。通『歡』、『懽』。《禮·檀弓》：『《書》云：「高宗三年不言，言乃讙。」』《注》：『讙，喜說也。』

譩 yī

歎聲。同『噫』。《列子·黄帝》：『吾與若玩其文也，而為達其實，而固且道與。』

讚 zàn

①頌揚人物之文體。亦作『贊』。《後漢書·蔡邕傳》：『所著詩、賦、碑、誄、銘、詻、贊、連珠……凡百四篇。傳於世。』②又佛經中歌訟之辭。唐·段成式《西陽雜俎續集·寺塔記》：『唄讚未畢满地現舍利。』③贊美，頌揚。《後漢書·崔駰傳》：『進不黨以讚己，退不黷於庸人。』④佐助。《文選》晉·潘安仁詩：『齊轡群龍，光讚納言。』鄭玄《注》：『讚，佐也。』

谷部

谹 hóng

谷中響聲。《說文》作『谹』。②宏大。通『閎』。《注》：『谹，深也。』《史記》作『閎』。《文選》作『吰』。

谿 xī

山澗的河溝。同『溪』。《左傳》：『澗谿沼沚之毛。』

㵎 jiàn

『澗』的異體字。《文選》晉·郭景純（璞）《江賦》：『幽澗積岨。』《注》：『《爾雅》曰：「山夾水曰澗，㵎與澗同。」』

豆部

㪷 dǒu

量器。同『斗』。《管子·乘馬》：『六步一㪷。』《漢書·平帝紀》：『民捕蝗詣吏。以食斗市錢。』

登 dēng

食器。形如斗而較淺。本作『登』。今《詩·大雅·民生》、《爾雅·釋器》皆作『登』。《儀禮·公食·大夫禮》作『鐙』。

豒 zhì

禮器，等級次第。同『秩』。《說文》引《虞書》：平豒東作。今《書·堯典》作『秩』。

豔 yàn

隸书作『艷』。①美丽。《左傳》：『宋華父督見孔父妻於路，目逆而選之，曰：「美而豔」。』②文辭，華麗。《三國志·孫權傳》：『信言不豔，實居於好。』③光彩貌。《文選》晉·張景陽（協）《七命》：『流綺星連，浮彩豔發。』④羨慕。《禮·郊特性》：『而監諸利。』漢·鄭玄《注》：『監，讀為豔，行田示之，以禽使歆豔立。』⑤古楚國歌曲。《文選》左太沖（思）《吳都賦》：『荊豔楚舞，吳愉越吟。』

豕部

豣 jiān

又音yàn。豣子。通『麉』。《爾雅·釋獸》：『麠……絕有力，豣。』清·郝懿行《義疏》：『豣，麉聲同，疑鹿，俱名麉，借作豣。』

豚 tún

①小豬。或作『㹠』、『豘』。《荀子·大路》：『錯質之臣，不息雞豚。』②又音dùn。土堆。通『墩』。《三國志·蔣濟傳》：『欲作土豚，遏斷湖水。』③隱遁。通『遯』。漢·楊雄《太玄經·六瞢》：『師或導射，豚其墩』。《注》：『豚，遁也。』

豥 hài

猪之四蹄。也作『駭』。《詩·小雅·漸漸之石》：『有豕白蹢。』漢·鄭玄《箋》：『四蹄皆自曰豥。』《釋文》、《爾雅》、《說文》皆作『豥』。

豤 kěn

猪齧也。俗作『啃』。通『懇』。如豤豤即『懇懇』。乃款誠之意。《漢書·楚元王傳附劉向上奏》：『臣幸得脱末屬，誠見陛下有寬明之德，冀銷大異……故豤豤数奸死亡之誅。』

豨 xī

豬。《淮南子·本經》：『封豨、蛇皆為民害。』《方言》：『豬……南楚謂之豨。』《廣韻》作『狶』。

豫 yù

通『與』。参與。《左傳》：『豫凶事非禮也。』《後漢書·東夷傳》：『及楚靈會申，亦來豫盟。』又音xiè。古州學名。通『榭』。《儀禮·鄉村禮》：『豫則鉤楹內。』《注》：『今言豫者，謂州學也。』《周禮》作『序』。

凡屋無室曰謝（榭）。」

豰 hù

獸名。說文作『殼』。

豯 xī

豚也。《方言》：『豬，南楚謂之豨』。其子或謂之豚或謂之『豯』五代本《切韻》作『豯』。

豳 bīn

①國名。通『邠』。在今陝西省旬邑縣、彬縣一帶。周代公劉始遷於豳，西周亡，歸於秦。《周詩・大雅・公劉》：『篤公劉，於豳斯館。』又音 bān 通『斑』。指有花紋之衣。《史記・司马相如傳・子虛賦》：『綺白虎，被豳文。』《集解》引郭璞：『著斑衣。』《文選》作『斑衣』。

貗 lóu

求偶的母猪。通作『婁』。

貛 huān

野猪。同『貛』、『獾』。

豸部

豻 án

也作『犴』。古代生於北地之野狗。又音 àn。古代鄉亭的拘留所。《漢書・刑法志》：『原獄刑所以著若此者……姦不輒得，獄犴不平之所至也。』

豺 chái

野獸名。也作『犲』。形似狗而殘猛如狼的一種動物。

豽 nà

獸名。通『貀』。《後漢書·烏桓鮮卑傳》：『又有貂、豽、鼲子，皮毛柔蝡，故天下以為名裘也。』

貀 nà

獸名。同『豽』。

貊 mò

獸名。本作『貘』。《漢書·哀牢傳》：『出銅、鐵、鉛、錫、……犀、旬、猩猩、貊獸。』

貉 hé

①哺乳動物。字本作『貈』。《詩·豳風》：『一之日於貉，取彼狐狸，为公子裘。』②又音mà。通『禡』古出師或行軍停駐時祭神的一種活動。《周禮·春官·肆師》：『祭裘貉，則為位。』《注》：『貉，師祭也，……於所立裘之處，為祭造軍法者，禱氣勢之增培也。其神盖蚩蚘，或曰黃帝。』

貈 hé

獸名。狗獾。同『貉』。《爾雅·釋獸》：『貈子貆。』《說文》：『似狐，善睡之獸也』。清·段玉裁《注》：『凡狐貉連文者，皆當作此貈字，今字乃皆假貉为貈，造貊为貉矣。』

貍 lí

同『狸』。本獸名。又音mái通『埋』。山林川澤之祭。《周禮·春官大宗伯》：『以貍沈祭山林川澤。』《疏》：『以其山林無水故埋之，山澤有水故沈之。』又音yù。腐臭。通『鬱』《周禮·天官·内饔》：『烏皫色而沙鳴，貍。』《疏》：『烏毛失色而鳴又嘶，其内氣必鬱，鬱謂腐臭。』

⿰豸契 yà

傳說中獸名。『⿰豸契貐』，同『猰貐』、『窫窳』。

貓 māo

俗作『猫』。家畜名。善捕鼠。

貒 tuàn

獸名。豬獾。也作『猯』。《世說新語・品藻》：『人人皆如此，便可結繩而治，但恐狐狸猯貉噉盡。』

貔 pí

獸名。豹屬。《釋文》：『貔，本作「豼」。音毗，即白狐也。』

貜 jué

同『玃』猴之一種。《爾雅・釋獸》：『貜父善顧。』《注》：『貑，貜也。似獮猴而大。色蒼黑，能攫持人，好顧眄。』

貝部

貝 bèi

①同『根』。『貝多』。樹名，梵文的譯音。也稱貝多羅樹、畢鉢羅樹、菩提樹、道樹，葉可裁為梵夾。可以寫經。唐・李商隱《李義山詩集・題僧壁》『若信貝多真實語，三生同聽一樓鐘。』

負 fù

通『媍』。老姆之異稱。《史記・高祖紀》：『好酒及色，常從王媪，武負貰酒。』《漢書・高帝紀》《注》引如淳：『俗為老大母為阿負。』

財 cái

①通『裁』。節制、制裁。《易泰》：『天地交泰，后以財成天地之道。』《荀子・王制》：『王者之等賦政事，財萬物，所以養萬民也。』《注》：『財與「裁」同。』②僅。通『纔』。《漢書・李陵傳》：『初，上遣貳師大軍出，財令陵為助兵。』

貣 tè

差。古『忒』字。《史記・宋世家》：『卜五占之用，二衍貣。』《易・豫禮》云：『四時不忒。』忒，《京房》本作『貣。』《尚書・洪範》：『衍忒』。《史記》作『衍貣』。

貤 yì

①重複。也作『貤』。《文選》晉・左太沖（思）《魏都賦》：『兼重悂以貤缪，偭辰光而罔定。』②延展。通『迆』《漢書・司馬相如傳・上林賦》：『貤丘陵，下平原。』《史記》作『貤』。

責 zé

又音 zhài 所欠的錢物。『債』之本字。《管子・輕重》：『君直幣之輕重，以決其數，使無券契之責，則積藏困窌之粟。皆歸於君矣。』《注》：『責，讀曰債。』《戰國策・齊》：『後孟嘗君出記：「問門下請客誰習計會，能為文牧責於薛者乎？」』

貫 guàn

①習慣。通『慣』。《孟子・滕文公》：『我不貫與小人乘，請辭。』②又音 wan。通『彎』。彎弓，張滿弓。《史記・伍子胥傳》：『使者捕伍胥，伍胥貫弓執矢嚮使者，使者不敢進。』《索隱》：『劉氏音貫为彎，又音古患反，贯為满張弓。』《史記・陳涉世家贊》：『士不敢貫弓而報怨。』《漢書》作『彎弓』。

貪 tān

又音 tan。探求。通『探』。探取實情。《後漢書・郭躬傳論》：『若乃推已以議物，捨狀貪情，法家之情慶延於世，蓋由此也。』《注》：『貪與「探」同也。』

貳 èr

①數字『二』的大寫。唐・《白居易長慶集・論行營狀》：『況其軍一月之費，計實錢貳拾漆捌萬貫。』漆同『柒』。數字作壹、貳、叁、肆、捌、玖等字。皆唐武后所改。②又副職，協助，懷疑，有二心。③差錯。通『忒』。《詩・衛風・氓》：『女不離爽，士貳其行。』清・王引之謂貳为『貣』之訛。貣，音也淂切。為『忒』之借字。

賁 bì

①又音 fen。怒。通『忿』。《禮・樂記》：『粗厲猛起奮末廣贲之音作，而民剛毅。』又音 fen。沸起通『墳』。《穀梁傳》：『覆洒於地面地賁。』②覆敗。通『僨』。《禮・時儀》：『贲軍之將，亡國之大夫，與為人後者不入。』《注》：『賁，讀為「僨」。僨猶覆敗也。』

貯 zhù

待。通『佇』。《漢書・外戚傳・武帝傷悼李夫人賦》：『飾新宮以延貯兮，泯不歸故鄉。』《注》：『貯与「佇」同，待也。』

貽 yí

贈送。《詩・邶風・靜女》：『靜女其孌，貽我彤管。』古經傳中詒、貽互見。清・鄭珍謂『貽』字皆漢後所改。

資 zī

本為財物或本錢。又通『咨』，詢問。『也』。《禮・表記》：『事君先資其言。』《注》：『資・謀也。』又音 jī。致，通『齎』。《儀禮・少年饋食禮》：『資黍羊俎兩端。』《注》：『今文資作「齎」』。又音 jì。菜名。通『薺』。《呂氏春秋・伍地》：『曰至若菜死資生。』又作『薋』。

賈 gǔ

①舉貨待售者。指坐商。《左傳》：『商農工賈，不敗其業。』一般又指做買賣。《詩・大雅・瞻仰》：『如賈三倍，君子是識。』又音 jià。價錢。同『價』。《論語・子罕》：『有美玉於斯，韞賣而藏諸。求善價而沽諸。』又音 jiǎ。姓。

貲 zī

財貨。通『資』。《史記・仲尼弟子傳》：『子貢好廢舉，與時轉貨貲。』

賓 bīn

又音 bìn。屏棄。通『擯』。《書・多士》：『今朕作大邑於茲洛，予惟四方罔攸賓。』

賒 shē

亦作『賖』、『賒』。①買物緩償其價曰賒欠。又寬鬆遲緩。杜工部《草堂詩・喜晴》：『甘澤不猶愈，且耕今未賒。』②長久、遙遠。《李太白詩・扶風豪士歌》：『我也東奔向吳國，浮雲四塞道路賒。』③稀疏。《杜工部草堂詩箋・陪鄭廣文遊何將軍山林》詩：『詞賦工無益，山林跡未賒。』④奢侈。通『奢』。《後漢書・王充傳論》：『楚楚衣服，戒在窮賒。』

賡 gēng

繼續。《書・益稷》：『乃賡載歌曰：元首明哉，股肱良哉。庶事康哉。』賡，本古文『續』字，《說文》有解。

賞 shǎng

又音 shàng。崇向，通『尚』。《荀子・王霸》：『致忠信以愛之，賞賢使能以次之。』

賬 zhàng

登記出入款數簿册。古作『帳』。《漢書・五帝紀》：『因朝諸侯王列侯，受郡國計。』唐・颜師古《注》：『計，若今之諸州計帳也。』後人因避免與帷帳之義相混，另造賬字以代之，如帳單、賬簿等。

賜 cì

窮盡，通『儩』。《文選》晉・潘安仁（岳）《西征賦》：『超長懷以遐念，若循環之無賜。』書札中稱猶言未盡曰『不儩』。

質 zhì

①椹。古刑具。鍘刀的墊座。同『櫍』、『鑕』。《穀梁傳》：『以葛覆質以为槷。』《注》：『質，椹也。』②初見時所持的禮物。通『贄』。《孟子・滕文公》：『傳曰：孔子三月無君，則皇皇如也，出疆必載質。』《注》：『質，臣所執以見君者也。』

贍 shàn

作為供給或供養的意思。又音 dàn。安定。通『澹』《史記・司馬相如傳・難蜀父老》：『夏后氏戚之，乃堙為鴻水，决江疏河，漉沈贍菑，東歸之於海。』『索隱』：《漢書》作『澌沈贍災……』《文選》作灑沈澹災。

贐 jìn

以財物贈行者。本作『賮』。《孟子・公孫丑》：『行者必以贐，詞曰餽贐，予何為不受。』

贗 yàn

偽物。俗作『贗』。唐・韓愈《昌黎集・崔六少府攝伊陽以詩及書見投因酬三十韻》詩：『前計頓乖張，居然見真贗。』宋・龚頤正《芥隱筆記真贗字》：『贗，字書云，偽物也，盖出《韩非子》齊伐魯，索饞鼎，魯以其贗往，齐曰贗，魯曰真也，古止用贗字。』

䞋 chèn

施舍，贈與。同『嚫』。梁・釋慧皎《高僧傳・佛陀耶舍》：（姚）與䞋耶舍布絹萬匹，悉不受。

贛 gòng

①賜予。通『貢』。《淮南子・精神》：『今贛人敖倉，予人河水，饑而餐之，渴而飲之。』《注》：『贛，賜也。』孔子弟子子貢。《禮・樂記》作『子贛』。

赤部

赤 chì

①紅色。②空净無物。③誅滅無餘。④裸露。⑤斥候。通『斥』。《史記・晉世家》：『（成公）六年伐秦，虜秦將赤。』《索隱》：『赤即斥、謂斥候之人也。』又掃除。通『捇』。除去曰『赤發』。猶捇拔，《周禮・秋官》有赤犮氏。《說文》：『魃，作「赤魃」氏。⑦又音chǐ。尺，通『尺』。北魏賈思勰《齊民要術・種穀》：『苗高一赤，鋒之。』按：『漢《西嶽石闕銘》：『张動为西嶽華山作石闕，高二丈二赤。』又北齊《平等寺碑》：『銅像一軀，高二丈八赤。』又《廣州記》謂：『蝦鬚長四赤。』皆謂『赤』通『尺』之例。

赧 nǎn

字亦作『𧹞』。①因慚愧而面赤。《孟子・滕文公》下：『未同而言，觀其色赧赧然。』《注》：『赧赧，面赤心不正之貌。』②憂懼。《國語・楚》：『夫子踐位則退，自退則敬，不則赧。』

𧹞 nǎn

同『赧』。

赫 hè

①赤色鮮明。②顯著。顯要。③發怒。④分裂、支解。⑤威嚇。同『嚇』。《詩・大雅・桑柔》：『既之陰女，反予来赫。』唐・釋玄應《一切經音義・因恐嚇》引《詩》作『反予来嚇。』又音xì。赫蹏。西漢末年流行的一種小幅簿紙。《漢書・孝成趙皇后傳・角光奏》：『（籍）武發篋，中有裹藥二枚赫蹏書。』《注》：『鄧展曰：「赫音兄弟鬩墻之鬩。」應劭曰：「赫蹏，簿小紙也。」晉灼曰：「今謂薄小物為鬩

虢。』⑥發怒。《詩・大雅・皇矣》：『王赫所怒，愛整其旅。』

赮 xiá

『霞』的古字。①赤色。《文選》晉・郭景純（璞）《江賦》：『絕岸萬丈，壁立赮駮。』②日出之光。《漢書天文志》：『天雷電、赮虹、辟歷，夜明者，陽氣之動也。』清・鄭珍謂『霞』本作『瑕』。後人改『赮』以別於『瑕』。『霞』後出字。《說文・新附考五》有解。

赬 chēng

紅色。說文作『經』。俗作『頳』。《爾雅・釋器》：『再染謂之赬。』《疏》：『赬、淺赤也。』南朝・齊謝朓《謝宣城集・望之湖》詩：『積水照赬霞，高臺望歸異。』

赯 táng

赤色。人面色紫曰『赯』。或作『糖』。宋・趙叔向《肯啟録》：『按：「俗稱紫棠色。棠當作赯」。』

走部

赴 fù

①趨往、移入。②告喪。今文作『訃』。《左傳》：『平王崩，赴以庚戌，故書之。』古代諸侯以崩，薨禍福相告曰『赴告』。

赶 qián

獸類翹尾奔跑。又音 gǎn 追赶，赶走。字也作『趕』。

越 yuè

①度，度過。②踰越，超出。③經過。④揚。⑤迂闊。⑥遠。⑦消散。⑧失墜、墜落。⑨發語詞。⑩劫奪，搶劫。⑪於。⑫與。⑬民族名。古代江浙粵閩之地越族所居，謂之百越。越與『粵』通。百越也作『百粵』。⑭又音 huó。結，通『括』。《左傳》：『清廟茅屋，大路越席。』《疏》『蒲為席。又穴。瑟底的小孔。』《禮・樂記》：『清廟之瑟，朱絃而疏越。』

趁 chèn

俗作『趂』。①追逐。北齊，賈思勰《齊民要術・雜說》：『凡秋收了，先耕蕎麥地，次耕餘地，務遣深細，不得趁多。』②趨，赴。趁墟，乃趁便也。即趕集。『墟』也作『虛』。唐・柳宗元詩：『青箬裹鹽歸峒客，綠荷包飯趁虛人。』宋・錢易書：『端州以南，三日一市，謂之趁虛。』

趂 chèn

『趁』的異體字。

趍 qū

同『趨』。朝向。奔向。《戰國策・韓》：『嚴遂拔劍趍之。』高誘《注》本作『趨』。《淮南子・兵略》：『獵者逐禽，車馳人趍，各陽花盡其力。』

趕 gǎn

同『赶』。

趣 qū

①趨向。趨附。《詩・大雅・棫樸》：『濟濟群王，左右趣之。』《春秋繁露・郊祀》：『賈子連語客經》引《詩》皆作『趨』。

趫 qiáo

①便捷。②壯盛、武健。③善走。同『蹻』。《文選》三國・魏・曹子建（植）《七啟》：『趫捷若飛，蹈虛遠蹠。』《注》：『《廣雅》曰：「趫，趨行也，今為蹻」。』

趭 jiào

奔走。同『踥』。《漢書・司馬相如傳・大人賦》：『蔑蒙踊躍，騰而狂趭。』

足部

趻 chěn

行動無定貌。同『踸』、『跈』。

趺 fū

同『跗』。①足背。雙足交疊而坐曰趺坐。又引伸為足跡。《宋史張九成傳》：『每執書就明，倚立庭磚，歲久雙趺隱然。』②花萼。《文選》晉·束廣微（晳）《補亡詩》：『白華降趺，在陵之陬。』③碑下的石座。唐·劉禹錫《劉夢得集·奚公神道碑》：『螭首龜趺，德輝是紀。』

跁 bà

①蹲貌。②短貌，矮小。或作『矲』、『⿰立卑』。《集韻》有解。③又音 pá。小兒匍匐稱『跁』。字或作『爬』。《正字通》有解。

跀 yuè

經傳中多作『刖』。古代砍足或砍去足蹠的刑罰。《說文》：『跀，斷足也。』清·段玉裁《說文解字注》有解。

⿱尚足 chéng

抵拒，支撐。『撐』的本字。《說文》：『⿱尚足，歫也，隸變從足。』

跎 tuó

①蹉跎。②駝背。『駝』的俗寫。

距 jù

①雞爪。②物之彎曲成角形之處。③到。④去。⑤抗拒。通『拒』。《詩·大雅·皇矣》：『密人不恭，敢距大邦。』⑥難道，豈。通『詎』。《韓非子·難》：『燕噲雖舉所賢而同於用所愛，衛奚距然哉。』⑦通『鉅』。《淮南子·記論》：『體大者節疏，蹠距者舉遠。』

跌 diē

①失足倒下。②差失，差誤。③脚掌。④手足關節脱臼。同『胅』。《太平御覽》：魏·曹丕《典論·酒誨》：『無不顛倒僵僕，踒跌手足。』

跗 fū

①脚背。②毛筆下端的栽毛部份。漢·刘歆《西京雜記》：『禾子筆，管以錯寶為跗，毛皆以秋兔之毫官師路扈為之。』③毛萼的基部。同『柎』。《管子·地員》：『朱跗黃實，《注》：「跗，花足也。」』

④同『跌』。

跡 jì

同『迹』。《文選》漢·張平子（衡）《思玄賦》：『匪仁里其言宅兮，匪義跡其言迫』。李善本作『迹』。古籍中兩字常互用。

跬 kuí

半步。相當於今之一步。《說文》作『趌』。《司馬法》：『一舉足曰跬，跬三尺，兩舉足曰步，步六尺。』

跱 zhì

同『峙』。①止，獨立。《淮南子·修務》：『（申包胥）七日七夜至於秦庭，鶴跱而不實，書吟宵哭。』②踞，安置。《莊子·秋水》：『且夫善一壑之水而跨跱埳井之樂，此亦至矣。』③具備。《後漢書·章帝紀》：『詔所經道上，群縣無得設儲跱。』

跨 kuà

①越過，超越。②騎。③據有。④通『胯』。《漢書韓信傳》：『韓信微時，淮陰少年有辱信者，曰：『能死，刺我，不能，出跨下。』於是信孰視，俛出跨下。又龍且曰：『我平生知韓信為人，易與耳，……受辱於跨下，無兼人之勇。』《史記·淮陰侯傳》作『袴』

路 lù

①道路。②道理。③職位。④大、正。⑤羸困。⑥車。⑦行政區域名。⑧姓。⑨又音 luò。通『落』。纏繞。《漢書·楊雄傳·校獵賦》：『爾迺虎路三嵕以為司馬，圍百里以為殿門。』《注》：『服虔曰：「以竹虎落此山也……落蘽也。以繩周繞之也。」

跢 duò

①小兒行貌。②同『跺』。以足頓地。清·孔尚任《桃花扇·沈江》：『今夜揚州城陷，逃到此間，聞的皇帝已死，跢了跢脚，跳下江去了。』

跳 tiào

①躍。②弄。③又音táo。同『逃』。《史記・高祖紀》：『項羽遂圍城皋，漢王跳』。《索隱》：『如淳云：跳，走也』。

趺 fú

同『匐』。屈手足伏地。《文選》晉・左太冲（思）《吴都賦》：『魂褫氣慑而自蹋趺者，應玄飲羽。』晉・刘淵林（逵）蹋、趺皆頓伏也。』

踁 jìng

小腿。同『脛』。《漢書・刑法志》：『衣三屬之甲』。唐・颜師古《注》：『如淳曰：上身一髀褌也，踁繳一凡三屬也。』

踪 zōng

足迹。同『蹤』。唐・齊已《白蓮集・寄寒蜕秀才》詩：『松門高不似侯門，蘇經鞋踪觸處分。』

踠 wǎn

屈曲。同『宛』。《文選》漢・班孟堅（固）《東郊賦》：『馬踠餘足，士怒未溹（泄）。』《注》：『踠，屈也。』

跰 bèng

散走。同『迸』。漢・楊雄《太玄經・逃》：『上九，利逃跰跰。』《注》：『九為其終，終始逃遁，故跰跰也。』

踦 qī

①一隻脚。②跛脚。行不便貌。③偏於一面。④邪曲。⑤奇，偶之對，謂命運多舛。⑥又音jǐ，足脛。⑧又音qí。通『畸』。險阻不平。《文選》左太冲（思）《魏都賦》：『山阜猥積而踦䢋，泉流迸集而咉咽』。

踐 jiàn

①踏。《詩・大雅・行葦》：『敦彼行葦，牛羊勿踐履。』②險。③登。④實現。⑤依循。⑥行列有序。⑦又音jiǎn。剪滅。通『翦』。《書・蔡仲之命》：『成王東伐淮夷，遂踐奄。』

踞 jù

①蹲或坐。《史記・高帝记》：『沛公方踞牀使两女子洗足。』②憑倚。③傲慢。通『倨』。漢・桓寬《鹽鐵論・緒和》：『今有帝名而威不信長城，反路遺而尚踞傲。』④通『鋸』。《楚辭・大招》：『長爪踞牙，

誒笑狂只。』

踏 tà

①實地察看。如『踏勘』。宋・李後《方舟集・論荆鄂兩軍守勝勢疏》：『今日初八日，以初獵为名，同往新野一帶，踏勘勝勢，意欲合兩軍之力，則戰守俱利也。』②踩。本作『蹋』。舊題漢・劉歆《西京雜記》五：『既而相與，連臂踏地為節，歌《赤鳳凰来》。』

踘 jū

①毬。通『鞠』。『古軍中習武之游戲。所謂蹴踘之戲即指此也。』

⿰𧾷豖 zhī

脚掌。古『蹠』字。

蹄 tí

①捕兔的工具。用以擊兔足，故稱蹄。②同『蹏』。《孟子・滕文公》：『獸蹄鳥跡之道，交於中國。』③又音dì。踢也。同『踶』。《禮・月令》：『季春之月，遊牝別羣，則縶騰駒。』漢・鄭玄《注》：『為其牡氣有餘，相蹄齧臥也。』《釋文》：『蹄，蹋也。或本作踶。』

蹂 róu

①踐踏。②以手揉搓。通『揉』。《詩・大雅・生民》：『或舂或揄，或簸或蹂。』

踽 jǔ

孤獨曰：『踽踽』。《詩・唐風・秋杜》：『獨行踽踽，豈無他人。』《傳》：『踽踽，無所親也。』①獨行貌。②同『傴』。脊梁弯曲，或曰傴僂。《文選》戰國・楚・宋玉《登徒子好色賦》：『其妻蓬頭攣耳，齞唇歷齒，旁行踽僂，又疥且痔。』

蹇 jiǎn ①跛。②凝滯，停留。③困苦。④《易》卦名。⑤口吃。通『謇』。或發語詞，也通『謇』。《楚辭》屈原《九歌·湘君》：『君不行兮夷猶，蹇誰留兮中洲。』⑥又音 qiān。揭，提起。通『搴』、『褰』。《楚辭》屈原《思美人》：『因芙蓉而為媒兮，憚蹇裳而濡足。』

蹎 diān 跌倒，僵僕。『顛』本字。《荀子·正論》：『蹎跌碎折，不待頃矣。』《注》：「『蹎』與『顛』同。躓也。」

蹋 tà 踩，踢。同『踏』。《漢書》《武五子傳》：『山陽男子張富昌為卒，足蹋開户。』

蹣 pán 跛行貌。同『蹒』。《玉篇》：『蹣，蹣跚也。』

蹏 tí 古『蹄』字。《漢書·貨殖傳》：『故曰陸地牧馬二百蹏。』《注》：『蹏，古蹄字。』

蹔 zàn 暫時。同『暫』。《列子·楊朱》：『以若之治外，其法可蹔行於一國，未合於人心。』

蹙 cù 也作『蹴』。①急促，緊追。②減縮。③皺縮。④接近。⑤恭敬謹愿貌。⑥蹋，踏。同『蹴』。《禮·曲禮》曰：『以足蹙路馬芻，有誅。』《釋文》：『蹙，本又作「蹴」』。

蹢 zhí ①蹢躅，徘徊不進貌。②又音 zhì 通『擿』。《莊子·徐無鬼》：『齊人蹢子於宋者，其命閽也，不以完。』③又音 dí。獸蹄。《詩·小雅·漸漸之石》：『有豕白蹢丞涉波矣。』《傳》：『蹢，蹄也。』

蹟 jì 道，法度。同『迹』。《詩·小雅·沔水》：『念彼不蹟，載起載行。』《傳》：『不迹，不循道也。』

蹛 dài

居積，停滯。通『墆』、滯。《史記・平準書》：『日者大將軍攻匈奴，斬首虜萬九千級，留蹛無所食。』

蹴 cù

①成为，成就。②縮。通『蹙』。《左傳》：『其卦遇復☷☳，曰：『南國糠、射其元王中厥目，國蹴王傷，不何待。』③同『蹴』。蹴繩，即鞦韆繩，唐・韓愈《昌黎集・城南聯句》：『蹴繩觀娥婺，闘草擷璣珵。』

蹕 bì

①站立不定。②古代帝王出行，禁止行人以清道。《說文》作『趩』。《周禮・天官閽人》：『大祭祀，喪紀之事，設門燎，蹕宮門廟門。』

蹝 xǐ

草履。《說文》作『躧』。《孟子・盡心》：『舜視棄天下，猶棄敝蹝也。』

蹤 zōng

同『踪』。①蹤跡《史記・蕭相國世家》：『高帝曰：夫獵，追殺獸兔者狗也，而發蹤指示獸處者人也。』②追隨。《隋書・煬帝蕭皇后傳・述志賦》：『質菲薄而難蹤，心恬愉而去惑。』

蹷 jué

同『蹶』。

蹩 biě

也作『躄』。

蹢 zhé

同『轍』。車輪輾過的痕跡。《列子・說符》：『若此者絕塵弭蹢。』

蹶 jué

字亦作『蹷』也音guì。動也，行或急起貌。

蹮 xuǎn

《說文》作『䍔』。捕鳥獸的網。引《逸周書》文《傳》：『不卵不蹮，以成鳥獸（之長）。』今本《逸周書》：作『不麛不卵。』

蹬 dèng

又音 dēng。同『登』。漢《稾長蔡湛頌》：『三載動最，功蹬王府。』《西遊記》：『猛睜眼看見光明，他就忍不住，將身一縱，跳出丹爐，唿喇的一聲蹬倒八卦爐，往外就走。』

蹹 tá

同『蹋』。踐，踢。《晉書・張軌傳》：『長史王融，參軍孟暢蹹折（張）鎮檄，排閤入諫。』

蹻 qiāo

同『蹺』。

躁 zào

急躁。浮躁。《說文》作『趮』。

躑 zhí

也作『蹢』。

躓 zhì

跌倒。同『跲』。《左傳》：『及輔氏之役（魏）顆見老人結草以抗杜回，杜回躓而顛，故獲之。』

躤 jī

也作『躤』《史記・司馬相如傳・上林賦》：『乘騎之所蹂，若人民之所蹈躤。』

躢 tā

踐踏。同『蹋』。《漢書・霍去病傳》：『其在塞外，卒乏糧，或不能自振而去病尚穿域躢鞠也。』《史記》作『蹋鞠』。

躖 tuǎn

足跡。《說文》作『𨇽』。躖躖，即獸迹也。《楚辭》漢・王逸《九思・悼亂》：『鹿蹊兮躖躖，貒貉兮蟫蟫。』

躧 xǐ

同『屣』、『跐』。①無跟的小鞋。《漢書·地理志》：『女子彈絃跕躧，遊媚富貴。』②皮鞋。《戰國策·燕》：『燕、趙之棄齊猶釋弊躧。』《注》：『革履也。』③曳履而行。《漢書·雋不疑傳》：（暴）勝之躧履而行。

身部

䠶 shè

『射』本字。《說文》：『弓弩發於身而中於遠也，從矢，從身。射，篆文䠶，從寸。寸，法度也，亦手也。今《經傳》皆從篆文『射』。

躳 gōng

『躬』本字。《說文》：『躳，身也，從身從呂。躳或從弓。』

躶 luǒ

露體。同『裸』、『臝』。《史記·陳丞相世家》：『平恐乃解衣躶而佐刺船。』

軃 duǒ

垂下。同『嚲』。唐·岑參《岑嘉州詩·和刑部成員外秋寓直臺省知己》：『竹喧交砌葉，柳軃拂窗條。』

車部

軏 yuè

《說文》作『軏』。置於車轅前與車衡銜接處的銷釘。《論語·为政》：『大車無輗，小車無軏，其何以行之哉？』

輴 chūn

巡繞。也作『輴』。《秦·嶧山刻石》：『窺輴遠方。』《說文》：『一曰下棺車曰輴。』

軶 è

『軛』的俗字。車上的部件。車轅前的横木。《左傳》：『射兩軥而還。』《注》：『軥，車軶卷者。』

軟 ruǎn

『輭』的異體字。柔和。唐・元稹《長慶集・送嶺南崔侍御》詩：『火布垢塵湏火浣，木棉温軟當錦衣。』

軝 qí

车轂末端用皮革束纏的裝飾部份。一作『軝』。《詩・小雅・采芑》：『方叔率止，約軝錯衡，八鸞瑲瑲。』

軨 lǐng

①車輪。②小車。③車箱的木格欄。也作『轜』《說文》：『軨，車轖間横木。』

軫 zhěn

①車底後部的横木。②謂車。③琴瑟等腹下轉動的木柱。④轉。⑤盛多貌。⑥痛。⑦星名。⑧春秋時國名。⑨陌路。通『畛』。《淮南子・要略》：『測窈冥之深，以翔虛之無軫。』《文選》南朝・谢靈運《登險海嶠初發彊中作與從弟惠運》詩：『與子別山阿，含酸赴脩軫。』

軼 yì

①超車。②攻擊，突。③散失。通『佚』、『逸』《史記・五帝紀贊》：『書缺有間矣。其軼乃時見於他說。』④通『溢』。《漢書・地理志》：『軼為滎』。《注》：『軼與「溢」同。』《書・禹貢》作溢。又音dié。更迭。《史記・封禅書》：『自武帝以至秦，軼與軼衰。』《漢書・郊祀志》作『迭』。⑥又音zhe。通『轍』。車跡。《莊子・天地》：『季徹局局然笑曰：「夫子之言。於帝王之德，猶螳螂之怒臂以當車軼，則必不勝任矣。」』《釋文》：『軼，音『轍』。』

載 zài

①乘具。②裝載。③盛，放置。④戴。⑤充满。⑥始。⑦裝飾。⑧則。⑨詞語。⑩通『再』。《吕氏春秋・順民》：『文王載拜稽首而辭。』《漢・王符潛夫論・考績》：『其不貢士也，一則黜爵，載則黜地。』

三黜則爵俱畢。⑩又音zài。記錄。載籍。又年和歲的別稱。

較 jué
①《說文》作『較』。②直。③相競爭。通『角』。《孟子·萬章》：『魯人獵較。』又音jiào。④比較，考校。通『校』。《新唐書·百官志》：『歲較其屬功過。』⑤明。舊音角。⑥略，概略。⑦不等，差。

輅 hé
①挽輦的橫木。《廣韻》作『脈』。②挽車。③又音ià。大車也。《論語·衛靈公》：『乘股之輅。』《文選》漢·張平子（衡）《東京賦》：龍輅充庭，雲旗拂霓。④又音yà。迎。通『迓』。《左傳》：『輅秦伯，將止之。』《注》：『輅，迎也。』

輔 fǔ
①依附車輻的直木。②輔助。③官名。④京畿謂之輔。⑤星名。⑥姓。⑦腮，類輔。通『酺』。《易·咸》『咸其輔頰舌，滕口說也。』

輓 wǎn
俗作『挽』。①拉車牽引。②謂助葬牽引喪車。以表哀悼。③通『晚』。《史記·貨殖傳》：『必用此為務。輓近世塗民耳目，則幾無行矣。』《索隱》：『輓音晚，古字通用。』

輨 guǎn
车轂頭包的冒蓋。或作『錧』。《方言》：『關之東西曰輨，南梵曰軑。』《急救篇》：『輻轂輨轄輮輰𨏔。』《注》：『錧，轂端之鐵也。』

輛 liàng
車一乘稱一輛。古作『两』。『輛』，為後起字。《元史百官志》：『器物局，秩從五品，掌……御用各位下鞍轡、忽哥轎子。賬房車輛金寶器物。』

輚 zhàn
臥車。亦兵車。亦作『轏』。《廣韻》有解。

輪 lún
①車輪。②謂車。③轉。④輪流。⑤謂圓形如車輪之物。如一輪明月。⑥面積地縱度。⑦外緣或周圍。⑧高大。⑨又音lun。揮動。同『掄』《元曲選·李質夫虎頭牌》：『你索與他演槍刀，輪劍戟，習

弓箭。」

輞 wǎng

車輪之外周。《廣韻》作「輞」。《釋名·釋車》：「輞，罔羅周輪之外也。」《抱樸子·微旨》：「猶工匠之為車焉，轅輞軸轄莫或應虧也。」

輝 huī

光。同「煇」。《三国志·魏·陳思王植傳》：「螢燭末光，增輝日月。」《晉書·天文志》：「極在天之中，夏时陽氣多，陰氣少。陽氣光明，與日同輝，故日出即見。」

輭 ruǎn

柔弱。異體作「軟」。古籍中「輭」、「軟」互用。

輮 róu

①車輪的外周。②使物弯曲。通「揉」《易·說卦》：「坎為水……為矯輮。」《疏》：「使曲者直為矯。」③踐踏。通「蹂」。《漢書·項籍傳》：「王翳取其頭，亂相蹂踏，羽爭相殺者數十人。」

輷 hōng

同「轟」。羣車行進的響聲。《史記·蘇秦傳》：「人民之衆，車馬之多。日夜不絕，輷輷股股若有三軍之衆。」

輴 chūn

①泥濘路上的交通工具。也作「橇」。《書·益稷》：「予乘四載。」《傳》：「泥乘輴。」《釋文》：「輴，丑倫反。」《漢書》作「橇」。如淳音「蕝」，謂以板置泥土。服虔：「木橇形如木箕，擿行泥土。」《尸子》云：「澤行乘蕝。蕝音子絕反。」②載柩車。一作「軔」。《禮·檀弓》：「天子殯也，菆塗龍輴以椁。」

輾 zhǎn

①猶轉。②又音 niǎn。同「碾」。《玉臺新詠》：南朝·王梁訓《奉和率爾有詠》詩：「簡釵新碾翠，試履逆垣墙。」

轄 xiá

①管理。《晉書·梁·武昭王傳·上表》：「又敦煌郡大衆股，制御西域，管轄萬里。為軍國之本。」②星名。③車輪位置處插入軸端的銷釘。一作「舝」、「鎋」。《左傳》：「巾車脂轄，隸人、牧、圉各瞻

其事。」

轃 zhēn

①大車上的席墊。②至。通『臻』。《漢書·禮樂志·安世房中歌》：『大矣孝熙，四極受轃。』

轅 yuán

①車前駕牲畜的直木。②行。舘。③地名。④姓。⑤易。通『爰』。分配田地之法。《國語·晉》：『且賞以悅衆，衆皆哭焉，作轅田。』《注》引賈侍中（逵）云：『轅，易也，為易田之法，賞衆以田。易者易疆界也。』

䡹 zhì

同『輊』。車前低後高或前輕後重。《淮南子·人間》：『道者，置之前而不䡹，錯之後而不軒。』

轊 wèi

車軸頭。《說文》作『軎』。《文選》南朝·宋·鮑明遠（照）《燕城賦》：『車挂轊，人駕肩。』

轔 lín

①車聲。②車輪。③門檻。④又音 lín。車輪輾壓。同『轥』。《史記·司馬相如傳》：『掩兔轔鹿。』《集解》：『徐廣曰：「轔，音吝。」』（裴）駰案：郭璞曰：『……轔，車轢。』

轑 lǎo

①車蓋弓，車輻。②䡇，通『橑』。《漢書·張敞傳》：『圍守王官，搜索（劉）調等，果得殿屋重轑中。』《注》：『蘇林曰：「轑，椽也。重轑，重棼中。」』顏師古曰：『「重棼，即今之廊舍也。」』③又音 láo。刮，敲。④又音 liáo。燃燒。通『燎』。

轎 jiào

山行的工具。古作『橋。』《漢書·嚴助傳》：『輿轎而隃領。』《注》：『臣瓚曰：「今竹輿車也」……江表作竹輿行是也。……此直言以轎過領耳。』後為肩輿之通稱。《朱子語類》云，南渡以前，士大夫皆不用轎，程頤云不以人代畜因之乘馬，老弱者朝逆賜轎。南渡以後則轎才盛行起来。五代時雖有此名。然和後来之所謂轎子并非同義，那時轎子所指肩輿之總稱相當今上山之抬人的滑杆也。

轖 sè

①以皮革蒙在車箱外部的障蔽。《說文》作『轖』。《急就篇》：『革轖髤漆油黑蒼。』②塞。《文選》漢·枚叔《七發序》：『邪氣襲逆，中若結轖。』

轚 jí

車轄相觸擊。也作『擊』。《穀梁傳》：『御轚者，不得入。』《注》：『车，轚或作擊』。

轝 yú

共舉，對舉。②放酒具的禮器。同『棜』。《儀禮·既夕禮》：『設棜於東堂下。』漢·鄭玄《注》：『棜，今之轝也。』又同輿。《墨子·公輸》：『鄰有敝轝而欲竊之。』④衆多。《史記·陸賈傳》：『人衆車轝，轝萬物殷富。』《漢書》作『輿』。

轛 zhuì

①車軾下的橫木。②又音 duì。同『⿰木對』。即車箱。

⿰車畢 fú

亦作『⿲王車王』。盛弓弩器。《後漢書·輿服志》：『戒車……蕃以茅麾金鼓羽析幢翳，⿰車畢胄甲弩之箙。』《注》引鄭玄《注》《既夕》：『服，車箱也。』此以箙為車箱之服，以⿰車畢為盛弓之箙。

辛部

辜 gū

①罪。②分裂肢體。③又音 gǔ。原因。通『故』。《史記》屈原《賈生傳》：『般紛其離此尤兮亦天子之辜也。』《索隱》：《漢書》辜，作『故』。《文選》賈誼《弔屈原文》也作『故』。④必定。通『固』。《漢書·律曆志》：『姑洗，洗，絜也，言陽氣洗物固絜之也。』

辝 cí

『辭』的別體。漢·焦延壽《易林·需·晉》：『不可辝阻，終無悔咎。』

辟 pì

①打開。②開拓。③排除。④不實在、偏頗。通『僻』。《論語·先進》：『柴（子羔）也愚，参（曾参）也魯，師（子張）也辟，由（子路）也喭。』《集注》：『辟，便辟也。謂習與容止，少誠實也。』⑤旁側。⑥拊心。通『擗』。《詩·邶風·柏舟》：『静言思之，寤辟有摽。』《傳》：『辟，拊心也。』《釋文》：『辟本又作擗』。《玉篇》：『擗』引《詩》又作『擗』。⑦比喻。通『譬』。《墨子·小取》：『辟也者，舉物而以明之也。』又音 bì。⑧天子諸侯君主的通稱。⑨法，刑法。⑩罪。⑪微召。⑫躲避。通『避』。《孟子·滕文公》：『（陳子仲）辟兄離母，虎處於陵。』《國語·晉》辟作『避』。⑬閑。⑭腿瘸。通『躄』《荀子·正論》：『王梁造父者天下之善馭者也。不能以辟馬毁輿致遠。』⑮彰明。《禮·祭統》：『對楊以辟之。』又音 mǐ。停止，平息《禮·郊特牲》：『有田辟焉。』《注》：『辟，讀為「弭」。為弭災兵，遠罪疾也。』《注》：又音 pí。緣飾。通『紕』。《禮·玉藻》：『而素帶終辟。』《注》：『辟，讀如裨冕之裨。裨，謂以繒采餙其側。』。又音 bò。析裂。通『擘』。《礼·喪服大記》：『絞一幅为三，不辟。』

辠 zuì

古『罪』字。《國語·晉》：『蔽北之紀，失臣之官。有二辠焉，何以事君？』《說文》：『辠，犯法也，从辛從自。』

辣 là

《玉篇》《廣韻》皆作『辢』。①辛辣。②凶狠、惡毒。

辢 là

『辣』的本字。

辤 cí

不受。同『辭』。經傳凡辤之辤皆作『辭』。為『辭』的省借。

辨 biàn

《說文》作『辧』。①辨別。②明察。③古代土地面積單位。④床身與床足結合之處。⑤又音 bàn。治理。又通辦。《荀子·議兵》：『城廓不辨。』《注》：『辨，治也。』⑥又音 biǎn。通『貶』。謙恭貌。《禮·玉藻》：『立容辨卑，毋讇。』《注》：『辨，讀為貶，自貶卑。謂磬折也。』

辦 bàn

《說文》从刀作『辧』。俗又作『辦』、『辦』。

辥 xuē

『薛』的異體字。

辬 bān

不純。駁雜。同『斑』。

辯 biàn

①辯論。有口才。②辯明，辨別。通『辨』。《易·繫辭》：『辯吉凶者存乎辭。』③治理。④周徧。⑤變化通『變』。《莊子·逍遥遊》：『若夫乘天地之正，而御六氣之辯，以遊無窮者，彼且惡乎待哉！』⑥又音 piān。通『便』《史記·孔子世家》：『其於宗廟朝廷，辯辯言。唯謹爾。』《論語·鄉黨》作『便便』。

辰部

辰 chén

①十二支的第五位。②十二支的通釋。③時刻，時運。④星名。⑤日月。⑥日月交會之所。⑦指東方。⑧通『晨』。《詩·齊風·東方未明》：『不能辰夜，不夙則莫。』

農 nóng

①耕種。②農作之人曰農氏，③田官。④姓。⑤勤勉。⑥濃厚。通『醲』。《書·洪範》：『農用八政』。《傳》：『農厚也。』《疏》『鄭玄云：「農讀為醲，則農是醲意，故為厚也。」』

辵部

辵 chuò

疾行。通『躇』。《儀禮・公食大夫禮》：『賓栗階升不拜』鄭玄《注》：『不食級而下曰辵。』

达 tì

①滑。俗作『达』、『迖』。《文選》漢・王子淵（褒）《洞簫賦》：『其妙聲清靜厭瘱。順敍卑达。若孝子之事父也。』②迭代。③又音dá。『達』字的別體。

迆 yǐ

亦作『迤』。①邪行貌。②邪倚貌。

迉 qī

『棲』的俗字。清・何萓《史韻》有解。

迣 zhī

①超踰。②又音liè。遮攔。同『列』。《漢書・鮑宣傳》書：『部落鼓鳴，男女遮迣。』《注》：『迣，古『列』字也。

述 shù

①遵循。②申述。③道。通『術』。《詩・邶風・日月》：『胡能有定，報我不述。』不述即不道。《文選》劉孝標（峻）《廣絕交論》《注》引韓詩作『術』。④冠飾。通『鷸』。《後漢書・輿服志》：通天冠，前有山，展筩为述。』

迨 dài

同『逮』。①及。趁着。《詩・召南・摽有梅》：『求我庶士，迨其吉兮。』②等到。晉・陸雲《陸士龍集・中賁季友》：『迨良期於風柔，競悲飆於葉落……子如不能建功以及時，予請跡於桃林之薄。』

迭 dié

①更替，輪流。②又音yì。侵犯。通『軼』。《左傳》：『迭我殽地，奸絕我好。』

迤 yǐ

同『迆』。地勢斜延。

迦 jiā

①譯音字。②又音 xiè。同『邂』。稱不期而會為『邂逅』。漢·楊雄《太玄經·迎》：『次七，遠之眂，近之棓，迎父迦逅。』

迯 táo

俗『逃』字。唐·李白《李太白詩·贈僧崖公》：『中夜臥山月，拂衣迯人群。』

迹 jī

同『跡』、『蹟』。本指脚印。後引伸為痕跡、事跡。《左傳》：『茫茫禹跡，畫為九州。』《書·武成》：『至於大王，肇基王跡。』《漢書·季布傳》：『漢求將軍急，跡且至臣家。』《漢書·高惠高后文功臣表》：『跡漢功臣，亦皆割符世爵，受山河之誓。』

迺 nǎi

同『乃』。①汝，對人自大的謾語曰『乃公』。②語詞。《詩·大雅·緜》：『迺立臯門，臯門有伉。』

迴 huí

①返回。同『囬』。俗誤作『廻』。②運轉。③迂廻難行。④逃避。唐·陳子昂：《陳伯玉集·陳靈駕入京書》：『赴湯鑊而不廻，至誅夷而不悔。』

迵 dòng

通『透』。《史記·倉公傳》：『臣意診其脈曰迵風。』《集解》：『迵，音洞。言洞徹入四肢。』

迻 yí

遷徙。通『移』。《楚辭》劉向《九歎·遠逝》：『悲餘幸之不可改兮，屢懲艾而不迻。』

追 zhuī

①追逐。②跟隨。③囬朔。④補救。⑤我國古代北方少數民族建立的國名。《詩·大雅·韓奕》：『王錫韓侯其追其貊，奄受北國，因以其伯。』又音 duī。1.雕刻。2.古冠名。3.鐘紐。4.通『堆』。《文選》

漢・枚乘《七發》：『窮曲隨隈，踰岸出追。』《注》：『追亦「堆」字。』

逑 qiú

①匹配，配偶。《詩・周南・關雎》：『窈窕淑女，君子好逑。』也作『仇』。②聚合。

連 lián

①联合。②連續。③流連。④姻親。⑤古代民間組織形式，四里為連，十里為鄉。⑥古十諸侯國為連。連設長，稱『連帥』。⑦艱難。⑧徐。如連連。⑨姓。⑩鉛。通『璉』。《史記・貨殖傳》：『豫章出黃金，長沙出連錫。』即未鍊的鉛。

逕 jìng

同『徑』。①小路。《莊子・徐無鬼》：『藜藋手鼪鼬之逕。』②直。直捷。《水經注・河水》：『屈而東南流，逕中天竺國。』

逌 yóu

①古『由』字。漢・劉向《新序雜事》：『國君驕士曰：士非我無逌遺富。』②助詞。所。同『攸』。《漢書・地理志》：『漆沮既從，酆水逌同。』③笑貌。《漢書・敍傳答賓戲》：『主人逌爾失笑。』

途 tú

道路。也作『塗』、『涂』。《孫子・軍爭》：『故迂其途而誘之以利。』《史記・主父・偃傳》：『吾日暮途遠，故倒行暴施之。』

逡 qūn

①退讓。②日月等體運行的度次。③又音 qùn。1. 急速。《禮・大傳》：『遂率天下諸侯執豆籩逡奔走。』《注》：『逡，疾也。……周頌曰：逡奔走在廟。』今本《詩・周頌・清廟》逡作『駿』。2. 狡兔名。通『⿰夋兔』。《戰國策・齊》：『東郭逡者，海內之狡兔也。』《注》：『逡，魏同，狡兔名。』

逢 féng

①遇到。②逢迎。③大。如《楚辭・天問》：『何變化以作詐，後嗣而逢長。』④通『麷』。《周禮・天官・籩人》：『朝事之籩，其實麷蕡。』漢・鄭玄《注》：『今河間以北，煮穜麥賣之，名曰逢。』⑤又音 fēng。

通『烽』。《漢書・司馬相如傳》：『大漢之德，逢涌厚泉。』《注》：『逢，讀曰熢。言如烽火之升，源泉之流也。』熢，同『烽』。⑥姓。夏有逢蒙。《史記・龜筴傳》皆作『逄』。自宋・孫奭《孟子音義》作『逄』，後《集注》相承。

迸 bèng

①噴湧，分裂。②奔放。③又音 bǐng。排斥。通『屏』。《禮・大學》：『唯聖人放流之，迸諸四夷。不與同中國。』

逷 tì

遠。同『逖』。《詩・大雅・抑》：『用戒戎作，用逷蠻方。』《左傳》：『猶毅志也，豈敢離逷。』

逸 yì

①逃亡。②奔。③釋放。④安閑。⑤隱退。⑥放縱。⑦散失。⑧超絕。通『軼』。《三國志・蜀・諸葛亮傳》：『亮少有逸群之才，英霸之氣。』

週 zhōu

同『周』。今用於週期，週囬之義。如一星期稱一周。

進 jìn

①原位向上或向前。②行。③引薦。④奉上。⑤收入的錢財。通『賮』。《史記・高祖紀》：『蕭何為主吏，主進。令諸大夫曰：「進不滿千錢，坐堂下。」』⑥竭盡。通『盡』。《列子・黃帝》：『竭聰明，進智力。』

遊 yóu

亦作『游』。①遨遊。②樂。③遊觀之所。《禮・王製》：『九十飲食不離寢，善飲從於遊可也。』④行走。⑤遊說。⑥交友，來往。如『交遊稱其信也。』

遍 biàn

①一次為一遍。②曲調曰遍。如《長慶集》：『逡巡大遍涼州徹。』③周偏。同『偏』。《荀子・性惡》：『足可以遍行天下，然而未嘗有遍行天下者也。』

達 dá

①通。②至，到。③通達事理。④顯貴。⑤常通行不變。⑥皆。⑦以物相送。⑧幼苗出土。⑨又音 tà。小羊，通『羍』。《詩・大雅・民生》：『誕彌厥月，先生如達。』《箋》：『達，羊子也……生如達之生，言

易也。」又姓。八愷叔達之後。《明史》有達雲。

遐 xiá
①遠。②遠去。③如何，那能，通『何』。《詩・小雅・隰桑》：『心乎爱矣，遐不謂矣。』

逾 yú
①越過。②又音 yù。更加。通『愈』。《淮南子・原道》：『夫釋大道而任小數。……不足以禁塞邪，亂乃逾滋。』《注》：『逾兹，益甚也。』

逯 dùn
逃避。同『遯』、『遁』。《漢書・匈奴傳贊》：『如其後嗣逯逃鼠伏。』《注》：『逯，古遁字。』

遑 huáng
①閒暇。②恐懼。通『惶』。《後漢書・馬援傳》附《馬嚴》：『時京師訛言，賊從東方来，百姓奔走，轉相驚動，諸群遑急，各以狀聞。』

遁 dùn
①逃走。②隱去。③囬避。④猷欺。《淮南子・繆稱》：『或以治，或以亂，非自遁。』《注》：『遁，欺。』⑤又音 qūn。同『逡』。《漢書・陳勝項藉傳赞》：『九國之師，遁巡而不敢進。』《注》：『遁巡，謂無疑懼而卻退也。』賈誼《新書・過秦》作『逡巡』。又通『巡』。《公羊傳》：『趙盾逡巡北面，再拜稽首。』

遡 sù
逆流而上。同『溯』。《詩・秦風・蒹葭》：『遡洄從之，道阻且長。』②向，面臨。③告訴。通『愬』。《戰國策・齊》：『衛君跣行告遡於魏。』宋・鮑彪《注》：『遡，愬同。』

遝 dài
①追、及。②又音 tà。同『沓』。重積。《漢書・楚元王傳》：附《劉向上封事》：『雜遝衆賢，罔不肅和。』

適 shì
①通『嫡』。正妻所生長子。《左傳・文》：『夫人姜氏歸於齊，大歸也，將行，哭而過市曰：天乎，仲為不道，殺適而庶。』《詩・大雅・大明》：『天位殷適，使不挾四方。』②通『敵』。《禮・燕義》：『君

獨升立席上，西面特立。莫敢適之義也。』《疏》：『莫敢適，言莫敢與君匹敵。』《史記・范睢傳》：『攻適伐國。』《戰國策・秦》：『征敵伐國。』③又音 zhuó。通『謫』。譴責，懲罰。《詩・商頌・殷武》：『歲事来辟，勿予禍適，稼穡匪解。』《孟子・離盘》：『人不足與適也，政不足間也，帷大人為能格君心之非。』

遨 áo

《說文》作『敖』。嬉遊。《後漢書・劉盆子傳》：『乘軒車大馬，赤屏泥，絳襜絡，而猶從牧兒遨。』《梁鴻傳》：『聊逍遥兮遨嬉，纘仲尼兮周流。』

遰 dì

又音 shì。通『逝』。《史記・賈生傳・弔屈原賦》：『鳳漂泊其高遰兮，夫固自縮而遠去。』

遙 yáo

同『遥』。遠。《漢書・郊祀志》：『及言世有仙人，服食不終之藥，遥興輕舉，登遐倒景。』《注》：『遥，古遥字也。』

遯 dùn

『遁』本字。①隱蔽。《書・說命》：『台小子舊學於甘盤，既乃遯於荒野。』②欺騙。《淮南子・修務》：『審於形者，不可遯以狀。』③《易》卦名。艮下乾上。

導 zūn

也作『尊』。①沿着。《詩・周南・汝墳》：『導彼汝墳，伐其條枚。』②導守。《禮・中庸》：『君子導道而行，半途而廢，吾弗能已矣。』

遴 lìn

①行路難。《說文》：『行難也。……易曰：以往遴。』今《易・蒙》作『吝』。②吝嗇。《漢書・魯恭王餘傳》：『初好音樂與馬，晚節遴，唯恐不足於財。』《史記》宗世家作『嗇』。

選 xuǎn

①又音 xuàn。《韓詩》作『纂』。②又音 suàn。數。通『算』。《詩・邶風・柏舟》：『威儀棣棣，不可選也。』《漢書・公孫賀等傳贊》：『斗筲之徒，何足選也。』《按》：《論語・子路》作『算』。又音 sùn，柔弱，懮怯，通『巽』。

逜 wù

『遇』。字也作『遌』、『逜』、『遻』。《莊子·達生》：『死生驚懼不入乎其胸中，是故遻物而不慴。』

邁 mài

①通『勱』。勤勉。《書·大禹·謨》：『皋陶邁衆德，德乃降。』陸機《漢高祖功臣頌》：『拔奇夷難，邁德振民，謂勉行其德也。』②行，前進。③超過。超越。④老。《後漢書·皇甫規傳》：『凡諸敗將，非官爵之不高，年齒之不邁。』

邈 miǎo

通『藐』。陸機《謝平原内史表》：『振景拔跡，顧邈同列，輕視也。』

邍 yuán

『原』的古體字。

邑部

邑 yì

通『悒』。憂鬱不樂貌。《史記·商君傳》：『且賢君者，各及其身，顯名天下，安能邑邑數百年以成帝王乎。』

邕 yōng

①通『雍』。《漢書·倪寬傳》：『上元甲子，肅邕永亨。』《晉書·桑虞傳》：『虞五世同居，閨門邕穆。』謂和陸也。②通『壅』。《漢書·王莽傳》：『長平館西岸崩，邕涇水不流，毁而北行。』阻塞也。

邡 fāng

又音fǎng。通『訪』。《穀梁傳》：『宋公佐卒於曲棘，邡公也。』《注》：『邡，當為「訪」，訪，謀也，言宋公所以卒於曲棘者，欲謀納公。』

䢵 yún

同『鄖』。周时諸侯國名。春秋时為楚所滅。故址在湖北安陸縣。《左傳》：『若敖娶於䢵。』即此。《左傳》作『鄖』。

邪 xié

①同『斜』。《漢書・司馬相如傳・子虛賦》：『邪與肅慎為鄰，右以湯谷為界。』②又音 yé。疑問詞。《莊子・逍遥遊》：『天之蒼蒼其正色邪。』《莊子・天地》：『始也我以女為聖人邪。今然君子邪。』皆助詞，表疑問。③又音 yú。通『餘』。《史記・曆書》：『舉正於中，歸邪於終。』《集解》：『音餘』。又引韋昭：『邪、餘分也。』《左傳》作『歸餘於終。』④又音 xú。通『徐』。《詩・邶風》：『其虛其邪，既極只且。』《箋》：『邪，讀徐。』

邠 bīn

通『彬』。漢・楊雄《太玄經》：『斐如邠如，虎豹文如。』

邴 bǐng

①同『丙』。《左傳》：『邴夏御齊侯。』《通志・氏族》：『邴氏，也作「丙」。』晉大夫邴豫食邑於邴，因以為氏，齊也有邴邑。也有邴氏、漢有博士邴丹、丞相丙吉。姓也。

邳 pī

通『丕』。《景福殿賦》：『櫺檻邳張，鉤錯矩成。』《注》：『邳，或為「丕」。宏大寬廣也。』

邶 bèi

古國名。周武王克商，分朝歌以北為邶、南為鄘、東為衛。《詩・邶風・羣書治要》本作『鄁』。地在今河南湯陰縣東南。

邸 dǐ

①通『柢』、『底』。《周禮・春官》：『四圭有邸，以祀天旅上帝。』《晉書・輿服志》：『皮弁象玉邸。』謂物體之基部。②同『抵』。《楚辭・九章・涉江》：『步餘為兮山皋，邸余車兮方林。』《史記・河渠書》：『今鑿涇水至中山西邸瓠口為渠。』至，到達也。③通『抵』。觸動。《文選》宋玉《玉風歌》：『邸華葉而振氣。』

邱 qiū

①同『丘』。地名。《廣韻》作『丘』。②孔子名丘。清・雍正三年上諭除五經四書外，凡遇『丘』字、并加『阝』旁為『邱』。

郉 xíng

同『邢』。

郁 yù

①通『彧』。《論語》：『周監於二代，郁郁乎文哉，吾從周。』文采貌。②通『燠』。温暖。《文選·廣絶交論》：『敍温郁則塞谷成暄，論嚴苦則春叢零葉。』《注》：『郁與「燠」古字通也。』③通『薁』。菓木名。《文選·閑居賦》：『梅杏郁棣之屬。』《注》：張揖《上林賦·經》曰：『薁，山李也，郁與「薁」音義同。』④通『鬱』。鬱夷。地名。《史記·五帝紀》：『公命羲仲居郁夷。曰陽谷。』《書·堯典·禹貢》作『嵎夷』。

郕 chéng

古國名。《左傳》作『成』。《公羊傳》作『盛』。古諸侯國名。周武王封弟叔武於此，後為春秋魯孟氏邑，漢為成陽縣，故地在今山東臨濮，即今之范縣。

郄 xì

①本字作『郤』。②通『隙』。《戰國策》：『將軍過聽，以與寡人有郄，遂捐燕而歸趙。』《史記·張釋之傳》：『使其中有可歌者、雖錮南山猶有郄。』《漢書》作『隙』。皆嫌隙、空隙也。

部 bù

又音 pǒu。通『培』。《風俗通義·山澤》：『部者，阜之類也，今齊魯之間田中少高卬，名之為部矣。』《左傳》：『部婁無松柏。』《晏子春秋·内篇雜下》：『若部婁之未登，善登之無蹊。』皆小阜，小土丘也。

郭 guō

①國名。同『虢』。《公羊傳》：『虞公不從其言，終假之道以取郭。』《左傳》作『虢』。②物體的四周或外部。《漢書·尹賞傳》：『賞至，修治長安獄，穿地方深各數丈。致令辟為郭，以大石覆其口，名為虎穴。』③外城。《孟子·公孫丑》：『三里之城，七里之郭。』④姓。周武王封文王弟虢叔於西虢，後平王又封虢叔裔孫於曲陽，号曰郭公。虢，郭，聲之轉也。

郵 yóu

①通『尤』。1. 過失。《詩·小雅·賓之初筵》：『是日既醉，不知其郵。』過失也。2. 怨恨。《荀子·議兵》：『故刑一人而天下服，罪人不郵其上，知罪之在己也。』《史記·禮書》作『尤』。怨恨也。②最。《列子·周穆王》：『況魯之君子，迷之郵者，焉能解人之迷哉。』③傳遞文書的驛站。馬傳曰至，步傳曰郵。④田舍的房屋。《禮·郊特牲》：『饗農及郵，表畷禽獸。仁之至，義之盡也。』《疏》：『郵若郵亭。屋宇住

所……造此郵舍，田畯處焉。』

郰 sōu

同『鄹』。部族名，春秋時狄族的一支。

鄁 bèi

『邶』的本字。古國名。周武王克商，分朝歌以北為邶，南为鄘，東為衛，以封紂子為庚。《詩・邶風》、《羣書治要》本作『鄁』。

鄂 è

①通『萼』。花萼。《詩・小雅・常棣》：『常棣之華，鄂不韡韡。』《羣書治要》本作『萼不煒煒。』花托也。②通『愕』。驚愕。《漢書・霍光傳》：『羣臣皆驚愕失色，莫敢發言，但唯唯而已。』《注》：『凡言鄂者，皆謂阻礙不依順也，後字作愕，其義亦同。』為驚愕之意也。③通『諤』。直言。漢・司馬融《長笛賦》：『蒯聵能不占成節鄂。』謂直言貌。

鄉 xiāng

①又音 xiàng。方向。通『向』、『嚮』。《荀子・成相》：『武王怒師牧野，紂卒易鄉啟乃下。』《注》：『易鄉，囬也，謂前徒倒戈攻于後。……鄉，讀為向。』②通『曏』。《論語・顏淵》：『鄉也，吾見於夫子而問知。』謂從前之意。③又音 xiǎng。通『響』。《漢書・董仲舒傳》：『夫善惡之相從，如景鄉之應形聲也。』《注》：『鄉，讀曰「響」。』④通『享』、『饗』。《漢書・文帝紀》：『夫以朕之不德，而專鄉獨美其福，百姓不與焉。』⑤行政区域單位。⑥地方處所。《詩・商頌・殷武》：『維女荊楚，居國南鄉。』⑦城市以外的地方。如鄉村。

鄗 hào

①地名。通『鎬』。鄗池亦作「鎬」池。故地在陝西西安市西南。《荀子・王霸》：『湯以亳，武王以鎬，皆百里之地也。』②《說文》作『艾』。《穀梁傳》作『蒿』。故地在今山東蒙陰縣北。③又音 jiāo。通『郊』。春秋晉地。故地在山西省南部。《史記・秦紀》：『取王官及鄗，以報殽之役。』

郋 xī

周諸侯國名。《說文》：『郋，姬姓之國，在淮北。從邑息聲。今汝南新息。』也作『息』。

鄘 yōng

通『墉』。城名。《左傳》：『六月，庚午。宋城舊鄘及桑林之門而守之。』《注》：『舊鄘，故城也。』《釋文》：『鄘，音「容」，本亦作「墉」。』

郪 qī

通『漆』。地名，春秋齊地。《春秋》：『邾庶其以漆閭邱來奔。』故址在山東鄒縣境。

䣜 cuó

縣名。漢・蕭何封邑。《漢書・地理志》：『沛群酇。』《注》：『此縣本為䣜。……中古以来，借「酇」字為之耳。』

鄰 lín

①燐火。通『粦』。《列子・天瑞》：『馬血之為轉鄰也。』《注》：『《說文》作「粦」，又作「粦」，皆鬼火也。』②車聲。通『轔』。《詩・秦風・車鄰》：『車有鄰鄰，有馬白顛。』故轔轔也作『鄰鄰』。車之聲也。

鄵 cào

地名。屬春秋鄭國。《春秋》：『鄭伯髡頑如會，未見諸侯，丙午，卒於鄵。』《公羊・穀梁》作『操』。地在今河南新鄭魯山縣之間。

鄶 kuài

國名。西周諸侯國。《詩》作『檜』。《左傳》：『自鄶（檜）以下無譏焉。』

鄹 zōu

地名。春秋魯邑。孔子故鄉。《論語・八佾》：『孰謂鄹人之子，知禮乎？入太廟，每事問。』《左傳》作『郰』。《史記・孔子世家》作『陬』。

鄽 chán

同『廛』。見《玉篇》。居民或肆市地。

酅 xī

地名。《公羊傳・穀梁傳》作『巂』。故地在今山東省境內。

酆 fēng

古地名。也作『豐』。故地在陝西户縣東。

酉部

酋 qiú

又音yóu。功業。通『猷』。《詩・大雅・卷阿》：『豈第君子，俾爾彌爾，似僊公酋矣。』

酏 yí

也作『酡』。①酒。《說文》謂酏為黍酒。②釀酒所用之稀粥。《天官・酒正》：『辨四飲之物。一曰清，二曰醫，三曰漿，四曰酏，掌其薄厚之齊。』《注》：『酏，今之粥。』③釀酒所用的配料。《天官・醢人》：『羞豆之實，酏食糝食。』

酖 dān

又音zhèn。毒酒。通『鴆』。《左傳》：『宴安酖毒，不可懷也。』清・段玉裁謂所樂非其正為酖毒，非鴆之假字。

酗 xù

說文作『䣱』。沉迷於酒。《書・微子》：『我為沈酗於酒，用亂敗厥德於下。』《釋文》：『以酒為凶曰酗。』

䣐 àng

『醠』之省寫。

酢 zuò

又音cu。『醋』的本字。《齊民要術》作『酢法』。《注》：『酢，今醋也。』

䣱 xù

同『酗』。《漢書・趙充國傳》：『辛湯數醉䣱羌人。』《注》：『即酗字也。醉怒曰䣱。』

酭 yòu

通『侑』。勸酒。酬酒。《昌黎集》：『斐然作歌詩，惟用贊報侑。』

酬 chóu

①報謝。《左傳》：『為惠已甚，吾無已謝之。』《注》：『酬，報獻。』②勸酒，主答客曰酬。《儀禮·鄉飲酒禮》：『主人實觶酬賓。』③以詩文相贈答。唐·李太白《詶三補闕翼莊廟宋丞此別》：『詶贈非炯誡，永言銘佩紳。』詶同『酬』。又《說文》作『醻』。④實現願望。唐·李頻《春日思歸》：『壯志未酬三尺劍，故鄉空隔萬重山。』

酶 méi

酒母。同『梅』。又通作『媒』。

醋 cù

①古字作『酢』。《齊民要術·作酢法》：『酢，今醋也。』②又音zuò。回敬或報答之意。《儀禮·士虞禮》：『祝酌受尸，尸以醋主人。』《注》：『醋，報。』清·段玉裁《說文解字注》：『按諸經多以酢為醋，惟《禮經》尚仍其舊，後人醋，酢互易。』

醆 zhǎn

酒器。同『琖』、『盞』。《詩·大雅·行葦》：『洗爵奠斝。』漢《毛亨傳》：『夏曰醆，殷曰斝，周曰爵。』

醎 xián

『鹹』的俗字。《楚辭·招魂》：『大若醎酸，辛甘行些。』《注》：『醎，一作「鹹」。』

䤄 miǎn

同『湎』。沉迷於酒。《淮南子·修務》：『沉䤄耽荒，不可教以道，不可喻以德。』

醘 xī

『醯』的俗字。《廣雅·釋器》：『醯……酢也。』《戰國策·東周》：『失鼎者，非效醘壺漿甀耳，可懷挾提挈以至齊者。』一本作醯壺。

醙 sōu

酒。一本作「酸」。《禮儀·聘禮》：「醙黍清皆兩壺。」

醡 zhà

榨，酒具。楊萬里詩：「松槽葛囊纔上醡，盃面春風繞鼻香。」歐陽修詩：「嘉客日可攜，寒醅美新醡。」《集韻》作「笮」或「榨」。《廣韻》作「笮」。

䤍 mì

飲酒的器具。《玉篇》作「䤈」。

醠 àng

濁酒。也作「盎」、「䣾」。清·段玉裁《說文解字注》：「醠，《周禮》作盎，古文假借也。」

醜 chǒu

①同類。同「儔」。《國語》：「官有十醜，為億醜。」《注》：「醜，類也。」②肛門。《禮·內則》：「魚去乙，鱉去醜。」《注》：「醜，謂鱉竅也。」清·朱駿聲《說文解字定聲》：「以為醜通「尻」。」③低賤之人稱醜類。④惡、凶。《詩·小雅·十月之交》：「日有食之，亦孔之醜。」⑤厭惡、嫉害。《左傳》：「惡直醜正，實蕃之徒。」⑥羞恥，慚愧。《易·觀》：「闚觀女貞，亦可醜也。」⑦相貌難看。《淮南子·說山》：「嫫母有所美，西施有所醜。」《漢書·五行志》：「民多被刑或形貌醜惡。」後人皆以醜、丑通。

醩 zāo

酒滓。古文作「糟」。

醫 yī

治病之人。亦從「巫」作「毉」。

醮 jiào

通「醮」、「顦」。憔悴。《莊子·道蹠》：「滿心戚醮，求益而不止。」

醴 lǐ

①通『澧』。水名。屈原《九歌·湘夫人》：『捐余袂兮江中，遺余褋兮醴浦。』《注》：『醴，一作澧。』②甜酒。《詩·小雅·吉士》：『以御賓客，且以酌醴。』③甘甜的泉水。《莊子·秋水》：『夫鵷鶵發於南海，而飛於北海。……非醴泉不飲。』《文選》漢·張平子《思玄賦》：『飲青岑之玉醴兮，餐沆瀣以為粻。』

醳 yì

①又音shì。通『釋』。釋放。《史記·張儀傳》：『共執張儀，掠笞數百，不服，醳之。』②苦酒。一曰醇酒。《文選》晉·左思《魏都賦》：『肴醳順時，腠禮則治。』

醻 chóu

通『酬』。主人復酌賓勸酒。《詩·小雅·瓠葉》：『君子有酒，酌言醻之。』

醼 yàn

同『宴』、『燕』。歡飲也。《後漢書·郅惲傳》：『淮南舊俗，千日饗會，百里內縣皆齎牛酒。到府醼飲。』

醾 mí

酒名。或作『醾』、『醿』。

釃 shī

又音shāi。①濾酒。《詩·小雅·伐木》：『釃酒有藇。』《傳》：『以筐曰釃。』②酌酒。宋·蘇軾《經進東坡文集事略·前赤壁賦》：『釃酒臨江，橫槊賦詩。』③分流、疏導。《漢書·代溝洫志》：『迺釃二渠以引其河。』④薄酒，酒滓。《楚辭》屈原《漁父》：『衆人皆醉，何不餔其糟而歠其釃。』《史記·屈原傳·文選·漁父》皆作『醨』。

采部

采 biàn

『辨』的本字。

采 cǎi

①『採』本字。《詩・邶風・谷風》：『采葑采菲。無以下體。』②彩色。通『彩』。《書・益稷》：『以五彩之彰施於五色，作服，汝明。』③通『綵』。有色彩之帛、幣之屬。《史記・周記》：『召公爽贊采。』《注》：『彩，幣也。』④又音 cài。通『採』。采地，采邑。《禮・禮運》：『大夫有采以處其子孫。』⑤通『菜』。菜也。《周禮・春官・大胥》：『春入學，舍采合舞。』

釉 yòu

塗於陶瓷表層的物質。正字通作『泑』。一九二六年在河南安陽殷墟遺址曾發掘此物。

釋 shì

又音 yì。通『懌』。喜悅。《文選》《三國・魏・嵇叔・庖户・琴賦》：『其康樂者聞之，則欨愉懽釋，抃舞踊溢。』

里部

里 lǐ

①憂傷。通『⿸疒里』、『悝』。《詩・小雅・十月之交》：『悠悠我里，亦孔之痗。』《釋文》：『里如字，本亦作⿸疒里，後人改也。』《玉篇》『疒』部《⿸疒里》引詩作『⿸疒里』。

重 zhòng

①通『湩』。乳汁。《漢書・匈奴傳》：『得漢食物皆去之，以視不如重酪之便美也。』《史記・匈奴傳》作『湩』。②又音 tóng。通『穜』。後熟的穀物。《詩・豳風・七月》：『黍稷重穋，禾麻菽麥。』《傳》：『後熟曰重。』

野 yě

又作『壄』、『埜』。

量 liàng

又音 liǎng。雙，通『緉』。《太平御覽》：『今足下織成靴一量。』《世說新語・雅量》：『或有諸阮見自吹火臘屐。』固嘆曰：『未知一生當箸幾量屐。』

釐 lí

①通『嫠』。寡婦。《左傳》：『崔子曰：嫠也何害，先夫當之矣。』《釋文》：『本又作「釐」。』《後漢書・西羌傳》：『父没則後母，兒亡則納釐嫂。』②又音 xī。通『禧』。《漢書・楊雄傳・甘泉賦》：『惟夫所以澄

心澄魂，儲精垂思，感動天地，逆釐三神者。』《注》：『釐，讀若禧，禧，福也。』③通『僖』。《史記·齊太公世家》：『魯人更立釐公。』《集解》：『徐廣曰：「《史記》僖字皆作「釐」。」』④又音 lái。通『萊』。草名。《爾雅·釋草》：『釐，蔓華。』清·郝懿行《義疏》：『釐，說文作「萊」。……』『萊』與『釐』古同聲。

金部

針 zhēn 本字作『鍼』。

釫 wū ①同『杇』、『圬』。即泥工所用之工具泥鏝。②又音 hún。同『鋘』、『鏵』。農具名。

釱 dài ①古代刑具。在頸曰鉗，在足曰釱。②又用為動詞。《史記·平準書》：『敢私鑄鐵器煮熙者，釱左趾，没收其器物。』③也音 dì。通『軑』。車割也。《漢書·楊雄傳·甘泉賦》：『陳衆車於東阬兮肆玉釱而下馳。』

釶 shī 也音 shé。同『鍦』。矛也。《荀子·議兵》：『宛鉅鐵釶，慘如蠭蠆。』

釦 kòu 通『扣』。《國語·吴》：『三軍皆譁釦以振旅，其聲天地。』一說釦通『呴』。《說文通訓定聲》有解。

鈀 pā ①箭鏃。《方言》：『凡箭鏃，其廣長而薄鐮，謂之錍，或謂之鈀。』②古兵器，謂之鈀爪。③又音 bā。兵車，也曰鈀車。④又音 pa。俗作『耙』。農具。鋤屬，五齒，平土鋤穢之用。

鈔 chāo ①也作『抄』。强取、掠奪。謄寫。②又音 miǎo。通『眇』。深遠。《管子·幼官》：『器成於僇，教行於鈔。』《注》：『鈔，末也，冬為四時之末，歲之將終也。』又『聽於鈔，故能開未極、視於新，故能見未形。』

鈆 yán

①同「鉛」。《漢書・江都易王非傳》：「或髠鉗，以鈆杵舂，不中程，輒掠。」《注》：「鈆者，錫之類也。」按：鉛，今音 qian。②通「沿」。撫循，勸導。《荀子・榮辱》：「告之示之，靡之儇之，鈆之重之。」《注》：「『鈆』與『沿』同，循也。」

鈞 jūn

①通「均」。平均、同等。《詩・大雅》：「敦弓既堅，四鍭既鈞。」《孟子・告子》：「鈞是人也，或為大人，或為小人。」②古代重量單位。③製陶所用之轉輪。④調節音樂音調。⑤喻國政。《抱樸子・漢過》：「閹官之徒，操弄神器，秉國之鈞，廢正興邪，殘仁害義。」⑥敬詞，信札對以尊者為鈞安。

釿 jīn

同「斤」。斫木工具。《莊子・在宥》：「於是乎釿鋸製焉，繩墨殺焉，椎鑿決焉。」《釋文》：「釿，音斤，本亦作『斤』。」

鉅 jù

①大。通「巨」。《禮・三年問》：「創鉅者其日久，痛甚者其愈遲。」②急、倉猝。通「遽」。《荀子・正論》：「是豈鉅知見辱侮之為不辱哉！」③何，怎麼。通「詎」。《戰國策・楚》：「臣以為王鉅速忘矣。」

鉟 pī

①兵器名，同「鈹」。《漢書・高惠帝高后文功臣表》：「（周竈）以長鉟都尉擊項籍。」《史記》作「長鈹」。鈹、亦刀耳。②同「鈃」，旗名。

鉏 chú

農具名。通「鋤」。《史記・秦始皇紀論》引《賈誼》：「鉏櫌棘矜，非銛與戟，長鎩也。」《文選・賈誼・過秦論》鉏作「鋤」。

鉀 jiǎ

鎧甲。同「甲」。《晉書・姚弋仲載記》：「於是貫鉀跨馬於庭中，策馬南馳，不辭而出。」又音 ge。鉀鑪。箭名。《方言》：「箭，其小而長、中穿二孔者謂之『鉀鑪』。」《注》：「今箭錍鑿空兩邊者也。」

鈴 líng

①车闌。通「軨」。《文選》漢・張平子《東京賦》：「重輪貳轄，疏轂飛軨。」②鈴鐺。懸於馬首者為鐺，懸於簷角者多稱鐸。

鉄 zhì

①古文「紩」字。《玉篇》有解。②又音 tiě。俗為「鐵」字。今作「鐵」的簡化字。

鉛 qiān

本金屬名。又音 yán。循，沿。通「沿」。《荀子·榮辱》：「反鉛察之而愈可好也。」

鉋 bào

同「鏤」、「鑤」。木工工具。

鉑 bó

金鉑，薄金。本作「薄」。俗加「金」作「鉑」。正字通謂烏金紙也。

銙 kuǎ

腰帶飾物。即帶鉤版。或作「䠸」。《唐書·車服志》：「腰帶者，搢垂頭於下，名曰鉈尾，取順下之義。」一品二品銙以金，六品以上以犀，九品以上以銀，庶人以鐵。又：「其後以紫為三品之服，金玉帶銙十三；緋為四品之服，金帶銙十一，淺緋為五品之服，金帶銙十，深綠為六品之服，淺綠為七品之服，皆銀帶銙九，深青為八品之服，淺青為九品之服，皆鍮石帶銙八，黃為流外官及庶人之服，銅鐵帶銙七。」

銀 yín

貴重金屬。通「垠」。界限。《荀子·成相》：「刑稱陳，守其銀，謂界限也。」

銑 xiǎn

寒貌。通「灑」。《國語》：「以尨衣純，而玦之以金銑，寒之甚矣，胡可恃也。」《注》：銑，猶「灑」。「灑」，寒也。言於太子無溫潤也。

銗 hóu

又音 xiàng。投書的容器，同「銗」。《史記·楊僕傳》：「少年投銗購告言姦。」《索隱》：「銗受投書之器，入不可出。」

釽 pī

亦作「鈲」。①截木為器。《漢書·藝文志》：「及謷者為之，則苟鉤析辭而已。」②古良劍之紋彩。《越絕書·外傳記·寶劍》：「欲知泰阿，觀其釽，巍巍翼翼，如流水之波。」

銜 xián

①口含物。如『銜枚』、『銜環』。也作『啣』。②馬嚼子。《戰國策・秦》：『伏軾樽銜，橫歷天下。』

鋪 pū

①通『痡』。病也。《詩・小雅・雨無正》：『若此無罪，論胥以鋪。』②佈設。敷陳。《禮・樂記》：『鋪筵席，陳尊俎。』《後漢書》作『敷』。③又音 pu。商店。俗作『舖』。唐・張籍《張司業集・送楊少尹赴鳳翔》詩：『得錢祇了還書鋪，借宅常時事業欄。』④鋪首。以銅為獸面，銜環著於門上。⑤古銅器名。⑥宋代稱郵遞驛站為鋪。

鋣 yé

同『釾』、『鎁』字。

銷 xiāo

銷耗。銷滅。通『消』。《漢書・通勝傳》：『薰以香自燒，膏以明自銷。』

銲 hàn

修補或黏合金屬。同『焊』、『釬』。

鋤 chú

①本作『鉏』。也做『耡』。農具名。漢・賈誼《過秦論》：『鋤耰棘矜，非銛於鉤戟長鎩也。』《史記・秦始皇紀・論》作『鉏』。②以鋤治田。《楚辭》屈原《卜居》：『寧誅鋤草茅以利耕乎。』③滅除。《文選》三國・魏・曹元首《六代論》：『委天下之重於凡夫之乎，託廢立之命於姦臣之口，至令趙高之徒誅鋤宗室。』

鋗 xuān

又音 juān。通『涓』。如『鋗人』也作『涓人』。宮中灑掃的人。《史記・楚世家》：『王行遇其故鋗人。』《集解》：『韋昭曰：「今之中涓也。」』

鋘 huá

①两刃臿。同『鏵』。《後漢書・載就傳》：『幽囚考掠，五毒參至，就慷慨直辭，色不改容。又燒鋘釜，使就挾於肘腋。』《注》：『何承天《纂》文曰：「臿，今之鋘也。」』②泥鏝。塗工之具，也作『釫』。

《集韻》有解。③刀名。《吴越春秋·夫差内傳》：『兩吴植我官墻。』《注》：『音吴，刀名。錕鋘山出金。作刀，可切玉。』

鋝 lüè

古重量單位。一鋝重六兩又大半兩。二十兩為三鋝。《周禮·考工記·治氏》：『（戈）重三鋝。』《注》：『今東萊稱或以大半兩為鈞，十鈞為鐶』。《註》：『環通鍰，鍰通鋝。』

鋖 sī

平木小鉋，亦作『鐁』。

銼 cuò

①小釜，瓦鍋。唐·杜甫詩：『荆扉深蔓草，土銼冷疏煙。』②挫折。通『挫』。《史記·楚世家》：『亡地漢中，兵挫藍田。』

鋌 dìng

鐵名。銅鉄礦石。又音tǐng。疾走貌。《説文》作『挻』。《左傳》：『鋌而走險，急何能擇。』《後漢書·皇甫規傳注》、《太平御覽》引《左傳》皆作『挻』。

銹 xiù

金屬表面氧化物。字同『鏽』。

鋚 tiáo

轡首銅飾。《説文》：『鋚，鐵也，一曰轡首也。』清·段玉裁《注》：『鋚，即「鞗」字。』古金石文字作『鞗勒』或『鋚勒』。轡首銅者，以銅餙轡首也。

錠 dìng

①舊時金銀幣之謂。一錠銀或一錠金。元以前常寫作『鋌』或『定』。《北齊書·陳元康傳》：『賞元康百鋌。』《金史·鄯陽傳》：『殺一人者賞銀一定。』②進食時有足的蒸器。③計物數的單位。宋·陳師道《後山談叢》：『秦少游有李廷珪墨半錠。』

錧 guǎn

①車轂端鐵。同『輨』。《禮·儀既夕》：『木錧，約綏約轡。』②農具名。即鐵鍬。

鉼 bǐng

本餅形金屬版。又漢侯國名，春秋骿（郱）邑。在今山東臨朐縣。《史記惠景間候者年表》標點本作『鉼』。

錟 tán

又音 xian。銳利。同『銛』。《史記・賈誼・過秦論》：『鉏櫌棘矜，非錟於句戟長鎩也。』《文選》錟作『銛』。

錽 wǎn

馬首餙物。《文選》張平子《東京賦》：『龍輈華轙，金錽鏤錫。』《段註》作『叐』。《後漢書・輿服志・馬融傳》訛為『鋄』、『叜』。明・楊慎《丹鉛總録》：『今各馬鞍曰錽銀飾件。皆用此「錽」或「鋄」，非。』

錯 cuò

①通『措』。清・段玉裁《說文解字注》：『錯或假借為「措」字。』②塗飾。《史記・趙世家》：『夫剪髮紋身，錯皆左衽。』③磨刀石。用於治玉石者。《說文》作『厝』。④鑢。治銅鐵之具。也稱錯刀。

錁 guǒ

①車膏器。同『輠』。②又音 kūn。帯具。同『䩨』。或作『錼』。

錫 xī

①金屬的一種。②又音 tì。通『鬄』。《儀禮・少牢饋食禮》：『主婦被錫衣侈袂。』《注》：『被錫，讀為髮鬄。古者或剔賤者，刑者之髮，以被婦人之紒為飾。』③通『賜』。清・段玉裁《注》：『凡經傳云錫者，賜之假借也。』《史記・鄭世家》：『錫不毛之地。』《韓詩外傳》：『一錫車馬，再錫衣服。』④通『緆』。《儀禮・燕禮》：『冪用綌或若錫』。《注》：『今文錫作緆，易也治其佈使滑易也。』

錮 gù

①鑄塞。謂鑄鐵以塞隙。②禁錮。③包攬。《漢書・貨殖傳》：『上爭王者之利，下錮齊民之業。皆陷不軌奢僭之惡。』④通『痼』。經久難愈之疾。如『痼疾』。《漢書・賈誼傳》：『失今不治，必為錮疾。』《注》：『錮疾，堅久之疾。』

錚 zhēng

形如銅鑼之樂器。《文獻通考・鼓吹鉦・東觀漢記》：『段熲有功而還，介士鼓吹，錚鐸金鼓，雷震動地。……然鉦、錚一也，特其名異耳，按：《東觀漢記・段熲》作『鉦鐸金鼓』。

鑈 niè

小釵。《藝文類聚》作『鑷』。

鉶 xíng

古盛羹之器皿。字同『鉶』。

錘 chuí

通『捶』。

錙 zī

古作『錙』。重量單位，六銖為一錙。

鎪 sōu

雕刻。通『鎪』。《玉篇》有解。《爾雅·釋器》：『鏤、鎪也。』

鍦 shī

①又音 shé。②矛。字也作『鉈』、『鍦』、『鉇』。《方言》：『矛，吴揚江淮南楚、五湖之間謂之「鍦」。』

鍊 liàn

冶鍊。通『鏈』。條鍊。清·朱彝尊《說文通訓定聲》：『鍊……今又鎖挐犯人之具曰鍊條。』又物之精熟者曰鍊。

錨 máo

停船用具。元·周密《癸未雜識續集》作『猫』。明·焦竑《俗書刊誤》作『錨』或作『鐇』。

碪 chěn

又音 zhēn。通『砧』。古刑具。又刀下之砧板。

鍼 zhēn

『針』的本字。亦作『箴』。縫紉工具。

鍔 è

同『堮』。崖岸，邊際。《文選》張平子《西京賦》：『在彼靈囿之中，前後無有垠堮。』李善《注》：『垠、堮，崖也。』

鍉 dī

①歃血器。《漢書·隗囂傳》：『有司穿坎於庭。牽馬操刀，奉盤錯鍉。』②通『鏑』。箭鏃。《漢書·項籍傳》、賈誼《過秦論》：『收天下之兵聚之咸陽，銷鋒鍉，鑄以為金人十二。』③又音 chí、shí。俗作『匙』。鑰鍉，所以啟鑰者。

鍰 huán

①重量單位。一說以百鍰為三斤。一說六两十六銖。通『環』。《漢書·五行志》：『木門倉琅根，謂宮門銅鍰。』《注》：『鍰讀與「環」同。』

鍾 zhōng

①古代酒器。《孔叢子·儒服》：『堯舜千鍾。後亦指茶杯、酒杯。』②古代容量單位，受六斛四斗。③通『鐘』。古樂器。《周禮·春官·磬師》：『磬師掌教擊磬，擊編鐘。』

鍤 chā

亦作『臿』、『插』。鍬。《漢書·溝血志·民歌》：『舉臿為雲，決渠為雨。』《注》：『臿，鍫也，所以開渠者也。』又長針。《說文》：『鍤，郭衣鍼也。』

鍯 cōng

同『鏓』。本指鐘聲。又《說文》曰：『以木通其中皆曰鏓，谓鑿眼打孔也。』

鍛 duàn

①打鐵。②同『碫』。鍛鐵的砧石。《詩·大雅·公劉》：『涉謂為亂，取厲取鍛。』③通『腶』。乾肉。脯。《穀梁傳》：『婦人之贄棗粟鍛脩。』《注》：『鍛，丁亂反，脯也，鍛而加薑桂曰脩。』

鎪 sōu

同『鋄』。雕刻。《文選》王子淵《洞蕭賦》：『鎪鏤離灑，絳唇錯雜。』

鎚 chuí

①通『椎』。鐵錘。《抱樸子·僊藥》：『以鐵鎚鍛其頭數千下乃死。』②古兵器。唐·駱賓王《咏懷》詩：『寶劍恩存楚，金鎚許報韓。』③通錘。秤砣稱權。也稱錘。

鍫 qiāo

即『鍬』。本名『臿』。即『鍬』字。

鎏 liú

說文作『瑬』。今作『旒』。冕飾，垂玉。五音集韻有解。

鎋 xiá

同『轄』。車軸兩端的小鐵鍵。漢·鄭玄《箋》：『言尹氏作大師之官，為周之桎鎋。』《疏》：『以轄能治車，喻大臣能治國。』

鎌 lián

同『鐮』。鐮刀。古謂之刈鉤。又棱角。《方言》：『凡箭鏃胡合嬴者，四鎌，或曰鉤腸。』

鎰 yì

古重量單位，又通『溢』。二十兩或曰二十四兩或曰三十兩為一溢。《戰國策·秦策》：『黃金萬溢。』高誘《注》：『萬溢，萬金也。』吳師道《補》：『溢、鎰通。』《史記·李斯傳》溢作『鎰』。

鎛 bó

亦作『鑮』。農具名。《詩·周頌·良耜》：『其鎛斯趙，以薅荼蓼。』又鐘。《國語》：『細鈞有鍾無鎛，昭其大也。』《說文》謂鑮為大鐘。又鋪飾。《淮南子·俶真》：『華藻浮鮮，龍蛇虎豹，曲成文章。』

鏈 lián

鉛礦石。通『連』。《史記·貨殖傳》：『江南出……金錫連丹砂。』《集解》引徐廣：『音蓮，鉛之未鍊者。』

鎮 zhèn

本行政單位名。如鄉鎮。又音 tian。通『填』。塞也。《國語》：『譬之如室，既鎮其甍矣。』

鎒 nòu

①同『耨』、『槈』。鋤草的農具。《莊子·物外》：『春雨日時，草木怒生。銚鎒放是乎始脩。』②又音 hāo。同『薅』。除草。《淮南子·說山》：『治國者若鎒田，去害苗而已。』

鎖 suǒ

本作『瑣』。俗作『鏁』。以鐵環相鉤連之鍊曰鎖鏈。鍊門之具曰鎖。封閉固定曰鎖。如『龜蛇鎖大江。』

鎗 qiāng

①金石聲。同『錚』。《禮・樂・記》：『君子聽音非德其鏗鏘而已也。』②兵器。同『槍』。元・張憲《玉笏集君馬篇》詩：『君撚箭，臣臂鎗，馬上各垂雙白狼。』③又音 chèng。鼎類。俗作『鐺』。唐・李賀《歌詩編・始為奉禮憶昌谷山居》：『長鎗江米熟，小樹棗花春。』

鏠 fēng

金屬尖端或銳利的部份。同『鋒』。事物銳利者也稱『鋒』。《漢書・東方朔傳》：『舍人所問，朔應聲輒對，變作鏠出，莫解窮者。』

鎞 bī

本為婦女頭之飾物，又音 pì。也作箭鏃解。又通『錍』。《集韻》有解。

鏖 áo

①溫器。《說文》作『鑣』②激烈戰鬥。《漢書・霍去病傳》：『合短兵，鏖皋蘭下。』③喧擾。宋・黃庭堅《豫章集・仁亭》詩：『市聲鏖五枕，常以此心觀。』

鏊 ào

也做『鏉』。燒器。猶今烙餅之平鍋。唐・張鷟《朝野會戰》『目舍人楊伸嗣為熟鏊上糊猻』。

鏢 biāo

古刀鞘末端之銅飾，又謂刀鋒為鏢。或作『摽』。以手投擲之形如槍頭之武器，也曰鏢，同『鑣』字。

鏤 lòu

①雕刻。《注》：『鏤刻也』。②古稱大口鍋為鏤，③通『漏。』孔穴也。《宋書・符瑞志》：『（禹）虎鼻大口，兩耳参鏤。』

鏁 suǒ

同『鎖』。（見鎖）。本作『瑣』，《說文新附》作『鎖』，俗作『鏁』。《漢書・王莽傳》：『以鐵鎖瑯當其頸』。又門縫也稱『鏁』。

鐘 zhōng

經傳多作『鍾』。樂器。成組者稱編鍾，可以奏樂，單獨在佛寺懸掛的為信號鍾。

鐓 duì

①矛戟柄末端的銅套。也作『鐜』，或作『錞』。②又音 dūn。土石金屬成座的堆狀體。同『墩』。《水經注·渭水》：『秦始皇造鐵橋，鐵鐓重不勝。』③去畜勢曰鐓。《正字通·鐓·注》：『今俗雄鷄去勢謂之鐓。《臞山肘後經》作『鐓雞』。』

鐏 zūn

①盛酒器。通『尊』、『樽』。唐·白居易《長慶集》：豈無盈鐏酒，非君誰與娛。②又戈柄下之銅套也，稱鐏。《禮·曲禮》：『進戈者·前其鐏。』『《注》：『銳底曰鐏，取其鐏也。』』

鎮 tián

金花。同『鈿』。多指婦女首飾。『《晉書·輿服志》『貴人、貴嬪、夫人助蠶，……九嬪及公主，夫人五鎮，世婦三鎮。』

鐆 suì

古代銅製取火的凹鏡，《說文》作『鐆』。經傳作『遂』、『燧』。

鐃 náo

本古樂器。又擾亂。通『撓』。《莊子·天道》：『萬物無足以鐃心者，故靜也。』

鏸 huì

武器。三棱矛。《書·顧命》作『惠』。

鐍 jué

同『觼』。古用以佩璲而有舌的環，《後漢書·輿服志》：『紫綬以上，縌綬之間，得施玉環鐍云。』又鎖鑰《莊子·眩篋》：『則必攝緘縢，固扃鐍，此世俗之所謂知也。』唐·成玄英《疏》：『鐍鎖鑰也。』

鏹 qiǎng

通『繦』。錢貫，引伸為錢。《文選》左太沖《蜀都賦》『貨殖私庭，藏鏹巨萬』。白居易《长慶集》『購爾鏹三百，小惠何足論。』

鍚 yáng

馬頭上的飾物。通『錫』『《急就篇》：『鞇、靴、靯、韉、鞍、鑣、鍚。』《注》『鍚，馬面飾也，以金銅為之。』』

鐙 dēng

①古食器。本作『登』。《儀禮・公食・大夫禮》『大羹，諳不和，實於鐙。』《注》：『瓦豆謂之鐙。』②同『燈』。以形似豆而得名。《文選・戰國策》宋玉《招魂》：『蘭膏明燃，華燈錯些』。③又音 dèng。馬鞍兩邊的踏足者。《南齊書・張敬兒傳》：『寄敬兒馬鐙一隻，敬兒乃為之備。』

鐀 guì

藏物器。同『匱』、『櫃』。《漢書・司馬遷傳自序》：『卒之，歲而遷為太史令，由史記石室金匱之書。』《史記・太史公自序》鐀作『匱』。

鐖 jī

本為鉤的倒刺。而機器之機古亦作『鐖』。

鐮 lián

同『鎌』。收割或刈草的用具。

鐵 tiě

黑色金屬。常以喻堅定，堅固。字也作『鐡』、『銕』。

鏽 xiù

金屬表面之氧化物。字也作『鏥』、『锈』。

鐻 jù

①《說文》作『虡』。古懸掛鐘鼓的架子。又樂器名。唐・成玄英《疏》：『鐻，樂器，似夾鐘』。②又音 qú。金屬飾物。《注》：『鐻音渠，金屬器名。』

鑋 qīng

①金屬聲。②又音 qīng。通『躄』。一足行。《左傳》：『苑子荊林雍。斷其足，鑋而乘於他車以歸』。

鑒 jiàn

同『鑑』。今多作『鑒』。引他事以為警示曰鑒戒。鑒別評定曰鑑定。審查識別曰鑑裁。

鑐 xū

①鎖簧。②又音 rú。通『襦』。《管子・禁藏》：『被蓑以當鎧襦。』《注》：『若武備之有鎧鑐，著甲周身若褐炙，故曰需。』

鑑 jiàn

同『鑒』。見『鑒』字。

鐵 tiě

『鐵』的異體字。

鑛 kuàng

同『礦』。《說文》作『磺』。未經鎔鍊的金屬。《文選》：漢・王子淵《四子訓德論》：『精練藏於礦樸，庸人視之忽焉，巧冶鑄之，然後知其幹也。』

鑣 biāo

①馬具。即馬嚼子。②兵器。形如矛頭。可以擲出手而傷對方。字又作『標』、『鏢』。

⿰金罷 bà

農具。耜屬。也作『⿰耒罷』。《六書故・植物》：『「⿰金罷」之，臥兩釘著齒其下，人立其上，而牛輓之，以磨田地。』

鑠 shuò

①熔銷，消損。②通『爍』。輝煌。《詩・周頌・酌》：『於鑠王師，遵養時晦』。

鑞 là

同『錩』。錫和鉛的合金，通稱白鑞。

鑩 lì

鼎的一種。同『鬲』、『鎘』。《吳越春秋・夫差內傳》：『夢入章明宮，見兩鑩蒸而不炊。』

鑪 lú

①盛火之器，如火爐。②同『鑪』、『壚』。古時酒店放酒杯的臺子。後也指酒店。《史記・司馬相如傳》：『賈一酒舍酤酒，而令文君當鑪』。《集解》『章昭曰：鑪，酒肆也。』

鑋 mí

農具鐮。也作「鍪」。《玉篇》：「鑋，青州人呼鐮也。」《弘明集》：宋·顏延之《重釋何衡陽書》：「金鑋斧鐮刀，利害寢端，驅百代之民，出信厚之塗。」

鎛 bó

本指樂器。又以金於塗物品之上。同「鋪」。《樂府詩集》：晉·張華《輕薄篇》：「足下輕鎛履，手中雙莫耶。」

鏩 zhá

切草器。元·王士禎《農器圖譜》：「鏩」，《集韻》作「鏩」。俗作「鍘」。

鑽 zuān

又音zuán。通「攢」。簇聚。《史記·司馬相如傳·大人賦》：「鑽羅列聚，叢以龍茸兮。」《漢書》作「攢」。

鑾 luán

裝於軛首或車衡上的飾物。字亦作「鸞」。唐·李賀《歌詩編》：「汗血到王家，隨鸞撼玉珂。」

長部

𨱗 kūn

同「髡」。「𨱗屯」醜貌。《淮南子·說山》：「𨱗屯耕牛，既抖犃，生子而犧，尸祝齊戒，以沈諸河。」《注》：𨱗屯，醜牛貌，犂牛，不純色，無角犃，無尾。」本作「髡屯」。

𨲠 qū

婦女半臂服。《注》：「字書無「𨲠」字。」《續後漢書》作「袦」。音其物反，楊雄《方言》曰：「襜褕其短者，自關之西謂之「裗袦」」。郭璞《注》云：「俗名「袦掖」。據此，即是諸於上加繡袦。如今之半臂也」。唐·段成式《酉陽雜俎·盜俠》作「髷」。

𨲮 jiē

長歎。《爾雅·釋詁》：「嗟，咨，磋也」。《疏》皆歎也。同「嗟」，《集韻》有解。

閉 bì

本謂關閉，阻絕。又弓檠，即正弓之器。通『柲』。以竹木片為之，縛於弩上，防其折損變形。《詩·秦風·小戎》：『交韔二弓，竹閉緄縢。』《傳》：『閉，紲。』《周禮·考工記》：『弓』《注》引《詩》作『柲』。

閌 kàng

門高貌。《文選》漢·張平子《西京賦》：『門高有閌，列坐金狄。』《注》：《毛詩》曰：『臯門有閌。』「伉」與「閌」同。」

閑 xián

①通『嫺』。熟練。《詩·秦風·駟馬》：『游於北苑，駟馬既閑』。《傳》：『閑，習也』。又文雅。《文選》三國·魏·曹子建《美女篇》：『美女妖且閑，採桑岐路間。』②安閑，閑散。通閒。《文選》三國·魏·嵇叔夜《贈秀才入軍詩》：『閑夜肅清，朗月照軒。』

閒 xián

①通『閑』。《國語·晉》：『今若大其柯，去其枝葉，絕其本根，可以少閑』。《注》：『閒，息也，為滅欒氏而去其黨。』②又音jiān。俗作『間』。《左傳》：『以君之靈，間蒙甲冑。』

閙 nào

俗『鬧』字。

閘 yà

《說文》謂開閉門。以後指可以啟閉之水門。同『牐』。今讀zhá。宋·范仲淹《范文正公集上呂相公並呈中丞諮目》：『新導之河，必設諸閘，常時扃之，禦其來潮，沙不能塞也。』

関 guān

同『關』。《玉篇》有解。

閣 gé

同『擱』。唐・白居易《長慶集・罷府歸舊居詩》：『石片擡琴匣，松枝閣酒盃』。宋・張師政《倦遊雜錄・十年騎馬聽朝鷄》：『熙寧六年，西河荒歉，令所在青苗本錢，權行依閣。』

閬 láng

本指高大空曠貌。又音 liǎng。通『魎』《史記・孔子世家》：『木石之怪，夔，罔閬。』《索隱》：『閬』音兩。《家語》作『魍魎』

閱 yuè

通『穴』，洞。《詩・曹風・蜉蝣》：『蜉蝣掘閱，麻衣如雪。』

闞 kǎn

也作『捆』，門檻。

閹 yān

亦作『奄』。男子去勢。也指宮中閉門的役者，後指宮中太監為閹官。

閶 chāng

本城門之謂。又音 tāng。鼓聲。通『闛』、『鼞』、『鏜』、『鼟』、『鞺』。

閿 wén

地名。《說文》作『闅』。

閻 yán

里中門。也指里巷。又姓。又音 yàn。通『艷』。如美艷之妻也，曰『閻妻』。《漢書・穀永傳》：『昔褒姒用國，宗周以喪。閻妻驕扇，日以不臧。』

閷 shā

也音 shà。同『殺』。生殺，滅殺。《周禮・考工記》多作『閷』。清・龔自珍《定盦文集補・己亥雜詩》：『牘尾但書臣向撰，頭銜不稱閷其詞。』

闇 àn

又音 yōn。遽然。《文選》漢・傅武仲《舞賦》：『翼而悠往闇復輟已。』《注》『闇猶奄也，古人呼闇殆與「奄」同。』《方言》：『奄，遽也。』

闌 lán

『闌干』。本為縱橫貌。但又作『欄杆』。唐・李太白詩《清平調》：『解釋春風無限恨，沉香亭北倚闌干。』

闆 pàn

又音 bǎn。舊釋店主曰『老闆』。也作『老板』。

闕 què

①又音 quē。同『缺』。《論語・子路》：『君子於其所不知，盍闕如也。』《國語・魯》：『若蒙而棄魯侯，信抑闕矣。』②又音 jué。同『掘』。《左傳》：『若闕地及泉，遂而相見。其誰曰不然。』

闔 hē

通『盍』。何不，何為。《莊子・天地》『夫子闔行耶，無落吾事。』

闒 tà

通『闌』。樓上戶。《說文》有解。又通『鞈』。鼙聲。《周禮・夏官・大司馬》『中軍以鼙令鼓。』漢・鄭玄《注》：『司馬法曰：鼓聲不過閶，鼙聲不過闒。』

闓 kǎi

安樂。通愷。《漢書・司馬相如傳》：『昆蟲闓懌，四首面內。』《注》文穎曰：『闓，懌皆樂也。』

闚 kuī

同『窺』。窺視。《易豐》：『闚其戶。』《方言》：『闚視也。引伸為窺視探測。』

關 guǎn

①又音 guàn。通『貫』。《禮・雜記》：『叔，孫武叔朝，見輪人以其杖關轂而輠輪者。』②又音 wān。通『彎』。《孟子・告子》：『越人關弓而射之。』清・焦循《正義》：『《文選・三都賦》劉逵《注》引《孟子》此文作彎……彎、關、貫並通。』

阜部

阞 lè

本為地脈之意。又零散也，通『仂』。《周禮·考工記·輪人》：以其圍之阞捎其藪。』《注》『阞三分之一也。』

阤 zhì

又音 tuó。同『陀』。陂陀也作『陂阤』。』

阱 jǐng

同『穽』。陷阱，用以陷獸。《漢書·穀永傳》：『又以夜庭獄大為亂井。』《注》：『穿地為坑阱以拘繫人也。言其非正而又多也。』

阮 ruǎn

①商代諸侯國名，在今甘肅涇川縣境。②姓，漢有阮敦。晉有阮籍、阮咸，謂大小阮。又音 yuán。通『原』。《漢書·地理志》：『代郡有五原關』，《成帝紀》作『五阮關』。《注》：『五阮在代郡。』

阯 zhǐ

①同『址』。基址。《史記·孝武紀》：『石閭者，在泰山下阯南方，方士多言此仙人之閭也』。②又通『趾』。漢武帝元鼎六年置交阯郡。也作交趾。③水中的大小洲。通『止』。《文選》張平子《西京賦》：乃有昆明巫沼，黑水玄沚。

阨 è

①《說文》作阸。謂險要之地。《史記·秦始皇紀》：『閉據阸，荷戟而守之。』通『隘』。狹窄。《左傳》：『彼徒我車，所遇又阨。』《釋文》：本又作『隘』。

阸 è

①同阨。險要之地。《漢書·西域傳》：『東則接漢，阸以玉門。』《注》：阸，基也。通『隘』，狹窄。《漢書·諸侯王表》：至虞虗阸河洛之門，分為三周。

阿 ē

①大的丘陵。②山邊，水邊。③曲遽，曲隅，親近。④通『婀』。《詩·小雅·隰桑》：『隰桑有阿，其葉有難』。《傳》：『阿然美貌』。皆謂柔美也。⑤又音 hē。通『訶』、『呵』。斥責用語。《老子》：『唯之與阿，相去幾何。』按：馬王堆漢墓帛書《老子》甲本作『訶』。乙本作『呵』。⑥又音 ā。常用於助詞。如阿母，阿父。

陂 bēi

又音 bì。通『詖』。邪佞。《荀子・成相》：『讒人罔丞，險陂傾側此之疑。』

陁 tuó

①同『陀』。②山勢傾斜貌。《史記・司馬相如傳・子虛賦》：『平原廣澤，登降陁靡』。

附 fù

①通『祔』。古祭儀形式。《禮・雜記》：『大夫附於士。』②又音 fǔ。通『腑』《漢書・楚元王傳》：『臣幸得託肺附』。③又通『撫』。《史記・齊世家》：『昭公之弟商人以桓公死爭位而不得。陰交賢士，附愛百姓說。』

陌 mò

本為田間的小路，通『帞』。如『陌頭』，指斂髮的頭巾，漢・楊雄《方言》：『絡頭，帞頭也。』

降 jiàng

①又音 xiàng。通『夅』。歡悅。《詩・召南・草蟲》：『亦即見止觀止，我心則降。』②又音 hóng。通『洪』，大。《書・大禹謨》：『帝曰，來禹，降水儆予。』《疏》：『降水，洪水也。』

陒 guǐ

同『垝』。毀敗。《漢書・杜周傳・贊》：『業因勢而抵毀，稱朱傳，毀師丹，愛憎之議不可畏哉。』《注》：『陒，毀也。言因事形勢而擊毀之也。陒，音詭。一說陒讀與「戲」同。』

陣 zhèn

本作『陳』。軍五行列或軍隊戰鬬隊列。量詞也用之，如唐・韓偓詩：昨夜三更雨，臨明一陣風。

陘 xíng

又音 jìng。通『徑』。隘道。《左傳》：齊侯曰：『是好勇，去之以為之名。速遂塞海陘而還。』《注》：『海陘，魯隘道。』

陟 zhì

①通『騭』。牡屬。《大戴禮・夏小正・四月》『執陟攻駒』。『陟』，《禮・月令仲夏之月》：『遊牝別羣，則縶騰駒。』『騰駒』即騰馬，指牡馬。②又音 bá。通『得』。《周禮・春官・大蔔》：『掌之夢之

法，一曰致夢，二曰觭夢，三曰咸陟。」《注》：「陟之言得也，讀如『五德翟人』之德，言夢之皆得。」

陳 chén

又音zhèn。同『陣』。戰陣。《論語·衛·靈公》：『衛靈公問陣於孔子。』

陪 péi

本為重疊，增益，輔佐，伴隨之意。又通『賠』。唐·白居易《長慶集·判題》：『甲牛觝乙，馬死，請賞馬價。甲云：在放牧處相觝，請陪半價。』

陸 lù

①又音liù。六字的大寫體。②高平之地。③道路。④跳躍。《莊子·馬蹄》：『齕草飲水，翹足而陸。此馬之真性也。』《集解》引司馬彪『陸，跳也。』⑤草名。即商陸。⑥姓。

陵 líng

①通『淩』。侵侮。《禮·中庸》：『在上位，不淩下』。②土山。③帝王的墓。④升，登上。《文選》漢·張平子《西京賦》：『陵重巘，獵昆駼。』

陼 zhú

同『渚』。水中小塊陸地。《爾雅·釋水》：『水中可居者曰陼，小洲曰陼』。《注》：『東陸鉅海，東有大海之陼。字與「渚」同也。』

陬 zōu

角落。山角。地名。月份。正月為『陬』月。《論語·八佾》作『鄹』。

陭 yī

又音qí。通『崎』。《史記·司馬相如傳·蜀難父老》：『昔者鴻水浡出，氾濫衍溢，民人登降移徙，陭嶇而不安』。《漢書》作『崎嶇』。

陰 yīn

①通『窨』。地窖。《詩·豳風·七月》：『三之日納於淩陰。』《傳》：『淩陰，冰室也。』②山之背曰陰。③不晴不雨日陰。④古代哲學概念。與陽相對。⑤皮。⑥又音ān。通『闇』。《書·說命》：『王宅憂，亮陰三祭』。《注》：『陰，默也，居憂信默，三年不言。』一說通『闇』，為居喪之廬。⑦通『蔭』。掩埋、庇護。《詩·大雅·桑柔》：『既之陰女，反予未赫。』《注》：『言人之骨肉，陰於地中為土壤』。

陶 táo 又音 yáo。通『窑』。《詩・大雅・緜》：『古公亶父，陶復陶穴，未有家室。』

陴 pí 通『髀』。大腿。《呂氏春秋・明理》：『有鬼投其陴。』

隊 duì ①又音 zhuì。同『墜』，墜落，喪失。《左傳》：『家人立而啼，公懼，隊於車，傷足，喪履。』《石經》作『墜』②又音 suì。通『隧』。《墨子・城門》：『城上二千步一籍車，當隧者不用此數。』《注》：『隊，隧通。』

陻 yīn 同『垔』、『堙』。《書・洪記》：『我聞在昔，鯀陻洪水，汨陳具五行。』

隋 tuǒ ①通『橢』。橢圓形。《詩・豳風・破斧》：『既破我斧，又缺我斨。』漢・毛亨《傳》：『隋銎曰斧。』《釋文》：『孔形狹而長』。②又音 duò。通『墮』。垂落。《史記・天官書》：『廷藩西有隋星五。』《索隱》：『隋為垂下』。③又音 suí。周代國名。本作『隨』。古籍亦作『隋』。又朝代名。北周楊堅立國称隨。去走為『隋』。

隁 yàn 同『堰』。築土障水。

陿 xiá ①同『狹』。狹隘。《漢書・景帝紀》：『郡國或磽陿，無所農桑毄畜。』②通『峽』。峽谷。《文選》漢・司馬相如《上林賦》：『汨手混流，順河而下，赴隘陿之口。』

隃 yú ①同『踰』。《文選》司馬相如《上林賦》：『隃絕梁，騰殊榛。』《注》：『隃字與踰同。』②遥遠。《漢書・英布傳》：『上惡之與布相望見，隃謂布，何若而反。』《史記・鯨布傳》作『遥』。

隘 ài ①狹窄，隘要之地。困窘。②通『阨』。阻止，隔絕也。《戰國策・楚》：『懷王薨，太子辭於齊王而歸，齊王隘之。』

隔 gé ①阻隔，不合。又窗格。②通「膈」。《管子·水地》：「脾生膈，肺生骨。」清·戴望《校正》：「宋本隔作膈。」又音 jǐ。通「擊」。《書·益稷》：「戛擊鳴球。」《文選》漢·楊雄《長楊賦》：「拮隔鳴球，掉八列之舞。」《注》引韋昭：「古文隔為擊。」③通「融」。《史記·秦始皇泰山刻石》：「昭隔內外靡不清淨，施於後嗣。」《集解》引徐廣：「隔，一作「融」。」

隙 xì 或作「隟」。裂縫。空間。紛爭怨恨。鄰接。

隕 yǔn ①墜落。毀壞。②死。通「殞」。《左傳·襄》：「巢隕諸樊。」③又音 yuán。周圍。通「員」。《詩·商頌·長發》：「禹敷下方土外大國是疆。幅隕既長。」《箋》：「隕當作員，員謂周也。」

隑 qí 同「碕」。《史記·司馬相如傳》：「臨曲江之隑州兮，望南山之參差。」

隖 wù 「塢」的本字。詳見「塢」。

障 zhàng ①障隔。堤防。邊境險要處堡塞。屏風或帷幛。②通「瘴」。瘴氣。《後漢書·楊雄傳》：「且南方暑濕，障毒互生。」③通「幛」。唐·杜甫《杜工部草堂詩箋》：「障子松林靜杳冥，憑軒忽若無丹青。」

隁 yàn ①國名。地在今河南鄢陵縣境。②戰國時楚地，在今湖北宜城縣西南。③通「堰」。《後漢書·董卓傳》：「乃於所度水中偽立隁，以為捕魚，而潛從隁下過軍。」

⿰阝區 qū 傾側不平。通「嶇」。《漢書·諸侯王表》：「自幽、平之後，曰以陵夷。至虖陀⿰阝區薁河洛之間，分為二周。」

隝 dǎo 同「島」。水中山也。《漢書·司馬相如賦》：「阜陵別隝。」《注》引郭璞：「隝，水中山也。」按：《史記》作「島」。

隧 suì

①地道。道路。鐘上受擊而磨光處。旋轉。②通『邃』。深也。《周禮·考工記》：『參分車廣，去一以為隧。』《注》：『鄭衆云：「隧謂車與深也。」』③通『遂』。郊外之地。《史記·魯·周公世家》：『魯人之郊三隧。』《集解》引王肅：『邑外曰郊，郊外曰隧。』《書·費誓》作『三郊三遂。』④通『燧』。烽火亭。漢·班彪《北征賦》：『登鄣隧而遥望兮，聊須臾以婆娑。』⑤又音 zhuì。通『墜』。《荀子·儒效》：『至共頭而山隧。』《注》：『隧，謂山石崩摧也，隧讀為墜。』

隫 fén

同『墳』。高地。《管子·地員》：『若在陵在山，在隫在衍。』

隤 tuí

①倒塌。敗壞。降下。柔。絆倒。②通『頹』。《詩·周南·卷耳》：『陟彼崔嵬，我馬虺隤。』《傳》：『虺隤，病也，一作「虺頹」。』

隥 dèng

同『磴』。石階。《穆天子傳》：『天子南還，升於長松之隥。』

險 xiǎn

①險要。要隘。邪惡。損傷。半掩。薄。②又音 jiǎn。通『儉』。《左傳》：『为之歌魏，曰：「美哉，渢渢乎，大而婉，險而易。」』③又音 yán。通『巖』。《史記·殷記》：『是時（傳）說為胥靡，築於傅險。』

隩 yù

①本水岸内曲處。又入室取暖，通『燠』。《書·堯典》：『厥民隩，鳥獸氄毛。』《史記·五帝紀》作『燠』。②又音 ào。室的西南隅。又通『奥』。深。《國語·鄭》：『申吕方彊，其隩愛太子，亦必可知也。』《注》：『隩，隱也。』③又通『墺』。定居之地。《書·禹貢》：『九州攸同，四隩既宅。』

隮 jī

①同『躋』。登。升。《書・顧命》：『王麻冕黻裳，由賓階隮。』②虹。又墜落。

隴 lǒng

①山名。隴山，在甘肅省，相沿甘肅省稱隴。又旺盛也。②通『壟』。丘壟，田埂。《史記・項羽紀・贊》：『然羽非有尺寸，乘執起隴畝之中。』

隶部

隶 dài

『逮』的本字。

隸 lì

①奴隸。附屬。漢字書體之一。②又音 yì。通『肄』。《史記・義縱傳》：『關東隸群國出入關者。』《集解》：『隸，閱也。』《漢書・義縱傳》：隸作『肄』。

隷 dài

今字作『迨』。《說文》：『隷』引《詩》：『隷天之未陰雨。』今《詩・豳風・鴟鴞》作『迨天之未陰雨。』

隹部

隺 hè

本来是高的意思。《說文解字》中『隺』字引《易》說：『夫乾隺然。』但今《易・繫辭》作『夫乾確然。』古體『鶴』隸書作『隺』宋米芾《蜀素帖》中出现以『隺』為『鶴』後，後人多沿用。清・段玉裁《說文解字注》五下中有詳細注解。

雇 hù

①一種鳥的名字，即九扈。《爾雅・釋鳥》作『鳸』。②又音 gù。同『僱』。僱傭。

雅 yǎ

①通『⿱疋皿』酒器。清·陸烜《梅谷偶華》：『劉表弟子以酒器名之爵，上者曰伯雅，中者曰仲雅，小者曰季雅。……』《廣韻》『⿱疋皿』字注云：『酒器，⿱疋皿即雅字。』吴均《詩》：『聊傾三雅巵。』今人語曰雅量，妓人送酒曰雅酒，蓋本此云。

雁 yàn

鳥名，候鳥之一種。古雁與鴈本為二鳥，後来鴈雁多通。

集 jí

①本作『雧』。②通『輯』。和順。《史記·衛康叔·世家》：『为武庚未集，恐其有賊心，武王乃令其弟管叔、蔡叔傅相武庚禄父以和其民。』《索隱》：『集猶和也。』

雍 yōng

①通『雝』。和諧。《書·堯典》：『百姓昭明，協和萬邦，黎民於變時雍。』②通『廱』。③通『饔』。雍人周代宮中掌管烹調之官。④通『壅』。《荀子·致士》：『隱忌雍蔽之人，君子不近。』⑤通『擁』。擁，有。《戰國策·秦》：『雍天下之國。』

雋 juàn

①鳥肉肥美。又姓氏，漢有雋不疑。②通『俊』、『儁』。才智出衆。《漢書·禮樂志》：『至武帝即位，進用英雋，議立明堂，制禮服以興太平。』

雉 zhì

①鳥名。又計算城墻面積的單位。又樗蒱戲中的采名。又理，平治。②通『紖』、『絼』。牛鼻繩。

雒 luò

①白鬃黑馬。水名。地名。姓。②通『絡』。馬龍頭。《莊子·馬蹄》：『及至伯樂，曰：「我善治馬，」燒之，剔之，刻之，雒之。』③通『頟』《漢書·韓嫣傳》：『子增封龍雒侯。』《史記·建元以來侯者表》作『龍頟侯。』④通『洛』。地名。漢·光武帝建都洛陽，自以漢為火德忌水，改洛陽為雒陽。三國魏自以為土德，水得土而活，水得土而柔，去『隹』加『水』，仍作『洛』字。

䧿 què

同『鵲』，鳥名。《墨子・魯問》：『公輸子削竹木以為䧿，成而飛之，三日而下。』

雕 diāo

①亦作『鵰』。鳥名。《山海經・南山經》：『（鹿吳之山）水有獸焉。名曰蠱雕。其如雕而有角。』《注》：『雕似鷹而犬尾，长翅。』《史記・李將軍傳》：『是必射雕者也。』《漢書・李廣傳》作『鵰』。②通『彫』。刻鏤。《論語・公冶長》：『朽木不可雕也。』③通『凋』。損傷，衰敗。《左傳》：『今宮室崇侈，民力雕盡。』

雔 chóu

本謂雙鳥，後衍為匹配之意。古書多作『讎』。

雜 zá

①混合。錯亂。聚集。②通『匝』。謂循環始終。《淮南子・詮言》：『以數雜之壽，憂天下之亂。』《注》：『雜，「匝」也。』

雗 hàn

也稱『鷽』。鳥名。即山鵲。

雚 guàn

水鳥名。今《詩・豳風・東山》作『鸛』。又草名，即芄蘭。

巂 xī

又音 guí。鳥名，亦謂子巂。即子規。又車輪轉一周为巂。字亦作『雟』。

雞 jī

亦作『鷄』。家禽。

雝 yōng

①同『雍』。和諧。《詩・召南・何彼襛矣》：『曷不肅雝，王姬之車。』②擁蔽。通『壅』。《詩・小雅》：『無將大車，維塵雍兮。』《箋》：『字又作「壅」。』

離 lí

①鳥名，《說文》：『離黃，倉庚也。』今用『鸝』為鸝黃。借『離』為離別。又分散，斷絕，遭逢，陳列。大琴謂之離。又八卦之一。又草名。②香草。通『蘺』。《楚辭》屈原《離騷》：『扈江離與辟芷兮，紉秋蘭以為佩。』③山梨。通『樆』。《文選》司馬相如《子虛賦》：『桂椒木蘭，檗離朱楊。』④通『縭』。《漢書·班婕伃傳賦》：『每寤寐而絫息兮，申佩離以自思。』《注》：『離，掛衣之帶也。』⑤又音 lì。去，失。又附麗，附著。《易·說卦》：『離，麗也。』《漢書·楊雄傳》：『哀帝時，丁傅董賢用事，諸附離之者，或起家而二千。⑥又音 chī。傳説古代無角的龍。通『螭』。《史記·周紀·牧誓》：『如犲如羆，如犲如離。』今《書·牧誓》作『如虎如貔，如熊如羆。』

難 nán

①鳥名。本作『鶔』。（見說文）又不容易。②又音 nàn。災難，拒斥，詰責，仇怨。③又音 nuó。『儺』的本字。《禮·月令·仲秋之月》：『天子乃難以達秋氣。』

雨部

雰 fēn

同『氛』。霧氣。

雷 léi

①同『靁』。本為空中激電所發之聲。又將其聲引為宏大。字因作『靁』。《漢書·中山靖王勝傳》：『夫衆煦漂山，聚蟁成靁。』《注》：『靁，古雷字。』②通『罍』。古樂器名。漢《魯相韓勑造孔廟禮器碑》：『鐘、磬、瑟、鼓、雷、洗、觴、觚。』③通『礌』、『礧』。古時作戰擊敵的石塊。《周禮·秋官職金》：『凡國有大故而用金石。』《注》：『用金石作槍，雷、椎、椁之屬。』④通『擂』。敲擊。《樂府詩集》：『官家出遊雷大鼓，細乘犢車開後户。』

雺 wù

即今之『霧』字。籀文作『雺』，小篆作『霚』。

需 xū

①《易》二十四卦之一。②等待。遲疑。③又音 ruǎn。同『軟』、『輭』。柔軟。《周禮・考工記・鮑人》：『革，……欲其柔滑，而腥質之，則需。』《釋文》：『需，人兗反。』④懦弱。《周禮・考工記・輈人》：『進則與馬謀……行數千里，馬不契需。』《注》：『鄭司農云：「需，讀為畏需之需。」』需，古『懦』字（今讀 nuò）。

震 zhèn

①雷擊。震動。威嚴。氣盛。八卦之一。②通『妊』。《詩・大雅・生民》：『載震載風，載生載育。』

霄 xiāo

①雲霄。②天空。③通『宵』。夜。《呂氏春秋・明理》：『有晝盲，有霄見。』《注》：『霄，夜。』④通『消』。消滅。《墨子・經說》：『霄盡，蕩也。』清・畢沅《注》：『霄與「消」同。』

霉 méi

菌體。本作『黴』。《說文》謂『中久雨青黑。』也作『䆀』、『黣』。又梅雨之『梅』，當作『霉』。元・周密《蘋州漁笛譜》：『虹雨霉風，翠縈蘋渚，錦飜葵逕。』

霔 zhù

本作『注』。大雨。《金樓子・志怪》：『喪還之日，复大雨霔。車軸折壞，不複得前。』又指及時雨，義同澍。宋・趙時僑《建康府嘉惠廟牒記》：『敬往禱焉果獲甘霔，農望少蘇。』

霑 zhān

亦作『沾』。潤澤。沾濡。

霒 yīn

為『侌』，小篆之寫法。《大戴禮・文王・官人》：『生民有霒陽。』北周・盧辯《注》：『言人含陰陽之氣。』陰陽之陰，說文作『陰』。字書作『霠』者誤。

霏 fēi

飛散。字也作『䬠』。

霍 huò

①說文作『靃』。象聲。大山。古諸侯國名。又山名。②通『藿』。豆葉。《漢書・鮑宣傳》：『使奴從賓客漿酒霍肉。』《注》：『霍，豆葉也。貧人茹之也。』

霓 ní

也作『蜺』。主虹為虹，副虹為霓。

霚 wù

即今日『霧』字。籀文作『雺』。小篆作『霚』。

霛 líng

『靈』的異體字。

𩃬 ǎi

同『靄』。雲霧。《文選》南朝・宋・謝惠連《雪賦》：『連氛累𩃬，淹日韜霞。』《注》：《文字集略》曰：「靄，雲狀。」又曰：「𩃬亦靄也。」』

霣 yǔn

①雨。廢墜。②墜落。同『隕』。《公羊傳》：『夜中星霣如雨。』③通『殞』。死亡。《史記自序》：『惠之早霣，諸呂不台。』

霡 mài

小雨。字俗作『霢』。小雨也。《詩・小雅・信南山》：『益之以霡，』《文選》左太沖《吴都賦》：『流汗霡霂而中逵泥濘。』

霤 liù

本作『霤』。通『溜』。屋檐之水。

霧 wù

地面雲狀之水蒸氣。籀文作『雺』。小篆作『霚』。

䨴 chōng

氣之往来狀。通『衝』。

霰 xiàn

雪珠。俗謂米雪。字亦作『霓』。

霱 yù

瑞雲。字亦作『矞』。

霶 pāng

同『滂』。大雨。

䨵 dàn

陰暗貌。字同『䨢』。

霸 bà

①古代諸侯之長。超勝於人。②又音pò。陰曆每月始見之月。月魄之『魄』的本字。《說文》：『霸，月始生霸，然也。』《書·康皓》：『惟之月哉生魄。』《說文》引作『哉生霸。』清·段玉裁《說文解字注》有解。

露 lù

①水氣凝結之水珠。顯露。羸弱，敗壞。又芳香飲料。又姓。②通『輅』。車。《史記·楚世家》：『昔我先王熊繹辟在荊山，蓽露藍蔞以處草莽。』《集解》引服虔：『蓽露，柴車素木輅也。』《左傳》作：『蓽路。』

靁 léi

同『雷』。《詩·邶風·終風》：『曀曀其陰，虺虺其靁。』

靈 líng

①一作『𩂣』。亦作『𩃬』。俗作『灵』。②神靈。女巫。精氣所聚。人之精神狀態。應驗。福。善，美。③通『軨』。車。《左傳·定》：『載蔥靈，寢於其中而逃。』《疏》：『賈逵云：蔥靈，車也，有蔥有靈，……蔥中豎木謂之靈。』

靃 huò

①《說文》：『靃，飛聲。雨而雙飛者。』②草木弱貌曰『靃霏』。《楚辭》漢·淮南小山《招隱士》：『青莎雜樹兮，薠草靃霏。』《注》：『隨風披敷。』靃，亦作『藿』。

青　部

靖 jìng

①安定。止息。謀議。謹恭。②通『旌』。表彰。《左傳》：『魯叔孫豹可謂能矣，請免之以靖能者。』

靚 jìng

①召，呼。通『請』。《說文》：『靚，召也。』清·段玉裁《注》：《廣韻》曰：古奉朝請亦作此字。』②裝飾豔麗曰靚飾。③通『静』。《漢書·賈誼傳·服鳥賦》：『詹虛舟虖若深淵之靚。』《史記·賈生傳》作『静』。

静 jìng

①静止。寂静。安静。思謀。精神專注。②本字做『竫』。清·段玉裁《說文解字注》有解。③又音zhèng。通『諍』。諍諫。《禮儒行》：『陳言而伏，静而正之。』

非　部

非 fēi

①過失。責難。譏諷。疑問，猶否。②又音fěi。通『誹』。誹謗。《荀子·解蔽》：『故群臣去忠而事私，百姓怨非而不用。』《注》：『非，或為誹。』

面　部

䩉 fǔ

面頰。如靨䩉。頰邊文。婦女之媚也。也作『輔』。《楚辭·大招》：『靨輔奇牙，宜笑嗎只。』《注》：『輔、一作「䩉」。』

靤 pào

面瘡。《說文》作『皰』。俗作『疱』。

䩉 yè

同『靨』。《淮南子·說林》：『䩉輔在家則好，在顙則醜。』《注》：『䩉輔，箸頰上窪也。』

靧 huì

同『頮』。洗臉。《禮·內則》：『其間面垢，燂潘請靧。』

革部

革 gé

①去毛加工之獸皮。人體之皮膚。改變。卦名。鳥翼。轡首。②又音 jí。通『亟』。急也。《禮·檀弓》：『夫子之病革矣，不可以變。』

靶 bà

①轡革，韁繩。②柄。通『把』。《北齊書·徐之才傳》：『又有以骨為刀子靶者，五色斑斕。』③又音 bǎ。射之的，如箭靶。

靴 xuē

長筒鞋。本作『鞾』。《隋書·禮儀志》：『惟褶服以靴。靴，胡履也。取便於事，施於戎服。』

靽 bàn

同『絆』。絡於馬後之皮革。

靺 mò

通『韈』。韈子。《南齊書·徐孝嗣傳》：『孝嗣登殿不着靺，为治書御史蔡凖所奏罰金二兩。』

䩜 zhòu

同『胄』。古代之頭盔。《荀子·議兵》：『冠䩜帶劍。』注：『䩜，與「胄」同。』《漢書·刑罰志》作：『冠胄帶劍。』

鞂 jiē
古祭天所用之物。禾去皮編以為席。通作『稭』，或作『秸』、『[illegible]』。

鞀 táo
同『鼗』。有柄的小鼓。《吕氏春秋·自知》：『湯有司過之士，武有戒慎之鞀。』

鞍 ān
馬鞍。字亦作『鞌』。

鞇 yīn
同『茵』。坐褥。《韓詩·外傳》：『遭齊君重鞇而坐，我君單鞇而坐。』

鞘 qiào
①亦作『鞘』。刀劍之套。②又音 shāo。鞭子尾部之細皮部份。

鞓 tīng
《玉篇》作『䩠』。皮帶。

鞙 xuàn
通『琄』。大車上縛軛的皮繩。

鞔 mán
①鞋子的幫部。車上以皮革做的裝飾。以皮革綳緊固定在木框上。②通『懣』。悶脹。《吕氏春秋·重己》：『味重珍則胃充，胃充則中大鞔。』《注》：『鞔，讀若懣。』

鞗 tiáo
《說文》作『鋚』。轡頭。《詩·小雅·蓼蕭》：『既見君子，鞗革忡忡。』

鞛 běng
同『琫』。刀鞘之飾物。《左傳》：『藻率鞞鞛。』

鞟 kuò

去毛的皮。《詩・齊風・載驅》：『簟茀朱鞹。』《正義》引《說文》：『鞟，革也。』今本《說文》作『鞹』。

鞥 jī

同『羈』。馬絡頭。又纏繞也稱鞥。

鞠 jū

①古代用革製的球。②養育，撫養。稚幼。窮困。彎曲。高貌。③通『鞫』。《漢書・刑法制》：『今遣延使与鞠獄，任輕祿簿，其為置延平，秩六百石，員四人。』鞠獄。審訊囚犯也。④通『菊』。《禮・月令》季秋之月：『鞠有黃華。』《注》：『鞠本又作菊。』

鞞 bǐng

①刀劍鞘。②又音pí。通『鼙』。鼓之一種。《禮・月令》：『命樂師條鼗鞞鼓。』《注》：『鞞鼓者，則《周禮》鼓人職掌六鼓，雷鼓鼓神祀之屬是也。』③古地名用字。漢・犍為群有牛鞞縣。

鞧 qiū

同『鞦』。

鞦 qiū

也作『鞧』。

鞪 mù

①車轅上加固的革製帶。②又音móu。通『鍪』。戰士的頭盔。《漢書・韓延壽傳》：『命騎士兵車四面營陳，被甲鞮鞪居馬上。』《注》：『鞮鞪，即兜鍪也。』

鞲 gōu

也作『韝』。古代革製的套袖或臂衣。

鞴 bù

又音bì或bèi。車具。同『鞁』。又同『鞴』。《新五代史・王彥章傳》：『令甲士五百人皆持具斧，載冶者，具鞴炭，飛流而下。』

鞳 tà

通『鞈』。

鞵 xié

『鞋』的本字。

鞹 kuò

①也作『鞟』。去毛之皮。②又音 jué。通『玃』。弦急狀。《太平御覽·尸子》：『鴻鵠在上，扜弓鞟弩待之。』《注》：『鞟、同「玃」。』

韣 duó

又音 dú。同『韣』。弓衣。

韤 wà

足衣。也作『韈』。或作『襪』。

韊 lán

《廣韻》作『韊』。革製的箭筒。

韋部

韋 wéi

①去毛的熟皮革。又姓。②通『違』。違背。《漢書·禮樂志·郊祭歌·天門》：『五音六律，依韋饗昭。』③通『圍』。計算圓周的量詞。《漢書·成帝紀》：『是日大風，拔甘泉時中大木十韋以上。』

韌 rèn

也作『韧』。柔軟而堅固。

韍 fú

通作『芾』、『紱』、『敝』。古代祭服的蔽膝。又拴璽印的繩。

鞘 qiào
與『鞘』同。

韓 hán
《說文》作『韓』。井垣。古國名。姓。

鞲 góu
同『鞴』服。革製的袖套。

韛 bài
同『鞴』。吹火的皮囊。又同『鞁』。《新五代史·王彥章傳》：『令甲士五百人皆持具斧，載冶者，具韛炭，乘流而下。』

韜 tāo
①弓套。掩藏。謀略。②又音 táo。同『翿』。古代軍隊或儀仗隊所用的旗幟。《儀禮·鄉射禮》：『韜上二尋。』《注》：『今文……韜為「翿」。』

韠 bì
革製的蔽膝。字與『韠』同。

韤 wà
同『襪』、『韤』。足衣。

[illegible] yù
『鬱』的俗字。香草。

韭部

韲 jī
①《說文》或從齊作『齏』。②切成細末的淹菜。搗碎。混合。

䪤 fán

①廣韻作『䪻』。②小蒜。百合。

韰 xiè

①也作『薤』。植物名，即藠子。②狹。《漢書・楊雄傳・反離騷》：『素初貯厥麗服兮。何文肆而質韰。』

音部

韵 yùn

同『韻』。

韺 yīng

亦作『英』。傳說帝嚳樂名。《漢書・禮樂志》：『帝嚳作五英。』唐・韓愈《昌黎集・與孟郊城南聯句》：『歲律及郊至，古音命韶韺。』

韻 yùn

①和諧的聲音。指韻母和音節的音。又指詩賦辭曲。又高雅，風雅。風度。氣韻，神韻。美。②字也作『韵』。

頁部

頁 xié

①古『首』字。人頭。《說文》：『頁，頭也。從百從兒。古文䭫首如此。』②又音 ye。同『葉』、『𥳑』。書册中一紙謂一頁。也指一紙的一面。本作『𥳑』。

頃 qǐng

①地畝单位。少时。副詞：近來、剛才。②又音 qīng。傾的本字。歪斜，傾倒。《詩・周南・卷耳》：『采采卷耳，不盈頃筐。』釋文：『頃，音傾，傾筐，依筐也。』③又音 kuǐ。字同『跬』。《禮・祭義》：『故君子頃步而弗敢志孝也。』釋文：『頃，讀為「跬」。一舉足為跬，再舉足為步。』頃步，《荀子・勸學解蔽》皆作『蹞』。

須 xū

①『鬚』的本字。鬍鬚。《漢書・高帝紀》：『高祖為人，隆準而龍顏，美鬚髯。』《注》：『在頤曰鬚，在頰曰髯。』②等待。必須，應當。求。片刻。又植物名。蕵蕪曰須。又姓。③通『需』。需要。《漢書・馮奉世傳》：『奉世上言，願得其衆，不須煩大將。』

䫇 rán

頰上長鬚。字與『䫇』、『髯』同。

頑 wán

①通『玩』。嬉戲。《宋詩鈔》陳造《江湖長翁集》：『小婦初嫁當少寬，令伴阿姑頑過日。』《注》：『房陵謂戲為頑。』②過安。頑鈍，頑強。貪婪。

頓 dùn

①通『鈍』。不鋒利。《墨子・辭過》：『兵革不頓，士兵不勞，足以征不服。』②以頭或足叩地，如頓首，頓足。上下抖動使整齊。停留。挫傷，困厄。量詞。春秋國后。

預 yù

①字本作『豫』。事先。參與。

頌 róng

①『容』的本字。籀文作『⿰容頁』。《漢書・儒林傳》：『漢興，魯，高堂生傳《士禮》十七篇而魯徐生善為頌。』《史記・儒林傳》作『容』。②容納，收容。③又音 sòng。頌揚，贊美。卜兆的占詞。詩六易之一，文體的一種。④通『誦』。《孟子萬章》：『頌其詩，讀其書，不知其人可乎，是以論其事也。』

頒 fén

①頭大貌。《詩・小雅・魚藻》：『魚車車藻。有頒其首。』②又音 bàn，發佈。分取。③通『斑』。如鬚髮花白，通作斑白。《孟子・梁惠王》：『謹庠序之教，申之以孝悌之義。頒白者不負載於道路矣』。《注》：『頒者，斑也・頭半白斑斑者也。』《禮・王制》作『斑白』。

頎 qí

①修長貌。②又音 kěn。通『懇』。切至。《禮・檀弓》：『稽顙而俊拜，頎手具至也。』《釋文》：『頎，音懇，側隱之貌。』

頖 pàn

同泮。古代學校名。《禮王制》：『天子曰辟廱，諸侯曰頖宮。』

頗 pō

①通『叵』。如『頗奈』同『叵奈』。唐・盧仝《玉川子集・哭玉碑子》詩：『頗奈窮相驢，行動如跛鼈。』

顃 rán

同『髯』。兩頰的長鬚。《莊子・田子方》：『昔者寡人夢見良人，黑色而顃。』

領 lǐng

①通『令』。美好。如『令聞』即美好之名聲。《漢書・楊雄傳・法言序》：『君子純終令聞』。《注》：『純善也，領，令也，聞名也。言君子之道能善於終而不失令名。』②頸項。衣領。治理。统率。了解，領悟。受取。量詞。③通『嶺』。『山嶺』。《漢書・嚴助傳淮南王安諫》：『輿轎而隃領，拕舟而入水』。

頟 é

『額』的本字。前額。《說文》：『頟，顙也。』宋・徐鉉《校錄》今俗作『額』。

頫 fǔ

①低頭。同『俯』、『俛』。《漢書・項籍傳贊》引賈誼《過秦論》：『百奥之君頫首係頸，委命下吏。』又音 tiào。同『覜』、『眺』《爾雅・釋論》：『監、瞻、險、淮、頫、相，視也』。

頳 chēng

本作『赬』《說文》作『經』《文選》南朝・宋・鮑明遠《蕪城賦》：『制衣磁石以禦衝，糊頳壤以飛文。』

頻 pín

①屢次。《列子・黃帝》：『汝何去來之頻。』又並列。②通『顰』。皺眉。《易復》：『六三頻復，厲，無咎。』《注》：『頻，頻蹙之貌也。』③又音 bin。通『瀕』、『濱』。水邊之地也。《詩・大雅・召旻》：『池

之竭矣。不云自頻」。《傳》：「頻，厓也。」

頮 huì

同『靧』。洗臉。《書·顏命》：『甲子，王仍洮頮水。』《釋文》：頮，音『悔』。《說文》作『沬』，古文作『頮』。馬（融）云：『頮，頮面也。』

頯 kuí

①字也作『頄』。顴骨。《說文》：『頯，權也。』權，通顴。②質樸貌。《注》：『頯，大樸之貌。』

䫉 mào

同『貌』。『皃』。相貌。形相。《注》：『古貌字』。

頹 tuí

①《說文》作『穨』。②崩塌墜落。③衰敗，敗壞。暴風。恭順。水流下曰『頹波』。

顇 cuì

或作『瘁』。通『悴』。勞累也。

顄 hàn

同『頷』。《說文》作『顄』。下巴。

顆 kō

①顆粒狀態。量詞。②又音 kè。通『堁』。土塊。

䫇 rán

《說文》作『䫇』，俗作『髯』。《史記·封禪書》：『鼎既成，有龍垂胡䫇迎黃帝。』

額 é

①『說文』作『頟』②眉上髮下部份。懸於門上的牌匾，規定的數目。

題 tí

①額。物之端。標示題目。簽署，書寫評量。說起。②視・通『睇』。《詩・小雅・小宛》：『題彼脊令，載飛載鳴。』

顋 sāi

同『腮』。面頰。

顎 è

同『顭』。面高貌。

顓 zhuān

①通『專』專擅。獨。善良。謹貌蒙昧。宋・歐陽修《文忠公集》：『子性顓而嗜古。』

頿 zī

通作『髭』。嘴上邊的鬍子。

類 lèi

①通『戾』。偏，不平。《左傳》：『子產怒曰發命之不忠，出之不信，刑之頗類……僑之恥也。』《疏》：『服虔讀為「纇」。解云：頗偏也。

顄 hàn

同『頷』。

顨 xùn

『巽』之古字。

顰 pín

《說文》作『頻』。皺眉。

顱 lú

說文作『髗』。

風部

風 fēng

①通『諷』。《詩·周南·關雎序》：『風以動之。』《疏》：『風，訓諷也，教也，諷，謂微加，曉告』。②天空氣體流動。教化。感化。風氣。風俗。風度。作風。聲勢，奔逸。走失。樂曲的通名。姓。③通『瘋』。宋·张世南《遊宦紀聞》：『（楊）凝式雖仕五代，以心疾閑居，故時人目以風子。』

颯 sà

①也作『颭』。②風聲。宋玉《風賦》：『有風颭然而來。』③凋零，衰老。南朝·梁·陸倕《思田賦》：『庭草颭以委黃。』

䬐 wěi

風大貌。字也作『䬐』。《文選》晉·郭景純《江賦》：『長風䬐以增扇』。

颼 sōu

①《廣韻》作『颾』。小風。《初學記》漢·應劭《風俗通義》：『微風曰颾，小風曰颼。』②象聲詞。風雨聲。箭離絃聲等。

颽 kǎi

南風。字也作『颽』、『凱』。漢·班固《幽通賦》：『颯颽風而蟬蜕兮，雄朔野以颺声。』

颿 fán

①同『帆』。船帆。也指帆船。《文選》左思《吴都賦》：『楼船舉颿而過肆』。劉逵《注》：『颿者，船帳也』。清·單子廉《辛丑咸事》詩：『虎頭門峻千颿急』。②急走貌。

颻 yáo

飄摇。字也作『颻』。《後漢書·张衡傳·思玄賦》：『超踰騰躍絕世俗，飄颻神舉逞所欲。』

飀 liú

也作『飀』、『颾』、『飂』。

飄 piāo

也作『飃』。①旋風，《詩·大雅·卷阿》：『飄風自南。』《傳》：『飄風，迴風也』。②吹。三國·曹子建：『涼風飄我身。』③落。《莊子·達生》『雖有忮心者不怨飄瓦』。④飛揚。白居易《長慶集》：『仙樂風飄處處聞。』

飂 liú

也作『𩙪』。①高風。②古國名。又音 liáo。風聲。《文選》晉·潘安仁《西征賦》：『吐清風之飂戾，納歸雲之鬱蓊。』

飆 biāo

本作『猋』。也作『飈』、『飊』、『飇』。①風。南齊·謝眺《謝宣城集·紀功曹中園》詩：『領葉順清飆，修莖儜高鶴。』②暴風。《爾雅·釋天》：『扶搖謂之猋』。《注》：『暴風從上下。』

䫺 hóng

字也作『𩗴』。暴風。又車駕相碰的聲音，唐·韓愈《城南聯句》：『靈燔望高冋，龍駕聞敲䫺。』

飉 liáo

字也作『𩘋』。小風。《廣雅·釋詁》：『飉、風也。』清·王念孫。《疏証》：『飉亦𩘋也。』

飅 liú

同『飀』。風聲。《文選》：晉·左思《吳都賦》：『汩乘流以砰岩，翼飀風之飅飅。』

飌 fēng

古文『風』字。《周禮·春官，大宗伯》：『以槱燎祀司中，司命，飌師。雨師。』

飛部

䨾 fēi

字同『霏』。雨雪或雲氣盛密之狀。《漢書·楊雄傳·河東賦》：『雲䨾䨾而來迎兮。』

飜 fān

字同『翻』。飛，三國·魏·曹植《曹子建集》：『俯無魚以游觀，仰無風以飜飛。』

食部

食 shí

①食物。吃。祿。受納。惑。②通『蝕』。日月之虧蝕。《易豐》：『日中則昃，月盈則食。』③又音 sì。通『飤』、『飼』。以食與人。《詩·小雅·緜蠻》：『飲之食之數人誨之』。④又音 yì。用於人名。漢有酈食其、審食其、趙食其。

飢 jī

通『饑』。餓。災荒。

飤 sì

同『飼』。以食食人。唐·釋·玄應《一切經音義》：『飤，飽也，謂食與人曰飤。』

飦 zhān

同『饘』。粥。《說文》作『鬻』。《孟子·滕文公》：『三年之喪，齊疏之服，飦粥之食。自天子達於庶人，三代共之』。《注》：『飦，糜粥也。』

飪 rèn

又作『餁』、『⿰飠念』。《論語·鄉黨》：『失飪不食。』《儀禮·士昏禮》：『魚十有四，腊一，肫髀不升皆飪。』

飭 chì

整飭，整治。謹慎。教導。巧偏。同『敕』。告誡。《史記·五帝紀·堯》：『信飭百官，衆功皆興。』

飫 yù

宴食。飫禮。立着行禮。飽。《韓詩》作『醧』。《說文》作『𩟼』。《傳》：『飫，私也，不脱履升堂謂之飫』。《詩·小雅·常棣》：『儐過豆，飲酒之飫』。清·段玉裁以為當作燕私，不字衍。

飲 yǐn

本作『㱃』。喝。古人飲食通稱。含忍，如飲恨。隱，如匿名文書曰飲章。

䬳 bǎn

一作『⿰米半』、『粄』。米粉做的餅。

䬴 mò

亦作『秣』。牲畜飼料。

飼 sì

同『飤』。以食飼人或畜。

飴 yí

①又音sì。通『飼』。以食食人。《晉書·王尊傳》：『蓄以私米作饘粥，以飴饑者。』②糖膏。美味之食。③通『貽』。《漢書·楚元王傳》附劉向引《詩》：『飴我釐麰』。今《詩·周頌思文》作『貽我来牟。』

飾 shì

①裝飾。打扮。假托。粉飾。②通『飭』。整治。修飾。《周禮·地官·封人》：『凡祭飾其牛性』。《注》：『飾謂刷治潔清之也』。《穀梁傳》：『古者大國過小邑，小城必飾城而請罪』。《注》：『飾城者，⿰目夾守備。』

餈 cí

也作『⿰食齊』、『粢』。今多指江米蒸熟之餅。字也作『糍』。《周禮·天官·籩人》：『羞籩之食，糗餌，粉餈』。《注》：『此之物皆粉稻米黍所為也，合蒸曰餌，餅之曰餈』。《疏》：『今人餈餻皆解之，名出於此。』

養 yǎng

通『癢』。《荀子·正名》：『疾養滄熱滑鈹輕重以形體異』。《注》『養與癢同』又生育，教育、修養、調治，長久，貯存。又地名。姓。侍奉。

餌 ěr ①說文作『䰍』。②糕餅，誘魚的食物，利誘。又獸的筋腱。

餉 xiǎng ①軍糧。也作『饟、『餉』。《漢書・嚴助傳・淮南王安上書》：『丁壯從軍，老弱輔餉』。《注》：『餉也饟字。』②通『晌』。唐・韓愈《昌黎集・醉贈張秘書》詩：『雖得一餉樂，有如寥飛蚊。』

餐 cān ①又作『湌』。《說文》作『湌』。②熟食，飲食。又飲食頓數的量詞。

餔 bū ①通『晡』。《後漢書・王符傳》：『百姓廢農桑而趨府建者相續道路。非朝餔不得通，非義氣不得見。』《注》：『今為晡字也。』②又音 bù。通『哺』。以食飼人。《史記・高祖紀》：『呂后與兩子，居田中耨，有一老父過請飲，呂后因餔之。』

舘 guǎn 俗作『館』。客舍，寓舍，房舍之通稱。

餢 bù 同『䴺』。麫餅。燒餅通稱為餢飳，麫發酵所製。《正字通》：『餢飳，起麫也，發酵使麫輕高浮起炊之為餅。賈公彥以酏胶食為起膠餅。』

餴 fēn 同『饙』。蒸飯。《釋文》：『餴，甫云反，餾也，又作『饙』。字書云：一蒸米也。……《爾雅》：『餴，餾。飪也。』孫炎云：『蒸之曰餴，均之曰餾。』

䭃 niè 同『飪』。熟食。《孔子家語・致思》：『我聞諸惜其腐䭃而欲以務施者。仁人之偶也』。又音 niàn。䭃頭。油煎餅類食物。唐・范攄《雲溪友議》：『李日新《題仙娥驛》詩曰：「商山食店太悠悠，陳暗搥饠古念頭。」』

餚 yáo

同『肴』。魚肉類食物。《玉篇》：『餚，饌也。』

餧 wèi

①俗作：「餵」。飼食、飼養。②又音 něi。同『餒』飢餓。《荀子・儒效》：『雖窮困凍餧，必不以邪道為貪。』

餣 yè

同『噎』。食物堵住喉嚨。氣結。《漢書・賈山傳・至言》：『祝餣在前，祝鯁在後』。《注》：『餣，古「噎」字，謂食不下也』。

餮 tiè

說文作『飻』。貪。餮切，微動聲。《文選》晉・潘安仁《射雉賦》：『忍上風之餮切，畏映月之饡郎。』南朝・宋・徐爰《注》：『餮切，微動之聲。』

餫 yùn

①饋送糧食。②又音 hún。通『餛』。餛飩也作『餫飩』。

餵 wèi

本作『餧』。哺食。飼養。《梁書・扶南國傳》：『有罪者輒以餵猛獸及鰐魚。』

餱 hóu

字也作『糇』。乾糧。《詩・小雅・無羊》：『何養何笠，或負或餱。』《釋文》：『餱，音侯，食也。』字或作「糇」。

⿱衍食 zhān

同『饘』。也作『飦』。厚粥。唐・柳宗元《柳先生集・乞巧文》：『夜有設祠者，⿱衍食餌馨香，蔬果交羅，插竹垂綏，剖瓜犬牙，且拜且祈。』

餻 gāo

今作『糕』。以米麥粉製成的餅類食品。《方言》：『餌謂之餻。』《北史・綦連猛傳》：『七月刈禾太早，九月噉餻未好。』

餼 xì

本作『氣』。一作『⿱既米』。贈送。又穀物或飼料。又饋活牲畜。《儀禮・聘禮》：『介皆有氣。』《注》：『凡賜人以牲生曰餼。』

餽 kuì
①通『饋』。饋贈。《注》：『「餽」字與「饋」同。』②通『匱』。缺乏，淨盡。《墨子·七患》：『四穀不收謂之餽』。

餾 liù
蒸飯。本作『䬻』。《說文》：『飯氣，蒸也。』

𩞄 jiāng
字同『漿』。《莊子·列御寇》：『吾當食於十𩞄而五𩞄先饋』。《釋文》：『司馬（彪）云：『𩞄讀曰漿，十家並賣漿也。』

饈 xiū
本作『羞』，又作『饈』、『餹』。薦，進獻。②美膳，精美之食物。

饇 yù
飽。《說文》作『醧』。《詩·小雅·角弓》：『如食宜饇，如酌孔取。』

饉 jín
①蔬菜無收。②餓斃。通『殣』《文選》王叔皮《王命論》『夫餓饉流隸，饑寒道路。』。《注》：『饉或為『殣』。荀悅曰：『道瘞謂之『殣』也』。

饐 yì
食物經久而腐敗。又音yè。哽咽。通『咽』。《楚辭》漢·王逸《九思·遭厄》：『思哽饐兮詰詘，涕流瀾兮如雨。』又食物阻梗食道。通『噎』。

饙 fēn
蒸飯。字同『餴』。

䬻 liù
『餾』的本字。

饗 xiǎng
①鄉食共聚飲酒。大宴賓客。賜賞。合祭。②通『享』。享受，享有。《國語·晉》：『賴三子之功，而饗其祿位。』《漢書·溝洫志》：『此渠皆可行舟，有餘則用無溉，百姓饗其利。』

饎 xī

酒食。字同『饎』。《說文》：『饎饎或從「配」』。

饜 yàn

飽。《說文》作『猒』。通：猒，猒惡。《漢書·孫叔通傳》：『群臣飲爭功，醉或妄乎。拔劍擊柱，上患之，通知上益饜之。』

饝 mó

也作『饃』。

饠 luō

一作『䊨』。餅類食物。

首部

馗 kuí

同『逵』。四通八達的大道。《文選》三國·魏·王仲宣《從軍》詩：『舘宅通廛里，女士滿莊馗。』

䭫 qǐ

古『稽』字。叩也。《說文》作『䭫』。《注》：『䭫，音口禮反，與『稽』同。』

馘 guó

①截耳。②又音 xu。臉。《莊子·列禦寇》：『莊子曰：夫處窮閭阨巷，困窘織履，槁項黃首者，商之所短也』。《釋文》：『司馬（彪）云：「面黃熟也。」』清·俞樾謂馘疑為瘶之假字，頭痛。黃瘶，謂頭痛而色黃。

香部

馢 jiān

香木名。俗作『籛』。籛香，为香木名。通作籛香，也作箋香。

馬　部

馭 yù

同『御』。駕御。車駕。《荀子·王霸》：『王良造父者善服馭者也。』又控制，統治。《荀子·君道》：『欲治國馭民，調壹上下，將内以固城，外以拒難。』

馯 hàn

同『馻』。馬奔突。《淮南子·汜論》：『欲以橫重之法治既弊之民，是猶無鏑㮴策錣而御馯馬也。』

馴 xún

①又音xùn。通『訓』。教誡。《史記·孝文紀》：『今列侯多居長安，邑達，吏卒給輸費苦，而列侯亦無由教馴其民。』《正義》：『馴，古訓字。』②馬順服。善良。漸進，使之順服。

駃 jué

①良馬。公馬母驢雜交的後代。②又音kuài。同『快』。晉·崔豹《古今注·雜注》：『曹真有駃馬，名為驚帆，言其馳驟如烈風舉帆之疾也。』

馽 zhí

同『縶』，《說文》作『馵』。絆住馬足。《莊子·馬蹄》『連之以羈馽，編之以皁棧。』

駁 bó

①通『駮』。馬毛色不純。引伸不純的官吏曰駁吏。②木名。即赤李。辯論事非。否定他人意見曰駁議。

駝 tuó

①脊背隆起多曰駝，如人背隆曰駝背，禽獸如駝鳥，駱駝。②又作『肐』。③通『馱』。顏師古《注云》：『槖駝者，其言可負槖囊而駝物，故以名云。』宋·趙長卿詞：『新来愁恨如重山，不信馬兒駝得動。』

駓 pī

也作『䮆』。毛色黄白相雜的馬。

駔 zǎng

①牡馬。市場經濟人。粗大。②又音zù。駿馬。③又音zǔ。通『組』。《周禮・春官典瑞》：『駔圭璋璧琮琥璜之渠眉。』《注》：『駔，讀為組。與組馬同聲之誤也。』④又通『阻』。《墨子・非命》下：『以阻百姓之後事。』《注》：『駔，阻字假音。』又音chǔ。通『䶥』。《晏子春秋》：『聖人之眼中，悦而不駔。』孫詒讓《注》：『駔者』，『䶥』之借字。

駞 tuó

『駝』的俗字。

駈 qū

『驅』的俗字。漢・焦延壽《易林》：『蝗齧我稻。駈不去，實穗無有。但見空蒿。』

駱 luò

①通『絡』。往来不絕也稱駱驛不絕。②毛色黑白的馬。姓。唐有駱賓王。

駁 bó

①通『駮』。黑白颜色相雜。引伸為混雜或不純。《荀子・王霸》：『粹而王，駁而霸。』《注》：『駁，雜也。』

駴 xiè

①擂，擊。②又音hùi。『駭』的古字。《莊子・外物》『聖人之所以駴天下，神人未當過而問焉。』唐・成玄英本作『駭』。

駵 liú

赤體黑髦尾的馬。《說文》作『驑』。今作『騮』。《詩・秦風・小戎》：『騏駵是中，騧驪是驂。』

駻 hàn

奔突。《說文》作『馯』。《韓非子・五蠹》：『如欲以寬緩之政，治急世之民，猶無轡，猶無策而無駻馬。』

駿 jùn

①良馬。迅速。挺拔。②通『峻』。嚴厲。《史記·商君傳》趙良說商君：『殘傷民以駿刑。』③通『俊』。才智過人。《史記·屈原傳·懷沙賦》：『曰誹駿疑桀兮。固庸能也。』《集解》引王逸：『千人才為俊，一國高為桀也。』

騙 piàn

①躍而上馬。本作『騗』。②蒙哄，欺誑。元·王實甫《西廂記》：『你這廝怎麼要誆騙人的妻子。』

騣 zōng

马頸上的長毛。字也作『鬉』、『鬃』，俗作『騌』。唐·杜甫《杜工部草堂集箋》：『隅目青熒來鏡懸，肉騣碨礧連錢動。』

騫 qiān

①腹部低隱。虧損。違背。仰首貌。震驚。②過，誤。通『愆』。《荀子·正名》：『長夜漫兮，永思騫兮。』③拔取。通『搴』。《漢書·楊僕傳》：『將軍之功獨有堯破名門之陘，非有斬將騫旗之實也，烏足以驕人哉。』④揭起衣服，通『褰』。《左傳》：『拂衣從之。』晉·杜預《注》：『拂，褰裳也。』⑤飛。通騫。杜甫詩：『如公盡雄後，志在必騰騫。』

騷 sāo

①騷動，騷憂。憂愁。離騷的省稱。詩體的一種，如騷體。②狐臭。通『臊』。《山海經·北山經》食之不驕。』郭璞《注》：或作『騷』。騷，臭也。又音 sǎo。通『掃』。《史記騄布傳》：『大王宜掃淮南之兵入淮。』《漢書·英布傳》作『埽』。《注》：『埽者，謂畚舉之，如埽地之為。』

騧 guā

①身黃咀黑的馬。②通『蝸』。《文選》三國·魏·何平叔《景福殿賦》：『騧走增錯，特轉縣成郛。』騧或為蝸，言合家板上為井欄，而形文錯或若蝸之徒遞。』

⿰馬豈 jì

①希望。通『冀』、『覬』。《禮·文王·世子》：『反養老幼于東序。終之以仁也。』鄭玄《注》：『大夫勤於朝，州里⿰馬豈於邑。』《廣雅·釋言》：『企也』。②通『驥』。《玉篇》有解。

騶 zōu

①主駕車馬士。騎士。②好箭。通『菆』。《漢書·鼂錯傳》：『材官騶發，矢道同的。』《注》：『騶謂矢之善者也』。②又音 zhòu。通『驟』。《禮·曲禮》：『車驅而騶。』③又音 qū。快走。通『趨』。《荀子·正論》：『和鸞之聲步中舞逐，騶中詔護以養耳。』

騮 liú

黑鬣黑尾的馬。字本作『駵』。

驅 qū

同『敺』。鞭馬前進。前進，行進。驅逐。驅使，逼迫。

騻 shuāng

廣韻作『騻』。同『驦』。『驌驦』乃駿馬也。

騾 luó

家畜名。本作『驘』。雄驢與雌馬交配所生之畜。

驘 luó

『騾』的別體字。

驛 yì

①傳遞官文書的馬。驛站。②卜兆的一種。也作『圛』。《書·洪範》：『乃命卜筮，曰霽，曰蒙，曰驛』。《疏》：『曰圛兆，氣落驛不連屬也。』③連續不斷。通『繹』。《晉書·成公綏傳·嘯賦》：『乃吟詠而發歎，聲繹而響連。』《文選》作『驛驛』。

骨部

骪 jī

肌肉，同『肌』。《列子・黄帝》：『形若飛鳥，揚於地，肌骨無為。』

骫 wěi

俗作『骩』『骪』。骨不正。枉曲。蟠曲。聚集。

骹 qiāo

①也作『跤』，脛骨近足細處。②車輪近輻周而細處曰『骹』。泛指物器的脚。胸脇交分的扁骨。③又音 xiāo。箭的響聲。同『髇』。《渊鑑類函・武功・矢》引《唐六典》：骨鏃曰骲，鐵鏃曰鏑，鳴箭曰骹，靃葉曰鈚，皆古制也。』

骯 kèng

①牛脊後骨。②脚脛。通『胻』。《素問・脈要精微》：『其耎而散色不澤者，當病足骯腫，若水狀也。』

⿰骨孝 xiāo

同『髇』。響箭。

骽 tuǐ

『腿』的本字。

⿰骨宛 wǎn

同『腕』。俗也作『捥』。《新唐書・孝友傳序》：『张進昭，母患骨刺，左手墜而終，及殯，進昭截左腕廬於墓。』

髊 cī

肉未爛盡的屍骨。同『骴』。『胔』。《吕氏春秋・孟春》：『揜骼霾髊。』《注》：『髊，讀若漬物之漬，白骨曰骼，有肉曰髊。』

髇 xiāo

響箭。即鳴鏑。字也作『嚆』、『⿰骨孝』。

髆 bó

肩胛，肩膀。同『膊』。

髍 mó

字也作『髍』。偏病即半身不遂。幺麽也作『幺髍』。

䯫 áo

今作『螯』。節肢動物的第一對脚。

髐 xiāo

①尸骨顯露之貌。《莊子·至樂》：『莊子之楚，見空髑髏髐，骨然有形。』②響箭。通『髇』、『髜』『骹』、『嚆』。詳見《集韻》。

髓 suǐ

古『髓』字。《漢書·郊祀志》：『尧鸒鹤髓，毒冒，犀玉二十餘物漬種，計粟斛成一金。』

䯤 guài

亦作『鬠』。古時束聚頭髮的骨器。《說文》引《詩》：『䯤弁如星』。今《詩·衛風·淇奥》作『會』。又會聚、貫結，義通『會』。《周禮·夏官弁師》：『王之皮弁會五采玉璂。』《注》：『故書會作『䯤』。《疏》：『漢歷有大會小會，取會聚之義。』

髕 bìn

同『臏』。膝盖骨。《說文》：『髕，刴（膝）耑（端）也』。古削去膝盖骨的酷刑。《漢書·刑法志》：『臏罰之屬五百。』

髗 lú

頭顱。同『顱』。《新唐書·張九齡傳》附张仲方：『於時族夷將相，顱足旁午，仲方皆密使識其尸。』

髟部

髡 kūn
也作『髨』、『䯏』。古剃髮之刑。《周禮・秋官掌戮》：『髡者使守積』。《注》：鄭司農云『髡當為「完」，謂但居作三年，不虧體者也。』又剪去樹枝。又舊時对僧徒的賤稱。

髤 xiū
說文作『⿱髟桼』。也作『髹』。赤黑色。

髩 bìn
鬢角。同『鬢』。

⿱髟介 jiè
簪結，通『髻』。一說覆結巾。又一說為假髻。《南史・倭國傳》：『男女皆露⿱髟介。』《梁書》作『紒』。

髳 máo
①也作『⿱髟敄』。《說文》：『髳，髮至眉也，从髟敄聲。《詩》曰：紞彼而⿱髟敄。』按：今本《詩・鄘風・柏舟行》：『髧彼兩髦。』髮至眉。②古代西南少數民族名。③又音 mèng。謂草木繁茂。《爾雅・釋詁》：『覭、髳，茀離也』。

髥 rán
也作『顃』、『髯』。頰毛。古稱多鬚者為『髥』。《三國志・蜀・關羽傳》：『羽美鬚髥，故亮謂之髥。』

髭 zī
唇上的邊鬍子。《說文》作『頾』《釋名・釋形體》：『口上曰髭，在下曰鬚』。《樂府詩》：『行者見羅敷，下檐捋髭鬚』。

髺 kuò
也作『鬠』。挽束頭髮。同『括』。《儀禮・士喪禮》：『主人髺髮袒。』《疏》：『髺髮者去笄纚而紒者。②又音 yuè。形體歪斜。《疏》：『鄭玄謂髺讀為跀，跀謂器不正欹跀者也。』

髿 shā
也作『⿱髟少』。頭髮散亂或下垂貌。宋・蘇洵《嘉祐集》：『貧窮已衰老，短髮垂髿髿。』

鬀 tì

『剃』的本字。《說文》：『鬄髮也，從髟弟聲。大人曰髡，小人曰鬀，盡其身毛曰鬄』。

鬋 jiǎn

①女鬢垂貌。《楚辭》宋玉《招魂》：『盛鬋不同制，寛满宮也。』宋·洪興祖《補注》：鬋音剪。女鬢垂貌。②剔鬢髮。《禮·曲禮》：『不蚤鬋，不祭食。』③除去。同翦。《漢書韋賢傳》劉歆議：《詩》云：『蔽芾甘棠，勿鬋勿伐。』今本《詩·召南·甘棠》作『翦』。

鬄 tì

①假髮。《說文》：『鬄，髲也。从髟，易聲。』②剃髮。同『鬀』。《漢書·司馬遷傳·報任安書》：『其次鬀毛髮，嬰金鐵受辱。』此指髡刑。③又音tì。支解牲體。通『剔』。《儀禮·士喪禮》：『其實特豚，四鬄去蹄。』《注》：『鬄，解也。』

髳 máo

也作『髳』。

鬍 hú

俗稱『鬚』。鬍子，本作『胡』。以生於胡下而名。

鬉 zōng

獸頸之毛，字也作『鬃』。唐·元稹《長慶集》：『矮馬駞鬉韂，犛牛獸面纓。』又髮亂也作鬉。

鬒 zhěn

髮黑而稠貌。亦作『黰』。

鬚 xū

面毛。本作『須』。在頤為『鬚』。《左傳》：『有君子白皙，鬒鬚眉，其口』，《疏》：鬒鬚眉者，言鬚眉皆稠多也。』

鬠 kuò

同『髻』。《荀子・禮論》：『喪禮者，以生者飾死者也……始卒，沐浴鬠體飯唅，象生勢也。』

鬢 bìn

靠近耳邊之毛。因常稱兩鬢。字亦作『髩』。《國語・晉》：『美鬢長大則賢。』《注》：『鬢髮穎也。』

鬣 jì

也作『鬣』。露髻。《文選》張平子《西京賦》：『迺使中黃之士，育獲之傳，朱鬘鬘鬣，植髮如冠。』《注》：『通俗文曰，露髻曰鬣。以麻雜為髻，如今撮也。』

門部

鬥 dòu

同『鬭』。《說文》：『兩士相對，兵杖在後，象鬥之形。』

鬧 nào

《玉篇》作『夬』。①喧鬧。唐・张鷟《朝野僉戰》：『曹司繁鬧。無時暫閑。』②旺盛。濃重。《草堂詩餘》宋・宋子京《玉樓春》詞：『綠楊窗外繞雲輕。』

鬨 hòng

集韻作『鬨』。争鬭。喧鬧。《孟子・梁惠王》：『鄒與魯鬨。鬨，聲也。』漢・楊雄《法言學行》：『一鬨之事，不勝異意言。』

鬮 hòng

相鬭。同『鬨』。《呂氏春秋・慎行》：『後崔杼之子相與私鬭』。《注》：『鬮，鬭也。』

鬫 hǎn

鬫字本從『門』。今本《詩・大雅・常武》、《莊子・天道》：等皆從『門』作『闞』。

鬯部

鬯 chàng

①古時祭祀用具以鬱金香合黍釀香酒。《禮·曲禮》：『凡摯尺子鬯。』②盛弓器，同『韔』。《詩·鄭風·大叔于田》：『抑鬯忌，此謂以弓納於器中』。③通『暢』。《漢書·郊祀志》：『草木鬯茂。』

鬲部

鬲 lì

①古禮器。炊具。②又音 gé。阻隔，通『隔』。《漢書·五行志》：『鬲閉門户。』動物胸與腹相隔稱膈。《素問·五藏生成論》：『心煩頭痛。病在鬲中』。③又音 è。車軛。通『軛』。《周禮考工記》：『車人凡為轅三……鬲長六尺。』《注》：『鄭司農云：鬲，為轅端厭壓牛領者。又以雙手扼圍量物曰鬲。《儀禮·士喪禮》：『苴經大鬲。』《注》：『鬲，搤也，中人之手搤圍九寸。』搤同『扼』。

鬴 fǔ

古量器。同『釜』。

⿱沸鬲 fèi

水煮沸貌。同『沸』。《楚辭》漢·嚴紀《哀時命》：『氣涫⿱沸鬲其若波。』《說文》『⿱沸鬲·涫也。』清·段玉裁《注》：『今俗字涫作「滚」。⿱沸鬲作「沸」。』

䰝 zèng

炊具。也作『甑』。《說文》：『䰝，鬵屬。』

鬻 yù

①出賣。清·俞樾謂鬻為《說文》『「賣」之假字』。②養育。《禮樂記》：『羽者嫗伏，毛者孕育。』《疏》：『獸懷孕而生育也。』《淮南子·原道》作孕育。③幼稚。鬻子。④水流溪谷間曰『鬻』。⑤又音 zhou。粥本字。《左傳》『饘於是，鬻於是，以糊余口』。《疏》『稠者曰糜，淖者曰「鬻」。』

鬻 zhǔ

古『煮』字。《周禮·天官監人》：『凡齊事，鬻監以待戒令。』

鬼部

鬽 mèi

「魅」的本字。百物之神。《周禮・春官・家宗人》：「以夏至日，致地示物鬽。」

魂 hún

或作「䰟」。古人以人死精神存在曰魂。物類的精髓。意念，心靈。唐・温庭筠詩：「杜鵑魂厭蜀，胡蝶夢悲莊。」

魁 kuí

①食器，湯勺。最先或第一，首領。高大。如小土山稱魁陵。②蚶的別名。《注》云：「魁，蜃蛤。」③又音 kuài。孤獨貌，通「塊」。《東方朔傳》：「今之處士魁然無徒，廓然獨居。」《文選》作「塊」。④又音 kē。同「科」。如魁頭。以髮縈繞成結謂之「魁頭」。魁頭又作「科頭」。《後漢書・東夷傳》：大率皆魁頭露紒。⑤又音 kuǐ。藏。楊雄《太玄經》：「玄者神之魁也。」《注》：「魁，藏也，言神藏於玄之中也。」

魄 pò

①陰神，古詩謂人形體以外而依附的精神。②月初或將没的微光。③通「柏」木名。大木，葉大似檀。④又音 túo。窮困失意，如落魄。⑤同「薄」。如皮肉上之薄膜稱「魄莫」。《禮・內則》：「去其皽為粉。」漢・鄭玄《注》：「皽謂皮肉上之魄莫。」

魅 mèi

①木石之怪。②鬼怪。③惑亂。《孔叢子・陈士義》：「然內懷容媚諂魅，非大夫之節也。」一本作「鬽」。

魏 wèi

①古國名。又朝代名。②宮門的臺觀。③姓。④又音 wèi。通「巍」。不動。《莊子・天下》：「舍是與非。苟可以免，不師不慮，不知前後，魏然而已矣。」《注》：「任性獨立。」

魎 liǎng

古作「两」。通「蜽」。常與「魍」字通用。傳說中的山川精怪名魍魎。也作「罔两」。

魋 tuī

①獸名。又惡劣。通『頹』。《朝野新琴太平樂府》：『伴着这魋人物，使似冤魂般相纏，日影般相遂。』②又音 zhuī。通『椎』。如『髻形如椎。』《史記·陸賈傳》：『慰他魋髻箕倨見陸生。』《索隱》：『謂為髻一撮似椎而結之，故字從結。也作。『魋髻。』

魚　部

魡 dí

①魚名。②又音 diào。同『釣』。《墨子·魯問》：『魡者之恭，非為魚賜也。』《莊子·刻意》：『魡魚閒處。』《釋文》本作《釣》。

魭 yuán

①同『黿』。《孟子·盡心》：『簞食豆羹見於色。』漢·趙岐《注》：『鄭公子染指魭羹之類。』《左傳》作『黿』②又音 wǎn。如『魭斷』謂無棱角鋒芒。

魦 shā

魚名。同鯊。《張蝸傳·海賦》：『照天容於鮷渚，鏡河色染於魦鱘。』

魯 lǔ

①鈍，遲。春秋時諸侯國名。②陳列。通『旅』。《史記·周紀》：『晉，唐叔得嘉穀，獻之成王，成王以歸周於兵所，周公受禾東土。魯天子之命。』《集解》：『徐廣曰：尚書序云：『旅天子之命。』』

魰 yú

捕魚。同『𩼶』、『漁』。《文選》张衡《西京賦》：『逞欲畋魰，效獲麑麌。』《周禮·天官》作『𩼶』。《說文》作𤄒。隸作『漁』。

鮌 gǔn

人名。同『鯀』。夏禹之父。《國語·周》：『其在有虞，有崇伯鮌播其謠心。稱遂共工之過，堯用殛之於羽山。』

魼 qū

①即比目魚。《漢書·司馬相如傳》：『禺禺去鰨。』《注》引郭璞『魼，比目魚也。』②又音 tè。同『鰈』。

䱇 shàn

魚名。即黃鱔。同「鱓」。《山海經・北山經》：「湖灌之水出焉。而東流至於海。其中多䱇。」《注》：「也鱓魚字。」

鮑 bào

①乾魚。鹽漬魚。姓。②製皮革之工，通「鞄」。《周禮・考工記》：「攻皮之工，函、鮑。」《注》：「鮑，讀為鮑魚之鮑，書或為「鞄」。」

鮝 xiǎng

乾魚。「鯗」之俗字。

鮫 jiāo

①海鯊。《山海經・中山經》：「漳水出焉，而東南流注於睢，其中多黃金多鮫魚。」②傳說中的龍。通「蛟」。《禮・中庸》：「黿鼉鮫龍魚鱉生焉。」《釋文》：「鮫音交，本文作蛟。」

鯊 shā

①魚名。吹沙魚。《說文》作「魦」。《詩・小雅・魚麗》：「魚麗於罶、鱨、鯊。」《釋文》：「鯊，音沙。也作魦。」晉・陸璣《毛詩・草木鳥獸魚蟲・疏》：「魦，吹沙也，似鯽魚而小，體圓而有黑點，一名重唇籥魦，常張口吹沙。」②海鯊。也稱鮫或沙魚。

鯁 gěng

①魚骨。②通「梗」。禍患《國語》：「今治政而內亂不可為德，除鯁而避彊，不可謂刑，德刑不立，姦宄並至。」《注》：「鯁與梗同。梗，病也。」③正直，通「骾」。《後漢書・來歙傳》自書表：「太中大夫段襄，骨骾可任。」

鯀 gǔn

①大魚。②人名。也作「鮌」。傳為禹之父。

鯗 xiǎng

也作「鮝」。乾臘魚。宋・王應麟《困學紀聞》：「闔閭思海魚而難於生致，治生魚鹽漬而曰乾之，故名為鯗。」

鯨 qíng

①動物名，也作『鱷』。海洋哺乳動物。②舉起。通『擎』。《文選》潘安仁《射雉賦》：『鯨牙低鏃，心平望審。』南朝·宋·徐爰《注》：『鯨嘗作擎，舉也。』

鯖 qīng

①青魚的通稱。②又音 zhéng。同魚肉烹煮的食品。通『脏』。漢·成帝时婁護嘗合帝母舅王氏五侯所饋珍膳為鯖，世稱王侯鯖。

鯿 biān

魚名。《說文》作『鯾』。古謂之『魴』。《後漢書·馬融傳·廣成頌》：『魴鱮鱄鯿』。

鮔 gèng

也作『魱』。

鰌 qiú

①魚名。②蹴踏，陵逼。通『䠓』。《荀子·强國》：『巨楚縣吾前，大燕鰌吾後。』《注》：『鰌，蹴也，籍也，如蹴踏於後。』《莊子·秋水》：『然而指我則勝我，鰌我亦勝我。』《釋文》：鰌，本又作『䠓』。

鰈 tà

魚名。即比目魚。《爾雅·釋地》：『東方有比目魚焉，不比不行，其名謂之鰈。』《釋文》：『鰈，本或作「鰨」。』

鰋 yǎn

魚名。《說文》作『鰋』。《詩·小雅·魚麗》：『魚麗於罶，鰋、鯉。』《傳》：『鰋，鮎也』。《釋文》：『鰋，音偃。』郭璞云：『今偃額白魚。』

鰕 xiá

①即鯢魚。又鯢魚之大者。②又音 xiā。通『蝦』。

鯷 tí

鮎魚之大者。也作『鮧、鮷。』宋。鮑彪《注》：鯷，大鮎，以其皮為冠。』《廣雅·釋魚》：『鮷、鯷，鮎也。』

鰐 è

動物名。也作『鱷。』唐·韓愈《韓昌黎集》有《祭鱷魚文》。

鰍 qiū

魚名。同「鰌。」

䲣 yú

捕魚。同「漁」。《周禮・天官・䲣人》：「掌以時䲣為梁。」《疏》：「一歲三時取魚，皆為梁，以時取之，故云以時漁為梁。」

鰧 téng

魚名。也作「䲍」。《文選》郭璞《江賦》：「魚則江豚、海狶、叔鮪、王鱣……。」

鰫 yóng

魚名。同「鱅」。也謂黑鰱、胖頭魚。《本草綱目鱗・鱅魚》：「此魚中之下品。蓋魚之庸平以供饈食者。故鱅曰饈。」《漢書》、《文選》皆作「鰫」。

鰟 fáng

魚名。同「魴」。又音 páng。陸璣《草木鳥獸蟲魚疏・稚魴及鱮》：「魴，今伊洛濟潁魴魚也，廣而薄，肥恬而少力。細鱗，魚之美者。」

鰣 shí

魚名。也作「鯺」。體形扁而長。腹部银白色。五六月間入淡水產卵，以其進出有時而得名。宋・王安石《臨川集・後元豊行》：「鰣魚出網蔽江渚，荻笱肥甘勝牛乳。」

鰨 tà

①鯢魚。《司馬相如傳・上林賦》：「禺禺魼鰨。」《注》引郭璞：「鰨，鯢魚也。似鮎，有四足，聲如嬰兒。」《史記》作「魶。」②比目魚。同「鰈」。《釋文》：「鰈，本或作「鰨」」。

鰥 guān

①魚名。即鯇鯤。《詩・齊風敝笱》：「敝笱在梁其魴鰥。」《傳》：「鰥，大魚也。」②病，同「瘝」。《爾雅・釋詁》：「鰥，病也。」③無妻曰鰥。《釋名・釋親屬》：「無妻曰鰥。鰥，昆也。昆，明也。愁悒不寐，目恒鰥鰥然明也，其字從魚，魚目恒不閉者也。」

鰲 áo

「鼇」的俗字。

鰿 jì

①狹长形的小貝。②同「鯽」。《楚辭》屈原《大招》：「煎鰿𦞦雀，遽爽存只。」

鱉 biē

同「鼈」。

鱋 qū

比目魚。同「魼」。《史記·司馬相如傳·上林賦》：「鰅鰫鰬魠，禺禺鱋魶。」《漢書》、《文選》皆作「魼」。

鱓 shàn

①魚名。通「鱔」。②又音 tuó。一種爬行動物，字曰「鼉」。《文選》秦·李斯《上書秦始皇》：「建翠鳳之旗靈鱓之鼓。」

鱣 zhān

①魚名。即鯉。②即鱘鰉魚。《詩·衛風·碩人》：「鱣鮪發發鱘鰉魚。」又大魚也。《史記·賈生傳·屈原賦》：「橫江湖之鱣鱓兮，固將制於螻蟻。」《集解》：「如淳曰：大魚也。」②又音 shàn。黃鱔。《韓非子·内儲法·七術》：「鱣似蛇，蠶似燭。」

鱷 qíng

「鯨」的古字。《漢書·翟方進傳》：王莽下詔：「蓋聞古者伐不敬。取其鱷鯢築武軍，對以為大戮，於是乎有京觀以征淫惡。」

鱠 kuài

通「膾」。《吳越春秋·闔閭内傳》：吳王聞三師將至，治魚為鱠。②細切的魚肉。唐·柳宗元《柳先生集·設魚者對智伯》：「脫其鱗，鱠其肉，刳其腸，斷其首而棄之。」

鱷 è

同「鰐」。

鱺 lǐ

同「鱧」。《韓詩外傳》：「南假子過程本，本為之圜烹鱺魚」。鱧，《說文》又作「鱯」。

鳥部

鳥 niǎo

①長尾禽。②又音diǎo。男子生殖器。通『屌』。罵詈之词·元·王實甫《西廂記》：『赫赫，那鳥来了。』《水滸傳》：『招安，招安，招甚鳥安！』

鳧 fú

野鴨。字省也作『鳬』。

鳿 hóng

『鴻』的或體。《司馬相如傳·上林賦》：『鳿鷫鵠鴇。』《注》引張揖：『鳿，大鳥也。』按《史記》、《文選》皆作『鴻』。

鳶 yuān

鷙鳥名。《說文》作『鳶』，俗稱鷂鷹。狀如鷹，惟嘴短，耳羽黑褐，故名黑耳鳶。《詩·小雅·四月》：『匪鶉匪鳶，翰飛戾天。』

鳳 fèng

①傳說之瑞鳥。又姓。②又音fēng。通『風』。甲骨卜辭中屢云：遘大鳳，皆指『遘大風』。《初學記·山海經》：『鳳伯之山、熊山、真靈之山，木多柳。』今本《山海經·中山經》作『風伯之山。』

鳸 hù

鳥名。也作『扈』。

鳷 zhī

①《說文》作『𨾴』。漢宮觀名。司馬相如《上林賦》：『过鳷鵲，望露寒。』②大鳥名。

鴈 yàn

①通雁。《儀禮·士昏禮》：『納采，用雁。』《說文》：『雁』，又『鴈知時鳥，大夫以為摯，昏禮用之，故從人。』通作『雁』。②偽物。通作『贋』。《韓非子·說林》齊伐魯，索讒鼎。魯人以其鴈往。齊人曰：雁也，魯人曰，真也。

鴂 jué

①也作『鴃』。《說文》：『鴂寧鴂也。』字也作『鴃』。②伯劳。通『鶪』。《大戴禮・夏小正》：『鴂則鳴，鴂者百鷯伯勞。』

鴇 bǎo

鳥名。亦作『鳵』。《詩・唐風・鮑羽》：『肅肅鴇羽，集於苞栩。』②黑白雜色的馬。通『鴇』。《詩・鄭風・大叔於田》：『叔於田，乘乘鴇。』《傳》：『驪白雜毛曰鴇。』③指妓女。明朱權《丹丘先生曲論》：妓女之老者曰鴇。鴇似雁大，無後趾。虎文，求之即就，世呼獨豹者是也。

鳻 fēn

《說文》作『鳻』。鳥聚貌，一說飛貌。又大鳩。《方言》：『鳩，自關而西秦漢之間謂之鵴鳩，其大者謂之鳻鳩。』

鴡 jū

一作『雎』。

鴞 xiāo

猛禽。通『梟』。俗稱貓頭鷹。《魯・詩頌・泮水》：『翩彼飛鴞，集於泮水。』

鴝 qú

①又音gōu。猫頭鷹的一種，即鵂鶹。②雉鳴。同『雊』。《逸周書・詩訓》：『又五日，雉始鴝。』

鴐 jiā

同『鴚』。

鳺 fū

或作『惟』。

鴟 chī

①『䧿』的籀文。或作『鵄』、『鴟』。②鳶鷹，鴟鵂。傳說中的怪鳥。③古代盛酒器。

鴥 yù

疾飛，也作『鴪』。

䲭 chī

①同『鴟』。按：此乃『鴟』之訛字。②大雁。

鴻 hóng

①通『洪』。1.大。《史記·夏紀》：『當帝堯之時，鴻水滔天。』《索隱》：『一作洪』。鴻，大也。2.洪水。《荀子·成相》：『禹有功，柳下鴻。』3.强盛。《周禮·考工記·矢人》：『橈之以眡其鴻殺之稱也。』②大雁曰鴻雁。③天鵝。即鵠。《詩·豳風·九罭》：『鴻飛尊渚。』三國·吳·陸璣《疏》：『鴻鵠，羽毛光澤純白，似鶴而大。長鵛，令人直謂鴻也。』④書信。元·王實甫《西廂記》：『自別顏範，鴻稀鱗絕，悲愴不勝。』

鴳 yàn

①鶉類小鳥。同『鷃』。也稱鴳雀、斥鴳。②幽鴳。獸名。

鵁 jiāo

鳥名。說文作『鮫』。《山海經·北山經》：『……有鳥焉，羣居而朋飛，其毛如雌雉，名曰鵁。其鳴自呼，食之憶巳風。』

鴲 chī

鷂鷹，同『鴟』，或作『雖』。

䳒 yuān

同『鳶』。《漢書·五行志》：『泰山桑谷有䳒焚其巢。』

鴽 rú

鳥名，《說文》作『鴽』。

鵜 tí

《說文》：『鷞』之或體。《詩・曹風・候人》：『維鵜在梁不濡其翼。』

鵛 jīng

鳥名。或作『䳡』。《爾雅・釋鳥》：『輿鵛，鵜。』《玉篇》作『鵛』。《廣雅・釋鳥》：『鵛雀，怪鳥屬也。』

鵙 jú

鳥名。《說文》作『䴗』。即鵜鴂。又名伯勞、子規、杜鵑。《詩・豳風・七月》：『七月鳴鵙。』

鵔 xùn

說文作『駿』。

鵠 hú

①天鵝之別稱。白色曰『鵠袍』或『鵠髮』。②古地名。在山西聞喜縣。③又音 gǔ。箭靶的中心。宋・黃庭堅《豫章集・次韵冕中考進士・試卷》詩：『注金無全功，竊發或中鵠。』④通『鶴』。⑤《莊子・庚桑楚》：『越鳥不能伏鵠卵。』《釋文》：『鵠，本作『鶴。』

鵝 é

①《說文》作『騀』。《玉篇》作『鵞』。家禽名。②古陣名。《左傳》：『鄭翩願为鸛，其御願為鵝。』

鵌 tú

①鳥名。或作『鵌』、『鷋』。《爾雅・釋鳥》：『鳥鼠同穴。其鳥為鵌，其鼠為鼵。』《注》：『鵌似鵽而小。黃黑色，入地三四尺，鼠在內，鳥在外，今在隴西首陽縣鳥鼠同穴山中。』

鶉 chún

①鳥名。也作『𩀯』。通『醇』。漢・楊雄《法言寡見》：『春本之芚兮，援我手之鶉兮。』②星宿名。南方朱鳥七宿的總稱。

鶄 jīng

《說文》作『鯖』。水鳥。似鶴。《文選》左太冲（思）《吴都賦》：『鶄鶴、鶖鶬、鸛鷗、鷁鸕，汜濫乎其上。』

鵡 wǔ

說文。『作鴟』。

鵲 què

①《說文》作『䧿』、『舄』。鳥名。②犬名。通『犯』。《禮·少儀》：『守犬，田犬，則授擯者，既受乃問犬名。』《注》：『畜養者當呼其名。謂若韓盧宋鵲之屬。』

鵶 yā

同『鴉』。《莊子·齊物論》：『鴟鴉耆鼠。』《釋文》：『鵶本亦作鴉』。

鶕 ān

《說文》作『䧿』。《廣雅》作『鶕』。即『鵪』。

鵹 lí

亦作『鸝』、『䴻』。鵹黃即黃鸝。以色黎黑而黃，故名。俗稱黑枕黃鸝。古稱楚雀、倉庚。《爾雅·釋鳥》：『鵹黃，楚雀。』

鵰 diāo

猛禽。雕的籀文。

鶀 qí

鳥名。也作『鵸』。

鶂 yì

水鳥。亦作『鶃』。即鷁。

鶒 chì

《廣韻》作『鷘』、『鳾』。

鸇 zhān

①國名。《穆天子傳》：『鸇韓之人㒟。乃獻良馬百匹，服牛三百，良犬七千。』又鳥。『鸇韓』一本作『鄄韓。』②同『鸇』。鷂屬。

鵙 jú

鳴禽。『鵙』本字。或作『䴗』、『鴂』。

鶗 tí

廣韻作『騠』。

鶡 hé

①鳥名、即鶡鷄。《山海經·中山經》：（煇諸山）其鳥多鶡。《注》：『似雉而大，青色有毛。勇，健鬪，死乃止。』漢·曹操《鶡鷄賦序》：『鶡鷄猛氣，其鬪終無負，期於必死，今人以鶡為冠像此也。』

②又音 jiè。通『鳰』。

鶖 qiū

鳥名。《說文》作『鵚』。即禿鶖。《詩·小雅·白華》：『有鶖在梁，有鶴在林。』《元史·成宗本紀》：『揚州、淮安，屬縣蝗。在地者為鶖啄食，飛者在地擊死，詔禁捕鶖。』

鷬 huāng

鳳鳥。同『凰』。西晉·劉聰曾為皇后於後庭起『鷬殿』。

鯸 hóu

鳥名。亦作『鯸』。雕類。《古文苑》楊雄《蜀都賦》：『鶬鯸鳹鶤，風胎雨鷇。』

鷁 yì

①或作『鶂』。水鳥名。形如鷺而大，羽白色，善翔。②船。古畫鷁首於船頭故名。《史記·司馬相如傳·子虛賦》：『浮文鷁，楊桂枻。』南城謝朓《宣城詩集·泛水曲》：『罷游平樂苑，泛鷁昆明池。』

鶯 yīng

也作『鸎』。鳥名。燕雀類。又名倉庚、黃鳥、黃鸝、黃鶯。羽毛有文采。《詩·小雅·桑扈》：『交交桑扈，有鶯其羽。』

鶴 hè

①鳥名。鶴科禽類泛稱為鶴。有丹頂鶴、灰鶴、蓑羽鶴等。《詩·小雅·鶴鳴》：『鳴於九皋，聲聞於野。』②同『翯』。潔白貌。《孟子·梁惠王》：『詩云：麀鹿濯濯，白鳥翯翯。』②今《詩·大雅·靈

臺》作白鳥翯鳥。『翯鳥』同『皠皠』、『皜皜』。清・焦循《正義》有解。

鷊 nì

①鳥名。即吐綬鳥。②草名。即綬草。通『虉』。《詩・陳風・防有鵲巢》：『中堂有甓，邛有旨鷊。』

鶾 hán

通『翰』。鳥名。《爾雅・釋鳥》：『鶾，天鷄。』《注》：『鶾鷄赤羽。』《逸周書》曰：『文鶾若彩鷄，成王時周人獻之。』清・郝懿行《證疏》有解。

鷄 jī

『雞』的籀文。家禽。

鶬 cāng

①鳥名。亦作『䳟』。又有麋鴰、鴰鹿、鶬鷄、麥鷄等名，又怪鳥名。云為一身九尾，即傳說中的九頭鳥。②又音qiāng。又金飾貌。通『鎗』。《詩・周頌・載見》：『鞗革有鶬，休有烈光。』

鷉 tī

《說文》作『鷈』。鷿鷉即野鳧，或作『鶙』、『鵜』。《後漢書・馬融傳・廣成頌》：『鷺雁鷿鷉。』《注》：『楊雄方言曰：「野鳧也，其小好没水中，膏可以瑩刀劍寝宿也。」』

鷛 yóng

《說文》作『鷛』。鷛鸈，水鳥。《史記・司馬相如傳・上林賦》：『煩務鷛鸈。』《集解》：『漢書音義曰鷛鸈似務，灰色而鷄足。』《漢書》作『鷛渠』。《文選》左太冲《吴都賦》作『庸渠』。

鷗 ōu

水鳥名。《說文》作『鴎』。一名『鷖』。水鴞也。《文選》南朝・謝靈運《於南山往北山經湖中瞻眺》詩：『海鷗戲春岸，天鷄弄和風。』《注》：『《南越志》曰：「江鷗，一名海鷗，漲海中隨潮上下，在海者名海鷗，在江者名江鷗。」』

鷕 yǎo

雌雉鳴聲。《說文》作『鷕』。《詩・邶風・匏有苦葉》：『有瀰濟盈，有鷕雉鳴。』

鶕 ān

鳥名。同『鵪』。『䳘』的籀文。《爾雅·釋鳥》：『鴽，鴾母。』晉·郭璞《注》：『鶕也，青州呼鴾母。』

鷳 xián

鳥名。也作『鷴』。

鞨 tí

①又音dì。鳥名。又作『鶗』。即鶗鴂。《玉篇》布穀也稱『鞨』。②又音tán。鷤鞨。如鵲，《說文》、《爾雅》並作『鸛鷒』。③雉子。

鷿 pì

說文作『鸊』。鷿鷉，鳥名，即野鳧。《文選》漢·張平子《南都賦》：『其鳥則有……鴛、鴝、鷁、鵝、鸛、鳿、鵾、鸛。』《後漢書·馬融傳·廣成頌》：『鷺雁鸊鷉。』《注》：『楊雄方言曰：野鳧也，甚小，好没水中，痞可以瑩刀劍寢宿也。』

鸀 zhuò

①一作『鸀』。山鳥。又傳說中鳥名。《山海經·大荒西京經》：『（大荒之山）有青鳥，身黃赤足六首名曰鸀鳥。』②又音zhú。鸀鳿，即鸑鷟。《司馬相如傳·上林賦》：『鴻鵠鷫鴇，鴐鵝鸀鳿。』《正義》：『鸀鳿，燭玉二音，郭（璞）云：似鴨而大，長頸赤目紫紺色，江東呼為燭玉。』

鸒 yù

說文作『鸒』。鳥名。鸒斯，即雅烏。又名卑居，也作『鵯鶋』。又作『翟』。雗鸒。即山雀。狀如雀而有文采。長尾，嘴足赤。諺云：『朝鸒叫晴，暮鸒叫雨。』《說文》以此謂知来事之鳥』。

鸓 lěi

《說文》作『鸓』。獸名。又傳說中的鳥名。《山海經·西山經》：『（翠山）其鳥多鸓，其狀如鵲，赤黑，而两首四足，可以禦火。』

鸖 hè

同『鶴』。《淮南子·覽冥》：『當此之時，鴻鵠鶬鸖，莫不憚驚伏竄，注喙江裔。』

鸕 lú

鳥名。《說文》作『鸕』。即鸕鷀。《後漢書・馬融傳・廣成頌》：『鶬鴰鸕鷀。』

鸘 shuāng

同『鷞』。鳥名。即鷫鷞。

鸛 huān

①也作『驩』。②又音 guān。1. 涉禽。《後漢書・班彪傳》：班固《西都賦》：『玄鶴白鷺，黃鵠鵁鸛。』2. 鸛雀。③通『雚』。《說文》：『雚，爵也。从萑吅聲。』《詩》曰：『雚鳴于垤。』今本《詩》作『鸛』。』

鸜 qú

說文作『鴝』。①鳥名。鸜鵒，即八哥。也作鴝鵒。②石上的圓形斑點，稱鸜眼。宋・朱敦儒《西江月》詞：『琴上金星正照，硯中鸜眼相青。』

鸝 lí

鳥名。同『鵹』、『鸝』。即黃鸝。唐・韓愈《昌黎集》：『甚黑老蠶蠋，麥香韻鸝鶊。』

鸞 luán

①傳說鳳之類的神鳥。《說文》：『鸞，亦神靈之精也。』②鈴。通『鑾』。《詩・大雅・烝民》：『四母彭彭八鸞鏘鏘。』《左傳》：『錫鸞和鈴，昭其聲也。』《注》：『錫在馬額鸞在鑣。……動皆有鳴聲。』

鹵部

鹵 lǔ

①一作『滷』。鹹性的土地。②鹹地生成的鹽類。③遲鈍。通『魯』。如『魯鈍』。④大楯。通『櫓』。《史記・始皇紀》賈誼《過秦論》：『伏尸百萬，流血飄鹵。』《集解》：『鹵，楯也。』《文選》作『櫓』。⑤掠奪。通『擄』。《史記・吳・王濞傳》：『燒宗廟。鹵御物。』

鹸 jiǎn

鹵晰出的結晶固體物，同『鹼』。

鹼 jiǎn

同『鹻』。鹵塊。即鹵晰出之結晶體。

鹿部

鹿 lù

①獸名。又糧倉。《國語•吳》：『市無赤米，而國鹿空虛。』《注》：『員曰囷，方曰鹿。』又粗陋。用人力推的小車或紗車或稱為鹿車。粗陋的坐臥之具稱之鹿床。又姓。漢有巴群太守鹿旗。②山麓。通『麓』。即山脚。《穀梁傳》：『秋八月辛卯，沙鹿崩，林屬於山為鹿。』

麂 jǐ

說文作『䴠』。獸名。牡者有短角。《山海經•中山經》：『其獸多豹虎，多閭麋麖麂。』

麁 cū

粗，粗疏。同『麤』。《玉篇》有解。

麃 páo

①獸名。大鹿，集韻作『麅』。②又音piǎo。羽毛變色。通『皫』。《釋文》：『麃，本又作「皫」。』③又音biāo。莓的一種。通『藨』。《注》：『藨，即莓也。又耘田也稱藨。』《詩•周頌•載芟》：『厭厭其苗，緜緜其麃。』

麄 cū

粗。字同『麤』。

麈 zhǔ

①獸名。即俗稱『四不像』。鹿角，牛蹄，驢尾，駝背。

麇 jūn

①獸名。麇鹿，鹿屬。②爛，碎。通『䵗』。《素問•氣厥論》：『上為口麇。』③又音méi。水邊，岸旁。通『湄』。《詩•小雅•巧言》：『彼何人斯，居河之麇。』《注》：『水草之交曰麇。』④眉毛。通『眉』。

《荀子·非相》：「伊尹之狀，面兮須麋。」

麉 jiān

鹿之最有力者。《說文》作「麉」。

麂 jǐ

獸名。同「鹿」。《爾雅·釋獸》：「麂，大麕，旄毛狗足。」

麐 lín

同「麟」。

麏 jūn

獸名。同「麇」。

麕 jūn

①獸名。即獐。《說文》作「麇」。也作「麏」。②成群。南朝·宋延年《皇太子釋奠會作》詩：「懷仁憬集，抱智麕至。」

麗 lì

①成對併駕。《注》：「麗，偶也。」又附着。《易離》：「日月易乎天，百穀草木麗乎土。」又結，纏住。《禮·祀義》：「祭之日，君牽牲，穆荅君鄉大夫序從，即入廟門，麗於碑。」又數目。《詩·大雅·文王》：「商之子孫，其麗不億。」《疏》：「商之子孫，其數至多，不徒止於一億而已。」又華麗。《楚辭》宋玉《招魂》：「被紋不纖，麗而不奇些。」又美麗。宋玉《登徒子好色賦》：「玉為人體貌閑麗。」②又音lí。遭遇。通「罹」。《詩·小雅·魚麗》：「魚麗于罶，鱨鯊。」又通「驪」。《漢書·匈奴傳》：「申侯怒而與畎戎共攻殺（周）幽王于麗山之下。」《注》：「麗，讀曰驪。」

麚 jiā

牡鹿。同「麚」。

麛 mí

幼鹿。同『麑』。《爾雅・釋獸》：『鹿、牡麚，其子麛。』

麥部

麩 fū

小麥的皮屑。也作『麱』、『䴸』。

麪 miàn

也作『麵』。小麥製的粉。又小麥粉作成的條狀食品。又固體物研成的粉末。

麱 bǐng

米麪粉製成的圓狀食品。字同『餅』。《晉書・惠帝紀》：『後因食麱中毒而崩。』

麴 qū

酒母。同『麹』。元・魯明善《農桑衣食撮要》：『作老果醋……又用紅麴一合，温水泡下，將甕口封閉。』

䴿 juān

麥稈。《說文》作『稍』。賈思勰《齊民要術》：『臥麹法先以麥䴿布地；然後着䴿訖，又以麥䴿覆之。』

麱 fū

麥皮。同『麩』。《宋書・五行志》：『百姓謠云：「昔年食白飯，今年食麥麱。」』

麹 qū

酒母。同『麴』。《列子・楊朱》：『聚酒於鐘，積麴成封，望門百步，糟之氣逆於人鼻。』

麵 miàn

同『麪』。現代漢語作『面』。

麰 móu

大麥。同『麰』。《玉篇》：『麰，春麥也。』《後漢書・班彪傳》附班固《典》引：『昔姬有素雉，朱烏、玄秬、黃麰之事耳，君臣動色，左右相麴。』

𪎭 gǒng

同『䵃』。麥麩。《晉書・皇甫謐傳》：『君子小人，禮不同器，況且糠𪎭。』又大麥。宋・賀鑄《慶湖遺老集》：『青青黃麥已抽芒，浩蕩東風晚更狂。』

麻　部

麼 mó

①亦作『麽』。細小。②語氣助詞。同『嗎』。唐・王健《宮詞》：『衆中遺却金釵子，拾得從他要贖麼。』

黂 fén

麻子。通作『蕡』。《周禮・天官・籩人》：『朝事之籩，其實麷蕡。』又粗麻。《淮南子・說林》：『黂不類布，可以為布。』

麾 huī

①旌幟之屬，作指揮用。②指揮，招手。通『揮』、『撝』。《書・牧誓》：『王左杖黃鉞，右秉白旄以麾。』

黍　部

黎 lí

①老。通『梨』、『耆』。《方言》：『眉、梨、耋、鮐，老也。』清・戴震《疏證》：『梨，也通用「黎」。』清・朱駿聲《說文通訓定聲》謂『黎』假借為『棃』。實為耆。②衆多。《傳》：『黎、齊也。』《疏》：『棃、衆也。』③黑色。《疏》：『孔以黎為黑。』《史記・夏紀》作『驪』。又古國名。在今山西省壺關縣西南。又少數民族名。

黏 nián

①胶附，貼合。俗作『粘』。②谷類含胶性者。《說文》：『秝，稷之黏者。』③沾染。元・楊維禎《鐵厓古樂府》：『塵玷翠盤思亂滾，香黏金韝憶微兜。』

黐 chī

又音lí。木膠。以細葉冬青樹皮製成。俗作『䊍』。賈島《長江集·翫月》：『久立病足折，兀然黐膠粘。』

黑部

黑 hēi

本作『⿱罒炎』。黑色。《書·禹貢》：『厥土黑墳。』②昏暗無光。《漢書·五行志》：『厥異曰黑，大風起，天無雲。日光晻。』

䵟 gān

①黑色。②面上有黑斑點。同『皯』。唐·孫思邈《千金要方》：『去黑痣面䵟，潤澤皮毛。』

默 mò

①幽靜。《書·說命》：『恭默思道，夢帝賚於良弼。』②不語。《易·繫辭》：『君子之道，或出或處，或默或語。』又昏黑。唐·鄭還古《博志異·張遵言》：『遵言與僕等隱大樹下，於時昏晦，其默足以容。』③貪污，不廉潔。又通『墨』。《孔子家語·正論》：『貪以敗官為默，殺人不忌為賊。』《左傳》作『墨』。

黛 dài

同『黱』。青黑色的顏料。又青黑色。唐·王維《右丞集·崔僕陽兄季重前山興》詩：『千里橫黛色，數峯出雲間。』

黣 méi

晦黑。同『黴』。《列子·黃帝》：『焦然肌色皯黣，昏然五情爽惑。』

黨 dǎng

①古代一種地方基層組織。五百家為黨。②親族。《禮坊記》：『子云，睦梈父母之黨，可謂孝矣。』③同夥的人。《左傳》：『遂殺丕鄭，祁學及七輿大夫……皆里丕之黨也。』④等類。《注》：『黨，類也。』⑤阿附，偏私。《書·洪範》：『無偏無黨，王道蕩蕩。無黨無偏，王道平平。』⑥處所。《左傳》：『萊人歌之曰：「……何黨之乎。」』《注》：『黨，所也；之，往也。』⑦通『讜』。⑧又音zhang。通『儻』。

黥 qíng

同『剠』。古代肉刑之一種，即墨刑。又文身。也曰『點青』。

黮 dǎn

①黑色。《淮南子·主術》：『問瞽師曰：「白素如何」，曰「縞然」，曰「黑何若？」曰「黮然」。』又不明貌。柳宗元《柳先生集·弔萇弘文》：『𦙶上帝飛精兮，黮寥廓而殄絕。』《注》：『黮，不明貌。』②又音shen。桑實。通『葚』。《詩·魯頌·泮水》：『食我桑黮，懷我好音。』

黤 yǎn

①黑色。②突然。通『奄』。《荀子·强國》：『黤然而雷擊之。』《注》：『黤然，卒至之貌。』

黰 zhěn

①黑貌。②髮黑而美。同『鬒』。《左傳》：『昔有仍氏生女，黰黑，而甚美，光可以鑑，名曰玄妻，樂正后夔取之。』

黱 dài

畫眉。同『黛』。

黴 méi

①霉菌。今通作『霉』。②面垢黑。《淮南子·修務》：『（申包胥）七日七夜至於秦庭，晝吟宵哭，面若死灰，顏色黴黑。』

黹部

黻 fú

①古代禮服上所繡的圖案。《書·益稷》：『藻、火、粉、米、黼、黻、絺。』《注》：『黻為兩己相背，謂刺繡為兩己相背也。』②古代做祭服的蔽膝。通『韍』。《注》：『黻、韋韍以蔽膝也。』③繫印的絲帶。通『紱』。《文選》南朝·梁·江文通（淹）《雜體詩·謝光禄郊游》詩：『雲裝信解黻，煙駕可辭金。』

黽部

黿 yuán ①大鼈。通稱癩頭黿。因頭有疙瘩，故名。②蜥蜴。通『蚖』。《國語·鄭》：『（漦）化為玄黿以入於王府。』

鼂 cháo ①俗作『晁』。②蟲名。如匽鼂。又姓。漢有鼂錯。③又音 zhāo。早晨。通『朝』。屈原《九章哀行》：『出國門而軫懷兮，甲之鼂吾以行。』

䵶 qú 䵶屬。水蟲名。亦作『鼁』。

鼃 wā ①田雞類。最常見的有青蛙。字同『蛙』。《莊子·秋水》：『子獨不聞乎埳井之鼃乎。』

䵷 wā ①蛙。同『鼃』。《注》：『鼃，即「蛙」字』。又俗樂。』通『哇』。如哇聲，皆不合樂律之聲。

鼄 zhū 『蛛』的古字。

鼅 zhī 鼅鼄即『蜘蛛』。字也作『蜘』。

鼇 áo 傳說海中大龜。字通『鰲』。

鼈 biē ①也作『鱉』、『蟞』。②龜屬。背部皆披甲。《爾雅》作『鼈』。③盛酒的器具。又蕨菜的別名。三國·陸璣《毛詩草木鳥獸蟲疏·言采其蕨》：『蕨，鼈也，山菜也。周秦曰蕨。齊魯曰鼈。』

鼎部

⿰鼎彗 suì

小鼎。字亦作『鏏』。《淮南子·說林》：『水火相憎，⿰鼎彗在其間，五味以和。』《注》：『鏏，小鼎，一曰鼎無耳為鏏。』

鼓部

鼓 gǔ

①亦作『皷』。②樂器。圓柱中空，两面蒙皮，擊之有聲。③振動。《易·繫辭》：『鼓之以雷霆，潤之以風雨。』④隆起。《素問·痺論》：『心痺者剩不通，煩則心下鼓，暴上氣而喘。』⑤古計量器。四均為石，四石為鼓。《說文》：『「鼓」與「鼓」本為兩字，樂器，量器之鼓偏旁從「支」作「鼓」。餘皆從「支」作鼓。今相承皆作「鼓」。』

鼖 fén

大鼓。《周禮·考工記·鼓人》：『以鼖鼓鼓軍事。』《注》：『大鼓謂之鼖，鼖鼓，長八尺。』也作『賁』。《詩·大雅·靈臺》：『虡業維樅，賁鼓維。』《釋文》：『賁，字也作「鼖」。』

鼠部

鼠 shǔ

①動物名。屬哺乳動物。種類很多。②病名。如鼠瘻，淋巴腺結核之症。③憂。通『癙』。《詩·小雅·語無正》：『鼠思泣血，無音不疾。』《箋》：『鼠，憂也。』

䶉 liú

鼠名。竹鼠。《玉篇》作『⿰鼠卯』。《食物·本草》：『䶉鼠，食竹根，居土穴中，大如兔，人多食之，味如鴨。』

鼱 jīng

鼠名。即地鼠。也稱『奚鼠』、『鼱鼩』。《說文》作『精鼩』。《爾雅·釋獸》晉·郭璞《注》作『鼸鼩』。

鼴 yǎn

田鼠。也稱鼢鼠。字也作『鼴』。《莊子・逍遥遊》作『偃鼠』。偃、鼹，古今字。

鼸 xiàn

田鼠的一種。也作『鼸』。

鼹 yǎn

同『鼴』。鼠名。

鼶 sī

大田鼠。字也作『䶅』。清・郝懿行《義疏》：『䶅即鼶也，……然則鼶田鼠之大者。』

鼻部

䶊 nù

鼻出血，同『衄』。譌作『䶋』。

䶌 pào

皰瘡。字同『皰』。唐・崔令欽《教坊記》：『北齊有人姓蘇，䶌鼻，實不仕而自號郎中。』

齃 è

鼻梁。字同『頞』。《索隱》：『蹙齃謂鼻蹙眉。』

齅 xiù

以鼻聞味。字同『嗅』。《注》：『齅，古嗅字也。』

齆 wèng

鼻塞。《廣韻》作『齆』。

齊部

齊 qí

①平整。又相等。又齊全，敏捷。如《荀子・修身》：『齊給便利，即節之以勳止。』又辯別。《易繫辭》：『齊小大者极乎卦。』《注》：『齊，猶言辯也。』又國名。為七雄之一。又朝代名。蕭道成廢宋稱齊。北朝高佯廢東魏稱齊。又姓。齊太公望之後以國為姓。②通『臍』。肚臍。《左傳》：『若不早圖，後君噬齊，其及圖之乎。』《注》：『若齧腹臍，喻不可及。』③又音 jī。升起，通『躋』。《禮・樂記》：『地氣上升，天氣下降。』《注》：『齊，讀為躋，躋升也。』又醬菜、腌菜。通『齏』。《周禮・天官・醢人》：『掌共五齊七菹。』《注》：『齊，菹醬屬。』④又音 jì。份量、劑量。《周官・享人》：『掌共鼎鑊，以給水火之齊。』又合金。《周禮・考工記・輈人》：『金有六齊，六分其金，而錫居一，謂之鐘鼎之齊。』《注》：『以合金之品數。』⑤又音 zī。衣服的下擺。通『𧟰』。《論語・鄉黨》：『攝齊升堂，鞠躬如也，屏氣似不息者。』《注》：『衣下曰齊，攝齊者，摳衣也。』又通『齍』。《釋文》：『齊，本也作「齍」。與「粢」同。又通「資」。』《易旅》云：『得其資斧，齊斧者、征伐之斧。又稱黃鉞斧，凡師出必齊戒入廟受斧。』⑥又音 zhāi。齋戒。通『齋』。《國語・鄉黨》：『齊必變食，居必遷坐。』⑦又音 jiān。斷。通『剪』。《儀禮・既夕禮》：『馬不齊髟毛。』

齋 zhāi

①古祭祀前整潔身心。《注》：『論語曰：齋必變食，居必遷坐，自禮潔也。』今本《論語・鄉黨》作『齊』。②佛教以過午不食為齋。又供奉神像的食品為齋聖。又屋舍多指書房或學舍。音 zī。粗布製的喪服。通『𧟰』。《孟子・滕文公》：『齋疏之服。』《疏》：『𧟰衰之服。』

齍 zī

古代盛穀的祭器。又穀類的總稱。通『粢』。《注》：『齍讀為粢，六粢為六穀，黍、稷、稻、粱、麥、苽。』

⿱齊衣 zī

①喪服。《荀子・大略》：『父母之喪，三年不事，⿱齊衣衰大功，三月不事。』也作『齊』。②長衣的下縫。《注》：『⿱齊衣』，長衣之裳。

齎 jī

①也作『賫』、『賷』。付與，送與。《儀禮・聘禮》：『又齎皮馬。』又携帶行裝。《注》：『齎，謂將衣食之具以自隨也。』又抱着、帶着。如齎恨猶言抱恨。又嘆息聲。《注》：『齎姿，嗟歎之辭也。』②又音 pí。水源入處。通『臍』。《注》：『齎，汩，水迴入湧出之貌。《莊子・達生》作「齊」。』③又音 zī。財物。通『資』。《周禮・天官・典枲》：『掌布緦縷紵之麻草之物，以待時頒功而投齎。』《注》：『齎作資』。資財曰齎用。

齒部

齓 chèn

『齔』的俗字。

齔 chèn

齔齒即兒童換牙。俗作『齓』。

齗 yín

齒本肉。《急救篇》：『鼻口唇舌齗牙齒。』唐・顏師古《注》：『齗，齒根肉也。』唐・柳宗元《柳先生集》：『跳踉叫囂兮，衝目宣齗。』按：齗與齦本為二字，齒為肉之義，也借作『齦』。今專用齗為爭辯之義。

齛 xiè

①或作『齥』。羊粻也。②又音 shì。噬。《釋文》：『齛，也作「噬」。』

齟 jǔ

齒不齊。字也作『齇』。

齡 líng

年歲。古無齡字，祇作『令』，或作『聆』。《禮・文壬進子》：『古者謂年齡，齒亦齡也。』

齝 chī

牛反芻。又作『⿰齒司』、『⿰齒寺』、『呞』。

齚 zé

咬。同『齰』。

齠 tiáo

①兒童換齒。②童子下垂之髮。『髫』之俗字。《注》：『埤蒼曰：髫，髮也。髫與齠古字通。』

齧 niè

①咬，啃。同『囓』。②缺口。又侵蝕。又植物名。蒿的一種。

齩 yǎo

以口咬物。同『咬』、『⿰齒尭』。

齦 yín

①齒根肉。通『齗』。漢・楊雄《太玄經》：『琢齒依齦，君自跋也。』②啃。唐・韓愈《昌黎集・曹成王碑》：『蘇姑若彊齦其姦猖。』

齰 zé

①咬、囓。也作『齚』。《注》：『齰，齧也，齧出其膿血。』②又音 cuǒ。安置。《墨子・公孟》：『貧富壽夭，齰女在天，不可損益。』《注》：『齰同錯。』按錯，通措。

齫 yǔn

無齒。同齳。

齳 yǔn

無齒。字也作『齫』。《荀子・君道》作『齫』。

齶 è

口腔的上膛。唐・釋慧琳《一切經音義・陀羅尼集・向腭》：『昂各反。』《考聲》：『齗也。經從齒作齶，俗字也。』今作『腭』。

齽 jìn

①齒向裏。②同『噤』。

龍部

龍 lóng

①古代傳說中與雲雨而變化的動物。又古喻皇帝為龍。又喻非常之人為龍。又星宿名。又駿馬稱為龍。又姓。又山勢也曰龍。②又音chóng。通『寵』。《詩・小雅・鑾蕭》：『既見君子，為龍為光。』《箋》：『龍當作「寵」。寵，榮名之謂。』③lǒng。通『壠』。《孟子・公孫丑》：『古之為市也，以其所有，易其所無者，有司者治之耳，有賤丈夫焉，必求龍斷而登之，以左右望，而罔市利。』謂登高探望，操縱集市，謀取暴利。《說文》貝部『買』字引《孟子》作『龍斷』。今通作『壟斷』。後引伸為把持和獨佔。④又音móng。黑白雜色。通『尨』。《周禮・考工記・玉人》：『天子周金，上公用龍。』《注》：鄭司農云：『全，純色也，龍當為「尨」。尨為雜色。玄謂全，雜色也。』

龐 páng

①高屋。引伸為大。②厚實。《淮南子・氾論》：『古者人醇、工龐、商樸、女重。』《注》：『工龐，器堅緻。』③紛亂。古籍也作『厖』、『庞』。④臉盘，如臉龐。

龔 gōng

①恭敬。通『恭』。《漢書・王尊傳》引《書》：『請言庸違，象龔滔天。』《書・堯典》作『象恭』。②供給。『供』的本字。又姓。

龓 lóng

兼包。籠絡。通『籠』。《文選・吴都賦》：『沈虎潛鹿，馽龓僒束。』馽龓即縶籠其頭之義。

龕 kān

①說文作「龕」。容納。又佛像神主之小閣。②通「戡」。平定。漢·楊雄《法言重黎》：「或曰義帝初矯，劉龕南陽，項救河北。」

龜　部

龜 guī

①烏龜。甲殼動物。又古代以龜殼作貨幣，也謂貨之代稱。又印章以龜為纽。龜為印，緺為綬，因指印之代稱也。又獸類背部隆起之謂。②又音 jūn。皮膚因寒冷或乾裂。同「皸」。《莊子·逍遥遊》：「宋人有善為不龜乎之藥者。」③又音 qiū。漢西域城國曰「龜茲」。又龜茲樂之省稱。

䶰 rán

龜甲的邊，也作「䶰」。

龠　部

龠 yuè

①樂器名。「籥」的本字。②古量器名。

龢 hé

古「和」字。《國語·周》：「其終也，廣厚其心，以固龢之。」

龤 xié

和諧。古「諧」字。《說文》：「龤，乐和龤也。」今本《書·舜典》作「諧」。

䶵 chí

古代一種竹的樂器。通「篪」。《楚辭》屈原《九歌·東君》：「鳴䶵兮吹竽，思靈保兮賢姱。」《注》：「䶵，竽，樂器名也。……䶵一作「篪」」

增广通假字筌

编　　著　李清波
责任编辑　王东生　马东源
出版发行　内蒙古出版集团　内蒙古人民出版社
地　　址　呼和浩特市新城区新华大街祥泰大厦
网　　址　http://www.nmgrmcbs.com
印　　刷　内蒙古爱信达教育印务有限公司
开　　本　787×1092　1/16
印　　张　39.5
字　　数　414 千
版　　次　2011 年 2 月第 1 版
印　　次　2011 年 2 月第 1 次印刷
印　　数　1—3000 套
书　　号　ISBN 978-7-204-10826-8/H·48
定　　价　180.00 元

图书营销部联系电话:4972001 4972092

如发现印装质量问题,请与我社联系联系电话:(0471)4971562 4971659